U0331644

江苏省高等学校重点教材

食品安全法新论

修 订 版

曾祥华 主编

上海交通大学 出版社
SHANGHAI JIAO TONG UNIVERSITY PRESS

内容提要

本书以《中华人民共和国食品安全法》为基准,结合食品安全的相关法规,同时参照国外食品安全的法治现状,对我国食品安全监管法律制度、食品安全的监管模式、食品安全风险的监测与评估、食品安全标准、食品生产经营监管制度、食品检验制度、食品安全危机管理制度、食品进出口安全监管、食品安全区域合作、食品安全法律责任等食品安全的主要问题,结合案例,进行了深入探讨。

本书可作为法学专业学生的教材,亦可作为法律资格考试、公务员考试的参考用书。

图书在版编目(CIP)数据

食品安全法新论/曾祥华主编. —修订版. —上海:上海交通大学出版社,2024.4
ISBN 978-7-313-29660-3

Ⅰ.①食… Ⅱ.①曾… Ⅲ.①食品卫生法—研究—中国 Ⅳ.①D922.164

中国国家版本馆 CIP 数据核字(2023)第 199605 号

食品安全法新论(修订版)
SHIPIN ANQUAN FA XINLUN (XIUDING BAN)

主　　编:曾祥华

出版发行:上海交通大学出版社　　　　　　　　地　　址:上海市番禺路 951 号
邮政编码:200030　　　　　　　　　　　　　　电　　话:021-64071208
印　　制:常熟市文化印刷有限公司　　　　　　经　　销:全国新华书店
开　　本:787mm×1092mm　1/16　　　　　　　印　　张:22
字　　数:529 千字
版　　次:2016 年 12 月第 1 版　2024 年 4 月第 2 版　　印　　次:2024 年 4 月第 2 次印刷
书　　号:ISBN 978-7-313-29660-3
定　　价:78.00 元

版权所有　侵权必究
告读者:如发现本书有印装质量问题请与印刷厂质量科联系
联系电话:0512-52219025

主 编 曾祥华

撰稿人（以姓氏笔画为序）

万 艺 王琼雯 王德浩 杜 超
李 佳 陈敏玉 杨 梅 杨文丽
吴 芳 沈 月 胡 杰 钱 和
殷志刚 郭 楠 曾祥华

修 订 版 前 言

本书以我国食品安全法为基准,结合食品安全的相关法规,同时参照国外食品安全的法治现状,对我国食品安全监管法律制度、食品安全的监管模式、食品安全风险的监测与评估、食品安全标准、食品生产经营监管制度、食品检验制度、食品安全危机管理制度、食品进出口安全监管、食品安全区域合作、食品安全法律责任等食品安全的主要问题进行了深入剖析。

2009 年《中华人民共和国食品安全法》①通过后,2015 年进行了第一次修订,《食品安全法新论》于次年出版。此后,2018 年、2021 年《食品安全法》两次修正,2019 年《食品安全法实施条例》修订,为了适应新形势,我们对本书进行了修订。

一、修订原则

(1) 本次修订从法律专业、食品科学与工程专业应用型人才培育的需要出发,着重体现对学生运用法律知识分析和解决食品安全监管中法律问题的基本能力的培养,突出课程的基本要求和人才培养的实用性。

(2) 修订版保留原书基本框架,根据新的法律法规精神,吸收近年来法学界研究新成果,融入江南大学法学院食品安全法研究团队最新成果,并根据食品安全监管应用型人才培养未来的发展方向,结合法律资格考试、公务员考试的要求,增加了大量案例分析,增强了教材的实用性。

(3) 修订版根据食品安全法课程教学的要求增强互动性、启发性,注重法理、法律规定和案例三者的有机结合;强调一般法学理论与食品安全法律规范相结合,食品安全法律规范与实践相结合;注重培养学生分析、解决实际问题的能力和法理精神,适应体现"学生主体"的教学模式。

二、修订内容

(1) 增加新的内容,重点在于食品安全权利救济机制、整体性食物权等。
(2) 结合近几年发布的年度十大食品安全法治安全事件进行评析。
(3) 增加案例,对近年来食品安全典型案例进行分析。

尽管我们对本次修订已竭尽全力,由于编者学识和经验所限,不妥及谬误之处难免,恳请读者批评指正。

---

① 简称《食品安全法》。本书法律法规名称统一按此方式简称处理。

目　　录

第一章

食品安全法概述

第一节 食品安全及相关概念解析

一、基本概念辨析

"概念是解决法律问题所必需和必不可少的工具。没有限定严格的概念,我们便不能清楚地和理性地思考法律问题"。[①] 对概念的界定是构筑、解析任何一个法律体系所必须做的一项基础性工作。

(一) 食品、农产品、产品概念辨析

1. 食品

综观国内外法律文本、学术研究及词典中对食品一词的解释,林林总总不一而足,但总的来说分为以下两大类:

(1) 较为宽泛的"大食品"概念,指除了药品以外所有进入人们口腔并能满足人们某种需要的物品。例如,英国《食品安全法(1990 年)》第 1 条将食品作如下定义:"本法所称'食品'包括:(a)饮品;(b)用于人类消费的有营养价值的物品和物质;(c)口香糖和其他类似的具有相同性质和用途的产品;(d)作为成分用于准备食品的物品和物质,或者其他的用于这个过程的任何东西。"[②]美国《联邦食品药品及化妆品法》第 2 条将食品定义为:人或动物食用饮用的物品,口香糖,用作以上物品构成的材料。欧盟议会与理事会 178/2002 法规第 2 条将食品定义为:不论是否加工、部分加工或未加工过的任何用于人类或可能会被人类摄入的物质或产品。李津京编著的《食品安全贸易争端:典型案例评价及产业发展启示》将食品定义为:各种供人食用或饮用的成品和原料,是人类生存和发展的最基本物质。[③] 在这一类对"食品"的描述中只侧重了食品对人类的功能属性,即食用、饮用、满足人类生存的基本需要,对是否经过加工环节不作任何直接限定或表现出隐含的定义倾向。

(2) 在对"食品"的定义中,突出或倾向于经过加工和制作的过程,即包含经过理化性质改变的过程,作为定义食品的基本特性进行描述。例如,《现代汉语词典》(第 7 版)将食品诠释为:用于出售的经过加工制作的食物;加拿大《食品与药品法》第 2 条第 8 款将"食品"定义为:包括经过加工、销售及其直接作为食品和饮料为人类消费的物品、口香糖和以任何目的

---

① [美]博登海默:《法理学、法律哲学与法律方法》,邓正来译,中国政法大学出版社,1999 年,第 486 页。

② 郁峰:《英国食品安全立法研究及对我国的借鉴意义》,《河南省政法干部管理学院学报》2006 年第 3 期,第 36 - 38 页。

③ 钱永忠、王芳:《"农产品"和"食品"概念界定的探讨》,《科技术语研究》2005 年第 7 期,第 33 - 35 页。

混合在食品中的各种成分及原料；国际食品法典委员会将食品定义为：用于人食用或饮用的经加工、半加工或者未加工的物质，并包括饮料、口香糖和已经用于制造、制备或处理食品的物质，但不包括化妆品、烟草或者只作为药品使用的物质；国内学者钱永忠、王芳在《"农产品"和"食品"概念界定的探讨》一文中为比较明确地界分"农产品"与"食品"，建议将食品定义为：以农产品为原料，由工业化过程生产，改变了原料产品基本理化性质、可供人类直接或间接食用或饮用的产品。①

我国《食品安全法》第150条将食品定义为：各种供人食用或者饮用的成品和原料以及按照传统既是食品又是中药材的物品，但是不包括以治疗为目的的物品。单从这一一表述上看，这一定义应属于第一类，但由于该法第2条将食品的生产、加工、销售、餐饮服务确定为该法的调整范围，且明确规定供食用的源于农业的初级产品即食用农产品的质量安全问题由《农产品质量安全法》调整，故可以推导该法在对食品范围的界定上是倾向或隐含着"经加工"的条件的。

2. 农产品与食品辨析

《现代汉语词典》（第7版）对农产品诠释为：农业中生产的物品，如稻子、小麦、高粱、棉花、烟叶、甘蔗等。《加拿大农产品法》第2条第2款将农产品定义为：①动物、植物或动植物产品；②整个或部分来自动植物的产品，包括任何食品和饮料；③本法案规定的产品。日本《农林产品标准和正确标识法》第2条第1款中所提到的农林产品，是指：①饮料、食物、油料和脂类；②农产品、林产品、畜产品和水产品，以及用这些产品作为原料或成分的加工产品。美国农业部把"农产品"定义为：耕作和放牧活动所形成的产品，如乳品业、养蜂、水产业、家禽和禽蛋的生产，以及任何同类活动或类似活动所形成的副产品。值得注意的是，在世界贸易协议中，把来源于农业的未加工和已加工的产品，全部以农产品的形式加以命名和进行贸易上的谈判。②

从以上国内外对农产品的定义可见，农产品的范围非常广泛。从其用途上看，不仅包括来源于农业的可食用产品，还包括来源于农业的非可食用产品；从其范围看，不仅包括农业的源性产品，还包括源性产品的加工品和制成品。农产品一词不再仅指从田间地头山林湖泊中直接收获可供人类利用的物品或物质了，这是各国农业快速发展、农产品自身链条不断延长的结果。而这就必然导致"农产品"与"食品"范围上的交叉：可食用的农业源性产品、可食用的农业源性产品的加工品和制成品既属于"农产品"也属于"食品"，如牛奶、鸡蛋、经屠宰分割后的猪肉、经屠宰烧制后的烤鸡等。如何界定两者，从而厘清规制农产品的法律规范体系与食品安全监管法律规范体系的调整范围？对此，国内学者的意见是比较统一的，即运用是否经"加工"来界定：未加工的可食用的农业源性产品属于"农产品"，经过加工的可食用的农业源性产品的加工品和制成品属于"食品"。③ 我国的立法中也基本采用了这一概念界定方法，如我国《农产品质量安全法》第2条规定：本法所称"农产品"是指来源于农业的初级产品，即在农业活动中获得的植物、动物、微生物及其产品；《无公害农产品管理办法》所涉及的农产品，是指未经加工或者初加工的食用农产品。《食品安全法》中"食品"的概念隐含着

---

① 钱永忠、王芳：《"农产品"和"食品"概念界定的探讨》，《科技术语研究》2005年第7期，第33-35页。
② 钱永忠、王芳：《"农产品"和"食品"概念界定的探讨》，《科技术语研究》2005年第7期，第33-35页。
③ 樊红平、叶志华：《农产品质量安全的概念辨析》，《广东农业科学》2007年第7期，第88-90页。

"经加工"的条件正是与这些法律规定相衔接,延续了我国食品安全监管"分段监管为主,品种监管为辅"的原则。

3. 产品与食品辨析

《现代汉语词典》(第 7 版)将"产品"诠释为生产出来的物品。据我国《产品质量法》第 2 条:本法所称的产品是指经过加工、制作,用于销售的产品,建设工程不适用本法的规定,但建设工程使用的建材、构配件和设备,属于前款规定的,适用本法规定。可见,在我国作为法律名词的"产品"加入了"经加工"和用于"销售"这两个条件,范围缩小,且明确将服务排除在外。如农户生产的大米、社会救助机构免费提供的物品、餐饮服务就不属于《产品质量法》所称的"产品"。

以前文所述的食品概念为前提,"食品""产品"两者的外延有着明显的交叉关系。经加工的、用于销售的食品同时属于两者的范畴,而未加工的或非用于销售的可食用物品和不可食用的经加工且用于销售的物品则分别属于"食品"和"产品"范围。另外,值得特别指出的是,作为"食品安全"语境中的"食品"应涵盖"餐饮服务"这一特殊的服务类型。众所周知,餐饮服务是食品安全的重要一环,且与其他加工服务不同的是,它独立构成对食品安全的威胁,如餐具未充分消毒造成病毒的传播、食物未充分煮熟造成寄生虫类疾病(福寿螺事件)等,许多食品安全事故都是餐饮服务环节出问题造成的。服务者(无论是否以营利为目的)是否尽最大努力保证了其提供的餐饮服务的安全性成为许多食品安全问题的关键。故此《食品安全法》将其不仅纳入调整范围,更是作为重点的规制对象之一。而我国现行的《产品质量法》尚未将"服务"纳入调整视野。

产品质量法或产品责任法律规范体系的发生、发展以工业品致人损害为主要规制内容,故此,将未加工的物品及服务排除在调整范围之外是当前世界大多数国家的此类法律的共同特征。产品责任法律体系的重要内容是确立产品责任的归责原则、标准体系,而"食品""产品"两者范围上不可避免的交叉关系,必然导致《食品安全法》在确立食品安全法律责任问题时与现行《产品质量法》的内容发生交叉、重合。《产品质量法》的主要任务就是确定提供产品者与接受产品者或者说消费者之间在产品造成损害时的责任划分问题。食品虽在范围上与产品不完全等同,但总体上可视为一类特殊的产品。从《食品安全法》的立法看,食品安全责任问题无疑是其不可或缺的内容,但《食品安全法》作为食品安全监管法律规范体系的基本法,涉及的内容极为广泛,在对这一问题的规制上,不仅涉及食品提供者与消费者之间的责任关系,还涉及监管者的责任、作为被监管的食品生产经营者的责任,所以既不可能也无必要另起炉灶,重新制定。故此,对于这一领域的问题,可以将《食品安全法》中的相关规定作为《产品质量法》的特别法来处理,这样既符合法理又能较好地与《产品质量法》进行衔接。

(二) 食品安全、食品质量、食品卫生辨析

1. 食品安全

安全是人类生存的第一需要,是指对一个人的人身、健康、财产、名誉等最低限度的物质生活的庇护与保障,其核心是防范潜在的危险。食品是人类赖以生存的最基本的物质要素,食品中若含有危害人体的物质,就会对人的健康甚至生命构成严重威胁。随着科技的发展、生产力水平的提高,人类防范危险的能力越来越强,与此同时科技发展本身却又促生了一些新的危险。这一有趣的悖论在所有的安全领域都存在,表现在食品安全问题上,从有机合成

农药的发明和大量使用到食品工业应用的各类添加剂的日新月异,从兽药及人工加工饲料在牧业生产中的重要地位到转基因食品,这一现象可谓无处不在、无时不在,使当今的食品安全面临更严峻的挑战。人们对食品的关注由保障供应数量、加工过程的卫生、防止掺假制伪逐渐转向了化学品残留对食品的污染进而对人类健康潜在的、长远的威胁方面。为应对这些新的挑战,人们在不断地进行制度建构和调适,在此过程中食品安全概念和理念逐渐形成和完善起来。1984年世界卫生组织在《食品安全在卫生和发展中的作用》的文件中,把"食品安全"等同于"食品卫生",将之定义为"生产、加工、储存、分配和制作食品过程中确保食品安全可靠,有益于健康并且适合人消费的种种必要条件和措施"。但该组织在1996年的《加强国家级食品安全性计划指南》中则把"食品安全"与"食品卫生"作为两个不同含义的用语加以区别,其中"食品安全"被解释为"对食品按其原定用途进行制作或食用时不会使消费者受害的一种担保"。这种变化正是人们对食品安全问题关注程度提高和认识更加深入的结果。

我国食品安全概念的引入,和从这一概念出发研究探讨食品生产监管中的技术和制度问题,是2000年以来的事。就食品安全而言,至少有三层含义:一是食物数量足够,指食物数量满足人民的基本需求;二是食品质量的安全,指食品中有害物质含量对人体不会造成危害,包含成分安全、功能安全、免疫安全、遗传安全等内涵;三是食物满足人类营养与健康的需要,指人类可从食物中摄取足够的热量、蛋白质、脂肪以及其他营养物质(纤维素、维生素、矿物质等)。这三个层次反映了随着生产力的发展和人们生活水平的提高,人类对食品安全的需求从量到质的变化。[1] 所以对食品安全的定义表述有"指食品中不含有可能损害或威胁人体健康的有毒、有害物质或因素,从而导致消费者急性或慢性毒害或感染疾病,或产生危及消费者及其后代健康的隐患",[2]"食品的种植、养殖、加工、包装、储藏、运输、销售、消费等活动符合国家强制性标准和要求,不存在损害或威胁消费者及其后代人体健康的有毒有害物质"。[3] 虽然这两种阐释在衡量标准上有所差异,但最终都将定义的重点放在是否对人在短期和长期、具有显性和隐性的危害上。由此不难理解《食品安全法》将食品安全定义为:食品无毒、无害,符合应当有的营养要求,对人体健康不造成任何急性、亚急性或者慢性危害。

对于食品安全的理解还需要强调的是,作为一个综合性的概念,它既包括生产的安全,也要求经营的安全;既指结果的安全,更涵盖对过程安全的要求和规制。[4] 这对于区分食品安全与两个相关概念,即食品卫生、食品质量不无助益,同时厘清三者之间的关系对于明晰食品安全概念的内涵和外延也是必不可少的工作。

2. 食品质量与食品安全

质量是指反映产品、过程及服务的实体满足明确或隐含的需要能力的全部特性和特征的总和。产品质量就是产品能够满足人们需要所具备的那些使用功能的自然属性,也就是产品的使用价值。[5] 世界卫生组织在1996年的《加强国家级食品安全性计划指南》中也将

---

① 刘汉霞:《食品及食品安全概念探析:兼论我国〈食品卫生管理法〉的完善》,《华南理工大学学报(社会科学版)》2005年第4期,第19-22页。

② 杨洁彬、王晶、王柏琴编著《食品安全性》,中国轻工业出版社,2002年,第25页。

③ 曹利强:《中国食品安全的制度性缺陷浅析》,《粮油加工与食品机械》2006年第6期,第23-25页。

④ 张涛:《食品安全法律规制研究》,厦门大学出版社,2006年,第25页。

⑤ 樊红平、叶志华:《农产品质量安全的概念辨析》,《广东农业科学》2007年第7期,第88-90页。

"食品质量"定义为："食品满足消费者明确的或隐含的需要的特性。"具体而言,食品质量涉及食品可影响其消费价值的所有特性,包括正面的品质如色、香、味、产地、质地、加工方法等,负面的品质如腐烂、变色、变味、脏物污染等。

从上述概念界定中可知,两者都是对食品的一种保证形式,只是侧重点不同。食品安全强调食品被食用后无危害,食品质量强调食品具有消费者认可的性状特征从而能够满足消费者的某种需要。基于此差异,又派生出两者如下的区别:①食品质量有好坏之分。质量差的食品,并非都不能食用,是否被食用往往取决于该食品质量的具体情况和消费者各自的经济能力、辨别能力甚至是消费习惯。而食品安全的概念中不含有类似的等第划分,对于不安全的食品必须予以销毁,不能食用。②对食品质量,人们通常可以据经验、常识等作出比较正确的判断;而对食品安全的判断往往要借助较为专业的检测手段。例如,对于蔬菜是否新鲜消费者凭借经验可以作出基本正确的判断,但对于蔬菜上的农药残留问题就无法获得比较准确的认知。所以对于普通消费者来说,食品安全信息的获得比食品质量信息的获得要困难得多,因而政府在保障消费者对食品安全信息的知情权上有着更多的责任。

但作为两个关联概念,两者又有明显的交叉性。质量很差的食品往往是不安全的,但质量好的食品却不一定是安全的。更为复杂的是,质量差一些的食品也并非不安全,产生如此复杂局面的原因在于食品安全和食品质量有着各自的标准体系。

3. 食品卫生与食品安全辨析

世界卫生组织在 1996 年的《加强国家级食品安全性计划指南》中将"食品卫生"定义为:为确保食品安全性和适合性而在食物链的所有阶段必须采取的一切条件和措施。我国《食品工业基本术语》将"食品卫生"定义为:为防止食品在生产、收获、加工、运输、贮藏、销售等各个环节被有害物质污染,使食品有益于人体健康,所采取的各项措施。我国 1995 年《食品卫生法》第 6 条规定"食品应当无毒、无害,符合应当有的营养要求,具有相应的色、香、味等感官性状"。这一规定实际上是该法对何为"卫生的食品"确定了标准。从这些较权威的解释及词源学上分析,食品卫生强调的是食品是干净的、未受污染的,且侧重于加工、流通过程各环节的监控,基本上将种植、养殖环节排除在外。

从前文对食品安全内涵和外延的阐述中可见,食品安全对食品质量的要求方面是"免予对人的健康有害的危险",无论这种危害是马上出现的还是长期的,是现实的还是仅为一种不确定的可能性。这样就不难看出两者明显的区别了:由于加工、流通各环节未采取适当的措施,造成食品不干净、受污染,这仅是构成食品损害人体健康的众多危险之一,而绝非唯一的情况。通俗地说,安全的食品一定是卫生的食品,但是卫生的食品却不一定都能确保安全。因此,食品安全从广度和深度上远远超出了传统的基于防范食品加工、流通环节人为因素造成的食品污染危害的"食品卫生"范畴,涉及的是人类赖以生存和健康发展的整个食物链的管理与保护问题。其与食品卫生概念的种属关系应该是比较明确的。

二、其他相关概念

我国《食品安全法》第 2 条明确规定了该法的适用范围:一是强调了食品的生产和经营过程必须遵守食品安全法;二是明确了食品生产经营中使用的食品添加剂,食品相关产品,食品的包装材料、容器、洗涤剂、消毒剂、工具设备乃至食品的储存运输皆属于食品安全法的适用范围,充分体现食品安全"全程控制"的理念。因此,对食品安全的理解及对食品安全监管的落实与实施必然涉及其他一些相关概念。为此,食品安全法中也设专门条款给出了定义。

(一) 预包装食品、食品添加剂

1. 预包装食品

鉴于市场上销售的食品绝大多数为已经过一定程度或方式处理过的食品,通常以带有各种包装的形式出现,所以《食品安全法》作出了明确的规定:预包装食品,指预先定量包装或者制作在包装材料、容器中的食品。这一定义强调了"预先定量"和"包装或者制作在包装材料、容器中"这两个特征,这两个要素必须同时具备,从而与市场上销售的散装食品、裸装食品相区别。

2. 食品添加剂

由于食品添加剂具有防止食品腐败变质、改善食品感官品质、提高营养成分、促进食品生产创新、丰富食品种类等诸多功能,给食品生产、流通带来了巨大的变革,从而成为现代化食品生产加工不可或缺的基本要素。但由于相当多的食品添加剂采用化学手段人工合成且应用极为广泛,而成为食品安全的重大隐患。因此,对食品添加剂使用的监管必然成为食品安全监管的重要内容之一。为此,《食品安全法》将食品添加剂纳入食品安全法调整和监管范围,明确规定了食品添加剂的定义:改善食品品质和色、香、味以及为防腐、保鲜和加工工艺的需要而加入食品中的人工合成或者天然物质,包括营养强化剂。国家卫生计生委于 2015 年 5 月根据当年 4 月修订后的《食品安全法》发布实施了《食品添加剂使用标准》(GB 2760—2014),明确食品添加剂的使用原则、质量标准、各类主要食品添加剂的具体技术参数等。

(二) 食品生产经营中使用的相关产品的定义

食品的生产加工、储运流通过程中使用的器皿、工具等种类繁多,应用广泛,且为食品从农田到餐桌必须借助的工具,因其可能引起食品的二次污染,而成为食品安全隐患。因此食品安全法也对其作出了明确的界定,将其纳入食品安全法的规制范围,其主要包括以下三类。

1. 用于食品的包装材料和容器

这一类的物品是指包装、盛放食品或者食品添加剂用的纸、竹、木、金属、搪瓷、陶瓷、塑料、橡胶、天然纤维、化学纤维、玻璃等制品和直接接触食品或者食品添加剂的涂料。这一定义以列举方式阐明了属于食品安全监管范围的用于食品的包装材料和容器,基本涵盖了目前食品生产经营工艺中可能涉及的材料和容器类型。

2. 用于食品生产经营的工具设备

这一类的物品是指在食品或者食品添加剂生产、流通、使用过程中直接接触食品或者食品添加剂的机械、管道、传送带、容器、用具、餐具等。食品生产经营中使用的工具设备应予以特殊的检验、检疫、制造材质、日常卫生保持等方面的监管,以防止这些工具设备对所接触食品可能产生的毒副作用或者其他污染。

3. 用于食品的洗涤剂、消毒剂

用于食品的洗涤剂、消毒剂是指直接用于洗涤或者消毒食品、餐饮具以及直接接触食品的工具、设备或者食品包装材料和容器的物质。洗涤剂、消毒剂基本为化工产品,虽为食品

生产经营中进行卫生清理和卫生保持不可或缺的物品,但其安全隐患也是毋庸置疑的,因此,也将其纳入食品安全监管的范围。

(三) 食品质保期、食源性疾病、食品安全事故

食品质保期、食源性疾病、食品安全事故这三个概念与食品安全监管密切相关,因此,食品安全法中也作出了明确的规定。

1. 食品保质期

食品保质期是指食品在标明的贮存条件下保持品质的期限。原国家食品药品监督管理总局发布的 2015 年第 13 期《食品安全风险解析》中对这一定义作了更为详尽的解释:"保质期由厂家根据生产的食品特性、加速实验或测试结果进行确定,相当于企业针对产品的消费者给出的承诺——在此期限内,食品的风味、口感、安全性各方面都有保证,可以放心食用。"该定义中的贮存条件非常重要,通常包括常温、避光保存、冷藏保存、冷冻保存等,应与保质期限一起标注在食品的包装或标签中。

2. 食源性疾病

食源性疾病是指食品中致病因素进入人体引起的感染性、中毒性等疾病,包括食物中毒。这一定义基本采用了 1984 年世界卫生组织的定义,即只要是通过进食摄入了有毒有害的细菌、寄生虫、化学物质等而引发的传染病、食物中毒都属于食源性疾病,但不包括与饮食有关的慢性病,如糖尿病、高血压等。食源性疾病在全世界范围内都是食品安全监管中需要防范和应对的重点问题之一。

3. 食品安全事故

食品安全事故是指食源性疾病、食品污染等源于食品,对人体生命、健康有危害或者可能有危害的事故。如奶粉中含三聚氰胺、咸鸭蛋中含苏丹红、饮料中含塑化剂等造成的食品被污染、引发急慢性疾病等,通常影响范围较广,造成社会公众病、亡或者对人体健康构成了潜在的危害。食品安全事故无疑是食品安全监管首要的防范目标,食品安全事故发生的频率及恶性程度亦是考量一个国家和地区食品安全监管效果的重要指标。

第二节 食品安全监管概述

一、食品安全监管的概念、主体

监管全称为监督管理,通常是指监管者对被监管者有意识地干预和控制。有学者将监管定义为"行政机关依据法律的明确规定,利用公权力直接限制市场主体的权利或增加其义务的行为"[①]。世界卫生组织和联合国粮农组织将食品安全监管定义为:由国家或地方政府机构实施的强制性管理活动,旨在为消费者提供保护,确保从生产、处理、储存、加工直到销售的过程中食品安全、完整并适于人类食用,同时按照法律规定诚实而准确地贴上标签的活动。这一定义中突出了食品安全监管主体为各级政府及监管的强制性和监管的内容与目的。因此,食品安全监管的基本含义可以表述为:以政府为主的监管者为了确保市场上的食

---

① 盛学军:《政府监管权的法律定位》,《社会科学研究》2006 年第 1 期,第 100 - 107 页。

品处于安全状态而对食品的生产经营等各个环节的市场主体，依法定的标准、方式、程序等进行的规范、约束以及控制活动。监管的主体为依本国的食品安全监管体制确定的有食品安全监管权的各级政府及其下属的行政机关。根据2015年修订后的《食品安全法》，我国食品安全监管的主体主要有：国务院设立的食品安全委员会、国务院食品药品监督管理部门、国务院卫生行政部门、县级以上政府及相应级别的食品药品监督管理部门和卫生行政部门。

二、食品安全监管的目的和意义

食品安全监管的目的是为消费者提供安全、放心的食品，维护公共健康和安全，增进社会福利，而健全的食品安全监管制度是公民生命健康权的有效保障，因此应从人权保障的高度来看待建立和完善食品安全监管制度的意义和必要性。

（一）食品安全问题的严峻形势

我国不时出现的食品安全事故使食品安全问题成为一个影响国计民生的大事。例如，从较早的"苏丹红"事件、阜阳劣质奶粉事件，到撼动整个乳制品行业的"三鹿奶粉"事件，再到"地沟油"产业链及其产量销量的曝光，有人用"食品恐怖主义"来形容这些不安全食品的危害和人们的恐慌心理，有人提出了"谁在拿食品安全赌民族未来"的拷问[1]。这些基于紧迫而又严峻的食品安全问题发出的声音并非危言耸听。若市场上充斥着大量不安全食品，不仅严重危害人们的健康，造成巨大经济损失，还会极大地动摇市场主体间的诚信基础，使政府的公信力受到质疑，更会成为影响"中国制造"国际竞争力的重要因素。由此可见，食品安全问题已经远远超出"吃"的范畴，成为困扰我国发展和挑战我国政府治理能力的重大课题。因此，进一步加强对食品安全的监管成为我国政府的当务之急。

（二）食品安全问题的复杂性

随着食品生产的工业化、食品贸易的全球化以及转基因技术、辐射技术等高新技术在食品生产经营中的运用，传统的食品安全问题尚未完全解决，新的食品安全问题又接踵而来。有专家指出："不同国家以及不同时期，食品安全所面临的突出问题和治理要求有所不同。在发达国家，食品安全主要关注的是因科学技术发展所引发的问题，如转基因食品对人类健康的影响；而在发展中国家，食品安全所侧重的是由于市场经济发育不成熟所引发的问题，如假冒伪劣、有毒有害食品的非法经营。我国的食品安全问题则包括上述的所有问题。"[2]从根本上来说，食品安全问题涉及市场经济的运行规律、政府与市场的关系、消费群体的消费观及权利诉求方式是否理性与成熟等，这些问题渗透在食品生产经营的各个环节，不仅牵涉的主体范围广，还与专业的技术问题、政府部门间的权责分配问题及国际食品贸易格局产生的利益冲突等问题纠缠在一起，极为复杂。因此，掌握着足够的信息、技术、权能的政府对保证食品安全应起到核心的作用。政府建立健全食品安全监管制度，进行有效的监管，责无旁贷。

（三）市场对食品安全问题调控失灵的必然存在

现在我们吃的食品基本通过市场交换获得，食品的供给方作为市场的主体，关心的是自

---

① 白钢、史卫民主编《中国公共政策分析：2006年卷》，中国社会科学出版社，2006年，第122页。
② 刘文学：《食品安全：监管理念之变》，《中国人大》2009年第3期，第34-35页。

身利益的最大化而非食品是否安全,这种根本目标上的差异导致市场本身不能保证提供的食品是安全的。例如,在众多逐利的手段中,降低成本是最为普遍的,往往成为各种市场主体的首选,由此导致地沟油走上餐桌、用工业酒精勾兑白酒、出现肮脏不堪的生产场地和设施,这些现象的存在仅从市场自发运行机制的角度看不难理解,甚至可以说是必然的。而市场本身的责任追究机制——损害赔偿、优胜劣汰,在食品安全这一问题上却显得有些苍白无力。原因在于:其一,大多数情况下(除少数食用后立即有所反应的急性中毒症状等)食用了不安全食品的消费者很难找到确切的食品生产者即侵权主体,而且不安全食品的侵害结果往往需要食用一段时间后才会显现,这使得证明侵权主体及其提供食品与侵害结果之间的因果关系变得极为困难,因此寻求侵权法的损害赔偿对于大多数消费者来说几乎是不可能的,这同时意味着侵权成本非常低。其二,大量新的食品生产工艺和技术的运用,加剧了消费者对食品安全问题的信息不对称,消费者无法通过传统的方式辨别食品是否安全,甚至有时会由于生产者运用非法的做法刻意迎合这些传统的辨别方式而深受其害,这导致消费者无所适从的心理恐慌和合法与违法产品更加难以区分的混乱状况。在此背景下,由于我国总体的食品消费水平较低,消费者的消费观尚不够成熟,低价对消费者仍具有巨大的诱惑力,往往使不安全食品因为价格优势胜出,最终违法的做法反而成为这个行业的主流做法。由此可见,市场自发的调控机制在食品安全问题上难以发挥有效的作用,在市场失灵的情况下,政府的监管必须到位,这是政府的职责所在。

三、食品安全监管涉及的基本问题

(一) 食品安全监管体制的确立

食品安全监管诸多问题中监管主体的确立无疑是首要问题,即哪些国家机关拥有怎样的食品安全监管职权(职责),而食品安全监管体制是指食品安全监管的组织机构设置、监管权限的分配、各监管机构的运行及相互之间的协调机制等一系列制度的有机整体,是国家行政管理体制系统的子系统,其核心是食品安全监管主体的设置及监管主体间的权责配置。因此食品安全监管体制的确立是食品安全监管机制运行的必然前提。实践的经验和教训表明,食品安全监管体制的设置是否科学合理直接影响着食品安全监管机制的运行成本、效率及最终的社会效果。这就要求在制度设计时要清晰地界定各监管主体的管辖范围、监管权能、监管责任,最大限度地避免管辖范围的交叉、缺漏,杜绝有权无责的权责不对等设置,并充分地预见到各个监管主体间可能出现的权力交叉或出现监管空白的可能,在制度设计中设置协调或补漏机制,为实现无缝隙监管奠定坚实的制度性硬件基础。

(二) 食品安全监管技术标准体系的建立

食品安全监管必须依托协调统一的技术标准体系,这是由食品安全监管的技术性要求决定的,是保障食品安全监管有效运行的基本技术性前提。多重标准无疑会引发混乱,导致监管无从进行。在食品安全标准体系的建设上,我国长期以来存在"标出多门"现象,国家标准、行业标准、地方标准、企业标准并存且相互冲突。2009年《食品安全法》颁行之后,经过不懈努力,国务院卫生行政部门现已公布了近500项食品安全国家标准,包括通用标准、产品标准、生产经营规范、检验方法四大类,初步形成了我国食品安全国家标准体系。2015年修订《食品安全法》,为进一步完善食品安全标准体系,对相关规定作了较多增改,主要是强调了食品安全标准的强制性，明确了制定原则、权限和程序等，特别是对地方政府及企业，在食品安全标准的制定权上虽然予以保留，但体现出了严格限制的立法倾向，这将有利于食品安全标准体系的进一步统一与完善。

（三）全方位食品安全监管机制体系的构建

要保证食品安全监管全面覆盖食品生产流通的所有环节，改变被动反应型监管局面，必须构建全方位的食品安全监管机制体系，这是监管运行的具体操作系统。这一系统设置是否全面、科学合理，是否能够顺畅运行，直接影响着监管的实效性。

这套监控机制应当包括食品安全预警评估机制、食品安全检测机制、食品企业准入退出机制、食品安全信用机制、食品安全信息交流机制、食品召回机制、食品安全事故处理机制、食品安全责任追究机制等。而使这些机制在运行中实现动态的统一协调，相互配合，无疑是食品安全监管中的重点与难点。

（四）食品安全监管法律规范体系的建构

食品安全监管活动在性质上属于政府的行政行为范畴，在法治的前提下，一切行政活动都必须依法定的职权和程序进行，并以法定责任为后盾对其督促和规制。因此，前述从监管体制的确立、统一的技术标准体系的建立到多样的监控手段的运用都必须以相应的法律规范体系为依托，做到"有法可依、有法必依、执法必严、违法必究"（违法既指食品生产经营者违法也含行政监管者的违法执法行为）。长期以来我国食品安全监管在立法方面缺乏以统一的原则、理念、价值为基础的统筹性设计，虽数量不少但呈片段状态，且掺杂着明显的地方保护、部门利益等因素。2009年《食品安全法》及2015年对《食品安全法》的修订，使上述立法状况有所改观，但总体上尚未形成以《食品安全法》为主导的一整套分门类、多层次、协调统一的食品安全监管法律规范体系。

上述四个基本问题是食品安全监管必须面临的，四者缺一不可，且相互关联，对任何一个问题的轻忽都会影响到其余问题的设置与运行效果。食品安全监管体制问题解决的是监管主体的问题，即谁来监管的问题；监管技术标准体系直接关系到监管执法活动的具体依据；而监控机制体制的有无及有效性体现的是监管行为过程本身，解决的是监管的措施和手段问题，即如何监管；最后监管的法律规范体系则是一切监管活动的制度依据和保障。

四、食品安全监管的基本理念

（一）全程治理理念

食品安全监管的全程治理是指对食品的生产经营从农田到餐桌的全过程进行全面的监管覆盖，食品安全监管应涵盖种植、养殖、生产、加工、储运、销售、消费等全部环节。由于现代食品生产分工的细化和每一个环节都可能存在的人为的和技术上的不安全风险，任何环节上的监管缺漏都可能导致整个食品安全体系的崩溃，同时也使其他环节上的监管前功尽弃。因此，这一监管理念要求监管机制的设置必须做到"无缝衔接"，清除监管的盲点和盲区，特别是跨越环节的监管更是要求监管机制的设置科学合理、监管工作人员尽心尽责。只有不放任任何风险流转到下一环节，才能最终实现全程治理。

（二）社会共治理念

社会共治是指"调动包括政府监督部门、食品生产经营者、行业协会、消费者协会乃至公民个人,共同参与食品安全工作,形成食品安全社会共管共治的格局"①。面对数量庞大、纠缠着复杂的利益、牵涉着众多技术问题的食品生产经营活动,作为监管主体的政府机构,传统的监管主要是采取抽查、抽检、突击检查等监管手段和安全事故发生后进行处罚的方式,这很容易形成"被动反应型"监管模式和思维定式,在时间和空间上造成监管空白。要真正实现全程治理,必然要求全社会的共同参与,形成共管共治的运行机制,而事实上各类社会主体蕴藏着参与食品安全监管的积极性,特别是公民作为直接的消费者有着政府无法匹敌的对食品安全进行监督的时空条件、信息来源,可成为最广泛、最彻底、最及时的食品安全监督者,同时这也是作为公民的一种社会责任。实现社会共治关键是如何建立科学的引导和法律规制机制。因此,2015年《食品安全法》修订,明确将"社会共治"作为其基本原则之一,并作了相应的制度安排,如:增加设立了食品安全违法行为有奖举报制度;规范了食品安全信息发布制度;规定了消费者协会及其他消费者组织对食品安全违法行为依法进行社会监督,食品行业协会在加强行业自律、食品安全信息发布、提供技术服务、推动行业诚信建设、普及食品安全知识等方面的社会责任。这些措施就是要通过动员社会所有的主体共同参与食品安全治理过程,协助政府提高监管效能,最终形成食品行业自律与监管的良性互动局面。

(三) 责任治理理念

食品安全监管的责任治理是指在赋予食品安全监管主体以监管职权的同时必须建立健全对监管主体相应的责任认定和追究机制,真正实现权责统一。监管职权与职责的统一是依法监管的题中之义,是保障监管主体既不得滥权亦不得怠权的制度依托。因此,应对监管主体行使职权的范围、方式、程序,监管失职的构成、问责的主体、问责的程序,责任机关和具体责任人员的责任承担方式等具体问题进行明确,并尽快完善食品安全监管法律责任体系的立法,包括责任主体、责任原则、责任构成、责任形式、责任追究等制度体系和运行机制的建立与完善。

第三节　食品安全中的人权

近年来食品安全事件频繁发生,食品安全问题引起越来越多的关注。"民以食为天,食以安为先"。食品安全关系到每个公民的生命健康。但根据 WHO 统计,发达国家每年约有三分之一的人次感染食源性疾病②。在发展中国家这种情况更为严重。我国食品安全形势也不容乐观,食品中毒事件时有发生。对于食品安全其实有两种理解,广义的食品安全包括数量上的安全和质量上的安全;近年来人们广泛关注的只是狭义的食品安全,即食品质量上的安全。数量上的食品安全也称为粮食安全,它关系到人们能否获得足够的食物和充分的营养,涉及免受饥饿的权利。数量上的食品安全和质量上的食品安全是密切联系的,如果没有足够的食物,人类无法保障生命和健康,而食品的质量上出现问题,同样会危及人类的生

---

① 信春鹰主编《中华人民共和国食品安全法解读》,中国法制出版社,2015 年,第 10 页。
② 大连日报:《关注食品安全 预防病从口入》,http://health. china. com. cn/2015 - 06/23/content_8010698. htm, 2023 年 4 月 5 日访问。

命和健康。但是两者也会发生冲突，较典型的就是转基因食品问题。作为一种具有超强生命力的高科技成果，转基因革新与技术在保证农业的稳产高产方面具有十分巨大的潜力，这对于一些面临食品严重短缺的发展中国家来说具有巨大的战略意义。然而，由于转基因技术对消费者及环境影响的不确定性，转基因农作物可能存在许多潜在的危险。[①]

食品安全是国家安全的一个重要组成部分，不但关系到国计民生，而且牵扯到国际贸易和国际关系。它与人权息息相关，食品安全中的人权不但需要国内法保护，而且也是一个国际法问题；它已经由附属性、间接的、多重的权利演变为一项直接的、明确的、综合的独立人权。

一、食品安全中的人权：间接模式

食品安全问题早已为有关国际人权文件所关注。1948年《世界人权宣言》第25条宣布："人人有权享受为维持他本人和家属的健康和福利所需生活水准，包括食物、衣着……和必要的社会服务……有权享受保障。"1966年《经济、社会、文化权利国际公约》第11条规定了类似的内容，并且确认了人人享有免受饥饿的权利，同时明确国家独自或通过国际合作发展农业、改进粮食生产、公平分配粮食等义务。1979年《消除对妇女一切形式歧视公约》在序言中特别提及妇女获取粮食的机会，其第12条第2款中规定：缔约各国应保证妇女"在怀孕和哺乳期间得到充分营养"。1989年《儿童权利公约》第6条规定："（一）缔约国确认每个儿童均有固有的生命权。（二）缔约国应最大限度地确保儿童的存活与发展。"又在第24条第2款第3项规定："消除疾病和营养不良现象。包括在初级保健范围内利用现有可得的技术和提供充足的营养食品和清洁饮水，要考虑到环境污染的危险和风险。"

上述国际公约的内容具有以下特点：①主要关注健康权，兼及生命权、环境权；②就食品安全的角度来说，主要关注社会保障，也就是说，生命权、健康权主要是一种社会权；③强调国家应当承担的发展生产、改进技术、公平分配、国际合作、保护环境等义务。

从各国宪法的规定来看，对生命权的保障主要是从消极意义上着眼的，即规定国家权力不得任意侵犯公民的生命权，大多涉及暴力侵犯和死刑问题；而对健康权的规定则主要是从医疗卫生的角度考虑的（国际公约也是如此）。而对食品安全问题往往缺乏直接的规定，只是在相关的社会保障条文中间接涉及食品安全。如日本《宪法》第25条规定："一切国民都享有维持最低限度的健康和有文化的生活权利。国家必须在生活的一切方面努力于提高和增进社会福利、社会保障以及公共卫生事业。"西班牙《宪法》第50条规定："公共权力通过适当的定期发放的抚恤金，保障第三年龄的公民的经济供给，同时不论其家庭义务如何，通过旨在解决他们健康、住宅、文化与休养的特殊问题的社会服务体制为他们谋取福利。"第51条规定："第一款　公共权力保障捍卫消费者和使用者的防卫，通过有效法律程序保护他们的安全、卫生以及他们合法的经济利益。第二款　公共权力为消费者和使用者扩大信息并进行教育，根据法律加强他们的组织，并在有关问题上倾听他们的意见。第三款　根据以上各款的规定的范围，法律调整国内商业和商检制度。"西班牙《宪法》第39条、第41条等多个条款也都涉及社会保障的内容。

少数国家的宪法具体规定了农业和食品问题。如葡萄牙《宪法》第96条（农业政策的目

---

① 严功翠、秦向东：《浅析消费者对转基因食品的认知和意向》，《安徽农业科学》2006年第1期，第154-156页。

标)第1款规定:"农业政策有下列目标:……(2)提供适当的基础设施及人力、物力、财力,提高农业生产率及产量,以确保改善国内供应并扩大出口;……(4)确保土地与现有自然资源的合理使用和管理,保护其再生力。"第103条(组织、农业恢复与价格)规定:"国家提倡依照本国的生态和社会状况组织和恢复农业的政策,并就农产品的销售,农业工人和食品工人共同定向的范围以及每一农业季节之初应确定的各种农产品的保证价格作出规定。"但是该国宪法并没有将(获得)食品作为一项明确的权利。

我国《宪法》第21条规定,国家发展卫生事业,保护人民健康。该条未涉及食品安全。第45条规定:"中华人民共和国公民在年老、疾病或者丧失劳动能力的情况下,有从国家和社会获得物质帮助的权利。国家发展为公民享受这些权利所需要的社会保险、社会救济和医疗卫生事业。"该条只是间接涉及(隐含)食品安全,并且仅适用于特殊人群。

综上可以看出,食品安全主要涉及公民的生命权、健康权、知情权和环境权。

(一) 生命权

生命权本来应当是一个很简单、显而易见的基本人权,然而在学术上却众说纷纭,但是,应当确定的是,现代生命权不仅仅是一种消极意义上的自由权,而是被赋予了新的内涵,即积极意义上的社会权。传统的生命权强调其不受侵犯、不可剥夺的属性。古典自然法学派对此有经典般的论述,如约翰·洛克(John Locke)认为:"人们既然都是平等和独立的,任何人就不得侵害他人的生命、健康、自由和财产。"[1]而时至今日,人们对生命权的理解发生了变化,"本质上,生命的基本权利不仅仅包括每一个生命不被任意剥夺,而且还意味着享有体面生活的各种基本条件"[2]。生命权不仅包含国家不得随意剥夺个人生命的内涵,还包括国家有义务和责任提高生命质量的含义。人们对生命权的解释由自由权扩大到与生命攸关的社会经济权利。生命权不仅止于"活着",而且还包含了生命的内容和质量,即如何赋予生命以意义、目的和尊严[3]。

"民以食为天"。食品安全首先表现为粮食安全,即数量上保证,解决人类的温饱问题,使人类免于饥饿。这是保障生命权的前提条件。"人皆有食"是人类的理想,但是目前全世界仍有6700万人需要紧急粮食援助,近30个国家和地区仍然受到粮食危机的困扰。其中撒哈拉沙漠以南的非洲国家面临的粮食问题尤为严重,营养不良的人口在这一地区也有较大增长。我国是一个人多地少的国家,用世界上7%的耕地,养活世界上22%的人口,在粮食安全方面仍然存在问题。

"食以安为先"。食品质量同样与人类生命密切相关,尤其是有毒食品,会直接危及人的生命。例如,劣质奶粉造成"大头娃娃",甚至直接导致婴儿死亡;一些猪内脏、猪肉导致疑似瘦肉精食物中毒事故;"红心咸鸭蛋"含有苏丹红;多宝鱼被检出多种能够致癌的禁用鱼药残留;桂花鱼含有孔雀石绿。这类事件频繁发生,致使人们对食品质量的关注远远超过了对粮食安全的关注,并强烈要求政府加强"从农田到餐桌"的全程监管,以保障人民的生命健康。

(二) 健康权

自从有人类以来,健康就是一个人们普遍关注的问题。但是,直到20世纪初,健康权才

① [英]洛克:《政府论》(下篇),叶启芳、瞿菊农译,商务印书馆,1964年,第4页。
② 郑贤君:《生命权的新概念》,《首都师范大学学报(社会科学版)》2006年第5期,第87-93页。
③ 郑贤君:《生命权的新概念》,《首都师范大学学报(社会科学版)》2006年第5期,第87-93页。

被纳入宪法,最早明确健康权的是 1919 年的德国《魏玛宪法》。第二次世界大战(简称二战)以后,健康权被写入许多国际公约之中。根据国际公约的规定,健康权不仅包括获得保健服务的权利,还包括获得诸如安全饮用水、适当的卫生设备、环境卫生和职业卫生等许多健康的基本前提条件的权利。与生命权相比,健康权更多地具备社会权的成分。伯吉特·托贝斯(Birgit Toebes)认为,健康权的核心内容包括两个方面。一是关于保健:母婴保健,包括计划生育;对主要传染病的免疫;对普通伤病的适当治疗;基本药物的提供。二是关于健康的基本前提条件:包括关于普遍健康问题及其预防和控制方法的教育;食物供应和适当营养的促进;安全用水和基本卫生设备的充足供应。① 也就是说,健康权主要是从卫生医疗保健的角度出发的,但是,其中涉及食品安全的内容,即食物供应和适当营养的促进、安全用水等。食品安全也从两个方面影响人类的健康,一方面,足够的粮食才能给人提供充分的营养,这是人维持健康的基本条件,粮食的绝对短缺会影响人们的健康,而粮食的分配不公、贫富悬殊等社会因素又会使这种后果更加严重;另一方面,有毒的食品会直接损害人的健康,劣质的食品也会因为不能提供足够的营养而严重损害人类健康,如劣质奶粉造成婴儿身体、智力发育不全。食品生产和加工过程中比较普遍地使用农药、化肥、激素等人工合成化学物质,严重威胁着人类健康。此外,污染食品、掺假食品存在严重的安全隐患,也极易危害消费者的日常健康。

（三）知情权

知情权英文为"right to know",也译为"知的权利""知悉权""得知权""了解权"等。知情权有广义、狭义之分,广义的知情权指公民、法人或其他组织知悉、获取与自身利益攸关的各种信息的权利。狭义的知情权指的是公民、法人或其他组织享有的知悉、获取官方信息的权利。知情权是一种较新的权利,二战之后才发展起来。有学者指出,知情权既具有公法意义,又具有私法意义,既是公法上的一项权利,也是私法上的权利。两者的区别主要是义务主体不同,公法上的知情权义务主体是行使公权力的机关或组织,而私法上的知情权义务主体是特定的私法主体。另外,公法上的知情权源于人权保障、人民主权的理念以及实现人民自由、平等和民主宪政价值。而私法上的知情权主要伴随诚实信用原则产生和发展,因此表现为附属性的特点,如告知义务和说明义务等。②

食品安全中的知情权也具有两种意义:一种是公法意义上的知情权,即公民、法人和其他组织,向公权力机关或组织请求并获取、知悉有关食品信息的权利;另一种是私法上的知情权,其义务主体是食品生产者和销售者。从公法意义上说,知情权的义务主体主要是有关国家食品安全监管机关,如食品药品监督、工商管理、质量技术监督、农业管理、卫生管理部门等。其内容则包括食品检测、监测的结果,风险评估,预警等食品安全方面的信息和宣传教育信息,食品安全监管机构应当主动发布相关真实信息或者应行政相对人的请求而公开有关信息。从私法意义上说,食品的生产者和销售者应当负有告知义务和说明义务。1985年《联合国保护消费者准则》明确规定了"使消费者获得足够之知讯,得依其希望及需要为消费者选择"的权利。我国《消费者权益保护法》第 8 条规定:"消费者享有知悉其购买、使用的商品的或者接受的服务的真实情况的权利。消费者有权根据商品或者服务的不同情况,要

---

① 国际人权法教程项目组编写《国际人权法教程》(第一卷),中国政法大学出版社,2002 年,第 342 页。
② 王平正:《公法意义上的知情权解读》,《河北法学》2007 年第 7 期,第 50－62 页。

求经营者提供商品的价格、产地、生产者、用途、性能、规格、等级、主要成分、生产日期、有效期限、检验合格证明、使用方法说明书、售后服务或者服务的内容、规格、费用等有关情况。"据此,有学者指出,消费者食品安全知情权包括:①消费者有权要求经营者按照法律、法规规定的方式标明食品的真实情况;②消费者在购买、使用食品时,有权询问和了解食品的有关具体情况;③消费者有权知悉食品的真实情况。[①]　相应地,生产者销售者负有告知义务。我国《消费者权益保护法》第19条规定了经营者的告知义务:"经营者应当向消费者提供有关商品或者服务的真实信息,不得做引人误解的虚假宣传。经营者对消费者就其提供的商品或者服务的质量和使用方法等问题提出的询问,应当做出真实、明确的答复。商店提供商品应当明码标价。"为保护消费者食品安全的知情权,《广告法》和《食品广告发布暂行规定》还特别规定了食品广告必须真实、合法、科学、准确,不得欺骗和误导消费者。2005年10月1日开始强制实施的《预包装食品标签通则》(GB 7718—2004)与《预包装特殊膳食用食品标签通则》(GB 13432—2004)规定,消费者对于产品名称有误导、没有标注真实名称、超前标注生产日期、暗示具有治疗功能的食品,都可以理直气壮地拒绝购买与进行投诉。然而,在食品安全方面,经营者与消费者之间并非处于信息平衡状态,一般来说,消费者由于信息匮乏而处于弱势,双方存在信息不对称,可能面临各种信息欺诈,要实现消费者的知情权还需要政府监管机构、专家、检测单位和新闻媒体与消费者的通力合作。

　　关于转基因食品的知情权是一个须特别注意的问题,也是一个复杂的问题。目前关于转基因生物对人体健康、生态环境和动植物、微生物安全的影响,在国际上尚无定论。不过,对于转基因产品的标识问题已经达成共识。2000年1月,包括我国在内的113个国家(地区)在加拿大签署了联合国《卡塔赫纳生物安全议定书》,明确规定,消费者对转基因产品具有知情权,转基因产品越境转移时,进口国可以对其实施安全评价与标识管理。这样做,一方面是保护消费者的知情权,使其能够自愿选择转基因食品;另一方面也便于日后追踪转基因食品对健康的影响。为保护公众的知情权和选择权,我国发布了《农业转基因生物安全管理条例》及《农业转基因生物标识管理办法》,其中规定:在我国境内销售列入农业转基因生物标识目录的农业转基因生物,应当进行标识;未标识和不按规定标识的,不得进口或销售。[②]　但是,转基因食品在外表上与非转基因食品并没有明显的区别,普通公众并不具备识别的能力,因此政府或相关机构需要加强对食品的检测和监测,才能保障公众的知情权。另外,价格因素也影响了人们尤其是低收入家庭的选择。

(四) 环境权

　　环境权也是一种新型的人权。环境权问题就是在生态危机日益严重的情况下被提出来的。环境权被国际社会普遍接受最早表现在1972年斯德哥尔摩联合国人类环境会议通过的《人类环境宣言》中,其第1条就宣告:"人类有权在能够过尊严和福利生活的环境中,享有自由、平等和良好生活条件的基本权利,并且负有保证和改善这一代和世世代代的环境的庄严责任。"环境权的提出是普遍利益的要求,其主体包括公民、法人、国家、人类,具有广泛性,内容关系到人类生存和发展的各个领域,在整个利用自然资源与保护环境领域中起着全局性、根本性作用。它既是集体的需要,又是个体的需要,它涉及"人之所以为人"的基本条件

---

①　廖善康:《消费者食品安全知情权》,《商场现代化》2006年3月(上旬刊),第228页。
②　涂梅花:《转基因食品挑战公众安全知情权》,《安全与健康》2003年第5期,第6-7页。

和基本内容,具有不可缺乏性、不可取代性。环境是人类生存的必要条件,为人类的生存提供基本物质条件和空间场所。我们保护环境是为了保证人类的生存繁衍。环境污染和环境的不断恶化,破坏了人类生存需要的基本物质条件,人类为了生存才产生了对环境权的要求。如果环境继续恶化就保证不了当代人和后代人的生存质量,进而影响人们的生活及社会的发展。保护环境不但能改善环境质量,还能促进人与自然的和谐发展。环境权是通过个人权利形式体现的人类权利,作为一项基本人权,其核心是生存权。作为人的首要权利,它是每个人都应平等享有的,如果受到限制和剥夺,就等于剥夺了人的生存基础。任何人在当今社会都不可能脱离环境而独立存在,也不可能以任何方式独自去享有环境利益。正是因为环境权不可或缺、不可剥夺、不可转让,所以它构成基本人权。[1]

食品安全与环境权的关系主要可以从三个方面来认识。第一,马克思说,"人们首先必须吃、喝、住、穿",《孟子》中有:"食色,性也。"食物是人类生存的第一需要,不吃不喝谁都无法生存。食品构成人类生存环境的首要条件。第二,环境对农业和食品的影响。农业生产与自然环境的联系最为密切,阳光、水、土壤、空气等气候和地理条件直接关系到农作物的产量和质量。自然环境的恶化和城市化进程使耕地锐减,直接影响粮食产量,酸雨、水体污染、空气污染等都会直接导致农业减产和产生劣质或有害食品。水体污染还会导致鱼类和食用水产品的死亡甚至灭绝。有些大型人为工程还会破坏生物生殖繁衍的环境,破坏生物的多样性和生态平衡,从而影响农业和食品生产。第三,食品生产和消费又反过来影响自然环境。人口增长及人类对食物的需要导致过度开垦,从而影响生态环境,造成水土流失、荒漠化。人类"口味"的无节制造成许多生物巨减,从而导致生态失衡和自然灾害,如大量地食用蛇、猫头鹰、青蛙等造成对动物的天然食物链的破坏。科技越发达,人类生产能力越强,这种危害的可能性就越大。转基因作物对环境安全的影响就是典型的例子。转基因作物释放到田间后,可能将所转基因转移到野生作物中,破坏自然生态环境,打破原生物种群的动态平衡。其具体表现有:破坏生物的多样性、产生超级杂草、目标生物体对药物产生对抗性、通过基因重组产生新的病毒等。[2]

二、食物权:一个直接、明确的综合概念

无论是《世界人权宣言》《经济、社会及文化权利国际公约》还是《儿童权利公约》都是从"适当的生活水准"、社会保障或者健康权的角度来考虑"食品"问题的,它们体现了 1941 年罗斯福"四大自由"的设想,要求在世界范围内实现"免于匮乏"的自由,消除贫困。但这些国际文件并没有明确"食物权(食物权利、食品权利)"的概念,即"the right to food"。

在食物权(食品权)概念出现以前,另一个概念起到了过渡作用,即"获得适当食物(食品)的权利",英文为"the right to adequate food",在前述国际公约中其实已经蕴含了这一概念,但是对这一概念的明确体现在联合国经济、社会及文化权利委员会的第 12 号一般性意见(1999 年)中,该文件对这一概念还作出了解释:"当每个男子、妇女和儿童单独或与他人一起,在物质和经济上随时能得到适当的食物或掌握获得适当食物的方法时,就实现了获得

---

① 王群:《论环境权的性质》,《学术交流》2007 年第 4 期,第 53-55 页。
② 严功翠、秦向东:《浅析消费者对转基因食品的认知和意向》,《安徽农业科学》2006 年第 34 卷第 1 期,第 154-156 页。

适当食物的权利。"而"'适当'一词的准确含义在很大程度上取决于普遍的社会、经济、文化、气候、生态和其他条件"。该委员会认为,获得适当食物权的核心内容是指能获得在数量和质量上足以满足个人饮食需要的食物的权利。食物不得含有有害物质并能为某一特定文化环境所接受;此外,食物还必须是可持续获得的,这是指长期的可提供性和可获得性。"饮食需要"一词比生理上对营养物的需要的含义要广,其强调为身心发展和生理活动所必需两方面。"食物不得含有有害物质"要求在食物安全、卫生和环境保护领域采取某些措施;"食物供应为特定文化所接受"则要求人们不得被迫食用违背其宗教信仰的食物。"可提供性"是指可以通过耕种田地养活自己,或者有运作良好的食物分配体系。对于在获得食物方面遇到问题的无土地者和其他弱势群体来说,后者尤其重要。①

其实在区域国际公约中早就有了明确的"食物权"的概念。例如,1988 年《美洲人权公约附加议定书》第 13 条规定:"食物权利。人人有得到保证其可能享受最高水平的身体、心理和智力发展所需要的足够营养的权利。"该条除在"可能享受最高水平""智力"等词语上有所发展之外,并没有特别超出以前的国际公约的相关内容,但是其最突出的贡献在于第一次明确了"食物权利"的概念,并把它作为一项独立的人权加以规定。

在全球范围内明确"食物权"概念的国际文件是 2002 年 2 月 15 日联合国大会关于第三委员会报告的决议《食物权》。其正文第 1 条规定:"重申饥饿构成一种侮辱和对人的尊严的侵害,因此要求在国家的、区域的和国际的级别上采取紧急的措施将其消除。"第 2 条规定:"同样重申每个人获取安全和营养的食物的权利,与适当的食物权和每个人的免于饥饿的基本权利相一致,俾得能够充分地发展和保持他们体力和脑力。"②与以前的文件相比,该决议突出地强调了人的尊严与饥饿或食品权之间的联系以及食物的"安全"性。其原因可能是要保护发展中国家尤其是南部非洲国家的自尊。非洲这些年发生了严重干旱,2002 年美国承诺向他们提供数千万吨玉米援助,但因为没有标明是否为转基因玉米,结果被津巴布韦、马拉维、赞比亚和莫桑比克政府拒绝。这被新闻媒体冠以"非洲饥民拒绝转基因食品"的标题大加赞扬,称其为:"饿死也不吃嗟来之食的人们自尊与独立人格的绝唱!"③

其实关于"人的尊严"早就在相关的国际人权公约或宣言中得以庄严宣示和声明。正是二战期间对人的尊严的践踏,《世界人权宣言》序言开头即写道:"对人类家庭所有成员的固有尊严及其平等的和不移的权利的承认,乃是世界自由、正义与和平的基础。"并随后又重申"人格尊严和价值的信念"。而联合国大会《食物权》决议的发展则在于将食物权与人的尊严直接联结起来。

在以前的国际人权文件中,无论是"获得食物""免于饥饿"还是"足够的营养",都是侧重于食品从数量上满足人的生存、健康、发展的需要,而《食物权》第一次使用"安全"(safe)一词,表现出对食品质量安全的关注,从而使国际人权文件中的"食品安全"的含义更加全面。当然,"safe"可能还具有文化上的含义。这些变化与近来食品质量安全形势的严峻,包括假

---

① 国际人权法教程项目组编写《国际人权法教程》(第一卷),中国政法大学出版社,2002 年,第 324 - 325 页。同时参见:"United Nations Committee on Economic, Social and Cultural Rights," *General Comment No. 12: The Right to Adequate Food*. http://www.unhchr.ch/tbs/doc.nfs/0/3d02758c707031d58025677f003b73b9?Opendocument.

② Resolution adopted by the General Assembly〔on the report of the Third Committee (A/56/583/Add. 2)〕56/155. *The right to food*. http://www.fao.org/Legal/rtf/intl/56-155e.pdf.

③ 张田勘:《非洲饥民拒绝转基因食品》,《科技日报》2002 年 10 月 21 日。

冒伪劣和有害食品的泛滥以及对转基因食品隐患的担忧等是分不开的。

在联合国粮食及农业组织（FAO）的官方网站上，一篇关于庆祝"世界粮食日"（World Food Day）的文章对"食物权"有一个全面的定义："食物权是每个人有正常获取为活跃的、健康的生活（所需）的充分的、营养上适当的和文化上可接受的食物的权利。它是有尊严地养活自己而非被别人喂养的权利。在超过8.5亿人仍然缺乏足够的食物的情况下，食物权不仅是经济上、道德上和政治上势在必行的，而且它也是一项法律义务。"①该文还说，2002年世界粮食（食物）峰会决定制定实现每个人的适当食物权的指导方针，2004年食物权指导方针被FAO一致通过。食物权指导方针是帮助努力根除饥饿的国家使用的手段。除此之外，该方针是一系列连贯的关于劳动、土地、水、遗传资源、可持续性、安全网络、教育和国际尺度的建议。它还鼓励分配预算资源到反饥饿和贫困项目，比如那些当前被莫桑比克和巴西所采取的措施。一旦承认食物权，各国政府就有义务尊重、保护和实现该项权利。

食物权由附属性的、间接的权利发展为一项明确的综合权利，目前已经成为一项独立的人权。随着国际实践和国内实践的发展，也许它还会被赋予新的内涵。

第四节　食物权的新发展——整体性食物权

在20世纪"食物权"被提出来之后，其内涵在不断地丰富。近来整体性食物权概念的提出，意味着食物权概念的新发展，同时表明了食物权的理念层次的新提升和人类社会的新境界。只有追踪这一新理念、丰富这一新理念、实现这一新理念方能占领世界前沿，这也是我辈不可推卸的历史使命。

一、整体性食物权概念的提出

（一）食物可持续性的提出

1999年5月，联合国经济、社会及文化权利委员会第12号一般性意见第7段对食物可持续性进行了解释："可持续性（sustainability）的概念与适当食物权和粮食安全的概念有着内在的联系，暗示着食物对今代人和后代人都是可获得的。'适当'一词的准确含义在很大程度上取决于普遍的社会、经济、文化、气候、生态和其他条件，而'可持续性'则被纳入长期可提供性和可获得性的概念。"

我国部分研究食物权的学者注意到上述文件，也曾提及食物权的可持续性②，但并没有对可持续性予以过多的关注，更没有对食物权的可持续性展开论述。

国外很多学者对食物（权）的可持续性进行了深入的研究。法国索邦大学（巴黎）法律博

---

① FAO of the UN, On 16 October 2007, FAO will celebrate World Food Day with the theme. The Right to Food. http://www.fao.org/righttofood/news4_en.htm,2007年7月22日访问。

② 林沈节：《食物权及其解释》，《太平洋学报》2009年第9期，第54-64页；孙娟娟、杨娇：《适足食物权及其相关概念的法制化发展》，《人权》2017年第3期，第88-104页。宁立标：《食物权的概念分析》，《长春工业大学学报（社会科学版）》2009年第4期，第40-43页。

士、欧洲委员会农村法律理事会秘书长莱蒂西亚·布尔热(Leticia Bourges)撰文指出,食品生产对环境和气候变化产生影响,因为它需要巨量的能源、水和其他资源,并且产生垃圾。食物对生命来说是基本的。鉴于全球食品生产需求的增加,政府应该促进食品生产在经济上和环境方面是可持续的。食品生产者必须有效地利用资源、减少垃圾产生。政府能够通过消除立法障碍或促进可持续的食品消费来支持营业者。他还对联合国粮农组织以及欧盟、美国、加拿大等主要农产品生产国(地区)的可持续农业(林业、渔业)政策进行了总结、介绍和评论。[①] 美国威斯康星大学法学院副教授斯蒂夫·塔依(Steph Tai)对全球供应链时代的食物可持续性进行了研究。他主张采取措施促进全球相关行为者将可追溯性、透明性、第三方参与纳入供应链合同。[②] 卡萨布兰卡大学法学教授穆罕默德·阿里·马库瓦尔(Mohamed Ali Mekouar)认为,食品与环境显然是紧密相连的,如果不保持自然与农业的平衡关系,根本无法持续保证人类的食物供应,因此,应当将食物权置于牢固的法律基础之上,在生态农业范式之上精心维护食物权,将粮食安全与生态可持续性连在一起,在可持续发展时代背景下维持食物权。[③] 加拿大西蒙菲莎大学的肖恩·康奈利(Sean Connelly)等人对可持续性与经济融合、加拿大地方食品发展进行了研究。[④] 美国的热尼·兰姆(Jeni Lamb)以可持续性视角对 2008 年《食品、保护和能源法案》中的能源政策尤其是生物燃料进行了研究。[⑤] 诸如此类,不一而足。

(二) 整体性食物权的提出

国际组织对食品或农业可持续性的关注引发了学界对食品可持续性的研究,经过长期的积累,食物权概念发生质变,整体性食物权(the right to holistic food)的提出是食物权发展中的一次质的飞跃。

2019 年,美国《佛罗里达国际法杂志》发表了澳大利亚新英格兰大学法学讲师陈颖(Ying Chen)的文章《改善可持续性,促进整体食物权:农业综合企业的作用》,首次提出了整体性食物权的概念。陈颖是印第安纳大学法学博士,长期关注食物权研究,2010 年曾在《欧洲法律改革》杂志发表过《食物权》一文。世界上大部分国家对食物权的认知还停留在粮食安全的水平上,国际社会已经将食物权推进至既包括粮食安全又包括食品安全还包括营养均衡的层面。从仅仅关心数量到考虑质量是一个巨大的进步。而陈颖则将食物权又推进一步,即把第三个要素——可持续性纳入其中。食物权的全面实现需要粮食安全、食品安全、可持续性三个要素的整体促进,而三个要素是不可分割、不可或缺的。国际社会逐渐意识到食物权的复杂性,尽管可持续性没有明确地被纳入食物权的概念,但前述联合国经济、社会及文化权利委员会的文件已经考虑到将来人类的食物供应。同样,联合国特别报告员奥利

---

① Leticia Bourges, "The Impact of Food Legislation on Sustainability: Organic vs. Conventional?", *European Food and Feed Law Review*, March26, 2020.

② Steph Tai, "Food Sustainability in the Age of Complex, Global Supply Chains", *Arkansas Law Review*, 71(2) 2018, pp.465 - 480.

③ Mohamed Ali Mekouar, "Food Security and Environmental Sustainability: Grounding the Right to Food on Agroecology", *Environmental Policy and Law*, 44(1 - 2)2014, pp.44 - 54

④ Sean Connelly, Sean Markey &. Mark Roseland, "Bridging Sustainability and the Social Economy: Achieving Community Transformation through Local Food Initiatives", *Critical Social Policy*, 31(2)2011, pp.308 - 324.

⑤ Jeni Lamb. "Adding Biofuel to the Fire: A Sustainability Perspective on Energy Policy in the 2008 Food, Conservation, and Energy Act", *Sustainable Development Law &. Policy*, 9(1)2008, pp.36 - 74.

维尔·德·舒特(Olivier De Schutter)在最终版联合国特别报告(2014)中,特别强调了保留人类后代利用食物的机会之重要性,建议紧急转换到生态农业模式,认为这是改善食物系统的弹性和可持续性的有效途径。[①] 这些表述预示着对食物权理解的提升。陈颖提出两点建议:第一,把可持续性整合进食物权的概念,因为农业活动引起的环境退化严重威胁到人类的健康和动物的福祉,更严重的是,会影响子孙后代的生产和繁荣;第二,对相关概念的明确,它可以消除不必要的模糊和防止误解,更重要的是,它能形成权威并向全球社会发出采取进一步行动的强烈信号。鉴于这个原因,他呼请以"整体性食物权"替代"食物权"的概念。新的术语讲清了食物系统的整体性质,除了粮食安全和食品安全,整体性食物权说清楚了农业活动对公共卫生、环境和人类作为一个整体的影响。它追求改善"长久的"生产力,并为当前人类和子孙后代都提供安全健康食品的机会。他还建议实行对粮食安全、食品安全、食品可持续性分别进行评估的"三步法"。[②] 陈颖随后在该文中把重点转向讨论美国食品综合企业如何在种子(转基因)、杀虫剂、除草剂、肥料(化肥)中实现可持续性以及其他操作性问题,并没有对整体性食物权做进一步探讨。这些问题有待于学术界更深入的研究。

可持续性不是简单地与粮食安全、食品安全并列的第三要素,而是要融入粮食安全、食品安全;或者更准确地说,可持续性与粮食安全、食品安全三者协同融合构成整体性食物权。整体性食物权还将可持续性与可提供性、可获得性融合在一起。

二、整体性食物权的理论基础

任何事情的发生都并非完全出于偶然,整体性食物权概念的诞生有其深刻的理论基础。对其理论基础的追溯不仅仅是为了准确地理解这一概念本身,也有利于丰富这一概念的内涵,促进其理论研究的发展,推动其在实践中的普及和实现。

(一) 可持续发展理论

可持续发展是1987年世界环境与发展委员会在《我们共同的未来》报告中正式提出的概念,可持续发展是指既满足现代人的需求又不损害后代人满足需求的能力。经济、社会、资源和环境是一个完整的系统,人类在发展经济的同时,应当保护好赖以生存的自然资源和环境,以便子孙后代能够永续发展。可持续发展是经济、社会、人口、资源、环境的协调发展。

可持续发展本身包含三个基本原则。第一,公平性原则,包括:本代人的公平,即同代人之间的横向平等;代际公平,即世代人之间的纵向公平,即不能"吃祖宗饭,断子孙路"。第二,持续性原则。持续性原则的核心思想是人类的经济建设和社会发展不能超越自然资源与生态环境的承载能力。资源的永续利用和生态系统的可持续性是人类持续发展的首要条件。第三,共同性原则。可持续发展作为全球发展的总目标,应该由世界各国、全体人类共同遵从。

可持续发展原则又称绿色发展原则,已为很多国际条约或宣言等文件所认可,成为人类行为的普遍准则,也为世界各国国内立法所确认,是对环境保护、经济发展、社会活动具有普

---

① U.N. General Assembly, Olivier De Schutter (Special Rapporteur), Report of the Special Rapporteur on the Right to Food, Final Report: The Transformative Potential of the Right to Food (A/HRC/25/57), 2014.

② Ying Chen, "Improving Sustainability and Promoting the Right to Holistic Food: The Role of Agribusiness", *Florida Journal of International Law*, 31(1)2019, pp.143-178.

遍指导意义的基本准则。

(二) 整体性思维

与整体性思维相对的是还原论(还原分析法、离散性思维),整体性思维正是在对还原论进行否定之否定的基础上形成的。在古代,无论是中国还是西方国家,整体主义直观思辨占据主导地位,但是,近代以来,还原论取而代之,占据绝对主导地位。从 15 世纪中叶开始,西方自然科学及哲学一直沿着还原论的方向,用经验分析的方法,先把整体分解为部分,把高层次还原为低层次,接着按从小到大、由浅入深的顺序来认识事物,探索宇宙的奥秘。科学家用分析、分解和还原的方法揭示了大自然的许多奥妙,取得了巨大成就。[①] 一直到 20 世纪中期,机械论和还原论还是自然哲学的主要方法论。西方的分析传统也是同还原论紧密联系在一起的,也与“主客二分”的思想紧密联系,其认为人是主体、自然是客体,主体征服、战胜、支配客体,自然界是可以无限提取的资源库和无限容纳的垃圾箱,这种观点缺乏悲天悯人的人文情怀,是西方人类中心主义和科学主义、技术理性主义的重要哲学根源,与当代生态环境恶化难脱干系。[②]

人类进入信息时代,整体性思维代替还原论乃势所必然。任何事物都是一个有机联系的整体或系统,事物的发展遵循整体性原则,但“整体并非等于部分之和”。亚里士多德认为整体大于局部之和。事物部分的改变并不必然引起事物整体性质的变化,但容易积恶成祸。自然作为一个整体,能够承载世界上所有的物种,维持其多样性,而同时又具有创造、变化能力,从而能增加多样性。[③] 随着现代科学技术的飞速发展,科学技术对人与自然的破坏性越来越大。生态系统是一个有机的整体。各种因素相互联系,相互作用,相互依赖,其中一些因素发生变化,就可能引起其他因素相应的变化,甚至有些变化可能引起整体性的改变。如果发生剧烈的环境变化,可能破坏生态系统的平衡,甚至造成毁灭性后果,短时间内很难恢复甚至永远难以恢复。[④] 当代科学已由分析发展到综合,产生了许多边缘科学,一方面分工越来越细,另一方面联系更加密切。借助现代的系统方法,现代科学运用整体性思维,既注重部分与整体的相互联系,又注重部分与部分之间的联系。[⑤] 整体性思维更注重系统性和综合性(全面性)。

我国儒家和道家思想都崇尚整体性原则。儒家思想中的整体性主要是强调人体自身的和谐,是为了人本身。人的统一性和完整性是人这个物种与其他物种的区别所在。“天人合一”是对这种整体性的最好表达。道家思想则认为人是自然的一部分,人的活动不能破坏自然的整体性,人和自然之间相互依靠和相互作用;不能违背“道”,要维护自然的“阴阳平衡”,应该“无为”。[⑥] 中国传统的系统思维方式历史悠久,只是到 19 世纪后期西方的还原分析法才传到中国,这也是中国近代自然科学落后的原因之一。但是,任何事物都有两个方面,在如今信息时代、生物科技时代,这种传统反而可能更有利于我们思维方式的转换,就连西方

---

① 赵光武:《用还原论与整体论相结合的方法探索复杂性》,《北京大学学报(哲学社会科学版)》,2002 年第 6 期,第 14 页。

② 毛新志:《转基因食品的伦理问题研究》,华中科技大学 2004 年博士论文,第 182 - 183 页。

③ 毛新志:《转基因食品的伦理问题研究》,华中科技大学 2004 年博士论文,第 34 - 37 页。

④ 毛新志:《转基因食品的伦理问题研究》,华中科技大学 2004 年博士论文,第 34 - 37 页。

⑤ 肖玲诺:《传统哲学整体性思维模式与中国现代化建设相互作用初探》,《求是学刊》1993 年第 6 期,第 26 页。

⑥ 毛新志:《转基因食品的伦理问题研究》,华中科技大学 2004 年博士论文,第 34 - 37 页。

的一些科学家也开始对中国古代整体性辩证思维方式充满兴趣。当然,现代整体性思维与古代朴素的直观的思辨有质的不同,是经过否定之否定之后的更高发展阶段。

现代整体性思维是人类思维史的第三阶段,是对近代还原分析法(离散性思维)的扬弃,也是对古代整体性思维的创造性"复归",这种思维对促进生态意识的形成、实现可持续发展具有重要的作用,对整体性食物权的产生、丰富、实现具有指导性价值。

三、整体性食物权的重心——可持续性

自人类诞生以来,自然界与农业保持着长期的平衡,畜力和自然力形成耕作的动力系统,绿肥是主要的肥料,大地上种植的粮食基本上满足人口增长引起的食物需求。农业活动基本上控制在环境可以承受的边界之内。尽管过度的开垦也部分造成水土流失,加之气候的综合作用形成了部分地区沙漠化现象,但是,总体上还能保持人与自然的和谐。但是,工业革命之后科学技术飞速发展,生产力迅猛提升,人类在征服自然战胜自然的同时,对资源进行疯狂的掠夺,对环境无节制地污染,使人们对人类的未来产生深深的担忧。工业生产力和由此造成的工业污染是人们关注的第一个目标,但是,农业生产、农业污染也对环境资源造成了严重的影响(农业生产本身也出现工业化),尽管世界粮食产量本来足以适应人口增长的需要,但是,由于贫富差距、世界发展的不平衡,每年仍然有成百万的人口处于饥饿之中,自然的、社会的因素综合在一起,使食物权得不到应有的保障。在此背景下,可持续发展应运而生。

(一) 对可持续性的质疑和辩护

时至今日,可持续发展似乎已然成为世界公认的原则,然而对可持续发展的理念并非没有质疑。牛津大学经济学荣誉研究员威尔弗雷德·贝克尔南(Wilfred Beckernan)认为,可持续发展理论是基于伦理含义的混乱和明目张胆地对相关事实证据的无视;它建立于两个站不住脚的论点之上,一个是经济增长很快就会抵达资源可利用性的极限,另一个就是它代表道德高地。可持续发展的概念含混,在可持续发展之上建立连续性政策就变得不可能,但如果减缓增长伤害了那些处于饥饿边缘和陷于贫困中的人的利益呢? 认为经济连续增长是不可持续的观点是没有经验(实验)依据的。人类资源耗竭预言无法实现,因为经济进步会带来资源提取方法的不断进步,会出现再循环、技术性替代。事实上,资源是无限的,无须特别担心。[①] 罗宾·克雷格(Robin Craig)和梅琳达·本森(Melinda Benson)则认为可持续发展是以静止的观点看问题,气候变化科学促进了对可变底线观念的理解,人类追求维持或保持在现存不变生态下的"某种状态"可能性非常小,如果有的话。我们对什么需要维持并不清楚。气候变化指示我们从可持续性的镣铐中解脱出来,而代之以对环境管理和政策制定更有适应能力的方法。还有很多学者批评可持续性概念的模糊性。可持续已经被泛化,什么都可以套上可持续性的帽子。加利福尼亚大学戴维斯分校教授、空气质量专家弗兰克·米特洛纳(Frank Mitloehner)博士宣告了畜牧业并不影响气候的观点:如果畜群大小保持恒定,则甲烷含量不会增加,因为甲烷的分解速度与产生甲烷的速率相同;目前关于甲烷对全球变暖的影响进行了过度评估;畜牧业不仅可以减少温室气体排放,还可以对大气层产生净

---

① Wilfred Beckernan. "A Poverty of Reason: Sustainable Development and Economic Growth", *Natural Resources & Environment*, (78)2004.

冷却作用。①

针对这些观点,美国奥尔巴尼法学院教授基思·广川(Keith Hirokawa)指出,可持续发展并非依赖于当下或未来环境的静态概念,可持续发展理念是多元化的、不断进化的、有适应能力的。可持续性只在动态语境下才有意义。罗宾·克雷格和梅琳达·本森对可持续性的批评正是在这一点上被击破的。没有可知的目标,可持续性不能判断一个计划比别的(计划)"更可持续"。可持续性正是基于过程指导的理念发展的。可持续性始于对相关环境、经济和社会的考量,不是可孤立看待即可完成的理念。相反,其决定程序必须整合各种因素,因为它是一个多元化的程序。② 可持续实践的理念支持经济增长、资源利用和人类独创性,对现实发展没有威胁。③ 笔者以为,可持续发展作为一个目标、一种理论或者一种理念,即便其具有抽象性、模糊性,也是有价值的。作为一种目标,它为人类指明了方向,是一个概念的革新(革命),避免或延缓人类走向灭亡。作为一种理论,它是建立在对人类行为(发展)模式的致命缺陷的深刻认识和反思之上的,它让整个人类警醒,使人们深刻认识到人类所面临的危机。作为一种理念,它可以指导我们的具体行动。我们可以通过国际文件、宪法法律、具体行动纲领和计划项目使其具体化并加以落实。至于可持续性被泛化的现象可能存在,但是,并非可持续性概念本身之错,反而说明可持续性已被广泛认同。食物可持续性、农业可持续性或者生态农业,应该视为可持续性本身应有之义。当然,对可持续性的质疑并非没有价值,可以促使我们进一步地深刻思考可持续发展的可操作性。

(二) 可持续食物系统

食物生产影响环境和气候变化,因为它需要巨量的能源、水和其他资源,同时产生垃圾。食物对生命来说是必不可少的。考虑到全球食物生产增长的需要,政府应促进食物的生产及环境的可持续。由此观之,食物生产者必须有效利用资源并使垃圾生产最小化。例如,政府通过消除立法上的障碍或者促进可持续消费支持行业经营者。④

怎么理解食物的可持续性或者可持续食物系统呢? 国际组织和一些农业大国做出了自己的探索。联合国粮农组织(FAO)已经设计出一个横跨农业、林业、渔业的可持续性共同愿景和一套整体性方法——可持续食物和农业的 5 原则:提高对可持续农业关键性资源的利用效能;可持续性要求保留、保护和增进自然资源的直接行动;未能保护和改善乡村生计、平等和社会幸福的农业是不可持续的;增强人、社区和生态系统的弹性(快速恢复的能力)是可持续农业的关键;可持续农业和食物系统需要负责并有效的治理机制。欧盟也在积极推进可持续食物系统的建立。欧盟农业研究常务委员会的文件还给"可持续性"下了定义:以不超过地球再生能力的比率运用资源。⑤ 运用整体性视角考虑可持续性很重要。就此而论,可

---

① 吴荣富:《探寻食品链可持续发展的灵感》,《中国禽业导刊》2020 年第 8 期,第 46 页。

② Keith H. Hirokawa, "Saving Sustainability", *Environmental Law Reporter News & Analysis*, 46(2)2016, p.10151.

③ Keith H. Hirokawa, "A Challenge to Sustainable Governments?", *Washington University Law Review*, (87) 2009, pp.203 - 204.

④ Leticia Bourges, "The Impact of Food Legislation on Sustainability: Organic vs Conventional?", *European Food and Feed Law Review (EFFL)*, 15(1)2020, p.18.

⑤ Peter Glavič & Rebeka Lukman. "Review of sustainability terms and their definitions", *Journal of Cleaner Production*, 15(18)2007, pp.1875 - 1885.

持续食物系统的范围非常广泛,但其支柱包括环境、经济和社会因素。因此,在欧盟,可持续食物系统意味着在对环境低影响下保存自然资源的同时提供足够的、优质的食物产品。《欧洲 2020 战略:一个资源效益的欧洲》要求提高资源利用效率,寻求减少投入,减少垃圾,改进资源储存管理方式,优化生产程序,完善后勤。① 可持续食物系统不再仅意味着食品,而是一系列因素的组合,涉及食物怎样生产、怎样分配和怎样消费。因此,食物可持续性包括低环境影响和可持续农业实践,促进不用人工肥料和杀虫剂的有机食品生产,也即不再将新的合成化学品引入土壤、空气和水。在美国,可持续食物系统是一个生产原则,囊括对环境和土地有益、同时生产比传统食品更有营养的优质食品的农业实践。概括地说,可持续食物系统是一种追求改善环境、经济和提升社会幸福感的哲学。在加拿大,可持续食物系统是指安全、可持续的食物系统,正因为如此,他们要捍卫食物系统以使动物健康和植物资源免遭疾病、虫害、外来侵入物种威胁,同时确保加拿大人有机会获得营养食品。②

无论是欧盟国家、美国还是加拿大,都重视有机食品的生产和消费。发展有机耕作在欧盟可获得适当支持。简言之,有机耕作就是追求提供新鲜、美味和可靠食物,同时尊重自然生命周期系统的农业体系。有机耕作是一种旨在利用自然物质和过程生产食品的方法。这意味着有机耕作仅对自然环境产生有限影响。它鼓励:负责地利用能量和自然资源;保持生物多样性;保持区域生态平衡;改善土壤肥力;保持水质。另外,有机耕作鼓励高水平的动物福利并要求农场主满足动物的特殊行为需求。有机生产或多或少构成实现可持续性目标的基本因素。但是,有机生产只是可持续生产和消费的一部分或不完全的方法。有机生产的支配地位会带来严重的全球粮食危机,因为我们的星球人口在增长。③

对于食物的可持续性,我国学者的直接探讨较少,一些学者对生态农业(绿色农业)及其法律机制进行了初步研究。顾金峰指出,绿色食品经济(绿色农业经济)的基础是生态农业,他强调充分利用自然资源并尽可能不使用化学用品,以保障农业生产的质量和产品安全;不能以环境为代价损害未来发展能力;要从全人类的角度出发,做到因地制宜。④ 陈继昆对有机农业进行了研究,他认为有机农业是基于明确和严格的生产标准,致力于实现社会、经济和生态持续性最优化的农业生态系统;有机农业避免使用化学合成品、合成的防腐剂和食品添加剂,不采用辐射和转基因等,可以避免农产品受污染,从而生产出有机、健康和营养的食品。⑤ 自可持续发展理论提出以来,中国即开始了对可持续发展的研究,同时开始反思中国传统的发展模式,探索科学发展、绿色发展之路,并由最初以工业污染治理为重点发展到全面治理污染和保护环境资源。"绿水青山就是金山银山"的理念是可持续发展的中国化表达,提升了农业可持续发展的地位。中国是一个人口大国,也是一个农业大国,农业可持续发展更加重要,也更加复杂。2010 年联合国食物权特别报告员奥利维尔·德·舒特指出,中国经济和社会的巨大转变、土地退化和气候变化所形成的威胁,给粮食生产带来新的挑

---

① European Commission, https://ec. europa. eu/agriculture/organic/organ ic-farm ing/what-is-organ ic-farmingen.

② Leticia Bourges, "The Impact of Food Legislation on Sustainability: Organic vs Conventional?", *European Food and Feed Law Review (EFFL)*, 15(1)2020, p.18.

③ Leticia Bourges, "The Impact of Food Legislation on Sustainability: Organic vs Conventional?", *European Food and Feed Law Review (EFFL)*, 15(1)2020, p.18.

④ 顾金峰:《绿色食品经济与农业可持续发展研究》,《食品研究与开发》2016 年第 23 期,第 220 页。

⑤ 陈继昆:《有机农业是可持续发展的方向》,《云南农业》2004 年第 2 期,第 16 页。

战,如工业化和城镇化进程使耕地保护的压力增大,贫富分化加剧、城乡差距拉大,向可持续农业的转型遭遇困局,营养不良和食物安全问题难以解决等。[①] 我国仍然是一个发展中国家,发展与环境保护、食物权与生态环境之间的冲突相对突出。因此,我国发展可持续农业或者可持续食物应当注重以下几个方面:严格控制城市建设、工业用地的规模;防止和控制农药、化肥、杀虫剂、除草剂等造成的农业污染;谨慎对待转基因食品,严格转基因植物试验规范,预防转基因作物风险,严格监督转基因农作物隔离带设置,谨防转基因"逃逸";做好退耕还林、退耕还草的生态补偿;保护传统小户农业,保护传统农作物种子,避免粮食种子"一刀切",对传统农业予以补贴,以保护农作物种子的多样性;适度发展有机食品,严格有机食品标准,避免鱼龙混杂。

四、食物权与可持续性的冲突与平衡

粮食安全和食品安全构成食物权的基本因素或基本条件,食物权的可持续性更多地考虑保障后代人的食物权可能性,三者本来均为食物权的不可缺少的要素,但是其中却包含着内在的冲突。

南非就发生了一个影响较大的渔民适足食物权案。1998 年南非颁布了《海洋生物资源法》,并对捕鱼进行一定的限制,促进渔业的可持续发展以及保护海洋环境。但是该法的实施,使一些靠捕鱼为生的传统渔民不能进入他们原来的捕鱼区捕鱼,生活面临严重困难。2007 年,这些渔民向开普敦高等法院以及平等法院起诉好望角省环境事务和旅游部长,主张《海洋生物资源法》侵害了他们的平等权、捕鱼权,并且侵害了他们的适足食物权。平等法院的判决认为传统渔民有资格靠捕鱼为生。最高上诉法院认为争议的法律侵害了适足食物权。在诉讼过程中,渔民和部长达成协议,政府允许这些传统渔民按原来方式捕鱼。法院批准了这一协议,并要求政府修改《海洋生物资源法》。[②]

在东南亚和撒哈拉周边的很多低收入国家,农业正在发生转变。一些农民发现种植经济作物更加有利可图,于是从与贫穷或近于贫穷相连的小型生计农业转移出去。但是在总体上,社会组织、国家发现经济作物种植可能导致更大的收入不平等和环境恶化。爱德华·巴比尔(Edward Barbier)写道:"不适当地使用农药和化肥、对土壤的过度种植、贫乏的灌溉系统会影响整个农业生态系统的可持续性,增加抵御压力和抗打击的脆弱性。"经济作物像咖啡、橡胶和棉花等非食品作物的巨量增加减少了极端贫困人口本地生产食物资源的机会。[③] 当用作贸易的粮食作物如水稻、小麦出口之后导致国内的食物整体涨价,极端贫困人口再次支付不起食品价款。生计农业向经济作物的转变加重了社会分化、经济不平等和营养问题。[④]

在发展中国家,贫困人口如乡村农民、渔民的生活本身就很拮据,其赖以生存的生计如

① Carmen G. Gonzalez, "The Global Food Crisis: Law, Policy, and the Elusive Quest for Justice", *Yale Human Rights and Development Law Journal*, (4)2010, p.41.

② Christophe Golay & Melik Özden, "The Right to Food", http://www.cetim.ch/en/documents/Br-alim-A4-ang.pdf, p.25.转引自宁立标:《适足的食物权及其法律保障研究》,吉林大学 2010 年博士论文,第 87 页。

③ Edward B. Barbier, "Cash Crops, Food Crops, and Sustainability: The Case of Indonesia", *World Development*, 17(6)1989, pp.879 – 895.

④ World Development Report 2000/2001, Attacking Poverty 61 – 76(2008), at 135 – 159.

捕鱼如果与资源或环境的可持续性发生冲突，国家和社会都面临两难的选择，要么牺牲眼前利益以图将来的长远利益，要么牺牲长远利益照顾贫困人口眼前的生存。穷则思变是人的本能追求，种植经济作物可能会增加农民的收入，可是同时又导致粮食作物的减少和土壤肥力的降低以及环境的污染，再加上国际贸易的原因，可能导致贫困人口雪上加霜。完全依赖贫困人口自身的努力，政府不作为，无法实现农业的可持续发展或者生态农业。因此，政府和社会必须采取措施进行协调和平衡。

当生计农民（以农业谋生的人）选择转换到经济作物种植的时候政府应该提供支持。有利于借贷者的农村信贷计划、小额贷款、银行贷款法律是让生计农民生活更容易的金融和经济政策的范例。[①] 面对过度的债务，农民可能被迫运用不可持续的但是高产的农业技术。这些技术可能引起环境浩劫，但是农民必须还清他们的沉重债务。如果政府有对农业贷款的控制和利息的上线限制，那么农民就不会选择让他们的资源达到恶化或耗竭的程度。[②] 其他能够把全球化农业中贫穷的乡村农民解脱出来并减少环境、经济和社会伤害的措施包括：增加免费学校和诊所等乡村社会服务；传播农业技术，而这些技术是有效的并且是环境可持续性的；一套进步的税务系统；建立土地信托和公园；增加对季节性短工的定向性社会服务。[③]

改革开放 40 多年来，我国农村在经济发展的同时，环境污染和生态破坏也相当严重。有些地方水土流失严重，灾害频仍；一些农村地区人畜粪便、生活污水和生活垃圾随意处置，导致农业环境日益恶化；不少农民过量使用化肥、农药及污水灌溉造成土壤板结，肥力下降，同时土壤受到重金属等物质的污染，又影响农作物的产量和质量，对人体造成危害。[④] 这些现象显然不符合农业可持续发展的需要，影响生态农业建设。

针对上述情形，从中央到地方都在努力促进农业生态环境的改善。在中央层面，尚无专门的农业生态环境保护立法，但有《环境保护法》《农业法》《农产品质量安全法》《水污染防治法》等相关立法。其中《农业法》有多个条款涉及保护农业生态环境的内容：维护和改善生态环境，促进农村经济社会发展（第 4 条）；坚持科教兴农和农业可持续发展的方针（第 6 条）；加强林业生态建设（第 16 条）；增加对西部地区农业发展和生态环境保护的投入（第 38 条）；合理开发和利用水能、沼气、太阳能、风能等可再生能源和清洁能源，发展生态农业，保护和改善生态环境（第 57 条）；保护渔业水域生态环境（第 63 条）；防止造成环境污染和生态破坏（第 65 条）；农业生态环境污染事故的处理（第 66 条）。在地方层面，许多省份已经制定了专门的农业生态环境保护条例，如《湖北省农业生态环境保护条例》（2006 年修订，1993 年《湖北省农业环境保护条例》同时废止）、《江苏省农业生态环境保护条例》（1999 年施行，2004 年、2018 年修订）、《安徽省农业生态环境保护条例》（1999 年施行、2018 年修订）。此后，甘肃、四川、江西、福建、山东、内蒙古等省份相继出台各自农业生态环境保护的地方性法规。湖北省前述条例已经规定了将农业生态环境保护经费纳入财政预算，建立和完善农业生态补偿机制；规定了对畜禽养殖废弃物和农作物秸秆的综合利用、农业投入品废弃物的回收利

① Stephan J. Goetz, "Economies of Scope and the Cash Crop-Food Crop Debate," *Senegal*, *World Development*, (20)1992, pp. 727 - 734.

② Robert S. Lawrence, Iris Chan and Emily Goodman, "Poverty, Food Security, and the Right to Health," *Georgetown Journal on Poverty Law & Policy*, 15(3)2008, p. 583, p. 603.

③ World Development Report 2000/2001, Attacking Poverty 61 - 76(2008), at 45 - 59.

④ 戚道孟、王伟：《关于中国农业生态环境保护的立法思考》，《中国发展》2008 年第 1 期，第 39 - 40 页。

用、生物农药和生物有机肥的推广使用等。整体性的农业生态环境要求农业生态补偿立法的系统性和完整性,我国农业生态补偿的法律规定在内容上还相当零散。[1] 因此,必须努力消除立法碎片化现象。特定的治理机制合作可以促进可持续性。可追溯性、透明性、第三方强制力和适应性机制是可持续性的支撑点,这些支撑点的协同比各个支撑点单独采用更能促进可持续性。[2]

我国人口众多,尤其需要重视粮食安全,城市化进程仍在延续,耕地保护与城市建设用地之间存在激烈的矛盾。退耕还林、退耕还草保护了生态环境,却降低了农业产量。有机农业提高了食物的质量却降低了粮食产量。转基因食品弥补了粮食短缺,却蕴含着未知的风险。要解决生态环境保护与农民生产生活的矛盾,必须健全农业生态补偿制度。地方政府应当根据本地区耕地污染、退化情况,进行休耕轮耕、发展有机农业,引导、鼓励保护性经营,对实施保护性经营的个体户和单位进行生态补偿。国家和地方应当加大财政支持力度,落实生态保护地区的生态保护补偿金,确保其真正用于生态保护补偿。[3] 具体来说,政府应该适当突破"谁利用谁补偿"原则,设置动态、合理的补偿标准,根据生态保护和社会经济发展的不同阶段,与时俱进地进行适当的动态调整。各地应因地制宜,对不同区域实行差别补偿标准;实现生态补偿模式多元化,除了政府支付的主要模式之外,鼓励社会资金参与农业生态补偿;同时,可以适当地借鉴美国的经验,加强农业生态补偿的针对性和实效性。美国农业部所有生态补偿项目的参与都是竞争性的。参与者的受教育程度、社会经历、职业及其他社会经济特征对项目的获得、项目实施的最终效果都有着非常重要的影响。政府应当确定合适的生态补偿目标区域,确保环境效益成本的最大化,避免多余的支付或对资金投入的浪费、社会矛盾和政治腐败。[4]

处理食物权与可持续性的关系,其实质是处理今代人食物权与后代人食物权之间的关系,既要考虑今代人的生存,又要为未来子孙后代的生存提供足够的空间。两者之间要合理考量,保持一个合理的平衡。这种平衡既要照顾代际公平,又要考虑代内公平,即同代人之间的公平。在贫富差距拉大的情况下,让穷人更穷当然不可取。国家和社会应给予以农业(牧业、渔业等)生产谋生的农民(牧民、渔民等)适当的补贴,以弥补他们为生态农业所做的牺牲,同时,在制定政策时要注意把握尺度和标准。如为了保护长江水域生态环境,长江实行"十年禁渔"(太湖亦如此),国家为捕鱼为生的渔民提供生活补贴,地方政府甚至为太湖上的疍民(靠捕鱼为生居住在船上的渔民)建房,将其迁居上岸。但是,值得思考的是,十年禁渔的合理性如何,科学性如何呢?

世界上的资源是有限的,食物资源也是如此。当一部分人奢侈浪费,另一部分人就有可能忍饥挨饿,其食物权就难以实现。当然,反对浪费并非自动带来食物权的普遍实现,还有赖于公平的社会分配机制。当代人的过度食物消费有可能提前消耗后代人的资源,破坏环境,从而影响后代人食物权的实现,使食物的可持续性难以保持。

食物可持续性的实现不仅依赖于食物的生产——农业、林业、牧业、副业和渔业生产方

---

① 林红:《基于农业环境法视域的我国农业生态补偿构建研究》,《学术交流》2013 年第 12 期,第 65 - 66 页。

② Steph Tai, "Food Sustainability in the Age of Complex, Global Supply Chains," *Arkansas Law Review*, 71(2) 2018, p.465 - 480.

③ 李嵩誉:《农业绿色发展法律机制的建构》,《郑州大学学报(哲学社会科学版)》2020 年第 2 期,第 41 页。

④ 林红:《基于农业环境法视域的我国农业生态补偿构建研究》,《学术交流》2013 年第 12 期,第 65 - 66 页。

式的革新,还依赖于食物消费者消费行为模式的改革,涉及食物消费理念、消费习惯乃至消费文化的改变。动物保护有一句大家耳熟能详的口号:"没有购买就没有杀戮。"食物生产自然影响食物消费,反过来,食物消费也引导食物生产,在食品市场经济中可能需要一场"需求(消费)侧改革"。

食品消费在人们的日常消费结构中处于基础性的地位,食品消费对环境的影响在所有消费领域中是最强的。过度的食品消费导致水资源恶化、土壤退化和生物多样性破坏。食品消费向可持续模式的转变不仅有利于保护生态环境,还有利于改善人体健康。可持续消费正在成为各国制定公共政策的着力点。食品消费的可持续模式是未来发展的必然选择。[①]

美国越来越多的地方或州制定了与动物福利有关和影响人类食物的法律,如:加利福尼亚州禁止出售马肉作为人类消费品(1998)及拥有和出售鲨鱼鳍(2011);芝加哥禁止以强制喂食的方式生产肥鹅肝。加利福尼亚州还通过公民投票(63.5%的支持率)禁止小农场的动物圈养,一些州禁止柳条箱装载怀孕的母猪,一些州禁止将小牛装入板条箱。美国政府普遍地参与食物供应及人们的日常饮食消费选择深深地影响了生产者(或大或小,或有机或工业化)和消费者。一些人提出对食物选择的基本权利以对抗政府的卷入,坚决主张个人有"食物"自由权——一种决定他们消费食物的类型和数量的权利。法庭却不承认此项权利,但问题是味觉自由是人们的追求目标吗?[②]

本地食物偏好一方面让人联想到"食物主权",另一方面也与食物的可持续消费相联系。很多美国人认为,本地食物消费有利于减少营养丢失和运输消耗。联结消费者与健康食品是美国聚焦于食品的新政策的一部分。较流行的关注点在于三个方面:第一,食物生产和食物消费最有意义的距离在于有益于环境的当下食物系统,减少消费者营养损失及密切消费者与生产者;第二,粮食安全是美国的一个严肃的问题,它不仅关系到贫困消除还关系到获得健康食物的机会;第三,美国人与其食物的疏离是让美国社会痛苦的有关健康的食品问题之一。美国现在的食物系统依赖于长距离的运输:牲畜饲料的运输、牲畜到饲养场的运输、作物加工设备运输、产品运送到食品店的最大"食物里程"。营养在转移中丢失,作物依转运能力选择而不是依营养和味道来选择。此外,这个系统严重依赖于影响气候变化的矿物燃料驱动的运输。[③] 一方水土养一方人,人的味觉是有记忆的。根据科学的解释,人之所以对味觉有记忆,源于胃里的菌群对习惯性食物的记忆,一旦各类菌群遇到非习惯性"食物"就会爆发连锁反应,导致集体"抗议",随后会传递到人的大脑。所以有水土不服的现象。[④] 因此,本地食品偏好是人类的共同特点,发展本地食品种植有利于提高消费者的幸福指数。在加拿大和美国的佛罗里达州,政府出台法规和政策鼓励本地社区种植粮食和蔬菜,包括家庭(尤其是贫困家庭)种植,他们认为,这样不仅节省了运输成本,还节省了广告费用,有利于保证食物的可持续性。但是,这个政策不适合照搬到我国(城市),我国的城市人口密集,小区里面毁绿种菜是禁止的。但是,在郊区或者在长期搁置的建设用地上,适当种植蔬菜或粮食

---

① 全世文:《食品可持续消费行为:动力机制与引导策略》,《世界农业》2020 年第 6 期,第 25－35 页.

② Samuel R. Wiseman, "The Dangerous Right to Food Choice," *Seattle University Law Review*, (38) 2015, p. 1299.

③ Susan A. Schneider, "A Reconsideration of Agricultural Law: A Call for the Law of Food, Farming, and Sustainability," William & Mary Environmental Law & Policy Review, (34) 2010, p. 935.

④ 黎荔:《我们的肠胃记忆》,https://baijiahao.baidu.com/s?id=1727809580013498371&wfr=spider&for=pc.

作物,一方面可以充分利用土地缓解粮食危机和食品安全危机,另一方面也方便本地市民满足本地口味,提高市民的幸福指数。

欧洲对新型植物性产品和具有额外健康益处的食品的需求在不断增加。消费者的可持续食品意识也在日益增强。德国有超过 17 万种食品,不仅比以往更优质、更安全,而且更可持续、更多样化、更廉价。但据调查,15％的受访者表示,他们会更加关注食品的生态足迹;13％的受访者表示,提高可持续性并不能成为转向食用替代蛋白质等食品的理由。[①]

对于贫困的发展中国家来说,依靠外援来消除饥饿只是杯水车薪,更重要的是自身的能力建设。救急不救穷,授人以鱼不如授人以渔。发展本地食品生产当然是一个脱贫的有益措施,然而,对于那些生产粮食供自己消费仍有剩余的农民来说,剩余的粮食是否能够运输出去,卖到市场是一个难题。交通状况和运输成本让他们望洋兴叹。对于那些粮食不能自给的贫困人口来说,又没有足够的经济能力购买粮食来解决饥饿。挪威奥斯陆大学教授阿斯比约恩·艾德(Asbjorn Eide)等认为,饥饿不是源于世界或某个国家平均食物的短缺。用一个简单的经济学术语来说,食物供给不是依赖于需要,而是主要依赖于有效需求。即如果处于饥饿之中的人们拥有经济资源,把他们对食物的需要变成对食物的有效需求,就会有生产者为挨饿者提供食物。重要的是,生产者为付得起钱的人生产,而不是为需要者生产。例如,富裕的消费者增长的购买力导致对肉类需求的增长引起牲畜生产的增长,即使用以肉类生产的牲畜需要饲料的量比人们为提供同样多的卡路里直接消费谷物的量大 10 倍。[②]

转基因食品消费也与转基因食品生产联系密切。转基因食品充满争议,自然科学界和实务界至今尚无定论。一方面,转基因食品增加了粮食产量,减少了化肥、农药、杀虫剂、除草剂的使用量,减少了环境污染。另一方面,转基因食品充满了不确定因素和风险。转基因农作物可能影响生物的多样性,基因逃逸会对自然界产生不可预知的影响,转基因作物的种植有可能影响人类的可持续发展。食用转基因食品对人类生育能力是否有影响尚无定论。然而,人口的增长、粮食的短缺、便宜的价格使得贫困人口不得不选择转基因食品,即使商品上使用了明确的转基因标签。在非洲,由于宗教和文化的影响,人们宁愿挨饿也不食用转基因食品。转基因食品在非洲基本上没有市场。在美国,法律对转基因食品采取实质等同性原则,只要没有证据证明转基因食品产生危害,就与非转基因食品同等对待。因此,消费者的态度对转基因食品起决定性作用。在我国,对转基因食品的态度因人而异,研究者和生产者、贸易商意见分歧严重,众说纷纭。官方机构的态度也不一致,甚至前后抵牾。黑龙江省人大立法禁止生产转基因食品,尽管引起争议,但是立场明确。是否购买和食用转基因食品,消费者有自由选择权。问题是,在收入差距拉大的情形之下,低收入家庭是否有能力实现选择的自由。

勤俭持家、爱惜粮食是中国的传统美德,但是随着经济的发展,人民生活水平的提高,浪费等不健康的饮食文化也严重地损害着环境资源。正如由于攀比、虚荣或爱面子心理使假名牌充斥市场一样,曾长期处于贫困中的人们的炫富心理也会造成饮食消费中的大量浪费

---

① 墨菲:《更健康、更可持续、更数字化:2019 年世界食品博览会(Anuga)发布全球食品行业发展趋势报告》,《中国食品》2019 年第 9 期,第 34 页。

② Asbjorn Eide, Arne Oshaug & Wenche Barth Eide, "The Food Security and the Right to Food in International Law and Development," *Transnational Law & Contemporary Problems*, (1)1991, p.415.

现象,不合理的饮食结构还会损害消费者的健康。尽管我国从总体上消除了绝对贫困,但是作为人口大国,我们对于粮食安全问题仍然应该随时警惕。食品安全问题依然不容乐观,畸形消费和面子消费必须根绝。《反食品浪费法》于 2021 年 4 月 29 日颁布并实施,旨在防止食品浪费,保障国家粮食安全,节约资源,保护环境,促进经济社会可持续发展,同时也是在倡导文明、健康、节约资源、保护环境的消费方式,提倡简约适度、绿色低碳的生活方式。该法在某种程度上类似于"软法",尽管也包含监督措施,但是法律宣传和社会自觉遵守更加重要。革除不良饮食习惯和文化心理,形成良好的社会饮食文化是全社会的责任,也是解决问题的关键。

第五节　国外食品安全监管体系

世界各国和地区通过立法建立了不同类型但行之有效的食品安全监管体系,我国作为后起国家,在这一领域相对滞后,所以考察和借鉴欧美、日本等发达国家和地区的食品安全监管体系是非常必要的。

一、美国的食品安全监管体系

(一) 美国食品安全监管机构及其职责分工

美国实行食品安全机构联合监管制度,建立了联邦、州和地方政府既互相独立又相互协作的食品安全监督网。联邦及各州政府具有食品安全管理职能的机构有 20 多个,但其中最主要的,具备制定食品安全法规和进行执法监管的联邦行政部门有 5 个,主要按照食品类别进行分工监管。

(1) 卫生部(DHHS)—食品及药品管理局(FDA)。FDA 的职责是确保美国本国生产或进口的食品、化妆品、药物、生物制剂、医疗设备和放射产品的安全。它是最早以保护消费者为主要职能的联邦机构之一。其主要责任是保护消费者免于被掺假的、不安全的和食品安全与检验局规定之外的贴有虚假标签的食品欺骗,并负责监管各洲际贸易中出售的国产及进口食品,包括带壳的蛋类,但不包括肉类、家禽、瓶装水、酒精含量低于 7% 的葡萄酒饮料。在国际上,FDA 被公认为是世界上最大的食品与药品管理机构之一。其他许多国家都通过寻求和接受 FDA 的帮助来促进并监控本国产品的安全。

(2) 农业部(USDA)—食品安全与检验局(FSIS)。FSIS 负责国内生产与进口的肉类、家禽、蛋制品及相关产品安全的监管。

(3) 农业部(USDA)—动植物健康检验局(APHIS)。APHIS 负责管制水果、蔬菜和其他植物,防止动植物有害物和疾病。执行动物福利法案以及处理伤害野生动植物的案件,保护和促进美国农业的健康发展。

(4) 卫生部(DHHS)—疾病控制与防治中心(CDC)。CDC 负责所有食源性疾病的调查与防治,调查由食品传染的疾病的病源,防止食品传染类疾病。

(5) 环境保护总署(EPA)。EPA 负责监管农药和饮用水,测定新杀虫剂的安全性,制定食品中可容许的杀虫剂残留标准,提出更加安全的灭虫方法,保护公众健康和环境免遭农药污染①。

此外,商业部下属的海洋和大气管理局负责监管鱼类和海产品;财政部下属的酒精、烟草与火器管理局监管含酒精饮料(不包括酒精含量低于7‰的葡萄酒饮料);海关与边境保护局(CBP)与联邦管制机构合作执法,确保所有货物在进入美国时都符合美国法规条例的要求;司法部和联邦贸易委员会也不同程度地承担对食品安全的监管职能等。

这样,联邦政府负责食品安全的部门与地方政府的相关部门一起,构成了一套综合有效的安全保障体系,对食品从生产到销售的各个环节实行严格监管。1999年3月,美国总统食品安全委员会成立了一个跨机构的专家组对食品安全管理体系进行审查,结果表明在管辖权上美国目前的监管体系没有明显的漏洞:在食品链的每一个点上至少有一个联邦机构在发挥作用。②

(二) 美国食品安全法律体系

美国从1906年的《联邦食品、药品和化妆品法》开始,迄今一个多世纪的时间里制定的有关食品安全的法律法规非常繁多,既有综合性的,也有非常具体的,涵盖了食品生产的所有种类和"从农田到餐桌"的整个流程,为食品安全制定了非常具体的标准及监管程序,被公认为是较完备的法规体系。

1. 以《联邦食品、药品和化妆品法》为核心的食品安全法律规范体系

《联邦食品、药品和化妆品法》是美国关于食品和药品的基本法,为食品安全的管理提供了基本原则和框架。按照此法,食品工业的责任是生产安全和卫生的食品,政府通过市场监督而不是强制性的售前检查来管理食品行业,并赋予各个食品管理部门相应的管理权限。经过无数次修改后,该法已成为世界同类法中较为全面的一部法律。在此基础上的其他制定法主要有:《公共卫生服务法》《食品质量保护法》《联邦肉类检验法》《蛋类产品检验法》《禽类产品检验法》《联邦杀虫剂、杀真菌剂和灭鼠剂法》《食品安全现代化法》。另外,美国食品及药品管理局制定发布的《FDA食品法典》(指导零售食品企业在其操作上提高食品的安全性)和食品生产卫生标准(为制造、包装、保存食品的行业制定的"良好生产规范"),为食品安全提供了可操作的权威标准和规范。值得关注的是,2011年美国通过的《食品安全现代化法》从预防控制、强化对进口食品的监管、强化横向纵向及国内国际合作等方面对《联邦食品、药品和化妆品法》进行了较大的修订,反映了美国食品安全法律发展的新动向。

2. 食品安全责任

对于食品安全的责任问题,美国将其归入产品责任法的调整范围,食品工业和其他工业产品一律适用产品责任法的规定,而不另行制定农产品质量法。③

二、欧盟的食品安全监管体系

(一) 欧盟食品安全监管机构——欧盟食品安全管理局(EFSA)

欧盟食品安全管理局是欧盟最主要的食品安全监管职能部门。2000年的欧盟《食品安

---

① 徐楠轩:《欧美食品安全监管模式的现状及借鉴》,《法制与社会》2007年第3期,第233-234页。
② 张涛:《食品安全法律规制研究》,厦门大学出版社,2006年,第141页。
③ 张涛:《食品安全法律规制研究》,厦门大学出版社,2006年,第141页。

全白皮书》提出建立欧盟食品安全管理局的建议,2002年1月,依据欧盟理事会和欧洲议会发布的178/2002号指令,该机构正式建立,并开始行使职能。

1. 主要职责

欧盟食品安全管理局负责监督整个食品链,根据科学的证据作出风险评估,为政治家制定政策和法规提供信息依据,具体有如下三项职责:一是负责区域内食品安全领域的立法及提供政策建议;二是提供科学建议和科学技术支持,公布可能对食品安全产生广泛影响的科学和技术方面的因素;三是与成员国和欧盟委员会协调,就交换风险信息、风险管理、危险评估等进行合作。

2. 主要职能部门及各自的职责

（1）管理委员会:负责确保食品安全管理局行之有效地运作。

（2）咨询论坛:协助行政主任开展工作,由每个成员国分派1名代表组成,形成关注有关潜在风险的信息交流和知识积累的机制。

（3）专门科学小组:由独立的科学专家组成,如负责食品添加剂、调味品加工辅料和食品接触物质的小组,负责动物卫生与福利的小组,负责生物危险的小组,负责食品污染链的小组等。

（4）科学委员会:负责总体协调,确保各个专门科学小组的意见保持一致。[①]

综上可见,其与美国的食品及药品管理局有较大差异,虽从性质上讲,其一般被认为是一个独立的执法主体,但从工作内容看,它更像是一个食品安全管理的技术支撑机构。对食品质量的管理更注重的是预防,即通过风险评估、风险交流,提高食品安全危机防范与处理的准确性和有效性,通过建立快速预警系统,控制食品安全事件与事故的发生,实现风险管理。在处理食品安全事件方面,欧盟对可追溯制度的建立做出了明确规定,确立了食品和饲料从业者对食品安全负有主要责任的原则;同时通过制定紧急事件应对措施,及时处理食品安全事件。[②]

（二）欧盟食品安全法律体系

欧盟对现代食品安全立法虽然比美国晚得多,但经过近几十年来的快速发展已经形成了一个较为完善的法规体系,涵盖了“从农田到餐桌”的整个食物链（包括农业生产和工业加工的各个环节）。从其形成来看,以欧盟1997年发布的《食品法律绿皮书》、2000年1月发表的《食品安全白皮书》、2002年1月颁布的第178/2002号法令为主要标志。其中《食品安全白皮书》搭建起欧盟的食品安全体系框架,178/2002号法令则可谓欧盟食品安全的“基本法”。

1. 欧盟《食品安全白皮书》的主要内容和作用

《食品安全白皮书》（简称《白皮书》）共116项条款,分9章内容,包括食品安全原则、食品安全政策体系、建立食品安全专项管理机构（即后来的欧洲食品安全管理局）、食品法规框架、食品管理体制等。《白皮书》提出了一项根本改革,就是食品法以控制“从农田到餐桌”全过程为基础,包括普通动物饲养、动物健康与保健、污染物和农药残留、新型食品、添加剂、香

---

① 张涛:《食品安全法律规制研究》,厦门大学出版社,2006年,第143页。

② 刘俊展、李明立、嵇俭、于光利:《欧盟国家食品安全法规建设实施概况及启示》,《中国农技推广》2007年第4期,第15－17页。

精、包装、辐射、饲料生产、农场主和食品生产者的责任,以及各种农田控制措施等。其中各项建议所提的标准较高,在各个层次上具有较高透明性,便于所有执行者实施,为新的食品安全政策提供了一系列计划以使立法适应消费者的要求,成为一套具有连续性和透明度的法规。因此,《白皮书》成为欧盟和各成员国制定食品安全管理措施以及建立欧洲食品安全管理机构的核心指令,奠定了欧盟食品安全体系高度统一的基础,是欧盟食品安全法律的核心。

2. 欧洲议会和欧盟理事会 178/2002 法令的主要内容与作用

按照《白皮书》的决议,欧洲议会和欧盟理事会于 2002 年 1 月 28 日发布 178/2002 法令,并于 2003 年做了修订。法令共 5 章 65 项条款,分别就该法的适用范围与定义、食品法总则、欧洲食品安全管理机构、快速报警系统和风险管理以及有关程序和其他条款做出了规定和描述。该法令确立了食品安全法规的总体目标即维护人类的生命与健康、保护消费者权益、促使食品自由流通;为实现此目标,突出了四项原则:风险评估原则、预警原则、保障消费者权益原则和透明原则;明晰了食品和食品安全的通用定义,扩充了食品及食品安全涵盖的范围。该法令很重要的一个内容是确认了欧洲食品安全局的法律地位,规定了该机构的核心工作内容,明确了食品安全的管理主体,确立了处理与食品安全有直接或间接影响事务的一般程序。

该法令是一部纲领性法规,强调原则要求和框架构建,其核心是将食品安全管理放大到食物链的全过程,覆盖所有的生产与经营环节。其后大量的相关单项(专项)或综合性关系食品安全的法规与条例都根据此法做出了相应的修订和完善,故有欧盟食品安全"基本法"之称。

3. 其他欧盟食品安全法律规范

欧盟现有的主要农产品(食品)质量安全方面的法律规范除《通用食品法》《食品卫生法》《添加剂、调料、包装和放射性食物的法规》外,还有一些由欧洲议会、欧盟理事会、欧委会单独或共同批准,在《官方公报》公告的一系列 EC、EEC 指令,如关于动物饲料安全法律的、关于动物卫生法律的、关于化学品安全法律的、关于食品添加剂与调味品法律的、关于与食品接触的物料法律的、关于转基因食品与饲料法律的、关于辐照食物法律的等。[①]

在欧盟食品安全法律框架下,各成员国如德国、荷兰、丹麦等也形成了一套各自的法规框架,这些法规并不一定与欧盟的法规完全吻合,主要是针对成员国的实际情况制定的。

三、日本的食品安全监管体系

(一)日本食品安全监管机构及其职责分工

日本的食品安全监管体制是按照食品从生产、加工到销售流通等环节来明确相关政府部门——主要是农林水产省和厚生劳动省的分工与职责。

农林水产省主要负责国内生鲜农产品生产环节的安全管理,农业投入品的产、销、用的监管,进口农产品动植物检疫,国内农产品品质和标识认证及认证产品的监督管理,流通环节中批发市场和屠宰场的设施建设,消费者反映和信息的搜集沟通等。

---

① 毕金峰、魏益民、潘家荣:《欧盟食品安全法规体系及其借鉴》,《中国食物与营养》2005 年第 3 期,第 11-14 页。

厚生劳动省主要负责加工和流通环节的食品安全监管,包括:组织制定农产品中农药、兽药最高残留限量标准和加工食品卫生安全标准,对进口食品的安全检查,国内食品加工企业的经营许可,食物中毒事件的调查处理;流通环节食品(畜、水产品)的经营许可和依据食品卫生法进行监督执法以及发布食品安全信息等。①

农林水产省和厚生劳动省之间既有分工又有合作,为实现两者的无缝衔接,2009年日本成立了消费者厅,负责两个省之间工作的联络,以及与媒体、消费者协会等机构的沟通与协作。

(二)日本食品安全法律体系

1947年,日本厚生劳动省颁行《食品卫生法》,后相继出台《屠宰法》《不当赠品类及不当标识防止法》《健康增进法》《食品标识法》《农药管理法》等,基本建立了"从农场到餐桌"的全过程监管法律制度和较为完备的风险评估、风险管理、风险沟通等制度。

2003年制定的《食品安全基本法》系目前日本整个食品安全法律体系的基础。从立法目的来看,其突出了食品的安全性立法理念;从法律调整的范围来看,其涵盖所有食品和食品相关物品及食品从业者的行为,同时,还对食品生产和销售中的食品及添加剂的标识和广告进行了规范。该法在食品安全责任方面不但将主体从国家扩大到地方公共团体、食品相关从业者及消费者,实现了责任主体多元化,而且大大加重了对违法者的处罚,如规定违法者最高可判处3年有期徒刑和300万日元的罚款,对企业法人最高可处以1亿日元的罚款等。

以《食品安全基本法》为基础,整合相关法律法规,日本形成了比较完善的食品安全法律体系,并且建立起一些具有自身特色的制度,如:日本专门立法对食品营养进行规制,即《营养转化法》;制定了专门保障食品安全执法部门财政的法律,即《食品卫生法实行国库补助的政令》;专门确定了推行HACCP管理认证的企业比例,并立法予以规范,即《关于食品制造过程高度化管理临时措施法》(2013年废止);等等。此外,日本还有数量众多的食品安全标准。这些标准在构建食品安全体系方面起到了基准作用。

纵观世界,特别是欧洲、美国、日本等较发达国家和地区,其食品安全监管机构体系虽千差万别,但基本模式不外乎以下三种:由中央政府各部门按照不同职能共同监管;由中央政府的某一职能部门负责食品安全监管工作,并负责协调其他部门来对食品安全工作进行监管;中央政府成立专门、独立的食品安全监管机构,由其全权负责国家的食品安全监管工作。这三种模式有其各自的形成背景、特点和优势,我们应在了解分析的基础上加以参考、借鉴。

---

① 张涛:《食品安全法律规制研究》,厦门大学出版社,2006年,第141页。

第二章

我国食品安全监管法律制度体系

第一节 我国食品安全监管法律制度

一、我国食品安全监管立法的历史发展

(一) 从部门规章到行政法规时期

中华人民共和国成立初期,我国经济处于百废待兴阶段,所以在食品问题上首要解决的是民众的温饱问题。当时的食品品种相对单调,多采用传统的生产工艺,加上计划经济体制单一的流通模式和有计划的食品分配,食品安全监管仅停留在各政府职能部门的日常工作中,并没有将其纳为重要的法律调整内容。1949 年中华人民共和国成立后,我国首先建立了中央人民政府卫生部药品食品检验所,后在全国各地建立了卫生防疫站,开展了包括食品卫生在内的各项卫生管理工作。与食品监管相关的法规最初仅局限于各部门对具体食品领域的特别规定,如:1953 年卫生部颁布的《清凉饮食物管理暂行办法》,扭转了因冷饮不卫生引起食物中毒和肠道疾病暴发的状况;1960 年发布的《食用合成染料管理办法》,纠正了当时滥用有毒、致癌色素的现象等。

直至 1965 年,国务院颁布《食品卫生管理办法试行条例》,这是我国首个最高层次的有关食品监管的综合性法规,其规定,卫生部门应当负责食品卫生的监督工作和技术指导。食品生产、经营单位及其主管部门,各级卫生部门,应当密切配合,互相协作,共同履行食品监管职能。这种多元食品监管格局的确立,使政府加大了对食品管理的力度,标志着食品监管已由单项管理过渡到了全面管理。

1966—1976 年"文化大革命"期间,食品监管领域少有新的法律、法令颁布。但是一些部门仍坚持履行监管职能,如:1967 年卫生部、化工部、轻工部、商业部联合颁发了 8 种食品用化工产品标准和检验方法;1974 年国务院针对食品卫生存在的严重问题,下发了批准国家计委《关于防止食品污染问题的报告》,要求做到"不合卫生要求的食品不生产、不出厂、不销售、不出口、不进口",将搞好食品监管,保护人民健康提到了一个新的高度。

自 20 世纪 70 年代末开始,尤其是党的十一届三中全会以后,我国的立法工作重新步入正轨,食品监管法治建设受到了高度重视。1979 年,国务院颁布《食品卫生管理条例》,对食品卫生标准、食品卫生要求、进出口食品管理、违反条例的奖励和惩罚都做出了原则性的规定,将食品监管的重点由预防肠道传染病发展到了防止一切食源性疾病的新阶段。但因属于行政法规,其监管的范围与效果十分有限。随后,国务院各部委制定了一系列与食品监管有关的规章,各地方也配套出台了许多与食品监管有关的细则和管理办法,初步形成了由中

央到地方,从国务院到各部委制定颁发的食品法规体系。

(二) 食品卫生监管时期

1982年11月,《食品卫生法(试行)》由全国人大常委会颁布,并于次年7月1日起施行,这是我国第一次以法律的形式确立了食品监管制度,标志着食品监管的依据已经上升到了法律层面。虽然食品监管内容局限在食品卫生领域,但该法的颁布对于食品监管法治建设而言具有重要意义。

这部9章45条的法律,对食品、食品添加剂、食品容器、包装材料和食品用工具、设备等的卫生管理和监督,食品卫生标准和管理办法的制定、法律责任等都进行了翔实的规定,明确了"卫生行政部门所属县以上卫生防疫站或者食品卫生监督检验所为食品卫生监督机构,负责管辖范围内的食品卫生监督工作"。正式把卫生防疫站作为监督执法主体以法律授权的形式确定下来,为形成一支具有一定技术水平和执法能力的食品卫生监督队伍提供了法治保障。同时,在计划经济体制向市场经济体制的过渡中,为了满足政企逐渐分开的需要,国家在立法上开始弱化食品生产经营企业主管部门的管理作用。虽然该法规定"食品生产经营企业的主管部门负责本系统的食品卫生工作",但在食品监管部门的权力和责任上,仍主要侧重于对卫生行政管理部门的规定。可见,此时我国的食品监管主体相较于《食品卫生管理条例》时期,已从食品生产、经营主管部门和卫生部门互相协作的多元化状态逐渐向以卫生部门为主导的一元化模式发展。

1995年10月,在总结了《食品卫生法(试行)》多年施行经验的基础上,全国人大常委会审议通过了《食品卫生法》,在其总则部分就明确规定"国务院卫生行政部门主管全国食品卫生监督管理工作。国务院有关部门在各自的职责范围内负责食品卫生管理工作"。同时,食品生产经营企业主管部门不再具有食品监管的职责,取而代之的是"各级人民政府的食品生产经营管理部门应当加强食品卫生管理工作"。这标志着卫生行政管理部门在食品监管中主导地位的正式形成,同时也为之后多部门分环节食品安全监管法律体系的形成提供了立法上的准备。

(三) 食品安全监管制度的确立

随着市场经济体制的发展,我国食品生产经营企业迅猛发展,食品技术日新月异,食品安全问题也随之增多。已有的《食品卫生法》由于只规定卫生部门是主要监管部门,对其他监管部门的职责没有明确规定,使各食品安全监管部门在管理上既有交叉又存在盲区,食品安全监管已无法适应社会的需求。在这样的背景下,2004年9月,国务院为整顿和规范食品生产经营秩序,加强食品安全监管,下发了《关于进一步加强食品安全工作的决定》,不再局限于对食品卫生的监管,而是扩大到对整个食品领域的安全监管,并在监管主体的规定上,明确要求进一步理顺有关监管部门的职责,按照一个监管环节由一个部门监管的原则,采取分段监管为主、品种监管为辅的方式,进一步理顺食品安全监管职能,明确责任:农业部门负责初级农产品生产环节的监管;质检部门负责食品生产加工环节的监管,并将现由卫生部门承担的食品生产加工环节的卫生监管职责划归质检部门;工商部门负责食品流通环节的监管;卫生部门负责餐饮业和食堂等消费环节的监管;食品药品监管部门负责对食品安全的综合监督、组织协调和依法组织查处重大事故。同时,按照责权一致的原则,建立食品安全监管责任制和责任追究制。农业、发展改革和商务等部门按照各自职责,做好种植养殖、食品加工、流通、消费环节的行业管理工作。可见,此时食品安全监管已被分解为多个环节,并分别由相应的部门承担监管责任,以卫生部门为主导的食品监管体系开始被逐渐分化。

2008 年 3 月,国务院进一步深化机构改革,按照精简统一效能的原则和决策权、执行权、监督权既相互制约又相互协调的要求,围绕转变政府职能和理顺部门职责关系,探索实行职能有机统一的大部门体制,将国家食品药品监督管理局改由卫生部管理,明确卫生部承担食品安全综合协调、组织查处食品安全重大事故的责任。但始终未有法律对食品监管的范围、权限、职能等给予明确规定,多部门监管带来的职能交叉、权责不清等问题仍未得到根本解决。

2009 年《食品安全法》审议通过并实施,这是我国第一次以法律形式确立了对食品安全领域的监管与调控。作为我国食品安全的基本法,其确立了预防为主、科学管理、明确责任、综合治理的立法指导思想,从立法宗旨、基本原则到具体规定,无不贯穿了"食品安全"理念,不再将"安全"与"卫生"混同起来,超越了原来《食品卫生法》所局限的对食品生产、经营环节食品卫生问题的调整,涵盖了"从农田到餐桌"的全过程,增加了风险分析、全程管制、预防、溯源性等内容要求,并且废除了食品免检等不合理规定,更加关注规制的合理性、惩罚机制与责任机制。在监管体制上,2009 年《食品安全法》在确立各有关部门实施分段监管体制的基础上,明确规定"国务院设立食品安全委员会"以协调、指导监管工作,"国务院卫生行政部门承担食品安全综合协调职责","国务院质量监督、工商行政管理和国家食品药品监督管理部门依照本法和国务院规定的职责,分别对食品生产、食品流通、餐饮服务活动实施监督管理"。此举进一步梳理了我国食品安全监管体制,确立了"全程全面监管,各监管部门分工协作"的监管理念,力求使分段监管更加职责明确、统一协调。同时,《食品安全法》对我国食品安全监管与调控内容也作出了指导性、框架性的规定,对相关食品安全监管法规起到了统领和指导作用,在规范食品安全行为,维护食品安全秩序方面发挥了重要的作用,使我国食品安全形势总体稳中向好。但是,随着社会形势的发展,出现了不适应的方面,如"监管体制、手段和制度等尚不能完全适应食品安全需要,法律责任偏轻、重典治乱威慑作用没有充分发挥"[1]。具体而言,问题主要表现为:第一,"九龙治水"的多主体监管模式会造成在食品监管实践中的缺位、越位和错位现象;第二,法律规则对企业生产经营过程的控制制度,对网络食品交易等新兴食品经营业态的监管制度,对保健食品、特殊医学用途配方食品等特殊食品的监管制度缺乏具体的监管依据;第三,管理手段较为单一,对于违法行为的制裁力度不足。在这样的社会背景下,"为了以法律形式固定监管体制改革成果、完善监管制度机制,解决当前食品安全领域存在的突出问题,以法治方式维护食品安全,为最严格的食品安全监管提供体制制度保障"[2],在总结了以往食品安全治理的经验和教训,吸收国际食品安全治理的新价值、新元素的基础上,我国于 2015 年修订了《食品安全法》。此次修订的《食品安全法》确立了"预防为主、风险管理、全程控制、社会共治、责任治理"的食品安全监管基本原则,对 2009

---

[1] 张勇:《关于〈中华人民共和国食品安全法(修订草案)〉的说明——2016 年 6 月 23 日在第十二届全国人民代表大会常务委员会第九次会议上》,http://www.npc.gov.cn/npc/xinwen/lfgz/flca/2014-06/30/content_1869695.htm,2016 年 5 月 1 日访问。

[2] 张勇:《关于〈中华人民共和国食品安全法(修订草案)〉的说明——2016 年 6 月 23 日在第十二届全国人民代表大会常务委员会第九次会议上》,http://www.npc.gov.cn/npc/xinwen/lfgz/flca/2014-06/30/content_1869695.htm,2016 年 5 月 1 日访问。

年《食品安全法》104 条规定的 70％的内容进行了修改,增加了 50 个条款,增加了 30 余项涉及食品安全事前、事中、事后全过程的监管制度,填补了原有法律规定存在的监管空白,体现了"最严谨的标准、最严格的监管、最严厉的处罚、最严肃的问责"的立法理念。具体来看,2015 年《食品安全法》在如下方面做出了实质性的改动:"一是更加突出预防为主、风险防范。进一步完善食品安全风险监测、风险评估和食品安全标准等基础性制度,增设生产经营者自查、责任约谈、风险分级管理等重点制度,重在消除隐患和防患于未然。二是建立最严格的全过程监管制度。对食品生产、销售、餐饮服务等各个环节以及食品生产经营过程中涉及的食品添加剂、食品相关产品等各有关事项,有针对性地补充、强化相关制度,提高标准、全程监管。三是建立最严格的各方法律责任制度。综合运用民事、行政、刑事等手段,对违法生产经营者实行最严厉的处罚,对失职渎职的地方政府和监管部门实行最严肃的问责,对违法作业的检验机构等实行最严格的追责。四是实行食品安全社会共治。充分发挥消费者、行业协会、新闻媒体等方面的监督作用,引导各方有序参与治理,形成食品安全社会共治格局。"①

为降低行政成本、提高行政效率,持续推进"大部制"改革,2018 年 2 月 28 日,党的十九届三中全会通过了《中共中央关于深化党和国家机构改革的决定》。根据该决定,2018 年 3 月 13 日,国务院机构改革方案公布,其中合并调整了多个国务院组成部门,包括"将国家工商行政管理总局的职责,国家质量监督检验检疫总局的职责,国家食品药品监督管理总局的职责,国家发展和改革委员会的价格监督检查与反垄断执法职责,商务部的经营者集中反垄断执法以及国务院反垄断委员会办公室等职责整合,组建国家市场监督管理总局,作为国务院直属机构",相应"不再保留国家工商行政管理总局、国家质量监督检验检疫总局、国家食品药品监督管理总局";同时,"将环境保护部的职责,国家发展和改革委员会的应对气候变化和减排职责,国土资源部的监督防止地下水污染职责,水利部的编制水功能区划、排污口设置管理、流域水环境保护职责,农业部的监督指导农业面源污染治理职责,国家海洋局的海洋环境保护职责,国务院南水北调工程建设委员会办公室的南水北调工程项目区环境保护职责整合,组建生态环境部,作为国务院组成部门",相应"不再保留环境保护部"。② 伴随国务院组成部门的变更,2018 年 12 月 29 日,全国人大常委会通过了《关于修改〈中华人民共和国产品质量法〉等五部法律的决定》,对《食品安全法》进行了新一轮的修正,其中主要是对所涉职能部门的名称变更进行了对应修改,如将"食品药品监督管理"改为"食品安全监督管理","环境保护"改为"生态环境",删去了"质量监督"等。③

"开展'证照分离'改革,是落实党中央、国务院重大决策部署,持续优化营商环境,释放企业创业创新活力的重要举措。"④为进一步落实简政放权,强化事中事后监管,着力推进照

---

① 张勇:《关于〈中华人民共和国食品安全法(修订草案)〉的说明——2016 年 6 月 23 日在第十二届全国人民代表大会常务委员会第九次会议上》,http://www.npc.gov.cn/npc/xinwen/lfgz/flca/2014-06/30/content_1869695.htm,2016 年 5 月 1 日访问。

② 王勇:《关于国务院机构改革方案的说明——2018 年 3 月 13 日在第十三届全国人民代表大会第一次会议上》,http://www.gov.cn/guowuyuan/2018-03/14/content_5273856.htm,2022 年 1 月 20 日访问。

③ 中国人大网:《全国人民代表大会常务委员会关于修改〈中华人民共和国产品质量法〉等五部法律的决定》,http://www.npc.gov.cn/npc/c12488/201812/0fd09388fff642ddb2a7511f2fc63bda.shtml,2022 年 1 月 20 日访问。

④ 唐一军:《关于〈中华人民共和国道路交通安全法〉等 9 部法律的修正案(草案)的说明——2021 年 4 月 26 日在第十三届全国人民代表大会常务委员会第二十八次会议上》,http://www.npc.gov.cn/npc/c30834/202104/f2e88cf8379e489dbcffc3d3a2a0dca8.shtml,2022 年 2 月 10 日访问。

后减证和简化审批,促进更多新企业开办和发展壮大,2019 年,经全国人大常委会授权,国务院决定在全国各自贸试验区开展"证照分离"改革全覆盖试点,取得了良好成效。国务院办公厅、市场监管总局和司法部在系统总结了近年来"证照分离"改革所获得的经验及存在的问题后,深入研究并优化了"证照分离"改革的制度设计,起草了《关于深化"证照分离"改革进一步激发市场主体发展活力的通知(送审稿)》,编制了《中央层面设定的涉企经营许可事项改革清单(2021 年全国版)》。其中,改革措施包括直接取消审批、审批改为备案、实行告知承诺、优化审批服务。① 为进一步推进"放管服"改革,节约立法成本,维护法律权威,2021 年 4 月 29 日,全国人大常委会通过了《关于修改〈中华人民共和国道路交通安全法〉等八部法律的决定》,对《食品安全法》第 35 条第 1 款进行了修订,将"仅销售预包装食品"的食品经营许可改为备案。作此修订的主要原因是:各自贸试验区稳步开展的改革举措取得了较好成效,试点工作情况反映良好,未发生因实施改革导致的重大食品安全事件。因此,为进一步深化"证照分离"改革,遂将"改审批为备案"的举措在全国范围内推开。

二、我国食品安全监管立法现状

(一)我国食品安全监管法律体系初步形成

纵观我国食品安全监管的法律现状,自 2009 年颁布,经 2015 年、2018 年和 2021 年三度修订的《食品安全法》从法律层面上构成了我国食品安全监管法律体系的核心,对我国食品安全监管起到了重要的作用。与之配合实施的《食品安全法实施条例》(2009 年颁布),对食品安全法中一些较为原则的规定进行了具体解释。在深入调研、反复论证、广泛征求民众意见的基础上,国家有关部门先后于 2016 年和 2019 年对《食品安全法实施条例》进行了修改,现行有效的行政法规是《食品安全法实施条例》(2019 年修订)。在《食品安全法》的统辖下,各部门相继出台了一系列与食品安全监管有关的规章等法律规范,如《流通环节食品安全监督管理办法》、《食品流通许可证管理办法》(2015 年被废止,参见:国家工商行政管理总局关于废止《流通环节食品安全监督管理办法》和《食品流通许可证管理办法》的决定)、《国家食品安全事故应急预案》(2011 年修订)、《食品安全风险评估管理规定》(2021 年修订)、《食品安全风险监测管理规定》(2021 年修订)、《网络食品安全违法行为查处办法》(2021 年修改)、《进出口食品安全管理办法》(2021 年)、《食品召回管理办法》(2020 年修订)、《网络餐饮服务食品安全监督管理办法》(2020 年修订)、《食品生产许可管理办法》(2020 年)、《食品安全抽样检验管理办法》(2019 年)、《食品经营许可管理办法》(2017 年修正)、《食品添加剂新品种管理办法》(2017 年修正)、《食品检验机构资质认定条件》(2016 年)、《食用农产品市场销售质量安全监督管理办法》(2016 年)、《食品安全国家标准管理办法》(2010 年)、《餐饮服务食品安全监督管理办法》(2010 年)等,对我国食品安全法中涉及的相关制度作出了细化规定,对我国食品安全监管法律制度的完善,促进食品安全监管体系更为科学地建立,提供了更为具体的制度规范。在构建食品安全标准体系的过程中,我国历时 7 年建立起现行的食品安全标准体系,完成了对 5 000 项食品标准的清理整合,共审查修改 1 293 项标准,发布 1 224 项

---

① 唐一军:《关于〈中华人民共和国道路交通安全法〉等 9 部法律的修正案(草案)的说明——2021 年 4 月 26 日在第十三届全国人民代表大会常务委员会第二十八次会议上》,http://www.npc.gov.cn/npc/c30834/202104/f2e88cf8379e489dbcffc3d3a2a0dca8.shtml,2022 年 2 月 10 日访问。

食品安全国家标准,基本解决了长期以来食品标准之间的交叉、重复、矛盾等历史遗留问题。①

此外在《食品安全法》出台以前,还存在诸多法律规范涉及食品生产、加工、流通等环节的监管、侵权责任、行政处罚等内容,但因调整侧重的角度不同,这些条款在调整作用上相对分散,随着《食品安全法》颁行,这些条款也因《食品安全法》立足全局、相对系统的监管制度的规定,而得以形成合力,对食品安全实现了统一协调的法律调整。例如,《农产品质量安全法》《农业法》从食品源头对监管提出了要求;而《产品质量法》《标准化法》《进出口商品检验法》《消费者权益保护法》《传染病防治法》等则涉及食品生产、流通、消费等环节的食品安全监管内容;对侵害食品安全的各种违法行为,则在《刑法》《行政处罚法》《民法典》中都能找到适用的依据。

同时,全国各地都在加快食品安全法地方配套立法步伐,如:上海市制定了《上海市食品安全条例》(2017年)、《上海市食品安全事故专项应急预案》(2020年)、《上海市农药管理规定》(2020年)等。四川省对与食品安全监管相关的地方性法规、规章及规范性文件进行了清理,及时修订、废止与《食品安全法》及其实施条例、国家部门规章相冲突的地方性法规制度,确保食品安全法律制度的一致性。四川省有关部门组织制定了《四川省食品安全突发事件应急预案(试行)》(2021年)、《四川省粮食安全保障条例》(2021年)、《四川省食品安全企业标准备案办法》(2019年)、《四川省食品小作坊、小经营店及摊贩管理条例》(2020年)等,出台了食品从业人员健康检查相关制度,落实食品安全法的有关规定。地方国家机关除了制定食品安全类地方性法规外,还建立和完善了食品安全地方标准体系,例如:重庆市组织实施了《保鲜花椒》《泡椒肉制品》《泡椒蔬菜制品》等23项食品安全地方标准,清理整合食品安全地方标准52项,先后组织开展《腌腊肉制品》《食品中真菌毒素限量》《营养强化剂使用标准》等17项食品安全国家标准和食品安全地方标准实施情况跟踪评价工作。

我国食品安全监管随着立法工作的推进,已基本形成了以食品安全法为核心,其他相关法律为基础,国务院及各部委相关法规、规章为主体,各省及地方政府有关的法规、规章为补充,国家标准为技术保障的食品安全监管法律体系,为我国食品安全监管形成"预防为主、风险管理、全程控制、社会共治、责任治理"的新体制提供了有力的法律依据。

(二) 我国食品安全监管立法的主要内容

1. 预防为主,全程控制的监管原则

食品安全监管降低风险的最有效的途径就是在从农场到餐桌的整个过程,最大范围地遵循预防为主的原则。这一方面意味着要建立风险监测和风险评估制度,使监管范围前移到对有碍或疑似有碍食品安全的危险因素进行预防性控制,另一方面也要建立能够督促各类主体在食品生产、加工、流通、服务等各环节中主动防范食品安全隐患的制度体系。我国现行立法涉及的主要内容包括以下几方面。

1) 食品安全风险监测和评估制度

《食品安全法》在总则之后的第2章专章对"食品安全风险监测和评估"进行了规定,充分体现了食品安全监管应以预防为主的思想,这也是我国第一次以法律的形式对风险预防

---

① 新华社:《我国建立食品安全标准体系　涵盖1 200多个国家标准》,http://www.gov.cn/xinwen/2017-07/10/content_5209374.htm,2022年2月10日访问。

进行制度性规定。《食品安全风险监测管理规定》和《食品安全风险评估管理规定》则将该法的规定予以了细化和具体化。

食品安全风险监测是对食源性疾病、食品污染以及食品中的有害因素进行监测,其信息是食品安全风险评估的重要依据。食品安全风险监测分常规与非常规两种,常规监测需要国务院卫生行政部门会同国务院食品安全监督管理等部门制订食品安全风险监测计划并相应实施,非常规监测则是在国务院食品安全监督管理部门和其他有关部门获知有关食品安全风险信息后,立即核实并向国务院卫生行政部门通报。对有关部门通报的食品安全风险信息以及医疗机构报告的食源性疾病等有关疾病信息,国务院卫生行政部门应当会同国务院有关部门分析研究,认为必要的,及时调整国家食品安全风险监测计划。

食品安全风险评估是对食品、食品添加剂中生物性、化学性和物理性危害进行的科学评估,是制定、修订食品安全标准和对食品安全实施监督管理的科学依据。食品安全风险评估结果得出食品不安全结论的,国务院食品安全监督管理部门应当依据各自职责立即向社会公告,确保该食品、食品添加剂、食品相关产品停止生产经营,并告知消费者停止食用;需要制定、修订相关食品安全国家标准的,国务院卫生行政部门应当会同国务院食品安全监督管理部门立即制定、修订。同时,《食品安全法》第 22 条规定:"国务院食品安全监督管理部门应当会同国务院有关部门,根据食品安全风险评估结果、食品安全监督管理信息,对食品安全状况进行综合分析。对经综合分析表明可能具有较高程度安全风险的食品,国务院食品安全监督管理部门应当及时提出食品安全风险警示,并向社会公布。"这对于有效控制食品安全危害,避免监管部门工作滞后,防止食品安全隐患,限制问题食品流入市场,降低公共食品安全事故发生概率都有重要意义。

食品安全风险监测与评估制度使我国食品安全监管范围从食品外界的卫生安全,扩展到食品本身的物理状态和生物性、化学性等因素对健康的影响,为我国食品安全监管实现主动预防提供了制度保障。

2) 食品安全的全程监管

食品从农场到餐桌的整个过程中的任何一个环节都可能存在安全隐患,减少和消除各环节中可能的不安全因素是食品安全监管的重要任务。为此,食品安全监管法律规范涉及了初级农产品及食品生产、加工、贮存、流通、宣传等各个阶段。

(1) 初级农产品及食品原料采购环节。《食品安全法》对食用农产品的生产作出了规定,要求食用农产品生产者应当依照食品安全标准和国家有关规定使用农药、肥料、兽药、饲料和饲料添加剂等农业投入品。严格执行农业投入品使用安全间隔期或者休药期的规定,不得使用国家明令禁止的农业投入品。禁止将剧毒、高毒农药用于蔬菜、瓜果、茶叶和中草药材等国家规定的农作物。食用农产品的生产企业和农民专业合作经济组织应当建立农业投入品使用记录制度。县级以上人民政府农业行政部门应当加强对农业投入品使用的监督管理和指导,建立健全农业投入品安全使用制度。对食品原料的采购,则要求食品生产经营者查验供货者的许可证和产品合格证明文件;对无法提供合格证明文件的食品原料,应当依照食品安全标准进行检验;对查验记录情况如实记录,并保存相关凭证。《食品安全法实施条例》《餐饮服务食品安全监督管理办法》《食用农产品市场销售质量安全监督管理办法》等对此针对具体行业领域作出了更加细化的规定。考虑到新科技的应用和新产品的出现,《食品安全法》特别增设了利用新的食品原料生产食品,或者生产食品添加剂新品种、食品相关产品新品种,应当向国务院卫生行政部门提交相关产品的安全性评估材料。国务院卫生行政部门应当自收到申请之日起 60 日内组织审查;对符合食品安全要求的,准予许可并公布;对不符合食品安全要求的,不予许可并书面说明理由。另外,《食品安全法实施条例》第 8 条规定,国务院卫生行政、食品安全监督管理等部门发现需要对农药、肥料、兽药、饲料和饲料添加剂等进行安全性评估的,应当向国务院农业行政部门提出安全性评估建议。国务院农业行政部门应当及时组织评估,并向国务院有关部门通报评估结果。

(2) 食品生产经营环节。食品生产经营过程的每一个步骤都有可能影响到食品安全,因此,监督与规范这一过程中的关键行为,是食品安全监管的重要内容。首先,《食品安全法》对环境、设施、人员、设备布局和工艺流程等食品生产经营过程中可能影响食品安全的各要素分别提出了基本要求,并明确列举了禁止生产经营的食品种类,进而对企业的食品安全管理制度、从业人员健康管理制度、出厂检验记录制度、贮存食品的要求等进行了一系列的规定,并鼓励食品生产经营企业符合良好生产规范要求,实施危害分析与关键控制点体系,鼓励食品生产加工小作坊改进生产条件,鼓励食品摊贩进入集中交易市场、店铺等固定场所经营,以促进食品生产经营者提高自身食品安全管理水平。2015 年修订的《食品安全法》增加了投料、半成品及成品检验等关键事项的控制机制,对直接接触食品的包装材料等具有较高风险的食品相关产品,按照国家有关工业产品生产许可证管理的规定实施生产许可。同时建立了食品安全全程追溯制度,保证食品可追溯,国家鼓励食品生产经营者采用信息化手段采集、留存生产经营信息,建立食品安全追溯体系;规定了食品生产经营者应当建立食品安全自查制度,定期对食品安全状况进行检查评价。

其次,《食品安全法》还设立了生产经营许可制度,要求食品生产经营者从事食品生产、食品销售、餐饮服务,应当依法取得食品生产许可、食品销售许可、餐饮服务许可。县级以上地方人民政府食品安全监督管理部门应当依照行政许可法的规定,审核申请人提交的相关资料,如有必要,还可对申请人的生产经营场所进行现场核查;对符合条件的,作出准予许可的决定;对不符合规定条件的,则作出不予许可决定并提供书面说明理由。2021 年新修订的《食品安全法》作出了例外规定:"销售食用农产品和仅销售预包装食品的,不需要取得许可。仅销售预包装食品的,应当报所在地县级以上地方人民政府食品安全监督管理部门备案。"就此将"仅销售预包装食品"由原来的"许可"改为如今的"备案"。根据《食品安全法实施条例》《食品经营许可管理办法》的规定,食品生产许可应由所在地的地方市场监督管理部门管理。而原先的食品流通许可与餐饮服务许可经过简政放权、优化服务等理念改革后合并为食品经营许可。申请食品经营许可,应当向申请人所在地县级以上地方食品安全监督管理部门提交相关材料。在《食品安全法》的基础上,《食品安全法实施条例》《食品生产许可管理办法》《食品经营许可管理办法》等针对食品生产、销售等领域的特殊要求则进行了更加具体的规定。

(3) 食品标识与宣传。根据《食品安全法》《食品标识管理规定》等的规定,除法律法规另有规定外,食品或者其包装上应当附加标识。食品标识应当对食品质量特性、营养与成分信息、贮存条件与时效、食用指导信息等进行真实准确、通俗易懂、科学合法的描述。法律要求,食品和食品添加剂的标签、说明书,不得含有虚假内容,不得涉及疾病预防、治疗功能。生产经营者对其提供的标签、说明书的内容负责。食品和食品添加剂的标签、说明书应当清楚、明显,生产日期、保质期等事项应当显著标注,容易辨识。食品和食品添加剂及其标签、说明书的内容不符的,不得上市销售。《食品安全法实施条例》中特别规定,生产经营转基因食品应当显著标示,标示办法由国务院食品安全监督管理部门会同国务院农业行政部门制定。国家市场监督管理总局在其职权范围内负责全国食品标识的监督管理工作。县级以上地方市场监督管理部门在其职权范围内负责本行政区域内食品标识的监督管理工作。

除了标识说明要清晰准确外,广告宣传同样也应客观实际。根据《食品安全法》《广告法》《食品广告监管制度》等的规定,食品广告的内容应当真实合法,不得含有虚假、夸大的内容,不得涉及疾病预防、治疗功能。食品生产经营者对食品广告内容的真实性、合法性负责。县级以上人民政府食品安全监督管理部门和其他有关部门以及食品检验机构、食品行业协会不得以广告或者其他形式向消费者推荐食品。消费者组织不得以收取费用或者其他牟取利益的方式向消费者推荐食品。社会团体或者其他组织、个人在虚假广告或者其他虚假宣传中向消费者推荐食品,使消费者的合法权益受到损害的,应当与食品生产经营者承担连带责任。《食品安全法实施条例》进一步规定,禁止利用包括会议、讲座、健康咨询在内的任何方式对食品进行虚假宣传。食品安全监督管理部门发现虚假宣传行为的,应当依法及时处理。

（4）进出口食品管理制度。无论是进口或出口的食品都应当确保其安全无害。《食品安全法》《进出口商品检验法》及两法的实施条例等都强化了进出口食品的监管工作。《食品安全法》第 6 章专章对进出口食品安全进行了规定。第一,进口的食品、食品添加剂以及食品相关产品应当符合我国食品安全国家标准。进口尚无食品安全国家标准的食品,由境外出口商、境外生产企业或者其委托的进口商向国务院卫生行政部门提交所执行的相关国家（地区）标准或者国际标准。国务院卫生行政部门对相关标准进行审查,认为符合食品安全要求的,决定暂予适用,并及时制定相应的食品安全国家标准。进口利用新的食品原料生产的食品或者进口食品添加剂新品种、食品相关产品新品种,依照《食品安全法》第 37 条"三新"产品许可的规定办理。《食品安全法实施条例》规定,进口商进口食品、食品添加剂,应当按照规定向出入境检验检疫机构报检,如实申报产品相关信息,并随附法律、行政法规规定的合格证明材料。出入境检验检疫机构按照国务院卫生行政部门的要求,对规定的食品、食品添加剂、食品相关产品进行检验。检验结果应当公开。第二,境外出口商、境外生产企业应当保证向我国出口的食品、食品添加剂、食品相关产品符合本法以及我国其他有关法律、行政法规的规定和食品安全国家标准的要求,并对标签、说明书的内容负责。进口商应当建立境外出口商、境外生产企业审核制度,重点审核前款规定的内容;审核不合格的,不得进口。发现进口食品不符合我国食品安全国家标准或者有证据证明可能危害人体健康的,进口商应当立即停止进口,并予以召回。同时,进口商应当将食品召回和处理情况向所在地县级人民政府食品安全监督管理部门和所在地出入境检验检疫机构报告。第三,境外发生的食品安全事件可能对我国境内造成影响,或者在进口食品、食品添加剂、食品相关产品中发现严重食品安全问题的,国家出入境检验检疫部门应当及时采取风险预警或者控制措施,并向国务院食品安全监督管理、卫生行政、农业行政部门通报,接到通报的部门应当及时采取相应措施。县级以上人民政府食品安全监督管理部门对国内市场上销售的进口食品、食品添加剂实施监督管理,发现存在严重食品安全问题的,国务院食品安全监督管理部门应当及时向国家出入境检验检疫部门通报。国家出入境检验检疫部门应当及时采取相应措施。第四,向我国境内出口食品的境外出口商或者代理商、进口食品的进口商应当向国家出入境检验检疫部门备案。向我国境内出口食品的境外食品生产企业应当经国家出入境检验检疫部门注册。已经注册的境外食品生产企业提供虚假材料,或者因其自身的原因致使进口食品发生重大食品安全事故的,国家出入境检验检疫部门应当撤销注册,并予以公告。国家出入境检验检疫部门发现已经注册的境外食品生产企业不再符合注册要求的,应当责令其在规定期限内整改,整改期间暂停进口其生产的食品;经整改仍不符合注册要求的,国家出入境检验检疫部门应当撤销境外食品生产企业注册并公告。国家出入境检验检疫部门应当定期公布已经备案的境外出口商、代理商、进口商和已经注册的境外食品生产企业名单。第五,进口的预包装食品、食品添加剂应当有中文标签;依法应当有说明书的,还应当有中文说明书。标签、说明书应当符合《食品安全法》以及我国其他有关法律、行政法规的规定和食品安全国家标准的要求,并载明食品的原产地以及境内代理商的名称、地址、联系方式。预包装食品没有中文标签、中文说明书或者标签、说明书不符合本条规定的,不得进口。第六,进口商应当建立食品、食品添加剂进口和销售记录制度,如实记录食品、食品添加剂的名称、规格、数量、生产日期、生产或者进口批号、保质期、境外出口商和购货者名称、地址及联系方式、交货日期等内容,并保存相关凭证。第七,出口食品生产企业应当保证其出口食品符合进口国(地区)的标准或者合同要求。我国缔结或者参加的国际条约、协定有要求的,还应当符合国际条约、协定的要求。出口食品生产企业和出口食品原料种植、养殖场应当向国家出入境检验检疫部门备案。第八,国家出入境检验检疫部门应当收集、汇总进出口食品安全信息,并及时通报相关部门、机构和企业,国家出入境检验检疫部门应当对进出口食品的进口商、出口商和出口食品生产企业实施信用管理,建立信用记录,并依法向社会公布。对有不良记录的进口商、出口商和出口食品生产企业,应当加强对其进出口食品的检验检疫。

3) 不安全食品的监管

不安全食品是指食品安全法律法规规定禁止生产经营的食品以及其他有证据证明可能危害人体健康的食品。从食品监管的角度看,不安全食品一旦产生,首要任务就是尽可能预防危害的发生与扩大。为此,《食品安全法》及其实施条例、《食品召回管理办法》等设立了食品召回制度。食品召回是指食品生产者按照规定程序,对由其生产原因造成的某一批次或类别的不安全食品,通过换货、退货、补充或修正消费说明等方式,及时消除或减少食品安全危害的活动。食品召回包括主动召回和被动召回,一般来说,食品生产者发现其生产的食品不符合食品安全标准或者有证据证明可能危害人体健康的,应当立即停止生产,召回已经上市销售的食品,通知相关生产经营者和消费者,并记录召回和通知情况。食品经营者发现其经营的食品不符合食品安全标准,应当立即停止经营,通知相关生产经营者和消费者,并记录停止经营和通知情况。根据《食品安全法实施条例》第7条之规定:食品安全风险监测结果表明存在食品安全隐患,食品安全监督管理等部门经进一步调查确认有必要通知相关食品生产经营者的,应当及时通知。接到通知的食品生产经营者应当立即进行自查,发现食品不符合安全标准或者有证据证明可能危害人体健康的,应当停止生产、经营,实施食品召回,并报告相关情况。

食品生产者应当对召回的食品采取无害化处理、销毁等措施,防止其再次流入市场。但是,对因标签、标志或者说明书不符合食品安全标准而被召回的食品,食品生产者在采取补救措施且能保证食品安全的情况下可以继续销售;销售时应当向消费者明示补救措施。

食品生产经营者应当将食品召回和处理情况向所在地县级人民政府食品安全监督管理

部门报告。但是如果食品生产经营者未按规定召回或者停止经营的,县级以上人民政府食品安全监督管理部门可以责令其召回或者停止经营。同时,《民法典》第七编"侵权责任"第1206条还规定食品生产、销售者应当及时采取停止销售、警示、召回等补救措施;未及时采取补救措施或者补救措施不力造成损害扩大的,对扩大的损害也应当承担侵权责任。采取召回措施的,食品生产、销售者应当负担被侵权人因此支出的必要费用。另外,《食品安全法实施条例》第76条规定:若食品生产经营者依照规定停止生产、经营,实施食品召回,或者采取其他有效措施减轻或者消除食品安全风险,未造成危害后果的,可以从轻或者减轻处罚。可以说,设立食品召回制度,不仅能防患于未然,保障消费者的生命健康,对于强化食品生产经营者的食品安全保障义务,提高政府监管效能也有重要意义。

而一旦不安全食品造成食物中毒、食源性疾病、食品污染等食品安全事故,则应当立即予以处置,防止危害扩大。《食品安全法》及其实施条例、《餐饮服务食品安全监督管理办法》、《国家食品安全事故应急预案》等设立了食品安全事故处置制度。由国务院组织制定国家食品安全事故应急预案。食品安全事故按照《国家食品安全事故应急预案》实行分级管理。县级以上人民政府食品安全监督管理部门会同同级有关部门负责食品安全事故调查处理。县级以上人民政府应当根据实际情况及时修改、完善食品安全事故应急预案,同时还应完善食品安全事故应急管理机制,改善应急装备,做好应急物资储备和应急队伍建设,加强应急培训、演练。

食品生产经营企业应当制定食品安全事故处置方案,定期检查各项食品安全防范措施的落实情况,及时消除事故隐患。发生食品安全事故的单位应当对导致或者可能导致食品安全事故的食品及原料、工具、设备、设施等,立即采取封存等控制措施,防止事故扩大。事故单位和接收病人进行治疗的单位应当及时向事故发生地县级人民政府食品安全监督管理、卫生行政部门报告。

县级以上人民政府食品安全监督管理部门接到食品安全事故的报告后,应当立即会同同级卫生行政、农业行政等部门进行调查处理,食品安全监督管理部门应当对事故单位封存的食品及原料、工具、设备、设施等予以保护,需要封存而事故单位尚未封存的应当直接封存或者责令事故单位立即封存,并通知疾病预防控制机构对与事故有关的因素开展流行病学调查。县级以上疾病预防控制机构应当对事故现场进行卫生处理,并对与事故有关的因素开展流行病学调查,有关部门应当予以协助。县级以上疾病预防控制机构应当向同级食品安全监督管理、卫生行政部门提交流行病学调查报告。

县级以上人民政府农业行政等部门在日常监督管理中发现食品安全事故或者接到事故举报,应当立即向同级食品安全监督管理部门通报。接到报告的县级人民政府食品安全监督管理部门应当按照应急预案的规定向本级人民政府和上级人民政府食品安全监督管理部门报告,县级人民政府和上级人民政府食品安全监督管理部门应当按照应急预案的规定上报。任何单位和个人不得对食品安全事故隐瞒、谎报、缓报,不得隐匿、伪造、毁灭有关证据。

发生食品安全事故,设区的市级以上人民政府食品安全监督管理部门应当立即会同有关部门进行事故责任调查,督促有关部门履行职责,向本级人民政府和上一级人民政府食品安全监督管理部门提出事故责任调查处理报告。调查食品安全事故,应当坚持实事求是、尊重科学的原则,及时、准确查清事故性质和原因,认定事故责任,提出整改措施。除了查明事故单位的责任,还应当查明有关监督管理部门、食品检验机构、认证机构及其工作人员的责任。国务院食品安全监督管理部门会同国务院卫生行政、农业行政等部门定期对全国食品安全事故情况进行分析,完善食品安全监督管理措施,预防和减少事故的发生。

此外,从预防为主的原则出发,收集食品领域中各种潜在的不安全因素的信息,并及时发布预警能有效消除食品安全隐患。同时,事先制定应急处理工作指导方案,也利于有效预防和应对食品安全事故,最大限度地减少食品安全事故的危害,保障公众健康与生命安全。为此,《食品安全法》《餐饮服务食品安全监督管理办法》《国家食品安全事故应急预案》设立了食品安全监测预警和分级响应制度,对组织机构及职责、应急保障、监测预警、报告与评估、应急响应、后期处置等内容作出了规定。将预防和应急相结合,能有效提升食品安全监管的反应能力,对于实现食品安全监管的高效统一、协调有序有积极的意义。

2. 央地融贯,协调统一的监管机制

1) 从分段监管到集中监管

2009 年《食品安全法》规定了对食品安全实施分段监管体制,国务院质量监督、工商行政管理和国家食品药品监督管理部门依法分别对食品生产、食品流通、餐饮服务活动实施监督管理。国务院卫生行政部门承担食品安全综合协调职责,负责食品安全风险评估、食品安全标准制定、食品安全信息公布、食品检验机构的资质认定条件和检验规范的制定,组织查处食品安全重大事故。为避免各监管部门权力设置不清、执法不规范等情况,2015 年修订的《食品安全法》对食品安全监管体制进行了重大调整,改变了传统的分段监管体制,明确了由国务院食品药品监督管理部门对食品生产经营活动实施统一监管。国务院卫生行政部门组织开展食品安全风险监测和风险评估,会同国务院食品药品监督管理部门制定和公布食品安全国家标准(《食品安全法》第 5 条)。这就意味着,原来属于卫生行政部门的食品安全综合协调、食品安全信息公布、食品检验机构的资质认定条件和检验规范的制定,组织查处食品安全重大事故等职责统一移交给了食品药品监督管理部门。2018 年修订的《食品安全法》根据国务院机构的改革,将原来的"国务院食品药品监督管理部门"修改为变更后的"国务院食品安全监督管理部门",其他机构职责未发生变化。2021 年修订的《食品安全法》沿袭了这一规定。

但由于食品安全监督管理部门与其他各部门仍属于平级横向关系,为实现对食品安全监管更高层次的协调和指导,加强各部门间的配合,《食品安全法》特别规定,由国务院设立食品安全委员会,其工作职责由国务院规定。根据《食品安全法实施条例》第 3 条之规定,这一高层次议事协调机构的职责包括:分析食品安全形势,研究部署、统筹指导食品安全工作,提出食品安全监管的重大政策措施,督促落实食品安全监管责任。食品安全委员会的设立虽然从宏观上协调了各部门的监管职权,但是食品安全监管的大量工作在地方基层,食品生产加工、流通、消费等具体环节所引起的利益冲突和纷争直接影响到实际工作中的监管效率。《食品安全法》为此又设置了地方协调制度,要求县级以上地方人民政府组织本级食品安全监督管理、农业行政等部门制定本行政区域的食品安全年度监督管理计划,向社会公布并组织实施。特别强调县级以上地方人民政府对本行政区域的食品安全监督管理工作负责,统一领导、组织、协调本行政区域的食品安全监督管理工作以及食品安全突发事件应对工作,建立健全食品安全全程监督管理工作机制和信息共享机制,实行食品安全监督管理责任制。上级人民政府负责对下一级人民政府的食品安全监督管理工作进行评议、考核。县级以上地方人民政府负责对本级食品安全监督管理部门和其他有关部门的食品安全监督管理工作进行评议、考核。《食品安全法实施条例》第4条第3款还规定了"乡镇人民政府和街道办事处应当支持、协助县级人民政府食品安全监督管理部门及其派出机构依法开展食品安全监督管理工作"。这种从中央到地方"整体融贯"的制度设计，对我国食品安全集中监管起到了积极的保障作用。

2）信息公开与社会协作监督

食品安全信息公开机制是政府与公众信息沟通的桥梁。食品安全信息供公众获知，可以使消费者有效监督政府的食品监管行为和市场中有害食品安全的行为，并主动避免接触各种不安全食品，建立社会协作，政府严格监管的综合监管体系。

为此，《食品安全法》第118条规定：国家建立统一的食品安全信息平台，实行食品安全信息统一公布制度。要求由国务院食品安全监督管理部门统一公布国家食品安全总体情况、食品安全风险警示信息、重大食品安全事故及其调查处理信息和国务院确定需要统一公布的其他信息。食品安全风险警示信息和重大食品安全事故及其调查处理信息的影响限于特定区域的，也可以由有关省、自治区、直辖市人民政府食品安全监督管理部门公布。未经授权不得发布上述信息。在地方层面，县级以上人民政府食品安全监督管理、农业行政部门依据各自职责公布食品安全日常监督管理信息。公布食品安全信息，应当做到准确、及时，并进行必要的解释说明，避免误导消费者和社会舆论。《食品安全法》第22条规定：对经综合分析表明可能具有较高程度安全风险的食品，国务院食品安全监督管理部门应当及时提出食品安全风险警示，并向社会公布。

同时，为提高信息的利用率，促进各部门间的有效沟通，《食品安全法》第6条规定县级以上地方人民政府对本行政区域的食品安全监督管理工作负责，统一领导、组织、协调本行政区域的食品安全监督管理工作以及食品安全突发事件应对工作，建立健全食品安全全程监督管理工作机制和信息共享机制。《食品安全法实施条例》第9条规定：国务院食品安全监督管理部门和其他有关部门建立食品安全风险信息交流机制，明确食品安全风险信息交流的内容、程序和要求。《食品安全法》第119条还规定：县级以上地方人民政府食品安全监督管理、卫生行政、农业行政部门获知本法规定需要统一公布的信息，应当向上级主管部门报告，由上级主管部门立即报告国务院食品安全监督管理部门；必要时，可以直接向国务院食品安全监督管理部门报告。县级以上人民政府食品安全监督管理、卫生行政、农业行政部门应当相互通报获知的食品安全信息。当发现了可能误导消费者和社会舆论的食品安全信息时，县级以上人民政府食品安全监督管理部门应当立即组织有关部门、专业机构、相关食品生产经营者等进行核实、分析，并及时公布结果。信息的沟通与公开，对于提高决策效率和准确率，加强食品安全监管的执法合作有重要意义。

信息公开，同样也是食品安全社会监督的核心环节。为实现食品安全信息发布机制对公众知情权的保障作用，《食品安全法》第31条规定：省级以上人民政府卫生行政部门应当在其网站上公布制定和备案的食品安全国家标准、地方标准和企业标准，供公众免费查阅、下载。与此同时，《食品安全法》还规定，任何组织或者个人有权举报食品安全违法的行为，依法向有关部门了解食品安全信息，对食品安全监督管理工作提出意见和建议。由于消费者是食品安全的直接关联者，因此，在公开食品安全信息的同时，将社会全体成员纳入食品监管体系，能大大调动公众参与食品安全监督的积极性。就此，《食品安全法》第13条特别规定：对在食品安全工作中做出突出贡献的单位和个人，按照国家有关规定给予表彰、奖励。

《食品安全法实施条例》第 65 条更是进一步细化规定:"国家实行食品安全违法行为举报奖励制度,对查证属实的举报,给予举报人奖励。举报人举报所在企业食品安全重大违法犯罪行为的,应当加大奖励力度。有关部门应当对举报人的信息予以保密,保护举报人的合法权益。食品安全违法行为举报奖励办法由国务院食品安全监督管理部门会同国务院财政等有关部门制定。食品安全违法行为举报奖励资金纳入各级人民政府预算。"这些做法既有利于填补政府监管过程中食品安全信息收集的不足,又能有效监督政府的监管行为,还可以减少信息不对称的发生,让公众在消费前对食品安全作出科学清晰的判断,并建立起社会全方位的综合监督体系。

3. 科学客观的监管方法

1) 食品安全标准具有强制性和统一性

食品安全标准是食品安全监管的重要依据之一,食品安全标准的科学制定与实施是实现食品安全监管客观高效的重要保证。由于食品安全关系到公众的生命健康,只有严格遵守国家统一制定的食品安全标准,才能从根本上保证食品安全。为此,《食品安全法》第 24、25 条规定:"制定食品安全标准,应当以保障公众身体健康为宗旨,做到科学合理、安全可靠。""食品安全标准是强制执行的标准。除食品安全标准外,不得制定其他食品强制性标准。"这与《标准化法》的规定也是完全一致的,《标准化法》规定,国家标准分为强制性标准和推荐性标准,"对保障人身健康和生命财产安全、国家安全、生态环境安全以及满足经济社会管理基本需要的技术要求,应当制定强制性国家标准"。《食品安全法》对食品安全标准效力的确立,使国家对食品安全的要求能够更明确,也更有保障地通过法律的途径得以实现。

同时,食品安全标准的实施需要以标准的科学准确为前提和基础。为此,《食品安全法》规定,应当对食品、食品添加剂、食品相关产品中危害人体健康物质限量规定,食品添加剂的品种、使用范围、用量,专供婴幼儿和其他特定人群的主辅食品的营养成分要求,对与卫生、营养等食品安全要求有关的标签、标志、说明书的要求,食品生产经营过程的卫生要求,与食品安全有关的质量要求、食品检验方法与规程等内容制定食品安全标准。为保证食品安全标准科学合理地制定,一方面,从制定主体上,食品安全国家标准由国务院卫生行政部门会同国务院食品安全监督管理部门制定、公布,国务院标准化行政部门提供国家标准编号。同时,食品安全国家标准应当经国务院卫生行政部门组织的食品安全国家标准审评委员会审查通过。食品安全国家标准审评委员会由医学、农业、食品、营养、生物、环境等方面的专家以及国务院有关部门、食品行业协会、消费者协会的代表组成,对食品安全国家标准草案的科学性和实用性等进行审查。另一方面,从制定程序上,《食品安全法》要求,制定食品安全国家标准,应当依据食品安全风险评估结果并充分考虑食用农产品安全风险评估结果,参照相关的国际标准和国际食品安全风险评估结果,并将食品安全国家标准草案向社会公布,广泛听取食品生产经营者、消费者和有关部门等方面的意见。《食品安全法实施条例》对上述规定进行了细化,其中第 10 条规定:国务院卫生行政部门会同国务院食品安全监督管理、农业行政等部门制定食品安全国家标准规划及其年度实施计划。国务院卫生行政部门应当在其网站上公布食品安全国家标准规划及其年度实施计划的草案,公开征求意见。

虽然《食品安全法》将食品安全标准区分为国家标准、地方标准、企业标准三个层级,但在标准的制定和管理上仍强调其统一性和协调性。对于国家标准,法律规定,食品安全国家标准由国务院卫生行政部门会同国务院食品安全监督管理部门制定、公布,国务院标准化行政部门提供国家标准编号。食品中农药残留、兽药残留的限量规定及其检验方法与规程由国务院卫生行政部门、国务院农业行政部门会同国务院食品安全监督管理部门制定。屠宰畜、禽的检验规程由国务院农业行政部门会同国务院卫生行政部门制定。

对地方特色食品,没有食品安全国家标准的,省、自治区、直辖市人民政府卫生行政部门可以制定并公布食品安全地方标准,报国务院卫生行政部门备案。食品安全国家标准制定后,该地方标准即行废止。但需要特别注意的是,《食品安全法实施条例》中强调:保健食品、特殊医学用途配方食品、婴幼儿配方食品等特殊食品不属于地方特色食品,不得对其制定食品安全地方标准。同时还规定:省、自治区、直辖市人民政府卫生行政部门制定食品安全地方标准,应当公开征求意见。省级人民政府卫生行政部门应当自食品安全地方标准公布之日起 30 个工作日内,将地方标准报国务院卫生行政部门备案。国务院卫生行政部门发现备案的食品安全地方标准违反法律、法规或者食品安全国家标准的,应当及时予以纠正。食品安全地方标准依法废止的,省、自治区、直辖市人民政府卫生行政部门应当及时在其网站上公布废止情况。

对于企业标准,国家鼓励食品生产企业制定严于食品安全国家标准或者地方标准的企业标准,在本企业适用,并报省、自治区、直辖市人民政府卫生行政部门备案。同时,《食品安全法实施条例》中规定:食品生产企业不得制定低于食品安全国家标准或者地方标准要求的企业标准。食品生产企业制定食品安全指标严于食品安全国家标准或者地方标准的企业标准的,应当报省、自治区、直辖市人民政府卫生行政部门备案。食品生产企业制定企业标准的,应当公开,供公众免费查阅。

最后,《食品安全法》第 32 条还特别规定了对食品安全标准的评价及反馈机制:"省级以上人民政府卫生行政部门应当会同同级食品安全监督管理、农业行政等部门,分别对食品安全国家标准和地方标准的执行情况进行跟踪评价,并根据评价结果及时修订食品安全标准。省级以上人民政府食品安全监督管理、农业行政等部门应当对食品安全标准执行中存在的问题进行收集、汇总,并及时向同级卫生行政部门通报。食品生产经营者、食品行业协会发现食品安全标准在执行中存在问题的,应当立即向卫生行政部门报告。"对各级标准的全面审查与监管,不仅保证了食品安全标准体系的科学、统一和权威,为保障食品安全奠定了坚实基础,还避免了标准制定与管理上的分散,减少了监管资源的浪费,使食品安全监管在标准的适用上更加明确、完善。

2) 食品添加剂的严格管理

随着科学技术的不断进步,食品中可添加的新物质不断涌现,但由于不良添加物会直接影响到食品安全,为加强食品安全监管,提高监管的科学性与准确性,我国食品添加剂在监管上适用的是"法不许可即禁止"原则,并贯穿于食品添加剂的认定、生产、使用等多个环节。

《食品安全法》在附则中指出,食品添加剂是指为改善食品品质和色、香、味以及为防腐、保鲜和加工工艺的需要而加入食品中的人工合成或者天然物质,包括营养强化剂。《食品安全法实施条例》第 16 条规定:国务院卫生行政部门应当及时公布新的食品原料、食品添加剂新品种和食品相关产品新品种目录以及所适用的食品安全国家标准。

在食品添加剂品种的认定上,《食品添加剂新品种管理办法》规定,所谓食品添加剂新品种是指未列入食品安全国家标准的食品添加剂品种、未列入国家卫生计生委公告允许使用的食品添加剂品种以及扩大使用范围或者用量的食品添加剂品种。应用新的食品添加剂应当在技术上确有必要且经过风险评估证明安全可靠。《食品安全法》第 37 条也规定,利用新的食品原料生产食品,或者生产食品添加剂新品种、食品相关产品新品种,应当向国务院卫生行政部门提交相关产品的安全性评估材料。国务院卫生行政部门应当自收到申请之日起 60 日内组织审查;对符合食品安全要求的,准予许可并公布;对不符合食品安全要求的,不予许可并书面说明理由。

食品添加剂在生产上实行的是许可制度。《食品安全法》规定,从事食品添加剂生产,应当具有与所生产食品添加剂品种相适应的场所、生产设备或者设施、专业技术人员和管理制度,并依照法律程序,取得食品添加剂生产许可。生产食品添加剂应当符合法律、法规和食品安全国家标准。

食品添加剂在使用上也有限制。《食品安全法》第 40 条规定:食品添加剂应当在技术上确有必要且经过风险评估证明安全可靠,方可列入允许使用的范围;有关食品安全国家标准应当根据技术必要性和食品安全风险评估结果及时修订。食品生产经营者应当按照食品安全国家标准使用食品添加剂。《食品添加剂使用标准》进一步明确规定食品添加剂允许使用的情况仅限于:保持或提高食品本身的营养价值;作为某些特殊膳食用食品的必要配料或成分;提高食品的质量和稳定性,改进其感官特性;便于食品的生产、加工、包装、运输或者贮藏。并规定使用食品添加剂应符合下列要求:"不应对人体产生任何健康危害;不应掩盖食品腐败变质;不应掩盖食品本身或加工过程中的质量缺陷或以掺杂、掺假、伪造为目的而使用食品添加剂;不应降低食品本身的营养价值;在达到预期目的的前提下尽可能降低在食品中的使用量。"这些限制性规定可以有效地避免食品生产者为了美化食品、降低生产成本而违规添加各种物质危害食品安全的现象发生。

此外,《食品安全法》还要求食品添加剂应当有标签、说明书和包装,并应在标签上载明"食品添加剂"字样。食品添加剂的标签、说明书,应当清楚、明显,生产日期、保质期等事项应当显著标注,容易辨识。其中不得含有虚假内容,不得涉及疾病预防、治疗功能。生产经营者对其提供的标签、说明书的内容负责。食品添加剂与其标签、说明书的内容不符的,不得上市销售。有使用禁忌或安全注意事项的食品添加剂,还应当有警示标志或者中文警示说明。这就从制度上要求生产经营者将食品与食品添加剂区别开来,并进行必要的内容介绍,对食品添加剂的使用和监管都提供了操作上的便利。另外,《食品安全法实施条例》还规定,食品添加剂生产经营者委托生产食品添加剂的,应当委托取得食品添加剂生产许可的生产者生产,并对其生产行为进行监督,对委托生产的食品添加剂的安全负责。受托方应当依照法律、法规、食品安全标准以及合同约定进行生产,对生产行为负责,并接受委托方的监督。

3) 食品检验公正、客观

食品检验是食品安全监管中的重要辅助手段。但在市场经济环境下,作为执法者的政府监管部门不能直接介入市场去评价产品的优劣并予以奖赏或处罚,这不仅会破坏市场公平竞争机制,还会使行政权力失去制衡和监督。因此,为保证食品质量安全而对食品进行必要的检验监督行为,应该具有相对独立的立场和客观公正的约束机制。

为保证食品检验的独立性,《食品安全法》《食品检验机构资质认定条件》《食品检验工作规范》等规定,食品检验由食品检验机构指定的检验人独立进行,即食品检验机构及其检验人员应当独立于食品检验活动所涉及的利益相关方。为了避免监管机构行使职权时的寻租行为,《食品安全法》特别规定,县级以上人民政府食品安全监督管理部门应当对食品进行定期或者不定期的抽样检验,并依据有关规定公布检验结果,不得免检。对食品进行抽样检验,应当按照食品安全标准、注册或者备案的特殊食品的产品技术要求以及国家有关规定确定的检验项目和检验方法进行。进行抽样检验,应当购买抽取的样品,委托符合《食品安全法》规定的食品检验机构进行检验,并支付相关费用;不得向食品生产经营者收取检验费和其他费用。这样既能避免各职能部门乱抽检、乱收费,损害被监管者利益,又能阻断检验机构与被监管者间的利益联系,保证检验活动的独立性和公正性。

为了保障食品质量信息的客观与权威,《食品安全法》规定,食品检验机构按照国家有关认证认可的规定取得资质认定后,方可从事食品检验活动。但是,法律另有规定的除外。食品检验机构的资质认定条件和检验规范,由国务院食品安全监督管理部门规定。符合食品安全法规定的食品检验机构出具的检验报告具有同等效力。《食品安全法实施条例》规定,任何单位和个人不得发布未依法取得资质认定的食品检验机构出具的食品检验信息,不得利用上述检验信息对食品、食品生产经营者进行等级评定,欺骗、误导消费者。检验人应当依照有关法律、法规的规定,并按照食品安全标准和检验规范对食品进行检验,尊重科学,恪守职业道德,保证出具的检验数据和结论客观、公正,不得出具虚假的检验报告。为加强食品安全监管部门的监管职责,《食品安全法》明确要求食品安全监督管理部门对食品不得实施免检,使所有被监管者的食品质量都纳入职能部门的日常检验中,保证消费者所了解到的食品质量信息客观公正。

《食品安全法》中还规定了复检制度。对于检验结论有异议的,食品生产经营者可以自收到检验结论之日起 7 个工作日内向实施抽样检验的食品安全监督管理部门或者其上一级食品安全监督管理部门提出复检申请,由受理复检申请的食品安全监督管理部门在公布的复检机构名录中随机确定复检机构进行复检。复检机构出具的复检结论为最终检验结论。复检机构与初检机构不得为同一机构。复检机构名录由国务院认证认可监督管理、食品安全监督管理、卫生行政、农业行政等部门共同公布。《食品安全法实施条例》进一步规定,申请复检的,申请人应当向复检机构先行支付复检费用。复检结论表明食品不合格的,复检费用由复检申请人承担;复检结论表明食品合格的,复检费用由实施抽样检验的食品安全监督管理部门承担。复检机构无正当理由不得拒绝承担复检任务。

《食品安全法》《食品抽样检验工作制度》《食品检验工作规范》等对食品检验的程序也作了限制。要求食品检验实行食品检验机构与检验人负责制。食品检验报告应当加盖食品检验机构公章,并有检验人的签名或者盖章。食品检验机构和检验人对出具的食品检验报告负责。食品检验报告和原始记录应当妥善保存至少 5 年,有特殊要求的按照有关规定执行。这样不仅使检验数据公开透明,便于及时地调阅查验,还能督促检验机构及具体人员认真严谨,确保食品检验结论的正确与科学。

4. 全面严格的责任设置

监管权力的授予是为了维护公共利益,所以监管部门既有权力,也要承担相应责任,监管部门必须采取积极的措施和行动依法履行其职责。擅自放弃、不履行其法定职责或者违法、不当行使其职权,都应当依法承担法律责任。同时,因为行政权力的扩张性特征,强调权责统一,用责任制约权力,还能有效防止监管主体利用权力优势追求私利,损害被监管者的利益,将行政权力纳入法治的轨道。

在民事责任的承担上,《食品安全法》体现了严惩重处原则。其一,法律首先开创性地规定了首负责任制度。要求食品生产和经营者接到消费者的赔偿请求以后,实行首负责任制,先行赔付,不得推诿。若事后查明属于生产者责任的,经营者赔偿后有权向生产者追偿;属于经营者责任的,生产者赔偿后有权向经营者追偿。其二,完善了惩罚性赔偿制度。在2009年《食品安全法》实行10倍价款惩罚性赔偿的基础上,又于2015年修订之时增设了消费者可以要求支付损失3倍赔偿金的惩罚性赔偿,并规定增加赔偿的金额不足1000元的,可以要求赔偿1000元。该惩罚性赔偿制度可谓是《食品安全法》独创的制度,它使得违法成本大大提升,增强了对食品生产者与经营者的威慑力。同时,这一巨大的惩罚力度也使得部分消费者发现了其中的巨大利益,即通过10倍惩罚或3倍赔偿来从中获得高额收益回报,由此也催生出了职业打假人群体。其三,强化了民事连带责任。在2009年《食品安全法》对集中交易市场的开办者、柜台出租者、展销会的举办者和入场食品经营者规定了连带责任的基础上,现行《食品安全法》对网络交易第三方平台提供者未能履行法定义务,食品检验机构出具虚假检验报告,认证机构出具虚假的论证结论,广告经营者、发布者设计、制作、发布虚假食品广告,社会团体或者其他组织、个人在虚假广告或者其他虚假宣传中向消费者推荐食品,使消费者合法权益受到损害的,也要求与生产经营者承担连带责任。其四,强化了编造散布虚假食品安全信息的民事责任。现行《食品安全法》增加规定,媒体编造、散布虚假食品安全信息,使公民、法人或者其他组织的合法权益受到损害的,应当承担消除影响、恢复名誉、赔偿损失、赔礼道歉等民事责任。

在行政责任的承担上,《食品安全法》的规定则更是严格且详细,适用的行政处罚种类包括警告、责令改正、没收违法工具和违法所得、责令停产停业、罚款、吊销许可证,更严重者甚至拘留。例如,《食品安全法》第122条规定,未取得食品生产经营许可从事食品生产经营活动,或者未取得食品添加剂生产许可从事食品添加剂生产活动的,由县级以上人民政府食品安全监督管理部门没收违法所得和违法生产经营的食品、食品添加剂以及用于违法生产经营的工具、设备、原料等物品;违法生产经营的食品、食品添加剂货值金额不足1万元的,并处5万元以上10万元以下罚款;货值金额1万元以上的,并处货值金额10倍以上20倍以下罚款。第123条规定,对用非食品原料生产食品、在食品中添加食品添加剂以外的化学物质和其他可能危害人体健康的物质,生产经营营养成分不符合食品安全标准的专供婴幼儿和其他特定人群的主辅食品,经营病死、毒死或者死因不明的禽、畜、兽、水产动物肉类,经营未按规定进行检疫或者检疫不合格的肉类,生产经营国家为防病等特殊需要明令禁止生产经营的食品,经营添加药品的食品等行为,尚不构成犯罪的,由县级以上人民政府食品安全监督管理部门没收违法所得和违法生产经营的食品、用于违法生产经营的工具、设备、原料等物品,并处以罚款;情节严重的,吊销许可证,并可以由公安机关对其直接负责的主管人员和其他直接责任人员处5日以上15日以下拘留。违法使用剧毒、高毒农药的,除依法给予处罚外,可由公安机关拘留。《食品安全法》中还规定了责令停产停业、责令改正等行政处罚措施适用的情形。例如,第125条规定:对于生产经营被包装材料、容器、运输工具等污染的食品、食品添加剂等4类违法情形,由县级以上人民政府食品安全监管部门没收违法所得并处以罚款;情节严重的,责令停产停业,直至吊销许可证。生产经营的食品、食品添加剂的标签、说明书存在瑕疵但不影响食品安全且不会对消费者造成误导的,由县级以上人民政府食品安全监督管理部门责令改正;拒不改正的,处2000元以下罚款。第132条规定,违反本法规定,未按要求进行食品贮存、运输和装卸的,由县级以上人民政府食品安全监督管理等部门按照各自职责分工责令改正,给予警告;拒不改正的,责令停产停业,并处1万元以上5万元以下罚款;情节严重的,吊销许可证。《食品安全法》第135条明确规定被吊销许可证的食品生产经营者及其法定代表人、直接负责的主管人员和其他直接责任人员自处罚决定作出之日起5年内不得申请食品生产经营许可,或者从事食品生产经营管理工作、担任食品生产经营企业食品安全管理人员。因食品安全犯罪被判处有期徒刑以上刑罚的,终身不得从事食品生产经营的管理工作,也不得担任食品生产经营企业食品安全管理人员。与此同时,《食品安全法》也提高了对行政机关及其工作人员的责任要求,以严格的责任去防范行政机关不作为或者乱作为,例如,《食品安全法》第145条规定,县级以上人民政府食品安全监督管理、卫生行政、农业行政等部门有不履行法定职责,对查处食品安全违法行为不配合,或者滥用职权、玩忽职守、徇私舞弊;未按规定公布食品安全信息;在获知有关食品安全信息后,未按规定向上级主管部门和本级人民政府报告,或者未按规定相互通报等三项行为之一造成不良后果的,对直接负责的主管人员和其他直接责任人员给予警告、记过或者记大过处分;情节较重的,给予降级或者撤职处分;情节严重的,给予开除处分。《食品安全法》第146条规定,食品安全监督管理等部门在履行食品安全监督管理职责过程中,违法实施检查、强制等执法措施,给生产经营者造成损失的,应当依法予以赔偿,对直接负责的主管人员和其他直接责任人员依法给予处分。

在刑事责任的规定上,《食品安全法》规定了较为完善的行政责任和刑事责任的衔接制度,县级以上人民政府食品安全监督管理等部门发现涉嫌食品安全犯罪的,应当按照有关规定及时将案件移送公安机关。对移送的案件,公安机关应当及时审查;认为有犯罪事实需要追究刑事责任的,应当立案侦查。同时在第149条中规定:"违反本法规定,构成犯罪的,依法追究刑事责任。"《食品安全法》只规定构成犯罪的违法行为应依法追究刑事责任,显然是从立法技术考虑,将罪名与责任认定交由刑法具体规定。比如《刑法》第3章第1节"生产、销售伪劣商品罪"中就非常详细地规定了危害食品安全的各类犯罪。《刑法》第143条"生产、销售不符合安全标准的食品罪"规定:"生产、销售不符合食品安全标准的食品,足以造成严重食物中毒事故或者其他严重食源性疾病的,处三年以下有期徒刑或者拘役,并处罚金;对人体健康造成严重危害或者有其他严重情节的,处三年以上七年以下有期徒刑,并处罚金;后果特别严重的,处七年以上有期徒刑或者无期徒刑,并处罚金或者没收财产。"第144条"生产、销售有毒、有害食品罪"规定:"在生产、销售的食品中掺入有毒、有害的非食品原料的,或者销售明知掺有有毒、有害的非食品原料的食品的,处五年以下有期徒刑,并处罚金;对人体健康造成严重危害或者有其他严重情节的,处五年以上十年以下有期徒刑,并处罚金;致人死亡或者有其他特别严重情节的,依照本法第一百四十一条的规定处罚。"除此以外,《刑法》中针对行政执法人员超越职权,不履行或不正确履行自己的工作职责,追求私利,致使公共财产、国家和人民利益遭受重大损失的犯罪行为都有相关的规定,例如《刑法》第402条"徇私舞弊不移交刑事案件罪"的规定:"行政执法人员徇私舞弊,对依法应当移交司法机关追究刑事责任的不移交,情节严重的,处三年以下有期徒刑或者拘役;造成严重后果的,处三年以上七年以下有期徒刑。"第412条"商检徇私舞弊罪、商检失职罪"规定:"国家商检部门、商检机构的工作人员徇私舞弊,伪造检验结果的,处五年以下有期徒刑或者拘役;造成严重后果的,处五年以上十年以下有期徒刑。前款所列人员严重不负责任,对应当检验的物品不检验,或者延误检验出证、错误出证,致使国家利益遭受重大损失的,处三年以下有期徒刑或者拘役。"第414条"放纵制售伪劣商品犯罪行为罪"规定:"对生产、销售伪劣商品犯罪行为负有追究责任的国家机关工作人员,徇私舞弊,不履行法律规定的追究职责,情节严重的,处五年以下有期徒刑或者拘役。"食品安全监管主体相关严重违法行为同样也应该适用这些规定。此外,为严惩国家机关工作人员在食品安全监管领域的渎职犯罪行为,《刑法》专设"食品监管渎职罪"(第408条之一),特别规定:"负有食品药品安全监督管理职责的国家机关工作人员,滥用职权或者玩忽职守,有下列情形之一,造成严重后果或者有其他严重情节的,处五年以下有期徒刑或者拘役;造成特别严重后果或者有其他特别严重情节的,处五年以上十年以下有期徒刑:(一)瞒报、谎报食品安全事故、药品安全事件的;(二)对发现的严重食品药品安全违法行为未按规定查处的;(三)在药品和特殊食品审批审评过程中,对不符合条件的申请准予许可的;(四)依法应当移交司法机关追究刑事责任不移交的;(五)有其他滥用职权或者玩忽职守行为的。徇私舞弊犯前款罪的,从重处罚。"与《刑法》第397条规定的滥用职权罪或者玩忽职守罪相比,同样是滥用职权罪和玩忽职守罪有徇私舞弊情节的,此处量刑档次更高,从重处罚,在法定刑内选择适用较重刑罚。对食品安全监管违法行为的严厉处罚,无疑体现出国家遏制相关违法犯罪,加强食品安全刑法保护的决心。

第二节　我国食品安全监管体制

一、政府监管的主要职责

(一) 主要职能部门的职责分工

1. 国务院食品安全委员会

在分段监管体制的基础上,为提高食品安全的监管效率,避免多部门负责食品安全监管过程中出现职能交叉、权限不清等情况,《食品安全法》第5条规定:"国务院设立食品安全委员会,其职责由国务院规定。"以此为依据,2010年国务院发布了《关于设立国务院食品安全委员会的通知》,并成立了国务院食品安全委员会,作为国务院食品安全工作的高层次议事协调机构,协调、指导食品安全监管工作。国务院食品安全委员会由国务院领导担任正副主任,由发展改革委、科技部、工业和信息化部、公安部、财政部等部门参与,由各部门负责人担任委员会委员。由此可知,食品安全委员会的性质应该是高于其他具体职能部门的监管机构,目的在于统领食品安全监管事项。

根据国务院《关于设立国务院食品安全委员会的通知》,国务院食品安全委员会的主要职责包括三项:一是分析食品安全形势,研究部署、统筹指导食品安全工作;二是提出食品安全监管的重大政策措施;三是督促落实食品安全监管责任。

国务院食品安全委员会的日常工作由其所设的食品安全委员会办公室负责,根据国务院食品安全委员会的任务,国务院食品安全委员会办公室共设综合司、协调指导司、监督检查司、应急管理司、政策法规司、宣传与科技司6个机构。

2010年12月6日,为明确国务院食品安全委员会办公室主要职责、内设机构、人员编制以及与其他部门的职责分工等事项,中央编办印发了《关于国务院食品安全委员会办公室机构设置的通知》,对具体内容作出了规定,为进一步加强食品安全工作提供了组织保障。

具体而言,国务院食品安全委员会办公室主要职责包括:组织贯彻落实国务院关于食品安全工作方针政策,开展重大食品安全问题的调查研究,并提出政策建议;组织拟订国家食品安全规划,并协调推进实施;承办国务院食品安全委员会交办的综合协调任务,推动健全协调联动机制、完善综合监管制度,指导地方食品安全综合协调机构开展相关工作;督促检查食品安全法律法规和国务院食品安全委员会决策部署的贯彻执行情况;督促检查国务院有关部门和省级人民政府履行食品安全监管职责,并负责考核评价;指导完善食品安全隐患排查治理机制,组织开展食品安全重大整顿治理和联合检查行动;推动食品安全应急体系和能力建设,组织拟订国家食品安全事故应急预案,监督、指导、协调重大食品安全事故处置及责任调查处理工作;规范指导食品安全信息工作,组织协调食品安全宣传、培训工作,开展有关食品安全国际交流与合作;承办国务院食品安全委员会的会议、文电等日常工作;承办国务院食品安全委员会交办的其他事项。并特别规定,国务院食品安全委员会办公室不取代相关部门在食品安全管理方面的职责,相关部门根据各自职责分工开展工作。2011年,根据《关于国务院食品安全委员会办公室机构编制和职责调整有关问题的批复》(中央编办复字〔2011〕216号)文件精神,又将卫生部食品安全综合协调、牵头组织食品安全重大事故调查、统一发布重大食品安全信息等三项职责划归国务院食品安全办公室负责。

2018年3月,国务院根据《中共中央关于深化党和国家机构改革的决定》,公布了机构改革方案,其中新组建了"国家市场监督管理总局",作为国务院直属机构,同时保留了"国务院食品安全委员会,具体工作由国家市场监督管理总局承担"。6月,国务院办公厅发布了《关于调整国务院食品安全委员会组成人员的通知》,调整后的组成人员仍然保持着先前组成的规格:由国务院领导担任正副主任,由中央宣传部、政法委、网信办、发展改革委、教育部、科技部、工业和信息化部、公安部、民政部、司法部、财政部、生态环境部、农业农村部、商务部、文化和旅游部、卫生健康委、海关总署、市场监管总局、粮食和储备局、林草局、民航局、中国铁路总公司等部门参与,由各部门负责人担任委员会委员。同时指出,国务院食品安全委员会办公室设在市场监管总局,承担国务院食品安全委员会日常工作。

2. 国家卫生健康委员会

国家卫生健康委员会(简称国家卫健委)是国务院的组成部门,成立于2018年3月,其前身为2013年3月成立的国家卫生和计划生育委员会。根据《食品安全法》第5条第3款的规定,国家卫健委的职责主要包括"组织开展食品安全风险监测和风险评估,会同国务院食品安全监督管理部门制定并公布食品安全国家标准"。具体而言,在职责分工上,国家卫健委负责食品安全风险评估工作,会同国家市场监督管理总局等部门制定、实施食品安全风险监测计划。国家卫健委对通过食品安全风险监测或者接到举报发现食品可能存在安全隐患的,应当立即组织进行检验和食品安全风险评估,并及时向国家市场监督管理总局等部门通报食品安全风险评估结果,对得出不安全结论的食品,国家市场监督管理总局等部门应当立即采取措施。国家市场监督管理总局等部门在监督管理工作中发现需要进行食品安全风险评估的,应当及时向国家卫健委提出建议。对应具体职责,国家卫健委设立了相应的内设机构——食品安全标准与监测评估司,负责"组织拟订食品安全国家标准,开展食品安全风险监测、评估和交流,承担新食品原料、食品添加剂新品种、食品相关产品新品种的安全性审查"。

自《食品安全法》颁布以来，国家卫健委在食品安全标准与风险监测评估上已经取得了明显成效。一是食品安全国家标准体系严谨性有较大提升。截至"十三五"末期，制定公布1 311项食品安全国家标准，涉及2万多项食品安全指标，构建起与国际接轨的、相对完善的食品安全标准框架体系；吸纳多领域多学科专家学者，组建第二届食品安全国家标准审评委员会，修订食品安全标准管理制度，完善标准部门间合作机制，坚持开放制标准，深入调查研究，不断提升标准科学严谨性；担任国际食品添加剂主持国和食品法典委员会亚洲区域协调员，引领相关领域国际标准制定，提升了国际参与度。二是食品安全风险监测评估体系不断健全，对国家食品安全风险管理发挥了重要基础支撑作用。构建起国家食品安全风险评估中心和全国31家省级监测分中心、20家专项监测参比实验室、7家食源性疾病病因鉴定实验室为支撑的监测技术网络，全国承担食源性疾病监测医疗机构超7万家。食品污染物和有害因素监测点基本覆盖所有县（区）级行政区域，监测1 100余项指标，涵盖我国居民主要消费的粮油、果蔬等30大类，构建了全国食品污染物数据库，提高了重大食源性疾病暴发识别能力；食物消费量调查、总膳食研究、毒理学研究等基础工作继续推进，风险评估基础数据库不断夯实，风险评估技术规范体系初步建成，风险评估能力显著提升；积极开展食品中各类化学物、微生物及食药物质等优先和应急项目评估40余项，风险评估对风险管理和风险交流的科学支撑作用进一步增强；实施全民健康保障信息化工程一期项目，建设全民健康—食品安全风险评估业务应用分中心，完成食品安全国家标准、食品安全风险监测信息系统建设；出台《食品安全标准与监测评估信息化建设指导方案》，规范全国信息化建设和数据互联互通，为深化大数据应用奠定基础；立足学科前沿，开展了食品安全标准体系、食品安全检测及监测预警技术、食品安全风险评估技术、营养健康和食品安全信息技术支撑研究。[1] 随着国家卫健委在食品安全标准与风险监测评估上的不断专业化，其在食品安全监管上的力量也将更加聚集，这对发挥部门优势，提高监管效率有着积极的意义。

3. 国家市场监督管理总局

2018年3月，根据第十三届全国人大第一次会议批准的《国务院机构改革方案》，国务院新组建了"国家市场监督管理总局。将国家工商行政管理总局的职责，国家质量监督检验检疫总局的职责，国家食品药品监督管理总局的职责，国家发展和改革委员会的价格监督检查与反垄断执法职责，商务部的经营者集中反垄断执法以及国务院反垄断委员会办公室等职责整合，组建国家市场监督管理总局，作为国务院直属机构。同时，组建国家药品监督管理局，由国家市场监督管理总局管理。将国家质量监督检验检疫总局的出入境检验检疫管理职责和队伍划入海关总署。保留国务院食品安全委员会、国务院反垄断委员会，具体工作由国家市场监督管理总局承担。国家认证认可监督管理委员会、国家标准化管理委员会职责划入国家市场监督管理总局，对外保留牌子。不再保留国家工商行政管理总局、国家质量监督检验检疫总局、国家食品药品监督管理总局"。[2]

---

① 《食品安全标准与监测评估"十四五"规划》，https://www.gov.cn/zhengce/zhengceku/2022-08/23/5706481/files/a4d5a33e739d49fba06741671ba6e526.pdf，2023年11月3日访问。

② 《国务院机构改革方案》，《中国民政》2018年第6期，第19页。

根据《国家市场监督管理总局职能配置、内设机构和人员编制规定》，国家市场监督管理总局的与食品安全相关的主要职责包括："（一）负责市场综合监督管理。起草市场监督管理有关法律法规草案，制定有关规章、政策、标准，组织实施质量强国战略、食品安全战略和标准化战略，拟订并组织实施有关规划，规范和维护市场秩序，营造诚实守信、公平竞争的市场环境。""（九）负责食品安全监督管理综合协调。组织制定食品安全重大政策并组织实施。负责食品安全应急体系建设，组织指导重大食品安全事件应急处置和调查处理工作。建立健全食品安全重要信息直报制度。承担国务院食品安全委员会日常工作。""（十）负责食品安全监督管理。建立覆盖食品生产、流通、消费全过程的监督检查制度和隐患排查治理机制并组织实施，防范区域性、系统性食品安全风险。推动建立食品生产经营者落实主体责任的机制，健全食品安全追溯体系。组织开展食品安全监督抽检、风险监测、核查处置和风险预警、风险交流工作。组织实施特殊食品注册、备案和监督管理。""（十三）负责统一管理检验检测工作。推进检验检测机构改革，规范检验检测市场，完善检验检测体系，指导协调检验检测行业发展。"同时在机构上设置了"食品安全协调司""食品生产安全监督管理司""食品经营安全监督管理司""特殊食品安全监督管理司""食品安全抽检监测司"等 5 个与食品安全监管直接相关的内设机构以提供组织保障。

根据《食品安全法》第 5 条第 2 款的规定，国家市场监督管理总局的职责主要是"对食品生产经营活动实施监督管理"。由于食品安全监管的重要性和全流程性，可以说《食品安全法》的每一章几乎都有市场监督管理部门的身影。例如第 2 章第 22 条：国务院食品安全监督管理部门应当会同国务院有关部门，根据食品安全风险评估结果、食品安全监督管理信息，对食品安全状况进行综合分析。对经综合分析表明可能具有较高程度安全风险的食品，国务院食品安全监督管理部门应当及时提出食品安全风险警示，并向社会公布。第 4 章第 38 条：生产经营的食品中不得添加药品，但是可以添加按照传统既是食品又是中药材的物质。按照传统既是食品又是中药材的物质目录由国务院卫生行政部门会同国务院食品安全监督管理部门制定、公布。第 5 章第 84 条：食品检验机构的资质认定条件和检验规范，由国务院食品安全监督管理部门规定。第 6 章第 95 条：境外发生的食品安全事件可能对我国境内造成影响，或者在进口食品、食品添加剂、食品相关产品中发现严重食品安全问题的，国家出入境检验检疫部门应当及时采取风险预警或者控制措施，并向国务院食品安全监督管理、卫生行政、农业行政部门通报。接到通报的部门应当及时采取相应措施。第 7 章第 106 条第 2 款：涉及两个以上省、自治区、直辖市的重大食品安全事故由国务院食品安全监督管理部门依照前款规定组织事故责任调查。第 8 章第 118 条：国家建立统一的食品安全信息平台，实行食品安全信息统一公布制度。国家食品安全总体情况、食品安全风险警示信息、重大食品安全事故及其调查处理信息和国务院确定需要统一公布的其他信息由国务院食品安全监督管理部门统一公布。食品安全风险警示信息和重大食品安全事故及其调查处理信息的影响限于特定区域的，也可以由有关省、自治区、直辖市人民政府食品安全监督管理部门公布。未经授权不得发布上述信息。

4. 其他部门

我国食品安全监管虽主要以"分段监管、综合协调"设置各监管部门，但事实上，对食品安全监管的部门远不止这些。其他各领域行政主管部门同样也要在其职责范围内对食品安全相关问题承担监管职责。

1) 商务部

商务部是国务院主管商业经济和贸易的组成部门。根据《食品安全法》及其实施条例、《商务部主要职责内设机构和人员编制规定》、《商务部关于加强餐饮食品安全工作的通知》等法律法规、规章和规范性文件,商务部作为我国国内外贸易和国际经济合作的主管部门主要由市场秩序司负责承担流通领域食品安全相关工作,推动追溯体系建设。具体包括:制定食品流通行业发展规划和产业政策,采取措施推进产业结构优化,加强对行业诚信体系建设的指导,促进食品经营行业健康发展;配合卫生行政部门,做好食品安全风险监测和评估,制定食品安全国家标准规划及其实施计划,对食品安全国家标准执行情况进行跟踪评价并适时组织修订;配合当地市场监督管理局加强食品添加剂综合治理,打击违法违规生产经营食品添加剂的行为;配合做好餐饮消费环节专项整治和专项检查,保证餐饮环节的卫生质量安全;加强企业卫生和食品卫生安全管理,推进餐饮企业诚信体系建设,健全餐饮企业诚信不良记录收集、管理、通报制度和行业退出机制,完善激励和惩罚政策措施;加强餐饮企业和个体从业人员信用分类监管,充分发挥餐饮行业协会在行业自律中的作用,引导企业诚信经营。

2) 教育部

教育部是国务院主管教育事业和语言文字工作的组成部门。根据《教育部主要职责内设机构和人员编制规定的通知》,教育部指导各级各类学校饮食卫生工作。对此,教育部十分重视学生的饮食安全,仅近几年就多次发文,要求各学校加强饮食管理工作,保证饮食安全。例如《关于迅速开展学校食堂食品安全整治严防食物中毒事件发生的紧急通知》《关于进一步加强学校食堂食品安全工作的通知》《学校食品安全与营养健康管理规定》《营养与健康学校建设指南》《关于加强学校食堂卫生安全与营养健康管理工作的通知》《关于进一步加强和规范农村义务教育学生营养改善计划学校食堂建设工作的通知》《关于深入开展学校食堂食品安全专项整治工作的通知》《关于印发〈学校食堂从业人员上岗卫生知识培训基本要求〉的通知》,对学校食堂食品安全管理工作做出了全面部署,连续开展学校食堂食品安全专项整治,认真落实学校食堂食品安全责任,努力提高学校食堂食品安全水平。

3) 公安部

公安部是国务院主管全国公安工作的职能部门。预防、制止和侦查违法犯罪活动是公安部的主要职责之一,这其中就包括对危害食品安全违法犯罪行为的预防、制止和侦查。公安部内设食品药品犯罪侦查局,负责有关食品药品犯罪的预防和侦查工作。各地公安食药侦部门聚焦农产品、肉制品、保健食品、网红食品等一些食品领域"两超一非"违法犯罪较为突出等情况,加强部门协作,广辟线索来源,坚持快破大案、多破小案,迅速行动、重拳出击,向"两超一非"食品犯罪发起凌厉攻势,集中侦办了一批重大案件,摧毁了一批制售窝点,取得了阶段性成效。[①] 公安部食品药品犯罪侦查局负责人表示,食品安全是最基本的民生需求,公安机关将持续深入推进"昆仑 2023"专项行动,始终保持对食品安全犯罪的严打高压态势,对"两超一非"、农兽药残留超标、掺假造假等各类突出的危害食品安全犯罪重拳出击、露头就打,积极协同相关部门持续加大整治力度,坚决守护好广大人民群众"舌尖上的安全"。[②]

① 《公安部部署依法严厉打击"两超一非"食品领域犯罪》,https://app.mps.gov.cn/gdnps/pc/content.jsp?id=9111112&mtype=,2023 年 11 月 6 日访问。

② 《公安机关依法严厉打击制售假劣食品犯罪切实维护中秋国庆餐桌安全》,https://app.mps.gov.cn/gdnps/pc/content.jsp?id=9226262,2023 年 11 月 6 日访问。

4)工业和信息化部

作为国务院组成部门的工业和信息化部(简称工信部),根据国务院《工业和信息化部主要职责内设机构和人员编制规定》,其主要职责在于实施行业管理,指导行业发展,但不干预企业生产经营活动,这其中就包含食品工业行业管理职责。在《工业和信息化部关于认真学习贯彻〈食品安全法〉的通知》中就要求,各地工业主管部门采取有力措施推动食品工业实现又好又快发展,确保食品产业和食品质量安全;研究制定合理科学的发展规划和产业政策,进一步建立健全食品工业行业标准;加强食品行业相关基础信息统计和监测,建立健全食品工业质量安全、产品进出口动态的预测预警机制,注重信息沟通和共享,提高信息化管理水平;大力推进企业技术改造,督促企业加强食品安全监测和保障能力建设,完善企业内部质量控制、监测网络和质量可追溯体系;督促食品生产企业落实食品安全第一责任人的责任,指导企业加强诚信建设,促进食品安全状况的根本性改善;积极配合卫生、农业、质检等部门,加强食品质量监督,严厉打击制售假冒伪劣食品、使用非食品原料和回收食品生产加工食品的行为,保障人民群众买得安心、吃得放心。为提高食品企业的安全自觉意识,加强食品企业诚信体系建设,工信部建立了15部门(单位)参加的部门联席会议制度,印发《食品工业企业诚信体系建设工作指导意见》,下发《食品工业企业诚信体系建设工作实施方案(2010—2012年)》,发布实施《食品工业企业诚信管理体系(CMS)建立及实施通用要求》和《食品工业企业诚信评价准则》两项管理行业标准,组织编写了乳制品、肉类食品、葡萄酒等6行业的标准实施指南。[1] 要求初步建立起比较完善的食品工业企业诚信管理体系、诚信信息征集和披露体系、诚信评价体系和政府部门协同推动、行业协会组织实施、食品企业积极参与、诚信责任有效落实的食品工业企业诚信体系运行机制,以完善对食品安全的行业监管。

此外,宣传部、政法委、网信办、民政部、司法部、农业农村部、生态环境部、文化和旅游部、科技部、财政部、发展改革委、海关总署、粮食和储备局、林草局、民航局、中国铁路总公司等部门也涉及部分的食品安全监管工作。如中国铁路总公司、民航局主要负责食品运输安全以及客运环节的餐饮安全。科技部负责食品安全监管所需的科研技术工作。财政部负责保障必要的食品安全监管经费支持。发展改革、财政部门负责加强食品安全监测能力建设。这些部门都各自有自己的下设机构和具体的管理范围。

(二)地方政府对食品安全监管的职责

食品安全监管涉及每个人的切身利益,是一项重要的公共管理事务,需要从中央部门到地方各级政府的立体参与。因此,《食品安全法》要求地方各级政府对其所辖区域的食品安全承担统一监管责任。并在第6条规定:"县级以上地方人民政府对本行政区域的食品安全监督管理工作负责,统一领导、组织、协调本行政区域的食品安全监督管理工作以及食品安全突发事件应对工作,建立健全食品安全全程监督管理工作机制和信息共享机制。县级以上地方人民政府依照本法和国务院的规定,确定本级食品安全监督管理、卫生行政部门和其他有关部门的职责。有关部门在各自职责范围内负责本行政区域的食品安全监督管理工作。县级人民政府食品安全监督管理部门可以在乡镇或者特定区域设立派出机构。"同时在第7条规定:"县级以上地方人民政府实行食品安全监督管理责任制。上级人民政府负责对下一级人民政府的食品安全监督管理工作进行评议、考核。县级以上地方人民政府负责对

---

[1]《力保食品安全 工信部搭建诚信平台》,http://www.cinn.cn/wzgk/wy/244346.shtml,2012年6月9日访问。

本级食品安全监督管理部门和其他有关部门的食品安全监督管理工作进行评议、考核。"结合《食品安全法实施条例》《国务院关于加强食品等产品安全监督管理的特别规定》《国务院办公厅关于印发食品安全整顿工作方案的通知》等的规定,地方政府对食品安全监管的职责主要包括五个方面的内容。

1. 统一领导各部门的食品监管,实现权责统一

要做好任何一项工作,正确、有力的组织领导是前提条件。国务院于2004年下发了《关于进一步加强食品安全工作的决定》,首次明确了"地方负总责、各环节管理"的食品安全监管模式。2009年《食品安全法》正式以立法的形式确立了地方政府负总责的职责要求。随后《国务院办公厅关于印发食品安全整顿工作方案的通知》对地方食品安全监管进一步强调要健全"地方政府对本地区食品安全工作负总责、有关部门按照分工各负其责的监管体系"。之后在《食品安全法》的两次修正(2018、2021)和一次修订(2015)中都始终贯彻坚持了这一原则。

2009年《食品安全法》刚出台时,我国各食品安全监管部门的体制和机构主要有三种不同的形式:一是农业部、卫生部、食品药品监督局采取的分级管理形式,即其接受本级人民政府统一领导、上级主管部门业务指导的管理体制;二是工商部门采取的半垂直管理形式,即实行省以下垂直一体化管理形式,省以下的部门无须对当地政府负责,直接对该省的省局负责,不受地方政府的干预;三是国家质量监督检验检疫部门采取的混合管理形式,即其下属的国家出入境检验检疫管理部门采取中央垂直一体化管理形式,其下属的另一部门质量技术监督管理局则采取省以下垂直一体化管理形式。由于食品安全监管体制多种形式的存在,尤其是垂直管理形式虽然利于防止地方保护主义的干扰,但无法与《食品安全法》所要求的地方政府负总责统一起来,使得地方政府有责而无权。为此,2011年10月国务院下发《国务院办公厅关于调整省级以下工商质检行政管理体制加强食品安全问题监管有关问题的通知》,要求省级以下工商、质检系统在业务上接受上级部门指导,但在人员编制、组织任免等方面,纳入同级政府管辖,实施属地化管理。这样,我国食品安全监管部门体制形式基本得到了统一,为地方政府对同级各监管部门的领导和协调铺平了道路,也更有利于明确地方政府对本地食品安全的责任。然而,我国目前采用分级管理机制的各职能部门通常实行地方政府和上级部门的"双重领导",不可避免地增加了地方政府干预监管执法的便利与机会,同时仍旧未能解决垂直管理产生的监管末端的授权失控和监督缺失的弊病。因此,在该文件颁布后不久,国家工商总局领导在内部通气会上即强调,已建议成立以国务院办公厅牵头,中央编办和工商总局、质检总局分管人事体制工作的领导参加的部级协调小组,共同研究改革中遇到的问题。并且中央编办通知各省(区、市)编办,该文件暂不启动贯彻落实,待部级协调小组协商后,召开会议统一部署。从其中也可看出中央在针对地方统一领导食品安全监管方面的决心和面临提高监管效率时进行机构改革的慎重。2018年国务院"大部制"改革持续推进,将国家工商行政管理总局、国家质量监督检验检疫总局和国家食品药品监督管理总局的职责整合,组建了现在的国务院市场监督管理总局,并在地方各级政府内相应设立市场监督管理局,以统一归口负责食品安全监管问题,一定程度上解决了先前"九龙治水"的局面,使得食品安全监管权力变得更为集中。

2. 统筹协调各部门的食品监管,实现全流程监管

尽管在中央和地方层面都形成了食品的统一监管部门,但正所谓独木难支,很显然食品

安全的监管仅靠一个部门是远远不够的,因此,在职权部门的统一领导下,食品安全监管还会涉及多个职能部门,只有靠各部门协调配合才可能形成合力,实现有效监管。加上我国各地经济发展程度差异较大,要能够将中央对食品监管的权力逐级落实,协调各职能部门的争议,实现无缝监管,就必须由地方政府建立食品安全组织领导体系,以通过具有统率性质的权威性组织机构实现对各职能部门的领导和协调。因此,《食品安全法》第6条提出县级以上地方人民政府对本行政区域的食品安全监督管理工作负责,统一领导、组织、协调本行政区域的食品安全监督管理工作以及食品安全突发事件应对工作,建立健全食品安全全程监督管理工作机制和信息共享机制。针对这一内容,2019年5月,中共中央、国务院在《关于深化改革加强食品安全工作的意见》中提出,应"加强协调配合。完善统一领导、分工负责、分级管理的食品安全监管体制,地方各级党委和政府对本地区食品安全工作负总责。相关职能部门要各司其职、齐抓共管,健全工作协调联动机制,加强跨地区协作配合,发现问题迅速处置,并及时通报上游查明原因、下游控制危害。……强化各级食品安全委员会及其办公室统筹协调作用,及时研究部署食品安全工作,协调解决跨部门跨地区重大问题。各有关部门要按照管行业必须管安全的要求,对主管领域的食品安全工作承担管理责任。各级农业农村、海关、市场监管等部门要压实监管责任,加强全链条、全流程监管。……国务院食品安全委员会办公室要会同有关部门建立协调机制,加强沟通会商,研究解决实施中遇到的问题。"随后,国务院食品安全委员会在《关于印发2019年食品安全重点工作安排的通知》中要求,"强化各级食品安全委员会及其办公室的统筹协调作用,健全部门协调联动工作机制。(国务院食品安全办公室及国务院食品安全委员会成员单位、各省级人民政府按职责分工负责)"。

综合国务院及各地方政府的相关法规与规范性文件,地方政府统一协调职能方面的内容主要有:

(1)县级以上人民政府食品安全监督管理部门和其他有关部门应当依法履行职责,加强协调配合,做好食品安全监督管理工作。乡镇人民政府和街道办事处应当支持、协助县级人民政府食品安全监督管理部门及其派出机构依法开展食品安全监督管理工作。

(2)县级以上人民政府卫生行政部门会同同级食品安全监督管理等部门建立食品安全风险监测会商机制,汇总、分析风险监测数据,研判食品安全风险,形成食品安全风险监测分析报告,报本级人民政府;县级以上地方人民政府卫生行政部门还应当将食品安全风险监测分析报告同时报上一级人民政府卫生行政部门。

(3)县级以上人民政府食品安全监督管理部门会同同级有关部门负责食品安全事故调查处理。县级以上人民政府应当根据实际情况及时修改、完善食品安全事故应急预案。

(4)县级以上人民政府食品安全监督管理部门接到食品安全事故报告后,应当立即会同同级卫生行政、农业行政等部门依照《食品安全法》的相关规定进行调查处理。食品安全监督管理部门应当对事故单位封存的食品及原料、工具、设备、设施等予以保护,需要封存而事故单位尚未封存的应当直接封存或者责令事故单位立即封存,并通知疾病预防控制机构对与事故有关的因素开展流行病学调查。疾病预防控制机构应当在调查结束后向同级食品安全监督管理、卫生行政部门同时提交流行病学调查报告。有关部门应当对疾病预防控制机构开展流行病学调查予以协助。

(5)设区的市级以上人民政府食品安全监督管理部门根据监督管理工作需要,可以对由下级人民政府食品安全监督管理部门负责日常监督管理的食品生产经营者实施随机监督检查,也可以组织下级人民政府食品安全监督管理部门对食品生产经营者实施异地监督检查。设区的市级以上人民政府食品安全监督管理部门认为必要的,可以直接调查处理下级人民政府食品安全监督管理部门管辖的食品安全违法案件,也可以指定其他下级人民政府食品安全监督管理部门调查处理。

(6) 建立并执行严格的食品安全监管责任追究制度,督促有关监管部门依法履职,严肃查处食品安全监管工作中的失职、渎职行为。

3. 考核评议各部门的食品监管,强化责任承担

政府最主要的行为目的和动机是谋求社会公共利益,为全体公民服务,并以最好的服务来争取公众的拥护与支持,这是政府之所以被赋予权力,管理社会的根本合法性依据。[1] 政府无论是懈怠不作为还是权力行使的越界,都会直接损害社会公共利益,加上政府本身的自利性、权力膨胀性等因素,只有对政府采取严格的责任追究机制,才能促使政府合法主动地行使职权。为此,《食品安全法》第 7 条规定,县级以上地方人民政府实行食品安全监督管理责任制。上级人民政府负责对下一级人民政府的食品安全监督管理工作进行评议、考核。县级以上地方人民政府负责对本级食品安全监督管理部门和其他有关部门的食品安全监督管理工作进行评议、考核。并通过第 142~146 条。[2] 详细落实细化了相关主体的责任及承担方式。

在问责机制的具体建设上,国务院食品安全委员会已经推行了两项制度,一是上一级政府对下一级政府的食品安全工作考核评价制度,二是推动各地将食品安全工作纳入地方政绩考核范围,[3] 并已取得了一定的成效。2019 年中共中央办公厅、国务院办公厅印发的《地

---

[1] 王美文:《当代中国政府公务员责任体系及其实现机制研究》,人民出版社,2009 年版,第 3-5 页。

[2]《食品安全法》第 142 条:"违反本法规定,县级以上地方人民政府有下列行为之一的,对直接负责的主管人员和其他直接责任人员给予记大过处分;情节较重的,给予降级或者撤职处分;情节严重的,给予开除处分;造成严重后果的,其主要负责人还应当引咎辞职:(一)对发生在本行政区域内的食品安全事故,未及时组织协调有关部门开展有效处置,造成不良影响或者损失;(二)对本行政区域内涉及多环节的区域性食品安全问题,未及时组织整治,造成不良影响或者损失;(三)隐瞒、谎报、缓报食品安全事故;(四)本行政区域内发生特别重大食品安全事故,或者连续发生重大食品安全事故。"第 143 条:"违反本法规定,县级以上地方人民政府有下列行为之一的,对直接负责的主管人员和其他直接责任人员给予警告、记过或者记大过处分;造成严重后果的,给予降级或者撤职处分:(一)未确定有关部门的食品安全监督管理职责,未建立健全食品安全全程监督管理工作机制和信息共享机制,未落实食品安全监督管理责任制;(二)未制定本行政区域的食品安全事故应急预案,或者发生食品安全事故后未按规定立即成立事故处置指挥机构、启动应急预案。"第 144 条:"违反本法规定,县级以上人民政府食品安全监督管理、卫生行政、农业行政等部门有下列行为之一的,对直接负责的主管人员和其他直接责任人员给予记大过处分;情节较重的,给予降级或者撤职处分;情节严重的,给予开除处分;造成严重后果的,其主要负责人还应当引咎辞职:(一)隐瞒、谎报、缓报食品安全事故;(二)未按规定查处食品安全事故,或者接到食品安全事故报告未及时处理,造成事故扩大或者蔓延;(三)经食品安全风险评估得出食品、食品添加剂、食品相关产品不安全结论后,未及时采取相应措施,造成食品安全事故或者不良社会影响;(四)对不符合条件的申请人准予许可,或者超越法定职权准予许可;(五)不履行食品安全监督管理职责,导致发生食品安全事故。"第 145 条:"违反本法规定,县级以上人民政府食品安全监督管理、卫生行政、农业行政等部门有下列行为之一,造成不良后果的,对直接负责的主管人员和其他直接责任人员给予警告、记过或者记大过处分;情节较重的,给予降级或者撤职处分;情节严重的,给予开除处分:(一)在获知有关食品安全信息后,未按规定向上级主管部门和本级人民政府报告,或者未按规定相互通报;(二)未按规定公布食品安全信息;(三)不履行法定职责,对查处食品安全违法行为不配合,或者滥用职权、玩忽职守、徇私舞弊。"第 146 条:"食品安全监督管理等部门在履行食品安全监督管理职责过程中,违法实施检查、强制等执法措施,给生产经营者造成损失的,应当依法予以赔偿,对直接负责的主管人员和其他直接责任人员依法给予处分。"

[3]《国务院食安办:推动各地将食品安全纳入政绩考核》,http://www. china. com. cn/policy/txt/2011-06/20/content_22822064. htm,2012 年 6 月 9 日访问。

方党政领导干部食品安全责任制规定》中明确提出了"党政同责、一岗双责，权责一致、齐抓共管，失职追责、尽职免责"原则，要求"地方各级党委和政府对本地区食品安全工作负总责，主要负责人是本地区食品安全工作第一责任人，班子其他成员对分管（含协管、联系，下同）行业或者领域内的食品安全工作负责"。之后，中共中央、国务院在《关于深化改革加强食品安全工作的意见》中更是提出了"明确监管事权、加强评议考核和严格责任追究"①三项严格问责要求，可见，强化责任承担，督促本级各职能部门和下级政府积极监管、避免监管漏洞，实现各环节紧密衔接，形成全链条监管具有重要的意义。

4. 提供必要的物质保障，提高食品安全监管能力

要顺利推进食品安全的有效监管，必须以相应的物质保障为基础。一般而言，在遵循客观规律的前提下，投入通常与成效成正比，食品安全监管也是如此。地方政府掌握着地方主要的物质供给，尤其在各职能部门采取分级管理后，地方政府有义务对本级各部门提供必要的财力、物力支持。为此，国务院多次下发文件，要求地方政府"健全食品和农产品质量安全财政投入保障机制，将食品和农产品质量安全工作所需经费列入同级财政预算，保障必要的监管执法条件"。②可见，物质保障的充足与否，直接影响到食品安全监管体系能否高效运作。这就要求在政府财力有限的情况下，尤其是经济欠发达地区，必须协调好食品安全监管与其他政府开支之间的关系，正确对待鼓励经济发展和严格监管与食品安全相关的经济行为的关系。民乃国之根本，民又以食为生存之基本。只有充分保障食品安全，才能使民众有更多的体力和精力寻求更多的经济发展。

地方政府提供物质保障时应量力而行，取舍得当。例如，食品安全问题多萌芽于基层，而基层监管经费又往往多有不足。地方政府应充分重视基层食品安全监管能力的提高，增加相关经费的支出，对基层监管机构在人员、设备、经费等方面给予充分保障，提高基层监管水平和覆盖面。对此，中央在文件中指出："县级市场监管部门及其在乡镇（街道）的派出机构，要以食品安全为首要职责，执法力量向一线岗位倾斜，完善工作流程，提高执法效率。加强执法力量和装备配备，确保执法监管工作落实到位。公安、农业农村、市场监管等部门要落实重大案件联合督办制度，按照国家有关规定，对贡献突出的单位和个人进行表彰奖励。"③另外，依靠现代科技提升食品安全监管效能也是地方政府在给食品安全监管提供

①"（十七）明确监管事权。各省、自治区、直辖市政府要结合实际，依法依规制定食品安全监管事权清单，压实各职能部门在食品安全工作中的行业管理责任。对产品风险高、影响区域广的生产企业监督检查，对重大复杂案件查处和跨区域执法，原则上由省级监管部门负责组织和协调，市县两级监管部门配合，也可实行委托监管、指定监管、派驻监管等制度，确保监管到位。市县两级原则上承担辖区内直接面向市场主体、直接面向消费者的食品生产经营监管和执法事项，保护消费者合法权益。上级监管部门要加强对下级监管部门的监督管理。（十八）加强评议考核。完善对地方党委和政府食品安全工作评议考核制度，将食品安全工作考核结果作为党政领导班子和领导干部综合考核评价的重要内容，作为干部奖惩和使用、调整的重要参考。对考核达不到要求的，约谈地方党政主要负责人，并督促限期整改。（十九）严格责任追究。依照监管事权清单，尽职照单免责、失职照单问责。对贯彻落实党中央、国务院有关食品安全工作决策部署不力、履行职责不力、给国家和人民利益造成严重损害的，依规依纪依法追究相关领导责任。对监管工作中失职失责、不作为、乱作为、慢作为、假作为的，依规依纪依法追究相关人员责任；涉嫌犯罪的，依法追究刑事责任。对参与、包庇、放纵危害食品安全违法犯罪行为，弄虚作假、干扰责任调查，帮助伪造、隐匿、毁灭证据的，依法从重追究法律责任。"

②《中共中央、国务院关于深化改革加强食品安全工作的意见》，https://www.gov.cn/gongbao/content/2019/content_5395472.htm？eqid＝ca50c4190000f39700000003646ab92bl，2023年11月9日访问。

③《中共中央、国务院关于深化改革加强食品安全工作的意见》，https://www.gov.cn/gongbao/content/2019/content_5395472.htm？eqid＝ca50c4190000f39700000003646ab92bl，2023年11月9日访问。

物质保障时不容忽视的重要内容。为此,中央也在文件中提出应"加大科技支撑力度。将食品安全纳入国家科技计划,加强食品安全领域的科技创新,引导食品企业加大科研投入,完善科技成果转化应用机制。建设一批国际一流的食品安全技术支撑机构和重点实验室,加快引进培养高层次人才和高水平创新团队,重点突破'卡脖子'关键技术。依托国家级专业技术机构,开展基础科学和前沿科学研究,提高食品安全风险发现和防范能力"。① "事前预防"是食品安全有效监管的前提,加强食品监测、评估评价、预测预警,完善食品安全监管信息化平台等,都是食品安全事前预防的必要环节,都需要地方政府提供充足的技术和经费保障。

二、食品安全监管主体间的协调

(一) 食品安全监管主体间协调的必要性

食品安全监管协调机制是我国食品安全多头监管的重要补充,对加强监管体系的整体性、提高监管效率具有重要的意义。2008年联合国驻华系统在发布的不定期报告《推动中国食品安全》中也建议可以考虑采用监管"综合制","从农场到餐桌这一持续过程中就食品安全实现部门间的合作与协调","在全国整个食品链范围内促进管理措施的统一落实"。② 可见,加强食品安全监管主体间的协调性,是完善我国食品安全监管制度的重要内容。

1. 监管"碎片化"与职权模糊是食品安全监管主体间协调的重要原因

从政府行政架构来看,政府权力配置分为横向权力配置和纵向权力配置。横向权力配置是指行政权力在国务院各个部门之间的分配,纵向权力配置是指中央行政机关与地方行政机关之间的权力分配关系。③ 我国食品安全监管在权力配置上采取的是"分段监管为主、品种监管为辅","中央总协调、地方各自负责"的方式,使得食品从生产到消费的整个过程被分割成各环节的监管和各地域的监管,从纵向到横向都对监管权力进行了切割,监管权力分散。职责分工越细,单个部门就越不可能实现一项综合目标,由此便需要各个部门共同努力,相互协调,以求整体目标的实现。同时如果某一领域监管的权力被分割的次数越多,内容被分割得越细,对分割后各项权力边界的描述就越困难。加上食品生产流通纷繁复杂,在监管权力行使上必然会发生各种千丝万缕的联系。更何况我国在食品监管分工上并没有根据食品自身客观属性进行分类监管,而是主要以生产、加工、运输、交易等人的行为活动特征为分类标准。由于生产技术工艺的发展,食品从生产到消费的各个环节都有可能随时发生人的活动特性的变化,各环节交叉反复的现象非常普遍,这就更增加了分类标准的模糊性和不确定性。

2. 监管主体本位主义阻碍监管体系高效运作是食品安全监管主体间协调的驱动因素

本位主义就是一切只从本部门、本地区的利益出发,无论利弊得失都站在局部的立场

---

① 《中共中央、国务院关于深化改革加强食品安全工作的意见》,https://www.gov.cn/gongbao/content/2019/content_5395472.htm? eqid=ca50c4190000f39700000003646ab92bl,2023年11月9日访问。

② 联合国系统驻华协调代表办事处:《推动中国食品安全》,http://www.un.org.cn/public/resource/93d0a9809f7d4564014542866845b414.pdf,2012年6月9日访问。

③ 黄丹丹:《我国食品安全监管机构的问题及对策》,《法制与社会》2010年第1期,第172-173页。

上，不顾整体利益的思想或行为。我国食品安全目标管理责任制采取的是一种着眼于部门目标与部门绩效的管理方法，通过将上级的监管目标层层分解到各个下属的监管主体的方式落实监管责任，使得各监管主体往往十分强调自身的职能绩效而忽视了食品安全监管主体间协同监管的绩效。① 这种源于自利性的本位主义不仅阻碍了食品安全监管效率的提高，还使"碎片化"监管的各主体在作用的发挥上更加孤立。

1）地区间监管权力协调不足

随着社会分工的专业化和物流水平的提高，食品从生产到消费的整个过程往往发生在多个地区之间，食品安全监管也需要多地区的配合。虽然地方政府对本地区食品安全负总责，但是由于经济指标是目前考核官员政绩的最重要指标之一，一旦地方政府片面追求经济发展，对相关食品生产者采取宽松态度，就可能产生地方保护主义，对区域间出现的相关食品安全问题难以做出及时有效的反应，使各地区食品监管的权力作用受到制约。

2）部门间监管权力协调不足

"部门间的协调是关系到监管效果与监管效率的核心影响因素之一"。② 但是由于我国施行的是"分段监管"模式，对各主体监管职能往往用概括化、政策化的语言进行描述，具有模糊性和弹性，难以避免监管职能的交叉和空白。③ 而且各监管部门都希望自身利益最大化，在权力行使上就会出现争夺食品安全监管权或不愿承担监管责任的现象，以致在监管部门之间难以形成平等协调的合作关系，而更多的表现为从自身利益出发，在职责不清的情况下，面对监管内容或消极怠工、责任推诿，或利益争夺、权力扩张，从而大大降低监管效率。

3. 降低监管成本、高效整合监管资源是食品安全监管主体间协调的客观需求

食品安全监管是一个覆盖面广且持续性的系统行为，需要大量的人力、物力、财力及技术支撑。如果各监管主体能够合理配置监管资源，共享互认信息技术，将会大大提高资源利用率，甚至减少重复监管的可能，减少不必要的损耗与浪费。

然而我国目前监管资源主要分属于各监管主体，不仅地区差异使"他们的技术力量、资金实力、检验水平等方面都存在着较大差异"④，即使监管主体内部也存在着越往基层资源配置越薄弱，监管需要和监管配置不相适应的问题。加上各监管主体主要从自己监管的需要出发，"各自设置技术机构，造成小而全、资源分散、重复建设、信息和数据不能共享的局面"。⑤

同时，要实现资源的高效整合，就需要以共享资源足够的可信度为前提，这虽然有政府的公信力作为保障，但出于对风险的趋避性，没有明确的制度对共享资源的可靠性进行确认，仍不足以提升各监管主体相互利用各自资源的热情。另外，资源的高效整合就是各监管主体间相关利益的整合，同时，资源利用的可能性与便捷性也会直接影响到监管主体内部成员的价值大小，这些都会使监管主体对资源整合产生怠惰心理。正如美国学者简·芳汀（Jane Fountain）所说，如果效率增长为政府机构带来资源方面（比如预算和人事）的损失，该

---

① 颜海娜：《我国食品安全监管体制改革：基于整体政府理论的分析》，《学术研究》2010 年第 5 期，第 43 - 52 页。

② 詹承豫：《食品安全监管中的博弈与协调》，中国社会科学出版社，2009 年，第 6 页。

③ 吴良志：《中美食品安全监管机构之比较》，《食品与发酵工业》2005 年第 11 期，第 78 - 84 页。

④ 马晖、徐楠：《食品安检应打破政府垄断发挥地方民间力量》，《南方周末》2005 年 3 月 31 日。

⑤《完善食品安全监管体制机制的思考》，http://info.food.hc360.com/2011/07/211116541357.shtml，2012 年 5 月 9 日访问。

机构将抵制大幅度增长效率的诱惑，因为技术进步及理性化的逻辑与官僚整治的逻辑相冲突。因此，虽然降低监管成本、高效整合监管资源是食品安全监管主体间协调的客观需求，但要依靠监管主体自身自发地相互协作存在一定的困难，需要从宏观上建立相应的制度促进各监管主体相互协调与合作。

（二）对食品安全监管主体的纵向协调

"组织协调功能在于使一个组织中所有单位和所有个人的活动同步化、和谐化。它的目的是使组织内外各部门、各环节的各种活动不发生抵触、不失控，不互相重复，保证相互间建立良好的配合关系，使组织成员同心协力，为实现共同目标而努力。"[①]要想使食品安全监管主体之间建立良好的协作关系，避免各主体间不必要的矛盾和冲突，使食品安全监管系统平衡、稳定运行，有效实现监管目标，就必须要通过各种途径和方式协调各监管主体，使其各自的功能实现有机的结合。从食品安全监管系统运行的过程看，食品安全监管主体间存在纵向和横向的联系，相对也就产生纵向和横向的协调方式。纵向协调主要是通过命令与服从机制，对相应层次的监管主体的职权、职能进行的协调。从我国目前纵向协调的途径和方式看，主要包括专门机构的综合协调、个案性协调和指令性协调。

1. 专门机构的统一协调

一旦监管主体间发生矛盾冲突，尤其在重大问题上，光靠协商沟通无法全面理性地实现各主体之间合理的协作配合。要解决监管主体间的纷争与权限冲突，整合分散于各主体的监管力量与资源，就必须借助比其他主体更高行政规格、更具权威性的主体自上而下地进行协调。而为了能及时处理随时出现的问题，就要将这种自上而下的协调常态化，这就需要设立专门机构进行统一协调。

《食品安全法》在国务院设立的食品安全委员会，就属于这样一个国家性超部门的协调机构，对食品安全监管进行总体的协调和指导。在地方政府设立的食品安全委员会则属于地方性的协调机构。此外，从历史沿革来看，《食品安全法》（2009）第四条曾赋予卫生部综合协调的功能，负责食品安全风险评估、食品安全标准制定等事项，但中央编办于2011年印发的《关于国务院食品安全委员会办公室机构编制和职责调整有关问题的批复》（中央编办复字〔2011〕216号）将食品安全综合协调、牵头组织食品安全重大事故调查、统一发布重大食品安全信息等三项职能划入国务院食品安全委员会办公室。这不仅解决了国家食品安全委员会与卫生部在协调职能上的部分重复问题，也避免了与其他监管部门多为平级的卫生部在实现纵向性协调上的尴尬，符合纵向协调过程中协调主体权威性和协调命令统一性的要求。

由于我国国家与地方两个层面的食品安全委员会的成员主要由本级各职能监管部门的负责人担任，这就决定了在综合协调模式的选择上主要采取多个部门互相制衡、互相牵制、互为补充的协调方式。这种模式虽然通过协商沟通的方式实现，更具有民主性，但由于涉及各部门利益，又无相当数量介于部门利益以外、能提供客观中立评价意见的主体参加，加上我国立法并未明确两个层面的食品安全委员会可以采取强制性协调手段和措施，在具体协调的过程中就很难避免出现矛盾回避、利益妥协等问题，削弱综合协调的作用。

此外，我国立法还没有对各级食品安全委员会履行协调职能的程序进行明确的规定，例

---

① 许俊千、李南薰主编《中国现代领导学》，武汉工业大学出版社，1988年，第200页。

如,在什么样的条件下触发协调,协调情况的通报、协调后的结果由谁监督,协调不成如何处理等都没有全面的制度化,都无相应完善的立法表现。这就使得为常态化协调设置的机构,其协调行为却没有得到制度化的规范。而失去监督的权力,其行使效果也就难免无法达到理想的效果。

从国家和各省份食品安全委员会的具体职能看,其协调方式主要有事前协调和事后协调两种。其中,事前协调又包括以组织联合执法、专项检查为主要表现形式的具体事务性协调和以组织立法、制订规划、计划等形式为主的全局性权力与资源协调。而事后协调则重在对已经出现的食品安全问题进行责任查处和消除隐患。由于食品安全委员会主要是在高层次上指导和协调其他职能监管部门的工作,要等到食品安全问题逐级汇总到食品安全委员会,再进行事后协调,已具有明显的滞后性,难以将问题在萌芽状态时就得到有效的处置。而我国食品安全问题又多发生在基层,如果基层职能监管部门能够主动协作,积极配合,而不是等待统一协调指令下发后再进行监管,将会大大提高食品安全监管的效率。因此,本着"预防为主"的原则,食品安全委员会的协调方式应以事前协调为主。但是设立协调机构的目的是减少各职能部门对协调的需要,增加被协调者的主动自我协调性,而不是为了协调而协调。因此,如果只是将组织各种专门领域的食品安全检查作为主要协调内容,虽然可以暂时减少被检查领域的食品安全隐患,但各职能部门仍处于被动状态,协调主动性并未得到提高,而且在资源有限的前提下,还会削弱各职能部门在其他食品安全领域内的监管力量,打乱职能部门正常的食品安全监管计划,甚至影响到相关食品安全监管责任的认定。"联合执法虽然为解决长期以来我国行政执法体制中存在的突出问题暂时性地提供了一种途径,具有一定的合理性,但从长远看,它实际上又相当程度地加大了这些问题的解决难度,伴随着联合执法而来的是低效而且缺乏公正性的突击执法、运动式执法,部门之间行政执法权力交叉、责任不清,执法扯皮的现象日益严重,执法趋利、执法扰民的现象屡禁不止。"[1]并且如果食品安全的根源问题没有得到有效解决,统一检查也只能起到暂时性的作用,一旦检查结束,各种问题又卷土重来。所以,要从根本上发挥食品安全委员会的协调作用,就应当将事前协调的重点放在如何促进职能监管部门的主动横向协调,明确职能监管部门各自的协调目标,为职能监管部门的协作创造条件等方面,才能真正提高统一协调的效率,达到统一协调的目的。例如,广东省食品安全委员会确立食品分工抽检互认结果、省政府建立应急救援资金的制度;[2]银川市食品安全委员会按照"不求所有,但求所用"的原则,统筹全市食品监测,建立统一的食品检测体系。[3] 这些都不失为促进职能监管部门协调的积极措施。而北京市的《2008 年北京奥运食品安全行动纲要》、上海市的《世博食品安全保障工作总体方案》所取得的显著成效则更加说明了事前协调的重要性。

2. 部门内部的纵向协调

在纵向协调上,除了需要从宏观层面对各职能部门之间的行为进行协调,还需要各职能部门在本监管领域内对不同管理层次的职权、职能进行协调整合。这主要表现为本监管领域内的不同地区间协调,以及本部门内不同监管职能间的协调。

---

① 赵韵玲:《构建食品安全综合行政执法模式问题探讨》,《消费经济》2009 年第 5 期,第 33 - 35 页。
② 邓真红:《浅谈食品安全监管模式的构建》,《网络财富》2010 年第 13 期,第 61、65 页。
③《银川市卫生局探索食品安全综合协调新机制》,《银川晚报》2012 年 1 月 7 日第 11 版。

随着专业化分工和物流的发展,即使是食品链上的某个环节也可能会跨地区完成。例如在一地粗加工的散装食品,又运到另一地进行再加工并包装成成品销售,这就需要同一部门的多地监管人员协同,才能实现对食品生产加工环节的完整监管。而另一种情况,则是多地在食品链上的某个环节进行特征复制,如果不能进行统一全面的监管,就可能会产生不必要的食品安全隐患。例如分处于各地区的连锁餐饮,在接受总部的半成品原料配供后,又各自按总部要求的统一的加工方法进行加工并提供给消费者。只要总部提供的原料或是方法有任何瑕疵,都会影响到全部连锁店的食品安全。这就需要监管部门统一协调,对多地监管对象进行全面集中管理,才能达到较好的效果。① 但是由于主要职能部门采取的是分级管理制,上级部门对下级部门只是业务指导关系,而地方则对本级职能部门提供必要的经费支持,并享有很大程度的人事任免权。这样一来,职能部门内部的决策权、指挥权、用人权三权难以实现完整统一。下属责任人员既要受控于地方政府的经费支持,又要对任免者负责,面对上级基于业务指导而发布的指令即使不能很好完成,也不应完全承担相应责任,甚至当地方协调与上级协调发生冲突时,被协调者还将面临无所适从的局面。由于权责配置无法一一对应,理应存在的本部门地区间协调,却因上级部门难以实现统一指挥,权威受到削弱,而无法达到理想的监管效果。因此,如何正确处理职能部门的地区分级管理与上级业务指导的关系,对于加强协调、提高监管效率具有重要意义。

此外,监管部门作为一个严密的组织体系,其内部各个部门之间能否配合协作,直接影响到该部门的行政效率,这就需要上级部门对内部各个部门的职权行为进行必要的协调与整合。随着社会经济的发展,以及行政管理意识与管理水平的提高,行政组织内部的职能分工也越来越精细化和专业化,因此,上级部门首先应建立明确清晰的岗责体系,科学划分各部门职权,预防内部部门与人员之间产生冲突与摩擦,出现思想不一致及行动上的互相推诿。同时,沟通是协调的杠杆,是解决冲突、协调组织行动的重要方式。因此,在职责分工明确的前提下,还应设立各种沟通渠道,以利信息传达,随时解决内部各种分工合作上的真空与矛盾,并为促进内部各部门之间的协作提供便利。例如,国务院食品安全委员会在《关于建立健全分层分级精准防控末端发力终端见效工作机制 推动食品安全属地管理责任落地落实的意见》中提出要建立分层分级、层级对应的包保责任清单制度,按市、县、乡、村分为四层,并建立"完善安全管理体系、抓好常态化防控、强化应急处置、加强宣传和培训"的任务清单制度。

在明确内部各部门及人员具体职责,并提供沟通渠道的前提下,还应考虑到监管部门在监管过程中所面临的问题千变万化,可能一件任务并不对应只由一个部门完成,或者本应完成该任务的部门能力与任务并不相称。这就需要上级部门在应对各类事务时,适当设置内部部门权限的弹性化内容,强化部门间合作形式,赋予各部门更多的自主权。通过对本部门内部的灵活协调,将部门资源与监管任务进行最优配置,以提高行政效率,实现资源利用的最大化。上级部门在对部门内部进行协调整合时,不应仅仅专注于各内部部门工作事项的操作流程和任务目标,还应从本监管部门对外的监管职能出发,将监管任务科学分类,根据

---

① 如 2009 年国家工商总局制定的《食品安全监管执法协调协作制度》第 19 条规定:"在查办流通环节食品安全案件中,需要跨管辖区域协作的,相关地工商行政管理机关应当积极配合、密切协作,及时通报,由具有管辖权的上一级工商行政管理机关协调。"

实际监管需要,将各个内部部门串联起来,促使其协作配合完成某一类事务。

部门内部的纵向协调并不是简单地命令、支配与打压,而是运用多种方式,促进本部门全体人员团结协作,彼此在知识与技能上相互融合,这样才能从根本上减少部门内部的冲突与摩擦,实现食品安全监管的高质高效。

(三) 对食品安全监管主体的横向协调

横向协调是指不具有行政隶属关系的各监管主体之间借助于制度规范,自行主动以沟通合作的形式,消除部门间障碍,共同努力实现监管合力的协调方式。《食品安全法实施条例》第 4 条规定,要求"县级以上人民政府食品安全监督管理部门和其他有关部门依法履行职责,加强协调配合,做好食品安全监督管理工作"。事实上,《食品安全法》按照"分段监管为主、品种监管为辅"的原则,将食品安全监管权力配置给各监管主体,虽然在职能划分以及明晰管辖权限的同时,实现了监管主体之间的专业化分工,但面对完整的食品链和错综复杂的社会变化,如果任由各监管主体单打独斗,不仅容易出现重复执法和权力交叉,更无法从整体上解决食品安全的各种问题。这就需要各监管主体之间密切合作,充分发挥资源、信息和技术优势,相互取长补短,加强横向协调。目前我国食品安全监管主体间的横向协调主要包括信息资源协调、事务性协调和决策性协调三种途径。

1. 信息资源协调

有效信息资源的多少直接影响到监管主体的监管程度和能力范围,如果能通过监管主体相互合作,掌握彼此的信息资源,扩大信息拥有量,将大大增加各主体的监管能力。

《食品安全法》首先建立了相应的信息通报制度,以加快监管主体对各监管环节上相关问题的反应能力和监管效率。一方面,《食品安全法》概括性地要求"县级以上人民政府食品安全监督管理、卫生行政、农业行政部门应当相互通知获知的食品安全信息"。[1] 另一方面,《食品安全法》又在具体监管领域中进行了相关信息通报的规定。例如,在食品安全风险信息方面,《食品安全法》规定:"食品安全风险监测结果表明可能存在食品安全隐患的,县级以上人民政府卫生行政部门应当及时将相关信息通报同级食品安全监督管理部门,并报告本级人民政府和上级人民政府卫生行政部门。"[2]"国务院卫生行政部门应当及时向国务院有关部门通报食品安全风险评估的结果。"[3]在食品生产经营监管信息上,《食品安全法》要求:"对通过良好生产规范、危害分析与关键控制点体系认证的食品生产经营企业,认证机构应当依法实施跟踪调查;对不再符合认证要求的企业,应当依法撤销认证,及时向县级以上人民政府食品安全监督管理部门通报,并向社会公布。"[4]在对进出口食品安全信息的通报上,《食品安全法》要求:"境外发生的食品安全事件可能对我国境内造成影响,或者在进口食品、食品添加剂、食品相关产品中发现严重食品安全问题的,国家出入境检验检疫部门应当及时采取风险预警或者控制措施,并向国务院食品安全监督管理、卫生行政、农业行政部门通报。"[5]"国家出入境检验检疫部门应当收集、汇总进出口食品安全信息,并及时通报相关部门、机构

---

① 《食品安全法》第 119 条。
② 《食品安全法》第 16 条。
③ 《食品安全法》第 19 条。
④ 《食品安全法》第 48 条。
⑤ 《食品安全法》第 95 条。

和企业。"[1]

在此基础上,为了扩大各监管主体的信息获取渠道,促进监管主体对食品链安全问题的整体认识,《食品安全法实施条例》第9条规定了信息资源共享制度,要求"国务院食品安全监督管理部门和其他有关部门建立食品安全风险信息交流机制,明确食品安全风险信息交流的内容、程序和要求"。同时,《食品安全法》第118条更进一步规定,国家建立统一的食品安全信息平台,实行食品安全信息统一公布制度。国家食品安全总体情况、食品安全风险警示信息、重大食品安全事故及其调查处理信息和国务院确定需要统一公布的其他信息由国务院食品安全监督管理部门统一公示。食品安全风险警示信息和重大食品安全事故及其调查处理信息的影响限于特定区域的,也可以由有关省、自治区、直辖市人民政府食品安全监督管理部门公布。

信息共享虽然可以增加监管主体所掌握的信息数量,但所拥有的信息的效用程度才是影响监管效率的重要因素。为了使共享的信息得到充分的利用,避免各监管主体对相关信息的重复采集,浪费不必要的人力、物力,还需要各监管主体彼此相互认同对方的信息,才能使信息共享制度发挥实际作用。2004年《国务院关于进一步加强食品安全工作的决定》中就提出,"实现检测信息共享,避免不必要的重复检测",对信息互认提出了要求。国务院在《2012年食品安全重点工作安排》中更明确了"实现检验检测结果互认,促进资源共享"的内容。对此要求,各地也纷纷回应,2012年3月,北京市政府与天津、河北、山西、内蒙古、辽宁、黑龙江、山东、河南8省区市政府建立了食品检测结果互认机制,对于国家认可的检测机构出具的检测报告,只要属同品种、同批次、同项目的食品检测结果,在一定有效期内就能得到相互认可,避免重复检测。[2]

加强信息资源协调,积极建立信息共享平台,实现食品安全信息的互通互认,不仅能有效地增强各监管主体之间的配合与沟通,提高信息的利用率和工作效率,对于避免食品安全监管真空,督促监管主体科学合理地监管也有重要的意义。

2. 事务性协调

食品安全监管主体在监管过程中,遇到不属于本部门职责范围内的事项,或虽属本部门职责范围内的事项,但因自身无法克服的障碍或自身执行职务会带来严重不经济时,就需要依法与相关无隶属关系的其他监管主体协作配合实施监管,或直接移交给有权主体处理。其内容主要表现在行政协助和案件移交两个方面。

行政协助是指行政主体在行使行政职权、实施行政管理的过程中,基于执行公务的需要和自身条件的限制,请求其他行政主体配合其实施同一行政行为或共同行政行为的法律制度。[3] 行政协助包括不同行政部门之间的协助和不同行政区域的行政职能部门之间的协助。《食品安全法》主要对不同行政部门之间的协助进行了规定,要求县级以上人民政府食品安全监督管理部门和其他有关部门应当加强沟通、密切配合,按照各自职责分工,依法行使职权,承担责任。[4] 强调要加强各部门之间的配合协作,以免各个监管部门在工作衔接

---

① 《食品安全法》第100条。

② 《一地查出问题食品 各地全"通缉"》,http://news.enorth.com.cn/system/2012/03/23/008908682.shtml,2012年7月25日访问。

③ 莫于川:《行政职权的行政法解析与构建》,《重庆社会科学》2004年第2期,第74-81页。

④ 《食品安全法》第8条。

上出现交叉重复或者监管漏洞。在处理食品安全事故上,《食品安全法》规定:"县级以上人民政府食品安全监督管理部门接到食品安全事故的报告后,应当立即会同同级卫生行政、农业行政等部门进行调查处理"①,同样对食品安全监管主体提出了协作配合、会同处理的要求。

而为了加强地区间的沟通协调,落实监管责任,增强食品安全监管的系统性,各地也积极尝试建立食品安全监管事务上的协作制度,实现不同行政区域的行政职能部门之间的协助。例如,2011 年初,全国 22 个省区市工商局在共同参加的食品安全监管协调协作会议上形成的跨省案件查处协作机制,要求"协调协作单位对发生在本辖区的、需要到其他区域调查取证的案件,应与被调查取证地协调协作单位取得联系,加强沟通;被调查取证地的协调协作单位应积极配合,提供方便"。② 2012 年 3 月,北京市与天津、河北、山西、内蒙古、辽宁、黑龙江、山东、河南 8 省区市政府代表召开了食品安全联动协作机制联席会议,并共同签署《食品安全联动协作机制备忘录》,要求"加强案件协作,建立重大案件及跨区域案件协作机制,互相协助食品安全领域重大突发事件和违法案件的查处;加强技术领域协作,共同攻克食品安全领域的技术难题;加强溯源管理协作,构建追溯信息平台,将重点食品纳入追溯管理"。③ 可以看出,不同行政区域监管主体间行政协助的充分实现,对于提高行政效率,节约执法成本,排除各种保护主义对行政执法的阻碍,保障行政权顺利运行,都具有重要意义。

案件移交是指食品监管主体在监管过程中,遇到不属于本部门职责范围内的事项,依法将其移交给有权部门处理的制度。有权管辖的监管主体应当积极受理相关事项,不得相互推诿。当遇到权力交叉、职责规定模糊的情况时,应当主动协调,或交由上级主管部门决定具体的管辖内容。只有这样,案件移交制度才不至流于形式,成为监管主体推卸事务的借口。为此,《食品安全法》规定,县级以上人民政府食品安全监督等部门应当公布本部门的电子邮件地址或者电话,接受咨询、投诉、举报。接到咨询、投诉、举报,对属于本部门职责的,应当受理,并在法定期限内及时进行答复、核实、处理;对不属于本部门职责的,应当移交有权处理的部门处理并书面通知咨询、投诉、举报人。有权处理的部门应当在法定期限内及时处理,不得推诿。④ 案件移交制度的实行,对于提高监管事项的处理效率,及时查处与纠正违法行为,避免社会矛盾的扩大化有着重要意义。

3. 决策性协调

食品安全监管主体通过已有制度能够自主地在信息资源、事务处理等方面实现相互协调与合作。但是由于存在大量的法律和政策模糊地带,以及食品安全影响要素的不断变化,许多问题借助现有的制度渠道无法得到沟通并顺利达成共识,这就需要互不隶属的各监管主体在依靠上级主管部门纵向协调以外,还能够及时针对不断出现的新情况主动进行相互协商,予以积极应对。因此,食品安全监管主体在监管过程中,通过会议、商讨、沟通、交流等

---

① 《食品安全法》第 105 条。

② 《22 个省区市工商局签订食品安全监管协议》,http://www. saic. gov. cn/ywdt/gsyw/zjyw/xxb/201101/t20110119_103608. html,2012 年 7 月 25 日访问。

③ 《北京联动 8 省保食品安全 将互通不合格食品信息》,http://news. xinhuanet. com/politics/2012 - 03/18/c_122847961. htm,2012 年 7 月 25 日访问。

④ 《食品安全法》第 115 条。

方式，为实现监管整体目标而进行相关的规划、计划和决策，是各监管主体消除矛盾，实现横向协调的必需途径。

由于各监管主体之间不具有隶属关系，在遇到相关问题时，任何有关的监管主体都可以提出协商解决的要求，而无需上级主管部门专门召集。协商的形式不应有太多限制，可以是部门负责人之间的会谈，也可以是部门联络人之间的沟通，可以是为规划某一阶段事务而定期举行，也可以就某一具体问题临时交流。但不管以何种形式协商，都应该确保各协商成员充分交流信息和意见，使相关监管主体能够一致认可形成的决策，尽快解决矛盾和问题。

横向的决策性协调由于无需上级主管部门的直接参与，减少了"下情上陈—组织协调—研究决定—上情下达"的过程，对于提高决策的民主化和决策效率，扩大决策的共识程度和共识范围都具有重要作用。因此，这种协调虽然最初产生于监管主体间约定俗成的默契，或是依赖各监管主体成员间的私人感情而发生，但随着监管整体性需求的日益增加，当零星松散的合作已不足以应对各种复杂多变的食品安全问题时，将其制度化确定化也就成了必然趋势。例如《食品安全信息公布管理办法》中就要求，"县级以上食品安全各监督管理部门公布食品安全信息，应当及时通报各相关部门，必要时应当与相关部门进行会商，同时将会商情况报告当地政府"。[1] 以期能通过所确立的会商制度，加快各食品安全监管主体对特定食品安全信息的明晰与处理。为了实现不同地区监管主体间的合作，合理构建食品安全保障体系，共同提升食品安全水平，2020年，河北省市场监督管理局发布《2020年食品安全协调工作要点》，要求加强食品安全综合协调能力建设，在发挥食品安全委员会统一领导和食品安全办公室综合协调作用的基础上，落实管行业必须管食品安全的责任，做好分管领域食品安全工作。同时，要求每季度组织部门召开风险防控联席会议，开展食品安全总体分析和形势研判，编制食品安全总体状况报告。2021年时甘肃省市场监督管理局发布了内容类似的《2021年全省食品安全协调工作要点》，提出要完善综合协调机制，开展基层食品安全委员会及其办公室规范化建设，推动乡镇（街道）成立食品安全委员会及其办公室，完善"上下统一、体系完整、规范有序、运行高效"的基层食品安全协调体系。同时，组织开展综合协调工作能力培训，提高食品安全协调机构工作人员能力和水平，培养一支优秀的食品安全协调队伍。2023年，重庆市市场监管局、四川省市场监管局召开川渝两地食品生产安全联防联治协同监管工作会，现场签署《川渝两地食品生产环节联防联治协同监管合作协议》，建立了联防联治协同监管"2套机制＋5个联动"工作模式，共同促进提高两地协同监管、开放监管、综合监管能力。[2] 同时，四川省市场监管局又在全省范围对内召开食品安全"监检联动"工作推进会议，共商推进"监检联动"常态化的工作举措。该会议要求增强监管的靶向性和有效性，强化协作联动，农业、卫健、粮食、海关、公安等部门应做到协同配合，推进"监检联动"，强化市场监管系统内部的风险会商和预警交流，提升风险研判能力，落实信息通报、监管协作、信用联合惩戒等工作机制。[3]

---

① 《食品安全信息公布管理办法》第12条。
② 《川渝两地开展食品生产安全联防联治协同监管》，https://finance. sina. com. cn/jjxw/2023-09-22/doc-imznqnym2298554. shtml，2023年11月10日访问。
③ 《四川推进食品安全"监检联动"工作常态化》，https://baijiahao. baidu. com/s? id=17798721897223938389&wfr=spider&for=pc，2023年11月10日访问。

　　决策性协调使各监管主体能够协同目标,合作规划和决策,在耗费较少行政成本的前提下,不仅能充分促进各监管主体间的沟通与合作,还因为其灵活性与及时性的特点,能够有效预防各监管主体间矛盾的产生,尽快化解在具体事务处理上"各自为政""重复监管"等问题。

第三章

食品安全监督模式

第一节　食品安全监管模式

一、发达国家及地区食品安全监管模式

经过近几年的改革,发达国家大多形成了一套高效的食品安全监管模式。因监督主体的不同,食品安全监管的模式可以分为政府监管和社会性监管两种模式。

(一) 政府监管模式

早期的食品生产和流通主要依靠自我管理,但是在 19—20 世纪初,由于科学技术的发展,食品生产技术和组成成分越来越复杂,加上生产者和消费者之间信息不对称等情况的出现,食品掺假、造假严重,此时,政府监管模式应运而生。从不同的角度来看,政府监管模式又可划分为各种子模式,例如:从监管主体数量和权力配置的角度,可以将之划分为多部门联合监管模式和独立监管模式;而在多部门联合监管模式中,从监管主体分工方式的角度,又可以划分为分段监管模式和品种监管模式。

1. 多部门联合监管模式与独立监管模式

1) 多部门联合监管模式

美国和日本是多部门联合监管模式的代表,但各自根据本国的实际情况也存在其特殊性。

美国现有食品安全监管模式是一个成熟高效的食品安全监管模式,已被多国学习借鉴。美国食品安全政府监管机制中,监管部门按照法定职责各司其职,在保持独立性的同时相互配合,迅速有效地开展工作。美国政府同时建立了联合监管网络,将联邦政府、州政府和地方政府纳入其中,统一进行管理。①

日本建立的多部门分散监管模式已相对完备,并在实际监管过程中起到了实效。

2) 独立监管模式

采用独立监管模式的有英国、欧盟及其成员国等。英国从 1984 年开始,分别制定了《食品法》《食品安全法》《食品标准法》。2000 年 4 月,英国对原有的食品安全监管体系进行改革,成立了食品标准局(Food Standards Agency, FSA),全面负责食品安全的监管,希望实现从"农田到餐桌"整个食品链的安全监管。②

伴随着欧洲一体化进程,欧盟的食品安全监管体制逐渐建立和完善起来。农业—食品

---

① Henson Caswell, "Food safety regulation: an overview of contemporary issues", *Food Policy*, (24)1999, pp. 589 - 603.

② 王耀忠:《外部诱因和制度变迁:食品安全监管的制度解释》,《上海经济研究》2006 年第 7 期,第 62 - 72 页。

产业是欧盟经济的第二大组成部分,2014 年,有从业人员 4 800 万,产值 7 500 亿欧元。[①] 欧盟的食品安全监管分为欧盟和成员国两个层面。欧盟层面主要负责制定法令、政策、标准,并对成员国的执行情况进行监督,成员国各自负责本国范围内的食品安全监管。在欧盟层面,具体负责食品安全的机构包括欧洲食品安全局(EFSA)、欧委会健康与消费者事务总司(DG SANCO)、食品和兽医办公室(FVO)、食品链和动物健康常设委员会。在成员国层面,由一个或多个部门负责食品安全监管,即成员国主管部门依照欧盟法律和本国法律具体实施食品安全监管。[②] 以德国为例,德国于 2001 年年初将原由卫生部负责的食品安全监管职能交由新成立的消费者保护、食品和农业部负责,其他有关部门(主要是卫生部门)依法在自己的职责范围内配合农业部门的农产品质量安全管理工作。

食品安全监管模式有一定的发展历程。20 世纪中期的食品监管多采取多部门联合监管的模式,但是这种模式容易产生职能交叉、责任不清、效率低下、权威不够等弊端。近年来各国为适应新的食品安全形势,纷纷改革食品安全监管体制,食品安全监管机构有从分散走向统一的趋势,即从多部门联合监管向独立监管、统一监管模式发展。即使是多部门联合监管的体制,也建立权威机构以加强对各监管机构的协调。虽然独立监管模式具有专业性、独立性、权威性、高效能等优点,但是也有权力过于集中的缺点。因此,对监管机构也要加强监督。美国初期采取一个部门即由农业部监管的模式,但是收效甚微。这主要是因为农业部门与食品行业存在利益纠葛,食品监管机构反而成为食品行业的利益庇护者。20 世纪 30 年代以后,虽然美国通过立法逐步实现了单一部门监管向多部门联合监管的过渡,但是这种多部门共同监管的模式又导致了职能的分散和冲突的局面。所以美国又想了很多办法来统一协调,加强各部门的合作。这恰恰见证了食品安全监管机构体系的"统→分→统"的发展趋势。[③] 也有学者指出,食品安全监管机构有与农业部门、卫生部门脱钩的趋势。因为农业部门是食品产业的主管者,是利益相关者,不能保证监管的公正性,而卫生部门主要为本地区居民服务,不能适应食品安全的跨地区性趋势,所以在改革后的各国,卫生部门仅承担有限的监管责任,仅当发生因食物引起的疾病与疫情时才介入食品安全监管。[④]

2. 品种监管模式与分段监管模式

如前所述,美国食品安全监管机构按照监管的对象即按品种进行分工。美国对于肉、蛋、禽、海鲜品等分别规定了不同的监管机关,甚至用乙醇度 7% 来划分葡萄酒和其他酒的不同监管机关。

法国的模式具有分段监管的部分性质,但是不像我国这样明显。法国的三大监管部门中,农业部对于食品质量安全问题肩负着从生产到销售各环节的技术质量安全管理的全程监控职责;经济财政和工业部对市场交易环节和卫生安全保证的诚信性的食品质量的管理工作负责监控检查;卫生团结部一般在因食品质量安全引发了公共健康安全问题之后介入调查和防控管理,并对违反公共卫生安全法律法规和不符合卫生许可的行为进行监察和处罚。日本食品监管机构的分工则有分段监管和按品种监管的双重性质。[⑤]

---

① 周荣新:《欧盟通过 19 亿欧元财务方案提高食品安全水平》,《中国食品安全报》2014 年 4 月 19 日 B4 版。
② 信春鹰主编《中华人民共和国食品安全法解读》,中国法制出版社,2015 年,第 522－524 页。
③ 徐楠轩:《外国食品安全监管机构体系的发展与启示》,《行政与法》2007 第 6 期,第 112－115 页。
④ 王耀忠:《外部诱因和制度变迁:食品安全监管的制度解释》,《上海经济研究》2006 年第 7 期,第 62－72 页。
⑤ 曾祥华:《食品安全监管主体的模式转换与法治化》,《西南政法大学学报》2009 年第 1 期,第 24 页。

西班牙的食品安全监管模式也具有显著的分段监管特点。在西班牙,消费者事务和食品安全营养局(简称食安局)是主要的食品安全监管机构,负责初级农产品生产环节以外的食品安全监管工作和协调地方各级政府机构的食品安全工作。而西班牙的农业食品和环境部则主要负责动植物健康、农药残留和兽药控制、植物农药的注册批准等,对初级农产品的生产环节进行监管,在农业领域代表西班牙参加欧盟和相关国际组织的活动。例如,在鲜奶生产方面,农业食品和环境部负责鲜奶自挤出到运出奶牛场阶段的监管,其后的监管工作由食安局负责;蜂蜜生产方面,农业食品和环境部负责蜂蜜收集、过滤环节,蜂蜜的混合、加工环节的监管由食安局负责。①

(二) 社会性监管模式

奥斯本的《政府改革》以及约翰·密尔的《论自由》提出了政府失灵以及非政府组织的实践经验和作用的问题。② 针对这一问题,伯顿·韦斯·布罗德用市场"自由主义"下的"市场失灵"和政府低效所表现出的"政府失灵"理论,认为只有在政府、市场和非政府组织有机联合的基础上,才能满足社会成员对社会公共物品的需求,才能达到理想的治理效果。③ 作为非政府组织重要组成部分的社会性监管主体,在提供公共服务的功用上,作用不容小觑。政府食品安全方面监管失灵是急迫需要社会性监管的主要原因。

从国家行政向公共行政转变是当今世界的一种趋势,而公共行政又包括国家行政和社会行政。公共行政并不排除国家行政,只是在"国家—社会—个人"的三元结构中进行适当的分工,尤其是在国家与社会之间,进行最合适的权力配置,实现管理效益的最大化。各种权力必须分清自己的界限,避免发生缺位、越位和错位的情形,造成社会资源的浪费。在食品安全领域,虽然早期的监管由食品生产者自我约束来实现,但是后来食品生产的科技越来越发达,情况越来越复杂,政府成为主要监管者有其内在的必然性。但是,这并不意味着政府是唯一的监管者,实际上政府使用全部精力也不可能包揽全部监管工作,而行业协会、消费者协会有自己的优势。食品造假、质量低劣甚至有毒食品等不仅会损害消费者的利益,也会损害合法经营者的利益。为了捍卫自己的利益和避免这个行业受损,消费者和食品行业组织会利用投诉、诉讼或者行业规则来制止假冒伪劣及有毒食品,加大违法行为的机会成本。由于食品行业本身的专业性和技术优势以及消费者的利益相关度,社会监管可以发挥政府监管所无法发挥的作用。食品安全监管在国家与社会之间的权力应当本着有利于监管效益的原则进行分工,互相配合,相得益彰。④

健全的社会监管需要保障公民的结社自由和实现公众参与。美国行政程序法制相当发达,《行政程序法》《信息自由法》《阳光下的政府法》等程序法律充分保证了食品监管的程序公开和公众参与,在食品法律法规的制定方面,能够通过听证、通告、评论、协商等程序充分征求社会意见,在执法方面也有众多的公众参与。美国的官方网站会提供广泛的信息,包括政府监管机构的信息、食品科学知识(可以免费观看录像,并配有多国语言字幕),还有有关民间合作伙伴的信息。政府食品监管机构与民间组织密切合作,如与国家餐馆协会教育基

---

① 信春鹰主编《中华人民共和国食品安全法解读》,中国法制出版社,2015年,第531页。
② [美]戴维·奥斯本、特德·盖布勒:《改革政府》,周敦仁等译,上海译文出版社,1999年,第21页。
③ [英]约翰·密尔:《论自由》,许宝骙译,商务印书馆,1982年,第119页。
④ 曾祥华:《食品安全监管主体的模式转换与法治化》,《西南政法大学学报》2009年第1期,第24—25页。

金会国际食物理事会合作举办国家食品安全教育月等。欧盟食品安全权力机构贯彻公开、透明原则,实行自由对话,该机构有规律地开展一系列公共咨询,并号召公众或利益相关者递交相关信息和数据。[①] 在加拿大,凡是食品监督署(CFIA)制定的涉及食品安全的法规和政策,都要在网上公布征求社会各方面的意见,并召开专家研讨会进行论证。同时,在政府支持下成立的加拿大消费者食品安全教育组织,通过网络等手段向消费者提供食品安全信息,高校、科研机构以及消费者协会等社会组织都积极自愿地参与食品安全的各项活动,充分体现了食品安全人人有责,公开、透明和广泛参与的原则。在这些国家涉及食品安全的决策一般都有公众广泛参与,尤其是在生物新技术和转基因食品的政策制定方面。[②] 另外,它们的第三方检测机构也很发达。

二、发展中国家食品安全监管模式

(一) 印度食品安全监管模式

1. 印度食品安全监管机构

印度的食品安全监管机构类似于多部门联合监管模式,即中央政府和州政府共同监管国家的食品安全。中央政府主要设以下几个部门履行相关的职责:商业部负责发布国家进出口政策,协调与 WTO 相关的国际条款;食品安全与消费者事务部负责处理国内消费品标准事务;食品加工产业部负责协调有关食品加工的各项政策和计划及中央各部与各级政府食品安全管理机构等的工作;农业部负责农产品生产过程中的安全问题;健康与家庭福利部负责联络国际和国内食品安全质量管理机构,提高消费者的食品安全意识。

2. 印度的食品安全法律体系

印度食品安全法规主要是由各监管部门根据职能特征制定的。例如,农业部制定的《杀虫剂法》《牛奶与奶制品管理条例》和《肉制品条例》,食品加工产业部制定的《水果蔬菜管理条例》,商业部制定的《出口〈质量控制与检查〉》,健康与家庭福利部制定的《反伪劣食品法》,等等。其中,《反伪劣食品法》和《出口〈质量控制与检查〉法》在印度食品安全法律体系中占有重要地位。

(二) 巴西食品安全监管模式

1. 食品安全管理机构

在巴西有两个中央政府部门管理食品安全事务。健康部下属的健康与卫生标准管理秘书负责管理除动物源性食品、酒精和醋之外的所有食品及食品服务系统。动物源性食品、酒精和醋由农业与供应部下属的农业保护秘书负责。农业与供应部还负责植物产品检查和分类及农业生产资料的检验和管理。

2. 食品检验和卫生与健康标准的控制

巴西食品安全系统的主要工作局限于为食品和经营商提供服务。检查与食品安全教育方面的工作做得较少;对违反食品安全法规的制裁效率低下,罚金不足,司法程序极慢;缺乏

---

① 张芳:《食品安全领域行政权的监管范围与配套制度》,《河南省政法管理干部学院学报》2006 年第 3 期,第 32 - 36 页。

② 刘艳琴、刘钢、金瑛:《浅谈加拿大食品质量安全监管体系》,《食品工业科技》2007 年第 8 期,第 212 页。

可用于评估健康标准执行系统的效率方面的数据。

食品检查工作由健康部和农业与供应部共同承担，同时，地方政府和县级政府也承担与健康事务相关的计划、组织、控制、评估和服务等工作。除此以外，这些部门和单位还要提供健康管理服务如控制食品生产的健康和卫生标准。由于履行这些职责所需要的培训和经济技术资源不足，它们在实际执行中存在诸多困难。

3. 食品质量认证

巴西工业、商业与旅游部管理行业指标标准化、质量控制和认证事务，下属的巴西国家指标、标准及工业质量研究所是国家指标、标准与工业质量的中央执行机构。

巴西工业、商业与旅游部已经在工业部门执行提高质量和生产效率的项目。其中与食品安全关系最紧密的是 1990 年开始实施的《巴西质量与生产率行动》。该项目目标包括：在所有的直属质量管理部门贯彻质量控制计划；在所有部门贯彻《巴西质量与生产率行动》；在 5 000 家企业推行 ISO 9000 系列认证；在 1 000 家企业推行 ISO 14000 认证；在 50 000 家企业贯彻质量控制计划；让消费者组织的代表直接参与《巴西质量与生产率行动》。

为了实现上述目标，在食品管理方面，工业、商业与旅游部开展了以下活动：提高消费者意识，教育消费者；引进现代化管理技术，在公共服务部门推行认证制度和服务质量奖励制度；实施农业标签管理制度。

4. 消费者保护

巴西在 20 世纪 70 年代就建立了保护消费者的公共机构。但真正的消费者保护运动兴起则是在近些年的事，其主要内容是呼吁对健康保护法规给予特别关注并要求食品供应商对造成的损害进行赔偿。

目前巴西的消费者保护体系包括司法和公共安全部的经济秘书处，联邦、州及地方相关机构，以及与消费者权益相关的民间团体。经济权益秘书处下辖的消费者权益与保护厅负责整个消费者保护系统的协调；此外，它还有权惩罚违法行为。

民间团体可以向公共部门投诉，在司法中代表消费者及履行其他相关职能。一个重要的消费者保护民间团体是巴西消费者保护研究所，成立于 1987 年。该组织尤其关注食品问题并有一份月刊刊登其食品安全研究成果。巴西消费者保护研究所还参加了制定食品标准的一些委员会。

总体看来，巴西的食品安全体系还有如下问题：食品法律体系零散、内容不全面，不能适应国际市场的要求，妨碍了贸易发展；过多地关注涉及出口的农业与食品部门，对国内市场的食品安全问题关注不够；国内公共健康项目缺乏有效的集中规划和协调；只为优质食品提供认证，多数人口却得不到符合最低安全标准的食品；消费者保护团体处于起步阶段。[1] 2015 年的《全球食品安全指数报告》显示，巴西以 67.4 分的食品安全综合指数排名世界第 36 位，而我国以 64.2 分的食品安全综合指数排名世界第 42 位。[2] 但 2022 年的《全球食品安全指数报告》显示，巴西位列第 51 名，我国位列第 25 名。

（三）泰国食品安全监管模式

泰国国内的食品安全监管工作主要由公共健康部负责，其监管模式更类似于独立监管

---

[1] 陈锡文、邓楠主编《中国食品安全战略研究》，化学工业出版社，2004 年，第 117 - 119 页。

[2] The Economist Intelligence Unit, EIU Global Food Security Index-2015 Findings & Methodology, 2015, pp. 31 - 39.

模式,与加拿大和英国的监管模式趋同。公共健康部拥有食品安全领域的立法权,人事任免权,统筹全国的食品安全监管工作。但具体的食品安全监管工作则由其下属食品与药品管理办公室及该部的州级办公室在医药科学部共同负责。食品与药品管理办公室的主要任务是根据泰国的食品安全法规和相关国际协定对处于制造、进出口、储运、销售各阶段的产品实施监管,其由 10 个司、一个立法办公室和一个信息中心构成。

泰国 1922 年颁布的《麻醉剂法》是其第一部消费者保护法,1927 年的《脱脂牛奶法》标志着泰国食品立法监管的开始。目前泰国食品与药品安全方面的法规主要由 7 个国内法案(《药品法》《食品法》《化妆品法》《麻醉剂法》《神经药物法》《挥发性物质法》《医疗设备法》)和 6 个国际协定(《麻醉药品协定》《神经药物协定》《杀虫剂分配与使用操作规范》《国际贸易中化学品信息交流伦敦指南》《有害垃圾的跨边界转运管理协定》《联合国反麻醉剂与神经药物非法交易协定》)组成。除此以外,泰国还建立了关于标签要求、食品添加剂、食品污染物、有害物质残留、包装材料、色素和调味品方面的系列法律规范。

泰国的食品法将食品分为三类。一是特别管制食品。生产与加工该类食品均需登记并遵守良好操作规范(GMP)的部分条款。这类食品由公共健康部依据食品委员会等机构的建议进行认定。二是标准食品。主要包括在小规模制造厂或家庭中生产的某些食品。对该类食品管理的目标是帮助生产者提高产品质量,保护消费者合法权益。生产标准化产品需要注册,且产品质量及标签均需符合公共健康部通告的要求。三是一般产品。包括原料、已加工品、储藏品等,一些冷藏食品若未列入特别管制食品或标准食品,则就被认为一般食品。①

三、我国的食品安全监管模式

(一)多部门分散监管模式的发展历程

1. 计划经济体制时期

计划经济时代,国家的经济基础是国有经济,当时经济水平比较落后,政府的首要任务是解决吃饭问题,人们关注更多的是食品数量问题,而对食品的质量问题关注甚少,国家有关食品安全方面的立法也相当匮乏。此时期的食品安全监管部门主要有以下四部分组成:一是中央人民政府的商业部,主要负责国家的食品生产经营和卫生管理;二是对外贸易部和进出口商品检验局,主要负责进出口食品卫生的管理工作;三是轻工业部,主要负责管理地方食品、油脂、酿酒等加工工业;四是中央工商行政管理局和工商行政管理局,主要负责对食品销售市场进行管理。

计划经济体制时期食品安全监管模式的主要特点是:"食品卫生监督职能很弱,食品安全的监督管理职能分散在各个食品生产领域和各个管理部门。"②就全国范围而言,还未形成统一的监管机构,结果是监管的力度相当薄弱,监管的效果堪忧。深层次而言,此时的食品监管的性质仅仅为食品卫生监管,而非食品安全监管。

2. 由计划经济体制向市场经济体制过渡时期

在经济体制过渡时期,国家对食品卫生监管工作明显加强。《食品卫生管理条例》和《食

---

① 陈锡文、邓楠主编《中国食品安全战略研究》,化学工业出版社,2004 年,第 115-116 页。
② 李光德:《经济转型期中国食品药品安全的社会性管制研究》,经济科学出版社,2008 年,第 48-52 页。

品卫生法（试行）》的先后颁布，标志着国家实施食品安全监管工作的正式启动。此时期的食品卫生管理部门主要有五个部分：卫生部，主要负责食品卫生标准的制定；国家工商行政管理总局，主要负责食品市场的管理职能；轻工部、商业部和农牧渔业部，主要负责食品工业的管理职能；对外经贸部，主要负责进出口食品的安全卫生检验监督职能；国家计量总局，主要负责食品质量的检验职能。[1]

3. 市场经济体制时期

《食品卫生法》的颁布，标志着国家的食品卫生监管工作主要由卫生部负责，同时赋予工商、农业、质检等部门也有食品安全监管职能。概言之，其基本的特点是"一个部门负责食品链一个或几个环节的监管，部门之间的协调性较差"[2]。从立法对食品安全监管主体地位的确立分析可知，此时国家对食品安全的监管在某种意义上将食品安全问题等同于食品卫生问题。

为了进一步理顺有关监管部门的职责，2004 年国务院发布《关于进一步加强食品安全工作的决定》，规定按照"一个监管环节由一个部门监管"的原则，采取分段监管为主、品种监管为辅的方式，进一步理顺食品安全监管职能，明确责任。农业部门负责初级农产品生产环节的监管；质检部门负责食品生产加工环节的监管，将当时由卫生部门承担的食品生产加工环节的卫生监管职责划归质检部门；工商部门负责食品流通环节的监管；卫生部门负责餐饮业和食堂等消费环节的监管；食品药品监管部门负责对食品安全的综合监督、组织协调和依法组织查处重大事故。按照责权一致的原则，建立食品安全监管责任制和责任追究制。[3]

2009 年 2 月 28 日，十一届全国人大常委会第七次会议审议通过了《食品安全法》，并于 2009 年 6 月 1 日施行。此法对食品安全监管问题做了调整，在各监管部门之上设立了最高议事协调机构——食品安全委员会，初步确立了我国食品安全监管由多头分段模式向统一协调的监管模式的转型，同时也体现了我国食品安全监管模式从单一的"碎片化模式"[4]或"条条化模式"[5]向"整体化模式"发展的趋势。

2010 年，国务院食品安全委员会设立，作为议事协调机构，其主要职责是对全国的食品安全形势进行分析、研究、统筹和部署；提出有关食品安全监管重大政策措施；指导食品安全监管工作。国务院食品安全委员会设立国务院食品安全委员会办公室，负责委员会的日常工作。

2015 年 4 月 24 日，十二届全国人大常委会第十四次会议通过修订的《食品安全法》对我国食品安全监管环节、部门、职责等又做出了新的规定。例如，将食品安全监管环节中的"食品流通"修改为"食品销售"；将食品的贮存和运输、食用农产品的市场销售及农业投入品、农药的使用也纳入食品安全法的调整范围，同时对非食品生产经营者从事食品贮存和运输活动提出了与食品生产经营者相同的要求；新增了国务院食品药品监督管理部门的相关职责等内容。

由于食品安全委员会并没有直接的垂直监督管理权，其履行职能只能起到宏观作用，微

① 秦利：《基于制度安排的中国食品安全治理研究》，中国农业出版社，2010 年，第 106 页。
② 秦利：《基于制度安排的中国食品安全治理研究》，中国农业出版社，2010 年，第 107 页。
③ 曾祥华：《食品安全监管主体的模式转换与法治化》，《西南政法大学学报》2009 年第 1 期，第 23 - 24 页。
④ 颜海娜：《食品安全监管部门间关系研究：交易费用理论的视角》，中国社会科学出版社，2010 年，第 13 - 18 页。
⑤ 郑娟、李刚：《国内近年来对政府关系研究综述》，《宁夏党校学报》2007 年第 5 期，第 37 - 40 页。

观作用还必须由基层监管部门发挥;其与卫生行政部门的职责仍存在交叉,造成权责不清的局面并未得到实质性改观;一些监管部门将监管权演化为创收的手段,并企图将"部门利益法制化"[①],造成监管的错位、缺位或越位,损害了公共利益和消费者个人的利益,进而削弱了监管部门的公正性、权威性和纯洁性。虽然在此模式下,食品安全监管部门的数量有所减少了,但是其仅仅体现出"政府对食品安全监管的一种渐进式、自主性的发展思路。所谓渐进式,是指政府顾虑重重,只注意照顾现行体制下行政权力的原有格局划分,为保持既有利益格局而不对食品安全监管事务进行根本性的转变;所谓自主性,是指政府依然实施权力高度集中,制度设计依然以行政监管为主导,缺乏对自身的监督机制设计,在食品安全监管中缺乏市场力量,缺乏政府、市场之外的第三种力量,即社会力量对食品安全监管的参与"[②]。所以,总体上并没有从根本上改变多头分段——碎片化监管的模式。

2018年12月29日,十三届全国人大常委会第七次会议对《食品安全法》进一步修改,主要表现在以下几个方面:总体层面上,将"食品药品监督管理部门""质量监督部门"修改为"食品安全监督管理部门",食品药品监督和质量监督成为食品安全监督。具体层面上,规定:禁止剧毒高毒农药用于蔬菜、瓜果、茶叶和中草药等国家规定的农作物;保健食品的标签、说明书上不得涉及疾病的预防和治疗功能;婴幼儿配方食品生产全过程监控,产品配方应当注册登记;网络食品交易纳入了监管范围;生产经营转基因食品应当按照规定进行标示。

2020年12月8日,最高人民法院公布《关于审理食品安全民事纠纷案件适用法律若干问题的解释(一)》(简称《食品安全司法解释(一)》),并定于2021年1月1日起施行。这是最高人民法院保障民生、促进民生福祉达到新水平的有力措施。《食品安全司法解释(一)》对涉食品安全民事纠纷案件中的法律适用难点问题,例如,经营者明知的认定、电子商务平台开展自营业务的责任、承运人提供不安全食品的责任以及明知从事违法行为而仍为其提供便利条件者的责任承担等,作出了规定;对于司法实践中长期争议的重大问题,如首负责任制的适用、惩罚性赔偿是否以人身损害为要件、预包装食品未标基本信息的责任、经营进口食品赔偿责任等,给予了明确。可见,《食品安全司法解释(一)》努力解决实践中存在的突出问题以及社会大众密切关注的问题,统一了裁判尺度,维护了消费者合法权益,切实促进了食品安全状况的根本好转。[③]

2021年4月29日,十三届全国人大常委会第28次会议《关于修改〈中华人民共和国食品安全法〉等八部法律的决定》对该法进行第二次修改。将第35条第1款修改为:"国家对食品生产经营实行许可制度。从事食品生产、食品销售、餐饮服务,应当依法取得许可。但是,销售食用农产品和仅销售预包装食品的,不需要取得许可。仅销售预包装食品的,应当报所在地县级以上地方人民政府食品安全监督管理部门备案。"

概观食品安全相关法律之规定,其设立的食品安全监管模式具有以下特点。首先,确立了"从农田到餐桌"的全程监管体系。食品的生产、流通和消费领域都有对应的监管部门。其次,监管对象的全面化。监管部门不仅监管食品,还监管食品相关的产品。再次,明确规

---

① 曾祥华等:《立法过程中的利益平衡》,知识产权出版社,2011年,第63页。

② 谢伟:《食品安全监管体制创新研究》,《四川民族学院学报》2010年第6期,第77页。

③ 最高人民法院民事审判第一庭编著《最高人民法院食品安全民事案件司法解释(一)理解与适用》,人民法院出版社,2021年,第2页。

定各监管部门加强交流，密切合作。最后，确立了地方政府的监管职责。

（二）分段监管为主，品种监管为辅的监管模式

2004 年 9 月 1 日，《国务院关于进一步加强食品安全工作的决定》颁布，标志着分段监管为主，品种监管为辅的监管模式的建立。由此我国确立了"分段监管"的原则和"分段监管为主，品种监管为辅"的监管方式。[①] 当时在中央，负责食品安全监管的机构有：卫生部、国家工商管理总局、质检总局、国家检验检疫局、商务部和农业部等。其中农业部门承担初级农产品生产环节的监管；质监部门负责食品加工环节的卫生监管；工商部门负责食品销售环节的监管；卫生部门负责餐饮和食堂等消费环节的监管；食品药品监管部门负责对食品安全的综合监管、组织协调和依法组织查处重大事故。地方政府除了对本辖区内的食品安全监管工作负有统一领导责任外，还具有协调本辖区各部门食品安全监管工作的职能。2008 年全国人大十一届一次会议批准通过了国家药监局并入卫生部的机构改革方案，进一步明确了由卫生部承担食品安全协调、组织查处食品安全重大事故责任，国家检验检疫局负责食品卫生许可、监管餐饮、食堂等消费环节食品安全，即分段监管为主品种监管为辅的监管模式。

此监管模式表面上看分工明确，职责清楚，但是实际效果并非如此。当时社会上流传的一种说法："八顶大盖帽抓不住一个杀猪的，十个部委管不住一个造假的。"[②]在基层的监管实践中，哪些是流通环节、哪些是生产环节，这种界限难以明晰的情况屡见不鲜。监管分工的背后，其实是各部门间的利益博弈。在基层，以"罚"执法的现象十分普遍，多头管理造就出来的部门利益，已成为改变现状的最大阻力。执法部门往往遇到好处就抢，遇到责任就推。监管部门在地方财政的支持下运转，而不同地区发展水平的差异使它们的技术力量、资金实力、检验水平等都存在较大差异。另外，分段监管模式是从行政本身的角度出发，对各部门职能的描述往往用概括化、政策化的语言，具有模糊性和弹性，难以避免职能交叉和空白。按照这种监管模式，食品药品监督管理局是食品安全监管的综合协调机构，但是由于级别与权威不够，不能充分发挥协调功能，没有起到应有的作用。[③]

（三）我国现行食品安全监管模式

1. 食品安全监管的适用范围

为了切实保障食品安全，保护人民群众的身体健康和生命安全，体现食品安全从农田到餐桌全程监管原则，必须明确食品安全监管的范围。2021 年 4 月 29 日第十三届全国人民代表大会常务委员会第二十八次会议对《食品安全法》进行了修正，将食品安全监管的范围进一步明确和科学化。概括起来包括以下几个部分：

一是食品的加工与生产，又称食品生产。主要是指把食品原料通过生产加工程序，形成一种新形式的可直接食用的产品。

二是食品的销售和餐饮服务，又称为食品经营。需要指出的是，原先食品的销售称为"食品流通"，在 2015 年修订《食品安全法》的过程中，有意见提出，"食品流通"这一概念的内涵比较宽，除了食品销售外，从大的方面讲，也包括食品贮存、运输等活动。2015 年《食品安全法》将本条和其他条款中的"食品流通"均改为"食品销售"，并一直延续至今。

① 颜海娜：《食品安全监管部门间关系研究：交易费用理论的视角》，中国社会科学出版社，2010 年，第 105 页。

② 颜海娜：《食品安全监管部门间关系研究：交易费用理论的视角》，中国社会科学出版社，2010 年，第 12 页。

③ 曾祥华：《食品安全监管主体的模式转换与法治化》，《西南政法大学学报》2009 年第 1 期，第 26 页。

三是食品添加剂、食品相关产品的生产经营和适用。在管理体制上,2009年《食品安全法》将食品添加剂作为工业产品,规定由质量监督部门按工业产品生产许可证管理的相关规定进行管理。2015年《食品安全法》,与国务院对食品添加剂监管职能调整的规定相衔接,明确由食品安全监督管理部门负责对食品添加剂进行监管,并延续至今。

四是食品的贮存和运输,这是2015年修订时增加的内容。食品的贮存、运输活动是食品安全管理的重要环节,除食品生产经营者外,还有一些专业的仓储、物流企业也从事食品的储存、运输活动,应当对其加强管理。[①]

食品相关的仓储、物流企业,以及和食品、食品添加剂和食品相关产品的安全管理活动均适用食品安全法。

五是食用农产品的市场销售、有关质量安全标准的制度、有关安全信息的公布和本法对农产品投入品作出规定的,遵照食品安全法。

但涉及供食用的源于农业的初级产品,即食用农产品的质量安全管理,适用《农产品质量安全法》。

食品安全相关法律规范众多,行政司法部门如何适用,也是个难题。

在法律层面,除了《食品安全法》以外,尚有《产品质量法》《农产品质量安全法》《消费者权益保护法》《标准化法》《行政处罚法》《行政许可法》等,甚至还会涉及民事、刑事法律。

在行政法规层面,有《食品安全法实施条例》《国务院关于加强食品等产品安全监督管理的特别规定》等。

在行政规章层面,有原国家质量监督检验检疫总局审议通过的《出口食品生产企业备案管理规定》等。各地还制定了各自的食品安全相关地方性法规和地方规章。

此外,食品安全标准实际上也发挥着相当于法律规范的作用,特别是强制性标准,如原国家卫计委公布的《食品添加剂使用标准》(GB 2760—2014)、《食品营养强化剂使用标准》(GB 14880—2012)等。实际工作中各个条线还会发布指南、批复、裁量基准等,最高人民法院发布的司法解释也会成为行政监管机构行政决定以及行政复议的参考。

在处理具体案件中,行政机关必须综合考虑各种法律规范,同一法律事实会与多项法律、法律条款相关联,如欲选择适用正确的法律规范作出行政决定,必须处理好上位法与下位法、特别法与一般法、新法与旧法、重法与轻法、具体的法与原则的法的关系。一般说来,上位法优于下位法,特别法优于一般法,新法优于旧法,但这仅是原则,难以一言以蔽之。[②]

如何确定一款产品涉的法律问题是适用《食品安全法》,还是适用《农产品质量安全法》?

人们在实践中往往存在认知差异。明确法律适用之前,我们首先要清楚:什么是食用农产品? 食用农产品是指在农业活动中获得的供人食用的植物、动物、微生物及其产品,是指在农业活动中直接获取的,以及经过分拣、去皮、剥壳、干燥、粉碎、清洗、切割、冷冻、打蜡、分级、包装等加工,但未改变其基本自然性状和化学性质的产品。简而言之,在农业活动中获取的,经过处理,但未改变农产品的自然性状和化学性质的,可以界定为食用农产品。此时,选择适用哪一个法律规范不言自明。

---

① 中国法制出版社编《中华人民共和国食品安全法:实用版》,中国法制出版社,2023年,第3-4页。

② 曾祥华:《食品安全行政执法中的法律适用问题研究》,《山东科技大学学报》2018年第5期,第42-43页。

2. 国务院食品安全监管部门的职责

(1) 食品安全委员会的职责由国务院规定。修订的《食品安全法》对此并没有修改,仍然沿用之前的规定,即分析食品安全形势,研究部署、统筹指导食品安全工作;提出食品安全监管的重大政策措施;督促落实食品安全监管责任。

(2) 国务院食品安全监督管理部门依照食品安全法和国务院规定的职责,负责对食品生产经营活动实施监督管理。

(3) 国务院卫生行政部门会同国务院食品安全监督管理等部门,制定、实施国家食品安全风险监测计划。并负责组织开展食品安全风险监测和风险评估,会同国务院食品安全监督管理部门制定并公布食品安全国家标准。原《食品安全法》规定国务院卫生部门除具有上述职责外,还包括食品安全综合协调,负责对重大食品安全信息的统一发布,以及对食品安全事故进行调查处置。新法将上述职能改为由其与国务院食品安全监督管理部门共同行使。

(4) 国务院其他有关部门的职责。新法规定的"国务院其他有关部门"主要是指国务院质检监督检验检疫部门、农业行政部门及国务院规定的承担食品安全工作的其他部门。其中,国务院质检监督检验检疫部门负责对食品相关产品生产进行监督管理,食品、食品添加剂和食品相关产品的出入境管理。

3. 地方食品安全监管部门的职责

依据《食品安全法》规定,地方人民政府在食品安全监管工作中的职责主要表现在以下两个方面:一方面,地方政府除了建立工作机制外,还需要建立信息共享机制,通过建立统一的信息平台,汇集整合食品安全各类管理信息,实现各监管部门信息资源共享;另一方面,县级人民政府食品安全监督管理部门可以在乡镇或者特定区域设立食品安全监督管理派出机构。

4. 食品安全监管模式新特点

从《食品安全法》对各有关部门职能的规定可以看出,在某种程度上这意味着我国食品安全监管模式继续由多头分段模式向统一协调的监管模式深入转型,同时也体现了我国食品安全监管模式正式从单一的"碎片化模式"①或"条条化模式"②向"整体化模式"发展。其监管模式主要有以下几方面的特点。

一是积极落实党中央和国务院完善食品安全监管体制的成果,形成统一权威的食品安全监管机构。二是明确建立最严格的全过程监管制度。对食品生产、销售、餐饮服务和食用农产品销售等各个环节,食品添加剂、食品相关产品等有关事项,以及网络食品交易等新兴食品销售业态有针对性地补充和完善相关制度,突出生产经营过程控制,强化企业的主体责任和监管部门的监管责任。三是更加突出预防为主、风险防范。进一步完善食品安全风险监测、风险评估和食品安全标准等基础性制度,增设责任约谈、风测、风险分级管理等重点制度,重在消除隐患和防患于未然。四是实行食品安全社会共治。充分发挥消费者和消费者协会、行业协会、新闻媒体等方面的监督作用,形成食品安全社会共治格局。五是突出对特殊食品的严格监管。通过产品注册、备案等措施,对保健品、婴幼儿配方食品和特殊医学用

---

① 颜海娜:《食品安全监管部门间关系研究:交易费用理论的视角》,中国社会科学出版社,2010年,第13-18页。

② 郑娟、李刚:《国内近年来对政府关系研究综述》,《宁夏党校学报》2007年第5期,第37-40页。

途配方产品等特殊食品实施比一般食品更为严格的监管。六是建立最严格的法律责任制度。对违法生产经营者加大处罚力度,提高违法行为成本,发挥法律的重典治乱威慑作用。①

第二节　食品安全的社会监督

一、食品安全社会监督

(一) 食品安全社会监督的概念及特征

食品安全社会监督是指除食品安全行政监管部门之外相关主体在食品安全监管过程中,依照法律法规的规定对食品及其相关领域的监督。学者对此有不同的理解。有学者认为,社会性监督包括政府监督、社会中间层监督和市场监督(主要指消费者监督)三个层次。他们认为,在食品安全这一公共领域,政府作为社会公共利益的主要代表者,政府公权力是必须涉入的。虽然运用政府公权力对食品安全监督,在立法、执法、法律救济、法律监督方面具有天然的成本优势,但是政府对食品安全进行监督,需要巨大的运行成本。社会中间层主体所具有的特征,使它在供给(准)公共产品时更具有效率性、公正性、适应性、可接受性、专业性、独立性,可降低具体食品安全监督的成本。当然,社会中间层主体的存在也需要运行成本,也有自己的利益追求,也可能会出现一些异化和"寻租"现象。食品安全关系到每个消费者的切身利益,他们通过各种渠道对相关主体施加压力,食品消费者代表的利益主体最广泛,同时食品消费者通过诉讼等法律方式实现对受监督主体的监督,加大受监督主体的机会主义行为的成本,也在一定程度上制约了受监督主体的机会主义行为。但是食品消费者与食品供给者之间存在严重的信息不对称,消费者获得食品安全信息的成本高昂,不具有可操作性;且举证困难,增加了诉讼成本;还会有"公地悲剧"的出现。② 还有一些学者认为,社会性监督主要是指行业协会等公共组织和消费者个人的监督,即政府以外的社会监督。③ 本书所涉社会性监督是指后一种意义的社会性监督。概观食品安全相关的法律规定,食品安全社会监督具有以下特点:

(1) 广泛性。主要体现在监督的主体和监督的内容上。一是社会监督主体的广泛性,监督的主体不仅可以是公民、社会团体和新闻媒体,还可以是生产者和经营者。二是监督内容的广泛性,不仅可以对食品的生产和经营,食品添加剂的生产经营及食品相关产品的经营进行监督,还可以对食品销售和消费领域监督;不仅可以对食品安全行政监管部门的执法进行监督,还可以对生产经营者进行监督。

(2) 有限强制性。社会监督本身不具有法律强制力,这也是与政府监管的重大区别。社会监督主体实施社会监督时,主要靠批评、建议、申诉、控告、检举和举报等方式来实现。

(3) 滞后性。通常情况下,只有当食品安全事故或危害正在发生或已经发生之后才实施社会监督行为。社会监督的预防效果不够明显,主要体现在事后救济方面。

① 信春鹰主编《中华人民共和国食品安全法解读》,中国法制出版社,2015 年,第 1-2 页。
② 王耀忠:《外部诱因和制度变迁:食品安全监管的制度解释》,《上海经济研究》2006 年第 7 期,第 62-72 页。
③ 李长健、张锋:《社会性监管:中国食品安全监管模式研究》,《广西大学学报》2006 年第 5 期,第 45-48 页。

(二) 食品安全社会监督的种类

依据《食品安全法》相关规定及目前的实践来看,社会监督主要分以下几类。

1. 食品行业协会自律

食品行业协会自律主要是指食品行业协会按照章程建立健全行业规范和奖惩机制,提供食品安全信息、技术等服务,引导和监督食品生产经营者依法生产经营,促使行业会员在行业内对行规行约进行遵守和贯彻的行为。食品行业协会在食品安全方面承担着建设行业诚信,宣传、普及食品安全知识的任务。

2. 消费者协会和其他消费者组织的监督

根据《消费者权益保护法》第 47 条的规定,中国消费者协会以及在省、自治区、直辖市设立的消费者协会可以通过提起消费民事公益诉讼方式提起监督。其他消费者组织的监督主要是指工会、青年团、妇女联合会以及城市居民委员会、农村村民委员会等社会组织所进行的监督。此类监督有目的性强、准确度高、力度较大等优点,但也存在频率低、时效性差等不足。

3. 消费者监督

消费者监督主要指消费者在消费过程中对所购食品质量、国家食品监管机关及消费者协会在食品监管中履职情况、食品行业协会的行业自律情况、消费者提起权益诉讼等方式进行的监督。具体而言,消费者"有权要求经营者按照法律、法规规定的方式标明食品的真实情况"以及"在购买、使用食品时,有权询问和了解食品的有关具体情况"[①],一旦自身权利受到侵犯,可诉诸法律维权。消费者是社会监督的主要力量,其监督具有覆盖面广,途径多样,时效性强等特点,但力量较弱,不易被重视。

4. 新闻媒体监督

新闻媒体监督主要是指新闻媒介所实施的食品安全监督。监督媒介主要有报纸、杂志、书籍、电视、广播和网络等。相比较而言,这是一种更高层次的社会监督,具有力度大、效果好、见效快等特点,在食品卫生社会监督中有着特别重要的意义。

(三) 食品安全社会监督的必要性

1. 对强化国家监督具有推动作用

国家监督是指由法律授权的国家机关依法实施的具有法律强制力的监督。卫生行政部门依照《食品安全法》对食品安全实施行政监督。食品安全的行政监督与社会监督性质不同,不能互相代替,但两者又是统一的,相互促进的。没有行政监督,社会监督就缺少保障;而没有社会监督,行政监督就不能全面深入,其效力必将受到严重影响。因此,只有在加强食品安全行政监督的同时,进一步鼓励、支持和依靠广大人民群众和社会各界的力量实施社会监督,才能真正做好食品安全监督工作。

2. 可弥补行政监督队伍力量的不足

一支强大的食品安全行政监督队伍是做好食品安全监督工作的重要保证。近年来,尽管食品安全监督队伍得到了逐步发展,但其力量仍然较弱。食品安全监督体制不完善,监督人员数量不足、素质不高,经费紧缺,交通、通信等装备落后,从而造成目前食品安全监督频

---

① 曾祥华、蔡永民:《食品安全中的人权初探》,《经济与法》2009 年第 1 期,第 105 页。

率和覆盖率低,行政处罚局限、肤浅和乏力。要改变这种现状,提高食品安全监督质量,除了进一步加强食品安全行政监督队伍建设外,还需大力开展和强化社会监督,弥补行政监督队伍力量不足,有效遏制食品安全违法行为。

二、食品行业协会自律

(一) 食品行业协会自律概述

不同国家对行业协会的定义也不完全一样。日本经济界认为,行业协会指以增进共同利益为主要目的而组织的事业者的结合或联合体。美国出版的《经济学百科全书》认为,行业协会是一些为达到共同目标而自愿组织起来的同行或商人的团体。英国关于行业协会的权威性定义是"由独立的经营单位组成,保护和增进全体成员既定利益的非营利组织"。[①] 在我国,行业协会是指介于政府、企业之间,商品生产者与经营者之间,并具有服务、咨询、沟通、监督、公正、自律、协调性质的社会中介组织。行业协会是一种民间性组织,它不属于政府的管理机构系列,它是政府与企业的桥梁和纽带。行业协会属于我国相关法律中规定的社团法人,是我国民间组织社会团体的一种,即国际上统称的非政府机构,又称 NGO,属非营利性机构。

从学理上来看,食品行业协会自律有广义和狭义之分。广义的食品行业协会自律,具有四层内涵:一是严格执行食品安全相关的法律、法规;二是制定和认真执行食品行业内部的行规行约,而"行规和行约"又是食品行业内部自我管理、自我约束的一种措施,行规和行约的制定和执行对食品行业协会的成员起到一种自我监督的作用,有利于推动食品行业的健康发展;三是向消费者提供优质、规范服务;四是维护食品行业和企业的利益,避免恶性竞争,维护行业持续健康的发展。

因为食品行业自律是建立在食品行业协会监管与推动基础之上的,如果食品行业没有一个行之有效的行业协会的话,行业自律也就无从谈起。所以从狭义上而言,食品行业自律仅仅指食品行业协会成员内部的自我约束、自我管理。

食品行业协会能够推动协会会员主动约束自己的行为,引导行业整体向规范的方向发展,它对保证食品行业的长期健康发展具有不可替代的作用。近年来,我国食品行业重大安全事故频繁发生,其中一个很重要的原因就是食品经营者之间采取互相压价这种恶性竞争手段来抢夺市场,而食品行业协会又没有及时承担起其行业自律的职责。

(二) 食品行业协会自律权的法律性质

行业协会的"行业自律权"是否属于"权力"范畴? 这是个值得探讨的问题。按照传统法律理论,只有公法人才可以行使权力,私法人只享有权利,而没有权力,且其本身还是权力行使的对象。但是,食品行业协会的自律行为对协会成员具有内部支配力,这又做何解释呢? 正如卢克斯所言:"当我们从理论上论述权力时,我们其实是在论述整个世界的运作方式,也就是说,我们在表达一种世界观。"[②]所以,食品行业协会自律权属于公权力之外的权力范畴,其具有以下特点:

---

① [英] 斯坦利·海曼:《协会管理》,尉晓鸥等译,中国经济出版社,1985 年,第 125 页。
② [澳] 马尔柯姆·沃特斯:《现代社会学理论》,杨善华等译,华夏出版社,2000 年,第 231 页。

第一,食品行业协会自律权效力的有限性。其主要表现在两个方面:一方面是效力范围的有限性,效力范围又分两个层次,对人的效力和对事的效力。对人的效力是自律权只对食品行业协会的内部成员具有效力;正如马克斯·韦伯(Max Weber)所言:"协会应该称之为一种达成一致的团体,它的按照章程规定的制度,只能要求对根据个人加入的参与者适用。"①对事的效力是指自律权仅对食品行约行规所规定的事情具有效力。另一方面是强制力的有限性。其主要是指食品行业协会自律权并不以国家暴力为后盾。即使食品行业协会成员不服从行业协会管理,违反了行约行规的规定,国家机器也并不必然出面干涉,除非该会员的行为违反行约行规的同时也触犯了国家法律的强制性规定。

第二,食品行业协会自律权实施目的的自利性。著名经济学家罗纳德·科斯(Ronald Coase)曾用交易成本理论对行业协会自身存在的自利性做出科学论述。他认为,如果没有企业制度,每一个要素所有者都用自己的要素来生产产品并直接参加市场交易,那么市场交易者的数目将非常之大,交易摩擦将极为剧烈,从而交易成本也会高得惊人,致使交易中止。企业作为一种参与交易的组织单位,其经济作用正在于把若干要素所有者组织成一个单位,参加市场交换,以便减少市场当事者数目,减轻交易摩擦,降低交易成本。②

"每个人对于他自己的利益最容易判定,哪一种政府,哪一种法律可以增进他们的利益,亦只有他们自己知之最甚。"③食品行业的企业自愿组成的行业协会也不例外。食品行业协会以协会内部的监督、管理成本代替企业间经常反复出现的谈判、缔约的交易成本,这里的"交易成本主要包括专业顾问费、谈判上的时间投资和对错误解释的担心"④。所以食品行业协会实施自律权之目的是减少其交易费用,达到协会成员利益的最大化,从而克服集体行动的困境。

从法律规定来看,《食品安全法》第9条规定了食品行业协会自律中的责任:"按照章程建立健全行业规范和奖惩机制,提供食品安全信息、技术等服务。"食品安全民事纠纷的解决,要求食品行业协会应当加强行业自律,按照章程建立健全行业规范和奖惩机制,提供食品安全信息、技术等服务,引导和督促食品生产经营者依法生产经营,推动行业诚信建设,宣传、普及食品安全知识。消费者协会和其他消费者组织对违反本法规定,损害消费者合法权益的行为,依法进行社会监督。⑤

(三) 食品行业协会自律的意义

食品行业协会具有非政府性、非营利性和特殊公益性等特征,作为联系政府和企业的中介组织,以其特有的调适机制在国家食品安全的保障方面发挥着重要作用。食品行业协会自律的必要性主要体现在以下几个方面。

1. 食品行业协会自律可弥补市场失灵和政府干预失效的弊端

在市场经济中,市场使资产阶级"在它的不到一百年的阶级统治中创造的生产力,比过

---

① 〔德〕马克思·韦伯:《经济与社会(上卷)》,林荣远译,商务印书馆,1997年,第80页。
② 汝信主编《世界百科著作辞典》,中国工人出版社,1993年,第218页。
③ 〔英〕詹姆斯·布莱斯:《现代民治政体》,张慰慈等译,吉林人民出版社,2001年,第46页。
④ 〔加拿大〕布莱恩·R.柴芬斯:《公司法:理论、结构和运作》,林华伟、魏旻译,法律出版社,2001年,第13页。
⑤ 最高人民法院民事审批第一庭编著《最高人民法院食品安全民事案件司法解释(一)理解与适用》,人民法院出版社,2021年,第93－106页。

去一切时代创造的全部生产力还要多,还要大"①。但是,市场自身的缺陷——市场失灵,导致其在创造财富的同时,也给社会带来了负面影响。市场失灵主要表现在:无序竞争导致市场的垄断;市场本身无法提供市场顺畅运行所需的一定的外部环境;市场不能有效地提供具有非竞争性和非排他性的物品;市场竞争导致收入分配不公,造成社会两极分化;市场本身不具有预示、预测性,无法把握和规划未来的发展。②

市场自由放任的特性存在,为政府干预经济提供了机会。但政府对市场的干预并不能解决所有问题,正如英国经济学家亨利·西奇威克(Henry Sidgwick)在一个多世纪前所作的论断:"并非在任何时候自由放任的不足都是能够由政府的干涉弥补的,因为在任何特别的情况中,后者的不可避免的弊端都可能比私人企业的缺点显得更加糟糕。"③政府对经济的干预也具有其自身不可调和的矛盾,例如,限制了市场自身的灵活性;为权力寻租提供了广阔的空间;政府部门具有自利性,在制定政策的时候并非完全服务于市场,往往考虑部门自身利益。

行业协会以其特有的中间调节机制在一定程度上可以弥补市场和政府的失灵,其作用体现在:

(1)行业协会作为同行业企业自愿组建的自律组织,依据市场经济规律制定行规行约,规范其成员的市场行为,促进市场主体的良性竞争,弥补市场无序竞争给社会带来的灾难。同时也可以避免政府对微观经济活动过度的干预,保障市场主体的经营自主权。

(2)行业协会以其专业性,通过制定行业标准,既可以提高整个行业产品和服务的质量,增强其竞争力,又可以弥补政府面对复杂的、专业性极强的行业标准时显得力不从心的缺陷。

(3)行业协会可以整合行业力量,实现信息共享,降低交易成本,解决自由竞争条件下的盲目竞争、恶性竞争问题。同时,行业协会的整合作用,可以为政府推进产业结构调整和产业优化升级提供更可靠的科学依据。

当然,尽管行业协会的中间调节机制在很多领域能发挥市场组织和政府组织无从发挥的作用,但它同样不是完美的。因此,行业协会作用的充分发挥还有赖于与政府、市场的通力合作,创立良好的互动关系,三者之间彼此影响、彼此推动和相互促进,这样,"它们各自的失灵才会得到其他领域的弥补,而不会因为各种失灵之间发生系统反馈放大,导致全社会的失序与解体"④。

2. 社会主体利益多元化的必然结果

社会主体在政治、经济、文化等领域多元的价值诉求是市场经济和民主政治应有之义,正是这些多元的价值诉求,共生了一个纷繁复杂的世界,促进了个人的自由全面发展,也给这个社会带来了利益冲突等不安定因素。如何引导并满足多元的利益诉求?显然,仅靠市场和政府并不能很好地解决问题。因为市场竞争的逐利性只会导致利益的分化和冲突,不会也不可能自发地对各种利益进行整合,促使其和谐共生。政府存在的正当性和合法性决定了其只能在职能范围之内满足社会的多元需求,但其能满足的量和质都是有限的。因此,

① 《马克思恩格斯选集(第1卷)》,人民出版社,1995年,第277页。
② 黎军:《行业组织的行政法问题研究》,北京大学出版社,2002年,第17-20页。
③ [美]查尔斯·沃尔夫:《市场或政府:权衡两种不完善的选择》,谢旭译,中国发展出版社,1994年,第15页。
④ 秦晖:《政府与企业以外的现代化:中西公益事业史比较研究》,浙江人民出版社,1999年,第166页。

充分调动市场和政府之外的社会力量来满足日益增长的利益多元诉求，是一种很必要的、行之有效的路径。

行业协会作为一种同行业企业之间的自律自治组织，在满足社会主体利益多元要求中主要起到如下作用：①通过对各个企业利益诉求深入调查了解，进而整合形成一种行业的整体需求，实现本行业利益的最大化。②从行业协会与政府之间的关系来讲，政府的目标是通过宏观调控手段，对社会实施管理，以期整个社会和谐、平稳地运转；行业协会通过行约行规对其会员企业进行规范、沟通、协调和监督，促进政府宏观调控目标的实现，监管职能的履行。

3. 构建公民社会的重要力量

公民社会的概念是在传统的政府与市场二分的基础上提出来的。传统的政府与市场的二分法过分地强调政府与市场之间的界限，政府与市场应当在各自的领域内发挥作用而不应互相干涉，从而潜在地使市场与政府处于一种紧张态势。公民社会就是缓和政府与市场对立的紧张态势而提出的一种新的社会模式。

行业协会作为民间组织的一种，在构建公民社会过程中发挥着重要的作用。行业协会作为国家与社会之间的纽带，在政府对社会进行管理以及社会民众参与国家活动过程中充当中介角色，履行一定的行业管理的公共权力，承担部分政府授予或者委托的管理职能。食品行业协会既可以分担政府对食品安全领域的部分监管职能，使政府集中精力来处理宏观调控等大事，又能以其特有的民间身份和较温和的管理方式，缓和政府在食品安全监管过程中激化的社会矛盾。

4. 克服政府干预失灵的有力保证

"市场失灵"提供了政府介入经济生活的理由。所谓市场失灵，是指市场机能在充分发挥下不能如所预期地圆满达成经济效率的现象。传统经济学假设之一是市场机制能充分发挥其作用，然而市场机能充分发挥作用，其结果未必能尽如理想。其原因主要在于以下三个方面：自然垄断行业使得完全竞争无法维持；外部性使市场机制无法达到最高的经济效率；公平、公正与增长也是人们经济活动追求的目的，但并非市场能自动实现的。学者们将这种在市场机能充分发挥下，不能如预期达到最高经济效率的现象，称为市场失灵。政府决策者有"权力"运用"工具"来指导民间经济行为，即使原本只赋予政府弥补需求不足的责任，也终于演变成"政府主导"经济活动的局面。"福利经济学"和"管制经济学"相互结合，力量之大所向披靡，一切与人民福祉有关的市场失灵活动都由政府大量介入，持续不断的干预导致政府作用的飞跃性扩大。[1]

但是，英国经济学家西奇威克早就说过："并非在任何时候自由放任的不足都是能够由政府的干涉弥补的，因为在任何特别的情况中，后者的不可避免的弊端都可能比私人企业的缺点显得更加糟糕。"[2]政府虽可以采取各种措施，弥补市场机能的不足，但在实际执行上，由于公共决策的公共产品性质、民主政治运作方式本身的缺陷、官员与民意代表的私心，以及利益团体的影响等因素的存在，政府干预的结果，大多并不能符合理想。政府干预所引发的

---

① Neil E, "The Functions of the Modern State", *State and Society in Contemporary Europe*, (10)2007, pp.59 - 60.

② ［美］查尔斯·沃尔夫：《市场或政府：权衡两种不完善的选择》，谢旭译，中国发展出版社，1994年，第15页。

不良副作用及其能力的限制，被称为政府失灵。引发政府失灵的障碍，主要包括下列几方面。

（1）由于各人偏好不同、意见分歧，如何通过民主政治运作，来形成对整个国家、社会或者自律社团最有利的决策，是一个至今仍无圆满答案的问题。即使民主国家最常使用的多数决制，也可能产生前后矛盾的结果。①

（2）政治决策过程中所作的重大决定，多具公共产品的性质：社会公众将共享其利或同蒙其害。而参与政治活动是必须花费成本的（例如参加选举投票前，必须先花点时间看看候选人的资料，或是去听其政见发表会；投票时也须花费时间与交通成本到投票地点排队），"搭便车"的心理、不愿参与政治的现象，在现实社会中非常普遍。②

（3）政府官员与民意代表跟一般人一样，也都具有私心，不能指望他们无私地做到决策皆以全民利益为依归。按照公共选择理论的解释，政治系统中的人，本质上仍会追求自身效用的最大化。不会因为从经济市场转入政治市场之后就由自私自利的自利者转变为"大公无私"的利他者。③政府官员仍然要受到这种逐利性的影响，在执行宽泛的立法指令时，可能会不公正地偏向有组织的利益，尤其是那些受管制的或保护的商业企业利益以及其他有组织集团的利益，而损害分散的、相对而言无组织的人群利益，如消费者、环境保护主义者以及贫困者。④

在现实生活中，行业协会因可以承担许多必须但又不宜或难以由政府和企业直接承担的义务，而成为政府实施食品安全监管的左膀右臂，成为食品安全监管中不可或缺和极其重要的组成部分。针对市场所具有的外部性，成熟的食品行业协会能够规范市场行为，维护会员整体利益。因为市场的逻辑是"利益最大化"，在逐利的过程中如果不加以约束，则必然产生短视和危害公共利益的行为。行业协会因其是由业内成员组成的非营利组织，在食品安全监督、行业自律以及预防不规范行为等方面，比单一的政府行为更专业、更有效，而且提供了矛盾缓解机制。

5. 提升食品安全监管效率的必然选择

现代社会公共事务的复杂性、广泛性与专业性对政府能力提出了挑战，仅仅依靠政府的力量难以做到高效、快速、协调、灵活的决策。因此，政府在提升自身能力的同时，也应当引入多元化的监管主体，特别是吸纳各种社会组织的力量，形成公共化的社会监管模式。西方国家从早期的自由放任到二战后的积极干预，从新自由主义的兴起再到有限度的干预，直至发展到目前的大力推行公共管理社会化，反映出一个基本规律，即任何一个国家的政府管理功能都必须随着社会经济环境的变化而变化。⑤若政府从行业监管中退出，将更多的精力集中于宏观行业政策的制定以及行业法律法规的完善，将在更高的层面促进整个食品行业的健康发展。

---

① 汪志飞、王思思：《主的回归：破除对多数决与代议制的迷信》，《法制与经济》2008 年第 2 期，第 103 页。
② 郑易平、龚海林：《论政治参与的历史演进》，《淮海工学院学报（社会科学版）》2005 年第 4 期，第 3 页。
③ 丹尼斯·缪勒：《公共选择理论》，杨春学等译，中国社会科学出版社，1999 年，第 3 页。
④ 理查德·斯图尔特：《美国行政法的重构》，沈岿译，商务印书馆，2002 年，第 23 页。
⑤ 马弋铎：《政府管理能力提升与和谐社会构建：浅谈政府在对行业协会进行适度管理上的创新》，http://www. yJsy. ecru. edu. cn/mpa/index. Asp，2009 年 1 月 29 日访问。

(四) 行业协会监督存在的问题

我国行业协会经过几十年的发展,取得了很大的成就。政府对企业的管理基本上实现了从部门管理向行业管理的转变,政府不再直接参与企业的微观管理。行业协会数量急剧增加,也产生了一批有影响的、运转良好的行业协会。但由于行业协会发展指导思想的偏差以及特殊的政治经济体制的制约,我国行业协会并未按照应然状态有效运行,行业协会特有的社会价值没有完全发挥出来,有的甚至与其本质背道而驰。我国行业协会发展中存在的主要问题有以下几方面。

1. 行政性太强,自主性不足

就目前来看,我国的行业协会绝大多数是由政府组建,或政府转制而来,"背靠政府、面向会员"。作为政府管理企业的助手,行业协会的职能是政府职能的延伸,行业协会不是企业利益的代表,也不是企业利益的维护者,食品行业协会也不例外。因为协会产生的土壤是政府,缺乏社会基础,也缺乏公信力和凝聚力,天生能力弱,加上协会人才缺乏、制度不健全,难以独当一面。

2. 会员的救济体制不完善

食品行业协会的管理权力对协会会员来说是一柄"双刃剑"。一方面,协会可以调和、协调食品行业和其他行业之间、协会会员之间矛盾,降低交易成本;另一方面,食品行业协会的行业管理权本身对会员权利就是一种限制和约束,有时甚至会带来致命的伤害。现阶段,由于行业协会形成的特殊性,食品行业协会内部管理较为混乱,如一些具有垄断地位的食品生产经营者利用其垄断优势,制定满足其特权要求的行约行规,在日常管理中侵犯弱势会员企业的合法权益,而权益受到侵犯的会员却没有合法有效的途径寻求救济。

(五) 完善食品安全行业协会监督的几点思考

1. 政府监管与食品行业协会监管的良性互动

虽然消费者是食品安全的最广泛的监督者,是最直接的利益相关者,但是消费者缺乏食品安全的专业辨别和分析知识,在这种状态下的购买行为往往会导致食品市场调节机制的失灵,为了解决这一市场失灵的问题,政府干预并规范市场就成顺理成章之事。然而,"经过几十年政府干预的实践及理论研究,人们发现政府干预仍有其不足之处,即政府失败,是指政府在公共决策或向社会提供公共物品时,存在着自身无法克服或基本难以克服的缺陷而导致其制定的公共决策和提供的公共服务难以达到其理论上的应然状态的情形"[1]。在我国,政府的权力配置不合理导致的权责不清,以及因监管信息掌握不完全而导致的干预失败的矛盾尤为突出。

要解决我国食品安全监管中存在的问题,除了合理配置政府权责之外,还应当实现政府与行业协会的良性互动。"各国政府并不完全垄断一切合法的权力,政府之外,社会还有一些其他机构和单位负责维持秩序,参加经济和社会调节。"[2]在政府向社会提供公共服务的食品市场中,不应只由政府单方面提供,应当鼓励食品行业协会的参与。虽然我国现存的食品行业协会的官方色彩比较浓,但在其建立之后,政府必须转变职能,将原本属于食品行业协会的权利归还食品行业协会,还其自治本性。

---

① 鲁篱:《行业协会经济自治权研究》,西南政法大学 2002 年博士学位论文,第28页。
② 俞可平主编《治理与善治》,社会科学文献出版社,2000年,第241页。

2. 强化食品行业协会在食品安全监管上的参与程度

强化食品行业协会的参与,一方面,通过法律的形式规定食品安全相关立法工作必须有部分食品行业协会的代表参加,这样就有利于将食品生产经营者的意愿表达出来,实现其在食品行业的利益最大化;另一方面,经过行业代表参与的食品相关立法往往是政府与企业博弈的结果,这样的法律会得到更加顺利的施行,进而有利于政府充分履行食品安全监管职能。

3. 建立一个综合的食品安全信息交流平台

建立此平台旨在使食品行业相关信息及时有效地反馈给政府部门,节约政府监管成本。近些年,我国食品安全事件屡禁不止,其中的一个重要原因就是不同的主体掌握的食品安全信息存在不对称的情况。可以借助食品行业协会的特有优势——既了解各个食品生产经营者的实际情况,又具有与食品安全相关的专业知识,建构一个信息交流反馈平台。当出现潜在的食品安全危机时,食品行业协会可以在第一时间掌握相关信息,首先在其自身的协调解决机制内进行协调整合,必要时为了维护整个食品行业的利益,为了整个消费群体的利益,进行信息披露,从而为政府及时科学决策提供信息支持。

三、新闻媒体监督

(一)新闻媒体监督概述

在食品安全领域,新闻媒体监督指由新闻媒体所实施的食品安全监督管理活动。它主要包括宪法规定的公民享有言论、出版自由在法律监督领域的具体运用。新闻工作者是以其对食品安全事件的报道和评价参与社会生活和政治生活的,并以其职业敏感性,通过广播、电视、报纸、杂志、网络等大众传播媒介对食品安全事件进行广泛的报道,因此,有些国家甚至称新闻舆论为"第四政府"。例如,"苏丹红"事件、四川广元柑橘大实蝇事件和农夫山泉"标准门"事件足以彰显新闻舆论监督的及时性、广泛性、公开性等特点。具体而言新闻媒体监督具有以下特点。

1. 及时性

新闻媒体监督的载体主要是大众传播媒体,监督意见的表达方式快,其产生效果也比较快,而不像其他监督形式必须有一定周期性。食品安全事件一旦经过媒体披露后,就能在社会上形成直接舆论压力,立即产生社会效果,迫使政府职能部门及直接责任人在尽可能短的时间内制定措施。

2. 广泛性

广泛性主要是指新闻媒体监督比其他监督形式的客体更为广泛。国家的所有食品安全监管部门,党和国家与食品安全有关的一切事物和事务,以及每一个自然人、法人和社会团体等都在新闻媒体监督的范围之内。

3. 公开性

新闻媒体将食品安全相关的事件以新闻的形式进行传播,将监督的具体内容全部公开化。广大人民群众通过新闻了解国家的食品安全现状,借助新闻媒体对食品生产经营者、食品安全监管部门及其公职人员的违法、渎职行为进行公开报道,施加舆论压力,迫使执法部门追究违法者的责任。

4. 监督手段的间接性

新闻媒体监督属于间接性的监督，因为其监督实效必须通过国家权力部门的力量才能实现，必须以国家的强制力为后盾，在某种情况下其只能依靠被监督者的自律和其他监督形式的配合才能达到监督的目的。

（二）新闻媒体监督的必要性

1. 新闻媒体的监督推动人们公民权的实现

人享受其他权利的前提是享受生存权利，人要生存必须解决吃饭问题，其必然要求食品的安全得到保障。也就是说，"个体人格的独立，绝不只是一种精神状态，还必须有物质条件作为支撑。因为人首先是一种物质存在，然后精神活动才能有所附着"①。只有食物的安全得到保护，公民才能顺利享有其他权利。在新闻媒体高度发达的今天，人们日益倾向于利用媒体表达宪法上规定的公民依法享有的批评、建议权，从而使我国的食品安全环境得到广泛关注，使公民权得到切实的落实。

2. 新闻媒体对食品安全监管部门具有一定的监督作用

依据食品安全相关法律的规定，质检等行政机关对食品的安全具有监管权，阿克顿爵士曾说过"权力趋向腐败，绝对权力绝对腐败"。所以，食品安全的监督管理者在行使行政权力的过程中应该受到监督，必须接受监督。此种监督既包括内部的行政监督、外部的法律监督，也包括媒体的舆论监督。"通过对各地情况的报道，大众传媒可以在较大范围内反映政策执行情况，通过沟通政策执行过程中出现的各种情况和信息，起到政策执行的信息收集和反映实情的作用，既便于决策者了解决策被接受的程度以及它与现实之间的适应程度，也便于整个决策机构和决策执行机构接受检验和监督，特别是发现是否存在有令不行、有禁不止这样的法纪废弛情况，并加以制止和惩罚"②，进而监督食品安全职能部门在食品生产、流通和消费领域中的渎职行为。近年来，新闻媒体对食品安全事件的报道，也确实推进了我国食品安全监管部门的工作，但我们应该清醒地看到，这种推进更多的仅仅停留在发现问题的层面，而不能深入解决食品安全问题的层次。

（三）新闻媒体监督存在的主要问题

媒体监督作为社会监督的主要形式，其自身也存在一定的局限性，主要表现在以下几个方面。

1. 新闻媒体的自主权不够

开展新闻媒体监督是新闻媒介的重要职责，但是新闻媒介自身的组织体系决定了其在食品安全监管中所起的作用也是有限的。一方面，新闻媒体在进行食品安全事件的负面报道时容易受到被监督者及其上级的行政压力，可能造成不敢也不能如实报道的局面。另一方面，新闻媒体自身既没有司法机关所享有的法律强制性，也不享有行政机关的行政强制权，它所能做的也仅仅是唤起受众的关注，并形成舆论压力，给政府职能部门以警示，进而达到问题的解决。

2. 相关法律制度不够健全

改革开放以后，我国政府出台了一些新闻管理条例和规范性文件，尤其是近些年制定的

---

① 李留澜：《契约时代：中国社会关系现代化研究》，社会科学文献出版社，2006年，第207页。
② 刘华蓉：《大众传媒与政治》，北京大学出版社，2001年，第126页。

一些法律法规,如《突发事件应对法》《政府信息公开条例》《外国常驻新闻机构和外国记者采访条例》等,对新闻传播中出现的一些问题进行了规范。在依法治国的基本方略下,各项法律法规不断完善,然而对于新闻监督至今尚无一部专门的法律加以规范和保护,致使新闻媒体在实施食品安全监督时常会受到不法食品生产经营者的阻拦甚至打击报复。

3. 新闻媒体监督缺乏纵深的力度

媒体在食品安全方面监督的深度不够的问题具体表现为:第一,我国媒体主要是对食品安全事故进行批评曝光,新闻报道也主要从受体的关注度和自己的经济利益层面考虑,在推动民主与法治的建设方面做得还不够。第二,媒体监督是一把"双刃剑",一些媒体受利益的驱使,不是按照新闻规律的真实性、客观性和实效性的要求来形成公众舆论压力和舆论威慑力,而是在食品安全事件事实的把握、监督热点的选择及信息的有效传递等方面断章取义,未能充分反映社情民意,对食品生产经营企业或个人都造成了相当的经济损失和负面影响。第三,就监督对象层面而言,媒体监督的对象大多集中在县处级部门及其人员,深入度不够。对食品安全方面的报道更多的是会议、政绩新闻报道,涉嫌"报喜不报忧",且"有偿新闻"的事件也常发生,以致大众对媒体缺乏信任。

4. 对媒体监督的认识不够

当今社会中,仍然存在一些对媒体监督的片面认识。具体表现在两个方面:一方面认为,媒体监督对食品安全的监督不利于维护社会稳定。因为他们认为媒体监督对食品生产、流通和消费领域的监控,势必触动违法生产经营者的既得利益,造成一定的震荡。另一方面认为,加强媒体监督与"正面宣传为主"的方针相违背。这是由于一些单位和领导把新闻媒体监督与食品安全监管的关系趋向孤立和片面的理解。稳定是发展的前提,这不可否认,但是维护稳定绝不意味着让有毒有害、低劣的食品在市场上肆意横行,去危害消费大众的人身与财产安全;和谐也并不代表没有矛盾的存在。如果为了暂时的稳定而不解决安全矛盾,忽视媒体监督,必然导致社会重大矛盾的激化。在当前食品安全形势比较严峻的情况下,只有新闻媒体对食品安全事件积极、及时、深刻地报道,才能形成正确的舆论导向,才能进一步增强政府的诚信度。

(四) 对新闻媒体监督的几点思考

1. 完善新闻媒体相关立法

新闻媒体监督虽然在食品安全监管方面发挥了重要作用,但是媒体监督相关的法律仍不健全,媒体监督的法律地位仍不明确。我们应当借鉴国外媒体监督的立法,(如美国的《信息自由法》规定,政府必须提供合乎程序和要求的信息和资料,以便记者可以在政府档案部门,以及此外的各种地方找到档案资料,包括案件审讯记录、公共会议记录、检查报告、土地使用权转让合同、公共合同以及各种专业执照、许可证等[①]尽快制定一部新闻法,赋予新闻媒体监督更多自主权,充分发挥其喉舌耳目的作用,为人们吃上放心安全的食品做出贡献。

2. 深化对媒体监督的认识,提高媒体监督功能

由于我国的国家性质决定了新闻媒体在履行食品安全监督职能的过程中,主要以正面宣传报道为主,以批评监督为辅。对一些涉及范围广、危害性大的食品安全事件,一般通过内部通报,使有关部门足够重视,然后采取相应的办法或措施。若能够通过有针对性地修订

---

① 李智:《国际政治传播:控制与效果》,北京大学出版社,2007年,第117页。

政策或改变做法将潜在的矛盾解决在萌芽之中或使已经激化的矛盾得到及时平息,媒体就不会向公众公开或在全国范围内报道,以免激化社会矛盾。与此同时,监督职能的履行是为了缓和或解决矛盾,进而发挥媒体监督的凝聚力、团结鼓励的作用。因此,要改变新闻媒体监督就是曝光、批评的片面认识。曝光食品安全生产经营过程中的阴暗面,营造舆论压力,正是为了发挥新闻媒体监督的下情上传的参谋作用,防止和减少不安全食品给人们带来的危害。

3. 提升新闻工作者的职业水准

新闻工作的特殊性要求新闻工作者要善于在纷繁复杂,千变万化的现实生活中迅速而又准确地判断出哪些与食品安全相关的事实具有新闻价值,当然这需要有准确的判断能力和科学的预见能力。正如恩格斯所认为的"对于编辑报纸来说学识渊博并不那样重要,重要的是善于从适当的方面迅速抓住问题。"[1]新闻工作者只有具备了基本的业务能力,精通新闻采访、写作和编辑制作等技能,才能掌握新闻工作的主动权和自由权。新闻工作者具备一定的业务能力后,还要增强职业道德素养,杜绝以权谋私,坚决反对"有偿新闻",抵制西方拜金主义思想的侵蚀,恪守职业道德。

第三节　食品安全信息监督制度

一、国外食品安全信息监督

(一) 食品安全信息的收集

美国是食品安全监管制度最为完善的国家之一,其信息收集机制的先进经验值得我们借鉴。美国消费品安全委员会通过纷繁复杂的数据收集系统获取数据,系统地审阅分析死亡和伤害数据,从中遴选出相关信息进行回访,必要时进行现场调查,揭示受害者、食品和环境之间的关系,以评估与食品相关的伤害原因及范围,为制定实施相应的补救措施提供依据。美国消费品安全委员会还创建了全国电子伤害监督系统,确定国内 100 家样本医院,通过它们直接采集医院急诊部门接纳的由于食品所造成的伤亡病例信息。[2] 食品安全相关信息的收集方式除传统的电话、传真和电子邮件等通信工具外,互联网的优越性日益凸显。在食品安全信息收集建设上,加拿大和丹麦的显著特点是以互联网为投入重点,政府在互联网建设方面提供大量的资金支持。例如,在"战胜细菌运动"等创新计划方面,加拿大政府以互联网为媒介加强与生产者、经营者及消费者的交流和合作,极大地减少了因消费者处理和准备食品不当所造成的食源性疾病的发生率,为保障消费者人身和财产安全做出了巨大贡献。丹麦政府也通过互联网的建设,加强了中央和地方的信息共享。信息不对称是食品安全事故频发的主因,食品安全监管部门掌握充分的食品安全信息对实施监管尤为必要。

首先,食品安全监管部门为了制定正确的食品安全政策,实施有效的决策,必然要在外

---

[1] 雷跃捷、吕文宝:《眼力是新闻工作者观察力和判断力的关键因素》,《光明日报》2019 年 12 月 18 日 06 版。

[2] 陈建彬、许明良、童万年、陈威:《进口消费品质量安全信息收集的激励与实现》,《标准科学》2015 年第 7 期,第 86 - 87 页。

国或本国范围内进行相关数据收集、共享和分析，进而才能充分履行其监管职能。

其次，食品生产经营者在生产经营的过程中，必须以相应的标准和操作规范为依据，而食品安全信息收集机制的建立，能够及时、准确地向生产者、经营者及消费者提供必要的标准和规范信息，在其生产、管理和消费的过程中提供科学的指导。

最后，掌握基本的食品安全信息是消费者理性消费和安全消费的前提，而食品安全信息收集机制的建立，也为消费者查阅食品安全信息提供了权威可靠的平台。

(二) 食品安全信息的发布

美国没有建立由一个部门对重大食品安全信息进行统一发布的制度，而是由负责食品安全监管的各部门分别对外发布本部门职责范围内的食品安全信息。根据美国法律的规定，联邦有关部门包括食品及药品管理局、农业部食品与安全检验局、农业部动植物健康检验局、疾病控制与防治中心以及环境保护总署，各州政府卫生部门以及各市县卫生部门对食品实施监督管理，在法律赋予的权限范围内独立进行信息披露，形成了以联邦政府信息披露为主，地方各州政府信息披露为辅的信息披露体系。美国食品安全信息发布的主要渠道是网络。食品安全网汇总了来自联邦政府各部门以及地方各政府管理部门的大量食品安全信息，形成了由点到面的信息网络，使信息披露有了统一、权威的发布平台，也为公众提供了从农场到餐桌的食品安全信息。

欧盟于2001年1月发布了《欧盟一般食品法》。依据该法，欧盟成立了食品安全局，其主要工作是负责收集并分析有关食品潜在风险的所有信息，并在其权限范围内向公众发布。在成员国层面，德国、法国等一些国家，负责食品安全监管的主管部门负责统一对外发布食品安全信息。例如，德国2001年将原食品、农业和林业部改组为消费者保护、食品和农业部，对全国的食品安全统一监管，并负责统一对外发布食品安全信息。[①]

(三) 食品安全信息的可追溯

"追溯"一词较早应用于汽车制造业，在国际标准ISO 8042中有相关的规定，其定义为"通过登记的识别码，对商品或行为的历史和使用或位置予以追溯的能力"[②]；但从信息管理角度来看，"可追溯性"是指"通过记录的标识(信息)追溯某个实体的历史、用途或位置的能力"[③]。作为食品可追溯制度最早的倡导者，欧盟也是最早实施食品可追溯制度的发源地。1997年，为应对疯牛病问题和保障消费者对牛肉的信心及消除误解，欧盟通过建立一个法律框架向消费者提供足够清晰的产品标识信息，并在生产环节对牛建立有效的查验和注册体系，食品信息可追溯制度也在此基础上逐渐形成。由此，可追溯制度可以概括为：在食品供应的整个过程中对食品的各种相关信息进行记录存储的质量保障系统，其目的是在食品质量出现问题时，能够快速有效地查询出出问题的原料和加工环节，必要时进行食品召回，实施有针对性的惩罚措施，由此来提高食品安全水平。[④]

依欧盟食品安全法的相关规定，食品、饲料、供食品生产使用的家畜以及与食品、饲料生产相关的原料，在生产、加工和流通领域必须确立食品信息可追溯系统。为了确保各种食品

① 信春鹰主编《中华人民共和国食品安全法解读》，中国法制出版社，2015年，第484页。
② 涂真等：《畜产品安全中的可追溯监控》，http//www.feedtrade.com.cn。
③ 李晓川：《健全对虾生产监控体系应对欧美新法规》，《南方农村报》2004年12月18日。
④ 信春鹰主编《中华人民共和国食品安全法解读》，中国法制出版社，2015年，第474页。

生产原料的来源具有可追溯性和及时有效检测出任何对人类食品安全有害的信息,食品信息可追溯系统对各个环节的责任主体也做出了明确的规定。

为了保证在整个过程的各个阶段均可查明牛肉的来源,法国的农业部和饲养协会对饲养的牛进行了全程的跟踪识别,并注明牛肉的原产地。当一个国家的牛肉出现问题的时候,欧盟的消费者能很容易地查知其购买的牛肉来自哪个国家,进而判别哪些国家或地区的牛肉是安全的。丹麦政府也为肉类加工食品建立了完整可靠的可追溯链条,企业在进行食品生产的过程中,其使用的原料必须有原始的来源、使用和流通记录,其制成品的流通和销售环节的记录必须具有连续性。一旦发生食品安全事故,人们就可以通过完整的信息记录及时追溯问题之所在。

日本只对大米及其加工品、牛和牛肉强制实行追溯制度,对其他食品没有强制要求,但生产经营者一般都会参照相关法律,建立追溯制度。根据大米追溯法的规定,生产经营者在进行大米及其加工品交易时,应当制作交易记录,并保存3年。交易记录应当记录商品名称、产地、数量、年月日、交易对象名称等事项。其中,产地记录为“国产”“某某国产”“某某县产”等,按照原材料中占多少的顺序进行记录,如果产地超过3个国家,可以仅记录前2个国家,其他产地也记为“其他”。日本通过建立交易记录制度,向交易对象及消费者传达产地信息,保存交易情况,在发生问题时能迅速掌握流通渠道,实现交易的可追溯。[①]

(四) 食品安全信息的风险分析

美国在农产品进入市场时会进行分级。谷物和水稻新品种种植的各种条件可能会影响分级。考虑到影响品质的多重因素,在分级方面有可能产生负面效果,因此需建立早期预警计划。如果从收集的资料中发现了分级中存在的问题,检测机构的负责人要立即电话通知有关机构,如果必要,还需要提供书面报告,对潜在的和已知的分级问题进行总结。同时,该机制中还有纠正或预防分级问题的措施。[②]

英国食品标准机构为了让当地政府了解食品安全方面的信息,构建食品危害预警体系,允许政府向负责传染控制或贸易标准相关官员及贸易组织进行问询,就目前产生的食品问题向他们提出警告。在一些情况下,还会要求他们提供具体的行动方案。[③]

日本食品安全基本法将单纯注重最终产品检验的传统监管模式转变为从农场到餐桌的全程监管模式,建立风险分析制度。其主要做法是:厚生劳动省、农林水产省和消费者厅等风险管理部门在从事食品安全监管过程中发现可能影响食品安全的因素,或者制定标准和有关确保食品安全的措施时,会提请食品安全委员会进行风险评估。食品安全委员会通过评估,对风险的有无和程度进行确定,设定特定物质每日允许摄入量,对风险管理措施的实施效果进行评估,并将评估结果通报风险管理部门。风险管理部门根据评估结果制定标准和具体监管措施并监督实施。在整个风险分析的过程中,会让监管部门、消费者和食品生产经营者等相关方面就风险进行信息和意见交换,使各利益相关方及时了解风险信息,理解监管措施。有关食品安全的信息由各部门进行公布,消费者厅也会就有些对公众影响较大的风险评估、风险管理信息如疯牛病信息进行统一发布,以利于消费者知情。为了保证风险评

① 信春鹰主编《中华人民共和国食品安全法解读》,中国法制出版社,2015年,第550页。

② 陈锡文、邓楠主编《中国食品安全战略研究》,化学工业出版社,2004年,第246页。

③ 陈锡文、邓楠主编《中国食品安全战略研究》,化学工业出版社,2004年,第245页。

估机构的公正中立,确保风险评估的科学性,风险评估机构即食品安全委员会和风险管理部门在功能上相互独立,但两者又相互协作,共同完成风险分析过程,以利于从源头上消除食品安全风险。①

(五) 对国外食品安全信息监管的思考

1. 食品安全信息监督体系建设要与社会经济发展相适应

食品安全信息制度的建设初期,政府必须处于主导地位。即政府必须加大资金的投入和政策上的支持,特别是对互联网系统建设和公益性设施的投入等方面给予大力扶持。与此同时,政府还应当为消费者提供大量无偿的食品安全信息服务。②

2. 要建立统一协调的食品安全信息组织管理系统

社会化的安全信息服务是发展方向。运用网络信息技术手段,建设食品安全信息网络平台,是建立统一协调的食品安全信息组织管理系统的必要条件,是实现对全国食品安全状况整体监控的基础。③ 统一协调的食品安全信息组织管理系统的建立,有利于中央政府和地方政府、地方政府部门相互之间对食品安全信息收集、归纳和汇总,对这些信息作科学的研究分析,有助于实现国家对食品安全的动态监测,有利于政府部门准确、及时地做出决策,把突发、潜在的食品安全风险降至最低。

3. 要进一步加强国际食品安全信息共享建设

从世界范围看,食品安全问题不仅仅是国内问题,还日趋国际化。要解决一国的食品安全问题,除了应充分利用现有的国际食品安全信息资源,借鉴发达国家成功的经验外,还应积极参与国际食品安全信息标准和规则的制定。

二、我国食品安全信息监督

由于信息自身的特性和信息受体自身的局限性,在通常情况下,生产经营者、消费者和政府监管部门之间对食品信息的了解存在信息不对称的情况。信息的不对称造成了市场交易双方的利益失衡,可能导致高质量的食品被低质量的食品从市场上"驱逐"出去,致使市场上安全食品的有效供给与需求不足,在食品安全市场上形成柠檬效应。④ 若任此趋势肆意发展,必然导致整个食品市场崩溃,进而对社会公平原则、市场配置资源的效率和国计民生等产生负面影响。所以食品安全信息公开作为我国食品安全信息监督的主要内容,显得尤为重要。

(一) 概述

食品安全信息公开作为食品安全信息监督的主要表现形式,其目的就是保障公众的知情权,维护公民的合法权益,为广大民众提供一个安全健康的食品市场。

1. 食品安全信息的含义

一些学者认为,食品安全信息是指食用农产品种植养殖,食品生产、加工、流通,餐饮消

---

① 信春鹰主编《中华人民共和国食品安全法解读》,中国法制出版社,2015年,第458-459页。
② 陈锡文、邓楠主编《中国食品安全战略研究》,化学工业出版社,2004年,第246页。
③ 陈锡文、邓楠主编《中国食品安全战略研究》,化学工业出版社,2004年,第246页。
④ 殷志刚、曾祥华:《食品安全信息强制公开制度之检讨》,《东北师大学报(哲学社会科学版)》2017年第3期,第24页。

费以及食品安全监管过程中形成或获得的涉及食品安全的各种文字、数据和图像信息。[①] 还有学者认为,食品安全信息是指在食品安全监管过程中各种有关食品安全固有要素的质量、数量、分布和规律等的文字、数字和图形等的总称;是经过加工的、能够被食品安全监管部门、公众及各类企业利用的,是人们在食品安全监管、生产经营或者消费中认识食品和解决食品安全问题所必需的一种共享资源。根据《食品安全信息公布管理办法》,食品安全信息是指县级以上食品安全综合协调部门、监管部门及其他政府相关部门在履行职责过程中制作或获知的,以一定形式记录、保存的食品生产、流通、餐饮消费以及进出口等环节的有关信息。

2. 食品安全信息的分类

从食品来源的角度来看,食品安全信息分为国内食品安全信息与进口食品安全信息。其中进口食品安全信息包括:出入境检验检疫机构对进出口食品实施检验检疫发现的食品安全信息;行业协会、消费者反映的进口食品安全信息;国际组织、境外机构发布的食品安全信息、风险预警信息以及境外行业协会等组织、消费者反映的食品安全信息等。

从公开的主体来看,食品安全信息公开可以分为以下几种:一是食品安全监督管理部门公开的食品安全信息;二是卫生行政部门公开的食品安全信息;三是质监部门公开的食品安全信息;四是农业部门发布的食品安全信息等。

3. 食品安全信息公开的主要内容

从当前《食品安全法》的规定来看,食品安全信息公开制度主要包括以下几方面内容。

一是食品安全风险评估方面,规定食品安全风险评估结果得出食品、食品添加剂、食品相关产品不安全结论的,国务院食品安全监督管理、质量监督等部门应当依据各自职责立即告知消费者停止食用或使用,对经综合分析表明可能具有较高程度安全风险的食品,国务院食品安全监督管理部门应当及时提出食品安全风险警示,并向社会公布;县级以上人民政府食品安全监督管理部门和其他有关部门、食品安全风险评估专家委员会及技术机构,应当按照科学、客观、及时、公开的原则,组织食品生产经营者、食品检验机构、认证机构、食品行业协会、消费者协会以及新闻媒体等,就食品安全风险评估信息和食品安全监督管理信息进行交流沟通。

二是食品安全标准管理方面,规定食品安全国家标准、地方标准、企业标准都在省级以上人民政府卫生行政部门的网站上公布,供公众免费查阅、下载。

三是在食品的标签、说明书管理方面,规定了食品的标签、说明书必须标明的事项,强调生产者对标签、说明书的内容负责,不得含有虚假内容。

四是在特殊食品管理方面,强调省级以上人民政府食品安全监督管理部门应当及时向社会公布已注册或备案的保健食品、特殊医学用途配方食品、婴幼儿配方乳粉的目录。

五是在食品出入境管理方面,规定国家出入境检验检疫部门应当公布进出口食品的进口商、出口商和出口食品生产企业的信用记录。

六是在食品安全事故处置方面,规定县级以上人民政府食品安全监督管理部门应当会同有关部门做好信息发布工作,依法对食品安全事故及其处理情况进行发布,并对可能产生的危害加以解释、说明。

---

① 徐景和主编《食品安全综合协调与实务》,中国劳动社会保障出版社,2010年,第145页。

七是在监督管理方面,规定县级以上人民政府食品安全监督管理部门应当建立食品生产经营者食品安全信用档案,依法向社会公布并予以实时更新,同时规定国家建立统一的食品安全信息平台,实行食品安全信息统一公布制度,要求公布食品安全信息,应当做到准确、及时,并进行必要的解释说明,避免误导消费者和社会舆论。[①]

(二) 我国食品安全信息收集和公布制度

1. 食品安全信息收集

1) 食品安全信息的收集原则

(1) 及时性原则。即食品安全信息的收集主体必须确保收集到的信息及时有效。因为随着时间的推移,信息的效用也会逐渐衰减,所以信息收集应当尽可能地缩短时限,"食品安全信息更是如此,它更注重'事前'的信息和情报,而不是'马后炮'"[②]。及时的信息收集是保证正确分析食品安全信息并做出判断和决策的前提,把陈旧过时的信息作为食品安全的事故评估、预警或控制措施的制定依据,必然给食品安全埋下隐患。

(2) 准确性原则。即食品安全信息的收集主体必须确保收集到的信息真实、可靠、客观。信息的来源比较复杂,且在传播的过程中因传播中介的影响,信息必然带有一定的功利性,有一些虚假信息会混杂其间,这就要求信息的收集者要去伪存真。鉴于上述问题的存在,现行《食品安全法》增加了食品安全信用档案或记录的规定,其第113条规定:"县级以上人民政府食品安全监督管理部门应当建立食品生产经营者食品安全信用档案,记录许可颁发、日常监督检查结果、违法行为查处等情况,依法向社会公布并实时更新;对有不良信用记录的食品生产经营者增加监督检查频次,对违法行为情节严重的食品生产经营者,可以通报投资主管部门、证券监督管理机构和有关的金融机构。"

(3) 全面性原则。即食品安全信息的收集主体力求信息的完整性和系统性。全面的信息收集是科学的食品安全风险分析和预警的基础。信息本身的多变性和零散性特点,必然要求食品安全信息收集主体在收集信息时要保证信息的连续性。若要实现这一目标可以从以下几个方面着手:一是对需要收集的食品安全信息的范围、方式、内容和标准等加以确定;二是保持信息收集连贯性,对相关信息及时补充和更正,促使信息库的完整性;三是加强信息的交流与共享。现行《食品安全法》增加了卫生、农业行政部门信息共享机制,即就食品安全风险评估信息和食品安全监督管理信息进行交流沟通的制度。该规定在某种程度上有利于食品安全信息完整性和系统性的把握。

2) 食品安全信息的收集主体

食品安全信息的收集主体主要有两类。一是法定主体。中央主要包括:国务院卫生行政部门,国务院食品安全监管部门、农业行政部门、质监部门和卫生行政部门;地方主要包括:省、自治区、直辖市人民政府及相关食品安全监管部门和县级以上人民政府及相关食品安全监管部门。二是非法定主体,主要包括食品行业协会、消费者协会、新闻媒体及消费者等。

3) 食品安全信息的收集渠道和方式

食品安全信息的收集渠道主要分为两种。一是法定性渠道,主要包括报告、举报及通报

---

① 信春鹰主编《中华人民共和国食品安全法解读》,中国法制出版社,2015年,第35-36页。

② 徐景和主编《食品安全综合协调与实务》,中国劳动社会保障出版社,2010年,第148页。

渠道。我国的食品安全相关法律中明确规定了信息的举报、报告和通报制度,现行《食品安全法》增加了有奖举报和保护举报人合法权益的内容。二是非法定性渠道,主要包括媒体和网络渠道。

食品安全信息的收集方式主要有两种。一是横向收集,即以行业信息为主,政府信息为辅。食品生产、加工、销售和餐饮服务行业是食品安全信息的发源地,其对自己生产、经营的食品安全性能有着更本质的认识,是食品安全信息第一手材料的提供者。政府职能的特殊性和信息主体的利益差异性决定了政府收集的食品安全信息往往失真。二是纵向收集,即以地方信息为主,中央信息为辅。地方政府监管部门处在食品安全监管的第一线,其对食品安全信息的掌握,无论是在量的多样性上还是质的准确性上都明显优于中央政府。

2. 食品安全信息公布制度

1) 食品安全信息公布的主体和内容

依据相关法律的规定,目前我国食品安全信息公布的主体和内容分三个层次,具体表现如下。

第一层次,国务院食品安全监督管理部门,即现行体制下的食品安全监督管理局。由食品安全监督管理局公布的信息主要有:①国家食品安全总体情况,包括国家年度食品安全总体状况、国家食品安全风险监测计划实施情况、食品安全国家标准的制订和修订工作情况等。②食品安全风险警示信息,包括对食品存在或潜在的有毒有害因素进行预警的信息和具有较高程度食品安全风险食品的风险警示信息。③重大食品安全事故及其调查处理信息,包括重大食品安全事故的发生地和责任单位基本情况、伤亡人员数量及救治情况、事故原因、事故责任调查情况、应急处置措施等。④其他重要的食品安全信息和国务院确定的需要统一公布的信息,将食品安全评估信息从国务院统一公布信息范围中删除。

第二层次,省、自治区、直辖市人民政府卫生行政部门和食品安全监督管理部门。前者公布的主要信息有食品安全国家标准、地方标准和企业标准,供公众免费查阅、下载;后者公布的主要信息是限于特定区域的食品安全风险警示信息和重大食品安全事故及其调查处理的信息。

第三层次,县级以上人民政府食品安全监管部门,即食品安全监督管理、农业行政、质量监督以及出入境检验检疫部门。县级以上人民政府食品安全监管部门在各自的职责范围内,依据法定的程序和形式公布本部门的食品安全日常监督管理信息,如对食品生产经营者进行现场检查、抽样检验的结果,对违法生产经营者的查处情况等,依据各自职责,由各部门按照规定的程序和形式公布。上述信息的典型特点是与特定人日常生活具有密切相关性。

2) 食品安全信息公布制度的现状

虽然《食品安全法》对省级以上人民政府卫生行政、农业行政部门应当及时相互通报食品、食用农产品安全风险监测信息以及食品安全风险评估和监督管理信息等做出规定,但这并没有彻底解决我国食品安全信息公布制度存在的问题。

首先,政府部门公布的食品安全信息内容过于单一。其发布的信息大多局限于国内,缺乏对国际食品安全信息的关注和分析。而且,信息的内容过于宏观,缺少微观内容,即使是对日常信息的发布也过于原则。例如,国务院食品安全监管部门大多公布国家食品安全总体情况、食品安全风险评估、食品安全风险警示、重大食品安全事故及其处理和其他重要食品安全的信息。各省级卫生行政部门负责发布影响仅限于其辖区的食品安全相关信息。

其次,食品安全信息交流体制不够完善。由于受行政体制的影响,各个部门之间掌握的信息侧重的领域不同且信息量不对等,其相互之间在某些重大食品安全事故方面得出的结论存在差异,甚至相互抵触。各部门相互缺乏交流,造成客观信息的权威性和科学性受到质疑。

最后,食品安全信息公布体系的建设资金投入不足。例如,信息发布设备老化,缺少专职信息发布员,即使兼职信息发布人员也缺少标准、计量和法规的专门培训,相关专业知识匮乏。针对上述问题,虽然《食品安全法》对执法人员做出新的规定,即县级以上人民政府食品安全监督管理等部门应当加强对执法人员食品安全法律、法规、标准和专业知识与执法能力等的培训,并组织考核。不具备相应知识和能力的,不得从事食品安全执法工作。但是与发达国家相比,我国涉及食品安全信息发布的硬件和软件建设的资金投入仍显不足。

3) 完善我国食品安全信息公布制度的建议

为完善食品安全信息公布制度建设,我国应做好以下工作:

一是加大资金投入力度,增强食品安全信息公布水平。加大对食品安全检测设备的投入,添置先进仪器;对技术人员进行基础应用技术的培训投入,加大对业务、法规、标准、计量的培训力度;提高一次检测、快速检测、专用检测技术水准,为公布信息的权威性和科学性提供保障。

二是强化国外食品安全信息的收集,以收集促公布,实现公布信息内容的多样化。具体而言,可以发挥驻外机构和驻外人员的信息收集能力,形成较为完善的信息收集网络;还可以积极参与国际农业、食品信息标准、规则的制定,加强国际信息与技术交流,并承担相应的责任;加强突发性食品安全事件的监测、预警等方面的国际交流与合作。

(三) 我国食品安全信息报告与通报制度

1. 食品安全信息报告制度

1) 食品安全信息报告相关法律规定

2004 年国务院对各食品安全监管部门发布食品安全信息的职能做出了明确规定,要求各地逐步建立食品安全信息发布制度。2004 年 11 月 22 日,国家食品药品监督管理局、农业部、卫生部、质检总局、国家工商局、商务部、公安部和海关总署八部门联合发布了《食品安全监管信息发布暂行管理办法》,旨在加强食品安全信息的管理和综合运用,构建部门之间的信息交流平台,实现资源共享,全面科学地反映我国食品安全现状,提高政府在食品安全方面的监管职能。该办法对农业部门发布有关初级农产品农药残留、兽药残留等监测信息;质检、工商、卫生和食品药品监管部门联合发布市场食品质量监督检查信息等作了明确规定。2007 年 1 月,国务院颁布《政府信息公开条例》,明确规定:行政机关对突发公共事件的应急预案、预警信息及应对情况,环境保护、公共安全、安全生产、食品药品、产品质量的监督检查情况的政府信息应当主动公布;2009 年 2 月 28 日,十一届全国人大常委会第七次会议通过了《食品安全法》,建立了国家食品安全信息统一报告制度。为了推动食品安全法中的食品安全信息制度的贯彻实施,2010 年 11 月 3 日,卫生部联合质检总局、工商总局、食品药品监管局、农业部和商务部颁布了《食品安全信息公布管理办法》;2015 年 4 月 24 日,由十二届全国人大常委会第十四次会议通过修订的《食品安全法》,在原来的基础上增加了"食品安全信息平台"的规定,进一步强调"未经授权不得发布上述信息",并将接受报告的部门由"国务院卫生行政部门"修改为"国务院食品安全监督管理部门";2020 年 10 月,最高人民法院为使司法解释更好地贯彻立法精神并符合客观实际,广泛征求了全国人大法工委等12个部门以及全国各高院、专家学者、相关行业代表的意见,并向全社会公开征求意见后,于2020年12月8日公布了《关于审理食品安全民事纠纷案件适用法律若干问题的解释(一)》。其第11条规定,生产经营未清晰标明生产日期、保质期的预包装食品,消费者主张生产者或者经营者依据《食品安全法》第148条第2款规定承担惩罚性赔偿责任的,人民法院应予支持。根据该规定,生产经营的预包装食品的包装标签未标明生产日期、保质期,或者标明的生产日期、保质期不清晰,生产经营者都将承担惩罚性赔偿责任,以贯彻"四个最严"要求,充分,保护消费者的知情权、生命权和健康权。[①]

2) 食品安全信息报告主体和方式

从广义角度来看,食品安全信息报告主体主要包括:一是县级以上地方人民政府食品安全监督管理部门、卫生行政部门、农业行政部门;二是发生食品安全事故的单位和接收病人进行治疗的单位;三是县级以上人民政府。从狭义角度而言,食品安全信息报告主体仅仅指《食品安全法》第119条规定的部门,即县级以上地方人民政府食品安全监督管理、卫生行政、农业行政部门。报告的方式有两种。一是逐级上报,即县级以上地方人民政府食品安全监督管理部门、卫生行政部门、农业行政部门获知相关信息后,应当向各自的上级主管部门报告,再由其上级主管部门向国务院食品安全监督管理部门报告。二是跨级上报,即在情况必要时,县级以上地方食品安全监督管理部门、卫生行政、农业行政部门知道信息后,可以直接向国务院食品安全监督管理部门报告。两种报告方式虽然有差别,但是最终都是向国务院食品安全监督管理部门报告。

2. 食品安全信息通报制度

《食品安全法》第119条第2款规定了食品安全监管各有关部门相互通报食品安全信息,即"县级以上人民政府食品安全监督管理、卫生行政、农业行政部门应当相互通报获知的食品安全信息"。相关部门相互通报获知的食品安全信息,一是有利于监管部门之间信息共享机制的构建。从我国以往的食品安全监管的建构模式可以看出,部门间的信息共享并不充分,特别是在食品安全重大事故信息的处理方面缺少相互协调,协商的机制。二是有利于提高食品安全信息资源的利用率。在食品安全信息制度建立之前,各部门都依靠各自独立的信息系统进行信息收集和资源的利用,相互间的标准和方法不够统一,导致信息体系重复建设且利用率也不高。三是有助于提高食品安全监管的水平。各部门利用自己掌握的食品安全信息进行资源整合,为食品安全的日常监管和重大决策提供必要的背景知识,有利于决策效率的提高,减少决策失误。

(四) 食品安全信息公开的监督失灵

1. 食品安全信息公开监督失灵的原因

1) 政府在食品安全教育中的责任不明确

修订前的《食品安全法》未就政府食品安全教育责任作规定,修订后的《食品安全法》虽规定了"各级人民政府应当加强食品安全的宣传教育,普及食品安全知识",但未规定承担食品安全教育责任的专门机构及其具体职责。从政府开展食品安全教育实践来看,其模式为

[①] 最高人民法院民事审判第一庭编著《最高人民法院食品安全民事案件司法解释(一)理解与适用》,人民法院出版社,2021年,第13-14页。

各级食品安全协调议事机构负责组织协调,议事机构各成员单位共同参与。具体方式为国务院食品安全委员会通过《食品安全宣传教育纲要》(以下简称《教育纲要》)提出食品安全教育的任务和要求,各地区食品安全议事协调机构和各成员单位依据《教育纲要》结合本地区、本部门实际,制定食品安全宣传教育纲要或年度工作计划并开展食品安全教育活动。《教育纲要》对工作任务的规定,主要是诸如开展"食品安全宣传周"主题宣传活动等一些活动形式要求,缺少对各部门具体任务的规定。这种模式的主要缺陷在于没有承担食品安全教育责任的专门机构,而是众多政府部门共同参与。尽管参与广泛,但因对各参与部门未规定具体任务,而由其自行制定宣传教育纲要或计划,造成无法对其食品安全教育工作实效进行考评,而只能以其是否组织开展了某种形式的食品安全教育活动作为考评依据,容易使各参与部门的食品安全教育工作流于形式,虽然耗费大量人财物但不能保障效果。[①]

2) 对学校在食品安全教育中的作用认识不够

相比其他消费者教育途径,作为正规教育的学校教育具有专门性、计划性、系统性和针对性的特点,对消费者教育也更有成效,因此充分发挥学校在食品安全教育中的作用无疑极为必要。也正因此,联合国《保护消费者准则》要求各国在适当情形下使消费者教育成为学校教育中基本课程的组成部分,最好是成为现有科目的一部分。[②] 很多国家都将该项规定予以落实,将食品安全教育纳入学校教育体系,在中小学及其他教育阶段引入了食品安全教育。我国《食品安全法》未对学校承担食品安全教育的责任作规定,尽管在法律解释上可以将学校包括在受鼓励开展食品安全教育的社会组织中,[③]但将其列入受鼓励参与食品安全教育的社会组织,淡化了其本应在消费者学龄阶段作为食品安全教育主要承担者的地位。《教育纲要》虽也将"食品安全进校园"列为工作任务,但未制订统一教育规划和计划,仅要求各级教育行政部门将食品安全宣传教育列入工作计划,导致了实践中各个地区的学校在食品安全教育方面各行其是,从教育形式到内容都存在相当差异,教育效果差别很大。[④]

3) 未能有效发挥食品行业协会、消费者协会等拥有专业性知识的社会组织的作用

《食品安全法》规定食品行业协会、新闻媒体都应开展食品安全教育工作,并鼓励社会组织、基层群众性自治组织、食品生产经营者开展食品安全教育。《教育纲要》在工作要求中,虽也提出要"动员社会各界积极参与","形成政府、媒体、企业、行业组织、专家、消费者共同参与的食品安全宣传教育工作格局",但其关于社会科普也即消费者教育的工作任务的规定,除动员学校参与外,主要就是利用新闻媒体和基层群众性自治组织的力量,活动内容主要是开展一般性宣传活动,缺少有针对性的食品安全教育活动。而食品行业协会、消费者协会等拥有专业性知识的社会组织的作用则未能得到充分利用。[⑤]

2. 食品安全信息公开监督失灵的思考

1) 政府应承担主导性责任

① 殷志刚、曾祥华:《食品安全信息强制公开制度之检讨》,《东北师大学报(哲学社会科学版)》2017 年第 3 期,第 29 页。

② 应飞虎:《我国食品消费者教育制度的构建》,《现代法学》2016 年第 4 期,第 36 - 48 页。

③ 信春鹰主编《中华人民共和国食品安全法解读》,中国法制出版社,2015 年,第 26 页。

④ 付苗苗、牛桂芬:《中小学生食品安全教育存在的问题及对策》,《中国西部科技》2014 年第 3 期,第 106 - 111 页。

⑤ 殷志刚、曾祥华:《食品安全信息强制公开制度之检讨》,《东北师大学报(哲学社会科学版)》2017 年第 3 期,第 29 页。

所谓主导性责任，是指政府应承担领导责任，负责食品安全教育规划、组织实施，并为其他主体参与食品安全教育提供支持。这是由政府应承担社会公共服务职能所决定的。要发挥政府主导作用，需设立专门负责食品安全教育的机构。对此，应根据《食品安全法》关于食品安全监管体制的规定，在食品安全监督管理部门内设负责食品安全教育的专门机构，而卫生行政部门和农业行政部门各自在其食品安全监管职责范围内承担辅助责任。

为保障食品安全教育责任的落实，将对开展食品安全教育的财政保障和评议考核纳入《食品安全法》第 7 条、第 8 条的适用范围。同时明确食品安全监督管理部门承担食品安全教育的具体职责。①规划指导。制定食品安全教育规划，明确食品安全教育目标、任务、计划和措施，为开展食品安全教育提供指导。②组织实施。通过建设食品安全教育网站、开展"食品安全宣传教育月"等形式直接参与食品安全教育，采用行政合作、行政激励等方式引导各种社会力量参与食品安全教育。③支持参与。通过对从事食品安全教育工作的人员提供培训等形式，对其他主体参与食品安全教育提供支持。[1]

2) 学校应承担基础教育功能

所谓基础教育功能，指学校应承担培养学生掌握基本的食品安全知识的任务。这是由学校教育所应承担的社会功能决定的。学校教育的功能是进行国民教育，通过德育、智育和体育培养具有合格素质的国民。食品安全知识与国民身体健康息息相关，其理应作为学生应掌握的基本科学知识的一部分纳入智育范围。从提高教育效果来看，最有效方式就是如联合国《保护消费者准则》所倡导的将包括食品安全教育在内的消费者教育融入基本课程，或者是列为基本科目之一。目前浙江、湖北、上海等地学校在将食品安全教育融入相关课程方面已经进行了有益探索。[2] 对此，教育行政部门应在总结经验的基础上制定食品安全教育规划，明确学校教育各阶段的教育目标、任务、内容和融入的课程，力求保证学校食品安全教育的计划性和内容安排的阶段性、衔接性和完整性。

3) 社会组织应承担继续教育功能

所谓继续教育功能，指社会组织应在学校基础教育之后继续为消费者提供食品安全教育，使食品安全教育成为终身教育。在目前学校食品安全教育前期开展不足的背景下，这种继续教育还具有补课的功能。就承担食品安全教育的社会组织来说，主要应包括基层群众自治组织、食品行业协会、消费者协会和社区公共卫生机构以及新闻媒体。基层群众自治组织承担食品安全教育责任源于其是承担自我管理功能的自治组织，食品安全教育作为保障群众自身健康的一个措施，理应成为其自我管理职责的一个方面。而食品行业协会、消费者协会和社区公共卫生机构以及新闻媒体承担食品安全教育责任，则源于其应承担的社会责任。在上述社会组织中，基层群众自治组织虽有贴近居民和村民的优势，但其非专业性组织的特点决定了其只能承担一般性的宣传工作。而食品行业协会、消费者协会以及社区公共卫生机构，是拥有专业性知识的社会组织，在承担食品安全教育方面具有专业性优势。因此，应充分发挥其专业性优势，在它们之间开展分工，让它们各自承担不同主题内容的食品安全教育工作。即食品行业协会负责食品产业链与食品安全知识教育，消费者协会负责食

---

① 殷志刚、曾祥华：《食品安全信息强制公开制度之检讨》，《东北师大学报（哲学社会科学版）》2017 年第 3 期，第 30 页。

② 杜波：《我国食品安全教育法律制度研究》，中国政法大学出版社，2013 年，第 223 - 224 页。

品安全基本知识和食品安全监管知识教育,社区公共卫生机构负责健康饮食知识教育。此外,新闻媒体具有强大的传播能力,拥有大量的受众,在食品安全教育中具有其他教育途径所不可替代的作用,因此各类新闻媒体应利用自身优势,以消费者乐于接受的方式传播食品安全知识。[①]

(五) 食品安全追溯制度

党的十八届三中全会提出,要建立最严格的、覆盖全过程的食品安全监管体制,保证食品安全。建立食品安全全程追溯制度就是落实这一精神的具体制度设计。

1. 食品安全追溯制度的基本要求

建立食品安全追溯制度是食品生产经营者的义务。《食品安全法》第 42 条"国家建立食品安全全程追溯制度。食品生产经营者应当依照本法的规定,建立食品安全追溯体系,保证食品可追溯。国家鼓励食品生产经营者采用信息化手段采集、留存生产经营信息,建立食品安全追溯体系"是有关食品安全追溯制度的原则性规定。

建立食品安全追溯体系,保证食品可追溯,需要食品生产者具体达到以下基本要求:

(1) 食品生产者除对采购的食品、食品添加剂和食品相关产品进行查验外,还要做好相关的记录。即食品生产企业应当记录食品原料、食品添加剂、食品相关产品的名称、规格、数量、生产日期或生产批号、保质期、进货日期以及供货者名称、地址、联系方式等内容,并保存相关凭证。记录和凭证保存期限不得少于产品保质期满后 6 个月;没有明确保质期的,保存期限不得少于 2 年。

(2) 食品生产者不仅要建立食品出厂检验记录制度,检验记录还应当真实。即食品生产者应当建立食品出厂检验记录制度,查验出厂食品的检验合格证和安全状况,如实记录食品的名称、规格、数量、生产日期或者生产批号、保质期、检验合格证号、销售日期以及购货者名称、地址、联系方式等内容,并保存相关凭证。同时食品出厂检验记录的保存期限不得少于产品保质期满后 6 个月,没有明确保质期要求的,不得少于 2 年。

(3) 食品经营者采购食品时,应当查验供货者的许可证和食品出厂检验合格证或者其他合格证明。即食品经营者在采购食品时,应当严格审查食品供应商的条件,认真查验供货者的许可证和食品合格证明文件,确保所采购的食品符合标准。同时食品进货检验记录的保存期限不得少于产品保质期满后 6 个月,没有明确保质期要求的,保存期限不得少于 2 年,以便日后查询。

生产经营企业建立食品安全追溯体系,只要如实记录相关事项并保存相应期限,能够保证食品可追溯即可。至于记录和保存的形式,法律并不作硬性要求,这是为了不加重企业负担、立足我国国情、实事求是做出的规定,也能减少法律规定执行的阻力。

2. 食品安全全程追溯协作机制

食品安全涉及从农田到餐桌的全过程,需要由食品安全监督管理部门和农业行政部门按照职责分工,建立全程追溯协作机制。

依照现行《食品安全法》的规定,食品生产经营企业的生产经营活动、食用农产品进入市场后的销售活动,由食品安全监督管理部门监管。食用农产品的生产环节由农业行政部门

---

① 殷志刚、曾祥华:《食品安全信息强制公开制度之检讨》,《东北师大学报(哲学社会科学版)》2017 年第 3 期,第 30 - 31 页。

监管。为了实现食用农产品的可追溯，由国务院食品安全监督管理部门和农业行政等部门建立食品安全全程追溯协作机制非常必要。[①]

3. 食品安全信息追溯制度的作用

依照食品安全追溯制度所建立来的信息库，至少有以下几个方面的作用。

（1）保障消费者的知情权。消费者通过食品的名称、规格、数量、生产日期或者生产批号、保质期、检验合格证号、销售日期以及购货者名称、地址、联系方式等内容，了解所购买商品的产地、生产厂家、产品质量以及商品的运输和贮存环节相关信息，进而做出购买优质商品的决定。

（2）促进生产经营者良性竞争。消费者全面掌握所选商品的信息，能够更加充分地实现自己的选择权。当生产经营者和商品的信息全方位展现给消费者时，消费者拥有较大的选择空间，此时生产经营者只能通过提高企业的实力，提高商品的品质，满足消费者多方位的需求，才能吸引更多消费者和占有更多的市场份额。这在一定意义上，会促进生产经营者相互之间的良性竞争。

（3）实现不间断式监管。通过食品安全追溯信息，监管部门可以将食品市场从粗放型规制向精确型规制转型。在食品安全追溯制度下，食品相关信息全方位覆盖，食品安全信息充分、准确、连贯、及时，出现食品安全事故时，能及时发现和高效处置，进而消除隐患；同时，在食品安全监管过程中，权责较为明确，避免出现推卸责任与相互推诿的情况。[②]

① 信春鹰主编《中华人民共和国食品安全法解读》，中国法制出版社，2015年，第109-110页。
② 王永强、管金平《精准规制：大数据时代市场规制法的新发展——兼论〈中华人民共和国食品安全法（修订草案）〉的完善》，《法商研究》2014年第6期，第9页。

第四章

食品安全风险监测和评估

第一节　食品安全风险分析概述

一、食品安全风险分析的定义和内容

（一）食品安全风险分析的定义

食品安全风险是指由食品中的危害物产生的不良作用,包括不良作用产生的可能性及强度。它涉及那些能够长期或短期影响人体健康的各个方面,包括物理的、化学的和生物的。这三大类危害对人体所造成的危害程度不同,危害过程也各不相同。[①]

而食品安全风险分析是通过对影响食品安全质量的各种风险进行评估,定性或定量地描述风险的特征,并在参考有关因素的前提下,提出和实施风险管理措施,以控制或者降低食品安全风险,同时在风险评估和风险管理的全过程中保证相关各方保持良好交流状态的过程[②]。

风险分析的进行须贯穿整个食物链（从原料生产、采集到终产品加工、储藏、运输等）,其中各环节的食源性危害均须被列入评估内容。考虑到评估过程中的不确定性、普通人群和特殊人群的暴露量差别,须权衡风险与管理措施的成本效益,不断监测管理措施（包括制定的标准法规）的效果,及时利用各种交流信息对各分析步骤进行调整[③]。同时,食品安全风险分析是一门正在发展中的新兴学科,并且风险分析是以现代科学技术和很多生物学数据为基础的,因此,需要选择适当的模型及方法对食品的不安全性进行系统研究,以确保推导出科学、合理的结论,使食品的安全性风险处于可接受的水平。[④]

风险分析是保证食品安全的一种新模式,它是制定食品安全标准和解决国际食品贸易争端的依据,在食品安全管理中处于基础地位。良好的风险分析体系不仅能保证广大消费者的食品卫生安全,将食源性危害降到最低程度,还能维护食品生产企业的合法权益,更将对食品行业的健康发展起到巨大的促进作用。[⑤]

---

① 赵燕滔:《食品安全风险分析初探》,《食品研究与开发》2006 年第 11 期,第 226 – 228 页。

② 谭德凡:《论食品安全法基本原则之风险分析原则》,《河北法学》第 6 期,2010 年 6 月,第 147 – 150 页。

③ 刘秀兰、夏延斌:《食品安全风险分析及其在食品质量管理中的应用》,《食品与机械》2008 年 7 月第 4 期,第 124 – 127 页。

④ 赵燕滔:《食品安全风险分析初探》,《食品研究与开发》2006 年第 11 期,第 226 – 228 页。

⑤ 刘秀兰、夏延斌:《食品安全风险分析及其在食品质量管理中的应用》,《食品与机械》2008 年 7 月第 4 期,第 124 – 127 页。

(二) 食品安全风险分析的内容

风险分析是一个由风险评估、风险管理和风险交流组成的连续的过程[1]。

风险评估是指利用现有的科学资料对包括食品中的添加剂、污染物、毒素或病原菌等在内的食源性危害对人体健康已知或潜在的不良影响作出科学评价;风险管理是根据风险评估结果,选择和实施适当的措施,如制定最高限量、制定食品标签标准等,尽可能有效地控制食品风险,从而保护消费者健康、促进食品交易;风险交流是风险评估人员、风险管理人员、消费者和其他相关的团体之间就与风险相关的信息和意见进行交流,以更好地完善决策的过程。

在风险分析的 3 个组成部分中,风险评估是整个风险分析体系的核心和基础;而风险管理能够为风险分析提供政策基础;风险交流则可以通过交换信息和观点,来提高整个风险分析过程的效率。这三者的关系可由图 4-1 具体表示:

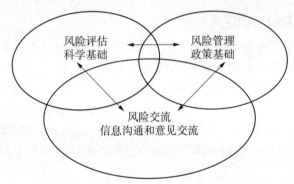

图 4-1   风险分析的 3 个组成部分及其关系

二、食品安全风险分析的原则

目前,风险分析已被认为是制定食品安全标准的基础,其根本目的在于保护消费者的健康和促进公平的食品交易。良好的食品安全风险分析的执行须遵循以下原则[2]。

(一) 以保护消费者健康为首要目标

风险分析工作原则指出,风险分析要将保护消费者健康作为首要的目标。确定风险的可接受水平时应主要考虑对人体健康的影响,但同时还要避免造成不必要的贸易障碍,即在保证消费者健康的基础上,衡量贸易双方的利益,选择最低限制的措施以保证公平贸易。

(二) 以科学数据为基础

风险分析工作原则指出,风险评估应该以科学的数据为基础,并且尽可能采用定量信息以使结果形象化。这些数据包括含发展中国家在内的世界不同地区的流行病学监测数据、相关分析数据和暴露数据,且尽量定量表述风险评估中的不确定性或变异性。同时在该过

---

① 王可山、李秉龙:《食品安全的风险分析》,《中国禽业导刊》2006 年第 4 期,第 10-11 页。
② 张凡建、于丽萍、陈向前、汪明:《食品安全风险分析工作原则及其启示》,《黑龙江畜牧兽医》2004 年第 9 期,第 6-7 页。

程中,应该考虑所有的新产生的数据,定期评议和更新食品标准和相关文本,及时吸收新的科学知识及信息。

(三) 透明、公开及文件化

风险分析工作原则要求风险分析的整个过程透明和公开,并且将所有的内容文件化。工作原则强调,在风险分析过程中要同所有的利益相关团体进行充分的交流和磋商,具体表现在:

(1) 确立风险评估政策时,风险管理者应咨询风险评估者和所有其他利益相关团体的意见。

(2) 选择风险评估专家的过程要透明,且所选择的专家与评估结果间无利益冲突。

(3) 风险评估中的每一步要明确考虑受影响的各方面,并且在文件中写明。

(4) 风险管理的整个过程要透明、一致,并全面文件化。

(四) 强化相关职责和义务

风险评估主要由风险评估者负责,风险评估和风险管理应职能分离,避免风险评估者和风险管理者的职能混淆,从而减少利益冲突,确保风险评估的科学完整性。

(五) 将预防原则确定为风险分析的内在要素

所谓的"预防原则",即当科学证据不足以完全评价来自食品的危险性,而危险性又可能发生时,在一个合理的时间范围内,风险管理者可运用预警手段保护消费者健康,而不必等待其他科学数据和完全的风险性评估。

风险分析工作原则规定,如有证据证明对人类健康的风险存在但科学数据尚不充分或不完整时,不能继续制定标准,而应考虑制定一个由科学证据支持的如操作规范的相关文本,即以预防为主。

(六) 需要考虑发展中国家的情形

风险分析工作原则表示,食品安全风险分析负责机构应该特殊考虑发展中国家在风险分析的不同阶段中的要求和情形。选择风险评估的专家时,专家机构和咨询处应该确保发展中国家专家的有效参与;风险评估中应考虑获取的发展中国家的数据,并且在考虑经济后果及风险管理内容的可行性时,委员会及其附属机构应该特别注意发展中国家的情形。

三、国外食品安全风险分析的实施情况

随着经济贸易全球化,食品的不安全因素越来越多,食品安全的重要性也日益凸显,食品安全质量管理日益受到各国政府和社会的关注。食品质量安全的管理需要科学的理念,风险分析是国际上公认的食品安全管理理念之一。

在美国,1997 年宣布的总统食品安全行动计划,提出风险分析对实现食品安全目标具有特殊的重要性。多年来,美国政府对食品中化学危害的管理极为重视,制定了许多关于添加剂、药品、杀虫剂及其他针对人体有潜在危害的化学用品的法规。[①] 进入新世纪,美国政府更加关注微生物致病源的风险,通过关注食品从"农田到餐桌"全程的安全性来降低微生物致病源的风险。政府机构已完成的风险分析包括:食品及药品管理局(FDA)和食品安全与

---

① 谭德凡:《论食品安全法基本原则之风险分析原则》,《河北法学》2010 年第 6 期,第 147 – 150 页。

检验局(FSIS)关于即食食品中单核细胞增生性李斯特菌对公众健康影响的风险评估报告(2001年1月);FDA关于生鲜软体贝壳中副溶血性弧菌对公众健康影响的风险评估报告(2001年1月);蛋及蛋制品中肠炎沙门氏菌的风险分析等。且美国政府完成了首例"从农田到餐桌"的食物微生物风险评价的模型,即蛋及蛋制品中肠炎沙门氏菌的风险分析[①]。2007年美国建立了风险交流咨询委员会,即RCAC,为美国食品及药品监督管理局(FDA)提供风险交流咨询及对策建议,FDA于2009年制定了《FDA风险交流策略计划》[②]。

在欧盟地区,1997年4月30日,欧盟委员会发布《关于欧盟食品法的一般原则委员会绿皮书》,将"确保法规主要以科学证据和风险评估为基础"确定为6个基本目标之一。2000年2月12日发布的《欧盟关于食品安全白皮书》的第二章食品安全原则中认为,风险分析必须成为食品安全政策的基础。欧盟规定,必须把食品政策建立在三项风险分析的运用之上;同时认为,如果可以,预防原则将应用于风险管理的决议中[③]。2002年《欧盟食品安全条例》在序言中规定,风险评估应当在现有的科学资料和数据的基础之上以独立、客观和透明的方式进行。为此,欧盟专门成立欧洲食品安全管理局。欧洲食品安全管理局实施风险评估时独立于作为食品安全风险管理者的欧盟委员会和成员国[④]。

德国作为欧盟的重要成员国,以欧盟食品安全指令为原则深入开展了风险分析的研究与实践,并成立了联邦风险评估研究所(BfR)和联邦消费者保护与食品安全局(BVL)两个专门机构,负责风险评估与交流及风险管理,形成了较为完善的风险分析应用模式[⑤]。

在日本,2003年颁布的《食品安全基本法》指出,在制定有关确保食品安全性的措施时,应对可能造成人体健康损害的生物、化学或物理的危害,食品本身含有的或加入食品中有可能损害人体的物质,以及在摄取该食品时有可能对人体健康带来的危害,进行风险分析。同时该法还规定在内阁中设立食品安全委员会,专门从事食品安全风险评估和风险交流工作。[⑥] 日本于2009年9月1日专门成立保护消费者权益的机构——消费者厅,并在消费者厅内部成立消费者安全调查委员会,由该委员会专门负责消费者食品纠纷的维权调查,及时发布调查结果,根据调查情况向具体负责的监管部门提出意见和要求,由监管部门履行食品安全监管责任[⑦]。

澳大利亚也有一套科学的风险评估系统用于进口食品中的化学剧毒物和有害微生物的检测,风险评估的对象是那些超过安全标准的进口食品。进口食品中的添加剂风险评估结果,以每日可接受量表示。在此方面,一些大型的计算机系统如澳新食品标准局Diamond系统,可帮助风险评估者有效地选择不同的风险管理方式。[⑧]

---

① 孙俐、贾伟:《食品安全风险分析的发展与应用》,《食品研究与开发》2008年第6期,第164-166页。

② 顾凯辰、常志荣、魏婷、姚晓园:《日本及欧美食品安全风险交流机制及其启示》,《食品与机械》2019年第35卷第9期,第103页。

③ 谭德凡:《论食品安全法基本原则之风险分析原则》,《河北法学》2010年第6期,第147-150页。

④ 戚建刚、兰皓翔:《论我国食品安全预防原则:基于欧盟食品安全风险预防原则的比较分析》,《决策与信息》2022年第1期,第30页。

⑤ 刘秀兰、夏延斌:《食品安全风险分析及其在食品质量管理中的应用》,《食品与机械》2008年第4期,第124-127页。

⑥ 谭德凡:《论食品安全法基本原则之风险分析原则》,《河北法学》2010年第6期,第147-150页。

⑦ 张锋:《日本食品安全风险规制模式研究》,《兰州学刊》2019年第5期,第93页。

⑧ 孙俐、贾伟:《食品安全风险分析的发展与应用》,《食品研究与开发》2008年第6期,第164-166页。

四、我国食品安全风险分析的实施现状及建议

(一) 我国食品安全风险分析的实施现状①

长期以来,我国的食品技术体系主要是围绕解决食物供给数量而建立起来的,对于食品安全问题的关注原本就相对较少。加之近年来,由于食品种类的增加,很多新型食品未经过危险性评估,就已在市场上大量销售,给消费者健康带来了较大的安全隐患。

我国在食品安全管理方面最初应用风险分析是在 20 世纪 90 年代中后期。一直以来,我国对食品安全的监管是以对不安全食品的立法、清除市场上的不安全食品和负责部门认可项目的实施作为基础的。这些传统的做法由于缺乏预防性手段,对食品安全现存及可能出现的危险因素不能做出及时而迅速的控制。

因此,我国的食品质量安全风险分析仍然处于初级阶段,与发达国家的危险性评估技术相比,现行的风险分析技术仍然比较落后。近年来,我国商务、卫生、农业和检验检疫部门已逐步针对食品方面的危害分析展开工作,检验检疫部门也结合我国进出口贸易中出现的热点问题和国际热点问题在口岸开始进行应用实践。《食品安全法》第二章"食品安全风险监测和评估"指出,国务院食品安全监督管理部门应当会同国务院有关部门,根据食品安全风险评估结果、食品安全监督管理信息,对食品安全状况进行综合分析。

(二) 我国食品安全风险分析的实施建议②

国际上有关食品安全风险分析的发展和应用已取得一定的进展,但有待于更深入的研究。我国由于食品安全管理体制尚不完善,也没有固定模式可以遵循,食品安全风险分析工作尚处于摸索阶段。但只要我们抓住时机,结合我国的实际情况进行分析,就可以建立起一套科学的具有中国特色的食品安全性管理机制。

1. 结合危害分析和关键控制点(HACCP)的宝贵经验

HACCP 是食品生产过程中用于控制安全质量的措施,是通过对整个食品链包括原材料、生产、加工、流通、消费各个环节的物理性、化学性和生物性危害进行分析控制并对效果予以验证的完整控制程序。我国很多食品生产企业已经在生产过程中引用了 HACCP 管理,并在提高食品卫生质量以及降低食品危害中起到了不可低估的作用。因此,可将HACCP 作为一种强制性的标准予以实施,来加强和规范食品卫生安全性管理,从而与国际接轨。

2. 以政府高度重视为可靠保证

食品安全性管理是一种政府行为,我国各级政府都对食品卫生工作高度重视。卫生、工商、质量技术监督部门在政府的统一指挥领导下根据各自职责,明确分工,通力合作,及时沟通信息,能够在很大程度上加大食品卫生的监督执法力度。同时,政府不断加大对公共卫生事业的投入,也可为进一步实施风险管理提供可靠保证。

────────────────

① 赵燕滔:《食品安全风险分析初探》,《食品研究与开发》2006 年第 11 期,第 226－228 页;汪禄祥、黎其万:《食品质量安全的风险分析》,《云南科技管理》2006 年第 5 期,第 55－56 页。

② 刘俊茹、蔡平生、郝丽萍:《风险分析在我国食品安全性管理中的应用》,《职业与健康》2004 年第 12 期,第 90－91 页。

3. 加大食品卫生安全监督力度

目前我国实行的食品卫生标准、食品进入市场前的质量评估、食品市场准入制度以及食品卫生许可制度等一系列风险管理标准还需要不断地补充和完善。食品检验检疫机构和监督执法队伍还需要进一步加强,这是我们实施风险分析必不可少的条件。

只要政府持续重视,相关部门通力合作,依法行政充分发挥现有的技术优势和丰富资源,我们即可在原有风险管理措施的基础上建立起具有中国特色的食品安全性风险分析体系。

第二节　食品安全风险监测

一、食品安全风险监测的定义和基本内容[①]

食品安全风险监测,是指有关部门系统、持续地收集食源性疾病、食品污染以及食品中有害因素的监测数据及相关信息,并进行综合分析和及时通报的活动。它具有系统性和持续性两大特点。食品安全风险监测的基本内容如下。

(一) 食品安全风险监测的对象与职责

食品安全风险监测主要有三项内容。一是食源性疾病,包括常见的食物中毒、人畜共患传染病、肠道传染病、寄生虫病等。食源性疾病的发病率居各类疾病总发病率的前列,是全球最突出的食品安全和公共卫生问题之一。二是食品污染,分为生物性污染和化学性污染两大类。生物性污染是指有害细菌、真菌、病毒以及寄生虫对食品造成的污染;化学性污染是由有害有毒的化学物质对食品造成的污染。三是食品中的有害因素,主要包括食品污染物、食品添加剂、食品中天然存在的有害物质以及食品加工、保存过程中产生的有害物质。

根据 2021 年《食品安全风险监测管理规定》,食品安全风险监测的职责主要是发现食品中的安全风险,确认不安全食品和风险因子。监测项目主要包括致病性微生物、农药残留、兽药残留、重金属、过敏原物质以及其他危害人体健康的物质,重点针对婴幼或儿童食品、消费者关注或反映问题较多的食品,以及使用范围广、消费量大的食品。通过对这些食品进行系统、持续的监测,找出其中带有的共性和突出性规律,为制定食品安全标准及其他相关政策提供依据。

(二) 食品安全风险信息的收集

根据 2021 年《食品安全风险监测管理规定》,卫生健康行政部门重点对食源性疾病、食品污染物和有害因素基线水平、标准制定修订和风险评估专项实施风险监测。海关、市场监督管理、粮食和储备部门根据各自职责,配合开展不同环节风险监测。各部门风险监测结果数据共享、共用。

2019 年《食品安全法实施条例》第 6 条规定,县级以上人民政府卫生行政部门会同同级食品安全监督管理等部门建立食品安全风险监测会商机制,汇总、分析风险监测数据,研判

---

① 吴孝槐:《流通环节食品安全风险监测工作初探》,《中国工商管理研究》2009 年第 11 期,第 23－24 页。

食品安全风险,形成食品安全风险监测分析报告,报本级人民政府;县级以上地方人民政府卫生行政部门还应当将食品安全风险监测分析报告同时报上一级人民政府卫生行政部门。食品安全风险监测会商的具体办法由国务院卫生行政部门会同国务院食品安全监督管理等部门制定。省级以上市场监督管理部门收集这些食品安全信息,并认真分析,找出常见的食品安全风险因素和各类食品的风险因子,特别是未知物或危害后果不明污染物的风险信息,以总结出主要的食品安全风险规律和潜在的风险因子。

(三) 食品安全监测计划的制定

根据《食品安全风险监测管理规定》,国家卫生健康委员会同工业和信息化部、商务部、海关总署、市场监管总局、国家粮食和物资储备局等部门,制定实施国家食品安全风险监测计划。省级卫生健康行政部门会同同级食品安全监督管理等部门,根据国家食品安全风险监测计划,结合本行政区域的具体情况,制定本行政区域的食品安全风险监测方案,报国家卫生健康委备案并实施。县级以上卫生健康行政部门会同同级食品安全监督管理等部门,落实风险监测工作任务,建立食品安全风险监测会商机制,及时收集、汇总、分析本辖区食品安全风险监测数据,研判食品安全风险,形成食品安全风险监测分析报告,报本级人民政府和上一级卫生健康行政部门。

食品安全风险监测计划分为常规监测计划和临时监测计划。常规监测计划是为掌握食品安全总体状况而进行的系统、持续的监测活动,一般以年度为一个监测时段。临时监测计划是针对食源性疾病信息、食品安全热点问题和新发现的食品安全风险而制定和实施的食品安全风险监测计划。

食品安全风险监测计划应包括承担监测任务的技术机构(包括采样机构、检验机构、结果汇总和分析机构等),各监测机构所承担的具体监测内容(样品种类、来源、数量、检验项目),样品的封装、传递及保存条件;采样方法、检验方法及依据;结果汇总及报送机构;监测完成时间及结果报送日期等。

食品安全监测是风险评估和风险管理不可缺失的基础性工作,也是实施食品安全预警的主要信息来源。食品安全风险监测除监测食源性疾病的暴发和发现公众健康问题外,其监测结果有助于评估食品安全问题的性质和程度,还可为剂量反应提供有用信息,确定风险评估的结果,并应用于风险管理。[1]

二、食品安全风险监测的目标和实施

(一) 食品安全风险监测的目标[2]

食品安全风险监测是一项为了了解和掌握食品安全状况,对食品安全水平进行检验、分析、评价和公告而开展的活动。其主要目的不是针对某一项执法,而是掌握较为全面的食品安全现状,以便有针对性地对食品安全进行监管,并将监测与风险评估的结果作为制定食品安全标准、确定检查对象和检查频率的科学依据。

---

① 韦宁凯:《食品安全风险监测和风险评估》,《铜陵职业技术学院学报》2009年第2期,第32-36页。
② 戴伟、吴勇卫、隋海霞:《论中国食品安全风险监测和评估工作的形势和任务》,《中国食品卫生杂志》2010年第1期,第46-49页。

国家卫健委领导高度重视食品安全风险监测工作,并多次做出具体指示,提出建立先发制人的食品安全监控机制,要求主动进行污染物监测、食源性疾病监测,主动发布有害物质黑名单信息,主动进行准确的风险识别和评估并及时发布权威的信息。根据国家有关指示,结合已有的工作基础及现状,我国的食品安全风险监测目标如下:

1. 提高全国食品污染物监测能力

近年内,建立起以中国疾病预防控制中心为平台,以省级疾病预防控制中心为补充,覆盖全国各市县并逐步扩展到农村的食品安全风险监测网络。将监测和信息收集工作延伸到食品生产、流通和消费的各个环节,开展污染源的追踪调查,对高风险食品原料、配料和食品添加剂开展主动监测。制定国家食品安全风险监测计划和省级食品安全风险监测方案,通过系统性监测,努力将系统性风险遏制在萌芽状态。

2. 加强食源性疾病监测能力

加强食源性疾病监测能力具体包括:各医疗机构、疾病预防控制机构的疾病报告网络中的食源性疾病信息以及全国食物中毒报告信息的整合,食源性疾病监测数据的分析汇总,以及我国食源性疾病的监测、报告和预警体系的建立。在进行食源性疾病致病因素监测的基础上开展风险监测,通过医疗机构和疾病预防控制中心的互动关系,及时捕获早期食源性疾病信息,实现主动收集、分析食品中已知和未知污染物以及其他有害因素的检测、检验和流行病学信息,并通过全国传染病与突发公共卫生事件网络系统报告,及时发现和通报食品安全隐患,做到早发现、早评估、早预防、早控制,减少食品污染和食源性疾病危害。

3. 构建食品安全风险监测体系

根据《食品安全风险监测管理规定》,县级以上卫生健康行政部门会同同级食品安全监督管理等部门,落实风险监测工作任务,建立食品安全风险监测会商机制,及时收集、汇总、分析本辖区食品安全风险监测数据,研判食品安全风险,形成食品安全风险监测分析报告,报本级人民政府和上一级卫生健康行政部门。作为法定的食品安全风险监测的行政机构,需要搭建起与国际接轨的我国食品安全风险监测技术平台,建立有效食品安全风险监测体系。

(二) 实施食品安全风险监测

国家建立食品安全风险监测制度,能够对食源性疾病、食品污染以及食品中的有害因素进行监测以便及时控制。食品安全风险监测制度的建立使监测机构可以按照监测计划有目的地对食品中的有害污染物质进行动态监测检验,如发现擅自添加物质或潜在风险危害可上报委托部门或国家卫健委,由相关部门组织专家进行安全风险评估。评估结果一方面能够帮助指导制定或修订食品安全标准,另一方面可以指导食品安全监督管理工作。为了达到上述的目标,必须贯彻实施食品安全风险监测,打造食品安全风险监测体系,具体内容包括:

1. 建立风险监测技术机构

《食品安全风险监测管理规定》中规定国家食品安全风险监测计划由具备相关监测能力的技术机构承担。技术机构应当根据食品安全风险监测计划和监测方案开展监测工作,保证监测数据真实、准确,并按照食品安全风险监测计划和监测方案的要求及时报送监测数据和分析结果。国家食品安全风险评估中心负责汇总分析国家食品安全风险监测计划结果数据。食品安全风险监测的技术机构应具备以下几个基本条件:较高的技术水准和质量控制能力,在同类技术机构中应具有较高的声望,具有国内一流的设备和高素质的技术人员,能够应对复杂样品和高难度的检测项目,能够在较短时间内完成大批量监测任务的能力。

2. 实施监测计划

食品安全风险监测技术机构根据食品安全风险监测计划和监测方案开展监测工作。承担食品安全风险监测工作的技术机构应当根据食品安全风险监测计划和监测方案开展监测工作,保证监测数据真实、准确,并按照食品安全风险监测计划和监测方案的要求报送监测数据和分析结果。

监测人员严格按照监测计划和执行方案进行食品抽样检验,在实际抽样检验过程中,如果发现监测计划和执行方案有不符合实际、需要调整的情况,应及时通知监测计划委托方、总体负责人和相关人员,对监测计划和执行方案做出调整,并按照调整方案执行。同时,食品安全风险监测工作人员有权进入相关食用农产品种植养殖、食品生产经营场所采集样品、收集相关数据。采集样品应当按照市场价格支付费用。

3. 对监测结果及时分析处理

监测机构应该对检验结果进行及时处理,按照监测计划的要求,运用各种数学方法和统计学工具对检验监测数据进行分析处理,如食品的总体质量安全状况、不同食品的高风险因子、某种食品的主要不合格因素和在不同季度的安全质量状况等。承担监测的技术机构应保证监测数据真实、准确,并按照食品安全风险监测计划和监测方案的要求及时报送监测数据和分析结果。国家食品安全风险评估中心负责汇总分析国家食品安全风险监测计划结果数据。

《食品安全法实施条例》第 7 条规定,食品安全风险监测结果表明存在食品安全隐患,食品安全监督管理等部门经进一步调查确认有必要通知相关食品生产经营者的,应当及时通知。接到通知的食品生产经营者应当立即进行自查,发现食品不符合食品安全标准或者有证据证明可能危害人体健康的,应当依照《食品安全法》第 63 条的规定停止生产、经营,实施食品召回,并报告相关情况。食品安全风险监测结果表明可能存在食品安全隐患的,县级以上卫生健康行政部门接到医疗机构或疾病预防控制机构报告的食源性疾病信息,应当组织研判,认为与食品安全有关的,应当及时通报同级食品安全监督管理部门,并向本级人民政府和上级卫生健康行政部门报告。

三、国外食品安全风险监测的实施情况

食品安全风险监测作为政府实施食品安全监督管理的重要手段,承担着为政府提供技术决策、技术服务和技术咨询的重要职能。在美国、欧盟等发达国家和地区,风险监测已实施多年,且建立了完善的工作机制,并运转有效。目前,国外一些食品安全风险监测实施较好的国家或组织的现状如下。

(一) FAO/WHO[①]

全球环境监测网的食品污染监测与评估规划(通常简称为 GEMS/Food)由世界粮农组织(FAO)联合国环境规划署(UNEP)和世界卫生组织(WHO)联合计划实施,是一个很成功

---

① 刘晓毅、石维妮、刘小力、蒋可心:《浅谈构建我国食品安全风险监测与预警体系的认识》,《食品工程》2009 年第 2 期,第 3 - 6 页;孟鹏:《目前开展食品安全风险监测工作存在的问题及应对对策》,《质量技术监督研究》2010 年第 6 期,第 2 - 7 页。

的国际合作监控范例。WHO 承担该计划的实施,GEMS 汇编来自不同国家的食品污染及其与人接触的资料数据。

FAO/WHO 共同成立了食品法典委员会(CAC)。CAC 下设 3 个国际性专家委员会,即食品添加剂联合专家委员会(JECFA)、农药残留联合会议(JMPR)及微生物风险评估专家会议(JEMRA),分别负责食品添加剂、化学、天然毒素、兽药残留的风险监测与评估,农药的风险监测与评估和微生物的风险监测与评估,为 CAC 决策过程提供所需的科学技术信息。FAO/WHO 还筹建了一个有关食品安全的国际官方网络(INFOSAN),INFOSAN 主要有两部分构成,一个是应对对人的健康和生命安全构成严重威胁的食品安全紧急状况的应急体系;另一个是发布全球食品安全方面重要数据信息的网络体系。

(二) 欧盟[①]

欧洲食品安全局(EFSA)是欧盟进行风险监测与评估的主要机构,其评估结果直接影响欧盟成员国的食品安全政策、立法。目前 EFSA 主要是应欧洲委员会的请求进行风险监测与评估,同时根据新出现的食品安全问题开展一些项目研究。例如 EFSA 提出转基因食品和饲料的风险评估指导性文件、鱼中汞问题、食源性致病菌的风险评估中暴露量评估相关的定量方法等项目,为化学物质风险定性定量评估奠定了科学基础。

欧盟每个成员国都注重建立以参比实验室为依托的检测监测体系,如丹麦建立了一般监测、口岸检验、企业 HACCP 自检以及收获、加工、消费的全程监测体系,调查疾病和疫情传播路径、传播方式。

(三) 美国[②]

在风险监测方面,美国建立了包含食源性疾病主动监测网、法定疾病监测报告系统、公共卫生实验室信息系统、食源性疾病暴发监测系统等在内的食源性疾病监测系统。该系统有较完备的法律及强大的企业支持,它将政府职能与各企业食品安全体系紧密结合,担任此职责的部门主要由卫生部(DHHS)下属的食品及药品管理局(FDA),农业部(USDA)下属的食品安全与检验局(FSIS)、动植物健康检验局(APHIS),环境保护总署(EPA)组成,同时海关定期检查、留样监测进口食品。此外,其他部门如疾病控制与防治中心(CDC)、国家健康研究所(NIH)、农业研究服务部(ARS)等也负有研究、教育、预防、监测、制定标准、对突发事件做出应急对策等责任。

2007 年美国建立了风险交流咨询委员会,即 RCAC,该委员会隶属于 FDA,RCAC 成立的目的即为 FDA 提供食品安全风险应对的信息和相应的对策建议。2009 年,FDA 制定了《FDA 风险交流策略计划》,该计划确认了 FDA 在有关食品安全风险中的职能,包括在政策、能力与科学等三方面的应对策略[③]。

---

① 刘晓毅、石维妮、刘小力、蒋可心:《浅谈构建我国食品安全风险监测与预警体系的认识》,《食品工程》2009 年第 2 期,第 3—6 页;孟鹏:《目前开展食品安全风险监测工作存在的问题及应对对策》,《质量技术监督研究》2010 年第 6 期,第 2—7 页。

② 韦宁凯:《食品安全风险监测和风险评估》,《铜陵职业技术学院学报》2009 年第 2 期,第 32—36 页;孟鹏:《目前开展食品安全风险监测工作存在的问题及应对对策》,《质量技术监督研究》2010 年第 6 期,第 2—7 页。

③ 顾凯辰、常志荣、魏婷、姚晓园:《日本及欧美食品安全风险交流机制及其启示》,《食品与机械》2019 年第 35 卷第 9 期,第 103 页。

四、我国食品安全风险监测实施的现状及改进

（一）我国食品安全风险监测实施的现状

我国在20世纪80年代就加入了全球环境监测网的食品污染监测与评估规划，成立了WHO食品污染物监测（中国）检测中心，与WHO、FAO等国际组织建立了广泛联系。

为进一步掌握我国食品安全质量的具体状况，2000年卫生部开始建设全国食品污染物和食源性疾病致病因素监测网，到目前为止，该计划已经实施20多年，建立起了食品污染物和常见食源性疾病致病因素监测的规划、检测和数据收集、分析机制。2003年卫生部发布"食品安全行动计划"，对食品污染物监测和食源性疾病致病因素监测进行了具体规划，我国食品安全监测工作取得明显进展。

同时，其他政府部门例如质检、农业等也分别就风险监测体系、污染物及食源性疾病监测体系做了进一步完善。相关部委乃至同一部委下属不同级别的机构都形成了食品安全风险监测的理念，体现了各部委对食品安全的高度重视[①]。

尽管目前我国在食品安全风险监测方面取得了一定的成绩，但受经费支持力度、可利用检验室资源水平以及政府管理协调方面的限制，无论是污染物监测还是食源性疾病监测都处于起步阶段，发展不快；无论是检测装备、人力资源，还是监测目标物筛选、监测计划实施、监测数据利用等方面，与发达国家相比，仍然有不小差距。主要表现在以下几方面。

1. 缺乏食品安全风险监测与评价的背景资料

我国食品中的许多污染情况"家底不清"，现有监测与评价体制对食品中众多农药和兽药残留以及生物毒素等的污染状况缺乏长期、系统的监测和评价，对一些重要的环境污染物，特别是持久性的或典型的环境污染物的污染状况不明，对有关的规律和机理缺乏研究。

2. 对食品安全风险监测工作认识片面，工作被动

目前，虽然质检中心参与了食品安全风险监测工作，但仍旧缺乏主动、系统的风险监测计划，存在等待上级主管部门下达监测计划的窘境。食品安全风险监测工作存在着与区域社会经济发展情况脱节的现象，并有盲目增加监测采集样品数量和品种的趋势。这种做法不仅不能够真实反映出监测产品和监测目标物的真实状况，还会增加监测成本，浪费有限的监测资源。

3. 检验方法标准滞后，监测方法须统一

农业农村部2022年印发的《"十四五"全国农产品质量安全提升规划》指出，目前我国所有省（自治区、直辖市）、88%的地市、全部"菜篮子"产品大县及其乡镇设立了农产品质量安全监管机构，农产品质量安全监管执法人员近15万人。全国农产品质量安全检验检测机构2297家，检测人员2.41万人。但是，农产品质量安全还存在一些问题和短板，农产品质量安全水平与农业高质量发展的要求还不匹配，监督能力手段与国家治理能力现代化的要求还不匹配，绿色优质农产品供给能力与人民日益增长的美好生活需要还不匹配。风险隐患依然存在。风险监测作为风险管理的重要组成，对政府监管决策有重要影响。要求监测数据准确，其前提是具有科学、统一的检验方法。对于突发性的污染物监测，在尚无方法依据

---

① 刘晓毅、石维妮、刘小力、蒋可心：《浅谈构建我国食品安全风险监测与预警体系的认识》，《食品工程》2009年第2期，第3—6页。

的情况下，国家质检中心应在最短的时间内研究出检验方法，并组织专家论证，考核数据后形成内容详实的标准操作文件，分发给各协同监测的检验单位，作为上报数据时使用的唯一方法，从而保证监测数据的可比性。

4. 开展食品安全风险监测工作资源不足

当前我国质检机构的产品质量研究性工作基础普遍很薄弱，破解行业潜规则能力受到限制。质检机构由于装备经费投入有限，检验设备主要用于日常繁重的指令性监督检测工作，造成日常检测与研究工作"争设备"的尴尬局面，结果是顾此失彼[1]。

5. 公众参与制度缺乏具体的操作规则

食品安全的保障是维系社会正常运行的基本前提与核心要素，对食品安全的风险监测，其中的路径之一是专家治理模式。专家治理模式，一般认为风险是客观存在的，不会以人的主观意志为转移，对风险事故的监测，要通过抽样统计加上理论知识来判断。这样的结论固然是客观的，但由于采取的是抽样调查方式，结果不能保证准确性。而公众的判断则相反，公众是通过价值判断来感知可能存在的风险。因此，对于食品安全的风险监测，在专家治理模式之外，公众参与是有效且必要的补充。但是《食品安全法实施条例》仅规定了举报奖励制度，国家卫健委颁布的《食品安全风险评估管理规定》并没有出现有关公众参与制度的规定，因此，有关完善公众参与制度的学术研究与法律制定是很有必要的。

（二）我国食品安全风险监测的改进措施[2]

推进国家质检中心食品安全风险监测工作，应在积极借鉴发达国家经验的同时，结合我国的实际，制定有效对策。结合近期研究笔者提出如下建议。

1. 加强食品安全技术、人才、设备支撑能力建设

加快组建独立的国家级食品安全风险监测机构，积极发挥中国疾病预防控制中心在组织和运行全国食品安全风险监测网络中的作用，建立国家级食品安全风险监测平台。充分发挥各省级食品安全重点实验室的作用，使其具备承担食品安全风险监测国内工作的能力，提高对有毒有害物质的排查水平，达到在较短时间内尽快提升食品安全技术支撑的能力。

加大检测装备投入，不断引入先进的产品质量安全检测技术，综合运用各种检测分析手段，并充分利用计算机网络技术快速收集、筛选、分析、上报各种风险监测信息。

加快提高人才队伍素质和能力。制订人才发展计划，吸引国内外高级人才参与卫健委食品安全风险监测与评估工作。加强现有人才的培训，充分利用欧美国家开展食品安全风险监测的经验，加快提升人才队伍的工作水平。同时注重不同专业背景人才的储备工作，为风险监测结果的科学评估工作夯实基础。

在着力提高卫生部门技术能力的基础上，积极发挥相关部门及研究机构、院校的技术优势和实验室的作用，合理规划社会资源，形成技术互补、信息共享、共同促进的食品安全监测网络。

---

① 孟鹏：《目前开展食品安全风险监测工作存在的问题及应对对策》，《质量技术监督研究》2010年第6期，第2-7页。

② 戴伟、吴勇卫、隋海霞：《论中国食品安全风险监测和评估工作的形势和任务》，《中国食品卫生杂志》2010年第22卷第1期，第46-49页；刘晓毅、石维妮、刘小力、蒋可心：《浅谈构建我国食品安全风险监测与预警体系的认识》，《食品工程》2009年第2期，第3-6页。

2. 完善风险监测制度，制定风险监测规划

部署开展全国食品安全风险监测工作，根据当前工作需要和国家卫健委的职责，完善国家食品安全风险监测制度。国务院农业、质检、工商等部门依据各自职责，收集相关信息，开展食品安全监测工作。

拟定全国食品安全风险监测能力发展规划，发挥相关部门在食品安全监测方面的作用。要在国务院卫生行政部门食品安全综合协调统一机制下，加强与各相关部门的沟通协调，提出针对性意见和措施，利用和发挥各相关部门监测资源的作用，制定切实可行的监测计划。

3. 加快风险监测和信息整合，建立有效的信息共享平台

在实际工作中需有专人及时收集、整理从产品质量国家监督抽查、生产许可证检验、强制性认证检验工作和日常委托检验业务中获取的产品质量安全风险监测信息，并加强与行业协会、生产企业的沟通联系，将相关信息及时整合。为政府和企业提供信息支持，并及时向社会发布，做到有备无患，及早提出解决和处理的方法。

《食品安全法》明确了分段监管与统一协调相结合的原则，加强了食品安全的监管，这是构建我国食品安全风险信息共享平台的政策基础。目前，国家市场监督管理总局有一套贯穿全国质检系统的风险监测体系。将资源有机整合，避免重复建设最直接的方式就是建立跨部门的风险信息共享平台。只有建立了信息共享平台，才能真正做到风险无缝隙传递，才能在最大范围内有效监测风险，减少由危害导致的各项损失。

4. 建立食品专家评价体系，开展食品安全宣传和舆论引导

我国要完善风险监测机制，除了上述几点以外，还需要形成专门的食品安全专家评价体系。此处专家对安全问题的评价，主要是对有疑问的风险信息的筛分和判断。评价体系中专家的构成应涉及多领域、多角度，如食品科学、疫病预防、法律法规、检验检疫、环境卫生等，只有这样才能更客观地评价风险信息，更准确、更适度地做出相应判断，从而主动控制风险，树立政府监管的良好形象。

建立专家评价体系的同时，应重视国内外食品安全专业信息与社会舆论。只有将食品安全风险监测与对社会的食品安全教育有机结合起来，加强对公众和社会的食品安全宣传教育和舆论引导，才能促进全社会对我国食品安全状况的了解和信任，促进食品消费和行业发展。

食品安全风险监测在我国处于起步阶段，需要借鉴多方经验，但也要适用于我国国情，如何在现有监管体制下，做好风险监测工作还需要政府部门和技术机构的紧密结合，也需要进一步摸索经验，从而为我国食品安全构筑坚固的防线。

5. 建立与完善公众参与制度，听取公众声音

一般来说，公众参与是通过公众的参与改变某一问题的程序合法性，这种设计更为重要的是对程序合法性的保障，而非具体实体问题的解决。但是，食品安全风险监测的公众参与，除了是对程序正义的合理补充，更为重要的在于对食品安全问题的解决。食品安全的风险监测，不能仅仅由专家通过数据来决定，因为其掌握的数据可能存在片面性和狭隘性，所以需要通过公众参与来进行必要的监督与补充。同时公众参与，能够使民众普及有关食品安全风险的知识，并提高对食品安全风险评估结果的接受度。

食品安全问题关系着每个公民的切身利益，但是，在我国，有关食品安全风险相关信息的及时公布制度并不完善。随着网络的发达，通过微信、微博、论坛、QQ、手机短信等方式，

行政机关应当及时将食品安全相关的信息予以发布,听取公众意见,这样一方面可以保障公众参与的途径顺畅,另一方面也使政府对食品安全风险的监控有了必要的民众监督。但是,政府如何通过诸如网络公布资料、公布哪些资料,对此,具体的制度设计有必要予以详实的规划。在这方面,欧盟的相关做法值得借鉴。欧洲食品安全局制定了《有关查阅文件的决定》(*Decision Concerning Access to Documents*),规定欧洲食品安全局应当向民众最大程度地开放其起草、接收或者制定的文件资料,这些文件资料包括几乎所有其职责范围内拥有的材料。同时,欧洲食品安全局为了确保公众及时获得必要的食品信息,通过网络、会议、出版物、展览等方式将有关信息予以发布,同时,及时收集公众的意见,出版科学建议和有关研究成果,并公布权威声明。

对于公众参与制度,一个重要的问题在于如何从法律角度保证公众意见对食品安全风险评估相关结论的影响力与约束力,否则仅仅停留在走过场的公众参与,是没有实际意义的。在这方面,环境法有关法律规定的公众参与或许有一定借鉴意义。《环境影响评价法》第 11 条规定:"专项规划的编制机关对可能造成不良环境影响并直接涉及公众环境权益的规划,应当在该规划草案报送审批前,举行论证会、听证会,或者采取其他形式,征求有关单位、专家和公众对环境影响报告书草案的意见。编制机关应当认真考虑有关单位、专家和公众对环境影响报告书草案的意见,并应当在报送审查的环境影响报告书中附具对意见采纳或者不采纳的说明。"当然,这仅仅是环境保护相关的法律规定,有关食品安全风险控制的公众参与的制度保障,仍然需要进一步的研究,对具体的程序保障进行制度上的设计。

第三节　食品安全风险评估

一、食品安全风险评估的定义和基本内容

(一) 食品安全风险评估的定义和基本模式

对于食品安全风险评估,CAC[①]、WHO[②]、《实施卫生与植物卫生措施协定》(简称 SPS 协定)[③]的定义各不相同。但一般认为食品安全风险评估是指根据科学对特定食品安全危害可能产生的后果及不确定性进行评价的过程[④]。即通过使用毒理数据、污染物残留数据分析、统计手段、接触量及相关参数的评估等系统科学的步骤,对影响食品安全卫生质量的各种化学、物理和生物危害进行评估,定性或定量地描述风险的特征,提出安全限值的过程。可见,食品安全风险的评估是对食品链每一环节和阶段,即对食品进行全面的评估,来估测食品的好坏和优劣,食品安全与否。

对于食品安全风险评估,CAC 程序手册中明确规定了其步骤:首先,确定有害物,对有

---

① 蒋士强、王静:《对食品安全风险评估和标准体系的反思》,《食品安全导刊》2010 年 3 月刊,第 82 - 84 页。
② 贾智强:《食品安全风险评估的方法与应用》,《中国农村卫生事业管理》2010 年第 2 期,第 132 - 134 页。
③ 韦宁凯:《食品安全风险监测和风险评估》,《铜陵职业技术学院学报》2009 年第 2 期,第 32 - 36 页。
④ 盛凤杰、曹慧晶、李旭:《浅谈我国食品安全风险评估制度的完善》,《法制与社会》2009 第 8(中)期,第 68 页。

害物进行定性和定量分析;其次,对可能摄入的有害物进行毒理学、生物学评估;再次,对产生不良影响的严重性作出定性和定量估计,也包括相关的不确定性;最后,为制定食品安全标准奠定科学依据①。

食品安全风险评估的基本模式主要按照危害物的性质分为化学危害物、生物危害物和物理危害物②风险评估三种模式。

1. 化学危害物的风险评估

化学危害物通常包括食品添加剂、农药残留和兽药残留、环境污染物和天然毒素等种类。化学危害物的风险评估通常经过如下的过程:

首先,将化学危害物的毒性进行动物毒理学研究,将毒理学试验获得的数据外推到人,计算人体的每日容许摄入量(ADI 值)。严格来说,对于食品添加剂、农药残留和兽药残留,制定 ADI 值;对于环境污染物,针对蓄积性污染物如铅、铜、汞,制定暂定每周耐受摄入量(PTWI 值),针对非蓄积性污染物如砷等,制定暂定每日最大耐受摄入量(PMTDI 值);对于营养素,制定每日推荐摄入量(RDI 值)。其次,根据膳食调查和各种食品中化学物质暴露水平调查的数据,对化学危害物对人体的暴露剂量、暴露频率、时间长短、路径及范围进行确定。最后,就暴露对人群产生健康不良效果的可能性进行估计。同时,需要说明风险评估过程中每一步所涉及的不确定性。

2. 生物危害物的风险评估

食品总是带有一定的生物性风险,包括致病性细菌、病毒、蠕虫、原生动物、藻类及它们产生的某些毒素。相对于化学危害物而言,目前尚缺乏足够的资料以建立衡量食源性病原体的风险的可能性和严重性。而且,生物性危害物还会受到很多复杂因素的影响,包括食物从种植、加工、贮存到烹调的全过程、宿主的差异(敏感性、抵抗力)、病原菌的毒力差异、病原体数量的动态变化、文化和地域的差异等。因此对生物病原体的风险评估以定性方式为主。

定性的风险评估取决于特定的食物品种、病原菌的生态学知识、流行病学数据以及专家对生产、加工、贮存、烹调等过程有关危害的判断。

3. 物理危害物的风险评估

物理性危害风险评估是指对食品或食品原料本身携带或加工过程中引入的硬质或尖锐异物被人食用后对人体造成危害的评估。食品中物理危害造成人体伤亡和发病的概率较化学和生物危害物低,但一旦发生,后果则非常严重,必须经过手术方法才能将其清除。

物理性危害的确定比较简单,不需要进行流行病学研究和动物试验,暴露的唯一途径是误食了混有物理危害物的食品,也不存在阈值。可根据危害识别、危害描述以及暴露评估的结果给予高、中、低的定性估计。

食品安全风险评估是一种系统地组织相关技术信息及方法,用以回答有关健康风险的特定问题的过程,实践中要求其对相关信息进行整合,并根据信息做出推论。它是整个风险分析体系的核心和基础,是当前国际公认的各国政府制定食品安全政策法规和标准、解决国际食品贸易争端的重要措施。食品安全风险评估的开展应当以科学理论为基础。

---

① 蒋士强、王静:《对食品安全风险评估和标准体系的反思》,《食品安全导刊》2010 年 3 月刊,第 82 - 84 页。
② 吴培、许喜林、蔡纯:《食品安全风险分析的原理与应用》,《中国调味品》2006 年第 9 期,第 4 - 8 页。

(二) 食品安全风险评估的步骤[①]

食品安全风险评估是基于可靠的科学数据和模型做出食品相关风险程度的逻辑推理,以鉴定人体因暴露于环境有害物质而引起的对健康不利的影响,从而得出对环境、人类健康可能造成的危害以及危害程度的结论[②]。

一个完整的风险评估过程应当由危害识别、危害描述、暴露评估以及风险描述四个方面的内容所构成。可概括为三个问题:存在什么问题(危害的识别和确定);问题出现的可能性(危害描述和暴露评估);问题的严重性(风险描述)。四个阶段的具体工作内容如下。

1. 危害识别

危害识别主要是指要确定某种物质的毒性(即产生的不良后果),在可能时对这种物质导致不良效果的固有性质进行鉴定。通常按照下列顺序对不同的研究结果给予不同的重视:流行病学研究、动物毒理学研究、体外试验和定量的结构活性关系。在实际工作中,流行病学的数据往往难以获得,因此,动物试验的数据往往是危害识别的主要依据。动物试验的主要目的在于确定无可见作用剂量水平(NOEL)、无可见不良作用剂量水平(NOAEL)或者临界剂量。体外试验可以作为补充增加对危害作用机制的了解,但不能作为预测对人体危险性的唯一信息来源。通过定量的结构—反应关系研究,对于同一类化学物质,可以根据一种或多种化合物已知的毒理学资料,采用毒物当量的方法来预测其他化合物的危害。

2. 危害描述

危害描述是定量风险评估的开始,其核心是剂量—反应关系的评估。其主要内容是研究剂量与反应强度之间的关系,是定性或定量地评价危害对健康产生副作用及其性质的过程,对由剂量反应或已有资料确定的危害从生物学、毒理学、剂量反应关系进行审慎的阐释。通常该过程需要把动物实验中的研究数据外推到一般人群,计算 ADI 值或暂定每日耐受摄入量。当前普遍采用的外推方法分两类,安全系数法和数字模型法。安全系数法用来估计不致病上限,即可接受的暴露量,是以最敏感实验动物种类表现出的最敏感毒理学效应。但是,这一方法不适用于遗传毒性致癌物,因为此类化学物没有阈值,不存在一个没有致癌危险性的低摄入量。数字模型法作为新型的危险描述的方法,依靠大数据方法以制作模型的方式对食品中生物、化学和物理物质所产生的不良健康影响进行定性和(或)定量分析,目前尚处于初步阶段。

3. 暴露评估

暴露(即摄入量)评估是对人体接触化学物进行定性和(或)定量评估,确定某一物质进入机体的途径、范围和速率,用以估计人群对环境暴露物质的浓度和剂量的摄入量。摄入量因文化、经济、生活习惯等因素而不同,因此任何一个国家或地区都需要进行摄入量评估。无论是制定国家食品标准,或是参与制定国际食品标准,乃至解决国际食品贸易争端,都必须有本国的摄入量数据。因此,如果没有摄入量数据,所制定的 ADI 或 PTWI 就都没有意义。摄入量评估所需的基本数据为食品中化学物或微生物的含量及食品消费量,具体方法有总膳食(total diet study)研究和双份饭(duplicate plate)研究等。总膳食研究将某一

---

① 王可山、李秉龙:《食品安全的风险分析》,《中国禽业导刊》2006 年第 4 期,第 10 - 11 页;贾智强:《食品安全风险评估的方法与应用》,《中国农村卫生事业管理》2010 年第 2 期,第 132 - 134 页。

② 韦宁凯:《食品安全风险监测和风险评估》,《铜陵职业技术学院学报》2009 年第 2 期,第 32 - 36 页。

国家或地区的食品进行聚类,按当地菜谱进行烹调使之成为能够直接入口的样品,通过化学分析获得整个人群的膳食摄入量;而双份饭研究则对个别污染物摄入量的变异研究更加有效。

4. 风险描述

风险描述,是就暴露因素对人群产生健康不良效果的可能性进行估计,是危害确定、危害描述和暴露评估的综合结果,是整个风险评估的核心步骤。风险描述除对发生副作用的可能性及其严重性进行定量、定性描述,也对评估本身相关的不确定性进行描述。对有阈值的危害因素进行风险描述,可以采取直接比较方法,如将人群的风险与 ADI 值比较,如果摄入量低于 ADI 值,则对人体健康产生的不良作用的可能性可忽略不计,反之,则必须降低摄入量;对没有阈值的,则要对摄入量和危害强度进行综合考虑,计算人群危险性,评价其是否可以接受(不构成危险)或不可以接受(构成危险)。风险描述需要说明风险评估过程中每一步所涉及的不确定性。

二、食品安全风险评估的应用和原则

(一) 食品安全风险评估的应用[①]

1. 在制定、修订食品安全标准中的应用

世界贸易组织(WTO)SPS 协定第 5 条规定:"各国需根据风险评估结果,确定本国适当的卫生措施及保护水平,各国不得主观、武断地以保护本国国民健康为理由而设立过于严格的卫生措施,从而阻碍贸易公平进行。"国际食品法典委员会(CAC)2002 年制定的《微生物风险评估在食品安全标准及相关文件中的应用和指南》《食品中化学物暴露评估指南》为食品中微生物和化学暴露评估提供了方法和准则。食品添加剂及污染物法典委员会(CCFAC)、农药残留法典委员会(CCPR)在其标准制定过程中也积极开展了风险评估的应用。CAC 与 CCFAC、食品添加剂联合专家委员会(JECFA)及农药残留联合会议(JMPR)合作进行添加剂污染物和农药残留的风险评估,CCFAC 根据其评估结果进行标准制定,保证了标准的科学合理。

2. 在食品安全监督管理中的应用

食品安全风险评估的应用,保障了食品安全政策的科学性、高效性、客观性及公平性。风险分析涉及科研单位、政府、消费者、企业以及媒体等各有关方面,即学术界进行风险评估,政府在评估的基础上倾听各方意见,权衡各种影响因素并最终提出风险管理的决策,整个过程贯穿着学术界、政府与消费者组织、企业和媒体等的信息交流,他们相互关联而又相对独立,各方工作者有机结合,避免了过去部门割据造成主观片面的决策形成,从而在共同努力下促成食品安全管理体系的完善和发展。

3. 在建立食品安全预警体系中的应用

CAC 认为预警机制是风险分析的一个重要组成部分。在处理危机事件时,可通过风险评估工作识别危害;通过风险交流工作与各利益相关方取得沟通;通过风险管理工作而采取相应安全措施,将损失控制在最小范围,同时也不会引起民众的恐慌。SPS 协定条款允许成

---

① 贾智强:《食品安全风险评估的方法与应用》,《中国农村卫生事业管理》2010 年第 2 期,第 132－134 页。

员方在紧急和缺乏足够科学依据的情况下,采取临时性措施,即所谓"预警"(precaution)措施。欧盟委员会建立了在欧盟框架内(EC/178/2002)的食品和饲料快速预警系统(RASFF),使成员国在人类健康风险发生或存在潜在风险时互通消息,快速预警,以便采取相应的统一行动。在我国,经食品安全风险评估,如果最后的结论是食品、食品添加剂、食品等相关产品并不安全的,国务院食品安全监督管理等部门应当依据各自职责,立即履行向社会公告的义务,同时必须告知消费者停止食用或者使用,并必须确保该食品、食品添加剂、食品等相关产品停止生产经营。

4. 在建立食品质量控制体系中的应用

20世纪90年代以来,世界各国不少食品企业纷纷建立HACCP管理体系,HACCP体系的建立包括7个步骤,即危害分析、关键控制点确定、每个关键控制点的关键限值确定、每个关键控制点控制系统监控的确定、纠偏措施的建立、审核程序的建立和有效文件记录保存程序的确定。其中,前3个步骤是建立在科学风险评估的基础之上的,HACCP融合了风险评估和风险管理的基本原理。

5. 在食品安全立法中的应用

近年来,许多国家逐步以食品安全的综合立法替代要素立法,以综合型的食品安全法逐步替代要素型的立法成为各国构建本国食品安全立法体系的普遍做法。各国政府在加大建立食品安全立法体系力度的同时,还大力加强与食品安全监管有关的机构设置。在风险评估机构的建立上,西方国家设立了专门的食品风险评估机构,为政府食品安全标准制定和风险性管理提供科学依据。我国在制定《食品安全法》和构建相关监管体系的过程中,受到了国际食品安全立法方面的影响,同时,也吸收借鉴了其中相关的规定,食品立法和食品安全监控职能机构的变化,体现了一种指导思想的变化。

(二) 食品安全风险评估的原则

一个有效可行的风险评估程序的制定与执行,须遵循以下原则:

(1) 评估程序的数据须基于证据、利用所有可用的科学的信息。

(2) 程序执行时,须筛选出最有用的信息加以分析利用,尽可能利用本地信息。

(3) 暴露方案必须现实全面,须将高风险人群包括在内。

(4) 评估时尽可能进行定量评估。

(5) 评估时,须鉴定不确定性,并标注限制性。

(6) 评估过程须将整个食物链的产品、贮藏和处理操作都考虑在内。

(7) 评估过程与结果须透明,并定期对信息与结论进行复查。

(8) 评估过程执行时,参照来自JECFA、JMPR和有关的法典委员会规定的权威程序。

三、我国食品安全风险评估实施的现状及存在问题

(一) 我国食品安全风险评估实施的现状

随着经济的发展,我国居民的食物结构也发生了变化,过去摄入量少的食品可能会增多,因此,以前指定的食品安全限量标准对如今的状况不一定适用。所以实施风险评估,能够对现行标准中可能对人体构成危害的标准加以修订。同时,针对可能会发现的一些过去认为没有危害的因素,制定新的标准,起到预防作用,进而使我们的食品安全标准更科学、更

准确,提高我们对食品安全问题做出科学判断的能力,切实保护人民群众的合法权益。[①]

食品安全风险评估作为食品安全的判断手段,在我国越来越受到重视,也激发了许多科学研究机构加入研究行列的热情。2003 年,中国农科院质量标准与检测技术研究所建所时,就设立了风险分析研究室;2006 年 4 月颁布的《农产品质量安全法》中规定对农产品质量安全的潜在危害进行风险分析和评估;2007 年 5 月,农业部成立了国家农产品质量安全风险评估委员会;2021 年,国家卫健委发布《食品安全风险评估管理规定》。

我国《食品安全法》明确规定:"国家建立食品安全风险评估制度,运用科学方法,根据食品安全风险监测信息、科学数据以及有关信息,对食品、食品添加剂、食品相关产品中生物性、化学性和物理性危害因素进行风险评估。"2019 年《食品安全法实施条例》第 8 条规定:"国务院卫生行政、食品安全监督管理等部门发现需要对农药、肥料、兽药、饲料和饲料添加剂等进行安全性评估的,应当向国务院农业行政部门提出安全性评估建议。国务院农业行政部门应当及时组织评估,并向国务院有关部门通报评估结果。"2021 年《食品安全风险评估管理规定》第 6 条规定:国家卫生健康委负责组建管理国家食品安全风险评估专家委员会,制定委员会章程,完善风险评估工作制度,统筹风险评估体系能力建设,组织实施国家食品安全风险评估工作。因此,国家卫健委根据食品安全工作需要,委托中国疾病预防控制中心营养与食品安全所开展了对部分食品安全热点问题进行风险评估并出具评估报告的工作。评估工作引入了国际通用的风险评估的原则和方法,为政府食品安全管理和消费者了解食品安全情况发挥了一定作用。

另外,国务院卫生行政部门负责组织食品安全风险评估工作,已成立由医学、农业、食品、营养等方面的专家组成的食品安全风险评估专家委员和国家食品安全风险评估中心进行食品安全风险评估[②]。2019 年《食品安全法实施条例》第 9 条规定,国务院食品安全监督管理部门和其他有关部门建立食品安全风险信息交流机制,明确食品安全风险信息交流的内容、程序和要求。食品安全风险评估结果需要由国务院卫生行政部门公布。国家食品安全风险评估专家委员会是我国专门的风险评估机构,而对此风险评估机构进行技术支撑的机构则是国家食品安全风险评估中心。国家食品安全风险评估中心是服务于食品安全风险评估的国家级技术机构,包括四个部门,即职能部门、风险评估业务部门、食品安全标准部门和技术支持部门。我国虽然已经成立食品安全风险评估的组织机构,但是,由于其独立性不足,风险评估与风险管理并未真正分离,同时,权威性不足,导致其食品安全风险评估质量受到影响。此外,由于其职责不清晰,内部的层级之间职能也并未完善。因此,需要结合出现的问题,进行程序上的设计,进一步完善食品安全风险评估机构,更好地完成食品安全风险评估工作。

对食品安全的风险评估,由于之前法律规定得不完善,法律中并未明确规定必须进行食品安全风险评估的情形,修订后的《食品安全法》对此缺漏进行了补充,明确规定了以下几种情形必须进行食品安全的风险评估:①通过食品安全风险监测或者接到举报发现食品、食品添加剂、食品相关产品可能存在安全隐患的;②为制定或者修订食品安全国家标准提供科学依据需要进行风险评估的;③为确定监督管理的重点领域、重点品种需要进行风险评估的;

① 马雪梅:《依法构建食品安全风险评估机制》,《中国食品药品监管》2009 年第 7 期,第 15 - 16 页。
② 盛凤杰、曹慧晶、李旭:《浅谈我国食品安全风险评估制度的完善》,《法制与社会》2009 第 8(中)期,第 68 页。

④发现新的可能危害食品安全因素的;⑤需要判断某一因素是否构成食品安全隐患的;⑥国务院卫生行政部门认为需要进行风险评估的其他情形。

(二) 我国食品安全风险评估实施中存在的问题

虽然目前食品安全风险评估已经开始受到重视,但是由于起步比国外晚了几十年,而且由于各方面的限制,我国的风险评估尚处于起步阶段,发展不快,作用尚未明显发挥。

就我国的特殊国情而言,现状表现为:有关危险性评估知识的普及程度较差,能独立开展危险性评估工作的技术力量薄弱,缺乏训练有素的风险评估专业人员;在食品卫生标准的制修订过程中,还不能全面做到以风险评估的结果为依据;风险评估主要集中在有害化学物质方面,致病微生物的危险性评估刚刚起步,对生物因素等的评估尚存在空白等[1]。

与国际水平相比,我国风险评估工作尚有较大差距。2000年CCFAC第32届会议建议我国食品卫生标准与国际标准靠拢,尽快改善食品卫生体系,如污染物限量标准应遵守CAC制定的"危险性分析原则",在有关食物分类法、污染物暴露量评估等方面采用国际通行的原则和方法,将危险性评估与管理相结合等,使我国的食品标准体系与国际接轨。

四、针对我国食品安全风险评估实施现状的建议[2]

由于我国的食品安全风险评估制度存在不够规范、不够严密的缺陷,需要不断对其加以完善,以适应新形势的需要,应对出现的食品安全问题。据此,提出以下几点建议。

(一) 加强食品安全风险评估标准的研究,完善风险评估制度

第一,进行食品安全风险评估时,制定科学、合理的食品安全风险评估标准是解决食品安全问题的关键。因此,我们需要及时而适宜地对食品安全事件开展危险性评价,以便为国际和国家标准以及国家法律法规的制定提供依据。同时,注意在全国范围内搜集食源性疾病和食品中有毒化学物质、致病菌污染的数据资料,并及时获取来自其他国家的危险性评价资料,迅速就食源性疾病食品中有毒化学物质和致病菌的污染以及微生物学危险性评价技术及数据与其他国家进行有效的交流。

第二,在加快建立并完善与风险评估相关的工作制度的同时,应尽快启动相关工作,本着边工作、边完善的原则,及时研究在风险评估方面可能遇到的困难和问题,提前研究提出对策。

(二) 发挥国家食品安全风险评估专家委员会作用

《食品安全法》第17条第3款规定"对农药、肥料、兽药、饲料和饲料添加剂等的安全性评估,应当有食品安全风险评估专家委员会的专家参加",对有关农药、肥料、兽药、饲料和饲料添加剂等的安全性评估,应当充分发挥国家食品安全风险评估专家委员会在指导和参与食品安全风险评估方面的作用。在具有能力的机构设立国家食品安全风险评估分中心,使其在国家食品安全风险评估专家委员会的指导下,协助收集相关食品安全风险信息,并承担国家卫健委交付的风险评估任务。

① 韦宁凯:《食品安全风险监测和风险评估》,《铜陵职业技术学院学报》2009年第2期,第32-36。
② 戴伟、吴勇卫、隋海霞:《论中国食品安全风险监测和评估工作的形势和任务》,《中国食品卫生杂志》2010年第1期第46-49页;《食品安全风险评估管理规定(试行)》,《中国猪业》2010年第2期,第12-13页。

（三）增强食品风险评估工作的透明度

成立风险评估机构时需公开评估机构内部管理及运行程序，以确保程序的透明性。公布出版各类风险评估结果以及其他的一些科学建议时，注意公开各类会议的日程和记录以及学科专家的利益冲突声明。举行的各类会议应鼓励公众参加，并邀请消费者代表或其他感兴趣的组织来参与，使公众可以广泛获取该信息。食品安全风险评估在进行的时候，不得向生产经营者收取任何费用，并且采集样品也应当按照市场价格支付费用。多利用网络和咨询论坛等最大限度地与社会大众进行交流，使工作深入大众生活，实施以最大限度保护消费者权益为目标的措施，切实关注百姓的健康。

期待我国所进行的大力开展食品安全风险评估的研究和应用工作，能够迎来我国深入开展食品安全风险评估的新时期，早日取得国际话语权，破解技术壁垒带来的虚假性，真实、客观、科学地引导我国食品行业的发展。

第四节　食品安全风险管理

一、食品安全风险管理的定义和内容

（一）食品安全风险管理的定义

食品安全风险管理是有别于风险评估的、通过咨询其他权益机构或个人和充分考虑风险评估及消费者健康保护相关因素而对政策选择进行权衡、必要时提出适当防止及控制措施的过程。[1]

具体而言，食品安全风险管理是指政府决策者根据风险评估结果制定相应的对策和管理措施，作为立法或监督部门的工作，这包括制定和实施国家法律、标准以及相关监管措施，其受各国的政治、经济发展水平和生活习惯的影响。风险管理应把人民健康作为第一考虑要素，同时也需要考虑经济费用、效益、技术可行性、对风险的认知程度等因素[2]。

风险管理的主要目标是通过选择和采取适当的政策措施，确保各种食品的安全卫生，尽可能有效地控制或减少食源性危害，降低消费者遭受食源性危害的风险，从而减少食源性疾病的发生，保护公众健康[3]。

根据食品安全风险管理的目标和食品"安全与卫生"的概念，了解减少某种食品可能存在的危害与降低引起人体健康危害的风险之间存在的密切联系，对于制定和选择相应的食品安全控制政策与措施具有十分重要的意义。措施包括制定最高限量，制定食品标签标准，实施公众教育计划，通过使用其他物质或者改善农业或生产规范以减少某些化学物质的使用等[4]。

---

[1] 金培刚：《食品安全风险管理方法及应用》，《浙江预防医学》2006年第5期，第62-63页。

[2] 郭正：《WTO体制下中国食品安全风险管理体系的构建》，《经济研究导刊》2009年第6期，第104-105页。

[3] 刘俊茹、蔡平生、郝丽萍：《风险分析在我国食品安全性管理中的应用》，《职业与健康》2004年第12期，第90-91页。

[4] 王可山、李秉龙：《食品安全的风险分析》，《中国禽业导刊》2006年第4期，第10-11页。

另外,为了作出风险管理决定,风险评价过程的结果应当与现有风险管理选项的评价相结合。执行管理决定之后,应当对控制措施的有效性以及对暴露消费者人群的风险的影响进行监控,以确保食品安全目标的实现[1]。

(二) 食品安全风险管理的内容[2]

食品安全风险管理是基于风险分析和干预,以达到食品安全目的的一种总体方法架构,其主要内容包括食品安全的风险评价、风险管理措施的评估、风险管理措施的实施及其效果评价等一系食品安全管理活动。

风险评价的基本内容包括确认食品安全问题、描述风险概况、就风险评估和风险管理的优先性对危害进行排序、有重点地开展风险评估和风险管理、为进行风险评估制定风险评估政策、决定进行风险评估以及风险评估结果的审议。

风险管理选择评估的程序包括确定现有的管理选项、选择最佳的管理选项(包括考虑一个合适的安全标准)、选择恰当的安全卫生标准、选定拟实施的风险管理措施。

风险管理实施即上述各项完成后,对选定的各项风险管理措施进行执行的步骤。

实施效果评价是对风险管理措施的实施效果进行评估,对采取的风险管理措施进行分析,必要时进行审查的过程。

二、食品安全风险管理的必要性和原则

(一) 食品安全风险管理的必要性

随着当今社会经济、科学技术的发展,市场上很多商品呈供过于求的状态,人们的物质需求和生理需求也随着社会发展、科学进步、市场繁荣而发展到较高层次,即不仅要吃饱,还要吃好,更要吃得营养、科学,这是因为人们的需求意识是由物质条件决定的。而且,结合我国的食品安全现状,为了满足消费者吃得营养、安全的要求,必须进行食品安全风险管理,这也是保证食品企业在激烈的竞争中生存的必要条件。

同时,随着对外经济贸易的迅速发展,我国与诸多国家签订了自由贸易协定,建立了自由贸易区,我国的特色食品势必在经济全球化中占有越来越重要的地位。然而,伴随着经济全球化和科学技术的不断发展,新农药、兽药、添加剂等也层出不穷,造成食品污染问题日益严重。

近年来,日本、韩国、美国、欧盟等对我国农产品出口设置技术性或者歧视性贸易壁垒越来越多,其中既有国外贸易保护主义的因素,也有中国农产品生产标准化程度低、农药残留超标等因素。因此,必须对农产品源头、加工和出口的食品安全问题进行科学的全过程风险管理,建立切实有效的食品安全风险管理体系[3],为我国农产品出口营造良好的环境。

(二) 食品安全风险管理的原则[4]

为了对食品安全问题进行更为有效的管理和控制,许多国家根据国际公认的食品安全

---

① 吴培、许喜林、蔡纯:《食品安全风险分析的原理与应用》,《中国调味品》2006年第9期,第4-8页。
② 王可山、李秉龙:《食品安全的风险分析》,《中国禽业导刊》2006年第4期,第10-11页。
③ 赵床度编著《食品安全与风险管理》,科学出版社,2009年,第248页。
④ 王可山、李秉龙:《食品安全的风险分析》,《中国禽业导刊》2006年第4期,第10-11页。

管理理论,制定了食品安全风险管理战略,包括查明各种食品安全问题、确定影响食源性疾病发病的主要因素、对食品安全进行风险评估、选择切实可行和预计会产生最佳效果的风险管理措施等。1997 年,FAO/WHO 在第二次国际食品安全专家磋商会议上正式提出食品安全风险管理的有关原则和具体建议。

1. 风险管理方法应当遵循的总体框架

风险管理方法的总体框架包括风险评价、风险管理选择评估、风险管理实施和实施效果评价等内容。当然,在某些情况下食品安全风险管理活动可以是其中的部分内容,如食品标准组织主要负责组织食品标准的制定工作,而食品安全管理部门主要负责管理措施的实施等。

2. 以保护人体健康作为风险管理活动的基本出发点

在决定食品安全风险的允许水平时,首先,应当考虑人体健康,避免在缺乏科学依据的情况下随意地确定风险水平;其次,应避免风险水平上的随意性和不合理的差别;最后,也要考虑风险管理的其他因素,这些考虑不应是随意的,应当清楚而明确。

3. 风险管理措施的决策过程应当公开透明

风险管理应当包含风险管理过程(包括决策)所有方面的鉴定和系统文件,从而保证决策和执行的理由对所有有关团体是透明的。

4. 风险评估政策应作为风险管理的一项特设制度

风险评估政策为针对某些食品安全问题开展以正确判断其关键控制点和政策措施选择为主要内容的风险评估提供了政策依据和技术指南。具体而言,风险评估政策是为价值判断和政策选择制定的准则,这些准则将在风险评估的特定决定点上应用,因此,最好在风险评估之前,与风险评估人员共同制定。从某种意义上讲,决定风险评估政策往往是进行风险分析实际工作的第一步。

5. 应当明确风险管理与风险评估的职责与分工

为确保风险评估过程的科学性,减少风险评估与风险管理之间可能产生的分歧,应当将风险评估与风险管理两项职责加以区别和分工。但是应当认识到,风险分析是一个循环反复的过程,风险管理人员和风险评估人员之间的相互作用在实际应用中是至关重要的。

6. 风险管理决策应考虑风险评估的不确定性

风险评估结果的不确定性应尽量以数量指标来表示,并以简明的方式传达给风险管理人员,以便后者在决策过程中能全面把握不确定性的范围,审慎作出决策。如果风险估计很不确定,风险管理决策将非常有限。

7. 风险管理过程应与有关方面建立良好的沟通

与有关方面建立良好的交流关系是风险管理活动的一个重要组成部分,在风险管理的整个过程中,都应当与消费者和其他有关团体进行清楚的相互交流。风险交流不仅仅是发布信息,更重要的是通过风险交流的过程,把各方面的意见和建议收集起来,并结合到风险管理的决策过程中。

8. 重视风险管理措施的效果分析与评价过程中形成的各种资料

在应用风险管理决定之后,应当通过开展检测和其他有关活动,对风险管理政策与措施的实施效果定期进行评价,以便确定和分析其在实现食品安全目标中的效果。为进行有效的审查,监控和其他相关活动是必需的。

三、我国食品安全风险管理实施的现状及存在的问题①

（一）食品安全多头监管

在我国，食品安全是由国家卫健委会同工业和信息化部、商务部、海关总署、市场监管总局、国家粮食和物资储备局等部门共同管理。而从世界范围看，WTO 成员方的食品管理体系大多至少有多元管理机构体系、单一管理机构体系，以及统一管理机构体系三种组织方式，其中，统一食品安全管理体系正在成为一些发达国家食品安全管理体系改革的目标。相比较而言，中国的食品安全管理涉及部门甚多，多头监管现象比较严重，一定程度上影响了食品安全管理的效率，而现行《食品安全法》中食品安全多头监管的问题仍没有得到彻底解决，其执法主体仍然涉及多个部门。

（二）缺乏科学风险评估工作

一直以来，中国食品安全监管的对象仅限于已确知有毒有害的食品以及食品原料，食品召回也针对已经或可能引发食品污染、食源性疾病以及对人体健康造成危险的食品、而对不断涌现的新食品、食品原料的安全性，以及新涌现的生物、物理、化学因素，食品加工技术对食品安全的影响和危害，没有开展充分的科学风险评估。

（三）风险评估与管理“一肩挑”

中国目前所开展的风险评估主要在国家卫生健康委下属的食品安全风险评估专家委员会中进行，同一组专家既进行风险评估、又进行风险管理（如起草标准）。这是由于专家资源不足而采取的权宜之计，不符合“风险分析”中“评估”与“管理”相对独立以确保其过程科学的原则。

（四）科技人才严重匮乏

中国食品安全管理体系涵盖中央、省级、地级和县级食品安全监管部门，但作为食品生产的源头和消费基地的县级区划亟须加强监管能力建设。现在中国各相关机构拥有先进、完善的检测仪器，但招收具有食品安全风险评估意识和操作能力的研究生不易，科技人才缺乏的问题，正是评估工作的“软肋”。

综上可知，中国的食品安全风险管理体系与国际水平的“风险分析”原则之间存在着一定差距，在很多环节都须完善。中国政府在加入 WTO 后，陆续出台了一系列符合 WTO 要求的法律法规，其中也包括许多与食品安全、食品贸易相关的法律法规，这使得我国在立法上逐渐融入以 WTO 为主导的国际贸易法律体系，《食品安全法》中也规定了食品安全风险评估制度，这是我国食品安全风险管理体系与国际接轨以后的重要开始。

四、针对我国食品安全风险管理实施现状的建议②

（一）建立专门的食品安全风险管理国家级机构

从美国和欧盟的食品安全风险管理体系可以看出，当今国际上共同的趋势是设立一个

---

① 郭正：《WTO 体制下中国食品安全风险管理体系的构建》，《经济研究导刊》2009 年第 6 期，第 104 - 105 页。
② 郭正：《WTO 体制下中国食品安全风险管理体系的构建》，《经济研究导刊》2009 年第 6 期，第 104 - 105 页。

部门来负责风险评估和风险交流。而我国食品安全管理体系中的弊端决定了我国需要建立一个国家级的食品安全管理机构，一改多头监管的混乱局面，无论是评估还是交流，都应该由这个国家级机构来负责，评估和交流作为这个机构的两个子机构，各司其职。

对于风险管理，现行《食品安全法》中增加了几款关于风险管理的规定，由此明确了"风险管理"在行政管理和执法中的法律基础。但与国际水平相比，中国食品安全领域开展风险管理尚处在需要大量实践的阶段，技术手段和专家资源都集中在国家级业务机构中。在现有基础上建立国家级的管理机构，可以最大限度地利用现有的资源，还可以避免不同地区各自的管理冲突以及不同部门分阶段管理导致方法不统一、结果不同等混乱局面。建立这样一个国家级的食品安全管理机构，会更有效地处理各类食品安全事件，也使得我国的食品安全风险管理体系更好地与国际接轨。

（二）建立科学、统一的食品安全标准化体系

由于中国法律法规体系尚不完善，食品安全监管体制机制不健全，加之地方保护主义严重，以至于缺乏统一的新的食品安全标准和检测标准，部门之间标准不一致，各自为政，甚至相悖，同时也由于标准不统一，弱化了企业的市场适应能力和竞争能力，影响了企业的发展。在国内外市场经济活动中也常常出现纠纷和摩擦，"公说公有理，婆说婆有理"，法律责任难以界定，执法力度严重萎缩。所以，随着科学技术进步和社会经济的发展，建立科学、统一的食品安全标准和检测标准体系，使其有法可依，有章可循就成为食品安全风险管理的当务之急，也是食品工业现代化、高科技化发展的必由之路。

（三）建立科学、统一的食品安全检测体系

食品安全检验检测是食品安全风险管理的重要手段之一，它为食品安全风险管理提供了重要的技术支持和管理政策依据。目前，中国食品安全检验检测体系的基础框架虽然已经初步形成，但是食品安全检验检测机制、设施、技术力量和手段等还不够完善，食品安全风险检验检测体系建设还需要不断加强。当前存在的突出问题是质监、卫健委、农业等部门往往按照本部门颁布的有关规定进行检测，检测的结果比较独立，部门与部门之间缺乏良好的共享和互认机制。检测结果部门间差异较大，影响检验体系整体作用的发挥。由此可以看出，建立科学、统一的食品安全检测体系强化技术监管，是加强食品安全风险管理的重要保证。

（四）尽快启动食品安全风险评价体系建设

准确的食品安全风险评价结果，是进行食品安全风险管理的前提。因此，为保证风险管理的顺利进行，应尽快建立起专业的食品安全风险评价体系。同时，注意就风险评估技术和有关数据资料与发达国家加强交流，及时获取来自其他国家的危险性评价资料。也须对一些具有中国特色的食品加工技术、影响因素开展前瞻性的食品安全风险评价，为制定食品安全标准提供科学依据，也为食品安全预警预报提供信息，以便对可能出现的食品安全事故作出及时有效的预报和处理。

第五节　食品安全风险交流

一、食品安全风险交流的定义和内容

(一) 食品安全风险交流的定义

为了确保风险管理政策能将食源性风险降低到最低限度,在风险分析的过程中,各相关方的相互交流起着十分重要的作用[1]。食品安全风险交流是指在整个风险分析过程中关于风险、风险因素和风险概念以及所有相关信息和观点的交换,它可用于解释风险评估结果,是风险管理决策的基础。

风险交流应当包括下列组织和参与人员:国际组织(包括 CAC、FAO 和 WHO、WTO)、政府机构、企业、消费者和消费者组织、学术界和研究机构以及大众传播媒介(媒体)。其原则包括:首先要了解听众和观众;其次要有科学专家的参与以及建立交流的专门部门,使之成为信息的可靠来源,同时区分科学与价值判断;最后要全面地认识风险,同时保证信息交流的透明度。

风险交流是风险管理者最重要的任务之一,通过食品安全风险交流所获得的资源,综合考虑所有相关信息和数据,能够为风险评估过程中应用某项决定及制定相应的政策措施提供指导,并且保持风险管理者和风险评估者之间,以及他们与其他有关各方之间的公开交流,以改善决策的透明度,增强对各种产生结果的可能的接受能力[2]。

(二) 食品安全风险交流的内容[3]

食品安全风险交流的许多步骤是在风险管理人员和风险评估人员之间内部进行的反复交流。其主要内容包括:风险性质、利益性质、风险评估的不确定性以及风险管理选择。

风险性质包括有关危害的特性和重要性,风险的大小和严重程度,问题的紧迫性和发展趋势,危害暴露的可能性以及暴露的分布,能够构成显著风险的暴露量,风险人群的性质和规模,最高风险人群。

利益性质涉及与每种风险有关的实际或者预期利益,受益者和受益方式,风险和利益的平衡点,利益的大小和重要性,所有受影响人群的全部利益。

风险评估的不确定性包括所利用评估风险的方法,不确定因素的重要性,可利用资料的准确性,估计所依据的假设,估计对假设变化的敏感度,有关风险管理决定的估计变化的效果及其对风险管理决策的影响。

风险管理选择涉及控制或管理风险所采取的措施,减少个人风险所采取的个人行动,选择具体风险管理决策的理由,特殊决策的效益,受益者,管理风险的花费及来源,一个风险管

---

[1] 吴培、许喜林、蔡纯:《食品安全风险分析的原理与应用》,《中国调味品》2006 年第 9 期,第 4 - 8 页。

[2] 杜蕾:《食品安全相关的风险分析的概念和基本内容》,《上海食品药品监管情报研究》2006 年第 83 期,第 35 - 39 页。

[3] 王可山、李秉龙:《食品安全的风险分析》,《中国禽业导刊》2006 年第 4 期,第 10 - 11 页;吴培、许喜林、蔡纯:《食品安全风险分析的原理与应用》,《中国调味品》2006 年第 9 期,第 4 - 8 页。

理选择决策实施后的风险继续。

需要指出的是,在实际开展风险交流的项目时,并非风险交流几个部分的所有具体内容都必须包括在内,但是某些步骤的省略必须建立在合理的前提之上,而且整个风险交流的总体框架结构应当是完整的。

二、食品安全风险交流的目标及现状

(一)食品安全风险交流的目标[①]

食品安全风险情况交流主要要达到以下目标:

(1)提高所有参与者对风险分析过程具体问题的认识和理解。

(2)提高制定和执行风险管理决定的一致性和透明度。

(3)为理解建议的或执行中的风险管理决定提供坚实的基础。

(4)提高整个风险分析过程的效果和效率。

(5)当风险交流被列为风险管理一部分时,它们可以对信息的有效传递和培训计划的开展起到重要作用。

(6)促进风险交流过程中所有参与者之间的交流。

(7)增强参与者之间工作关系和相互尊重。

(8)交换有关团体关于食品风险及相关话题的知识、态度、价值、实践和意识等的信息。

(9)培养公众对食品供应安全的信赖和信心。

(二)食品安全风险交流的现状

在目前的国际食品贸易中,有效的风险交流是保证食品安全的基础。另外,风险交流体系的建立,也为各国在食品安全领域建立合理的贸易壁垒提供了一个可行的信息途径。按照目前的发展趋势,风险交流很可能成为将来制定食品安全政策,解决一切食品安全事件的必经之路,同时还将提供有效的信息,以促进合理分配食品安全管理资源。

目前,我国进行有效的风险情况交流还存在以下三方面的障碍:

第一,在风险分析过程中,企业由于商业等方面的原因、政府机构由于某些考虑,不愿意交流他们各自掌握的风险情况,造成信息获取方面的障碍。近些年来,各类食品企业争相让影视等领域的明星为其代言,导致的法律纠纷和民间非议众多。这种传播媒介的风险很多是代言明星的法律意识缺乏造成的,少数是纯经济利益的驱使所致[②]。

第二,《食品安全法》第118条规定"国家建立统一食品安全的信息平台",明确了信息发布主体及渠道,但仍缺乏针对不同受众的信息沟通平台和渠道[③]。由于缺乏经费,目前食品安全监督管理部门,工作的透明度和效率有所降低,另外,在制定有关标准时,考虑所谓非科学的"合理因素"造成了风险情况交流中的障碍。

第三,国内公众对食品安全风险认知出现"污名化"趋势,专家与公众的交流不畅,再加上部分媒体的断章取义,导致公众对专家不再信任,负面情绪高,专家被称为"砖家",其一切

① 吴培、许喜林、蔡纯:《食品安全风险分析的原理与应用》,《中国调味品》2006年第9期,第4-8页。

② 宋世勇:《论我国食品安全风险交流制度的立法完善》,《法学杂志》2017年第3期,第95页。

③ 王怡、宋宗宇:《社会共治视角下食品安全风险交流机制研究》,《华南农业大学学报(社会科学版)》2015年第4期,第127页。

研究成果都被质疑,进而逐渐变得噤若寒蝉①。因此,为了进行有效的风险情况交流,有必要建立一个系统化的方法,包括搜集背景和其他必要的信息、准备和汇编有关风险的通知、进行传播发布、对风险情况交流的效果进行审查和评价。另外,对于不同类型的食品风险问题,应当采取不同的风险情况交流方式②。

对于食品安全风险交流信息,需要国家有统一的渠道予以发布和解释。食品安全信息是国家制定食品安全政策、法规的基础,也是现代食品安全保障体系建设的重要内容,是风险管理有效实施的重要手段,关系到社会稳定和食品行业的发展。在食品安全事件中,公众主要依靠政府提供权威而专业的信息,我国有必要加强对媒体与公众提供针对事件特定内容的信息服务,而最有效的方式就是通过政府的机构开展这方面的工作。因此,建立国家级的统一的风险交流机构,无疑会有利于这方面工作的开展。

本 章 附 录

一、食品安全风险分析中涉及的基本术语③

- **危害**(hazard):食品中所含有的对健康有潜在不良影响的生物、化学或物理因素或食品存在的状态。

- **风险**(risk):食品中危害产生某种不良健康影响的可能性和该影响的严重性。

- **风险分析**(risk analysis):由风险评估、风险管理和风险信息交流三部分组成的过程。

- **风险评估**(risk assessment):以科学为依据,由危害识别、危害特征描述、暴露评估以及风险特征描述四个步骤组成的过程。

- **风险管理**(risk management):与各利益相关方磋商后,权衡各种政策方案,考虑风险评估结果和其他保护消费者健康、促进公平贸易有关的因素,并在必要时选择适当预防和控制方案的过程。

- **风险信息交流**(risk communication):在风险分析全过程中,风险评估人员、风险管理人员、消费者、产业界、学术界和其他利益相关方对风险、风险相关因素和风险感知的信息和看法,包括对风险评估结果解释和风险管理决策依据进行的互动式沟通。

- **危害识别**(hazard identification):对某种食品中可能产生不良健康影响的生物、化学和物理物质的确定。

- **危害特征描述**(hazard characterization):对食品中生物、化学和物理物质所产生的不良健康影响进行定性和(或)定量分析。

- **暴露评估**(exposure assessment):对食用食品的同时可能摄入生物、化学和物理物质和其他来源的暴露所作的定性和(或)定量评估。

- **风险特征描述**(risk characterization):根据危害识别、危害特征描述和暴露评估结果,

---

① 李佳洁、任雅楠、李楠、罗浪、李江华:《食品安全风险交流的理论探索与实践应用综述》,《食品科学》2017 年第 13 期,第 309 页。

② 杜蕾:《食品安全相关的风险分析的概念和基本内容》,《上海食品药品监管情报研究》2006 年总第 83 期,第 35 - 39 页。

③ 中华人民共和国国家标准《食品安全风险分析工作原则》(GB/T 23811 - 2009)。

对产生不良健康影响的可能性与特定人群中已发生或可能发生不良健康影响的严重性进行定性和(或)定量估计及估计不确定性的描述。

- **风险估计**(risk estimate)：根据风险特征描述对风险作出的数量估计。

二、缩写词①

ADI(acceptable daily intake)：每日容许摄入量。

APHIS(Animal and Plant Health Inspection Service)：动植物健康监测服务部。

ARS(Agricultural Research Service)：农业研究服务部。

CAC(Codex Alimentarius Commission)：国际食品法典委员会。

CCFAC(Codex Committee on Food Additives and Contaminants)：食品添加剂及污染物法典委员会。

CCPR(Codex Committee on Pesticide Residues)：农药残留法典委员会。

CDC(Center for Disease Control and Prevention)：疾病控制预防中心。

DHHS(Department of Health and Human Services)：人类与健康服务部。

FAO(Food and Agriculture Organization)：联合国粮食及农业组织/粮农组织。

FDA(Food and Drug Administration)：食品及药品管理局。

FSIS(Food Safety and Inspection Service)：食品安全与监测服务部。

GEMS/Food：全球食品污染监测与评估规划。

HACCP(Hazard Analysis and Critical Control Point)：危害分析与关键控制点。

JECFA(Joint FAO/WHO Expert Committee on Food Additives)：FAO/WHO食品添加剂联合专家委员会。

JEMRA(Joint FAO/WHO Expert Meetings on Microbiological Risk Assessment)：FAO/WHO微生物风险评估专家联席会议。

JMPR(Joint FAO/WHO Meetings on Pesticide Residues)：FAO/WHO农药残留联合会议。

NIH(National Institutes of Health)：国家健康研究所。

NOAEL(No Observed Adverse Effect Level)：无观察到不良作用的剂量水平。

NOEL(No Observed Effect Level)：无可见作用的剂量水平。

PMTDI(Provisional Maximum Tolerable Daily Intake)：暂定每日最大耐受摄入量。

PTWI(Provisional Tolerable Weekly Intake)：暂定每周耐受摄入量。

RDI(Recommendation Daily Intake)：每日推荐摄入量。

SPS协定(Agreement WTO Agreement on the Application of Sanitary and Phytosanitary)：《实施卫生与植物卫生措施协定》。

UNEP(United Nations Environment Program)：联合国环境规划署。

USDA(United States Department of Agriculture)：美国农业部。

WHO(World Health Organization)：世界卫生组织。

WTO(World Trade Organization)：世界贸易组织。

---

① FAO/WHO. "Food Safety Risk Analysis-PARTI", *An Overview and Frame work Manual*, 2005, P.78；陈君石、樊永祥主译《食品安全风险分析：国家食品安全管理机构应用指南》，人民卫生出版社，2008年，第77页。

三、案例分析

问： 在流通领域的抽检报告,能作为直接处罚生产厂家的依据吗?

案件梗概： A 市的市场监管部门 B 局,接到 C 市市场监管部门寄来的一份抽检报告。报告显示 A 市辖区内的一个食品生产企业生产的预包装食品在 C 市超市销售时,经该地市场监督管理部门委托抽检显示不合格。B 局收到抽检报告后,立即对 A 市的该食品企业进行检查,发现该企业在生产被抽检为不合格预包装食品时,未对不合格的项目指标进行出厂检验。

思考题：

(1) 在没有监督抽检报告的情况下,食品风险监督报告能否作为对生产企业处罚的依据?

(2) 在该案中,B 局能否直接依据流通环节抽检的不合格报告对生产厂商进行处罚?

(3) 在该案中,B 局应当如何对该生产厂商进行处罚?

第五章

食品安全标准

第一节 食品安全标准概述

一、食品安全标准的概念、性质与效力

（一）食品安全标准的概念

食品安全是关系到人民健康和国计民生的重大问题。如何解决食品安全问题，为"舌尖上的安全"把好关，从而保护人民身体健康，已成为世界各国政府的一项重要战略举措。加强食品安全标准建设，建立和完善食品安全标准体系，是有效实施这一战略举措的重要技术支撑。食品安全标准是我国食品安全法体系中一个独立、特殊而重要的组成部分。

虽然《食品安全法》没有对食品安全标准下定义，而是将食品安全标准直接作为法律概念加以规定，但是《食品安全法》和相关法律对食品和食品安全的含义作了界定。食品与食品安全的概念界定对于我们准确把握食品安全标准的概念起到基础性作用。

《食品安全法》在第 10 章"附则"中的第 150 条明确界定：食品，指各种供人食用或者饮用的成品和原料以及按照传统既是食品又是中药材的物品，但是不包括以治疗为目的的物品。食品安全是指食品无毒、无害，符合应当有的营养要求，对人体健康不造成任何急性、亚急性或者慢性危害。食品安全的法律定义包括两个方面：对人体没有危害并符合应有的营养要求。在学理上可以将之概括为无害性和营养性。作为法律概念意义上的食品安全，其所承载的无害性和营养性两个要求往往不取决于消费者或者其他主体的主观判断和认识，而是以国家所制定和推行的具有强制性的各种食品安全标准为依据。

食品安全标准，是指在一定的范围内，为了获得最佳的食品安全秩序，保证食品满足无毒、无害以及符合健康需求等要求，经食品安全有关方协商一致制定并经公认机构批准，以供共同使用和重复使用的一种规范性文件。具体来说，食品安全标准是指为了保证食品安全，对食品生产经营过程中影响食品安全的各种要素以及各关键环节所规定的统一技术要求。其是对食品生产、加工、流通和消费（即"从农田到餐桌"）食品链全过程中影响食品安全和质量的各种要素以及各关键环节进行控制和管理，经协商一致制定并由公认机构批准，共同使用的和重复使用的一种规范性文件。

（二）食品安全标准的性质

对于食品安全标准来说，无论是国家标准、地方标准还是企业标准，都关系到消费者的生命健康，都是为了保障食品安全，虽从形式上说不是法律规范，但都是对生产经营者行为的一种约束。有学者认为，食品安全标准具有法规性质，大多数学者认为食品安全标准不具

有法律规范的形式,他们从技术标准的模式(结构)出发,与法律规范的模式(结构)进行专业比较,以此来进行论证。另有学者认为,企业标准是事实标准,意即企业标准不是法定标准,是无法定程序授权自主制定采用的标准。事实标准的主要特点:企业对其没有公开的义务,是否公开由企业自由选择,以及制定程序非法定性。[①] 这正说明企业标准与国家标准、地方标准不是同一意义的标准。一般而言,食品安全标准是具有法律性质的强制性技术规范。这表现在:

1. 食品安全标准具有规范性

法律的基本特征之一是具有规范性,它是调整人们行为的规则和尺度。在我国,根据授权根据、制定程序、公布与否、外在形式等形式意义上的判断标准来分析,标准(技术标准)不具有法律规范的外观;但是,若以是否对人有约束力的实质意义的判断标准为依据,标准(技术标准)作为事实认定构成要件判断的根据,以及行政活动中的重要依据,对行政机关产生了自我约束作用,对个人产生了外部法律效果,因此标准(技术标准)的功能与社会规则体系中法律规范的功能几乎一致。因此,食品安全标准和法律一样,也是一种具有规范性的行为规则,它同一般法律不同之处只在于:食品安全标准不是通过法条规定人们的行为模式和法律后果,而是通过一些定量性的数据、指标、技术规范来表示行为规则的界限,调整人们在食品生产全过程中的行为。

2. 食品安全标准具有强制性

标准根据是否具有强制性分为强制性标准和推荐性标准。其中,保障人体健康,人身、财产安全的标准和法律,行政法规规定强制执行的标准是强制性标准,其他标准是推荐性标准。强制性国家标准的代号为"GB",推荐性国家标准的代号为"GB/T"。食品安全关系人民群众的身体健康和生命安全,食品安全标准属于保障人体健康,人身、财产安全的标准。根据《食品安全法》第 25 条的规定,"食品安全标准是强制执行的标准";《食品安全法》第 4 条规定,"食品生产经营者应当依照法律、法规和食品安全标准从事生产经营活动";《食品安全法》第 33 条规定,"食品生产经营应当符合食品安全标准"。这意味着食品安全标准具有强制性,食品生产经营者、检验机构以及监管部门必须严格执行。不符合食品安全标准的食品,禁止生产经营。违法生产经营的,须承担相应的民事、行政甚至刑事责任。

3. 食品安全标准是唯一的食品强制性标准

根据《食品安全法》第 25 条的规定,除食品安全标准外,不得制定其他的食品强制性标准。为了解决我国长期以来食品卫生标准、食品质量标准以及行业标准等多套标准同时存在的问题,从制度上确保食品安全标准的统一,《食品安全法》规定了食品安全标准是唯一的食品强制性标准。2009 年以后,国务院卫生行政部门先后开展了乳品安全标准、食品安全基础标准、食品卫生标准、现行食品标准的清理整合工作,拟定了我国食品安全基本框架。目前,国务院卫生行政部门已基本完成了食品安全国家标准的整合工作。

需要指出,在食品安全标准中,国家标准和地方标准是国家机构制定的标准,其程序相对严格;企业标准是企业自主根据法律规定、生产经营的需要、技术水平制定的,制定主体具有个别性、特定性,不具有国家权力,其制定程序也与国家标准和地方标准不同。在有国家

---

① 王艳林、杨觅玫、韩丹丹:《论〈食品安全法〉中的企业标准:对〈食品安全法〉第 25 条的注释与评论》,《法学杂志》2009 年第 8 期,第 71-74 页。

标准、地方标准的情况下企业标准往往高于国家标准和地方标准,因此将食品安全企业标准的性质与国家标准和地方标准的性质一起讨论往往难以得出正确的结论。

企业标准是企业内部使用的技术性(也包括管理性、工作性)规范,具有一定的约束力,企业员工必须遵守,按照标准的要求进行操作。但是,企业标准只是对本企业有效(在本企业的范围内具有普遍约束力),对别的企业没有强制性(除非别的企业自愿采用),不具有法规意义上的普遍约束力。即使企业联合制定的企业联盟标准,也只是在联盟内部有效,范围有限,并不具有国家标准、地方标准所具有的普遍性效果。

综上,食品安全企业标准与其他食品安全标准相比,有其特殊性,对食品安全标准的概括式探讨不能替代对食品安全企业标准的研究。在立法上应当不同情况区别对待。食品安全标准是强制执行的标准,但是,企业标准只是对本企业有效,对别的企业没有强制性,不具有法规意义上的普遍约束力。因此,国家标准、地方标准与企业标准性质不同,应当区别对待。①

(三) 食品安全标准的法律效力

按照《食品安全法》的规定,食品安全标准都是强制性标准,因此,食品安全企业标准也具有强制性。然而"强制性"是一个大词,食品安全企业标准所产生的法律效力与国家标准、地方标准的法律效力不可能完全相同。

1. 食品安全标准的行政法律效力

伍劲松博士认为,食品安全标准是非正式法源,法律授权明确,制定过程公开,具有规范行政机关和行政相对人行为的一般性制度的功能。② 宋华琳博士指出,违反食品安全标准,会受到没收违法所得等行政处罚,并承担相应的民事和刑事法律责任。③ 这种说法倒是与《食品安全法》的规定相吻合。另外,《食品安全法》规定了企业标准备案制度,备案的企业标准可以作为食品安全监管部门检查和处罚的依据。

在没有国家标准和地方标准的情形下,企业标准是否具有与国家标准或地方标准同等的效力呢? 在没有国家标准和地方标准的情形下,企业标准是企业生产经营的唯一标准,也是衡量企业产品(食品、食品添加剂、食品相关产品)质量的标准,一般来说,食品安全监管部门进行检查监督和行政处罚要以此为依据。违反了企业标准即产品低于、劣于企业标准自然应当受到行政处罚;但是,如果符合企业标准是否就可以免于行政处罚呢? 如果企业产品符合国家标准或地方标准,一般说来,可以免于行政处罚,行政处罚也失去了依据。现实生活中企业生产的技术水平和自觉自律性各不相同,企业标准千差万别,水平不一,各种企业标准都有可能出现。尽管法律要求食品安全企业标准必须备案,但是,备案机构的水平和人力不一定能够进行实质性审核,法律也没有明确备案审查是形式审查还是实质性审查,各地的实际做法也不一致。根据有的学者总结,企业标准通常存在以下问题:不正确使用食品原料和食品添加剂;指标设定、试验方法选择缺乏科学性;评审专家组成不合理,专家评审水平有限;修订迟滞。④ 根据有的实务工作者的总结,企业标准除了赶超型、先进型、适用型、合格

① 曾祥华:《论食品安全企业标准的法律性质和法律效力》,《杭州师范大学学报(社会科学版)》2019 年第 5 期,第120 - 128 页。

② 伍劲松:《食品安全标准的性质与效力》,《华南师范大学学报(社会科学版)》2010 年第 3 期,第 12 - 16 页。

③ 宋华琳:《中国食品安全标准法律制度研究》,《公共行政评论》2011 年第 2 期,第 33 - 48 页。

④ 沈岿:《食品安全企业标准备案的定位与走向》,《现代法学》2016 年第 4 期,第 49 - 59 页。

型等类型之外,还存在淘汰型、无效型、落后型、伪劣型、失效型、随意型等类型的标准。[①] 对于后面几种不规范、发挥不了应有作用的标准,如果作为行政检查和行政处罚的依据,根本无法实现行政监管的目的,也达不到提高生产经营水平及保障食品安全的目的。以这些类型的企业标准为依据,只会让企业逃脱应有的监督和处罚,并且使消费者的生命健康受到不应有的损害。

实际生活中不排除还有一种情形,即在有国家标准或地方标准的情形下,企业制定了低于国家标准或地方标准的标准,当然,这种企业标准在一般情况下不会被通过,但是由于前述备案机构的精力和水平,不排除这种企业标准有蒙混过关的可能。在"××县莫干山蛇类实业有限公司诉××省食品药品监督管理局药品行政监督案"中,原告提出其制定了企业标准并经备案,其产品符合该标准。但企业标准中关于汞含量的限量指标要求不符合国家标准。这种企业标准当然不能作为行政监督检查的标准,也不得作为是否处罚的依据。因为在食品安全领域,国家标准和地方标准都是强制性标准,而不是推荐性或者任意性标准。

2. 食品安全标准的民事法律效力

1) 违约责任

很多学者谈到技术标准时认为其包括食品安全标准的"预先决定效应"(外部法律效果)。原因是法院在专业性、技术性方面不如行政机关,行政机关制定的标准对法院有一种直接拘束力。还有一个原因是现代社会生活的节奏加快,科学技术发展日新月异,技术风险、生活风险加大,事先很难预测。而此时行政机关制定的标准便成为一个有效的尺度。法院即使在民事审判中往往也尊重行政机关的判断,借此公法跨越自己的领域进入私法空间。[②]

最高人民法院的司法解释也表明了类似的立场。《最高人民法院关于审理食品药品纠纷案件适用法律若干问题的规定》(简称《规定》)第 5 条规定:"消费者举证证明所购买食品、药品的事实以及所购食品、药品不符合合同的约定,主张食品、药品的生产者、销售者承担违约责任的,人民法院应予支持。"第 6 条规定:"食品的生产者与销售者应当对于食品符合质量标准承担举证责任。认定食品是否安全,应当以国家标准为依据;对地方特色食品,没有国家标准的,应当以地方标准为依据。没有前述标准的,应当以食品安全法的相关规定为依据。"

需要说明的是,依据目前的主流观点,违反食品安全标准(包括企业标准)承担违约责任不以造成实际人身损害为前提。有学者根据网络信息资源检索统计发现,在筛选的 107 个"合同纠纷"典型案件中,采用企业标准的只有 5 个,比例仅为 4.7%。[③] 这说明在司法实践中以企业标准作为合同纠纷裁判依据的情况并不是很多。

2) 侵权责任(惩罚性赔偿)

民法学界大部分学者认为,食品安全惩罚性赔偿责任不仅可能是侵权责任,还可能是违约责任。赔偿性责任与补偿性责任可以并行不悖,最高法院发布的典型案例也表明了这一

---

① 齐月升、姜伟:《论企业标准的监督与管理》,《交通标准化》2003 年第 4 期,第 17 - 19 页。

② 宋华琳:《论行政规则对司法的规范效应:以技术标准为中心的初步观察》,《中国法学》2006 年第 6 期,第 122 - 134 页;伍劲松:《食品安全标准的性质与效力》,《华南师范大学学报(社会科学版)》2010 年第 3 期,第 12 - 16 页。

③ 张奥申等:《"标准"在我国司法裁判中的运用实证研究:以〈合同法〉第六十二条第一项为视角》,《法制与社会》2016 年第 8 期,第 129 - 130 页。

立场。食品损害赔偿案件可适用的法律有多部,不仅有《食品安全法》,还有《消费者权益保护法》《产品质量法》《民法典》,司法实践中适用各部法律的案例情况也都存在。也有学者主张《食品安全法》关于"十倍赔偿"的规定属于特殊的侵权规范。从逻辑上来说惩罚性赔偿与违约责任不能并列,本书将惩罚性赔偿责任与违约责任分开论述,只是因为惩罚性赔偿责任具有突出性。

《规定》第 5 条第 2 款规定:"消费者举证证明因食用食品或者使用药品受到损害,初步证明损害与食用食品或者使用药品存在因果关系,并请求食品、药品的生产者、销售者承担侵权责任的,人民法院应予支持,但食品、药品的生产者、销售者能证明损害不是因产品不符合质量标准造成的除外。"该条款的基本取向是在食品安全侵权领域采取无过错责任或者严格责任。传统上侵权责任的构成要件包括四个:行为的违法性、损害、加害行为与损害之间的因果关系、行为人的过错。随着现代社会科学技术的发展,社会风险加大,很多损害造成之后,难以查明过错乃至因果关系的存在,因此在特殊领域实行无过错责任原则。《规定》只提及"损害""因果关系"两个要件。但是,《食品安全法》第 148 条规定的"十倍赔偿"的前提条件是"生产不符合食品安全标准的食品或者经营明知是不符合食品安全标准的食品",这说明立法上对生产者和销售者是区别对待的,经营者承担责任以"明知"为前提,其实就是承担过错责任。事实上是生产者、销售者是否承担责任与其所生产经营的食品是否符合食品安全标准有密切关联。因此,《规定》第 6 条关于食品安全标准的规定不仅适用于确定违约责任,也适用于侵权责任。[①]

❓ 案例分析

刘某与南京苏宁易购电子商务有限公司买卖合同纠纷案[②]

2016 年 8 月 23 日,刘某在南京苏宁易购电子商务有限公司(简称苏宁易购公司)购买了 25 盒沃格尔咖啡生活系列浆果麦片(外包装标的配料中写明含有亚麻籽),实际支付价为 1 220 元。由于亚麻籽不属于可以添加到普通食品中的中药材,刘某遂以涉案麦片添加亚麻籽违反了《食品安全法》的上述规定,系不符合我国食品安全标准的食品,而起诉要求苏宁易购公司退货退款并承担 10 倍价款的惩罚性赔偿责任。

思考题:

(1) 苏宁易购公司是否销售不符合食品安全标准的食品?

(2) 苏宁易购公司是否需要承担惩罚性赔偿责任?

针对"是否销售不符合食品安全标准的食品":苏宁易购公司作为经营者依法查验了涉案麦片的入境货物检验检疫证明、进口货物报送单、供货商南京鑫柴渔贸易有限公司的营业执照、组织机构代码证、税务登记证、食品流通许可证审批文件及资质材料,已经履行了经营者法定的审核义务。

针对"是否需要承担惩罚性赔偿责任",法院认为,适用惩罚性赔偿需责任者明知销售的

[①] 曾祥华:《论食品安全企业标准的法律性质和法律效力》,《杭州师范大学学报(社会科学版)》2019 年第 5 期,第 120 - 128 页。

[②] 北大法宝数据库"江苏高院发布消费者权益保护典型案例",【法宝引证码】CLI. 13. 1439349.

是不符合食品安全标准的食品。在浦东出入境检验检疫机构作为监督管理的有权机关对涉案进口麦片已经作出"检验合格准予进口"的行政许可情况下,苏宁易购公司基于对行政机关的检验检疫证明的信赖,购买并销售涉案进口麦片,不能认定苏宁易购公司主观上具有"明知"的主观过错,不应承担10倍价款的惩罚性赔偿责任。

法院判决:苏宁易购公司返还刘某货款1 220元,刘某同时退还25盒沃格尔咖啡生活系列浆果麦片给苏宁易购公司,同时驳回了刘某主张的10倍惩罚性赔偿金的诉讼请求。

典型意义:经营者只有在对所售食品不符合食品安全标准具有故意及重大过失时,消费者才能依据《食品安全法》主张惩罚性赔偿金。

3. 食品安全标准的刑事法律效力

《刑法修正案(八)》修改完善了生产、销售不符合食品安全标准的食品罪和生产、销售有毒、有害食品罪,新增食品安全监管失职罪。《食品安全法》第121、138、149条的内容均涉及刑事责任。"两高"也联合发布了《关于办理危害食品安全刑事案件适用法律若干问题的解释》。

❓ 案例分析

张某生产、销售不符合安全标准的食品案①

2019年6月,被告人张某在未取得食品经营许可证、食品生产加工小作坊登记证等相关证件的情况下,租赁内蒙古自治区杭锦后旗陕坝镇某小区车库加工鹌鹑蛋,并通过流动摊点对外销售。因张某在生产、贮存、销售鹌鹑蛋的各个环节均不符合食品安全标准,食用该鹌鹑蛋的123人出现不同程度的食源性疾病,其中被害人周某某被鉴定为轻伤二级。经检测,张某生产、销售的熏鹌鹑蛋、无壳鹌鹑蛋、带壳鹌鹑蛋中大肠菌群、沙门氏菌检验结果均不符合食品安全国家标准。根据流行病学调查、杭锦后旗医院采集粪便检验结论、杭锦后旗市场监督管理局事件调查和检验结论,认定此次事件为食用鹌鹑蛋引起的聚集性食源性疾病事件。

思考题:被告人张某是否构成生产、销售不符合安全标准的食品罪?

内蒙古自治区杭锦后旗人民法院审理认为,被告人张某违反食品安全管理法律法规,生产、销售不符合食品安全标准的食品,致使123人引发不同程度的食源性疾病,其行为构成生产、销售不符合安全标准的食品罪。张某的行为造成1人轻伤二级,应认定为"对人体健康造成严重危害",处3年以上7年以下有期徒刑,并处罚金。张某经公安机关传唤到案后如实供述犯罪事实,构成自首,并积极赔偿被害人经济损失取得谅解。据此,以生产、销售不符合安全标准的食品罪判决被告人张某有期徒刑4年,并处罚金人民币5 000元。

食品"三小行业",即小作坊、小摊贩和小餐饮,在我国食品供应体系中发挥着重要的作用,以其多样的品种供给和灵活的经营模式,为人们提供了丰富便利的饮食服务。但与此同时,由于行业门槛低、流动性强、摊点分散、部分从业人员法律意识淡漠等,给执法监管造成较大难度,食品"三小行业"成为我国食品安全问题的重灾区。特别是大街小巷随处可见推

---

① 《最高法、最高检联合发布危害食品安全刑事典型案例》,https://www.chinacourt.org/article/detail/2021/12/id/6466250.shtml,2021年12月31日访问。

车售卖的流动摊贩,无证经营情况突出,食品安全状况堪忧。本案被告人即属于无证经营的流动摊贩,其生产、贮存、销售食品的各个环节都不符合食品安全标准,造成 100 余人食源性疾病,其中 1 人轻伤二级的严重后果,应依法予以惩处。

二、食品安全标准的内容

《食品安全法》第 26 条规定了食品安全标准的内容,这些内容是相对可以量化、相对具有可操作性的具体指标、要求、方法和规程。具体来说食品安全标准应当包括下列内容。

(一) 食品、食品添加剂、食品相关产品中的致病性微生物,农药残留、兽药残留、生物毒素、重金属等污染物质以及其他危害人体健康物质的限量规定

这是针对污染物质以及其他危害人体健康物质的限量规定。这些危害人体健康的污染物质是禁止人为添加到食品中的,但是在食品生产(包括农作物种植、动物饲养和兽医用药)、制造、加工、调制、填充、包装、运输、贮存、销售等过程中,可能会或多或少地进入食品。或是由于环境污染也会带入食品。人体摄入致病性微生物、农药残留、兽药残留、生物毒素、重金属等污染物质以及其他危害人体健康物质会危害人体健康,因此必须测定一个保障人体健康允许的最大值,规定食品中各种危害物质的限量。

微生物分为致病性微生物和非致病性微生物,致病性微生物包括细菌(如结核杆菌、伤寒杆菌、霍乱弧菌等)、病毒(如乙肝病毒、狂犬病病毒等)、真菌等。

农药残留问题是伴随着农药在农业生产中广泛使用而产生的。大部分农药难以降解,残留性强。农药进入粮食、蔬菜、水果、鱼、虾、肉、蛋、奶中,造成食物污染,危害人体健康。

兽药残留是指使用兽药后蓄积或存留于畜禽机体或产品(如鸡蛋、奶品、肉品)中的原型药物或其代谢产物,包括与兽药有关的杂质的残留。

生物毒素,又称天然毒素,是指生物来源不可自复制的有毒化学物质,包括动物、植物、微生物产生的对其他生物物种有毒害作用的各种化学物质,如黄曲霉毒素、杂色曲霉毒素等。人类对生物毒素的最早体验源于自身的食物中毒,玉米、花生作物中的真菌霉素等都已经证明是地区性肝癌、胃癌、食道癌的主要诱导物质;现代研究还发现自然界中存在与细胞癌变有关的多种具有强促癌作用的毒素,如海兔毒素等。

重金属指比重大于 5 的金属,如铜、铅、锌、铁、钴、镍、锰、镉、汞、钨、钼、金、银,所有重金属超过一定浓度都对人体有毒。

卫生部于 2012 年 11 月发布了食品安全国家标准《食品中污染物限量》(GB 2762—2012),对食品中污染物质以及其他危害人体健康物质的限量指标进行了规定。2017 年、2022 年该标准两次修订,现行标准 GB 2762—2022 于 2023 年 6 月 30 日正式实施。

(二) 食品添加剂的品种、使用范围、用量

食品添加剂是为改善食品品质和色、香、味以及防腐、保鲜和加工工艺的需要而加入食品中的人工合成或天然物质,包括营养强化剂。食品添加剂是食品生产加工中不可缺少的基础原料,适当添加食品添加剂,可以改善食品的色、香、味,延长食品的保质期,但是如果滥用食品添加剂会严重危害人体健康,因此必须制定标准严格限定其品种、使用范围和限量。我国于 2015 年 5 月 24 日开始实施《食品添加剂使用标准》(GB 2760—2014),规定了食品添加剂的使用原则,允许使用的食品添加剂品种、使用范围及最大使用量或残留量。

（三）专供婴幼儿和其他特定人群的主辅食品的营养成分要求

婴幼儿和其他特定人群主辅食的营养成分不仅关系到食品的营养，还关系到他们的身体健康和生命安全，必须在进行风险评估后规定营养成分的最高量、最低量等要求，使婴幼儿和其他特定人群在满足营养需求的同时又保证食用安全。我国现行涉及婴幼儿奶粉的标准主要包括《婴儿配方食品》（GB 10765—2021）、《较大婴儿配方食品》（GB 10766—2021）和《幼儿配方食品》（GB 10767—2021）。这三项标准在总结既往标准实施情况的基础上，参考国际食品法典委员会（CAC）标准和我国居民膳食营养素参考摄入量，科学规定了其原料、适用范围、能量和各种必需营养成分、可选择成分的含量以及污染物、真菌毒素、微生物的限量要求，符合标准要求的婴幼儿奶粉可满足婴幼儿生长发育的营养需求和食用安全。

（四）对与卫生、营养等食品安全要求有关的标签、标志、说明书的要求

食品的标签、标识和说明书具有指导、引导消费者购买、食用食品的作用，许多内容都直接或间接关系到消费者食用时的安全，如名称、规格、净含量、生产日期，成分或者配料表，生产者的名称、地址、联系方式，保质期，产品标准代号，贮存条件，所使用的食品添加剂，生产许可证编号。这些内容的标示应该真实准确、通俗易懂、科学合法，需要制定标准统一的要求。

（五）食品生产经营过程的卫生要求

食品的生产经营过程是保证食品安全的重要环节，其中的每一个流程都有一定的卫生要求，对保护消费者身体健康、预防疾病，具有重要意义，都需要制定标准统一要求。为规范食品生产经营过程，国务院卫生行政部门制定了《食品生产通用卫生规范》（GB 14881—2013）、《食品经营过程卫生规范》（GB 31621—2014）。这两个标准规定了食品生产与经营过程中原料采购、加工、包装、贮存、运输、销售等环节的场所、设施、人员的基本要求和管理准则，各类食品的生产经营都应当适用此类标准。2023 年 12 月 11 日，国家卫健委对食品安全国家标准《食品生产通用卫生规范》（GB 14881—2013）（以下简称"征求意见稿"）征求意见，征求意见稿补充完善了术语和定义、调整了标准架构、细化和完善了生产各环节的具体规定。

（六）与食品安全有关的质量要求

与食品安全有关的质量要求，主要包括：食品的营养要求；食品的物理或化学要求，如酸、碱等指标；食品的感觉要求，如味道、颜色等。这些也属于食品安全标准的内容。

（七）与食品安全有关的食品检验方法与规程

检验方法是指对食品进行检测的具体方式或方法，检验规程是指对食品进行检测的具体操作流程或程序，采用不同的检验方法或规程会得到不同的检验结果，所以要对检测或试验的原理、抽样、操作、精度要求、步骤、数据计算、结果分析等检验方法或规程作出统一规定。当然，并非所有的食品检验方法与规程都与食品安全有关，根据《食品安全法》的规定，"与食品安全有关的"食品检验方法与规程应当制定食品安全标准。

（八）其他需要制定为食品安全标准的内容

本项属于兜底条款，包括其他没有明确列举，但是涉及食品安全，需要制定食品安全标准的内容。

三、食品安全标准的作用

食品安全标准是开展食品生产经营的重要依据,也是食品安全风险监测和评估工作的重要产出,更是依法开展食品检验、监督管理和食品进出口管理的技术依据。现行《食品安全法》的主要章节均涉及食品安全标准。除第 3 章的有关章节是针对食品安全标准提出要求外,在食品安全风险监测和评估、食品生产经营、食品检验、食品进出口、食品安全事故处置、监督管理和法律责任中都涉及食品安全标准。由此可见食品安全标准在食品安全监管中的地位和作用。

(一)食品安全标准是食品安全的重要保障

保证食品安全,保障公众健康和生命安全,是食品安全标准制定和存在的根本目的。食品安全标准是衡量食品是否安全的尺度,在其制定过程中充分考虑了食品可能存在的有害因素和潜在的不安全因素,通过规定食品的理化指标、微生物指标、检测方法、包装贮存、保质期等一系列内容,使得符合食品安全标准的食品具有安全性。当食品符合一定的食品安全标准时,其在理化、微生物和感官等方面都相对安全,可使民众放心食用。食品生产过程以食品安全标准为依据,严格执行标准,政府监管部门以标准为依据进行监督,从而有效保障了食品安全。

(二)食品安全标准是国家食品安全管理的技术基础

国家食品安全管理是专业性、技术性非常强的工作。监管人员在食品安全监管过程中必须依据一定的技术标准和规范开展工作,食品安全标准是重要的食品安全监管工具,也是监管部门日常监管的重要依据。国家的食品安全管理,包括食品安全法规的制定、食品安全风险监测和评估、食品检验、监督管理都需要遵循和依据食品安全标准,食品安全标准的完善反映一个国家食品安全管理的水平和效率。

(三)食品安全标准是生产经营者从事生产经营活动的重要依据

食品安全标准是食品生产经营者依法从事生产经营活动、规范自身行为的重要依据,是食品企业提高食品安全水平的前提和保证。食品企业在生产的各个环节采取各种安全控制措施和方法,依照食品安全标准,检验一些控制指标,保证其生产的食品安全合格。《食品安全法》第 4 条规定:"食品生产经营者应当依照法律、法规和食品安全标准从事生产经营活动,保证食品安全,诚信自律,对社会和公众负责,接受社会监督,承担社会责任。"

(四)食品安全标准是消费者识别食品质量的具体导引

消费者对于其购买或食用的食品是否安全合格,必须有一个判断的依据。符合食品安全标准的食品应该是具备安全性和营养性,可放心购买和食用的食品。因此,食品安全标准是消费者识别食品质量的具体导引,同时,食品安全标准也是消费者要求损害赔偿的依据。根据《食品安全法》第 148 条规定:"消费者因不符合食品安全标准的食品受到损害的,可以向经营者要求赔偿损失,也可以向生产者要求赔偿损失。接到消费者赔偿要求的生产经营者,应当实行首负责任制,先行赔付,不得推诿;属于生产者责任的,经营者赔偿后有权向生产者追偿;属于经营者责任的,生产者赔偿后有权向经营者追偿。生产不符合食品安全标准的食品或者经营明知是不符合食品安全标准的食品,消费者除要求赔偿损失外,还可以向生产者或者经营者要求支付价款十倍或者损失三倍的赔偿金;增加赔偿的金额不足一千元的,为一千元。但是,食品的标签、说明书存在不影响食品安全且不会对消费者造成误导的瑕疵的除外。"

四、我国食品安全标准法律制度的历史演进

(一) 食品安全标准法律制度起步时期

中华人民共和国成立后相当长的一段历史时期里,由于受经济发展水平的限制,我国人民首先考虑的是吃饱饭,对于吃的东西是否符合卫生标准,无暇顾及。在 20 世纪 50 年代经过社会主义改造后,私有食品企业与其他行业企业一样,其产权转为国有,经营归入计划经济。当时政府更为关注的,是如何通过国家对食品行业的控制,动员相应的经济社会资源促进食品行业发展,尽量满足普通公众的食物供给。食品行业的生产经营成了优先于食品卫生管理和食品安全的政策目标。当时的政府管理者一方面要求卫生部门做好食品卫生管理,另一方面又以"维护国家和集体利益,发展食品生产和供应"为由,希望甚至要求降低卫生要求和卫生标准。卫生行政部门更多通过内部管理的方式,通过与食品行业管理部门的"齐抓共管",通过向国营企业输送卫生人员进行食品卫生管理,食品安全标准在食品管理中发挥的作用十分有限。

(二) 食品安全标准法律制度发展时期

国务院于 1965 年批准的《食品卫生管理试行条例》第 5 条指出,"卫生部门应当根据需要,逐步研究制定各种主要的食品、食品原料、食品附加剂、食品包装材料(包括容器)的卫生标准(包括检验方法)。制定食品卫生标准,应当事先与有关主管部门协商一致",规定"食品生产、经营主管部门制定的食品产品标准,必须有卫生指标"。该条例将食品标准分为食品卫生标准和食品产品标准。1979 年国务院颁布《食品卫生管理条例》,引入了"食品卫生标准"的概念,其中又将食品卫生标准分为国家标准、部标准和地区标准。1982 年 11 月 19 日,五届全国人民代表大会常务委员会第二十五次会议通过的《食品卫生法(试行)》第五章"食品卫生标准和管理办法的制定",授权国务院卫生行政部门、省级人民政府制定相应的食品卫生标准。这时各界逐渐认识到通过食品标准来保障公众健康的意义,自 20 世纪 80 年代后,政府部门逐步加快了制定食品标准的步伐。1988 年 12 月 29 日颁布的《标准化法》将标准分为国家标准、行业标准、地方标准和企业标准四级。1995 年 10 月 30 日修订后颁布的《食品卫生法》,基本保留了 1982 年《食品卫生法(试行)》中对食品标准的规定。在 2009 年《食品安全法》颁布之前,我国食品行业有 1 070 项国家标准、1 164 项行业标准和 578 项进出口食品检验方法行业标准指标。

这个阶段在食品卫生管理的思路下所建构的食品安全标准法律制度,逐渐暴露出与现代市场经济和风险社会的不相适应之处。例如,在 2007 年发生在沈阳的"毒黄花菜"事件中,根据卫生部关于干菜类食品的卫生标准的规定,黄花菜的含硫量不能超过 0.035 毫克/千克,但根据农业部颁布的《无公害脱水蔬菜标准》规定,其二氧化硫残留量不得超过 100 毫克/千克,这暴露出食品卫生标准、食用农产品质量安全标准、食品质量标准、食品营养标准等之间的交叉与重复问题。而近年来陆续发生的苏丹红事件、三聚氰胺事件、面粉增白剂事件等,则反映出我国食品安全标准总体指标水平较低,内容不完备,食品安全标准与国际标准有较大差距,未能真正将风险分析作为制定食品安全标准的科学基础等共性问题。

（三）食品安全标准法律制度规范时期

在全球风险社会和食品安全监管的背景下，我国于 2009 年 2 月 28 日颁布了《食品安全法》，旨在从制度设计上保障食品安全，保障公众身体健康和生命安全。该法第 3 章"食品安全标准"，对食品安全标准的制定原则、标准性质、标准内容、制定程序等内容做了系统规定。

如前所述，在《食品安全法》颁行之前，我国食品安全标准处于政出多门的状态，农业部、卫生部、国家质量监督检验检疫总局分别负责制定食用农产品质量安全标准、食品卫生标准及食品质量标准，食品安全标准之间相互重复、相互冲突的现象非常突出。这不仅不利于消费者权益的保障，也让食品生产经营者无所适从。因此 2009 年 6 月 1 日起施行的《食品安全法》第 21 条、第 22 条规定，国务院卫生行政部门负责制定与公布食品安全国家标准，这也是唯一的强制性食品安全国家标准。国务院卫生行政部门应对现行食用农产品质量安全标准、食品卫生标准、食品质量标准和有关食品行业标准中强制执行的标准予以整合，统一公布为食品安全国家标准。

从 2008 年底至 2010 年，卫生部牵头会同农业部等部门成立了协调小组，由各监管部门、专业技术机构、大专院校、行业协会以及乳品企业等各方面的 70 多名专家组成专家组，对以往的 160 多项乳品标准进行了清理、整合、完善，统一为 66 项乳品安全国家标准，重点解决了以往乳品标准中存在的部分指标交叉、重复、矛盾，以及重要指标缺失等问题。2012 年 10 月 10 日卫生部办公厅发布《食品标准清理工作方案》，要求到 2013 年底，完成对食用农产品质量安全标准、食品卫生标准、食品质量标准以及行业标准中强制执行内容的分析整理和评估工作，提出现行相关食品标准或技术指标继续有效、整合或废止的清理意见。国务院办公厅印发的《2013 年食品安全重点工作安排》显示，将健全标准审评程序和制度，增强标准制定的透明度。2013 年底基本完成食品相关标准的清理，完善食品中致病微生物、食品添加剂使用、食品生产经营规范、农药兽药残留等方面的标准，制修订蜂蜜、食用植物油等产品标准和配套检验方法标准。2019 年 5 月 9 日，中共中央、国务院《关于深化改革加强食品安全工作的意见》要求建立最严谨的标准：加快制修订标准、创新标准工作机制、强化标准实施。

（四）食品安全标准法律制度完善时期

2009 年颁布的《食品安全法》对我国食品安全标准法律制度的进一步完善，起到了推动的作用。在纵向上建立起以国家标准为核心，地方标准、企业标准为补充的食品安全标准体系，但也逐渐暴露出一系列的问题。例如，2013 年 4 月"农夫山泉"标准门事件。[①] 农夫山泉饮用天然水执行的是浙江"DB 33/383—2005 瓶装饮用天然水"标准，而关于饮用水我国的各项标准中《生活饮用水标准》(GB 5749) 是要求最低的。对比两个标准发现，农夫山泉执行的标准中关于有害物质的限量甚至宽松于自来水。如国家《生活饮用水卫生标准》要求，砷、硒含量须小于（或等于）0.01 mglL，而浙江瓶装饮用天然水标准则为小于（或等于）0.05 mglL 即可。这一事件导致"国家标准""地方标准""企业标准"孰高孰低、孰对孰错争议不断。2012 年 6 月，内地某品牌黄酒在我国香港地区检出致癌物氨基甲酸乙酯，显示现行标准缺失酒中氨基甲酸乙酯的监管；同月，婴儿配方奶粉检出汞异常，消费者质疑汞为何未纳入奶粉检测指标；2021 年 8 月，多款方便面桶外层荧光物超标事件暴露了我国食品包装用纸标

① 百度百科：《农夫山泉标准门事件》，https://baike.baidu.com/item/农夫山泉标准门事件/12740794?fr＝ge_ala.

准的适用缺陷；同年 10 月，韩国农心泡面检出致癌物苯并芘，而我国未制定方便面中苯并芘限量标准。[①] 这些事例都暴露出当时食品安全标准结构松散，食品包装材料标准滞后，重要安全性标准缺失等问题。

针对《食品安全法》执行过程中出现的问题，2015 年 4 月 24 日，第十二届全国人民代表大会常务委员会第十四次会议修订通过《食品安全法》，其第 3 章"食品安全标准"涉及 9 个条款，对旧法中部分条款进行修改，对食品安全地方标准和企业标准的制定范围和权限作出明确限制，进一步从制度上确保了食品安全标准的统一。我国食品安全标准法律制度也逐步走向完善。

第二节　制定食品安全标准的原则

《食品安全法》第 24 条规定："制定食品安全标准，应当以保障公众身体健康为宗旨，做到科学合理、安全可靠。"这是关于食品安全标准制定原则的规定，同时也指出了食品安全标准要达到的要求。

一、保障公众身体健康是制定食品安全标准的宗旨

保障公众身体健康是制定食品安全法的根本目的。目前我国的食品安全总体状况良好，但仍存在不少问题。在农产品生产环节，存在农药、兽药、化肥、生长激素过量使用的情况。食用农产品中的有害物质残留随食物进入人体，危害人体健康。在食品生产加工环节，企业的质量安全控制与管理技术仍然较为落后，食品易受微生物等的污染，同时存在增色剂、调味剂、防腐剂等食品添加剂超量使用以及添加违禁物质等问题。这种状况使我国的食品安全标准面临挑战。针对我国的具体国情，制定科学合理、安全可靠的食品安全标准，保障公众身体健康，是食品安全标准制定工作的首要目标。

制定食品安全标准应当以保障公众身体健康为宗旨。危害物质的限量值、食品添加剂的品种与用量、食品标签和说明书、检验方法与规程等一切食品安全标准的制定都要围绕这一宗旨，贯彻这一宗旨，不能以制定食品安全标准为手段限制市场竞争、实现行业垄断、实行地方保护或者谋取部门利益。制定食品安全标准应当排除这些因素的干扰，一切以提高食品安全标准的科学性和安全性，保障公众身体健康为目的。

二、食品安全标准应当做到科学合理

只有制定和实施科学合理的食品安全标准，才能实现对食品安全的有效监控，提升食品安全整体水平。目前，我国食品安全标准体系逐步形成和完善，但是食品安全标准的科学性仍然有待提高。一方面，不同部门制定的标准之间不协调，存在交叉，甚至互相矛盾等问题。另一方面，标准的前期研究薄弱。某些有毒有害物质，如农药残留、重金属限量等方面的标准缺乏基础性研究，许多限量标准尚未考虑总暴露量在各类食品中的分配状况。

提高食品安全标准的科学性，一是要统一食品安全标准，整合有关食品安全的各种标

---

① 武艳如、路勇：《科学构建我国食品安全标准体系》，《中国标准化》2013 年第 5 期，第 59 页。

准,加强部门协调配合,避免各自为政、各立标准,消除不同标准之间的重复和冲突。二是要加强标准的基础性研究,开展食品安全风险监测和评估,提高标准的科学性和合理性。

提高食品安全标准的科学性还要创新标准制定工作机制。要提高标准制定工作的透明度和公众的参与程度,吸收有条件的社团、企业和专家参加标准的制定、修订工作,对于重要标准要充分听取社会各方面的意见。食品安全标准的立项、起草、审查等要全过程公开透明,接受社会监督。

三、食品安全标准应当做到安全可靠

食品安全标准的安全性要求食品中不存在危及公众身体健康的不合理因素。目前,我国的食品安全标准总体水平偏低,安全性亟待提高。某些标准的限量指标与国际标准相比,差距较大,指标水平偏低。某些重要领域至今尚未制定国家标准。

为此,我国要加快食品安全标准的制定和修订速度,提高食品安全标准的指标水平,保证食品安全标准的安全可靠。要根据我国目前的膳食、地理、环境、加工等影响因素和相关监测数据,在进行食品安全风险评估的基础上及时更新和补充食品安全相关标准,完善我国的食品安全标准体系。同时,要借鉴国际经验,加强对国际标准和国外先进标准的跟踪、研究。

第三节 食品安全国家标准

一、食品安全国家标准的概念

食品安全国家标准是指为了保证食品安全,由国务院卫生行政主管部门对食品生产经营过程中影响食品安全的各种要素以及各关键环节所规定的在全国范围内统一适用的食品安全标准。

为了规范食品安全国家标准,《食品安全法》规定了食品安全国家标准制定、公布的主体,规定了食品安全国家标准制定的要求和程序。此外,2023 年 11 月,国家卫健委公布了《食品安全标准管理办法》,自 2023 年 12 月 1 日起施行。

二、制定食品安全国家标准的依据

食品安全国家标准对食品生产经营活动具有重要的指导意义,因此食品安全国家标准的制定要经过严格的程序,汇总各方面信息,进行综合分析。根据《食品安全法》第 28 条的规定:"制定食品安全国家标准,应当依据食品安全风险评估结果并充分考虑食用农产品安全风险评估结果,参照相关的国际标准和国际食品安全风险评估结果,并将食品安全国家标准草案向社会公布,广泛听取食品生产经营者、消费者、有关部门等方面的意见。食品安全国家标准应当经国务院卫生行政部门组织的食品安全国家标准审评委员会审查通过。食品安全国家标准审评委员会由医学、农业、食品、营养、生物、环境等方面的专家以及国务院有关部门、食品行业协会、消费者协会的代表组成,对食品安全国家标准草案的科学性和实用性等进行审查。"因此,总的来说,食品安全国家标准的制定要做到科学合理、公开透明、安全可靠,还要充分考虑以下三方面。

（一）充分考虑食品安全风险评估结果，特别是食用农产品风险评估结果

食品安全风险评估，是指对食品，食品添加剂，食品中生物性、化学性和物理性危害因素对人体健康可能造成的不良影响所进行的科学评估，具体包括危害识别、危害特征描述、暴露评估、风险特征描述等四个阶段。食品安全风险评估结果，是指依据《食品安全法》第17条的规定，国务院卫生行政部门成立的由医学、农业、食品、营养等方面专家组成的食品安全风险评估专家委员会，运用科学方法，根据食品安全风险监测信息、科学数据以及有关信息，对食品，食品添加剂，食品相关产品中生物性、化学性和物理性危害因素进行的风险评估。食品安全风险评估结果是制定食品安全国家标准的重要依据，对食品安全国家标准的内容具有重要影响。食用农产品质量安全风险评估结果是指依据农产品质量安全法的规定，国务院农业行政部门设立由有关方面专家组成的农产品质量安全风险评估专家委员会，对供食用源于农业的初级产品质量安全的潜在危害进行风险分析和评估的结果。食用农产品的特点是未经加工或者经初级加工，可供直接食用，因此，制定食品安全国家标准时，对食用农产品的质量安全风险评估结果要予以充分考虑，防止、避免食用农产品因农药、兽药、肥料污染和有害因素对人体造成危害。

（二）参照相关的国际标准和国际食品安全风险评估结果

在全球经济一体化的背景下，我国在构建食品安全标准体系的时候要与国际食品安全标准系统接轨，要有利于推进食品安全领域标准体制和管理体制的改革与发展，从而有利于标准工作的科学管理。我国食品安全标准与国际标准不接轨主要表现在我国食品安全标准采用国际标准和国外先进标准的比例偏低。同时，我国的许多标准与国际标准之间存在较大差距，某些重要食品中有害物质的限量远低于国际标准，有时并不能真正起到食品安全控制的作用，也容易产生贸易壁垒，从而引发国际贸易争端。我国作为世界贸易组织的成员国，需要遵循《实施卫生与植物卫生措施协定》（SPS协定）的要求，"各成员国应保证其卫生与植物卫生措施的制定以对人类、动物或植物的生命或健康所进行的、适合有关情况的风险分析为基础，同时考虑有关国际组织制定的风险评估技术"。SPS协定明确规定了风险分析的地位。同时，WTO的基于科学、透明度和协调一致等原则均要求在制定标准的过程中应用风险分析。因此，在食品安全国家标准制定过程中，无论是为了保护公众的健康，还是促进公平的国际食品贸易，都必须重视国际标准和国际食品安全风险评估结果。当然，参照国际标准要慎重，要考虑我国的现实情况，避免盲目照搬；要经过多方分析和试验验证，再等同或修改转化为我国标准。

（三）综合食品生产经营者、消费者和有关部门等方面的意见

食品生产经营者和消费者作为食品的生产经营方和食品的直接食用方，食品安全标准的制定与他们有直接的利害关系。卫生行政部门在食品安全国家标准的制定过程中应当鼓励食品生产经营者和消费者参与，提出意见和建议。有关部门主要指农业行政部门、食品安全监督管理部门等。

三、食品安全国家标准的制定

（一）主体

根据《食品安全法》第27条的规定："食品安全国家标准由国务院卫生行政部门会同国

务院食品安全监督管理部门制定、公布。"《食品安全法实施条例》第 10 条规定："国务院卫生行政部门会同国务院食品安全监督管理、农业行政等部门制定食品安全国家标准规划及其年度实施计划。国务院卫生行政部门应当在其网站上公布食品安全国家标准规划及其年度实施计划的草案,公开征求意见。"2023 年 9 月 28 日国家卫生健康委员会公布《食品安全标准管理办法》,自 2023 年 12 月 1 日起施行。

2009 年《食品安全法》规定"食品安全国家标准由国务院卫生行政部门制定、公布";还规定国务院食品安全监督管理部门对食品生产经营活动实施监督管理。这一食品安全标准制定和执行两者分离的体制,在实践中遇到了问题,主要是一些急需的标准未能及时制定,不能满足食品安全和执法工作的需要。为使标准的制定和实践紧密结合,增强标准的科学性和可操作性,修订的《食品安全法》对食品安全国家标准的制定主体进行了调整,明确规定了食品安全国家标准由国务院卫生行政部门会同国务院食品安全监督管理部门制定、公布。同时为了保证国家标准编号的统一和连续,《食品安全法》第 27 条第 1 款还规定食品安全国家标准的编号由国务院标准化行政部门负责提供。

食品中农药残留、兽药残留的限量规定及其检验方法与规程由国务院卫生行政部门、国务院农业行政部门会同国务院食品安全监督管理部门制定。

屠宰畜、禽的检验规程由国务院农业行政部门会同国务院卫生行政部门制定。2013 年中央编办《关于农业部有关职责和机构编制调整的通知》对屠宰畜、禽的监管工作分工进行了调整,将商务部有关生猪屠宰监督管理职责划给农业部。因此,屠宰畜、禽的检验规程由国务院农业行政部门会同国务院卫生行政部门制定。

(二) 程序

根据《食品安全法》和《食品安全国家标准管理办法》的规定,食品安全国家标准制定工作包括规划、计划、立项、起草、审查、批准、发布以及修改与复审等。

1. 规划、计划和立项

国家卫健委会同国务院有关部门,根据食品安全国家标准规划制定年度实施计划,并公开征求意见。各有关部门认为本部门负责监管的领域需要制定食品安全国家标准的,应当在每年编制食品安全国家标准制定计划前,向国家卫健委提出立项建议。任何公民、法人和其他组织都可以提出食品安全国家标准立项建议。立项建议应当包括:要解决的主要食品安全问题、立项的背景和理由、现有食品安全风险监测和评估依据、可能产生的经济和社会影响、标准起草候选单位等。建议立项制定的食品安全国家标准,应当符合《食品安全法》第 26 条的规定。审评委员会根据食品安全标准工作需求,对食品安全国家标准立项建议进行研究,提出食品安全国家标准制定计划的咨询意见。列入食品安全国家标准年度制定计划的项目在起草过程中可以根据实际需要进行调整。根据食品安全风险评估结果证明食品存在安全隐患,或食品安全风险管理中发现重大问题,可以紧急增补食品安全国家标准制定项目。

2. 起草

国家卫健委采取招标、委托等形式,择优选择具备相应技术能力的单位承担食品安全国家标准起草工作。食品安全国家标准制定实行标准项目承担单位负责制,对标准起草的合法性、科学性和实用性负责,并提供相关食品安全风险评估依据和社会风险评估结果资料。鼓励跨部门、跨领域的专家和团队组成标准协作组参与标准起草、跟踪评价和宣传培训等工作。标准项目承担单位应当指定项目负责人。项目负责人应当在食品安全及相关领域具有较高的造诣和业务水平，熟悉国内外食品安全相关法律法规和食品安全标准。起草食品安全国家标准，应当依据食品安全风险评估结果并充分考虑食用农产品安全风险评估结果，符合我国经济社会发展水平和客观实际需要，参照相关的国际标准和国际食品安全风险评估结果。标准项目承担单位和项目负责人在起草过程中，应当深入调查研究，充分征求监管部门、行业协会学会、食品生产经营者等标准使用单位、有关技术机构和专家的意见。

3. 审查

《食品安全法》第 28 条第 2 款规定："食品安全国家标准应当经国务院卫生行政部门组织的食品安全国家标准审评委员会审查通过。食品安全国家标准审评委员会由医学、农业、食品、营养、生物、环境等方面的专家以及国务院有关部门、食品行业协会、消费者协会的代表组成，对食品安全国家标准草案的科学性和实用性等进行审查。"

食品安全国家标准按照以下程序审查：

（1）秘书处办公室初审：秘书处办公室负责对标准草案的合法性、科学性、规范性、与其他食品安全国家标准之间的协调性以及社会稳定风险评估等材料的完整性进行初审。

（2）专业委员会会议审查：专业委员会会议负责对食品安全国家标准送审稿的科学性、规范性、与其他食品安全国家标准和相关标准的协调性以及其他技术问题进行审查，对食品安全国家标准的合法性和社会稳定风险评估报告进行初审。专业委员会审查标准时，须有三分之二以上委员出席，采取协商一致的方式作出审查结论。在无法协商一致的情况下，应当在充分讨论的基础上进行表决。参会委员四分之三以上同意的方可作为会议审查通过结论。标准草案经专业委员会会议审查通过后，应当向社会公开征求意见，并按照规定履行向世界贸易组织的通报程序。

（3）技术总师会议审查：技术总师会议负责对专业委员会的审查结果以及与其他食品安全国家标准的衔接情况进行审查，对食品安全国家标准的合法性和社会稳定风险评估报告进行复审。

（4）合法性审查工作组审查：合法性审查工作组负责对标准的合法性、社会稳定风险评估报告进行审查。

（5）秘书长会议审查：秘书长会议负责食品安全国家标准的行政审查和合法性审查，协调相关部门意见。

秘书长会议审查通过后形成标准报批稿。必要时可提请召开主任会议审议。标准审查各环节产生严重分歧或发现涉及食品安全、社会风险等重大问题的，秘书处办公室可以提请秘书处组织专项审查，必要时作出终止标准制定程序等决定。

（6）主任会议审议。

4. 批准和发布

《食品安全法》第 31 条规定：省级以上人民政府卫生行政部门应当在其网站上公布制定和备案的食品安全国家标准，供公众免费查阅、下载；对食品安全标准执行过程中的问题，县级以上人民政府卫生行政部门应当会同有关部门及时给予指导、解答。其中，"有关部门"主要指食品安全监督管理部门、农业行政部门。《食品安全标准管理办法》规定，食品安全国家标准由国家卫生健康委会同国务院有关部门公布，由国家标准化管理委员会提供编号。食品安全国家标准公布和实施日期之间一般应设置一定时间的过渡期，供食品生产经营者和标准执行各方做好实施的准备。食品生产经营者根据需要可以在标准公布后的过渡期内提前实施标准,但应公开提前实施情况。国家卫健委负责食品安全国家标准的解释,标准解释与食品安全国家标准文本具有同等效力。食品安全国家标准及标准解释在国家卫健委网站上公布,供公众免费查阅、下载。

5. 跟踪评价

食品安全标准公布实施后并非一劳永逸,对食品安全标准在执行过程中的具体情况要跟踪评价,了解标准实施情况并进行分析和研究,提出标准实施和标准修订相关建议。《食品安全法》第 32 条规定了食品安全标准的跟踪评价制度,即:省级以上人民政府卫生行政部门应当会同同级食品安全监督管理、农业行政等部门,分别对食品安全国家标准和地方标准的执行情况进行跟踪评价,并根据评价结果及时修订食品安全标准;省级以上人民政府食品安全监督管理、农业行政等部门应当对食品安全标准执行中存在的问题进行收集、汇总,并及时向同级卫生行政部门通报;食品生产经营者、食品行业协会发现食品安全标准在执行中存在问题的,应当立即向卫生行政部门报告。

6. 修改和复审

食品安全国家标准公布后,个别内容需作调整时,以国家卫健委公告的形式发布食品安全国家标准修改单。食品安全国家标准实施后,审评委员会应当适时进行复审,提出继续有效、修订或者废止的建议。对需要修订的食品安全国家标准,应当及时纳入食品安全国家标准修订立项计划。国家卫健委应当组织有关部门、省级卫生健康主管部门和相关责任单位对标准的实施情况进行跟踪评价。任何公民、法人和其他组织均可以对标准实施过程中存在的问题提出意见和建议。

四、特别规定

国务院卫生行政部门应当会同国务院食品安全监督管理部门加快制定餐饮服务中食品添加剂使用品种、范围和使用量食品安全国家标准,以及食品安全监管执法中急需的食品安全国家标准。

第四节　食品安全地方标准

一、食品安全地方标准的概念

食品安全地方标准是指由省、自治区、直辖市人民政府卫生行政部门组织制定的,在该人民政府行政区域内适用的食品安全标准。现实中各地都存在一些地方特色食品,因为其存在于特定区域,其生产、流通、食用都限制于一定区域范围,短期内不可能或者也没有必要制定国家标准。但为了在特定区域范围内,促进和规范特定类型食品行业的发展,为地方食品监管部门提供执法依据,更好地保护当地消费者权益,可以制定食品安全地方标准。

食品安全地方标准编号由代号、顺序号和年代号三部分组成。汉语拼音字母"DBS"加上省、自治区、直辖市行政区划代码前两位数再加斜线,组成食品安全地方标准代号。如:DBS 22/025—2014,其中"DBS"代表食品安全地方标准,"22"为吉林省代号,"025"为顺序号，"2014"为年代号。

　　为规范食品安全地方标准管理工作，根据《食品安全法》及其实施条例，2011年卫生部组织制定了《食品安全地方标准管理办法》，于2011年3月2日颁布。《食品安全地方标准管理办法》共17条，自公布之日起施行。2016年11月4日国家卫生计生委发布《国家卫生计生委关于宣布失效第二批委文件的决定》予以废止。

二、食品安全地方标准的制定

（一）食品安全地方标准的制定范围

　　食品安全国家标准并非针对食品安全问题的"万灵丹"。针对生产、流通、食用都限制于特定区域范围，短期内不可能或者也没有必要制定国家标准的地方特色食品，需要制定相应的地方标准。《食品安全法》第29条规定："对地方特色食品，没有食品安全国家标准的，省、自治区、直辖市人民政府卫生行政部门可以制定并公布食品安全地方标准，报国务院卫生行政部门备案。食品安全国家标准制定后，该地方标准即行废止。"

　　由此可以看出《食品安全法》对制定食品安全地方标准的情形进行了限制，即仅没有食品安全国家标准的地方特色食品可以制定食品安全地方标准。也即，制定食品安全地方标准，须同时满足以下几个条件：

　　第一，该种食品为地方特色食品。非地方特色食品的其他食品不能制定地方标准。对于何为"地方特色食品"，《食品安全法》并未给出确切的解释。一般认为，生产、流通、食用均局限于特定区域内，具有较强的地方特色的食品。如江苏盱眙小龙虾、湖北武汉热干面、云南过桥米线等。

　　第二，针对该特色食品尚未制定食品安全国家标准。如果已有相应的国家标准，则应当执行国家标准。如特色食品地方标准制定公布后，国务院卫生行政部门、食品安全监督管理部门对该特色食品制定了相应的国家标准，则地方标准即行废止。这是为了避免出现地方标准与国家标准并行的情况，维护食品安全标准的唯一性。

　　第三，食品添加剂、食品相关产品和新食品原料、新资源食品、保健食品、特殊医学用途配方食品、婴幼儿配方食品等不得制定食品安全地方标准。因为，《食品安全地方标准管理办法》第3条第2款明确规定："食品安全地方标准包括食品及原料、生产经营过程的卫生要求、与食品安全有关的质量要求、检验方法与规程等食品安全技术要求。食品添加剂、食品相关产品、新资源食品、保健食品不得制定食品安全地方标准。"2019年发布的《食品安全法实施条例》第12条规定："保健食品、特殊医学用途配方食品、婴幼儿配方食品等特殊食品不属于地方特色食品，不得对其制定食品安全地方标准。"

（二）制定食品安全地方标准的主体

　　根据《食品安全法》的规定，省、自治区、直辖市人民政府卫生行政部门可以制定并公布食品安全地方标准。首先，只有省级卫生行政部门，即省、自治区、直辖市人民政府卫生行政部门，才可以组织制定并公布食品安全地方标准。其次，明确了由省级政府的卫生行政部门，而不是其他行政部门制定食品安全地方标准。当然，省级人民政府卫生行政部门在制定食品安全地方标准时，应当以保障公众健康为宗旨，以食品安全风险评估结果为依据，充分考虑地方食品特点和饮食习惯，做到科学合理、公开透明、安全可靠。

（三）制定食品安全地方标准的程序

1. 具体程序参照有关食品安全国家标准制定的规定

省、自治区、直辖市人民政府卫生行政部门组织制定食品安全地方标准，应当参照执行《食品安全法》有关食品安全国家标准制定的规定。

2. 食品安全地方标准的备案制度

省级卫生健康主管部门应当在食品安全地方标准公布之日起 30 个工作日内向国家卫健委提交备案。省级卫生健康主管部门对提交备案的食品安全地方标准的科学性、合法性和社会稳定性负责。提交备案的材料应当包括：食品安全地方标准发布公告、标准文本、编制说明、专家组论证意见、食品安全风险评估报告。专家组论证意见应当包括：地方特色食品的认定、食品类别的界定、安全性评估结论、与相关法律法规标准以及相关地方标准之间是否存在矛盾等。食品安全地方标准有以下情形的不予备案：

（1）现有食品安全国家标准已经涵盖的；

（2）不属于地方特色食品的安全要求、配套生产经营过程卫生要求或检验方法的；

（3）食品类别属于婴幼儿配方食品、特殊医学用途配方食品、保健食品的；

（4）食品类别属于列入国家药典的物质的（列入按照传统既是食品又是中药材物质目录的除外）；

（5）其他与法律、法规和食品安全国家标准相矛盾的情形。

国家卫健委发现备案的地方标准违反法律、法规或者食品安全国家标准的，应当及时予以纠正，省级卫生健康主管部门应当及时调整、修订或废止相应地方标准。地方标准公布实施后，如需制定食品安全国家标准的，应当按照食品安全国家标准工作程序制定。食品安全国家标准公布实施后，省级卫生健康主管部门应当及时废止相应的地方标准，将废止情况在网站公布并在 30 个工作日内报国家卫健委。

三、食品安全地方标准的适用范围

食品安全地方标准仅在制定该标准的省、自治区、直辖市人民政府行政区域内适用，食品生产经营者应当依照生产企业所在地的食品安全地方标准组织生产经营。食品安全国家标准公布实施后，相应的食品安全地方标准应当废止。省、自治区、直辖市人民政府卫生行政部门应当及时公布废止情况。

第五节　食品安全企业标准

一、食品安全企业标准的概念

食品安全企业标准，是生产食品的企业自己制定的，作为企业组织生产的依据，在企业内部适用的食品安全标准，属于企业标准的范畴。食品安全企业标准是作为食品安全第一责任人的企业在防范和降低经营风险的天然动力驱动下，主动制定的自我执行标准。自行制定并有效执行适当的食品安全企业标准有利于企业强化内部管理、提高效率、降低成本、保障企业声誉并控制经营风险、提高市场竞争力。

二、食品安全企业标准的制定

(一) 食品安全企业标准的制定主体

《食品安全法》第30条规定,国家鼓励食品生产企业制定严于食品安全国家标准或者地方标准的企业标准,在本企业适用。《食品安全法实施条例》第14条规定:"食品生产企业不得制定低于食品安全国家标准或者地方标准要求的企业标准。食品生产企业制定食品安全指标严于食品安全国家标准或者地方标准的企业标准的,应当报省、自治区、直辖市人民政府卫生行政部门备案。食品生产企业制定企业标准的,应当公开,供公众免费查阅。"

因此,食品安全企业标准的制定主体为实施该食品安全企业标准的企业。企业标准由企业法定代表人或者主要负责人批准后实施。食品生产企业应当对报备的企业标准负责。

(二) 食品安全企业标准的制定范围

《食品安全法》第30条规定:"国家鼓励食品生产企业制定严于食品安全国家标准或者地方标准的企业标准,在本企业适用,并报省、自治区、直辖市人民政府卫生行政部门备案。"该规定删除了旧法中"企业生产的食品没有食品安全国家标准或者地方标准的,应当制定企业标准,作为组织生产的依据"的规定。这是因为随着近年来食品安全国家标准整合工作的基本完成,食品安全横向标准基本完善,不存在没有食品安全国家标准或者地方标准的情况,所以删除了旧法中相应的规定。

由此可知,企业标准仅在如下情况下可以制定:

第一,该食品已有相应的食品安全国家标准或地方标准。

第二,企业标准必须严于国家标准或地方标准。因此,企业标准不是对相关国家标准、地方标准等已有标准的简单重复,而是应该结合企业自身实际情况制定出要求更高、更严格的条目,并适当多提出一些与消费者健康密切相关的项目要求。简单重复已有标准,或者仅仅增加几项对人体健康影响不大的常规理化指标,那就偏离了当初制定企业标准应有的目标,这样制定出来的企业标准也失去了其存在意义。

国家对企业标准采取鼓励而非强制的态度。企业采用的食品安全标准,对其自身提高食品安全水平及市场竞争力具有重要意义。国家标准或者地方标准由于要照顾到全国或全省、自治区、直辖市的平均水平,往往只规定了食品安全中最低的目标限值,是对被监管者设定的下限。而企业标准往往可以针对特定食品的属性设定更为严格的要求,使得企业标准"超过"国家或地方制定的标准。这不仅有助于保障食品安全,还有助于企业在市场中通过标准竞争而非不规范的手段获得优势地位,促进食品行业的技术转型和技术进步。在国外,很多大公司制定企业标准的目的,已不仅仅是捍卫食品安全,而是通过更高、更特定化的企业标准,来推行自己的品牌战略,通过产品的差别化定位来提高自己在食品市场中的竞争力。

三、食品安全企业标准的备案制度

根据《食品安全法》第30条的规定,企业制定食品安全企业标准应报省、自治区、直辖市人民政府卫生行政部门备案。《食品安全法实施条例》第14条规定:"食品生产企业不得制定低于食品安全国家标准或者地方标准要求的企业标准。食品生产企业制定食品安全指标严于食品安全国家标准或者地方标准的企业标准的,应当报省、自治区、直辖市人民政府卫生行政部门备案。食品生产企业制定企业标准的,应当公开,供公众免费查阅。"

据此,我国实行的是食品安全企业标准备案制度。所谓备案就是向主管机关报告事由存案以备查考。《标准化法》中对行业标准、地方标准、企业产品标准都规定了备案的要求。企业食品安全标准备案的目的:一是当发生质量纠纷时,可作为仲裁检验的依据;二是保证各级标准的协调统一,维护国家标准的权威性与统一性;三是消除企业无标生产现象,是国家对企业生产情况进行监督检查的依据。为规范食品安全企业标准备案,卫生部于 2009 年 6 月 10 日公布了《食品安全企业标准备案办法》。2016 年 11 月 4 日国家卫生计生委发布《国家卫生计生委关于宣布失效第二批委文件的决定》予以废止。

第六章

食品生产经营监管制度

第一节 食品生产经营的一般规定

一、食品生产经营卫生条件

按照食品安全标准进行生产经营活动是对食品生产经营者最基本、最核心的要求。此外,为保证食品安全,防止有毒有害物质进入食品造成食品污染,引发食物中毒或食源性疾病的发生,食品生产经营还必须符合食品卫生要求。《食品安全法》第 33 条对食品生产经营的卫生要求作了详细规定。

(1) 食品生产经营的环境卫生要求:具有与生产经营的食品品种、数量相适应的食品原料处理和食品加工、包装、贮存等场所,保持该场所环境整洁,并与有毒、有害场所以及其他污染源保持规定的距离。

(2) 食品生产经营的卫生设施要求:具有与生产经营的食品品种、数量相适应的生产经营设备或者设施,有相应的消毒、更衣、盥洗、采光、照明、通风、防腐、防尘、防蝇、防鼠、防虫、洗涤以及处理废水、存放垃圾和废弃物的设备或者设施。

(3) 食品安全专业技术人员、管理人员和规章制度要求:有专职或者兼职的食品安全专业技术人员、食品安全管理人员和保证食品安全的规章制度。

(4) 设备布局和工艺流程的卫生要求:具有合理的设备布局和工艺流程,防止待加工食品与直接入口食品、原料与成品交叉污染,避免食品接触有毒物、不洁物。

(5) 餐具等的消毒要求:餐具、饮具和盛放直接入口食品的容器,使用前应当洗净、消毒,炊具、用具用后应当洗净,保持清洁。

(6) 食品贮存、运输和装卸中的卫生要求:贮存、运输和装卸食品的容器、工具和设备应当安全、无害,保持清洁,防止食品污染,并符合保证食品安全所需的温度、湿度等特殊要求,不得将食品与有毒、有害物品一同运输。此外,非食品生产经营者从事食品贮存、运输和装卸的,也应当符合上述要求。

(7) 食品的包装卫生要求:直接入口的食品应当使用无毒、清洁的包装材料、餐具、饮具和容器。

(8) 食品生产经营人员的卫生要求:食品生产经营人员应当保持个人卫生,生产经营食品时,应当将手洗净,穿戴清洁的工作衣、帽等;销售无包装的直接入口食品时,应当使用无毒、清洁的容器、售货工具和设备。

(9) 食品用水的卫生要求:用水应当符合国家规定的生活饮用水卫生标准。

(10) 洗涤剂、消毒剂的卫生要求:使用的洗涤剂、消毒剂应当对人体安全、无害。

（11）法律、法规规定的其他要求。

食品生产经营种类繁多，上述规定不能涵盖全部类型的食品生产经营的卫生要求，针对特定种类的食品生产经营，有必要制定专门法律法规就此作出规定。对此，从事该特定种类食品生产经营的企业应遵守这些法律法规的特别规定。

❓ 案例

杭州某餐饮管理有限公司与杭州市拱墅区市场监督管理局行政诉讼案[①]

案件梗概：

杭州某餐饮管理有限公司成立于 2018 年 7 月 2 日，经营范围为餐饮管理，食品的批发、零售，食品技术的咨询、成果转让，面条制售（不产生油烟、异味、废气），登记中注明依法须经批准的项目，经相关部门批准后方可开展经营活动。2019 年 5 月 9 日，杭州某餐饮管理有限公司向杭州市拱墅区市场监督管理局书面提交了食品经营许可申请，包括食品经营许可证申请书、营业执照复印件等材料，申请经营场所为杭州市拱墅区隐秀路×××号运河天悦府×幢×××室；主体业态为餐饮服务经营者，经营项目为热食类食品制售（包括中式、西式餐、小吃、烧烤、火锅等）以及预包装食品（含冷藏冷冻食品）销售。杭州市拱墅区市场监督管理局当场受理了其许可申请。2019 年 5 月 13 日，杭州市拱墅区市场监督管理局对杭州某餐饮管理有限公司申请的经营场所进行现场核查，并向该经营场所所在运河天悦府小区的物业服务公司北京凯莱物业管理有限公司杭州分公司核实，查明案涉经营场所位于居民住宅楼一层，未接驳燃气管道及排烟管道。案涉经营场所运河天悦府×幢×××室的《浙江省商品房买卖合同》（合同编号×××预 13×××）载明："本次销售所有商业网点无煤气、烟道，不能作为餐饮经营业态使用，乙方对此知晓并同意。"2019 年 5 月 13 日，杭州市拱墅区市场监督管理局作出《不予许可决定书》并于当日送达杭州某餐饮管理有限公司。杭州某餐饮管理有限公司对杭州市拱墅区市场监督管理局的决定不服，向法院提起行政诉讼。

思考题：本案中杭州某餐饮管理有限公司存在什么不符合食品生产经营卫生条件之处？

二、食品生产经营禁止性规定

食品中不安全的因素很多，可以分为物理因素、化学因素和生物因素等。有些不安全因素是食品本身所固有的，如谷物和坚果中的过敏原。然而，环境和卫生条件差造成的污染则更多见。真菌产生的毒素和其他微生物如大肠杆菌、李斯特菌及幽门弯曲菌等造成的污染尤其值得重视。农药和兽药是另外两个较大的食品安全影响因素，其残留形式和毒性是消费者关注的最直观的问题。[②] 此外，食品添加剂、食品相关产品不符合法律、法规或者食品安全标准的要求，也会影响食品安全。为避免有毒物质和食品污染对人体造成危害，预防食品安全事故的发生，《食品安全法》第 34 条详细列举规定了禁止生产经营的食品、食品添加剂、食品相关产品。具体包括：

（1）用非食品原料生产的食品或者添加食品添加剂以外的化学物质和其他可能危害人

---

① 北大法宝数据库"浙江省杭州市拱墅区人民法院行政判决书（2019）浙 0105 行初 24 号"，【法宝引证码】CLI. C. 96728858。

② 钱建亚、熊强主编《食品安全概论》，东南大学出版社，2006 年，第 2 页。

体健康物质的食品,或者用回收食品作为原料生产的食品。

（2）致病性微生物,农药残留、兽药残留、生物毒素、重金属等污染物质以及其他危害人体健康的物质含量超过食品安全标准限量的食品、食品添加剂、食品相关产品。此外,食品添加剂、食品相关产品中危害人体健康的物质含量超过食品安全标准限量的,同样对人体有害,因此也予以禁止生产经营。

（3）用超过保质期的食品原料、食品添加剂生产的食品、食品添加剂。

（4）超范围、超限量使用食品添加剂的食品。

（5）营养成分不符合食品安全标准的专供婴幼儿和其他特定人群的主辅食品。

（6）腐败变质、油脂酸败、霉变生虫、污秽不洁、混有异物、掺假掺杂或者感官性状异常的食品、食品添加剂。

（7）病死、毒死或者死因不明的禽、畜、兽、水产动物肉类及其制品。

（8）未按规定进行检疫或者检疫不合格的肉类,或者未经检验或者检验不合格的肉类制品。

（9）被包装材料、容器、运输工具等污染的食品、食品添加剂。

（10）标注虚假生产日期、保质期或者超过保质期的食品、食品添加剂。

（11）无标签的预包装食品、食品添加剂。

（12）国家为防病等特殊需要明令禁止生产经营的食品。

（13）其他不符合法律、法规或者食品安全标准的食品、食品添加剂、食品相关产品。此条是对上述十二项情形规定之补充,以防止具体列举之不足。

❓案例

刘某某与某仓储超市有限公司荆州店产品责任纠纷案①

案件梗概：

刘某某于 2018 年 8 月 9 日在某仓储超市有限公司荆州店购买"妙可蓝多黄油"16 包,单价 26.8 元,合计 428.8 元。该产品外包装上标注,生产日期 2018 年 2 月 2 日,保质期截止日期 2019 年 7 月 30 日,保质期 18 个月。刘某某认为,涉案产品外包装标注的保质期为 18 个月,生产日期为 2018 年 2 月 2 日,保质期截止于 2019 年 7 月 30 日,而若按标注的时间计算保质期应为 2019 年 8 月 1 日,故该产品的生产日期与保质期截止日期、保质期 18 个月自相矛盾,违反了《食品安全法》《预包装食品标签通则》(GB 7718—2011)的预包装食品标签应真实准确的强制性规定,应属于不符合食品安全标准的食品,某仓储超市有限公司荆州店作为该产品经营者在进货时未尽到进货查验义务,销售了不符合食品安全标准的产品。刘某某故而向法院提起诉讼,要求某仓储超市有限公司荆州店退还货款 428.8 元及支付价款十倍赔偿金 4 288 元。

思考题：

（1）涉案商品同时标注了保质期 18 个月与保质期截止日期,两个时间相差两日,而保质期截止日期比保质期 18 个月早两日,此种做法是否违反《食品安全法》第 34 条第 10 项的

---

① 北大法宝数据库"湖北省荆州市中级人民法院民事判决书(2021)鄂 10 民终 2635 号",【法宝引证码】CLI. C. 405834264。

规定? 为什么?

（2）如果是保质期截止日期比保质期18个月晚两日,此种做法是否违反《食品安全法》第34条第10项的规定? 为什么?

三、食品生产经营许可制度

（一）食品生产经营许可制度的设定

《食品安全法》第35条第1款规定,我国食品生产经营实行许可制度。从事食品生产、食品销售、餐饮服务,应当依法取得许可。在上述一般性规定外,又例外规定了销售食用农产品,不需要取得许可。这一规定系从当前我国食用农产品销售的实际出发作出的。目前,在我国农村一家一户分散经营占多数,农民个人销售其自产的食用农产品很常见。由于农村地域分布广,且农民自产食用农产品具有很强的季节性,如果都要求办理食用农产品销售许可,难度很大。考虑到农村的实际情况,规定对这种情况不需要取得销售许可。但这仅适用于农民个人,不包括依法登记的农民专业合作社。此外,从"放管服"相结合、减少制度性交易成本出发,还规定"仅销售预包装食品"只需要履行备案手续,不需要取得许可。

食品生产经营许可性质上属行政许可,是《食品安全法》设定的行政许可事项,受《行政许可法》规范。之所以对食品生产经营设定行政许可,是因为食品安全关系到千家万户的生命健康财产安全,甚至关系到国民经济的平稳运行。[①] 在食品安全法中针对食品生产经营设置各种许可,主要是为了起到以下作用:一是事前防范风险,通过事前控制市场主体进入特定市场交易的资格,从源头上减少危害社会整体利益事件的发生;二是为了有效配置资源,防止过度竞争,避免出现无序竞争进而损害消费者;三是遏制信息不对称,通过赋予经营者合法从事食品生产经营活动的资格,向社会公众提供其经济活动实力的信息。

为规范食品生产经营许可活动,作为国务院食品安全监督管理部门的国家市场监督管理总局根据《行政许可法》《食品安全法》《食品安全法实施条例》等法律法规,先后制定了《食品生产许可管理办法》《食品经营许可和备案管理办法》。

根据《食品生产许可管理办法》的规定,食品生产许可实行一企一证原则,即同一个食品生产者从事食品生产活动,应当取得一个食品生产许可证。市场监督管理部门按照食品的风险程度,结合食品原料、生产工艺等因素,对食品生产实施分类许可。

根据《食品经营许可和备案管理办法》的规定,在中国境内从事食品销售和餐饮服务活动,应当依法取得食品经营许可。但"下列情形不需要取得食品经营许可:(一)销售食用农产品;(二)仅销售预包装食品;(三)医疗机构、药品零售企业销售特殊医学用途配方食品中的特定全营养配方食品;(四)已经取得食品生产许可的食品生产者,在其生产加工场所或者通过网络销售其生产的食品;(五)法律、法规规定的其他不需要取得食品经营许可的情形。除上述情形外,还开展其他食品经营项目的,应当依法取得食品经营许可"。而"仅销售预包装食品的,应当报所在地县级以上地方市场监督管理部门备案"。但"仅销售预包装食品的食品经营者在办理备案后,增加其他应当取得食品经营许可的食品经营项目的,应当依法取得食品经营许可;取得食品经营许可之日起备案自行失效"。食品经营者在不同经营场所从

[①] 王艳林主编《中华人民共和国食品安全法实施问题》,中国计量出版社,2009年,第133页。

事食品经营活动的,应当依法分别取得食品经营许可或者进行备案。

《食品经营许可和备案管理办法》从降低制度性成本出发,对食品经营许可和备案做了一些便利性规定。食品经营者已经取得食品经营许可,增加预包装食品销售的,不需要另行备案。已经取得食品生产许可的食品生产者在其生产加工场所或者通过网络销售其生产的预包装食品的,不需要另行备案。医疗机构、药品零售企业销售特殊医学用途配方食品中的特定全营养配方食品不需要备案,但是向医疗机构、药品零售企业销售特定全营养配方食品的经营企业,应当取得食品经营许可或者进行备案。通过自动设备从事食品经营活动或者仅从事食品经营管理活动的,取得一个经营场所的食品经营许可或者进行备案后,即可在本省级行政区域内的其他经营场所开展已取得许可或者备案范围内的经营活动。利用自动设备跨省经营的,则应当分别向经营者所在地和自动设备放置地点所在地省级市场监督管理部门报告。跨省从事食品经营管理活动的,应当分别向经营者所在地和从事经营管理活动所在地省级市场监督管理部门报告。

(二) 食品生产经营许可管理体制

《食品安全法》第5条第2款规定,国务院食品安全监督管理部门依照《食品安全法》和国务院规定的职责,对食品生产经营活动实施监督管理。顺应这一监管体制,《食品安全法》第35条第2款规定由县级以上地方人民政府食品安全监督管理部门负责进行审核并作出是否准许的决定。《食品生产许可管理办法》《食品经营许可和备案管理办法》则分别对国家市场监督管理总局,省、自治区、直辖市市场监督管理部门,市、县级市场监督管理部门的食品生产许可管理职责与食品经营许可和备案管理职责作了具体规定。

根据《食品生产许可管理办法》的规定,国家市场监督管理总局负责监督指导全国食品生产许可管理工作。县级以上地方市场监督管理部门负责本行政区域内的食品生产许可监督管理工作。省、自治区、直辖市市场监督管理部门可以根据食品类别和食品安全风险状况,确定市、县级市场监督管理部门的食品生产许可管理权限。保健食品、特殊医学用途配方食品、婴幼儿配方食品、婴幼儿辅助食品、食盐等食品的生产许可,由省、自治区、直辖市市场监督管理部门负责。

根据《食品经营许可和备案管理办法》的规定,国家市场监督管理总局负责指导全国食品经营许可和备案管理工作。县级以上地方市场监督管理部门负责本行政区域内的食品经营许可和备案管理工作。省、自治区、直辖市市场监督管理部门可以根据食品经营主体业态、经营项目和食品安全风险状况等,结合食品安全风险管理实际,确定本行政区域内市场监督管理部门的食品经营许可和备案管理权限。

(三) 食品生产经营许可条件

《食品生产许可管理办法》《食品经营许可和备案管理办法》根据《食品安全法》的规定,结合食品生产、经营的具体情况,分别对取得食品生产许可、食品经营许可的条件进行了合乎各自食品生产经营特点的具体规定。

1. 食品生产许可条件

《食品生产许可管理办法》第12条规定,申请食品生产许可,应当符合下列条件:①具有与生产的食品品种、数量相适应的食品原料处理和食品加工、包装、贮存等场所,保持该场所环境整洁,并与有毒、有害场所以及其他污染源保持规定的距离;②具有与生产的食品品种、数量相适应的生产设备或者设施，有相应的消毒、更衣、盥洗、采光、照明、通风、防腐、防尘、防蝇、防鼠、防虫、洗涤以及处理废水、存放垃圾和废弃物的设备或者设施；保健食品生产工艺有原料提取、纯化等前处理工序的，需要具备与生产的品种、数量相适应的原料前处理设备或者设施；③有专职或者兼职的食品安全专业技术人员、食品安全管理人员和保证食品安全的规章制度；④具有合理的设备布局和工艺流程，防止待加工食品与直接入口食品、原料与成品交叉污染，避免食品接触有毒物、不洁物；⑤法律、法规规定的其他条件。

2. 食品经营许可条件

《食品经营许可和备案管理办法》第12条规定，申请食品经营许可，应当符合与其主体业态、经营项目相适应食品安全要求，具备下列条件：①具有与经营的食品品种、数量相适应的食品原料处理和食品加工、销售、贮存等场所，保持该场所环境整洁，并与有毒、有害场所以及其他污染源保持规定的距离；②具有与经营的食品品种、数量相适应的经营设备或者设施，有相应的消毒、更衣、盥洗、采光、照明、通风、防腐、防尘、防蝇、防鼠、防虫、洗涤以及处理废水、存放垃圾和废弃物的设备或者设施；③有专职或者兼职的食品安全总监、食品安全员等食品安全管理人员和保证食品安全的规章制度；④具有合理的设备布局和工艺流程，防止待加工食品与直接入口食品、原料与成品交叉污染，避免食品接触有毒物、不洁物；⑤食品安全相关法律、法规规定的其他条件。此外，从事食品经营管理的，应当具备与其经营规模相适应的食品安全管理能力，建立健全食品安全管理制度，并按照规定配备食品安全管理人员，对其经营管理的食品安全负责。

（四）食品生产经营许可程序

根据《食品生产许可管理办法》《食品经营许可和备案管理办法》的规定，食品生产许可程序包括申请与受理、审查与决定、变更、延续与注销等环节，食品经营许可程序包括申请与受理、审查与决定、变更、延续、补办与注销等环节。

1. 食品生产许可程序

1）申请与受理

申请食品生产许可应当先行取得营业执照等合法主体资格，企业法人、合伙企业、个人独资企业、个体工商户等，以营业执照载明的主体作为申请人。申请食品生产许可，应当按照《食品生产许可管理办法》规定的食品类别提出，向申请人所在地县级以上地方市场监督管理部门提交规定的材料。申请人申请生产多个类别食品的，由申请人按照省级市场监督管理部门确定的食品生产许可管理权限，自主选择其中一个受理部门提交申请材料。

县级以上地方市场监督管理部门对申请人提出的食品生产许可申请，应当根据情况分别作出不受理、允许申请人当场更正申请材料的错误、告知申请人补正申请材料、受理等处理。县级以上地方市场监督管理部门对申请人提出的申请决定予以受理的，应当出具受理通知书；决定不予受理的，应当出具不予受理通知书，说明不予受理的理由，并告知申请人依法享有申请行政复议或者提起行政诉讼的权利。

2）审查与决定

县级以上地方市场监督管理部门应当对申请人提交的申请材料进行审查。需要对申请材料的实质内容进行核实的，应当进行现场核查。申请保健食品、特殊医学用途配方食品、婴幼儿配方乳粉生产许可，在产品注册或者产品配方注册时经过现场核查的项目，可以不再重复进行现场核查。市场监督管理部门可以委托下级市场监督管理部门，对受理的食品生产许可申请进行现场核查。特殊食品生产许可的现场核查原则上不得委托下级市场监督管理部门实施。

县级以上地方市场监督管理部门认为食品生产许可申请涉及公共利益的重大事项,需要听证的,应当向社会公告并举行听证。食品生产许可直接涉及申请人与他人之间重大利益关系的,县级以上地方市场监督管理部门在作出行政许可决定前,应当告知申请人、利害关系人享有要求听证的权利。申请人、利害关系人在被告知听证权利之日起5个工作日内提出听证申请的,市场监督管理部门应当在20个工作日内组织听证。

县级以上地方市场监督管理部门应当根据申请材料审查和现场核查等情况在法定期限内作出决定。对符合条件的,作出准予生产许可的决定,并自作出决定之日起5个工作日内向申请人颁发食品生产许可证;对不符合条件的,应当及时作出不予许可的书面决定并说明理由,同时告知申请人依法享有申请行政复议或者提起行政诉讼的权利。

食品生产许可证发证日期为许可决定作出的日期,有效期为5年。

3) 变更、延续与注销

食品生产许可证有效期内,食品生产者名称、现有设备布局和工艺流程、主要生产设备设施、食品类别等事项发生变化,需要变更食品生产许可证载明的许可事项的,食品生产者应当在变化后10个工作日内向原发证的市场监督管理部门提交规定的申请材料,提出变更申请。

食品生产者的生产场所迁址的,应当重新申请食品生产许可。食品生产许可证副本载明的同一食品类别内的事项发生变化的,食品生产者应当在变化后10个工作日内向原发证的市场监督管理部门报告。食品生产者的生产条件发生变化,不再符合食品生产要求,需要重新办理许可手续的,应当依法办理。

市场监督管理部门决定准予变更的,应当向申请人颁发新的食品生产许可证。食品生产许可证编号不变,发证日期为市场监督管理部门作出变更许可决定的日期,有效期与原证书一致。但是,对因迁址等原因而进行全面现场核查的,其换发的食品生产许可证有效期自发证之日起计算。因食品安全国家标准发生重大变化,国家和省级市场监督管理部门决定组织重新核查而换发的食品生产许可证,其发证日期以重新批准日期为准,有效期自重新发证之日起计算。

食品生产者需要延续依法取得的食品生产许可的有效期的,应当在该食品生产许可有效期届满30个工作日前,向原发证的市场监督管理部门提交规定的申请材料,提出申请。申请人声明生产条件未发生变化的,县级以上地方市场监督管理部门可以不再进行现场核查。申请人的生产条件及周边环境发生变化,可能影响食品安全的,市场监督管理部门应当就变化情况进行现场核查。保健食品、特殊医学用途配方食品、婴幼儿配方食品注册或者备案的生产工艺发生变化的,应当先办理注册或者备案变更手续。

市场监督管理部门决定准予延续的,应当向申请人颁发新的食品生产许可证,许可证编号不变,有效期自市场监督管理部门作出延续许可决定之日起计算。不符合许可条件的,市场监督管理部门应当作出不予延续食品生产许可的书面决定,并说明理由。

食品生产者终止食品生产,食品生产许可被撤回、撤销,应当在20个工作日内向原发证的市场监督管理部门申请办理注销手续。食品生产许可被注销的,许可证编号不得再次使用。有下列情形之一,食品生产者未按规定申请办理注销手续的,原发证的市场监督管理部门应当依法办理食品生产许可注销手续,并在网站进行公示:①食品生产许可有效期届满未申请延续的;②食品生产者主体资格依法终止的;③食品生产许可依法被撤回、撤销或者食品生产许可证依法被吊销的;④因不可抗力导致食品生产许可事项无法实施的;⑤法律法规规定的应当注销食品生产许可的其他情形。

食品生产许可证变更、延续与注销的有关程序参照有关食品生产许可的申请与受理、审查与决定的规定执行。

2. 食品经营许可程序

1) 申请与受理

申请食品经营许可,应当先行取得营业执照等合法主体资格,企业法人、合伙企业、个人独资企业、个体工商户等,以营业执照载明的主体作为申请人,机关、事业单位、社会团体、民办非企业单位、企业等申办食堂,以机关或者事业单位法人登记证、社会团体登记证或者营业执照等载明的主体作为申请人。

申请食品经营许可,应当按照食品经营主体业态和经营项目分类提出。食品经营主体业态分为食品销售经营者、餐饮服务经营者、集中用餐单位食堂。食品经营者从事食品批发销售、中央厨房、集体用餐配送的,利用自动设备从事食品经营的,或者学校、托幼机构食堂,应当在主体业态后以括号标注。主体业态以主要经营项目确定,不可以复选。食品经营项目分为食品销售、餐饮服务、食品经营管理三类。食品经营项目可以复选。食品销售,包括散装食品销售、散装食品和预包装食品销售。餐饮服务,包括热食类食品制售、冷食类食品制售、生食类食品制售、半成品制售、自制饮品制售等,其中半成品制售仅限中央厨房申请。食品经营管理,包括食品销售连锁管理、餐饮服务连锁管理、餐饮服务管理等。食品经营者从事散装食品销售中的散装熟食销售、冷食类食品制售中的冷加工糕点制售和冷荤类食品制售应当在经营项目后以括号标注。具有热、冷、生、固态、液态等多种情形,难以明确归类的食品,可以按照食品安全风险等级最高的情形进行归类。申请人应当如实向县级以上地方市场监督管理部门提交有关材料并反映真实情况,对申请材料的真实性负责。

县级以上地方市场监督管理部门对申请人提出的食品经营许可申请,应当根据情况分别作出不受理、允许申请人当场更正申请材料的错误、告知申请人补正申请材料、受理等处理。县级以上地方市场监督管理部门对申请人提出的申请决定予以受理的,应当出具受理通知书;当场作出许可决定并颁发许可证的,不需要出具受理通知书;决定不予受理的,应当出具不予受理通知书,说明理由,并告知申请人依法享有申请行政复议或者提起行政诉讼的权利。

2) 审查与决定

县级以上地方市场监督管理部门应当对申请人提交的许可申请材料进行审查。需要对申请材料的实质内容进行核实的,应当进行现场核查。食品经营许可申请包含预包装食品销售的,对其中的预包装食品销售项目不需要进行现场核查。上级地方市场监督管理部门可以委托下级地方市场监督管理部门,对受理的食品经营许可申请进行现场核查。

县级以上地方市场监督管理部门认为食品经营许可申请涉及公共利益的重大事项,需要听证的,应当向社会公告并举行听证。食品经营许可直接涉及申请人与他人之间重大利益关系的,县级以上地方市场监督管理部门在作出行政许可决定前,应当告知申请人、利害关系人享有要求听证的权利。申请人、利害关系人提出听证申请的,市场监督管理部门应当组织听证。

　　县级以上地方市场监督管理部门应当根据申请材料审查和现场核查等情况在法定期限内作出是否准予行政许可的决定。对符合条件的,作出准予行政许可的决定,并自作出决定之日起 5 个工作日内向申请人颁发食品经营许可证;对不符合条件的,应当作出不予许可的决定,说明理由,并告知申请人依法享有申请行政复议或者提起行政诉讼的权利。

　　食品经营许可证发证日期为许可决定作出的日期,有效期为 5 年。

　　3) 变更、延续、补办与注销

　　食品经营许可证载明的事项发生变化的,食品经营者应当在变化后 10 个工作日内向原发证的市场监督管理部门食品经营者提交食品经营许可变更申请书,以及与变更食品经营许可事项有关的材料,申请变更食品经营许可。食品经营者地址迁移,不在原许可经营场所从事食品经营活动的,应当重新申请食品经营许可。

　　发生下列情形的,食品经营者应当在变化后 10 个工作日内向原发证的市场监督管理部门报告:①食品经营者的主要设备设施、经营布局、操作流程等发生较大变化,可能影响食品安全的;②从事网络经营情况发生变化的;③外设仓库(包括自有和租赁)地址发生变化的;④集体用餐配送单位向学校、托幼机构供餐情况发生变化的;⑤自动设备放置地点、数量发生变化的;⑥增加预包装食品销售的。符合前述第一项、第五项情形的,县级以上地方市场监督管理部门应当在收到食品经营者的报告后 30 个工作日内对其实施监督检查,重点检查食品经营实际情况与报告内容是否相符、食品经营条件是否符合食品安全要求等。

　　食品经营者需要延续依法取得的食品经营许可有效期的,应当在该食品经营许可有效期届满前 90 个工作日至 15 个工作日期间,向原发证的市场监督管理部门提交食品经营许可延续申请书,以及与延续食品经营许可事项有关的其他材料,提出申请。县级以上地方市场监督管理部门应当根据被许可人的延续申请,在该食品经营许可有效期届满前作出是否准予延续的决定。在食品经营许可有效期届满前 15 个工作日内提出延续许可申请的,原食品经营许可有效期届满后,食品经营者应当暂停食品经营活动,原发证的市场监督管理部门作出准予延续的决定后,方可继续开展食品经营活动。

　　县级以上地方市场监督管理部门应当对变更或者延续食品经营许可的申请材料进行审查。申请人的经营条件发生变化或者增加经营项目,可能影响食品安全的,市场监督管理部门应当就变化情况进行现场核查。申请变更或者延续食品经营许可时,申请人声明经营条件未发生变化、经营项目减项或者未发生变化的,市场监督管理部门可以不进行现场核查,对申请材料齐全、符合法定形式的,当场作出准予变更或者延续食品经营许可决定。未现场核查的,县级以上地方市场监督管理部门应当自申请人取得食品经营许可之日起 30 个工作日内对其实施监督检查。现场核查发现实际情况与申请材料内容不相符的,食品经营者应当立即采取整改措施,经整改仍不相符,依法撤销变更或者延续食品经营许可决定。

　　原发证的市场监督管理部门决定准予变更的,应当向申请人颁发新的食品经营许可证。食品经营许可证编号不变,发证日期为市场监督管理部门作出变更许可决定的日期,有效期与原证书一致。不符合许可条件的,原发证的市场监督管理部门应当作出不予变更食品经营许可的书面决定,说明理由,并告知申请人依法享有申请行政复议或者提起行政诉讼的权利。

　　原发证的市场监督管理部门决定准予延续的,应当向申请人颁发新的食品经营许可证,许可证编号不变,有效期自作出延续许可决定之日起计算。不符合许可条件的,原发证的市场监督管理部门应当作出不予延续食品经营许可的书面决定,说明理由,并告知申请人依法享有申请行政复议或者提起行政诉讼的权利。

食品经营许可证遗失、损坏,应当向原发证的市场监督管理部门申请补办,并提交下列材料:①食品经营许可证补办申请书;②书面遗失声明或者受损坏的食品经营许可证。材料符合要求的,县级以上地方市场监督管理部门应当在受理后 10 个工作日内予以补发。因遗失、损坏补发的食品经营许可证,许可证编号不变,发证日期和有效期与原证书保持一致。

食品经营者申请注销食品经营许可的,应当向原发证的市场监督管理部门提交食品经营许可注销申请书,以及与注销食品经营许可有关的其他材料。食品经营者取得纸质食品经营许可证正本、副本的,应当同时提交。有下列情形之一,原发证的市场监督管理部门应当依法办理食品经营许可注销手续:①食品经营许可有效期届满未申请延续的;②食品经营者主体资格依法终止的;③食品经营许可依法被撤回、撤销或者食品经营许可证依法被吊销的;④因不可抗力导致食品经营许可事项无法实施的;⑤法律、法规规定的应当注销食品经营许可的其他情形。食品经营许可被注销的,许可证编号不得再次使用。

食品经营许可证变更、延续、补办与注销的有关程序参照食品经营许可证的申请与受理、审查与决定的有关规定执行。

❓ 案例

蒋某某与宝应县市场监督管理局行政诉讼案[①]

案件梗概:

2018 年 3 月,陈某某承租韩某某坐落于宝应县安宜镇花园路上庄小区××号楼二层房屋,拟用于经营餐饮开办某某醉酒馆。2018 年 6 月 4 日,陈某某向宝应县市场监督管理局提交了申请个体工商户营业执照、食品经营许可证的材料。宝应县市场监督管理局收到陈某某的申请材料后,对其材料进行了审查。同年 6 月 4 日,宝应县市场监督管理局对陈某某的某某醉酒馆经营场所进行了现场核查,在纳入核查的 15 项内容中,不符合项目中的"关键项"为 0 项,"重点项"为 0 项,"一般项"为 5 项。该核查结果符合"可判定为现场核查基本符合"判定准则要求。2018 年 6 月 19 日宝应县市场监督管理局向陈某某发放了个体工商户营业执照。

蒋某某房屋与韩某某所有的宝应县安宜镇花园路上庄小区××号楼二层房屋东西相邻,距离约 1 米。蒋某某认为:根据《江苏省城乡规划条例》,业主不得擅自将住宅改变为经营性用房;根据《江苏省大气污染防治条例》的规定,禁止居民住宅楼等非商用建筑新建、扩建排放油烟的项目;并且,陈某某的餐饮经营所产生的噪声、污水等给其造成了影响。为此,蒋某某向宝应县市场监督管理局提出书面听证申请,宝应县市场监督管理局于 2018 年 6 月 21 日组织蒋某某与陈某某进行了听证,结果认为陈某某的申请符合法律规定的条件。2018 年 6 月 25 日,宝应县市场监督管理局向陈某某作出案涉《食品经营许可证申请准予通知书》,陈某某于 6 月 27 日领取食品经营许可证。因认为宝应县市场监督管理局作出的许可决定,违反《江苏省城乡规划条例》和《江苏省大气污染防治条例》的规定,欠缺法律依据,并

[①] 北大法宝数据库"江苏省扬州市中级人民法院行政判决书(2019)苏 10 行终 42 号",【法宝引证码】CLI. C. 77053692。

且宝应县市场监督管理局在陈某某未取得营业执照获得合法主体资格情况下即受理陈某某的申请,严重违反法定程序,蒋某某以宝应县市场监督管理局为被告向法院提起行政诉讼。

思考题:

(1) 依据《食品安全法》和《食品经营许可管理办法》的规定,取得食品经营许可应符合哪些条件? 本案中蒋某某的请求有无食品安全法上的依据?

(2) 申请食品经营许可应遵循什么法定程序,本案中是否存在违反法定程序之处?

(五) 仅销售预包装食品备案程序

仅销售预包装食品备案的,备案人应当取得营业执照等合法主体资格,并具备与销售的食品品种、数量等相适应的经营条件。拟从事仅销售预包装食品活动的,在办理市场主体登记注册时,可以一并进行仅销售预包装食品备案,并提交仅销售预包装食品备案信息采集表。已经取得合法主体资格的备案人从事仅销售预包装食品活动的,应当在开展销售活动之日起 5 个工作日内向县级以上地方市场监督管理部门提交备案信息材料。材料齐全的,获得备案编号。

县级以上地方市场监督管理部门应当在备案后 5 个工作日内将经营者名称、经营场所、经营种类、备案编号等相关备案信息向社会公开。备案信息发生变化的,备案人应当自发生变化后 15 个工作日内向原备案的市场监督管理部门进行备案信息更新。

备案实施唯一编号管理。食品经营者主体资格依法终止的,备案编号自行失效。

四、食品经营特殊许可制度

《食品安全法》第 37 条规定,利用新的食品原料生产食品,或者生产食品添加剂新品种、食品相关产品新品种,应当向国务院卫生行政部门提交相关产品的安全性评估材料,由国务院卫生行政部门组织审查,决定是否准予许可。关于新的食品原料、食品添加剂新品种和食品相关产品新品种的目录,以及其所适用的食品安全国家标准,《食品安全法实施条例》第 16 条规定,应由国务院卫生行政部门及时公布。

2010 年 3 月 30 日卫生部发布了《食品添加剂新品种管理办法》,2013 年 5 月 31 日国家卫生和计划生育委员会公布了《新食品原料安全性审查管理办法》。2017 年 12 月 26 日国家卫生和计划生育委员会公布第 18 号令,对上述两个部门规章进行修改。2011 年 3 月 24 日卫生部印发了《食品相关产品新品种行政许可管理规定》。2023 年 9 月 25 日国务院卫生行政部门国家卫健委食品安全标准与监测评估司发布《新食品原料、食品添加剂新品种、食品相关产品新品种审批许可事项实施规范及办事指南》,规定以上述三个部门规章作为新食品原料审批许可、食品添加剂新品种审批许可、食品相关产品新品种审批许可的实施依据。

(一) 利用新的食品原料从事食品生产的许可

根据《新食品原料安全性审查管理办法》规定,新食品原料是指在我国无传统食用习惯的以下物品:①动物、植物和微生物;②从动物、植物和微生物中分离的成分;③原有结构发生改变的食品成分;④其他新研制的食品原料。不包括转基因食品、保健食品、食品添加剂新品种。新食品原料应当具有食品原料的特性,符合应当有的营养要求,且无毒、无害,对人体健康不造成任何急性、亚急性、慢性或者其他潜在性危害。

新食品原料应当经过国家卫生行政部门安全性审查后,方可用于食品生产经营。国家卫生行政部门负责新食品原料安全性评估材料的审查和许可工作。国家卫生行政部门所属卫生监督中心承担新食品原料安全性评估材料的申报受理、组织开展安全性评估材料的审查等具体工作。

1. 申请

拟从事新食品原料生产、使用或者进口的单位或者个人，即申请人，应当提出申请并提交以下材料：①申请表；②新食品原料研制报告；③安全性评估报告；④生产工艺；⑤执行的相关标准（包括安全要求、质量规格、检验方法等）；⑥标签及说明书；⑦国内外研究利用情况和相关安全性评估资料；⑧有助于评审的其他资料。另附未启封的产品样品1件或者原料30克。申请人在提交上述第二项至第六项材料时，应当注明其中不涉及商业秘密，可以向社会公开的内容。

申请进口新食品原料的，除提交以上材料外，还应当提交以下材料：①出口国（地区）相关部门或者机构出具的允许该产品在本国（地区）生产或者销售的证明材料；②生产企业所在国（地区）有关机构或者组织出具的对生产企业审查或者认证的证明材料。

2. 审查和许可

国家卫生行政部门受理新食品原料申请后，向社会公开征求意见。国家卫生行政部门自受理新食品原料申请之日起60日内，应当组织专家对新食品原料安全性评估材料进行审查，作出审查结论。审查过程中需要补充资料的，应当及时书面告知申请人，申请人应当按照要求及时补充有关资料。根据审查工作需要，可以要求申请人现场解答有关技术问题，申请人应当予以配合。审查过程中需要对生产工艺进行现场核查的，可以组织专家对新食品原料研制及生产现场进行核查，并出具现场核查意见，专家对出具的现场核查意见承担责任。省级卫生监督机构应当予以配合。参加现场核查的专家不参与该产品安全性评估材料的审查表决。

新食品原料安全性评估材料审查和许可的具体程序按照《行政许可法》《卫生行政许可管理办法》等有关法律法规规定执行。

国家卫生行政部门根据新食品原料的安全性审查结论，对符合食品安全要求的，准予许可并予以公告。对不符合食品安全要求的，不予许可并书面说明理由。对与食品或者已公告的新食品原料具有实质等同性的，即新申报的食品原料与食品或者已公布的新食品原料在种属、来源、生物学特征、主要成分、食用部位、使用量、使用范围和应用人群等方面相同，所采用工艺和质量要求基本一致，可以视为它们是同等安全的，应当作出终止审查的决定，并书面告知申请人。

3. 重新审查

有下列情形之一的，国家卫生行政部门应当及时组织对已公布的新食品原料进行重新审查：①随着科学技术的发展，对新食品原料的安全性产生质疑的；②有证据表明新食品原料的安全性可能存在问题的；③其他需要重新审查的情形。对重新审查不符合食品安全要求的新食品原料，国家卫生行政部门可以撤销许可。

（二）从事食品添加剂新品种生产的许可

根据《食品添加剂新品种管理办法》规定，"食品添加剂新品种是指：（一）未列入食品安全国家标准的食品添加剂品种；（二）未列入国家卫生计生委公告允许使用的食品添加剂品种；（三）扩大使用范围或者用量的食品添加剂品种"。并规定"卫生计生委负责食品添加剂新品种的审查许可工作,组织制定食品添加剂新品种技术评价和审查规范"。

1. 申请

申请食品添加剂新品种生产、经营、使用或者进口的单位或者个人,即申请人,应当如实提交以下申请材料:①添加剂的通用名称、功能分类,用量和使用范围;②证明技术上确有必要和使用效果的资料或者文件;③食品添加剂的质量规格要求、生产工艺和检验方法,食品中该添加剂的检验方法或者相关情况说明;④安全性评估材料,包括生产原料或者来源、化学结构和物理特性、生产工艺、毒理学安全性评价资料或者检验报告、质量规格检验报告;⑤标签、说明书和食品添加剂产品样品;⑥其他国家(地区)、国际组织允许生产和使用等有助于安全性评估的资料。申请食品添加剂品种扩大使用范围或者用量的,可以免于提交上述第四项材料,但是技术评审中要求补充提供的除外。

申请首次进口食品添加剂新品种的,除提交前述规定的材料外,还应当提交以下材料:①出口国(地区)相关部门或者机构出具的允许该添加剂在本国(地区)生产或者销售的证明材料;②生产企业所在国(地区)有关机构或者组织出具的对生产企业审查或者认证的证明材料。

2. 审查

"国家卫生计生委应当在受理后 60 日内组织医学、农业、食品、营养、工艺等方面的专家对食品添加剂新品种技术上确有必要性和安全性评估资料进行技术审查,并作出技术评审结论。对技术评审中需要补充有关资料的,应当及时通知申请人,申请人应当按照要求及时补充有关材料。必要时,可以组织专家对食品添加剂新品种研制及生产现场进行核实、评价。"需要对相关资料和检验结果进行验证检验的,应当将检验项目、检验批次、检验方法等要求告知申请人。安全性验证检验应当在取得资质认定的检验机构进行。对尚无食品安全国家检验方法标准的,应当首先对检验方法进行验证。

"食品添加剂新品种技术上确有必要和使用效果等情况,应当向社会公开征求意见,同时征求质量监督、工商行政管理、食品药品监督管理、工业和信息化、商务等有关部门和相关行业组织的意见。对有重大意见分歧,或者涉及重大利益关系的,可以举行听证会听取意见。反映的有关意见作为技术评审的参考依据。"

3. 许可

"根据技术评审结论,国家卫生计生委决定对在技术上确有必要性和符合食品安全要求的食品添加剂新品种准予许可并列入允许使用的食品添加剂名单予以公布。对缺乏技术上必要性和不符合食品安全要求的,不予许可并书面说明理由。"

食品添加剂新品种行政许可的具体程序按照《行政许可法》和《卫生行政许可管理办法》等有关规定执行。

(三) 从事食品相关产品新品种生产的许可

根据《食品相关产品新品种行政许可管理规定》的界定,食品相关产品新品种是指用于食品包装材料、容器、洗涤剂、消毒剂和用于食品生产经营的工具、设备的新材料、新原料或新添加剂,具体包括:①尚未列入食品安全国家标准或者卫生部公告允许使用的食品包装材料、容器及其添加剂;②扩大使用范围或者使用量的食品包装材料、容器及其添加剂;③尚未列入食品用消毒剂、洗涤剂原料名单的新原料;④食品生产经营用工具、设备中直接接触食品的新材料、新添加剂。食品相关产品应当符合下列要求:①用途明确,具有技术必要性;②在正常合理使用情况下不对人体健康产生危害;③不造成食品成分、结构或色香味等性质的改变；④在达到预期效果时尽可能降低使用量。

该规定确定，"卫生部负责食品相关产品新品种许可工作，制订安全性评估技术规范，并指定卫生部卫生监督中心作为食品相关产品新品种技术审评机构，负责食品相关产品新品种的申报受理、组织安全性评估、技术审核和报批等工作"。

1. 申请

申请食品相关产品新品种许可的单位或个人，应当向审评机构提出申请，如实提交以下申请材料：①申请表；②理化特性；③技术必要性、用途及使用条件；④生产工艺；⑤质量规格要求、检验方法及检验报告；⑥毒理学安全性评估资料；⑦迁移量和/或残留量、估计膳食暴露量及其评估方法；⑧国内外允许使用情况的资料或证明文件；⑨其他有助于评估的资料。申请食品用消毒剂、洗涤剂新原料的，可以免于提交第七项资料。申请食品包装材料、容器、工具、设备用新添加剂的，还应当提交使用范围、使用量等资料。申请食品包装材料、容器、工具、设备用添加剂扩大使用范围或使用量的，应当提交第一项、第三项、第六项、第七项及使用范围、使用量等资料。

申请首次进口食品相关产品新品种的，除提交上述规定的材料外，还应当提交以下材料：①出口国（地区）相关部门或者机构出具的允许该产品在本国（地区）生产或者销售的证明材料；②生产企业所在国（地区）有关机构或者组织出具的对生产企业审查或者认证的证明材料；③受委托申请人应当提交委托申报的委托书；④中文译文应当有中国公证机关的公证。

2. 评审

审评机构应当在受理后 60 日内组织医学、食品、化工、材料等方面的专家，对食品相关产品新品种的安全性进行技术评审，并作出技术评审结论。对技术评审过程中需要补充资料的，审评机构应当及时书面一次性告知申请人，申请人应当按照要求及时补充有关资料。根据技术评审需要，审评机构可以要求申请人现场解答有关技术问题，申请人应当予以配合。必要时，可以组织专家对食品相关产品新品种研制及生产现场进行核实、评价。需要对相关资料和检验结果进行验证试验的，审评机构应当将检验项目、检验批次、检验方法等要求告知申请人。验证试验应当在取得资质认定的检验机构进行。对尚无食品安全国家标准检验方法的，应当首先对检验方法进行验证。审评机构应当在评审过程中向社会公开征求意见。

3. 许可

"根据技术评审结论，卫生部对符合食品安全要求的食品相关产品新品种准予许可并予以公告。对不符合要求的，不予许可并书面说明理由。符合卫生部公告要求的食品相关产品（包括进口食品相关产品），不需再次申请许可。"

食品相关产品新品种行政许可的具体程序按照《行政许可法》《卫生行政许可管理办法》等有关规定执行。

❓ 案例

兰溪市某饭店与兰溪市市场监督管理局行政诉讼案[①]

案件梗概：

---

① 北大法宝数据库"浙江省兰溪市人民法院行政判决书（2020）浙 0781 行初 31 号"，【法宝引证码】CLI. C. 112429565。

川贝母别名川贝，属于《中国药典》载入的中药材，列入《卫生部关于进一步规范保健食品原料管理的通知》（卫法监发〔2020〕51号）附件2可用于保健食品的物品名单。国家食品药品监督管理总局办公厅关于对成分有川贝等中药材的"川贝枇杷汤"定性有关问题的复函（食药监办法函〔2015〕287号）中规定，可用于保健食品的物品名单中的物品用于普通食品生产，应当按照《新食品原料安全性审查管理办法》规定的程序申报批准。

金华市某电子商务有限公司的童某与兰溪市某饭店的经营者杨某某系朋友关系。2019年的七八月间，童某以电话下单的方式，向兰溪市某饭店定制"川贝柠檬膏"，并提供包装上的标签。因金华市某电子商务有限公司在网上销售时被投诉，金华市婺城区市场监督管理局于2019年10月22日将兰溪市某饭店涉嫌违法生产"川贝柠檬膏"的案件线索，移送至兰溪市市场监督管理局处理。2019年10月23日，兰溪市市场监督管理局执法人员对兰溪市某饭店的经营场所进行现场检查，并于同日予以立案。经调查，兰溪市某饭店在未取得食品生产许可证的情况下，使用川贝、柠檬等原料生产"川贝柠檬膏"30瓶（320 g/瓶），其外包装标签标注有"川贝柠檬膏，天然食品，古方熬制，配料：柠檬、冰糖、陈皮、川贝粉"和"功效清热润肺、咽喉炎症、熬夜上火、开胃润肠、便秘烟酒"等字样，以15元/瓶的价格销售给金华市某电子商务有限公司用于网上销售，计货值450元，违法所得90元。2020年1月3日，兰溪市市场监督管理局向兰溪市某饭店直接送达《行政处罚听证告知书》（兰市监告字〔2020〕JC20201号）。兰溪市某饭店在规定期限内未进行陈述、申辩，也未提出听证申请。2020年1月9日，兰溪市市场监督管理局作出兰市监案字〔2020〕1号行政处罚决定，对兰溪市某饭店给予行政处罚。兰溪市某饭店不服，以兰溪市市场监督管理局为被告提起行政诉讼。

思考题：兰溪市某饭店已经取得了食品经营许可，为什么不可以从事川贝柠檬膏天然食品的生产？

五、食品生产加工小作坊和食品摊贩等的监管

《食品安全法》针对食品生产加工小作坊和食品摊贩等做出了特别规定。在我国，食品生产加工小作坊和食品摊贩数量大，是食品安全事故的多发地，食品监督相对较弱，既不能都实施许可，又不能放任不管。由于此类食品生产经营活动具有很强的地域性，在实践中，一些地方人大常委会已经专门就此制定了地方性法规加以规范。鉴于这种具体情况，《食品安全法》第36条对食品生产加工小作坊和食品摊贩从事生产经营活动规定了原则性要求，要求县级以上地方人民政府应当对食品生产加工小作坊和食品摊贩等进行综合治理，并授权省、自治区、直辖市制定食品生产加工小作坊和食品摊贩等的具体管理办法。

（一）食品生产加工小作坊和食品摊贩等的界定

《食品安全法》对食品生产加工小作坊和食品摊贩的内涵未作界定。2009年5月12日，国家质量监督检验检疫总局、国家标准化管理委员会发布《食品生产加工小作坊质量安全控制基本要求》（简称《基本要求》）（GB/T 23734—2009），规定了食品生产加工小作坊质量安全控制基本要求，适用于食品生产加工小作坊质量安全控制，也适用于管理部门对食品生产加工小作坊的质量安全监管。依据《基本要求》的界定，所谓食品生产加工小作坊，系指依照相关法律、法规从事食品生产，有固定生产场所，从业人员较少，生产加工规模小，无预包装或简易包装，销售范围固定的食品生产加工（不含现做现卖）的单位和个人。而食品摊贩，一般是指没有固定经营场所、从事食品销售等的经营者。

需要说明的是,《食品安全法》第 36 条所规范的对象不仅指食品生产加工小作坊和食品摊贩,还包括小餐饮、小食杂店等小微食品生产经营者,以及一些小微食品生产经营企业。对这些小微食品生产经营者的管理也适用该条规定。[①]

(二) 对食品生产加工小作坊和食品摊贩等的原则性要求

《食品安全法》第 33 条对食品生产经营要求作了规定,但是食品生产加工小作坊和食品摊贩等因受自身经营条件的限制,达不到这些要求,因此,《食品安全法》第 36 条从实际出发原则性规定,食品生产加工小作坊和食品摊贩等从事食品生产经营活动,应当符合本法规定的与其生产经营规模、条件相适应的食品安全要求,保证所生产经营的食品卫生、无毒、无害。同时规定食品安全监督管理部门应当对其加强监督管理。

(三) 县级以上地方人民政府的职责

食品生产加工小作坊和食品摊贩等具有方便群众生活、扩大就业等积极作用,所以尽管其具有很高的食品安全风险,易于引发食品安全事故,且对道路交通、市容市貌等具有一定消极影响,《食品安全法》还是对其取认可而非取缔的态度。为发挥其积极作用,防范其消极影响,《食品安全法》除规定食品安全监督管理部门应当对其加强监督管理外,还要求县级以上地方人民政府承担对其提供服务和加强引导的职责。依据《食品安全法》第 36 条第 2 款的规定,县级以上地方人民政府应当对食品生产加工小作坊、食品摊贩等进行综合治理,加强服务和统一规划,改善其生产经营环境,鼓励和支持其改进生产经营条件,进入集中交易市场、店铺等固定场所经营,或者在指定的临时经营区域、时段经营。

(四) 对省、自治区、直辖市制定食品生产加工小作坊和食品摊贩等的具体管理办法的授权

基于食品生产加工小作坊和食品摊贩等的经营情况具有较大的地域差异性,为加强监管的针对性,提高规制的效率,《食品安全法》第 36 条第 3 款规定"食品生产加工小作坊和食品摊贩等的具体管理办法由省、自治区、直辖市制定"。以此授权省级人大常委会或者省级人民政府制定地方性法规或规章,来管理食品生产加工小作坊和食品摊贩等。

❓ 案例

李某某与安阳市龙安区食品药品监督管理局等行政诉讼案[②]

案件梗概:

李某某于 2013 年 3 月 19 日注册龙安区某某面食坊,经营范围为馒头加工,经营者为李某某。安阳市龙安区食品药品监督管理局(以下简称龙安区食药局)于 2015 年 5 月 5 日为李某某核发了河南省食品生产加工小作坊备案证,编号:豫食坊备字〔2015〕00012 号。2013 年李某某开始小量生产大肉包,2015 年 12 月 7 日,龙安区食药局对李某某经营的面食坊进行现场检查,并对该面食坊生产的大肉包进行抽样检验。洛阳黎明检测服务有限公司受安阳市食品药品监督管理局委托,对李某某的面食坊样品大肉包的铝的残留量进行检测,该公司于 2015 年 12 月 18 日出具编号为 S1551455A 的检测报告书。报告书载明:检测依据 GB

---

① 信春鹰主编《中华人民共和国食品安全法解读》,中国法制出版社,2015 年,第 95 页。
② 北大法宝数据库"河南省安阳市殷都区人民法院行政判决书(2016)豫 0505 行初 36 号",【法宝引证码】CLI. C. 39647622。

5009.1822003,检测标准要求≤25 mg/kg,检测结果73 mg/kg。2015年12月28日,安阳市食品药品监督管理局稽查大队出具安食药监稽交办〔2015〕289号函将检测报告书转交龙安区食药局。龙安区食药局于2015年12月29日给李某某送达了检测报告并告知其有权提出复检申请。2015年12月31日,李某某在接受龙安区食药局询问时表示对检测报告无异议,不申请复检。龙安区食药局于2016年1月4日对李某某的面食坊涉嫌生产销售铝含量超过食品安全标准限量的大肉包予以立案。2016年6月20日,龙安区食药局将违法事实和拟作出处罚的种类、幅度等告知李某某,并告知其享有申请听证和陈述、申辩的权利,李某某在规定期限内未提出听证申请和陈述、申辩。2016年6月24日,龙安区食药局作出(安龙)食药监食罚〔2016〕03号行政处罚决定书,依据《食品安全法》第124条第1款第1项的规定作出如下处罚:①没收违法所得人民币40元,上缴国库;②处以罚款5万元,上缴国库。李某某向安阳市人民政府提起行政复议,认为该行政处罚决定适用法律错误,处罚的依据和种类不应以《食品安全法》第124条规定为依据。安阳市人民政府于2016年10月14日作出复议决定,维持龙安区食药局作出的行政处罚决定,李某某不服,以龙安区食药局、安阳市人民政府为被告提起行政诉讼。

思考题:

(1)《食品安全法》关于食品小作坊的食品安全管理的法律适用是如何规定的?

(2)本案是否存在适用法律错误?如果存在,请查阅资料寻找处理本案的法律规定。

六、食品添加剂生产、使用监管

食品添加剂,指为改善食品品质和色、香、味以及为防腐、保鲜和加工工艺的需要而加入食品中的人工合成或者天然物质,包括营养强化剂。食品生产经营中离不开食品添加剂的使用。因此,规范食品添加剂生产、使用是食品安全监管必不可少的一个组成部分。

(一) 食品添加剂生产许可

《食品安全法》第39条第1款规定了国家对食品添加剂生产实行许可制度,国家市场监督管理总局在《食品生产许可管理办法》中对食品添加剂的生产许可办法作了具体规定。

根据《食品生产许可管理办法》规定,申请食品添加剂生产许可,应当具备与所生产食品添加剂品种相适应的场所、生产设备或者设施、食品安全管理人员、专业技术人员和管理制度。

申请食品添加剂生产许可,应当向申请人所在地县级以上地方市场监督管理部门提交下列材料:①食品添加剂生产许可申请书;②食品添加剂生产设备布局图和生产工艺流程图;③食品添加剂生产主要设备、设施清单;④专职或者兼职的食品安全专业技术人员、食品安全管理人员信息和食品安全管理制度。

有关食品添加剂生产许可申请的受理、审查和决定程序依照食品生产许可申请的受理、审查和决定程序办理,食品添加剂生产许可申请符合条件的,由申请人所在地县级以上地方市场监督管理部门依法颁发食品生产许可证,并标注食品添加剂。

(二) 食品添加剂生产要求

《食品安全法》第39条第2款规定,生产食品添加剂应当符合法律、法规和食品安全国家标准。据此,食品添加剂生产企业首先应遵守《食品安全法》和相关法规的有关食品添剂生产的规定,其次应遵守有关食品添加剂生产的食品安全国家标准。

（三）食品添加剂使用管理

食品添加剂可以改善和提高食品的色、香、味等感官指标,可以保持和提高食品的营养价值。但是,滥用食品添加剂,则会对人体健康和生命安全具有危害。为规范食品添加剂的使用,《食品安全法》第40条作了如下规定:首先食品添加剂应当在技术上确有必要且经过风险评估证明安全可靠,方可列入允许使用的范围。其次食品生产经营者在使用食品添加剂时应当遵守有关食品添加剂的食品安全标准。食品安全标准涉及食品添加剂的内容包括食品添加剂的品种、使用范围、用量等。目前所适用的食品添加剂标准是2015年5月24日实施的食品安全国家标准《食品添加剂使用标准》(GB 2760—2014)。食品生产经营者应该依照食品安全标准关于食品添加剂的品种、使用范围、用量的规定使用食品添加剂,不得在食品生产中使用食品添加剂以外的化学物质和其他可能危害人体健康的物质。

由于食品生产、储存技术的发展,以及人们消费观念的改变,某些原先必不可少的食品添加剂会失去使用的必要性。为因应这种变化,《食品安全法》规定,有关食品安全国家标准应当根据技术必要性和食品安全风险评估结果及时修订。

❓ 案例

江某某与佛山市某医药有限公司产品销售者责任纠纷案①

案件梗概:

2016年5月14日,江某某在佛山市某医药有限公司处购买了"自然之宝番茄红素软胶囊"3瓶(每瓶219元)、"自然之宝芦荟软胶囊"5瓶(每瓶159元)、"自然之宝葡萄籽提取物胶囊"5瓶(每瓶259元)和"自然之宝叶黄素软胶囊"2瓶(每瓶199元),共支付款项3 145元。上述15瓶"自然之宝"外包装显示原产国为美国,中国总经销商为诺天源(中国)贸易有限公司。其中,"自然之宝芦荟软胶囊"的配料为红花油、库拉索芦荟胶、明胶、甘油、蜂蜡(焦糖色);"自然之宝葡萄籽提取物胶囊"的配料为柑橘生物类黄酮、葡萄籽提取物、明胶、二氧化硅、硬脂酸镁;"自然之宝叶黄素软胶囊"的配料为红花油、明胶、甘油、叶黄素、蜂蜡;"自然之宝番茄红素软胶囊"的配料为大豆油、明胶、玉米油、甘油、番茄红素、蜂蜡。根据食品安全国家标准《食品添加剂使用标准》(GB 2760—2014),硬脂酸镁作为食品添加剂,只允许作为蜜饯凉果、可可制品、巧克力和巧克力制品(包括代可可脂巧克力及制品)以及糖果的乳化剂、抗结剂使用。蜂蜡作为食品添加剂,只允许作为糖果、糖果和巧克力制品包衣的被膜剂使用。江某某认为其从佛山市某医药有限公司处购买的产品属于不符合我国食品安全标准的食品,因而以佛山市某医药有限公司为被告提起民事诉讼。

思考题:

(1) 我国《食品安全法》关于食品添加剂的使用有什么要求?

(2) 佛山市某医药有限公司销售的产品是否符合我国的食品安全标准?

---

① 北大法宝数据库"广东省佛山市中级人民法院民事判决书(2016)粤06民终7561号",【法宝引证码】CLI. C. 9764572。

七、食品安全全程追溯制度

(一) 食品安全全程追溯制度的概念

食品安全保障有赖于食品生产经营者对食品生产经营过程的控制。目前,食品生产经营者通用的食品安全管理体系有:ISO 9000、ISO 22000、良好生产规范(GMP)、卫生标准操作程序(SSOP)以及危害分析与关键控制点(HACCP)等。这些管理体系对于控制食品安全问题起到了一定的作用。但是,这些方法主要是针对单一食品生产经营者内部的生产、加工环节进行控制,缺少将整个食品供应链条全过程的信息衔接起来的手段。因此,20世纪90年代欧盟国家在国际食品法典委员会(CAC)关于"生物技术与食品生产"的政府间特别工作组会议上,提出了建立一种旨在加强食品安全信息传递、控制食源性危害和保障消费者利益的信息记录体系,即食品可追溯体系(Food Traceability System)。该提议引起与会各方的广泛关注和普遍赞同,欧盟国家及一些发达国家将其拓展发展为食品安全追溯制度,纳入食品安全管理范畴,取得了显著的成效。[①]

食品安全全程追溯制度,是通过建立食品安全信息追溯体系,对食品供应过程从生产、加工、包装、运输到存储、销售所有环节的信息予以记录存储的一种食品安全保障制度。建立这一制度的目的是在出现食品安全问题时,可以通过食品安全信息追溯体系快速有效地追溯到问题产生的环节,查出责任者和问题产生原因,以便于追究责任者的法律责任和对产生问题的环节进行整改;同时通过食品安全信息追溯体系可追踪问题食品的流向,及时召回,降低由此产生的食品安全危害,提高食品安全水平。

(二) 食品安全全程追溯制度的主要内容

食品安全全程追溯制度主要由以下几个部分构成。[②]

(1) 记录管理。生产经营记录是食品追溯系统中的基础信息,其保证生产经营者真实地记录消费者所关心的各个阶段的信息,以便于查询,使消费者可以感受到生产经营者对食品安全负责任的态度。

(2) 查询管理。消费者可以在购得的产品包装上,发现产品的编号,在超市或家中的计算机上输入编号,可直接查询得到生产这批产品的有关信息。由餐桌回溯至农场,了解其完整的生产、运输与销售过程,以提高消费者对产品的信心。这种连接生产者与消费者的编号系统,作为消费者可以直接使用的信息查询检索工具,是构建整个食品追溯制度的信息技术核心之一。

(3) 标识管理。食品标识是食品追溯系统建设中最为重要的管理信息之一,它的基本功能是对食品进行跟踪识别。进行食品追溯要求在食品供应链中的每一节点,不仅要对自己加工成的产品进行标识,还要采集所加工的食品原料上已有的标识信息,并将全部信息标识在加工成的产品上,以备下一个加工者或消费者使用。这好比一个环环相扣的链条,任何一个环节断了,整个链条就会脱节。而供应链中跨环节之间的联系比较脆弱,这是实施食品

---

① 乔娟、韩杨、李秉龙:《中国实施食品安全追溯制度的重要性与限制因素分析》,《中国畜牧杂志》2007年第6期,第10-13页。

② 方炎、高观、范新鲁、陈华宁:《我国食品安全追溯制度研究》,《农业质量标准》2005年第2期,第37-39页。

追溯的最大问题。

（4）责任管理。有了标识管理，在发生食品安全问题的情况下，通过传递发现问题的有关信息可确定有关生产经营主体，查找原因，确定有关产品的批号和动态，是在库存中，还是运输中，或者已经售出。还可确定其他有同样质量问题的批号，并采取纠正行动。从而明确界定在供应链不同阶段中相关主体的责任，减少消费者的疑虑和恐慌。

（5）信用管理。在食品追溯制度建设中的一项重要内容，就是生产经营者必须负责该阶段信息的真实性。每一阶段的从业者必须记录此阶段的进货来源，储存处理信息，同时承袭先前的生产与流通记录，并对这些记录负责。如果发生以假充真、以次充好、擅改标章或记录的情况，在追查食品真伪之时，便可自下游往上游追溯，追查出不安全食品及违纪犯法的从业者，实行产品召回，依法惩处失信者，维护消费者对产品的信心。

（三）我国食品安全全程追溯制度的建立

《食品安全法》第42条对建立食品安全全程追溯制度作了规定。其第1款规定，国家建立食品安全全程追溯制度。第2款规定，食品生产经营者应当依照本法的规定，建立食品安全追溯体系，保证食品可追溯。《食品安全法实施条例》第18条进一步具体规定，食品生产经营者应当建立食品安全追溯体系，依照食品安全法的规定如实记录并保存进货查验、出厂检验、食品销售等信息，保证食品可追溯。《食品安全法》在第四章第二节生产经营过程控制中对食品生产经营者在生产经营环节中应该履行的上述义务作了具体规定，具体内容在本章第二节详述。

《食品安全法》第42条第3款还规定，国务院食品安全监督管理部门会同国务院农业行政等有关部门建立食品安全全程追溯协作机制。食品安全控制涉及从农田到餐桌的全过程，而根据我国现行法律规定，食用农产品的生产由农业行政部门监管，而食用农产品进入市场后的销售和食品生产经营企业的生产经营活动由食品安全监管部门监管。因此，为防止监管脱节，有必要加强农业行政部门和食品安全监管部门的协作。在建立食品安全全程追溯体系方面，农业行政部门和食品安全监管部门首先应该按照各自职责对其监管的食品生产经营企业建立食品安全追溯体系进行监管，其次相互之间应该建立协作机制，保证可追溯体系在各自监管环节的衔接，实现信息共享。

❓ 案例

山东某商贸有限公司诉济南市历城区市场监督管理局等行政诉讼案①

案情梗概：

2018年3月26日，山东某商贸有限公司以6875元自上海某进口公司购入720瓶某品牌进口啤酒，并于当月28日全部批发给济南市市中区某超市，总批发价11088元。同年5月8日，济南市市中区食品药品监督管理局接到投诉，称涉案超市销售不符合食品安全标准的进口啤酒。该局立案后，查明涉案啤酒系山东某商贸有限公司所售，遂向山东某商贸有限公司所在地的市场监管部门济南市历城区市场监督管理局移送案件线索。历城区市场监督

---

① 北大法宝数据库"山东省济南市中级人民法院行政判决书（2020）鲁01行终160号"，【法宝引证码】CLI. C. 101197382。

管理局经过调查作出了 118 号行政处罚决定。该行政处罚决定认定,山东某商贸有限公司经营的涉案品牌进口啤酒外文标签标注的"甜味剂:甜菊糖苷;抗氧化剂:抗坏血酸"在中文标签中没有标注,不符合食品安全国家标准《预包装食品标签通则》(GBT 718—2011)3.8.2以及《食品安全法》第 67 条、第 97 条的规定,应当按照《食品安全法》第 125 条第 1 款第 2 项的规定予以处罚。鉴于山东某商贸有限公司购入涉案啤酒前,查验并留存了相应的海关报关单、入境检验检疫合格证明与供货者的经营许可证,不知道所采购的食品不符合食品安全标准,没有违法的故意,且系初次违法,并能如实说明进货来源,主动提供证据配合调查,应当减轻处罚,故决定没收该公司违法所得 4 213 元,并处货值金额 2.5 倍罚款共 27 720 元。该行政处罚决定另外认定,山东某商贸有限公司作为从事食品经营的企业,其进货查验义务既包括《食品安全法》第 53 条第 1 款规定的"查验供货者的许可证和食品出厂检验合格证或者其他合格证明"的义务,也包括该条第 2、3 款规定的"建立并严格遵守进货查验记录制度"的义务,山东某商贸有限公司未建立并严格遵守进货查验记录和食品销售记录制度,属于没有完整履行进货查验义务,违反了《食品安全法》第 53 条第 2 款、第 4 款的规定,依照《食品安全法》第 136 条第 1 款第 3 项规定,决定给予该公司警告,并责令该公司改正上述违法行为。山东某商贸有限公司不服 118 号行政处罚决定,认为其在进货前严格按照《食品安全法》第 53 条第 1 款关于"查验供货者的许可证和食品出厂检验合格证或者其他合格证明"的规定,查验并留存了涉案批次啤酒的海关报关单、出入境检验检疫机构颁发的入境检验检疫合格证明与供货者的经营许可证,尽到了审慎的食品质量注意义务。山东某商贸有限公司向济南市历城区人民政府申请行政复议,济南市历城区人民政府作出维持原决定的复议决定。山东某商贸有限公司不服,以济南市历城区市场监督管理局、济南市历城区人民政府为被告向法院提起行政诉讼。

思考题:

(1) 食品经营者的进货查验义务除第 53 条第 1 款规定的内容外,是否包括该条第 2 款、第 3 款和第 4 款规定的内容? 本案中山东某商贸有限公司是否完整履行了进货查验义务?

(2) 根据《食品安全法实施条例》规定,食品生产经营者建立的食品安全追溯体系应该包括哪些内容? 本案中山东某商贸有限公司是否依照食品安全法规定建立了食品安全追溯体系?

八、食品安全责任保险制度

责任保险,又称第三者责任保险,是指以被保险人对第三者依法应负的赔偿责任为保险标的的保险。[①] 责任保险以被保险人对第三人即受害人承担损害赔偿责任为前提,性质上为第三人保险,即以填补被保险人对第三人承担赔偿责任所受损失为目的。责任保险的第三人性,使得责任保险具有替代性和保障性的功能。在责任保险合同关系里,除法律规定不能通过责任保险转移的损害赔偿责任或保险合同不予承保的损害赔偿责任以外,被保险人对第三人即受害人所承担的损害赔偿责任,由保险人承担。因此,责任保险成为被保险人分散和转移其损害赔偿责任的一种方式,保险人替代被保险人承担了应由被保险人承担的损害赔偿责任。也因此,责任保险为受害人实际获得损害赔偿提供了保障,避免了被保险人因无力承

---

① 参见《保险法》第 65 条第 4 款规定。

担对第三人即受害人的损害赔偿责任,而使受害人所遭受的损失得不到赔偿的后果。[1]

责任保险是顺应工业革命后分散赔偿风险的需要,以弥补侵权损害赔偿法的不足而产生的。[2] 其可分为自愿责任保险和强制责任保险两类。所谓自愿责任保险,是指投保人(被保险人)和责任保险人在自愿、平等、互利的基础上,经协商一致订立责任保险合同。在自愿责任保险中,投保人(被保险人)得自由决定是否投保责任险,并可以自主选择保险人、和保险人协商约定保险类别、保险费、保险责任、保险金额、保险期间等内容。

所谓强制责任保险,又称为法定责任保险,是指依照法律规定,投保人(被保险人)必须向保险人投保而成立的责任保险。在强制责任保险中,强制责任保险并非自动发生效力,而是基于投保人投保,与保险人缔结责任保险合同。只是投保人有投保责任保险的义务,若投保人不依法投保责任保险,自然不会成立责任保险合同,但法律对投保人不投保责任保险的行为,将予以相应的制裁。如有必要,法律也可以规定保险人对法定责任保险有接受投保的义务。强制责任保险的实施,通过强制利用保险手段分散和转移被保险人的损害赔偿责任,既维护了被保险人的基本利益,又切实保障了受害人损害赔偿权的实现,对维护社会稳定,无疑具有积极意义。但强制责任保险是国家为推行社会公共政策而规定的保险,是对契约自由的极大限制,且与一国的社会状况、文化和经济发展有相当程度的关联,其适用必然有一个限度。[3] 在我国,已有明确的法律、行政法规依据的强制责任保险包括《道路交通安全法》规定的交通安全责任强制保险、《海洋环境保护法》规定的船舶污染强制责任保险、《建筑法》规定的建筑行业意外伤害保险和《旅行社管理条例》规定的旅行社职业责任保险等几个少数类别。

在食品安全责任保险方面,目前我国多家保险公司已在食品生产、加工、销售、消费等各环节开发保险产品几十款。如平安财产保险股份有限公司的"食品安全责任保险"、长安责任保险股份有限公司的"食品安全责任保险"等,其主要功能是食品制造、食品销售和餐饮服务等企业在保单列明的营业场所生产、销售食品,造成食用者食物中毒时,保险人承担赔偿责任(包括相关的诉讼、仲裁等费用)。但从这些保险产品的销售来看,食品经营企业的投保积极性很低,已投保企业多是涉及食品出口的企业,保费收入也不能满足产品运营的实际需要。从保险公司的角度来看,食品安全责任险承保的风险巨大,一旦发生保险事故可能会对公司产生巨大冲击;保险公司开展食品安全责任险的经验尚不充分,专业性人才储备不足;食品安全责任险涉及对投保食品类别及承保方式的判断、对企业食品安全风险的评估和定价、协助食品经营企业进行风险管理等众多专业性、复杂性问题,这些因素导致食品安全责任险在供给端的不足。从食品经营企业的角度来看,食品安全责任险的直接目的是维护消费者利益,在很大程度上具有公共产品的特点,而不少食品经营者对自己的安全主体责任缺乏充分认识,不愿意投保食品安全责任险而增加经营成本。此外,在我国食品安全领域存在着违法成本低、公民维权意识薄弱等现象,使得相关企业责任风险的损失程度和损失概率都比较低,从而不适合采用保险这种风险转移的方式购买责任保险,责任保险的需求因此而严重不足。[4]

---

① 樊启荣:《保险法》,北京大学出版社,2011年,第147页。

② 邹海林:《责任保险论》,法律出版社,1999年,第45页。

③ 邹海林:《责任保险论》,法律出版社,1999年,第72-73页。

④ 于海纯:《我国食品安全责任强制保险的法律构造研究》,《中国法学》2015年第3期,第244-264页。

基于自愿性食品安全责任保险供给与需求的不足，在我国主张实行强制性食品安全责任保险的呼声很高，且得到了政府的积极回应。在 2012 年 7 月颁布的《国务院关于加强食品安全工作的决定》和 2013 年 4 月颁布的《国务院办公厅关于印发 2013 年食品安全重点工作安排的通知》中，国务院提出"积极开展食品安全责任强制保险制度试点"和"推进食品安全责任强制保险制度试点"。2013 年 10 月由国家食品药品监管总局向国务院报送的《食品安全法（修订草案送审稿）》第 65 条规定："国家建立食品安全责任强制保险制度。食品生产经营企业应当按照国家有关规定投保食品安全责任强制保险。"但《食品安全法》第 43 条第 2 款，从当前我国食品生产经营企业实际出发，出于不增加企业负担的考虑，没有规定建立食品安全责任强制保险制度，而是规定"国家鼓励食品生产经营企业参加食品安全责任保险"。

❓ 案例

青岛市市北区中港某牛肉粉店与某财产保险股份有限公司青岛市分公司保险合同纠纷案[①]

案件梗概：

2019 年 7 月 22 日，某财产保险股份有限公司青岛市分公司（以下简称青岛市分公司）向青岛市市北区中港某牛肉粉店（以下简称某牛肉粉店）及其负责人冯某出具载有冯某作为投保人、某牛肉粉店作为被保险人的《食品安全责任保险（2017 版）保险单》一份，约定由青岛市分公司为作为被保险人的某牛肉粉店提供食品安全责任保险服务，期限一年，自 2019 年 7 月 28 日 0 时至 2020 年 7 月 27 日 24 时。保障内容为食品安全责任保险（2017 版）条款：食品安全责任，保险金额 80 万元，保险费 1000 元，累计责任限额 80 万元，每次事故责任限额 50 万元，每人责任限额 5 万元。同日某牛肉粉店向青岛市分公司支付保险费 1000 元。《某财产保险股份有限公司食品安全责任保险条款（2017 版）》第 3 条规定在保险期间或保险单载明的追溯期内，被保险人在生产经营场所内从事食品生产、经营业务过程中，非被保险人故意违法行为导致食品安全事故，造成消费者或者其他第三者人身损害或财产损失，由受害人在保险期间内首次向被保险人提出损害赔偿请求，依照中华人民共和国法律应由被保险人承担的经济赔偿责任，保险人按照保险合同约定负责赔偿；第 4 条规定：发生本保险条款第 3 条约定的食品安全事故后，应由被保险人承担的问题食品鉴定费用、受害人健康检查费用，保险人按照本保险合同约定负责赔偿；第 15 条规定：保险人收到被保险人的赔偿请求后，应当及时就是否属于保险责任作出核定，并将核定结果通知被保险人；第 21 条规定，被保险人收到受害人的损害赔偿请求或得知可能产生损害赔偿时，应及时以书面形式通知保险人，并就损害赔偿请求与保险人进行协商；第 23 条规定：被保险人向保险人请求赔偿时，应提交以下单证材料：①保险单正本；②保险出险/索赔通知书；③造成人身损害的，应提供病历、诊断证明、医疗费等医疗原始单据，保险人认可的伤残鉴定机构出具的伤残程度证明；造成死亡的，还应提供公安机关或医疗机构出具的死亡证明……

2019 年 8 月 26 日，某牛肉粉店一顾客就餐时在碗中发现异物，某牛肉粉店电话联系青岛市分公司将现场情况向其反映，青岛市分公司告知某牛肉粉店应让顾客就医检查，其可就产生的医疗费用进行赔偿。某牛肉粉店于当日给付第三者人民币 30 元。其后，青岛市分公

---

① 北大法宝数据库"山东省青岛市中级人民法院民事判决书（2020）鲁 02 民终 8180 号"，【法宝引证码】CLI. C. 113679304。

司收到某牛肉粉店保险金赔偿请求,青岛市分公司告知某牛肉粉店提交相应证明材料,但某牛肉粉店未提交相应证据证明第三者的健康损害,故青岛市分公司拒绝承担保险赔偿责任。某牛肉粉店遂以青岛市分公司为被告向法院提起诉讼。

思考题:

(1) 本案中某牛肉粉店和青岛市分公司双方订立的食品安全责任保险合同的保险标的是什么? 青岛市分公司的保险赔偿责任是否成立?

(2) 本案中青岛市分公司拒绝承担保险赔偿责任是否有合法依据?

九、其他食品生产经营监管制度

(一) 食品中不得添加药品

《食品安全法》第38条规定,生产经营的食品中不得添加药品,但是可以添加按照传统既是食品又是中药材的物质。食品和药品是性质不同的两种物品。依照《食品安全法》第150条的定义,食品是指各种供人食用或者饮用的成品和原料以及按照传统既是食品又是中药材的物品,但是不包括以治疗为目的的物品。而药品,依据《药品管理法》第2条的定义,是指用于预防、治疗、诊断人的疾病,有目的地调节人的生理机能并规定有适应症或者功能主治、用法和用量的物质,包括中药、化学药和生物制品等。一方面,由于药品会对人的生理机能造成影响,且都有其适应症或功能主治,并对用法、用量都有严格规定,药品的使用应该严格遵守医嘱,以便保障用药安全,防止因用药不当造成人体健康受损。为此,《食品安全法》在食品定义中,明确将以治疗为目的的物品即药品,排除在食品范围之外,而在第38条中更明确禁止在食品中添加药品,以保障公众身体健康免受损害。

另一方面,在我国,某些物品在传统上既是食品又是中药材,因其业已经过长期食用,被证明是安全的,不会对人体产生毒副作用,《食品安全法》认可其为食品。所以,在食品中添加按照传统既是食品又是中药材的物质是被允许的。但是,出于保护公众身体健康的考虑,按照传统既是食品又是中药材的物质,必须经过法定程序认定。对此,《食品安全法》授权国务院卫生行政部门会同国务院食品安全监督管理部门制定、公布按照传统既是食品又是中药材的物质目录。

(二) 生产食品相关产品的规定

食品相关产品,按照《食品安全法》第2条规定,包括用于食品的包装材料、容器、洗涤剂、消毒剂和用于食品生产经营的工具、设备。所谓用于食品的包装材料和容器,指包装、盛放食品或者食品添加剂用的纸、竹、木、金属、搪瓷、陶瓷、塑料、橡胶、天然纤维、化学纤维、玻璃等制品和直接接触食品或者食品添加剂的涂料。用于食品的洗涤剂、消毒剂,指直接用于洗涤或者消毒食品、餐具、饮具以及直接接触食品的工具、设备或者食品包装材料和容器的物质。用于食品生产经营的工具、设备,指在食品或者食品添加剂生产、销售、使用过程中直接接触食品或者食品添加剂的机械、管道、传送带、容器、用具、餐具等。

为避免食品相关产品中危害人体健康物质对食品的污染,《食品安全法》第41条规定,生产食品相关产品应当符合法律、法规和食品安全国家标准。此外,对直接接触食品的包装材料等具有较高风险的食品相关产品,按照国家有关工业产品生产许可证管理的规定实施生产许可。根据《工业产品生产许可证管理条例》规定,国家对需要实行生产许可证制度的工业产品实行目录管理,目录由国务院工业产品生产许可证主管部门会同国务院有关部门制定。按照《食品相关产品生产许可证许可目录》规定,食品用塑料包装容器工具等制品、食品用纸包装容器等制品、餐具洗涤剂、压力锅、工业和商用电热食品加工设备等共5大类114小类产品需要取得生产许可证。

为保证食品相关产品的生产符合法律、法规和食品安全国家标准的要求,《食品安全法》还规定食品安全监督管理部门应当加强对食品相关产品生产活动的监督管理。

❓ 案例

范某某与某(上海)电子商务有限公司食品买卖合同纠纷案①

案件梗概:

2014年6月23日,范某某通过淘宝网平台向某(上海)电子商务有限公司购买美国原装进口自然之宝辅酶Q10软胶囊,共152瓶,约定单价299元,约定商品总价38 608元。范某某通过支付宝平台向某(上海)电子商务有限公司支付38 608元。某(上海)电子商务有限公司按约通过EMS物流公司将货物快递至郫县龙城国际小区,向范某某开具了上海增值税发票。商品实际含税单价254元。自然之宝辅酶Q10软胶囊外包装标签载明以下内容:净含量24 g,每粒添加辅酶Q10物质100 mg,包装规格400 mg×60粒/每瓶装,食用方法成人每次1粒,每日2次。某(上海)电子商务有限公司销售的自然之宝辅酶Q10软胶囊为进口普通食品,而《中华人民共和国药典》载明辅酶Q10及其制剂辅酶Q10软胶囊属于药品,另原卫生部于2002年2月28日发布的《关于进一步规范保健食品原料管理的通知》中公布的既是食品又是中药材的物质名单中,不包括辅酶Q10。范某某认为某(上海)电子商务有限公司销售的产品不符合食品安全标准,以某(上海)电子商务有限公司为被告向法院提起诉讼。

思考题:

(1) 食品安全法对食品中添加药品是如何规定的?

(2) 某(上海)电子商务有限公司销售的产品是否符合我国食品安全标准?

第二节　生产经营过程控制

一、食品生产经营企业的食品安全管理制度要求

考察食品安全问题产生的原因,除极个别属企业无力控制的外,绝大多数均属食品生产经营者可以事先控制的因素。② 因此,食品生产经营者在保障食品安全中具有特殊地位,他们是防止食品污染和食物中毒,预防食品安全事故的直接责任人。为此,以立法形式要求食品生产经营者主动建立旨在保证食品安全的食品安全管理制度就成为必要。《食品安全法》第44条规定,食品生产经营企业应当建立健全食品安全管理制度。所谓食品安全管理制

---

① 北大法宝数据库"四川省成都市中级人民法院民事判决书(2016)川01民终8219号",【法宝引证码】CLI. C. 10844290。

② 王艳林主编《中华人民共和国食品安全法实施问题》,中国计量出版社,2009年,第107页。

度,是指生产经营企业有关保障本企业生产经营的食品安全的所有规范,包括原材料采购、原料贮存、生产加工、质量管理、计量管理、标准管理、卫生安全管理、生产设施管理、检验管理等各个环节的管理规范。

为保障食品安全管理制度的落实,食品生产经营企业首先应对职工进行食品安全知识培训,加强食品检验工作,依法从事生产经营活动。其次,食品生产经营企业的主要负责人应当落实企业食品安全管理制度,对本企业的食品安全工作全面负责。最后,食品生产经营企业应当配备食品安全管理人员,加强对其培训和考核。经考核不具备食品安全管理能力的,不得上岗。而食品安全监督管理部门则应当对企业食品安全管理人员随机进行监督抽查考核并公布考核情况。监督抽查考核不得收取费用。

二、食品从业人员健康管理制度

食品从业人员健康状况,与食品安全状况密切相关。如果食品从业人员患有传染病或者是带菌者,就容易造成食品污染,引起食源性疾病或食物中毒的发生,或者导致传染病的传播和流行,危害消费者的身体健康。因此,基于预防为主的原则,《食品安全法》第45条规定,食品生产经营者应当建立并执行从业人员健康管理制度。

1. 禁止患有有碍食品安全疾病的人员从事接触直接入口食品的工作

为防止患有有碍食品安全疾病的人员接触食品对食品造成污染,应禁止这类人员从事接触直接入口食品的工作。考虑到有碍食品安全的疾病种类并非固定不变,而是处于变化之中的,《食品安全法》第45条第1款规定,授权国务院卫生行政部门对有碍食品安全的疾病作出规定,以便根据有碍食品安全的疾病种类的变化,及时作出监管应对。

2. 从事接触直接入口食品工作的食品生产经营人员定期健康检查制度

《食品安全法》第45条第2款规定,从事接触直接入口食品工作的食品生产经营人员应当每年进行健康检查,取得健康证明后方可上岗工作。这类食品生产经营人员在工作中接触直接入口食品,其身体健康状况会影响其所生产的食品的安全状况。因此,为保障食品安全,需要对从事接触直接入口食品工作的食品生产经营人员的身体健康状况定期进行检查,保证其在身体健康状态下进行食品工作。

❓ 案例

东台市某酒家与东台市市场监督管理局等行政诉讼案①

案件梗概:

东台市某酒家自2019年10月6日至8日,未取得食品经营许可证从事餐饮服务,其直接从事餐饮加工的操作人员亦未进行健康检查和取得健康证明。2019年10月12日,东台市市场监督管理局对其正式立案。2020年1月20日,东台市市场监督管理局作出东市监听告字〔2020〕0016号《行政处罚听证告知书》。2020年1月21日,东台市某酒家向东台市市场监督管理局提出陈述申辩,称该饭店为下岗职工借款开办,目前生意清淡,负债较多,且经营者因家庭经济条件不佳,压力较大,同时由于其对相关法规了解不多,未及时办理食品经

---

① 北大法宝数据库"江苏省盐城市中级人民法院行政判决书(2020)苏09行终627号",【法宝引证码】CLI. C. 312636997。

营许可证,案发后及时进行了补办。2020 年 3 月 26 日,东台市市场监督管理局作出东市监案字〔2020〕0043 号《行政处罚决定书》,对东台市某酒家予以罚款。东台市某酒家不服,向盐城市市场监督管理局申请行政复议。2020 年 6 月 17 日,盐城市市场监督管理局作出〔2020〕盐市市监行复第 11 号《行政复议决定书》,维持东台市监局于 2020 年 3 月 26 日作出的东市监案字〔2020〕0043 号《行政处罚决定书》。东台市某酒家不服,以东台市市场监督管理局、盐城市市场监督管理局为被告向法院提起行政诉讼。

思考题:本案中东台市某酒家违反了《食品安全法》哪些规定?

三、食品生产者食品安全管理制度

根据《食品安全法》第 46 条、第 47 条、第 48 条、第 50 条、第 51 条规定,食品生产企业应当建立以下食品安全管理制度,以不断完善食品安全保障体系,保证食品安全。

1. 实施生产控制

食品生产企业应当针对食品生产过程中的各个环节进行控制,制定出具体的控制要求,并予以实施,以保证所生产的食品符合食品安全标准。这些控制环节包括:①原料采购、原料验收、投料等原料控制;②生产工序、设备、贮存、包装等生产关键环节控制;③原料检验、半成品检验、成品出厂检验等检验控制;④运输和交付控制。

2. 建立食品安全自查制度

保障食品安全除发挥政府监管的作用外,也应该积极发挥食品生产企业自我管理的作用。为此,《食品安全法》规定食品生产经营者应当建立食品安全自查制度,根据食品生产经营条件要求,定期对食品安全状况进行检查评价。发现生产经营条件发生变化,不再符合食品安全要求的,食品生产经营者应当立即采取整改措施;有发生食品安全事故潜在风险的,应当立即停止食品生产经营活动,并向所在地县级人民政府食品安全监督管理部门报告。

3. 符合良好生产规范要求

食品企业良好生产规范(GMP)要求和危害分析与关键控制点(HACCP)认证体系,是目前国际上通行的食品企业质量控制体系。

良好生产规范,是国际通行的食品生产经营企业所实施的一种品质保证制度,其特点是注重生产经营过程中的产品品质与卫生安全。食品 GMP 的核心是,凡是在不卫生条件下生产、包装或储存的食品都将被视为不卫生、不安全的。食品 GMP 管理要点主要包括以下几方面:人员,要由胜任工作的人员来管理与生产;原料,要选用良好原料来组织生产;设备,要采用标准厂房和机械设备;方法,要遵守既定的最适当的方法来制造。食品 GMP 要求主要包括生产加工环境、加工设备与设置、加工人员质量检验、包装与运输、产品标识、缺陷产品回收、质量检验记录等。[①] 从 20 世纪 80 年代开始,我国在药品 GMP 的基础上建立了食品企业 GMP。

危险分析与控制点,是一个为国际认可的,保证食品免受生物性、化学性及物理性危害的预防性食品安全质量控制体系。它是一种对某一特定生产过程进行鉴别评价和控制的系统方法。该方法通过预计哪些环节最可能出现问题,或一旦出了问题对人危害较大,来建立防止这些问题出现的有效措施以保住食品的安全,即通过对食品生产全过程的各个环节进

---

① 胡秋辉、王承明主编《食品标准与法规》,中国计量出版社,2006 年,第 169 - 170 页。

行危害分析,找出关键控制点(CCP),采用有效的预防措施和监控手段,使危害降到最低程度,并采取必要的验证措施,使产品达到预期的要求。① 从 1990 年起,中国国家进出口商品检验局科技委食品专业委员会开始了食品加工行业应用 HACCP 认证的研究,在一些食品加工部门提出了 HACCP 体系的具体实施方案。

从提高食品生产企业食品安全管理水平出发,《食品安全法》规定,国家鼓励食品生产经营企业符合良好生产规范要求,实施危害分析与关键控制点体系,即鼓励食品生产企业采取现代管理方式,在其生产控制符合法律、法规和食品安全标准的基础上,建立更加严格、更加完善的食品安全质量控制体系。对实施良好生产规范要求和危害分析与关键控制点体系的食品生产企业来说,其可以自愿申请良好生产规范、危害分析与关键控制点体系认证。

4. 进货查验和记录制度

食品安全保障应该坚持预防为主,源头控制的原则,为此,食品生产企业在食品原料、食品添加剂、食品相关产品采购环节就应该建立严格食品安全管理制度,保证所使用的原材料和辅料符合食品安全质量要求。

《食品安全法》规定食品生产者采购食品原料、食品添加剂、食品相关产品,应当查验供货者的许可证和产品合格证明;对无法提供合格证明的食品原料,应当按照食品安全标准进行检验;不得采购或者使用不符合食品安全标准的食品原料、食品添加剂、食品相关产品。

食品生产企业应当建立食品原料、食品添加剂、食品相关产品进货查验记录制度,如实记录食品原料、食品添加剂、食品相关产品的名称、规格、数量、生产日期或者生产批号、保质期、进货日期以及供货者名称、地址、联系方式等内容,并保存相关凭证。记录和凭证保存期限不得少于产品保质期满后 6 个月;没有明确保质期的,保存期限不得少于 2 年。

通过建立进货查验制度,记录相关信息,可保证食品信息可追溯,确保监管链条不中断。

5. 食品出厂检验和记录制度

食品出厂检验是食品生产者在食品进入市场之前对食品安全控制的最后一道环节,为确保进入市场流通的食品的安全性,食品生产企业应当建立食品出厂检验记录制度,查验出厂食品的检验合格证和安全状况,如实记录食品的名称、规格、数量、生产日期或者生产批号、保质期、检验合格证号、销售日期以及购货者名称、地址、联系方式等内容,并保存相关凭证。记录和凭证保存期限不得少于产品保质期满后 6 个月;没有明确保质期的,保存期限不得少于 2 年。

食品、食品添加剂、食品相关产品的生产者,应当按照食品安全标准对所生产的食品、食品添加剂、食品相关产品进行检验,检验合格后方可出厂或者销售。

❓ **案例**

大兴安岭某食品公司与加格达奇区市场监督管理局等行政诉讼案②

案件梗概:

2019 年 4 月 30 日,黑龙江出入境检验检疫局检验检疫技术中心受黑龙江省市场监督管

---

① 胡秋辉、王承明主编《食品标准与法规》,中国计量出版社,2006 年,第 170－171 页。
② 北大法宝数据库"黑龙江省大兴安岭地区中级人民法院行政判决决书(2021)黑 27 行终 2 号",【法宝引证码】CLI.C. 317053293。

理局委托作出 26201900118 号食品安全监督抽检检验报告，认定在绥棱县某超市抽样的标称生产者为大兴安岭某食品公司的名称为蓝莓果干的食品，经抽样检查菌落总数项目不符合食品安全国家标准《蜜饯》（GB 14844—2016）要求，检验结论为不合格。大兴安岭地区行政公署市场监督管理局将该案交给加格达奇区市场监督管理局调查处理。2019 年 5 月 5 日，加格达奇区市场监督管理局对大兴安岭某食品公司进行现场检查后送达了责令改正通知书，认为大兴安岭某食品公司涉嫌生产不符合食品安全标准的食品，改正内容及要求：生产全过程符合生产食品安全要求。5 月 10 日，大兴安岭某食品公司向加格达奇区市场监督管理局提交排查整改报告，主要内容为：为了加强食品安全，我单位安装了紫外线灯消毒设备，整改完成。5 月 21 日，加格达奇区市场监督管理局再次进行现场检查，情况显示生产车间棚顶已安装了紫外线消毒灯。2019 年 7 月 22 日，加格达奇区市场监督管理局作出加市监处〔2019〕6 号行政处罚决定，认为大兴安岭某食品公司于 2019 年 3 月 2 日生产的规格为 250 克/袋的蓝莓果干 50 袋，为不符合食品安全标准的食品，根据《食品安全法》规定，给予大兴安岭某食品公司没收违法所得 625 元、罚款 7 万元的行政处罚。2019 年 7 月 24 日，大兴安岭某食品公司就该行政处罚决定向加格达奇区人民政府申请复议，加格达奇区人民政府于 2019 年 9 月 6 日作出加政复决〔2019〕4 号行政复议决定，维持加格达奇区市场监督管理局作出的行政处罚决定。大兴安岭某食品公司不服，以加格达奇区市场监督管理局、加格达奇区人民政府为被告提起行政诉讼，其诉讼请求被一审法院驳回，大兴安岭某食品公司提起上诉。在上诉中，大兴安岭某食品公司主张，黑龙江省市场监督管理局出具的检验报告认定在绥棱县某超市抽样的蓝莓果干菌落超标，但没有证据证明菌落超标是生产环节造成的。二审法院认定，加格达奇区市场监督管理局依据检验报告、现场检查笔录、询问调查笔录、情况说明、生产记录、销售记录及出厂检验报告等证据可以证明，大兴安岭某食品公司在生产环节未提供该批次产品检测报告，不能证明产品出厂时就为合格。依据检测报告，抽检样品完好，能证明在运输和销售环节产品包装是完好的，同时产品为真空包装，在运输及销售环节均为常温，且产品距离出厂仅有不足 2 个月，在保质期内，可以认定菌落总数超标是生产环节产生的，与运输及存储无关。上述证据能证明大兴安岭某食品公司于 2019 年 3 月 2 日生产的蓝莓果干"菌落总数"不符合食品安全国家标准《蜜饯》（GB 14884—2016）要求。

思考题：

（1）大兴安岭某食品公司违反了食品生产者食品安全管理的哪些规定？

（2）法院以大兴安岭某食品公司违反食品生产者食品安全管理规定，认定涉案食品不符合食品安全标准是在生产环节造成的，是否具有合理性？

四、食品经营者食品安全管理制度

根据《食品安全法》第 53 条、第 54 条规定，食品经营者应当依法建立以下食品安全管理制度。

1. 进货查验制度

建立严格的食品经营者进货查验制度，是切实把好食品市场准入关的保障。食品经营者进货查验供货者的证照是进货查验制度的一个重要方面。《食品安全法》规定，食品经营者采购食品，应当查验供货者的许可证和合格证明文件，包括食品出厂检验合格证或者其他合格证明。

食品经营企业应当建立食品进货查验记录制度,如实记录食品的名称、规格、数量、生产日期或者生产批号、保质期、进货日期以及供货者名称、地址、联系方式等内容,并保存相关凭证。记录和凭证保存期限不得少于产品保质期满后 6 个月;没有明确保质期的,保存期限不得少于 2 年。

实行统一配送经营方式的食品经营企业,可以由企业总部统一查验供货者的许可证和食品合格证明文件,进行食品进货查验记录。

从事食品批发业务的经营企业应当建立食品销售记录制度,如实记录批发食品的名称、规格、数量、生产日期或者生产批号、保质期、销售日期以及购货者名称、地址、联系方式等内容,并保存相关凭证。记录和凭证保存期限不得少于产品保质期满后 6 个月;没有明确保质期的,保存期限不得少于 2 年。

2. 食品贮存制度

《食品安全法》规定食品经营者贮存食品应当遵循两个方面的要求。一是按照保证食品安全的要求贮存食品。食品由于其质量特性,经过一段时间,品质会发生变化。食品如果贮存在恶劣条件下,将加速食品的腐败变质。因此,食品经营者应当根据食品的不同特点,如有的食品必须在特定温度下冷藏,有的食品要求在通风环境中贮存等,采取不同措施,如购置并使用必要的设备和设施、采取必要的防雨、通风、防晒、防霉变、合理分类等方式。对某些特殊食品的保管,还应当采取控制温度等措施,尽量保持食品的安全品质。二是应当定期检查库存食品,查验食品的生产日期和保质期,及时清理变质、超过保质期及其他不符合食品安全标准的食品,主动将其退出市场,并做好相关记录。

此外,《食品安全法》还专门针对散装食品的贮存作了规定。散装食品,是指无预包装的食品、食品原料及加工半成品,不包括新鲜果蔬,以及需清洗后加工的原粮、鲜冻禽畜产品和水产品等。食品经营者贮存散装食品,应当在贮存位置标明食品的名称、生产日期或者生产批号、保质期、生产者名称及联系方式等内容。食品经营者承担此项义务,可以防止其因失误,将不同品种的食品相混淆,造成食品二次污染,也便于其及时清理过期食品,防止其将过期食品销售给消费者,还可以方便执法人员监督检查,防止其在食品中掺杂掺假,以假充真,以次充好,以不合格食品冒充合格食品。

❓ 案例

陈某与长沙某食品贸易有限责任公司网络购物合同纠纷案[①]

案件梗概:

陈某于 2017 年 3 月 1 日在长沙某食品贸易有限责任公司天猫网站的食品专营店下单购买涉案食品(36 克×30 包)箱装 35 箱,支付价款 988 元,同月 5 日陈某确认收货。长沙某食品贸易有限责任公司向陈某发送的涉案食品的标签标注的食品名称为"瑶家海带片";配料:海带、食用植物油、辣椒、食用盐、香辛料、食品添加剂(谷氨酸钠、乳酸钠、柠檬酸、5′-呈味核苷酸二钠、山梨酸钾、脱氢乙酸钠、乙胺四乙酸二钠、D-异抗坏血酸钠、安赛蜜、食用香精;并标注有执行标准、商标注册号、生产许可证号、贮存条件、食用方法、保质期、生产日期

---

① 北大法宝数据库"北京市第二中级人民法院民事判决书(2018)京 02 民终 3089 号",【法宝引证码】CLI. C. 11205780。

以及生产者某特色农副产品开发有限公司的信息、营养成分表、商品条形码等内容。陈某收货后以长沙某食品贸易有限责任公司为被告向法院提起诉讼。陈某主张,长沙某食品贸易有限责任公司销售的涉案食品超范围使用食品添加剂,不符合食品安全标准,请求判令长沙某食品贸易有限责任公司退还货款并支付货款10倍的赔偿。

　　一审法院认定,涉案食品主要原料为海带,按照食品安全国家标准《藻类及其制品》(GB 19643—2016)之2.1的划分属于藻类,该涉案食品标签标注的食品添加剂中有乙胺四乙酸二钠,食品安全国家标准《食品添加剂使用标准》(GB 2760—2014)表A.1(续)中乙二胺四乙酸二钠可添加的食品种类中不包含加工食用菌和藻类,陈某认为涉案食品超范围使用食品添加剂,不符合食品安全标准的理由成立。对于陈某货款10倍的赔偿请求,一审法院认为,依据《食品安全法》第148条第2款规定,其需要满足经营者明知是不符合食品安全标准的食品而销售的条件,而应知不是经营者承担多倍赔偿责任的要件。食品添加剂的适用范围属于较为专业、精细和繁杂的核查事项,生产者在拟定食品配料和添加剂时应尽到逐项核查的义务,如果让经营者对所经营的食品一一核查各项配料组成和食品添加剂的使用是否符合规定在客观上难以实现,在义务分配上也颇为严苛。本案中,长沙某食品贸易有限责任公司提供的涉案食品生产商的相应资质资料表明长沙某食品贸易有限责任公司作为经营者对其经销的涉案食品来源、生产商的生产经营资质进行了查验,现无证据证明长沙某食品贸易有限责任公司明知该涉案食品不符合食品安全标准而进行销售。因而,陈某要求长沙某食品贸易有限责任公司10倍赔偿的诉讼请求不能成立,一审法院对其不予支持。

　　陈某不服一审法院判决提起上诉,请求改判长沙某食品贸易有限责任公司承担价款10倍的赔偿金。二审法院认为,《食品安全法》第44条第1款规定:食品生产经营企业应当建立健全食品安全管理制度,对职工进行食品安全知识培训,加强食品检验工作,依法从事生产经营活动。《食品安全法》第53条第1款与第2款分别规定:食品经营者采购食品,应当查验供货者的许可证和食品出厂检验合格证或者其他合格证明。食品经营企业应当建立食品进货查验记录制度,如实记录食品的名称、规格、数量、生产日期或者生产批号、保质期、进货日期以及供货者名称、地址、联系方式等内容,并保存相关凭证。记录和凭证保存期限应当符合本法第50条第2款的规定。《食品安全法》第148条第2款规定的明知不仅包括知道还应包括应知。长沙某食品贸易有限责任公司未能提供证据证明其在进货时已按照《食品安全法》及食品安全标准,查验了供货者的许可证和食品出厂检验合格证或者其他合格证明,建立食品进货查验记录制度,并对涉案食品进行检查,因此长沙某食品贸易有限责任公司对于涉案食品不符合食品安全标准属于应知。为此,二审法院认定,一审法院认定无证据证明长沙某食品贸易有限责任公司明知该涉案食品不符合食品安全标准而进行销售,对陈某要求长沙某食品贸易有限责任公司10倍赔偿的诉讼请求不予支持显属不妥,判决予以纠正。

　　思考题:

　　(1)《食品安全法》第53条规定的食品经营者进货查验义务内容应如何界定?

　　(2)结合《食品安全法》第53条规定,《食品安全法》第148条第2款规定中的"明知"应如何界定?

五、餐饮服务提供者食品安全管理制度

除上述规定外,《食品安全法》第 55 条、第 56 条就餐饮服务提供者的食品安全管理还作了如下规定。

1. 餐饮服务提供者的原料控制要求

为从源头上控制采购的食品原料,以保障食品原料的安全,《食品安全法》规定,餐饮服务提供者应当制定并实施原料控制要求,不得采购不符合食品安全标准的食品原料。餐饮服务提供者在加工过程中应当检查待加工的食品及原料,发现有腐败变质、油脂酸败、霉变生虫、污秽不洁、混有异物、掺假掺杂或者感官性状异常的食品、食品添加剂的,不得加工或者使用。

此外,《食品安全法》还倡导餐饮服务提供者公开加工过程,公示食品原料及其来源等信息。公开加工过程,公示食品原料及其来源等信息,可以加强消费者对餐饮服务提供者的监督,也可以增强餐饮服务提供者保障食品安全的责任心。

2. 餐饮服务提供者定期维护、清洗、校验设施、设备的义务

《食品安全法》规定,餐饮服务提供者应当定期维护食品加工、贮存、陈列等设施、设备,以避免食品受上述设施、设备直接污染或交叉污染的风险,预防和控制食品安全事故;还应当定期清洗、校验保温设施及冷藏、冷冻设施,以保证其清洁和卫生,以及设备的正常运转和使用。

为保证餐具、饮具的清洁和卫生,防止食用者之间疾病的相互传染,《食品安全法》还规定餐饮服务提供者应当按照要求对餐具、饮具进行清洗消毒,不得使用未经清洗消毒的餐具、饮具。依据《食品安全法》和相关法规规定,从事餐具、饮具集中消毒服务的单位应该符合法定条件。如果餐饮服务提供者委托清洗消毒餐具、饮具的,应当委托符合《食品安全法》规定条件的餐具、饮具集中消毒服务单位。

❓案例

纳雍县某饮食文化发展有限公司与毕节市市场监督管理局行政诉讼案①

案件梗概:

2018 年 8 月 10 日,纳雍县某饮食文化发展有限公司(简称纳雍县某饮食公司)(甲方)与案外人纳雍某农业发展有限公司(乙方)签订供货合同,约定甲方向乙方采购相关食品及原料。2020 年 6 月 30 日,甲方从乙方购进 4.3 千克涉案红小米辣。2020 年 6 月 30 日,毕节市市场监督管理局(以下简称毕节市市监局)根据贵州省市场监督管理局抽检计划,对纳雍县某饮食公司购进并使用的红小米辣等食品及食品原料进行抽样检验,样品送贵州省检测技术研究应用中心检验。7 月 28 日,该中心出具的检验报告载明该批红小米辣因镉含量不符合要求,结论为不合格。同日,毕节市市监局对纳雍县某饮食公司立案调查。在该案调查中,纳雍县某饮食公司只能向毕节市市监局提供红小米辣供货方的营业执照、食品经营许可证及其与供货方签订的供货合同、(供)进货清单,不能提供其采购并使用的红小米辣的供货

---

① 北大法宝数据库"贵州省大方县人民法院行政判决书(2020)黔 0521 行初 286 号",【法宝引证码】CLI. C. 310712892。

者的食品出厂检验合格证或者其他合格证明以及进货查验记录。10月23日,在经过调查取证后,毕节市市监局作出毕市监罚〔2020〕1-74号《行政处罚决定书》,认定纳雍县某饮食公司使用该不合格红小米辣的行为违反了《食品安全法》第53条第2款、第55条第1款规定,根据该法第126条第1款第3项、第125条第1款第4项之规定,决定对纳雍县某饮食公司处以警告、没收违法所得以及罚款的行政处罚。纳雍县某饮食公司不服该行政处罚决定,主张其不具备鉴别该小米辣的专业知识和能力,不可能知道涉案小米辣不符合食品安全标准,且按正规渠道购进、签订了稳定的采购合同,索取了相关票据,已经积极尽到检查义务,于2020年11月5日以毕节市市监局为被告向法院提起行政诉讼,请求撤销毕节市市监局的行政处罚决定书。

思考题:

(1) 依据《食品安全法》规定,餐饮服务提供者在食品安全管理方面应承担哪些义务?

(2) 本案中纳雍县某饮食公司的主张是否成立?

六、食用农产品生产者和经营者食品安全管理制度

食用农产品,指在农业活动中获得的供人食用的植物、动物、微生物及其产品。农业活动既包括种植、养殖、采摘、捕捞等传统农业活动,也包括设施农业、生物工程等现代农业活动。植物、动物、微生物及其产品,指在农业活动中直接获得的,以及经过分拣、去皮、剥壳、干燥、粉碎、清洗、切割、冷冻、打蜡、分级、包装等加工,但未改变其基本自然性状和化学性质的产品。

《食品安全法》第2条第2款规定,食用农产品的质量安全管理,遵守《农产品质量安全法》的规定。但是,食用农产品的市场销售、有关质量安全标准的制定、有关安全信息的公布和《食品安全法》对农业投入品作出规定的,应当遵守《食品安全法》的规定。

(一) 食用农产品生产者食品安全管理

农产品是主要的食品和食品原料来源,农产品质量安全直接关系到食品安全,与社会公众的身体健康和生命安全有直接关联。为保障农产品质量安全,维护公众健康,《农产品质量安全法》根据从地头到餐桌全过程监管原则,对农产品生产过程予以规范,涉及生产技术规范、农业投入品、生产过程管理、生产记录、包装和标识等。

《农产品质量安全法》第29条规定,农产品生产经营者应当依照有关法律、行政法规和国家有关强制性标准、国务院农业农村主管部门的规定,科学合理使用农药、兽药、饲料和饲料添加剂、肥料等农业投入品,严格执行农业投入品使用安全间隔期或者休药期的规定;不得超范围、超剂量使用农业投入品危及农产品质量安全。禁止在农产品生产经营过程中使用国家禁止使用的农业投入品以及其他有毒有害物质。第27条规定,农产品生产企业、农民专业合作社、农业社会化服务组织应当建立农产品生产记录,如实记载下列事项:①使用农业投入品的名称、来源、用法、用量和使用、停用的日期;②动物疫病、农作物病虫害的发生和防治情况;③收获、屠宰或者捕捞的日期。农产品生产记录应当至少保存2年。禁止伪造、变造农产品生产记录。国家鼓励其他农产品生产者建立农产品生产记录。

与《农产品质量安全法》上述规定相衔接,《食品安全法》第49条第1款规定,食用农产品生产者应当按照食品安全标准和国家有关规定使用农药、肥料、兽药、饲料和饲料添加剂等农业投入品,严格执行农业投入品使用安全间隔期或者休药期的规定,不得使用国家明令

禁止的农业投入品。禁止将剧毒、高毒农药用于蔬菜、瓜果、茶叶和中草药材等国家规定的农作物。

从建立食用农产品安全追溯体系出发,《食品安全法》第 49 条第 2 款规定,食用农产品的生产企业和农民专业合作经济组织应当建立农业投入品使用记录制度。县级以上人民政府农业行政部门作为农产品生产的主管部门,应当加强对农业投入品使用的监督管理和指导,建立健全农业投入品安全使用制度。

(二) 食用农产品销售管理

在食用农产品销售管理方面,《食品安全法》针对食用农产品批发市场的管理、食用农产品销售者建立食用农产品进货查验记录制度、进入市场销售的食用农产品使用添加剂和包装材料的要求作了规定。2016 年 1 月 5 日,国家食品药品监督管理总局公布了《食用农产品市场销售质量安全监督管理办法》,对食用农产品销售管理作了具体规定。2022 年 9 月《农产品质量安全法》修订,为与之衔接,国家市场监管总局组织了对上述管理办法的修订,于2023 年 6 月 30 日公布了修订后的《食用农产品市场销售质量安全监督管理办法》。

修订后的办法强化了食用农产品市场开办者和销售者食品安全责任。规定集中交易市场开办者履行入场销售者登记建档、签订协议、入场查验、场内检查、信息公示、食品安全违法行为制止及报告、食品安全事故处置、投诉举报处置等管理义务。规定食用农产品销售者履行进货查验、定期检查、标示信息等主体责任;对鲜切果蔬等即食食用农产品明确提出做好食品安全防护等相关要求;对群众反映"生鲜灯"误导消费者问题,增加对销售场所照明等设施的设置和使用要求。[①]

❓ 案例

胡某某与芝罘区某百货商行食品买卖合同纠纷案[②]

案件梗概:

胡某某于 2021 年 6 月 7 日通过淘宝平台,在芝罘区某百货商行开设的名为"某某果品"的淘宝店铺下单购买了 4 瓶"10 克装伊朗进口特级正品藏红花泡水喝西红花非西藏",支付1 356 元,约定收货地址浙江省台州市仙居县白塔镇某某街北圆通速递为买卖合同履行地,支付宝交易号为 20210607220011162014 0764×××× ,订单编号为 132092162558249××××。胡某某于 2021 年 6 月 14 日收到涉案产品,并在开箱时拍摄视频保留依据,视频及图片显示所收货品为瓶装容器,容器外除在瓶盖上印有"藏红花"及图标外未张贴其他标识。胡某某认为,芝罘区某百货商行销售产品有如下问题:一是涉案产品的预包装不符合食品安全标准。根据食品安全国家标准《预包装食品标签通则》(GB 7718—2011)第 2.1 条预包装食品的定义,同时按第 4.1.1 条规定,涉案产品缺少生产日期、产地、生产厂家等的标注。二是涉案产品为进口预包装食品,但无进口生产商名称、无产地、无生产厂家进口注册号、无海关进口食品报关单、无海关进口食品检验检疫卫生证书、无进口食品检验合格证书

---

① 国家市场监督管理总局食品经营安全监督管理司:《食用农产品市场销售质量安全监督管理办法》解读,https://www. samr. gov. cn/zw/zfxxgk/fdzdgknr/xwxcs/art/2023/art_b8861e47a0524084b6315111a306f0a0. html。

② 北大法宝数据库"浙江省仙居县人民法院民事判决书(2021)浙 1024 民初 4254 号",【法宝引证码】CLI. C. 409372350。

等。为此，胡某某以芝罘区某百货商行为被告向法院提起民事诉讼，主张被告违反《食品安全法》规定应予赔偿。芝罘区某百货商行答辩称：本案中被告销售的产品并不属于食品或预包装食品，实际为初级农产品，属于食用农产品。食用农产品的质量安全管理，应适用《农产品质量安全法》。原告无充分证据证明案涉产品质量违反了农产品质量安全法的规定，其应承担举证不能的不利后果。

思考题：

（1）食用农产品是否不适用《食品安全法》的规定？

（2）原告主张有无《食品安全法》依据？

七、其他食品经营者食品安全管理制度

（一）集中用餐单位食品安全管理

学校、托幼机构、养老机构、建筑工地等集中用餐单位的食堂应当严格遵守法律、法规和食品安全标准；从供餐单位订餐的，应当从取得食品生产经营许可的企业订购，并按照要求对订购的食品进行查验。供餐单位应当严格遵守法律、法规和食品安全标准，当餐加工，确保食品安全。

学校、托幼机构、养老机构、建筑工地等集中用餐单位的主管部门应当加强对集中用餐单位的食品安全教育和日常管理，降低食品安全风险，及时消除食品安全隐患。

（二）餐具、饮具集中消毒单位食品安全管理

餐具、饮具集中消毒服务单位应当具备相应的作业场所、清洗消毒设备或者设施，用水和使用的洗涤剂、消毒剂应当符合相关食品安全国家标准和其他国家标准、卫生规范。

餐具、饮具集中消毒服务单位应当对消毒餐具、饮具进行逐批检验，检验合格后方可出厂，并应当随附消毒合格证明。消毒后的餐具、饮具应当在独立包装上标注单位名称、地址、联系方式、消毒日期以及使用期限等内容。

（三）食品添加剂生产经营者食品安全管理

食品添加剂生产者应当建立食品添加剂出厂检验记录制度，查验出厂产品的检验合格证和安全状况，如实记录食品添加剂的名称、规格、数量、生产日期或者生产批号、保质期、检验合格证号、销售日期以及购货者名称、地址、联系方式等相关内容，并保存相关凭证。记录和凭证保存期限不得少于产品保质期满后 6 个月；没有明确保质期的，保存期限不得少于 2 年。

食品添加剂经营者采购食品添加剂，应当依法查验供货者的许可证和产品合格证明文件，如实记录食品添加剂的名称、规格、数量、生产日期或者生产批号、保质期、进货日期以及供货者名称、地址、联系方式等内容，并保存相关凭证。记录和凭证保存期限不得少于产品保质期满后 6 个月；没有明确保质期的，保存期限不得少于 2 年。

（四）集中交易市场的开办者、柜台出租者和展销会举办者的食品安全管理

集中交易市场的开办者、柜台出租者和展销会举办者，应当依法审查入场食品经营者的许可证，明确其食品安全管理责任，定期对其经营环境和条件进行检查，发现其有违反《食品安全法》规定行为的，应当及时制止并立即报告所在地县级人民政府食品安全监督管理

部门。

（五）网络食品交易第三方平台提供者食品安全管理

网络食品交易第三方平台提供者应当对入网食品经营者进行实名登记,明确其食品安全管理责任;依法应当取得许可证的,还应当审查其许可证。网络食品交易第三方平台提供者发现入网食品经营者有违反《食品安全法》规定行为的,应当及时制止并立即报告所在地县级人民政府食品安全监督管理部门;发现严重违法行为的,应当立即停止提供网络交易平台服务。

❓案例

何某某与习水县综合行政执法局行政诉讼案①

案件梗概:

何某某系习水县桃林乡沙溪村某幼儿园的经营者。2013 年 1 月 9 日,该幼儿园经习水县教育和科学技术局批准取得办学资格,办学形式为全日制教学,招生对象为 3～6 岁儿童,隶属所在乡镇中学管理。在办学期间,该幼儿园在其内部设置的食堂为在园幼儿提供午餐服务,但不对外经营。其收取的学费中包含生活费,按 485 元/人收取。2019 年 9 月 18 日,习水县综合行政执法局以何某某涉嫌未取得食品生产经营许可从事食品生产经营活动,对其立案调查。2019 年 11 月 15 日,习水县综合行政执法局经集体讨论后,作出〔2019〕习综执行罚决桃字第 40 号《行政处罚决定书》,认定何某某 2014 年至 2019 年 9 月期间未取得食品生产经营许可从事食品生产并向幼儿提供午餐经营服务,其行为违反了《食品安全法》第 35条第 1 款的规定,依据该法第 122 条第 1 款的规定,应给予何某某行政处罚,但鉴于何某某案发后积极配合,主动消除违法行为危害后果,主动退还未使用的生活费 30 225 元,决定没收何某某违法所得 2402.50 元,没收其用于违法生产经营的工具,并作出罚款 79 760 元的行政处罚。何某某不服该行政处罚决定,认为幼儿园向幼儿提供午餐并未从中获取利润,并非经营行为,不应办理食品经营许可手续,因而以习水县综合行政执法局为被告向法院提起行政诉讼。

思考题:

(1) 根据《食品安全法》规定,幼儿园食堂应遵守哪些义务?

(2) 原告主张是否具有法律依据?

八、食品召回制度

食品召回,是食品生产经营者按照规定程序,对由其造成的某一批次或类别的不安全食品,通过换货、退货、补充或修正消费说明等方式,及时消除或减少食品安全危害的活动。食品召回制度是调整这一活动的法律规范的总称。食品召回制度作为对食品安全事故的一种事后救济手段,对于防止食品安全事故的蔓延、扩大,减少食品安全事故给消费者造成的损害具有重要意义。《食品安全法》第 63 条规定国家建立食品召回制度,并对食品召回的对

---

① 北大法宝数据库"贵州省遵义市中级人民法院行政判决书(2020)黔 03 行终 389 号",【法宝引证码】CLI. C. 305032656。

象、程序等作了原则性规定。2015 年 3 月 11 日,国家食品药品监管总局发布了《食品召回管理办法》,就食品召回的实施作了具体规定。2020 年 10 月 23 日,国家市场监督管理总局令第 31 号对这一办法进行了修订。

1. 食品召回的对象

食品召回的对象是不安全食品。所谓不安全食品,是指食品安全法律法规规定禁止生产经营的食品以及其他有证据证明可能危害人体健康的食品。食品的标签、标志或者说明书不符合食品安全国家标准的,也应当依法实施召回,对标签、标志或者说明书存在瑕疵,但不存在虚假内容、不会误导消费者或者不会造成健康损害的食品,食品生产者应当改正,可以自愿召回。

2. 食品召回的义务主体

食品生产者发现其生产的食品不符合食品安全标准或者有证据证明可能危害人体健康,属于不安全食品的,应该召回已经上市销售的食品。食品经营者发现其经营的食品属于不安全食品的,应当通知食品生产者,食品生产者认为应当召回的应当立即召回。

食品经营者的原因造成其经营的食品属于不安全食品的,食品经营者应当召回。

3. 食品生产经营者停止生产经营的义务

食品生产经营者发现其生产经营的食品属于不安全食品的,应当立即停止生产经营,采取通知或者公告的方式告知相关食品生产经营者停止生产经营、消费者停止食用,并采取必要的措施防控食品安全风险。

食品集中交易市场的开办者、食品经营柜台的出租者、食品展销会的举办者发现食品经营者经营的食品属于不安全食品的,应当及时采取有效措施,确保相关经营者停止经营不安全食品。

网络食品交易第三方平台提供者发现网络食品经营者经营的食品属于不安全食品的,应当依法采取停止网络交易平台服务等措施,确保网络食品经营者停止经营不安全食品。

食品生产经营者生产经营的不安全食品未销售给消费者,尚处于其他生产经营者控制中的,食品生产经营者应当立即追回不安全食品,并采取必要措施消除风险。

4. 食品召回分级

根据食品安全风险的严重和紧急程度,食品召回分为三级。

一级召回:食用后已经或者可能导致严重健康损害甚至死亡的,食品生产者应当在知悉食品安全风险后 24 小时内启动召回,并向县级以上地方市场监督管理部门报告召回计划。

二级召回:食用后已经或者可能导致一般健康损害,食品生产者应当在知悉食品安全风险后 48 小时内启动召回,并向县级以上地方市场监督管理部门报告召回计划。

三级召回:标签、标识存在虚假标注的食品,食品生产者应当在知悉食品安全风险后 72 小时内启动召回,并向县级以上地方市场监督管理部门报告召回计划。标签、标识存在瑕疵,食用后不会造成健康损害的食品,食品生产者应当改正,可以自愿召回。

对于一级召回和二级召回中涉及的健康损害程度的评定,可以由食品生产经营者根据临床发病及损害等具体情况确定,或者聘请专家库中的专家进行相关评定,参与评定的专家不得少于 3 名。因情况复杂须延长召回时间的,应报县级以上地方市场监督管理部门同意,并向社会公布。

5. 食品生产者主动召回

食品生产者通过自检自查、公众投诉举报、经营者和监督管理部门告知等方式知悉其生产经营的食品属于不安全食品的,应当主动召回。

1) 食品召回计划

食品生产者应当制订食品召回计划,按照召回计划召回不安全食品。食品召回计划应当包括下列内容:①食品生产者的名称、住所、法定代表人、具体负责人、联系方式等基本情况;②食品名称、商标、规格、生产日期、批次、数量以及召回的区域范围;③召回原因及危害后果;④召回等级、流程及时限;⑤召回通知或者公告的内容及发布方式;⑥相关食品生产经营者的义务和责任;⑦召回食品的处置措施、费用承担情况;⑧召回的预期效果。

食品生产者应将食品召回计划提交县级以上地方市场监督管理部门,县级以上地方市场监督管理部门收到食品生产者的召回计划后,必要时可以组织专家对召回计划进行评估,评估工作应当在 3 个工作日内完成。评估结论认为召回计划应当修改的,食品生产者应当立即修改,并按照修改后的召回计划实施召回。评估过程中,生产经营者的召回工作不停止执行。

2) 食品召回公告

食品生产者召回食品的,应当发布食品召回公告。食品召回公告应当包括下列内容:①食品生产者的名称、住所、法定代表人、具体负责人、联系电话、电子邮箱等;②食品名称、商标、规格、生产日期、批次等;③召回原因、等级、起止日期、区域范围;④相关食品生产经营者的义务和消费者退货及赔偿的流程。

不安全食品在本省、自治区、直辖市销售的,食品召回公告应当在省级市场监督管理部门网站和省级主要媒体上发布。不安全食品在两个以上省、自治区、直辖市销售的,食品召回公告应当在国家市场监督管理部门总局网站和中央主要媒体上发布。

3) 食品召回的实施

食品召回工作具有较强的时效性,食品生产经营者要严格按照规定,根据食品安全风险的严重和紧急程度,实施分级和限时召回。实施一级召回的,食品生产者应当自公告发布之日起 10 个工作日内完成召回工作。实施二级召回的,食品生产者应当自公告发布之日起 20 个工作日内完成召回工作。实施三级召回的,食品生产者应当自公告发布之日起 30 个工作日内完成召回工作。情况复杂的,经县级以上市场监督管理部门同意,食品生产者可以适当延长召回时间并公布。

食品经营者知悉食品生产者召回不安全食品后,应当立即采取停止购进、销售,封存不安全食品,在经营场所醒目位置张贴生产者发布的召回公告等措施,配合食品生产者开展召回工作。

6. 食品经营者主动召回

食品经营者对自身所导致的不安全食品,应当根据法律法规的规定在其经营的范围内主动召回。食品经营者召回不安全食品应当告知供货商。供货商应当及时告知生产者。食品经营者在召回通知或者公告中应当特别注明系自身原因导致食品出现不安全问题。

因生产者无法确定、破产等无法召回不安全食品的,食品经营者应当在其经营的范围内主动召回不安全食品。

食品经营者召回不安全食品的程序,参照食品生产者召回不安全食品的相关规定处理。

7. 召回食品的处置

食品生产经营者应当依据法律法规的规定,对因停止生产经营、召回等退出市场的不安全食品区分造成食品不安全的原因,采取补救、无害化处理、销毁等不同的处置措施。

其中,对违法添加非食用物质、腐败变质、病死畜禽等严重危害人体健康和生命安全的不安全食品,食品生产经营者应当立即就地销毁。不具备就地销毁条件的,可由不安全食品生产经营者集中销毁处理。食品生产经营者在集中销毁处理前,应当向县级以上市场监督管理部门报告。

对因标签、标识等不符合食品安全标准而被召回的食品,食品生产者可以在采取补救措施且能保证食品安全的情况下继续销售,销售时应当向消费者明示补救措施。补救措施不得涂改生产日期、保质期等重要的标识信息,不得欺瞒消费者。

对不安全食品进行无害化处理,能够实现资源循环利用的,食品生产经营者可以按照国家有关规定进行处理。

食品生产经营者如对不安全食品处置方式不能确定的,应当组织相关专家进行评估,并根据评估意见进行处置。

8. 食品生产经营者召回记录保存义务

食品生产经营者应当如实记录停止生产经营、召回和处置不安全食品的名称、商标、规格、生产日期、批次、数量等内容。记录保存期限不得少于 2 年。

9. 责令停止生产经营、召回和处置不安全食品

县级以上地方市场监督管理部门要依法实施不安全食品召回的监管工作,对在监督抽检、执法检查等工作中发现的不安全食品线索或者接到的食品安全事故报告,应当按照规定及时通知食品生产经营者,督促其立即停止生产经营不安全食品,并主动实施召回。

食品生产经营者未依法停止生产经营不安全食品的,县级以上市场监督管理部门可以责令其停止生产经营不安全食品。食品生产者应当主动召回不安全食品而没有主动召回的,县级以上市场监督管理部门可以责令其召回。

不安全食品召回工作不到位的,县级以上市场监督管理部门应当责令其发布召回公告,继续实施召回。食品生产经营者未依法处置不安全食品的,县级以上地方市场监督管理部门可以责令其依法处置不安全食品。

10. 食品生产经营者报告义务

食品生产经营者应当将食品召回和处理情况向所在地县级人民政府市场监督管理部门报告;需要对召回的食品进行无害化处理、销毁的,应当提前报告时间、地点。市场监督管理部门认为必要的,可以实施现场监督。

❓ **案例**

兰州某商贸有限公司与甘肃省市场监督管理局行政诉讼案①

案例梗概:

2017 年 5 月 24 日,甘肃省食品检验研究院对北京某综合超市股份有限公司临夏分公司

---

① 北大法宝数据库"甘肃省高级人民法院行政判决书(2019)甘行终 168 号",【法宝引证码】CLI. C. 83358618。

销售的兰州某商贸有限公司于同年 5 月 4 日生产的规格型号 500 克/袋、质量等级为优级的白砂糖进行了抽样检验。依据国家标准《白砂糖》(GB/T 317—2006)，白砂糖分为精制、优级、一级和二级共四个级别，其中优级白砂糖关于色值的标准指标是≤60 IU。而抽检到的兰州某商贸有限公司生产的该批次白砂糖，经检验色值实测值为 166 IU，高于国家标准《白砂糖》(GB/T 317—2006)指标"≤60"，检验结论为不合格。甘肃省食品药品监督管理局于 2017 年 6 月 29 日向兰州某商贸有限公司七里河分公司送达了《国家食品安全抽样检验结果通知书》及甘肃省食品检验研究院出具的检验报告、国家食品安全抽样检验告知书、国家食品安全抽样检验抽样单。2017 年 7 月 3 日，甘肃省食品药品监督管理局对兰州某商贸有限公司七里河分公司现场进行了检查，并向其发出了《责令改正通知书》，要求其立即召回不符合食品安全国家标准的白砂糖；停止销售存放于该公司成品库中的白砂糖共计 4 500 袋。同年 7 月 10 日，甘肃省食品药品监督管理局以兰州某商贸有限公司的行为涉嫌违反《食品安全法》第 34 条第 1 款第 13 项的规定为由，对其予以立案调查。2017 年 7 月 19 日，兰州某商贸有限公司向甘肃省食品药品稽查局提交了《食品召回总结报告表》，经统计，共生产数量 500 克的白砂糖 8 894 袋，其中合格产品 4 244 袋，不合格产品 4 650 袋，不合格产品中封存 4 500 袋、销售 150 袋(召回 80 袋，封存 19 袋，销售 51 袋)。2018 年 6 月 5 日，甘肃省食品药品监督管理局作出了(甘)食药监罚〔2018〕50 号《行政处罚决定书》，认为兰州某商贸有限公司生产经营与标签内容不符的食品白砂糖，违反了《食品安全法》规定，依据《食品安全法》规定，给予没收违法所得，处以货值金额 5 倍罚款的行政处罚。兰州某商贸有限公司不服，认为甘肃省食品药品监督管理局召回和封存其公司生产的白砂糖不符合《食品安全法》规定的条件，于是以甘肃省食品药品监督管理局为被告提起行政诉讼，请求确认其行为违法。一审法院对兰州某商贸有限公司诉讼请求不予支持，兰州某商贸有限公司于是以机构改革后行使原审被告甘肃省食品药品监督管理局职权的甘肃省市场监督管理局为被上诉人提起上诉，请求二审法院改判甘肃省食品药品监督管理局适用法律错误，其发出的《责令整改通知书》要求上诉人召回相关产品从程序到实体均为违法。

思考题：

(1) 食品召回的对象如何界定？

(2) 本案中甘肃省食品药品监督管理局认定兰州某商贸有限公司生产销售与标签内容不符的白砂糖，要求其召回是否具有《食品安全法》上的依据？

第三节　特殊食品监管制度

一、特殊食品的监管原则

(一) 特殊食品概念

特殊食品，包括保健食品、特殊医学用途配方食品、婴幼儿配方食品等食品。

保健食品，是指具有保健功能或者以补充维生素、矿物质等营养物质为目的的食品。其适宜于特定人群食用，具有调节机体机能，不以治疗疾病为目的，并且不会对人体产生任何急性、亚急性或者慢性危害。

特殊医学用途配方食品，是指为了满足进食受限、消化吸收障碍、代谢紊乱或特定人群对营养素或膳食的特殊需要，专门加工配制而成的配方食品。包括适用于0～12月龄的特殊医学用途婴儿配方食品和适用于1岁以上人群的特殊医学用途配方食品。

适用于0～12月龄的特殊医学用途婴儿配方食品包括无乳糖配方食品或者低乳糖配方食品、乳蛋白部分水解配方食品、乳蛋白深度水解配方食品或者氨基酸配方食品、早产或者低出生体重婴儿配方食品、氨基酸代谢障碍配方食品和母乳营养补充剂等。

适用于1岁以上人群的特殊医学用途配方食品，包括全营养配方食品、特定全营养配方食品、非全营养配方食品。全营养配方食品，是指可以作为单一营养来源满足目标人群营养需求的特殊医学用途配方食品。特定全营养配方食品，是指可以作为单一营养来源满足目标人群在特定疾病或者医学状况下营养需求的特殊医学用途配方食品。常见特定全营养配方食品有：糖尿病全营养配方食品，呼吸系统疾病全营养配方食品，肾病全营养配方食品，肿瘤全营养配方食品，肝病全营养配方食品，肌肉衰减综合征全营养配方食品，创伤、感染、手术及其他应激状态全营养配方食品，炎性肠病全营养配方食品，食物蛋白过敏全营养配方食品，难治性癫痫全营养配方食品，胃肠道吸收障碍、胰腺炎全营养配方食品，脂肪酸代谢异常全营养配方食品，肥胖、减脂手术全营养配方食品。非全营养配方食品，是指可以满足目标人群部分营养需求的特殊医学用途配方食品，不适用于作为单一营养来源。常见非全营养配方食品有：营养素组件（蛋白质组件、脂肪组件、碳水化合物组件），电解质配方，增稠组件，流质配方和氨基酸代谢障碍配方。特殊医学用途配方食品必须在医生或临床营养师指导下，单独食用或与其他食品配合食用。

婴幼儿配方食品，包括婴儿（0～6月龄）配方食品、较大婴儿（6～12月龄）配方食品和幼儿（12～36月龄）配方食品。

婴儿配方食品包括乳基婴儿配方食品和豆基婴儿配方食品。其适于正常婴儿食用，其能量和营养成分能够满足婴儿的正常营养需要。乳基婴儿配方食品，是指以乳类及乳蛋白制品为主要原料，加入适量的维生素、矿物质和（或）其他成分，仅用物理方法生产加工制成的液态或粉状产品。豆基婴儿配方食品，是指以大豆及大豆蛋白制品为主要原料，加入适量的维生素、矿物质和（或）其他成分，仅用物理方法生产加工制成的液态或粉状产品。

较大婴儿配方食品和幼儿配方食品以乳类蛋白制品和（或）大豆及大豆蛋白制品为主要原料，加入适量的维生素、矿物质和（或）其他辅料，仅用物理方法生产加工制成的液态或粉状产品，适于较大婴儿食用和幼儿食用，其营养成分能够满足正常较大婴儿和幼儿的部分营养需要。

上述特殊食品的各自特殊之处在于，保健食品是界于食品和药品之间的一种特殊食品，其虽和药品一样具有调节人体机能的功能，但其对人体机能的影响在程度上与以治疗疾病为目的的药品不同，不应对人体产生毒副作用。对其监管方面的要求就是一方面保证其具有调节人体机能的功能，另一方面确保其不对人体产生任何急性、亚急性或者慢性危害。特殊医学用途配方食品系专门为特殊病人提供的食品。基于其食用人群的特殊性和敏感性，其配方研制必须以医学、营养学科学研究为依据，确保其能够满足特殊人群的特殊需要，同时对其说明介绍应该科学客观，防止对其食用人群产生误导。而婴幼儿配方食品系满足婴幼儿生长发育的需要，由于其直接关系到婴幼儿身体健康和生命安全，必须确保其营养性和安全性。

（二）特殊食品严格监管原则

基于特殊食品的特殊性，《食品安全法》第 74 条规定对其实行严格监督管理，除食品生产经营的一般监管规定外，还对其规定了特别的监管制度。

1. 注册或备案制度

生产特殊食品，除需要取得食品生产许可证外，还需要经注册或备案。《食品安全法》第82 条第 2 款规定，省级以上人民政府食品安全监督管理部门应当及时公布注册或者备案的保健食品、特殊医学用途配方食品、婴幼儿配方乳粉目录。

《食品安全法》第 76 条规定，使用保健食品原料目录以外原料的保健食品和首次进口的保健食品应当经国务院食品安全监督管理部门注册。首次进口的保健食品中属于补充维生素、矿物质等营养物质的，应当报国务院食品安全监督管理部门备案。其他保健食品应当报省、自治区、直辖市人民政府食品安全监督管理部门备案。

《食品安全法》第 80 条规定，特殊医学用途配方食品应当经国务院食品安全监督管理部门注册。根据《食品安全法》第 81 条规定，婴幼儿配方食品生产企业应当将食品原料、食品添加剂、产品配方及标签等事项向省、自治区、直辖市人民政府食品安全监督管理部门备案。婴幼儿配方乳粉的产品配方应当经国务院食品安全监督管理部门注册。

第 82 条第 1 款和第 3 款规定，保健食品、特殊医学用途配方食品、婴幼儿配方乳粉的注册人或者备案人应当对其提交材料的真实性负责。保健食品、特殊医学用途配方食品、婴幼儿配方乳粉生产企业应当按照注册或者备案的产品配方、生产工艺等技术要求组织生产。

2. 生产质量管理体系

《食品安全法》第 83 条规定，生产保健食品、特殊医学用途配方食品、婴幼儿配方食品和其他专供特定人群的主辅食品的企业，应当按照良好生产规范的要求建立与所生产食品相适应的生产质量管理体系，定期对该体系的运行情况进行自查，保证其有效运行，并向所在地县级人民政府食品安全监督管理部门提交自查报告。

3. 其他管理制度

除上述制度外，《食品安全法》针对特殊食品还规定了其他管理制度。

1）保健食品

针对保健食品的功能，《食品安全法》第 75 条第 1 款、第 2 款规定，保健食品声称的保健功能，应当具有科学依据，不得对人体产生急性、亚急性或者慢性危害。允许保健食品声称的保健功能目录，由国务院食品安全监督管理部门会同国务院卫生行政部门、国家中医药管理部门制定、调整并公布。

针对保健食品原料目录，《食品安全法》第 75 条第 2 款、第 3 款规定，由国务院食品安全监督管理部门会同国务院卫生行政部门、国家中医药管理部门制定、调整并公布。保健食品原料目录应当包括原料名称、用量及其对应的功效；列入保健食品原料目录的原料只能用于保健食品生产，不得用于其他食品生产。

针对保健食品的标签、说明书，《食品安全法》第 78 条规定，保健食品的标签、说明书不得涉及疾病预防、治疗功能，内容应当真实，与注册或者备案的内容一致，载明适宜人群、不适宜人群、功效成分或者标志性成分及其含量等，并声明"本品不能代替药物"。保健食品的功能和成分应当与标签、说明书一致。

　　针对保健食品的广告，《食品安全法》第79条规定，保健食品广告除应当符合本法第73条第1款的规定外，还应当声明"本品不能代替药物"；其内容应当经生产企业所在地省、自治区、直辖市人民政府食品安全监督管理部门审查批准，取得保健食品广告批准文件。省、自治区、直辖市人民政府食品安全监督管理部门应当公布并及时更新已经批准的保健食品广告目录以及批准的广告内容。

　　2）特殊医学用途配方食品

　　针对特殊医学用途配方食品的广告，《食品安全法》第80条第2款规定，特殊医学用途配方食品广告适用《广告法》和其他法律、行政法规关于药品广告管理的规定。

　　3）婴幼儿配方食品

　　针对婴幼儿配方食品生产企业，《食品安全法》第81条第1款规定，婴幼儿配方食品生产企业应当实施从原料进厂到成品出厂的全过程质量控制，对出厂的婴幼儿配方食品实施逐批检验，保证食品安全。

　　针对生产婴幼儿配方食品使用的生鲜乳、辅料等食品原料、食品添加剂等，《食品安全法》第81条第2款规定，其应当符合法律、行政法规的规定和食品安全国家标准，保证婴幼儿生长发育所需的营养成分。

　　针对婴幼儿配方食品生产企业的生产方式，《食品安全法》第81条第5款规定，不得以分装方式生产婴幼儿配方乳粉，同一企业不得用同一配方生产不同品牌的婴幼儿配方乳粉。

❓ 案例

楚雄市鹿城镇某食品经营部与楚雄市市场监督管理局行政诉讼案①

案件梗概：

　　楚雄市鹿城镇某食品经营部于2018年7月3日起依法登记办理了营业执照和食品经营许可证后，在其登记场所从事食品经营活动，经营的主要产品是天津某生物科技有限公司生产的"京健"系列食品和保健食品，包括大豆颗粒磷脂、维生素E维生素C辅酶Q10软胶囊、广寿藤茶、胶原蛋白粉、氨糖等。2020年3月6日，楚雄市市场监督管理局在检查中发现楚雄市鹿城镇某食品经营部从事经营活动过程中存在对消费者作引人误解的虚假宣传活动，经调查后向楚雄市鹿城镇某食品经营部送达了楚市市监处告〔2020〕2023号行政处罚告知书及楚市市监听告〔2020〕2023号行政处罚听证告知书。楚雄市鹿城镇某食品经营部提出听证申请，楚雄市市场监督管理局组织听证后，于2020年8月5日作出楚市市监罚〔2020〕43号行政处罚决定书，对楚雄市鹿城镇某食品经营部罚款11万元。该行政处罚决定书认定，楚雄市鹿城镇某食品经营部在经营过程中采用集中客户讲课做产品推销活动，使用了电脑投影播放视频和员工讲课的方式向消费者对产品功能作了如下宣传：比如藤茶，宣传的是清热解毒、提高人体免疫力、预防治疗糖尿病、抑制癌细胞活力、利尿利便、降压降脂等功效；京健大豆颗粒磷脂，宣传的是排除体内垃圾，预防老年痴呆、远离动脉硬化、使脂肪肝、肝病得到有效康复，为糖尿病患者带来福音等功效；维生素E维生素C辅酶Q10软胶囊宣传的是保护心脏，预防心脑血管疾病的功效；胶原蛋白粉有治疗关节类疾病、对关节炎和血

---

①　北大法宝数据库"云南省楚雄市人民法院行政判决书（2020）云2301行初88号"，【法宝引证码】CLI. C. 316615276。

管弹性有明显恢复作用、强健骨骼、预防心脑血管病等功能。楚雄市市场监督管理局认为，楚雄市鹿城镇某食品经营部作为食品经营者，在经营中过程中不当地向消费者宣传经营的产品具有治疗功效，违反《食品安全法》第73条规定，因此依据《食品安全法》第140条第1款、《广告法》第58条第1款等规定，责令楚雄市鹿城镇某食品经营部改正违法行为，并处罚款11万元。楚雄市鹿城镇某食品经营部不服楚雄市市场监督管理局楚雄市市监罚〔2020〕43号行政处罚决定书，认为楚雄市市场监督管理局作出的处罚决定书适用法律错误，因而提起行政诉讼。

思考题：

（1）《食品安全法》对保健食品的宣传广告有什么禁止性规定？

（2）本案中楚雄市市场监督管理局作出的行政处罚决定书是否存在法律适用错误？

二、保健食品注册和备案制度

2016年2月26日，国家食品药品监督管理总局公布《保健食品注册与备案管理办法》，对保健食品注册和备案作了具体规定。2020年10月23日国家市场监督管理总局令第31号对其进行了修订。

（一）注册和备案管理机构

国家市场监督管理总局负责保健食品注册管理，以及首次进口的属于补充维生素、矿物质等营养物质的保健食品备案管理，并指导监督省、自治区、直辖市市场监督管理部门承担的保健食品注册与备案相关工作。省、自治区、直辖市市场监督管理部门负责本行政区域内保健食品备案管理，并配合国家市场监督管理总局开展保健食品注册现场核查等工作。市、县级市场监督管理部门负责本行政区域内注册和备案保健食品的监督管理，承担上级市场监督管理部门委托的其他工作。

国家市场监督管理总局行政受理机构负责受理保健食品注册和接收相关进口保健食品备案材料。省、自治区、直辖市市场监督管理部门负责接收相关保健食品备案材料。

国家市场监督管理总局保健食品审评机构负责组织保健食品审评，管理审评专家，并依法承担相关保健食品备案工作。国家市场监督管理总局审核查验机构负责保健食品注册现场核查工作。

（二）对注册申请人或者备案人的要求

保健食品注册申请人或者备案人应当具有相应的专业知识，熟悉保健食品注册管理的法律、法规、规章和技术要求。

保健食品注册申请人或者备案人应当对所提交材料的真实性、完整性、可溯源性负责，并对提交材料的真实性承担法律责任。

保健食品注册申请人或者备案人应当协助市场监督管理部门开展与注册或者备案相关的现场核查、样品抽样、复核检验和监督管理等工作。

（三）注册

1. 应当申请注册的保健食品范围

生产和进口下列产品应当申请保健食品注册：①使用保健食品原料目录以外原料（以下简称目录外原料）的保健食品；②首次进口的保健食品（属于补充维生素、矿物质等营养物质的保健食品除外）。首次进口的保健食品，是指非同一国家、同一企业、同一配方申请中国境内上市销售的保健食品。产品声称的保健功能应当已经列入保健食品功能目录。

2. 注册申请人

国产保健食品注册申请人应当是在中国境内登记的法人或者其他组织；进口保健食品注册申请人应当是上市保健食品的境外生产厂商。申请进口保健食品注册的，应当由其常驻中国代表机构或者由其委托中国境内的代理机构办理。境外生产厂商，是指产品符合所在国（地区）上市要求的法人或者其他组织。

3. 申请材料

申请保健食品注册应当提交下列材料：①保健食品注册申请表，以及申请人对申请材料真实性负责的法律责任承诺书；②注册申请人主体登记证明文件复印件；③产品研发报告，包括研发人、研发时间、研制过程、中试规模以上的验证数据，目录外原料及产品安全性、保健功能、质量可控性的论证报告和相关科学依据，以及根据研发结果综合确定的产品技术要求等；④产品配方材料，包括原料和辅料的名称及用量、生产工艺、质量标准，必要时还应当按照规定提供原料使用依据、使用部位的说明、检验合格证明、品种鉴定报告等；⑤产品生产工艺材料，包括生产工艺流程简图及说明，关键工艺控制点及说明；⑥安全性和保健功能评价材料，包括目录外原料及产品的安全性、保健功能试验评价材料，人群食用评价材料；功效成分或者标志性成分、卫生学、稳定性、菌种鉴定、菌种毒力等试验报告，以及涉及兴奋剂、违禁药物成分等检测报告；⑦直接接触保健食品的包装材料种类、名称、相关标准等；⑧产品标签、说明书样稿；产品名称中的通用名与注册的药品名称不重名的检索材料；⑨3个最小销售包装样品；⑩其他与产品注册审评相关的材料。

申请首次进口保健食品注册，除提交上述材料外，还应当提交下列材料：①产品生产国（地区）政府主管部门或者法律服务机构出具的注册申请人为上市保健食品境外生产厂商的资质证明文件；②产品生产国（地区）政府主管部门或者法律服务机构出具的保健食品上市销售一年以上的证明文件，或者产品境外销售以及人群食用情况的安全性报告；③产品生产国（地区）或者国际组织与保健食品相关的技术法规或者标准；④产品在生产国（地区）上市的包装、标签、说明书实样。

由境外注册申请人常驻中国代表机构办理注册事务的，应当提交《外国企业常驻中国代表机构登记证》及其复印件；境外注册申请人委托境内的代理机构办理注册事项的，应当提交经过公证的委托书原件以及受委托的代理机构营业执照复印件。

4. 受理

受理机构收到申请材料后，应当根据下列情况分别作出处理：①申请事项依法不需要取得注册的，应当即时告知注册申请人不受理；②申请事项依法不属于国家市场监督管理总局职权范围的，应当即时作出不予受理的决定，并告知注册申请人向有关行政机关申请；③申请材料存在可以当场更正的错误的，应当允许注册申请人当场更正；④申请材料不齐全或者不符合法定形式的，应当当场或者在5个工作日内一次告知注册申请人需要补正的全部内容，逾期不告知的，自收到申请材料之日起即为受理；⑤申请事项属于国家市场监督管理总局职权范围，申请材料齐全、符合法定形式，注册申请人按照要求提交全部补正申请材料的，应当受理注册申请。受理或者不予受理注册申请，应当出具加盖国家市场监督管理总局行政许可受理专用章和注明日期的书面凭证。

5. 评审

受理机构应当在受理后 3 个工作日内将申请材料一并送交审评机构。审评机构应当组织审评专家对申请材料进行审查,并根据实际需要组织查验机构开展现场核查,组织检验机构开展复核检验,在 60 个工作日内完成审评工作,并向国家市场监管管理总局提交综合审评结论和建议。特殊情况下需要延长审评时间的,经审评机构负责人同意,可以延长 20 个工作日,延长决定应当及时书面告知申请人。

审评机构应当组织对申请材料中的下列内容进行审评,并根据科学依据的充足程度明确产品保健功能声称的限定用语:①产品研发报告的完整性、合理性和科学性;②产品配方的科学性,及产品安全性和保健功能;③目录外原料及产品的生产工艺合理性、可行性和质量可控性;④产品技术要求和检验方法的科学性和复现性;⑤标签、说明书样稿主要内容以及产品名称的规范性。

审评机构在审评过程中可以调阅原始资料。审评机构认为申请材料不真实、产品存在安全性或者质量可控性问题,或者不具备声称的保健功能的,应当终止审评,提出不予注册的建议。

审评机构认为需要注册申请人补正材料的,应当一次告知需要补正的全部内容。注册申请人应当在 3 个月内按照补正通知的要求一次提供补充材料;审评机构收到补充材料后,审评时间重新计算。注册申请人逾期未提交补充材料或者未完成补正,不足以证明产品安全性、保健功能和质量可控性的,审评机构应当终止审评,提出不予注册的建议。

审评机构认为需要开展现场核查的,应当及时通知查验机构按照申请材料中的产品研发报告、配方、生产工艺等技术要求进行现场核查,并对下线产品封样送复核检验机构检验。查验机构应当自接到通知之日起 30 个工作日内完成现场核查,并将核查报告送交审评机构。核查报告认为申请材料不真实、无法溯源复现或者存在重大缺陷的,审评机构应当终止审评,提出不予注册的建议。

复核检验机构应当严格按照申请材料中的测定方法以及相关说明进行操作,对测定方法的科学性、复现性、适用性进行验证,对产品质量可控性进行复核检验,并应当自接受委托之日起 60 个工作日内完成复核检验,将复核检验报告送交审评机构。复核检验结论认为测定方法不科学、无法复现、不适用或者产品质量不可控的,审评机构应当终止审评,提出不予注册的建议。

首次进口的保健食品境外现场核查和复核检验时限,根据境外生产厂商的实际情况确定。保健食品审评涉及的试验和检验工作应当由国家市场监督管理总局选择的符合条件的食品检验机构承担。

审评机构认为申请材料真实,产品科学、安全、具有声称的保健功能,生产工艺合理、可行和质量可控,技术要求和检验方法科学、合理的,应当提出予以注册的建议。

审评机构提出不予注册建议的,应当同时向注册申请人发出拟不予注册的书面通知。注册申请人对通知有异议的,应当自收到通知之日起 20 个工作日内向审评机构提出书面复审申请并说明复审理由。复审的内容仅限于原申请事项及申请材料。审评机构应当自受理复审申请之日起 30 个工作日内作出复审决定。改变不予注册建议的,应当书面通知注册申请人。

6. 决定

审评机构作出综合审评结论及建议后,应当在 5 个工作日内报送国家市场监督管理总局。国家市场监督管理总局应当自受理之日起 20 个工作日内对审评程序和结论的合法性、规范性以及完整性进行审查,并作出准予注册或者不予注册的决定。现场核查、复核检验、复审所需时间不计算在审评和注册决定的期限内。

国家市场监督管理总局作出准予注册或者不予注册的决定后,应当自作出决定之日起 10 个工作日内,由受理机构向注册申请人发出保健食品注册证书或者不予注册决定。

7. 行政或司法救济

注册申请人对国家市场监督管理总局作出不予注册的决定有异议的,可以向国家市场监督管理总局提出书面行政复议申请或者向法院提出行政诉讼。

8. 技术受让方申请注册

保健食品注册人转让技术的,受让方应当在转让方的指导下重新提出产品注册申请,产品技术要求等应当与原申请材料一致。审评机构按照相关规定简化审评程序。符合要求的,国家市场监督管理总局应当为受让方核发新的保健食品注册证书,并对转让方保健食品注册予以注销。受让方除提交本办法规定的注册申请材料外,还应当提交经公证的转让合同。

9. 注册变更和延续

保健食品注册证书及其附件所载明内容变更的,应当由保健食品注册人申请变更并提交书面变更的理由和依据。注册人名称变更的,应当由变更后的注册申请人申请变更。已经生产销售的保健食品注册证书有效期届满需要延续的,保健食品注册人应当在有效期届满 6 个月前申请延续。获得注册的保健食品原料已经列入保健食品原料目录,并符合相关技术要求,保健食品注册人申请变更注册,或者期满申请延续注册的,应当按照备案程序办理。

1) 申请

申请变更国产保健食品注册的,除提交保健食品注册变更申请表(包括申请人对申请材料真实性负责的法律责任承诺书)、注册申请人主体登记证明文件复印件、保健食品注册证书及其附件的复印件外,还应当按照下列情形分别提交材料:①改变注册人名称、地址的变更申请,还应当提供该注册人名称、地址变更的证明材料;②改变产品名称的变更申请,还应当提供拟变更后的产品通用名与已经注册的药品名称不重名的检索材料;③增加保健食品功能项目的变更申请,还应当提供所增加功能项目的功能学试验报告;④改变产品规格、保质期、生产工艺等涉及产品技术要求的变更申请,还应当提供证明变更后产品的安全性、保健功能和质量可控性与原注册内容实质等同的材料、依据及变更后 3 批样品符合产品技术要求的全项目检验报告;⑤改变产品标签、说明书的变更申请,还应当提供拟变更的保健食品标签、说明书样稿。

申请延续国产保健食品注册的,应当提交下列材料:①保健食品延续注册申请表,以及申请人对申请材料真实性负责的法律责任承诺书;②注册申请人主体登记证明文件复印件;③保健食品注册证书及其附件的复印件;④经省级食品药品监督管理部门核实的注册证书有效期内保健食品的生产销售情况;⑤人群食用情况分析报告、生产质量管理体系运行情况的自查报告以及符合产品技术要求的检验报告。

申请进口保健食品变更注册或者延续注册的,除分别提交上述材料外,还应当提交下列材料:①产品生产国(地区)政府主管部门或者法律服务机构出具的注册申请人为上市保健食品境外生产厂商的资质证明文件;②产品生产国(地区)政府主管部门或者法律服务机构出具的保健食品上市销售一年以上的证明文件,或者产品境外销售以及人群食用情况的安全性报告;③产品生产国(地区)或者国际组织与保健食品相关的技术法规或者标准;④产品在生产国(地区)上市的包装、标签、说明书实样。由境外注册申请人常驻中国代表机构办理注册事务的,应当提交《外国企业常驻中国代表机构登记证》及其复印件;境外注册申请人委托境内的代理机构办理注册事项的,应当提交经过公证的委托书原件以及受委托的代理机构营业执照复印件。

2) 决定

变更申请的理由依据充分合理,不影响产品安全性、保健功能和质量可控性的,予以变更注册;变更申请的理由依据不充分、不合理,或者拟变更事项影响产品安全性、保健功能和质量可控性的,不予变更注册。

申请延续注册的保健食品的安全性、保健功能和质量可控性符合要求的,予以延续注册。申请延续注册的保健食品的安全性、保健功能和质量可控性依据不足或者不再符合要求,在注册证书有效期内未进行生产销售的,以及注册人未在规定时限内提交延续申请的,不予延续注册。接到保健食品延续注册申请的市场监督管理部门应当在保健食品注册证书有效期届满前作出是否准予延续的决定。逾期未作出决定的,视为准予延续注册。

准予变更注册或者延续注册的,颁发新的保健食品注册证书,同时注销原保健食品注册证书。

保健食品变更注册与延续注册的程序未作规定的,可以适用关于保健食品注册的相关规定。

(四) 备案

1. 应当申请备案的保健食品范围

生产和进口下列保健食品应当依法备案:①使用的原料已经列入保健食品原料目录的保健食品;②首次进口的属于补充维生素、矿物质等营养物质的保健食品。首次进口的属于补充维生素、矿物质等营养物质的保健食品,其营养物质应当是列入保健食品原料目录的物质。备案的产品配方、原辅料名称及用量、功效、生产工艺等应当符合法律、法规、规章、强制性标准以及保健食品原料目录技术要求的规定。

2. 申请人

国产保健食品的备案人应当是保健食品生产企业,原注册人可以作为备案人;进口保健食品的备案人,应当是上市保健食品境外生产厂商。

3. 申请

申请保健食品备案,应当提交下列材料:①产品配方材料,包括原料和辅料的名称及用量、生产工艺、质量标准,必要时还应当按照规定提供原料使用依据、使用部位的说明、检验合格证明、品种鉴定报告等;②产品生产工艺材料,包括生产工艺流程简图及说明,关键工艺控制点及说明;③安全性和保健功能评价材料,包括目录外原料及产品的安全性、保健功能试验评价材料,人群食用评价材料;功效成分或者标志性成分、卫生学、稳定性、菌种鉴定、菌种毒力等试验报告,以及涉及兴奋剂、违禁药物成分等检测报告;④直接接触保健食品的包装材料种类、名称、相关标准等;⑤产品标签、说明书样稿;产品名称中的通用名与注册的药品名称不重名的检索材料。

此外,还应当提交下列材料:①保健食品备案登记表,以及备案人对提交材料真实性负责的法律责任承诺书;②备案人主体登记证明文件复印件;③产品技术要求材料;④具有合法资质的检验机构出具的符合产品技术要求全项目检验报告;⑤其他表明产品安全性和保健功能的材料。

申请进口保健食品备案的,除提交上述材料外,还应当提交下列材料:①产品生产国(地区)政府主管部门或者法律服务机构出具的注册申请人为上市保健食品境外生产厂商的资质证明文件;②产品生产国(地区)政府主管部门或者法律服务机构出具的保健食品上市销售一年以上的证明文件,或者产品境外销售以及人群食用情况的安全性报告;③产品生产国(地区)或者国际组织与保健食品相关的技术法规或者标准;④产品在生产国(地区)上市的包装、标签、说明书实样。由境外注册申请人常驻中国代表机构办理注册事务的,应当提交《外国企业常驻中国代表机构登记证》及其复印件;境外注册申请人委托境内的代理机构办理注册事项的,应当提交经过公证的委托书原件以及受委托的代理机构营业执照复印件。

4. 备案

市场监督管理部门收到备案材料后,备案材料符合要求的,当场备案;不符合要求的,应当一次告知备案人补正相关材料。

保健食品备案信息应当包括产品名称、备案人名称和地址、备案登记号、登记日期以及产品标签、说明书和技术要求。市场监督管理部门应当完成备案信息的存档备查工作,并发放备案号。对备案的保健食品,市场监督管理部门应当按照相关要求的格式制作备案凭证,并将备案信息表中登载的信息在其网站上公布。

5. 变更

已经备案的保健食品,需要变更备案材料的,备案人应当向原备案机关提交变更说明及相关证明文件。备案材料符合要求的,市场监督管理部门应当将变更情况登载于变更信息中,将备案材料存档备查。

(五) 注册注销

有下列情形之一的,国家市场监督管理总局应当依法办理保健食品注册注销手续:①保健食品注册有效期届满,注册人未申请延续或者国家食品药品监管总局不予延续的;②保健食品注册人申请注销的;③保健食品注册人依法终止的;④保健食品注册依法被撤销,或者保健食品注册证书依法被吊销的;⑤根据科学研究的发展,有证据表明保健食品可能存在安全隐患,依法被撤回的;⑥法律、法规规定的应当注销保健食品注册的其他情形。

(六) 备案注销

有下列情形之一的,市场监督管理部门取消保健食品备案:①备案材料虚假的;②备案产品生产工艺、产品配方等存在安全性问题的;③保健食品生产企业的生产许可被依法吊销、注销的;④备案人申请取消备案的;⑤依法应当取消备案的其他情形。

❓案例

南昌某营养补品厂与国家市场监督管理总局行政诉讼案①

案件梗概：

2011年12月19日,国家食品药品监督管理总局就涉案产品向南昌某营养补品厂颁发《国产保健食品批准证书》(批准文号:国食健字 G20050964),该批准证书有效期至 2016 年12月18日。2016 年 6 月 28 日,江西省食品药品监督管理局受理了南昌某营养补品厂于同日申报的涉案产品的再注册申请,并于同年 7 月 1 日出具《保健食品审查意见表》,一并将申请材料移交国家食品药品监督管理总局保健食品审评中心(简称审评中心)。同年 7 月 29日,审评中心收到上述材料。同年 9 月 28 日,审评中心组织专家评审。2017 年 3 月 27 日,审评中心出具(2017)第 2840 号《保健食品审评意见通知书》(简称审评意见通知),告知南昌某营养补品厂再注册资料中配方用量与原申报配方内容不一致,不予批准。同年 5 月9 日,南昌某营养补品厂向审评中心提出复审申请,并提交情况说明,提出按首次注册配方量投料不符合产品标准要求,按更改后的配方量投料能与产品批准证书上标志性成分铁的含量保持一致。同年 7 月 27 日,审评中心组织复审,维持原不予注册的审评结论。2019 年 2 月 2 日,审评中心出具审评报告报送市场监管总局。同年 3 月 8 日,市场监管总局作出不予批准通知并送达南昌某营养补品厂。南昌某营养补品厂不服,向市场监管总局申请行政复议。同年 5 月 5 日,市场监管总局收到南昌某营养补品厂要求撤销不予批准通知的行政复议申请书。同年 6 月 4 日,市场监管总局收到《关于南昌××营养补品厂不服申报保健食品未获批准行政复议答复意见的函》。同年 7 月 1 日,市场监管总局作出《行政复议延期审理通知书》,延期 30 日。同年 8 月 5 日,市场监管总局作出复议决定,维持不予批准通知,并邮寄南昌某营养补品厂。南昌某营养补品厂仍不服,以市场监管总局为被告向一审法院提起诉讼,主张市场监管总局应向其颁发相关许可证书。一审法院判决认为,南昌某营养补品厂在注册资料中配方用量与原申报配方内容不一致,故而其注册申请不是注册延续注册而是变更注册,且其不符合变更注册规定,南昌某营养补品厂关于认为市场监管总局应向其颁发相关许可证书的相关主张缺乏法律依据,不予支持。南昌某营养补品厂提起上诉。

思考题：

(1) 从本案具体情况来看,南昌某营养补品厂的注册申请应认定为延续注册还是变更注册?

(2) 保健食品变更注册和延续注册应符合什么条件?

(3) 审评中心出具(2017)第 2840 号《保健食品审评意见通知书》认为,南昌某营养补品厂在注册资料中配方用量与原申报配方内容不一致,故而不予批准,这一决定是否具有法律依据?

三、特殊医学用途配方食品注册

2016 年 3 月 7 日,国家食品药品监督管理总局令第 24 号公布了《特殊医学用途配方食

---

① 北大法宝数据库"北京市高级人民法院行政判决书(2020)京行终 587 号",【法宝引证码】CLI. C. 105942148。

品注册管理办法》,对特殊医学用途配方食品注册作了具体规定。2023 年 11 月 28 日,国家市场监督管理总局令第 85 号修订发布了新的《特殊医学用途配方食品注册管理办法》,自 2024 年 1 月 1 日起施行。

(一) 管理机构

国家市场监督管理总局负责特殊医学用途配方食品的注册管理工作。国家市场监督管理总局食品审评机构(食品审评中心,简称审评机构)负责特殊医学用途配方食品注册申请的受理、技术审评、现场核查、制证送达等工作,并根据需要组织专家进行论证。

省、自治区、直辖市市场监督管理部门应当配合特殊医学用途配方食品注册的现场核查等工作。

(二) 申请与受理

1. 申请人

特殊医学用途配方食品注册申请人应当为拟在我国境内生产并销售特殊医学用途配方食品的生产企业或者拟向我国出口特殊医学用途配方食品的境外生产企业。申请人应当具备与所生产特殊医学用途配方食品相适应的研发、生产能力、检验能力,设立特殊医学用途配方食品研发机构,按照良好生产规范要求建立与所生产食品相适应的生产质量管理体系,对出厂产品按照有关法律法规、食品安全国家标准和技术要求规定的项目实施逐批检验。研发机构中应当有食品相关专业高级职称或者相应专业能力的人员。

2. 申请

申请特殊医学用途配方食品注册,应当向国家市场监督管理总局提交下列材料:①特殊医学用途配方食品注册申请书;②申请人主体资质文件;③产品研发报告;④产品配方及其设计依据;⑤生产工艺资料;⑥产品标准和技术要求;⑦产品标签、说明书样稿;⑧产品检验报告;⑨研发能力、生产能力、检验能力的材料;⑩其他表明产品安全性、营养充足性以及特殊医学用途临床效果的材料。申请特定全营养配方食品注册,一般还应当提交临床试验报告。申请人应当按照国家有关规定对申请材料中的商业秘密、未披露信息或者保密商务信息进行标注并注明依据。申请人应当对所提交材料的真实性、完整性、合法性和可溯源性负责,并承担法律责任。

3. 受理

受理机构对申请人提出的特殊医学用途配方食品注册申请,应当根据下列情况分别作出处理:①申请事项依法不需要进行注册的,应当即时告知申请人不受理;②申请事项依法不属于国家市场监督管理总局职权范围的,应当即时作出不予受理的决定,并告知申请人向有关行政机关申请;③申请材料存在可以当场更正的错误的,应当允许申请人当场更正;④申请材料不齐全或者不符合法定形式的,应当当场或者在 5 个工作日内一次告知申请人需要补正的全部内容,逾期不告知的,自收到申请材料之日起即为受理;⑤申请事项属于国家市场监督管理总局职权范围,申请材料齐全、符合法定形式,或者申请人按照要求提交全部补正申请材料的,应当受理注册申请。

受理机构受理或者不予受理注册申请,应当出具加盖国家市场监督管理总局行政许可受理专用章和注明日期的书面凭证。

(三) 审查与决定

1. 审查

审评机构应当对申请注册产品的产品配方、生产工艺、标签、说明书以及产品安全性、营养充足性和特殊医学用途临床效果进行审查,自受理之日起 60 个工作日内完成审评工作。特殊情况下需要延长审评时限的,经审评机构负责人同意,可以延长 30 个工作日,延长决定应当书面告知申请人。审评过程中认为需要申请人补正材料的,审评机构应当一次告知需要补正的全部内容。申请人应当在 6 个月内按照补正通知的要求一次补正材料。补正材料的时间不计算在审评时限内。

审评机构可以组织营养学、临床医学、食品安全、食品加工等领域专家对审评过程中遇到的问题进行论证,并形成专家意见。

审评机构根据食品安全风险组织对申请人进行生产现场核查和抽样检验,对临床试验进行现场核查。必要时,可对食品原料、食品添加剂生产企业等开展延伸核查。审评机构应当通过书面或者电子等方式告知申请人核查事项。申请人应当在 30 个工作日内反馈接受现场核查的日期。因不可抗力等因素无法在规定时限内反馈的,申请人应当书面提出延期申请并说明理由。审评机构应当自申请人确认的生产现场核查日期起 20 个工作日内完成对申请人的研发能力、生产能力、检验能力以及申请材料与实际情况的一致性等的现场核查,并出具生产现场核查报告。审评机构通知申请人所在地省级市场监督管理部门参与现场核查的,省级市场监督管理部门应当派员参与。审评机构在生产现场核查中抽取动态生产的样品,委托具有法定资质的食品检验机构进行检验。检验机构应当自收到样品之日起 30 个工作日内按照食品安全国家标准和技术要求完成样品检验,并向审评机构出具样品检验报告。

对于申请特定全营养配方食品注册的临床试验现场核查,审评机构应当自申请人确认的临床试验现场核查日期起 30 个工作日内完成对临床试验的真实性、完整性、合法性和可溯源性等情况的现场核查,并出具临床试验现场核查报告。

2. 决定

审评机构应当根据申请人提交的申请材料、现场核查报告、样品检验报告等资料开展审评,并作出审评结论。

申请人的申请符合法定条件、标准,产品科学、安全,生产工艺合理、可行,产品质量可控,技术要求和检验方法科学、合理,现场核查报告结论、样品检验报告结论符合注册要求的,审评机构应当作出建议准予注册的审评结论。

有下列情形之一的,审评机构应当作出拟不予注册的审评结论:①申请材料弄虚作假、不真实的;②申请材料不支持产品安全性、营养充足性以及特殊医学用途临床效果的;③申请人不具备与所申请注册产品相适应的研发能力、生产能力或者检验能力的;④申请人未在规定时限内提交补正材料,或者提交的补正材料不符合要求的;⑤逾期不能确认现场核查日期,拒绝或者不配合现场核查、抽样检验的;⑥现场核查报告结论或者样品检验报告结论为不符合注册要求的;⑦其他不符合法律、法规、规章、食品安全国家标准和技术要求等注册要求的情形。审评机构作出不予注册审评结论的,应当向申请人发出拟不予注册通知并说明理由。申请人对审评结论有异议的,应当自收到通知之日起 20 个工作日内向审评机构提出书面复审申请并说明复审理由。复审的内容仅限于原申请事项及申请材料。审评机构应当自受理复审申请之日起 30 个工作日内作出复审决定，并通知申请人。现场核查、抽样检验、复审所需要的时间不计算在审评时限内。对境外现场核查、抽样检验的工作时限，根据实际情况确定。

国家市场监督管理总局在审评结束后，依法作出是否批准的决定。对准予注册的，颁发特殊医学用途配方食品注册证书。对不予注册的，发给不予注册决定书，说明理由，并告知申请人享有依法申请行政复议或者提起行政诉讼的权利。国家市场监督管理总局应当自受理之日起 20 个工作日内作出决定。审评机构应当自国家市场监督管理总局作出决定之日起 10 个工作日内向申请人送达特殊医学用途配方食品注册证书或者不予注册决定书。

特殊医学用途配方食品注册证书及附件应当载明下列事项：①产品名称；②企业名称、生产地址；③注册号、批准日期及有效期；④产品类别；⑤产品配方；⑥生产工艺；⑦产品标签、说明书样稿；⑧产品其他技术要求。特殊医学用途配方食品注册号的格式为：国食注字 TY＋四位年代号＋四位顺序号，其中 TY 代表特殊医学用途配方食品。特殊医学用途配方食品注册证书有效期 5 年，电子证书与纸质证书具有同等法律效力。

（四）注册变更与延续

1. 注册变更

特殊医学用途配方食品注册证书有效期内，申请人需要变更注册证书及其附件载明事项的，应当向国家市场监督管理总局提出变更注册申请，并提交下列材料：①特殊医学用途配方食品变更注册申请书；②产品变更论证报告；③与变更事项有关的其他材料。

申请人申请产品配方变更、生产工艺变更等可能影响产品安全性、营养充足性或者特殊医学用途临床效果的，审评机构应当按照该办法的规定组织开展审评，作出审评结论。申请人申请企业名称变更、生产地址名称变更、产品名称变更等不影响产品安全性、营养充足性以及特殊医学用途临床效果的，审评机构应当自受理之日起 10 个工作日内作出审评结论。申请人企业名称变更的，应当以变更后的名称申请。

国家市场监督管理总局自审评结论作出之日起 10 个工作日内作出准予变更或者不予变更的决定。准予变更注册的，向申请人换发注册证书，标注变更时间和变更事项，注册证书发证日期以变更批准日期为准，原注册号不变，证书有效期不变；不予批准变更注册的，发给不予变更注册决定书，说明理由，并告知申请人享有依法申请行政复议或者提起行政诉讼的权利。

产品的食品原料和食品添加剂品种不变、配料表顺序不变、营养成分表不变，使用量在一定范围内合理波动或者调整的，不需要申请变更。

2. 注册延续

特殊医学用途配方食品注册证书有效期届满需要延续的，申请人应当在注册证书有效期届满 6 个月前向国家市场监督管理总局提出延续注册申请，并提交下列材料：①特殊医学用途配方食品延续注册申请书；②申请人主体资质文件；③企业研发能力、生产能力、检验能力情况；④企业生产质量管理体系自查报告；⑤产品安全性、营养充足性和特殊医学临床效果方面的跟踪评价情况；⑥生产企业所在地省、自治区、直辖市市场监督管理部门延续注册意见书；⑦与延续注册有关的其他材料。

审评机构应当按照该办法的规定对延续注册申请组织开展审评，并作出审评结论。国家市场监督管理总局自受理申请之日起 20 个工作日内作出准予延续注册或者不予延续注册的决定。准予延续注册的,向申请人换发注册证书,原注册号不变,证书有效期自批准之日起重新计算;不予延续注册的,发给不予延续注册决定书,说明理由,并告知申请人享有依法申请行政复议或者提起行政诉讼的权利。逾期未作决定的,视为准予延续。

有下列情形之一的,不予延续注册:①未在规定时限内提出延续注册申请的;②注册产品连续 12 个月内在省级以上监督抽检中出现三批次及以上不合格的;③申请人未能保持注册时研发能力、生产能力、检验能力的;④其他不符合有关规定的情形。

(五) 优先审评审批程序

申请人申请注册特殊医学用途配方食品有下列情形之一,可以申请适用优先审评审批程序:①罕见病类特殊医学用途配方食品;②临床急需且尚未批准过的新类型特殊医学用途配方食品;③国家市场监督管理总局规定的其他优先审评审批的情形。

申请人在提出注册申请前,应当与审评机构沟通交流,经确认后,在提出注册申请的同时,向审评机构提出优先审评审批申请。经审查,符合该办法规定的情形,且经公示无异议后,审评机构纳入优先审评审批程序。纳入优先审评审批程序的特殊医学用途配方食品,审评时限为 30 个工作日;经沟通交流确认后,申请人可以补充提交技术材料;需要开展现场核查、抽样检验的,优先安排。

审评过程中,发现纳入优先审评审批程序的特殊医学用途配方食品注册申请不能满足优先审评审批条件的,审评机构应当终止该产品优先审评审批程序,按照正常审评程序继续审评,并告知申请人。

(六) 注册的撤销和注销

1. 注册的撤销

有下列情形之一的,国家市场监督管理总局根据利害关系人的请求或者依据职权,可以撤销特殊医学用途配方食品注册:①工作人员滥用职权、玩忽职守作出准予注册决定的;②超越法定职权作出准予注册决定的;③违反法定程序作出准予注册决定的;④对不具备申请资格或者不符合法定条件的申请人准予注册的;⑤食品生产许可证被吊销的;⑥依法可以撤销注册的其他情形。

2. 注册的注销

有下列情形之一的,国家市场监督管理总局应当依法办理特殊医学用途配方食品注册注销手续:①企业申请注销的;②企业依法终止的;③注册证书有效期届满未延续的;④注册证书依法被撤销、撤回或者依法被吊销的;⑤法律、法规规定应当注销注册的其他情形。

四、婴幼儿配方乳粉的产品配方注册制度

婴幼儿配方乳粉产品配方,是指生产婴幼儿配方乳粉使用的食品原料、食品添加剂及其使用量,以及产品中营养成分的含量。《食品安全法》第 81 条规定婴幼儿配方乳粉的产品配方应当经国务院食品安全监督管理部门注册。2016 年 6 月,国家食品药品监管总局发布《婴幼儿配方乳粉产品配方注册管理办法》,适用于在中国境内生产销售和进口的婴幼儿配方乳粉产品配方注册管理。2023 年 6 月 26 日,国家市场监督管理总局令第 80 号公布了修订后的《婴幼儿配方乳粉产品配方注册管理办法》。

(一) 管理机构

国家市场监督管理总局负责婴幼儿配方乳粉产品配方注册管理工作。国家市场监督管

理总局食品审评机构负责婴幼儿配方乳粉产品配方注册申请的受理、技术审评、现场核查、制证送达等工作,并根据需要组织专家进行论证。省、自治区、直辖市市场监督管理部门应当配合婴幼儿配方乳粉产品配方注册的现场核查等工作。

(二) 申请与受理

1. 申请

申请人应当为拟在中华人民共和国境内生产并销售婴幼儿配方乳粉的生产企业或者拟向中华人民共和国出口婴幼儿配方乳粉的境外生产企业。申请人应当具备与所生产婴幼儿配方乳粉相适应的研发能力、生产能力、检验能力,符合粉状婴幼儿配方食品良好生产规范要求,实施危害分析与关键控制点体系,对出厂产品按照有关法律法规和婴幼儿配方乳粉食品安全国家标准规定的项目实施逐批检验。申请人使用已经符合婴幼儿配方食品安全国家标准营养成分要求的复合配料作为原料申请配方注册的,不予注册。

申请注册产品配方应当符合有关法律法规和食品安全国家标准的要求,并提供证明产品配方科学性、安全性的研发与论证报告和充足依据。

申请婴幼儿配方乳粉产品配方注册,应当向国家食品药品监督管理总局提交下列材料:①婴幼儿配方乳粉产品配方注册申请书;②申请人主体资质证明文件;③原辅料的质量安全标准;④产品配方;⑤产品配方研发与论证报告;⑥生产工艺说明;⑦产品检验报告;⑧研发能力、生产能力、检验能力的证明材料;⑨其他表明配方科学性、安全性的材料。申请人应当对提交材料的真实性、完整性、合法性负责,并承担法律责任。申请人应当按照国家有关规定对申请材料中的商业秘密进行标注并注明依据。参与婴幼儿配方乳粉注册申请受理、技术审评、现场核查、抽样检验、专家论证等工作的机构和人员,应当保守在注册中知悉的商业秘密。

同一企业申请注册两个以上同年龄段产品配方时,产品配方之间应当有明显差异,并经科学证实。每个企业原则上不得超过 3 个配方系列 9 种产品配方,每个配方系列包括婴儿配方乳粉(0~6 月龄,1 段)、较大婴儿配方乳粉(6~12 月龄,2 段)、幼儿配方乳粉(12~36 月龄,3 段)。

已经取得婴幼儿配方乳粉产品配方注册证书及生产许可的企业集团母公司或者其控股子公司可以使用同一企业集团内其他控股子公司或者企业集团母公司已经注册的婴幼儿配方乳粉产品配方。组织生产前,企业集团母公司应当充分评估配方调用的可行性,确保产品质量安全,并向国家市场监督管理总局提交书面报告。

2. 受理

受理机构对申请人提出的婴幼儿配方乳粉产品配方注册申请,应当根据下列情况分别作出处理:①申请事项依法不需要进行注册的,应当即时告知申请人不受理;②申请事项依法不属于国家市场监督管理总局职权范围的,应当即时作出不予受理的决定,并告知申请人向有关行政机关申请;③申请材料存在可以当场更正的错误的,应当允许申请人当场更正;④申请材料不齐全或者不符合法定形式的,应当当场或者在 5 个工作日内一次告知申请人需要补正的全部内容;逾期不告知的,自收到申请材料之日起即为受理;⑤申请事项属于国家市场监督管理总局职权范围,申请材料齐全、符合法定形式,或者申请人按照要求提交全部补正申请材料的,应当受理注册申请。

受理机构受理或者不予受理注册申请,应当出具加盖国家市场监督管理总局行政许可受理专用章和注明日期的凭证。

（三）审评与决定

1. 审评

审评机构应当对申请配方的科学性和安全性以及产品配方声称与产品配方注册内容的一致性进行审查，自受理之日起 60 个工作日内完成审评工作。特殊情况下需要延长审评时限的，经审评机构负责人同意，可以延长 20 个工作日，延长决定应当书面告知申请人。审评机构应当根据申请人提交的申请材料、现场核查报告、样品检验报告开展审评，并作出审评结论。在技术审评、现场核查、产品检验等过程中，可以就重大、复杂问题听取食品安全、食品加工、营养和临床医学等领域专家的意见。

申请人的申请符合法定条件、标准，产品配方科学、安全，现场核查报告结论、检验报告结论为符合注册要求的，审评机构应当作出建议准予注册的审评结论。

有下列情形之一的，审评机构应当作出拟不予注册的审评结论：①申请材料弄虚作假，不真实的；②产品配方科学性、安全性依据不充足的；③申请人不具备与所申请注册的产品配方相适应的研发能力、生产能力或者检验能力的；④申请人未在规定时限内提交补正材料，或者提交的补正材料不符合要求的；⑤申请人逾期不能确认现场核查日期，拒绝或者不配合现场核查、抽样检验的；⑥现场核查报告结论或者检验报告结论为不符合注册要求的；⑦同一企业申请注册的产品配方与其同年龄段已申请产品配方之间没有明显差异的；⑧其他不符合法律、法规、规章、食品安全国家标准等注册要求的情形。

审评机构作出不予注册审评结论的，应当向申请人发出拟不予注册通知并说明理由。申请人对审评结论有异议的，应当自收到通知之日起 20 个工作日内向审评机构提出书面复审申请并说明复审理由。复审的内容仅限于原申请事项及申请材料。审评机构应当自受理复审申请之日起 30 个工作日内作出复审决定，并通知申请人。

2. 决定

国家市场监督管理总局在审评结束后，依法作出是否批准的决定。对准予注册的，颁发婴幼儿配方乳粉产品配方注册证书。对不予注册的，发给不予注册决定书，说明理由，并告知申请人享有依法申请行政复议或者提起行政诉讼的权利。国家市场监督管理总局自受理之日起 20 个工作日内作出决定。审评机构应当自国家市场监督管理总局作出决定之日起 10 个工作日内向申请人送达婴幼儿配方乳粉产品配方注册证书或者不予注册决定书。

（四）注册证书

婴幼儿配方乳粉产品配方注册证书及附件应当载明下列事项：①产品名称；②企业名称、生产地址；③注册号、批准日期及有效期；④生产工艺类型；⑤产品配方。

婴幼儿配方乳粉产品配方注册证书有效期为 5 年。婴幼儿配方乳粉产品配方注册有效期内，婴幼儿配方乳粉产品配方注册证书遗失或者损毁的，申请人应当向国家市场监督管理总局提出补发申请并说明理由。因遗失申请补发的，应当提交遗失声明；因损坏申请补发的，应当交回婴幼儿配方乳粉产品配方注册证书原件。国家市场监督管理总局自受理之日起 20 个工作日内予以补发。补发的婴幼儿配方乳粉产品配方注册证书应当标注原批准日期，并注明"补发"字样。

（五）注册变更与延续

1. 注册变更

婴幼儿配方乳粉产品配方注册证书有效期内，需要变更注册证书及其附件载明事项的，申请人应当向国家市场监督管理总局提出变更注册申请，并提交下列材料：①婴幼儿配方乳粉产品配方变更注册申请书；②产品配方变更论证报告；③与变更事项有关的证明材料。

申请人申请产品配方变更等可能影响产品配方科学性、安全性的，审评机构应当根据实际需要按照《婴幼儿配方乳粉产品配方注册管理办法》第13条的规定组织开展审评，并作出审评结论。申请人申请企业名称变更、生产地址名称变更等不影响产品配方科学性、安全性的，审评机构应当进行核实，并自受理机构受理之日起10个工作日内作出结论。申请人名称变更的，应当由变更后的申请人申请变更。

国家市场监督管理总局自接到审评结论之日起10个工作日内作出准予变更或者不予变更的决定。对符合条件的，依法办理变更手续，注册证书发证日期以变更批准日期为准，原注册号不变，证书有效期保持不变；不予变更注册的，作出不予变更注册决定书，说明理由，并告知申请人享有依法申请行政复议或者提起行政诉讼的权利。

2. 注册延续

婴幼儿配方乳粉产品配方注册证书有效期届满需要延续的，申请人应当在注册证书有效期届满6个月前向国家市场监督管理总局提出延续注册申请，并提交下列材料：①婴幼儿配方乳粉产品配方延续注册申请书；②申请人主体资质证明文件；③企业研发能力、生产能力、检验能力情况；④企业生产质量管理体系自查报告；⑤产品营养、安全方面的跟踪评价情况；⑥生产企业所在地省、自治区、直辖市市场监督管理部门延续注册意见书。

审评机构应当按照《婴幼儿配方乳粉产品配方注册管理办法》第13条的规定组织开展审评，并作出审评结论。国家市场监督管理总局自受理申请之日起20个工作日内作出准予延续注册或者不予延续注册的决定。准予延续注册的，向申请人换发注册证书，原注册号不变，证书有效期自批准之日起重新计算；不予延续注册的，发给不予延续注册决定书，说明理由，并告知申请人享有依法申请行政复议或者提起行政诉讼的权利。逾期未作决定的，视为准予延续。

有下列情形之一的，不予延续注册：①未在规定时限内提出延续注册申请的；②申请人在产品配方注册后5年内未按照注册配方组织生产的；③企业未能保持注册时研发能力、生产能力、检验能力的；④其他不符合有关规定的情形。

婴幼儿配方乳粉产品配方变更注册与延续注册的程序未作规定的，适用《婴幼儿配方乳粉产品配方注册管理办法》有关婴幼儿乳粉产品配方注册的相关规定。

（六）注册撤销与注销

有下列情形之一的，国家市场监督管理总局依据职权或者根据利害关系人的请求，可以撤销婴幼儿配方乳粉产品配方注册：①工作人员滥用职权、玩忽职守作出准予注册决定的；②超越法定职权作出准予注册决定的；③违反法定程序作出准予注册决定的；④对不具备申请资格或者不符合法定条件的申请人准予注册的；⑤依法可以撤销注册的其他情形。

有下列情形之一的，由国家市场监督管理总局注销婴幼儿配方乳粉产品配方注册：①企业申请注销的；②企业依法终止的；③注册证书有效期届满未延续的；④注册证书依法被撤销、撤回或者依法被吊销的;⑤法律法规规定应当注销的其他情形。

第四节 食品安全认证制度

一、食品安全认证制度概述

认证,是合格评定活动的一种。《认证认可条例》对认证的定义即为"认证机构证明产品、服务、管理体系符合相关技术规范及其强制性要求或者标准的合格评定活动"。合格评定一词最早由国际标准化组织(ISO)所使用,1985 年国际标准化组织理事会将其所设立的认证委员会改名为合格评定委员会,但没有给出合格评定的定义。1993 年关贸总协定在其修订的《贸易技术壁垒协议》中给出了合格评定程序的定义,国际标准化组织据此给出合格评定定义,即合格评定是与直接或间接确定相关要求被满足的任何有关的活动。① 国际标准化组织所述的合格评定主要包括以下两类。一是认证,包括产品质量认证和质量体系认证。二是认可,包括校准/检验机构认可、审核机构认可、认证机构认可和审核员/评审员资格认可。

产品质量认证和质量体系认证合称为质量认证。依据国际标准化组织和国际电工委员会的 ISO/IEC 指南 2—1991 的定义,质量认证是第三方依据程序对产品、过程或服务符合规定的要求给予书面保证(合格证书)。② 其中,产品质量认证,以产品(包括过程或服务)为认证对象,其认证基础是产品标准和技术规范,采用对产品质量的抽样检验和对企业质量体系的审核和评定的鉴定方法,以认证证书和认证标志的形式对其符合要求作出证明。质量体系认证,以企业质量体系中影响持续按需方要求提供产品或服务的能力的某些要素,即质量保证能力为认证对象,其认证基础是有关质量体系的国家标准。国际标准化组织 1987 年3 月发布的 ISO9000 质量管理和质量保证系列标准,为各国开展质量体系认证提供了基础。其鉴定方法是对质量体系进行审核,证明方式是质量体系认证证书和体系认证标志。证书和标志只证明企业的质量体系符合某一质量保证标准,不证明该企业生产的任何产品符合产品标准。

1978 年 9 月我国加入国际标准化组织(ISO),1981 年 4 月我国开始认证试点工作,1991年 5 月国务院第 83 号令颁布了《产品质量认证管理条例》,开始在我国全面推行质量认证工作。2003 年 9 月国务院发布了《认证认可条例》,同时废止《产品质量认证管理条例》。目前《认证认可条例》是我国规范认证认可活动的专门法规。

根据《认证认可条例》的界定,认证是指由认证机构证明产品、服务、管理体系符合相关技术规范、相关技术规范的强制性要求或者标准的合格评定活动。根据这一界定,我国质量认证包括产品质量认证和质量体系认证两类。根据该条例的规定,获得认证证书的,应当在认证范围内使用认证证书和认证标志。两类认证标志的使用必须作出严格区分,不得利用产品、服务认证证书、认证标志和相关文字、符号,误导公众认为其管理体系已通过认证,也

---

① 郭庆华:《质量认证实用教程》,中国铁道出版社,1996 年,第 26 页。
② 郭庆华:《质量认证实用教程》,中国铁道出版社,1996 年,第 27 页。

不得利用管理体系认证证书、认证标志和相关文字、符号，误导公众认为其产品、服务已通过认证。

在我国，《产品质量法》是有关产品质量监督管理的基本法律规范。其第 14 条第 2 款规定，国家参照国际先进的产品标准和技术要求，推行产品质量认证制度。企业根据自愿原则向国务院市场监督管理部门认可的或者国务院市场监督管理部门授权的部门认可的认证机构申请产品质量认证。经认证合格的，由认证机构颁发产品质量认证证书。据此，我国产品质量认证实行自愿原则。而《认证认可条例》则在产品质量自愿认证原则外，增加了产品质量强制认证的规定。依据该条例第 28 条规定，为了保护国家安全、防止欺诈行为、保护人体健康或者安全、保护动植物生命或者健康、保护环境，国家规定相关产品必须经过认证的，应当经过认证并标注认证标志后，方可出厂、销售、进口或者在其他经营活动中使用。2009 年国家质检总局根据《认证认可条例》等法律、行政法规以及国家有关规定，制定了《强制性产品认证管理规定》，规范强制性产品的认证工作。

根据《认证认可条例》的规定，国家对必须经过认证的产品，统一产品目录，统一技术规范的强制性要求、标准和合格评定程序，统一标志，统一收费标准。统一的产品目录由国务院认证认可监督管理部门会同国务院有关部门制定、调整，由国务院认证认可监督管理部门发布，并会同有关方面共同实施。列入目录的产品，必须经国务院认证认可监督管理部门指定的认证机构进行认证。列入目录产品的认证标志，由国务院认证认可监督管理部门统一规定。2001 年 12 月 3 日，国家质检总局和国家认监委发布了第一批实施强制性认证的产品目录，共 19 类 132 种产品，后扩展为 22 类 159 种产品。2007 年，国家认监委编制了《强制性认证产品目录描述与界定表》，并于 2008 年、2012 年、2014 年、2020 年、2023 年进行了修订，修订后的目录共 16 大类 96 种产品。在这些强制性产品认证的目录中，不包括食品行业和食品在内。因此，虽然根据《食品安全法》的规定，食品安全标准是强制执行的标准，食品生产经营者生产经营的食品必须符合食品安全标准，但我国并未建立以食品安全标准为依据的强制性食品认证。我国现行的食品认证，主要包括绿色食品认证和有机食品认证。这些认证都不是强制性的，而是实行自愿原则，由食品生产经营者自主决定是否申请认证。

我国《产品质量法》第 14 条第 1 款规定，国家根据国际通用的质量管理标准，推行企业质量体系认证制度。企业根据自愿原则向国务院市场监督管理部门认可的或者国务院市场监督管理部门授权的部门认可的认证机构申请企业质量体系认证。经认证合格的，由认证机构颁发企业质量体系认证证书。由此确立了我国以国际通用的质量管理标准为基础的企业质量体系自愿认证原则。

我国《食品安全法》第 48 条规定，国家鼓励食品生产经营企业符合良好生产规范要求，实施危害分析与关键控制点体系，提高食品安全管理水平。目前在我国，食品企业安全管理体系主要是良好生产规范（GMP）要求和危害分析与关键控制点（HACCP）体系。从 1988 年开始，我国先后颁布了 18 个食品企业卫生规范和 1 个食品企业通用卫生规范。《食品安全法》颁布后，2009 年国家认监委发布了《乳制品生产企业良好生产规范（GMP）认证实施规则（试行）》。2010 年 3 月，国家认监委委托中国质量认证中心成立起草小组起草《食品生产经营企业良好生产规范（GMP）认证实施规则》，完成了草案。从 1990 年起，中国国家进出口商品检验局科技委食品专业委员会就开始在食品加工行业应用 HACCP 的研究，在一些食品加工部门提出了 HACCP 体系的具体实施方案。2002 年 3 月，国家认监委 2002 年第 3 号公告发布了《食品生产企业危害分析与关键控制点(HACCP)管理体系认证管理规定》,对开展 HACCP 官方验证和第三方验证提出规范性要求。2002 年 12 月,中国认证机构国家认监委正式启动对 HACCP 体系认证机构的认可试点工作,开始受理 HACCP 认可试点申请。2002 年 4 月,国家认证认可监督管理委员会发布了《食品生产企业危害分析与关键控制点(HACCP)管理体系认证管理规定》。2007 年国家认证认可监督管理委员会发布了《食品安全管理体系认证实施规则》,并分别在 2010 年 1 月和 2021 年 1 月对其进行过修订。该规则规定了从事食品安全管理体系认证的认证机构实施食品安全管理体系认证的程序与管理的基本要求,是认证机构从事食品安全管理体系认证活动的基本依据。

二、食品质量认证制度

(一)绿色食品认证

1993 年 1 月,农业部发布《绿色食品标志管理办法》,对绿色食品认证做出了规定。2012 年 7 月农业部令第 6 号公布了新的《绿色食品标志管理办法》,2019 年 4 月农业农村部令第 2 号、2022 年 1 月农业农村部令第 1 号对该管理办法进行了两次修订。

依据管理办法规定,绿色食品是指产自优良生态环境、按照绿色食品标准生产、实行全程质量控制并获得绿色食品标志使用权的安全、优质食用农产品及相关产品。绿色食品标志依法注册为证明商标,受法律保护。县级以上人民政府农业农村主管部门依法对绿色食品及绿色食品标志进行监督管理。中国绿色食品发展中心负责全国绿色食品标志使用申请的审查、颁证和颁证后跟踪检查工作。省级人民政府农业行政农村部门所属绿色食品工作机构(以下简称省级工作机构)负责本行政区域绿色食品标志使用申请的受理、初审和颁证后跟踪检查工作。绿色食品产地环境、生产技术、产品质量、包装贮运等标准和规范,由农业农村部制定并发布。

1. 标志使用申请与核准

申请使用绿色食品标志的产品,应当符合《食品安全法》和《农产品质量安全法》等法律法规规定,在国家知识产权局商标局核定的范围内,并具备下列条件:①产品或产品原料产地环境符合绿色食品产地环境质量标准;②农药、肥料、饲料、兽药等投入品使用符合绿色食品投入品使用准则;③产品质量符合绿色食品产品质量标准;④包装贮运符合绿色食品包装贮运标准。

申请使用绿色食品标志的生产单位应当具备下列条件:①能够独立承担民事责任;②具有绿色食品生产的环境条件和生产技术;③具有完善的质量管理和质量保证体系;④具有与生产规模相适应的生产技术人员和质量控制人员;⑤具有稳定的生产基地;⑥申请前三年内无质量安全事故和不良诚信记录。

申请人应当向省级工作机构提出申请并提交下列材料:①标志使用申请书;②产品生产技术规程和质量控制规范;③预包装产品包装标签或其设计样张;④中国绿色食品发展中心规定提交的其他证明材料。

2. 标志使用核准

省级工作机构应当自收到申请之日起 10 个工作日内完成材料审查。符合要求的,予以受理,并在产品及产品原料生产期内组织有资质的检查员完成现场检查;不符合要求的,不予受理,书面通知申请人并告知理由。现场检查合格的,省级工作机构应当书面通知申请人,由申请人委托符合规定的检测机构对申请产品和相应的产地环境进行检测;现场检查不合格的,省级工作机构应当退回申请并书面告知理由。

检测机构接受申请人委托后,应当及时安排现场抽样,并自产品样品抽样之日起 20 个工作日内、环境样品抽样之日起 30 个工作日内完成检测工作,出具产品质量检验报告和产地环境监测报告,提交省级工作机构和申请人。检测机构应当对检测结果负责。

省级工作机构应当自收到产品检验报告和产地环境监测报告后 20 个工作日内提出初审意见。初审合格的,将初审意见及相关材料报送中国绿色食品发展中心。初审不合格的,退回申请并书面告知理由。省级工作机构应当对初审结果负责。

中国绿色食品发展中心应当自收到省级工作机构报送的申请材料之日起 30 个工作日内完成书面审查,并在 20 个工作日内组织专家评审。必要时,可以进行现场核查。中国绿色食品发展中心应当根据专家评审的意见,在 5 个工作日内做出是否颁证的决定。同意颁证的,与申请人签订绿色食品标志使用合同,颁发绿色食品标志使用证书,并公告;不同意颁证的,书面通知申请人并告知理由。

3. 绿色食品标志有效期及其续展

绿色食品标志使用证书有效期 3 年。证书有效期满,需要继续使用绿色食品标志的,标志使用人应当在有效期满 3 个月前向省级工作机构书面提出续展申请。省级工作机构应当在 40 个工作日内组织完成相关检查、检测及材料审核。初审合格的,由中国绿色食品发展中心在 10 个工作日内做出是否准予续展的决定。准予续展的,与标志使用人续签绿色食品标志使用合同,颁发新的绿色食品标志使用证书并公告;不予续展的,书面通知标志使用人并告知理由。标志使用人逾期未提出续展申请,或者申请续展未获通过的,不得继续使用绿色食品标志。

4. 标志使用人的权利与义务

绿色食品标志使用证书是申请人合法使用绿色食品标志的凭证,应当载明准许使用的产品名称、商标名称、获证单位及其信息编码、核准产量、产品编号、标志使用有效期、颁证机构等内容。绿色食品标志使用证书分中文、英文版本,具有同等效力。

标志使用人在证书有效期内享有下列权利:①在获证产品及其包装、标签、说明书上使用绿色食品标志;②在获证产品的广告宣传、展览展销等市场营销活动中使用绿色食品标志;③在农产品生产基地建设、农业标准化生产、产业化经营、农产品市场营销等方面优先享受相关扶持政策。

标志使用人在证书有效期内应当履行下列义务:①严格执行绿色食品标准,保持绿色食品产地环境和产品质量稳定可靠;②遵守标志使用合同及相关规定,规范使用绿色食品标志;③积极配合县级以上人民政府农业农村主管部门的监督检查及其所属绿色食品工作机构的跟踪检查。

5. 标志使用管理

未经中国绿色食品发展中心许可,任何单位和个人不得使用绿色食品标志。禁止将绿色食品标志用于非许可产品及其经营性活动。任何单位和个人不得伪造、转让绿色食品标志和标志使用证书。

在证书有效期内,标志使用人的单位名称、产品名称、产品商标等发生变化的,应当经省级工作机构审核后向中国绿色食品发展中心申请办理变更手续。产地环境、生产技术等条件发生变化，导致产品不再符合绿色食品标准要求的，标志使用人应当立即停止标志使用，并通过省级工作机构向中国绿色食品发展中心报告。

标志使用人有下列情形之一的，由中国绿色食品发展中心取消其标志使用权，收回标志使用证书并公告。①生产环境不符合绿色食品环境质量标准的；②产品质量不符合绿色食品产品质量标准的；③年度检查不合格的；④未遵守标志使用合同约定的；⑤违反规定使用标志和证书的；⑥以欺骗、贿赂等不正当手段取得标志使用权的。标志使用人依照上述规定被取消标志使用权的，三年内中国绿色食品发展中心不再受理其申请；情节严重的，永久不再受理其申请。

（二）有机产品认证

2001年6月国家环保总局发布了《有机食品认证管理办法》，于2006年废止。2004年11月国家质检总局公布了《有机产品认证管理办法》。2013年11月国家质检总局公布了新的《有机产品认证管理办法》，2015年8月国家质检总局令第166号对其进行了第一次修订，2022年9月国家市场监督管理总局令第61号对其作了第二次修订。

根据《有机产品认证管理办法》规定，有机产品是指生产、加工和销售符合中国有机产品国家标准的供人类消费、动物食用的产品。有机产品认证是指认证机构依照该办法的规定，按照有机产品认证规则，对相关产品的生产、加工和销售活动符合中国有机产品国家标准进行的合格评定活动。国家市场监督管理总局负责全国有机产品认证的统一管理、监督和综合协调工作。地方市场监督管理部门负责所辖区域内有机产品认证活动的监督管理工作。国家推行统一的有机产品认证制度，实行统一的认证目录、统一的标准和认证实施规则、统一的认证标志。国家市场监督管理总局负责制定和调整有机产品认证目录、认证实施规则，并对外公布。

1. 申请

有机产品生产者、加工者（以下统称认证委托人），可以自愿委托认证机构进行有机产品认证，并提交有机产品认证实施规则中规定的申请材料。

认证机构应当依法取得法人资格，并经国家市场监督管理总局批准后，方可从事批准范围内的有机产品认证活动。认证机构实施认证活动的能力应当符合有关产品认证机构国家标准的要求。从事有机产品认证检查活动的检查员，应当经国家认证人员注册机构注册后，方可从事有机产品认证检查活动。认证机构不得受理不符合国家规定的有机产品生产产地环境要求，以及有机产品认证目录外产品的认证委托人的认证委托。

2. 审核

认证机构应当自收到认证委托人申请材料之日起10日内，完成材料审核，并作出是否受理的决定。对于不予受理的，应当书面通知认证委托人，并说明理由。认证机构应当在对认证委托人实施现场检查前5日内，将认证委托人、认证检查方案等基本信息报送至国家市场监督管理总局确定的信息系统。

认证机构受理认证委托后，认证机构应当按照有机产品认证实施规则的规定，由认证检查员对有机产品生产、加工场所进行现场检查，并应当委托具有法定资质的检验检测机构对申请认证的产品进行检验检测。按照有机产品认证实施规则的规定，需要进行产地（基地）环境监（检）测的，由具有法定资质的监（检）测机构出具监（检）测报告，或者采信认证委托人提供的其他合法有效的环境监(检)测结论。

符合有机产品认证要求的，认证机构应当及时向认证委托人出具有机产品认证证书，允许其使用中国有机产品认证标志；对不符合认证要求的，应当书面通知认证委托人，并说明理由。

3. 认证证书

国家市场监督管理总局负责制定有机产品认证证书的基本格式、编号规则和认证标志的式样、编号规则。认证证书有效期为1年。认证证书应当包括以下内容：①认证委托人的名称、地址；②获证产品的生产者、加工者以及产地(基地)的名称、地址；③获证产品的数量、产地(基地)面积和产品种类；④认证类别；⑤依据的国家标准或者技术规范；⑥认证机构名称及其负责人签字、发证日期、有效期。

获证产品在认证证书有效期内，有下列情形之一的，认证委托人应当在15日内向认证机构申请变更。认证机构应当自收到认证证书变更申请之日起30日内，对认证证书进行变更：①认证委托人或者有机产品生产、加工单位名称或者法人性质发生变更的；②产品种类和数量减少的；③其他需要变更认证证书的情形。

有下列情形之一的，认证机构应当在30日内注销认证证书，并对外公布：①认证证书有效期届满，未申请延续使用的；②获证产品不再生产的；③获证产品的认证委托人申请注销的；④其他需要注销认证证书的情形。

有下列情形之一的，认证机构应当在15日内暂停认证证书，认证证书暂停期为1至3个月，并对外公布：①未按照规定使用认证证书或者认证标志的；②获证产品的生产、加工、销售等活动或者管理体系不符合认证要求，且经认证机构评估在暂停期限内不能采取有效纠正或者纠正措施的；③其他需要暂停认证证书的情形。

有下列情形之一的，认证机构应当在7日内撤销认证证书，并对外公布：①获证产品质量不符合国家相关法规、标准强制要求或者被检出有机产品国家标准禁用物质的；②获证产品生产、加工活动中使用了有机产品国家标准禁用物质或者受到禁用物质污染的；③获证产品的认证委托人虚报、瞒报获证所需信息的；④获证产品的认证委托人超范围使用认证标志的；⑤获证产品的产地(基地)环境质量不符合认证要求的；⑥获证产品的生产、加工、销售等活动或者管理体系不符合认证要求，且在认证证书暂停期间，未采取有效纠正或者纠正措施的；⑦获证产品在认证证书标明的生产、加工场所外进行了再次加工、分装、分割的；⑧获证产品的认证委托人对相关方重大投诉且确有问题未能采取有效处理措施的；⑨获证产品的认证委托人从事有机产品认证活动因违反国家农产品、食品安全管理相关法律法规，受到相关行政处罚的；⑩获证产品的认证委托人拒不接受认证监管部门或者认证机构对其实施监督的；⑪其他需要撤销认证证书的情形。

4. 认证标志

有机产品认证标志为中国有机产品认证标志。中国有机产品认证标志标有中文"中国有机产品"字样和英文"ORGANIC"字样。认证机构应当按照国家市场监督管理总局统一的编号规则，对每枚认证标志进行唯一编号(以下简称有机码)，并采取有效防伪、追溯技术，确保发放的每枚认证标志能够溯源到其对应的认证证书和获证产品及其生产、加工单位。

中国有机产品认证标志应当在认证证书限定的产品类别、范围和数量内使用。获证产品的认证委托人应当在获证产品或者产品的最小销售包装上，加施中国有机产品认证标志、有机码和认证机构名称。获证产品标签、说明书及广告宣传等材料上可以印制中国有机产品认证标志，并可以按照比例放大或者缩小，但不得变形、变色。

有下列情形之一的，任何单位和个人不得在产品、产品最小销售包装及其标签上标注含有"有机""ORGANIC"等字样且可能误导公众认为该产品为有机产品的文字表述和图案：①未获得有机产品认证的；②获证产品在认证证书标明的生产、加工场所外进行了再次加工、分装、分割的。

认证证书暂停期间，获证产品的认证委托人应当暂停使用认证证书和认证标志；认证证书注销、撤销后，认证委托人应当向认证机构交回认证证书和未使用的认证标志。

5. 跟踪检查和监督管理

认证机构应当按照认证实施规则的规定，对获证产品及其生产、加工过程实施有效跟踪检查，以保证认证结论能够持续符合认证要求。获证产品的认证委托人以及有机产品销售单位和个人，在产品生产、加工、包装、贮藏、运输和销售等过程中，应当建立完善的产品质量安全追溯体系和生产、加工、销售记录档案制度。有机产品销售单位和个人在采购、贮藏、运输、销售有机产品的活动中，应当符合有机产品国家标准的规定，保证销售的有机产品类别、范围和数量与销售证中的产品类别、范围和数量一致，并能够提供与正本内容一致的认证证书和有机产品销售证的复印件，以备相关行政监管部门或者消费者查询。

国家市场监督管理总局对有机产品认证活动组织实施监督检查和不定期的专项监督检查。县级以上地方市场监督管理部门应当依法对所辖区域的有机产品认证活动进行监督检查，查处获证有机产品生产、加工、销售活动中的违法行为。

❓ 案例

冯某某与福建某农业高科技有限公司产品责任纠纷案[①]

案件梗概：

福建某农业高科技有限公司系销售山茶油、菜籽油、油茶籽油、茶树油等食用植物油的企业，在天猫网上经营"三本旗舰店"。2018年7月17日，冯某某在该天猫店铺上以288元的单价购买了15盒标注为"××礼品专用礼盒套装山茶油500毫升2瓶装天然高山野生精炼油"的山茶油礼盒，货款总值为4320元，订单号为19×××0911658140。福建某农业高科技有限公司在该商品详情页上载明品牌Sunplan/三本，商品具有有机农产品认证，符合有机农产品认证标准。在"是否为有机食品"一栏中标注为"是"。冯某某签收上述产品后，发现产品包装和实物上均没有任何有机产品标识或有机码等有机产品相关信息，遂向福建某农业高科技有限公司申请退货退款。经协商，冯某某将上述商品全部退还给福建某农业高科技有限公司，福建某农业高科技有限公司退还冯某某货款4320元。因退回的部分商品毁损，冯某某赔偿福建某农业高科技有限公司248元。冯某某因认为福建某农业高科技有限公司明知所售山茶油并非有机产品，却在销售网页上宣传产品具有有机农产品认证，符合有机农产品认证标准并标注为有机产品，误导公众，构成欺诈行为，故而以福建某农业高科技有限公司为被告提起诉讼，请求福建某农业高科技有限公司赔偿其货款三倍价款12960元。

[①] 北大法宝数据库"苏省徐州市中级人民法院民事判决书（2020）苏03民终6598号"，【法宝引证码】CLI. C. 120839196。

福建某农业高科技有限公司于答辩期间向一审法院邮寄了北京爱科赛尔认证中心有限公司出具的编号×××《有机转换认证证书》和编号×××《有机产品认证证书》。其中,《有机转换认证证书》上载明福建某农业高科技有限公司竹兰尾油茶基地生产的油茶籽及其生产过程符合有机产品认证实施规则的要求,特发此证。初次发证日期 2017 年 7 月 21 日,本次发证日期 2017 年 7 月 21 日,证书有效期至 2018 年 7 月 20 日。同时,该证书上明确注明:"依据《有机产品认证管理办法》规定,获得有机转换认证的产品不得使用中国有机产品认证标志及标注含有'有机''ORGANIC'等字样的文字表述和图案。"《有机产品认证证书》上载明福建某农业高科技有限公司加工的油茶籽油及其加工过程符合有机产品认证实施规则的要求,特发此证。初次发证日期 2019 年 5 月 28 日,本次发证日期 2019 年 5 月 28 日,证书有效期至 2020 年 5 月 27 日。

思考题:

(1) 有机产品认证标志的使用应遵守哪些要求?

(2) 福建某农业高科技有限公司使用有机产品认证证书的行为是否合法?

三、食品安全管理体系认证制度

从事食品安全管理体系认证活动的认证机构应遵守《食品安全管理体系认证实施规则》,以 GB/T 22000《食品安全管理体系　食品链中各类组织要求》/ISO 22000 Food safety management systems: Requirements for organizations in the foodchain 为认证依据。认证机构在对相应组织实施食品安全管理体系认证前,应依据 GB/T 22000/ISO 22000 要求,按照规则附录食品链分类所列的行业类别、子行业类别划分,识别食品链上具有相同或近似生产/服务特点的产品和(或)服务类别,制定对该类别产品和(或)服务的专项技术规范,用于验证该类组织前提方案的适用性和符合性。专项技术规范应明确适应的产品/服务范围,并考虑食品安全法律法规、国家标准(如 ISO/TS 22002 系列标准的适用部分)、国家标准、行业标准等。

(一) 认证申请

认证委托人应具备以下条件:①取得国家、地方市场监督管理部门或有关机构注册登记的法人资格(或其组成部分);②已取得相关法规规定的行政许可(适用时);③未列入严重违法失信名单;④生产、加工及经营的产品或提供的服务符合相关法律、法规、标准和规范的要求;⑤按照本规则规定的认证依据,建立和实施食品安全管理体系,且有效运行 3 个月以上;⑥一年内未发生违反相关法律、法规的食品安全事故;⑦三年内未因食品安全事故、违反国家食品安全管理相关法规或虚报、瞒报获证所需信息,而被认证机构撤销认证证书。

认证委托人提交以下文件和资料:①认证申请;②法律地位证明文件,当食品安全管理体系覆盖多个法律实体时,应提供每个法律实体的法律地位证明文件;③申请认证范围所涉及的法律法规要求的行政许可证明文件(适用时);④食品安全管理体系文件化信息[包括产品描述、流程图和过程描述、操作性前提方案计划、危害分析和关键控制点(HACCP)计划等];⑤组织机构与职责说明;⑥加工生产线、季节性生产、HACCP 项目和班次的详细信息;⑦多场所清单、外包(含委托加工)情况说明(适用时);⑧产品符合安全要求的相关证据;⑨承诺遵守相关法律法规、认证机构要求及提供材料真实有效的自我声明;⑩其他需要的文件。

(二) 受理和评审

认证机构应根据认证依据、程序等要求,对认证委托人提交的申请文件和资料进行评审并保存评审记录,以确保:①认证要求规定明确、形成文件并得到理解;②认证机构和认证委托人之间在理解上的差异得到解决;③对于申请的认证范围、认证委托人的工作场所和任何特殊要求,认证机构均有能力开展认证服务;④认证机构应依据《食品安全管理体系认证实施规则》附录1确定组织申请认证的相关范围。认证机构不应将能够影响认证范围内终产品食品安全的活动、过程、产品或服务排除在认证范围之外。

评审结果根据以下情况分别处理:①申请材料齐全、符合要求的,予以受理认证申请;②未通过申请评审的,应书面通知认证委托人在规定时间内补充、完善,不同意受理认证申请应明示理由。

受理认证申请的,认证机构应与认证委托人签订具有法律效力的书面认证合同或等效文件。认证合同或等效文件应明确食品安全管理体系覆盖的范围以及认证机构和认证委托人各自应当承担的责任、权利和义务。

(三) 审核方案和审核策划

认证机构应对整个认证周期制定审核方案。初次认证审核方案应包括两个阶段的初次审核、认证决定之后的监督审核及再认证审核。认证机构应根据实现审核目的所需的能力以及公正性要求来选择和任命审核组。认证机构应编制审核计划,审核计划中至少应包括以下内容:审核目的、审核准则、审核范围、审核日期、时间安排和场所、审核组成员及审核任务安排。认证机构应在现场审核活动开始前将审核计划提交给认证委托人进行确认,并留出足够的时间,以使认证委托人能够对某一审核组成员的任命表示反对,并在反对有效时使认证机构能够重组审核组。

(四) 初次认证审核

初次认证审核应分两个阶段实施。第一阶段审核目标是通过了解认证委托人的食品安全管理体系和认证委托人对第二阶段的准备状态,策划第二阶段审核的关注点。第一阶段审核应审查但不限于以下方面的内容:①认证委托人的前提方案与其业务活动的适宜性(例如:法律、法规、顾客和认证方案的要求);②建立的食品安全管理体系包括了识别和评估认证委托人的食品安全危害以及后续对控制措施(组合)选择和分类的过程和方法;③实施了食品安全相关的法律、法规;④认证委托人策划的食品安全管理体系是为了实现其食品安全方针;⑤食品安全管理体系的实施程度证明认证委托人已为第二阶段审核做好准备;⑥控制措施的确认、活动的验证和改进的方案符合食品安全管理体系标准要求;⑦食品安全管理体系的文件和安排适合内部沟通和与相关供应商、顾客、利益相关方的沟通;⑧需要评审的其他文件和(或)需要提前获取的信息。

当认证委托人采用由外部开发的控制措施组合时,第一阶段应评审食品安全管理体系文件,确定控制措施组合是否:①适合于该认证委托人;②满足 GB/T 22000 标准的要求;③保持及时更新。在收集遵守法规的信息时,应对相关资质证明的有效性进行检查。

第一阶段审核应在认证委托人的现场实施。如果认证委托人已获得同一认证机构颁发的其他以 HACCP 原理为核心的食品安全相关管理体系有效认证证书,且认证机构已对认证委托人的过程和活动有充分了解,认证机构经过风险评估后,第一阶段审核可以不在认证委托人的现场进行,但应记录未在现场进行的原因,并能提供证据证明第一阶段审核的目标全部实现。

应告知认证委托人第一阶段审核的结果可能导致推迟或取消第二阶段审核。对于第一阶段审核过的食品安全管理体系的相应部分,被确定为实施充分、有效并符合要求的,第二阶段可以不再对其审核。然而,认证机构应确保食品安全管理体系已审核的部分持续符合认证要求。在这种情况下,审核报告应包含第一阶段审核中的审核发现,并且应清楚地表述第一阶段审核已经确立的符合性。

第一阶段审核提出的影响实施第二阶段审核的问题应在第二阶段审核前得到解决。第一阶段审核和第二阶段审核的时间间隔不应超过 6 个月。如果需要更长的时间间隔,应重新实施第一阶段。

第二阶段审核目的是评价认证委托人食品安全管理体系的实施情况及其有效性。第二阶段审核应在认证委托人的现场实施,并应确保对认证范围内有代表性的生产线、行业类别与子行业类别的典型产品/服务进行审核。

第二阶段审核应至少覆盖以下方面:①与食品安全管理体系标准或其他规范性文件的所有要求的符合情况及证据;②依据食品安全管理体系关键绩效目标和指标,对绩效进行的监视、测量、报告和评审;③认证委托人食品安全管理体系的能力以及在符合适用法律法规要求和合同要求方面的绩效;④认证委托人过程的运作控制;⑤内部审核和管理评审;⑥针对认证委托人方针的管理职责。

对于审核中发现的不符合,认证机构应出具书面不符合报告,要求认证委托人在规定的期限内分析原因、说明为消除不符合已采取或拟采取的具体纠正和纠正措施,并提出明确的验证要求。认证机构应评审认证委托人提交的纠正和纠正措施,以确定其是否可被接受。

如果认证机构不能在第二阶段审核结束后 6 个月内验证对严重不符合实施的纠正和纠正措施,则应在推荐认证前再实施一次第二阶段审核。

(五) 产品安全性验证

为验证危害分析的输入持续更新、危害水平在确定的可接受水平之内、操作性前提方案计划和 HACCP 计划得以实施且有效,特别是产品的安全状况等情况,适用时,在现场审核或相关过程中需要对认证范围内覆盖的产品进行抽样验证,以验证产品的安全性。

认证机构可根据有关指南、标准、规范或相关要求策划安全性验证活动。安全性验证可采用以下三种方式:①委托具备相应资质能力的检测机构完成;或②由现场审核人员进行风险评估,现场见证认证委托人实施的产品安全性检验;或③由现场审核人员确认并收集 12 个月内由具备资质的第三方检验检测机构出具的检验报告。当认证机构认为检验项目不足以验证产品的安全性时,应采取相应的处理措施。

(六) 认证决定

认证机构应制定批准、拒绝、保持、扩大或缩小认证范围、暂停、恢复或撤销认证的认证决定的规定与程序。

认证机构在做出认证决定时,应获得与认证决定相关的所有信息,且所有不符合整改完成并得到验证。认证机构应制定认证决定人员的能力准则,被指定进行认证决定的人员应具有相应能力。审核组成员不应参与认证决定。

（1）综合评价。认证机构应根据审核过程中收集的信息和其他有关信息,对审核结果进行综合评价,以及对产品的实际安全状况进行评价。必要时,认证机构应对认证委托人满足所有认证依据的情况进行风险评估,以做出认证委托人所建立的食品安全管理体系能否获得认证的决定。

（2）认证决定。对于符合认证要求的认证委托人,认证机构应颁发认证证书。

对于不符合认证要求的认证委托人,认证机构应以书面的形式告知其不能通过认证的原因。

（七）监督审核

每次监督审核应尽可能覆盖认证范围内的有代表性的生产线、行业类别与子行业类别的典型产品/服务,如因产品/服务的季节性或客户需求等,监督审核难以覆盖认证范围内所有代表性的生产线、行业类别与子行业类别的典型产品/服务的,应保证在认证证书有效期内的监督审核覆盖认证范围内的所有代表性的生产线、行业类别与子行业类别的典型产品/服务。

每次监督审核应至少包括对以下方面的审查:①内部审核和管理评审;②对上次审核中确定的不符合采取的措施;③投诉的处理;④食品安全管理体系在实现获证组织目标和食品安全管理体系的预期结果方面的有效性;⑤为持续改进而策划的活动的进展;⑥持续的运作控制;⑦任何变更;⑧认证证书和标识和(或)任何其他对认证资格的使用。必要时,监督审核应对产品的安全性进行验证。

认证机构应依据监督审核结果,对获证组织做出保持、暂停或撤销其认证资格的决定。

（八）再认证

获证组织宜在认证证书有效期结束前 3 个月向认证机构提出再认证申请。认证机构应及时策划并实施再认证审核,再认证审核应在认证证书到期前完成。再认证审核应确保对认证范围内有代表性的生产线、行业类别与子行业类别的典型产品/服务进行审核。

当获证组织的食品安全管理体系、组织结构或食品安全管理体系运作环境(如区域、法律法规、食品安全标准等)有重大变更,并经评价需要时,再认证需实施第一阶段审核。

再认证审核应包括针对下列方面的现场审核:①根据内部和外部变化,食品安全管理体系在保持认证范围相关性和适宜性方面的整体有效性;②经证实的对保持食品安全管理体系有效性并改进食品安全管理体系,以提高整体绩效的承诺;③食品安全管理体系在实现获证组织目标和管理体系预期结果方面的有效性。

在再认证审核中发现的严重不符合项,认证机构应规定实施纠正和纠正措施的时限要求,并在原认证证书到期前完成对纠正和纠正措施的验证。

如果在当前认证证书的终止日期前完成了再认证活动,新认证证书的终止日期可以基于当前认证证书的终止日期确定。新认证证书上的颁证日期应不早于再认证决定日期。如果在当前认证证书到期前,认证机构未能完成再认证审核或未能对严重不符合项的纠正和纠正措施进行验证,则不应推荐再认证,也不应延长认证证书的有效期。认证机构应告知获证组织并解释后果。

在原认证证书到期后,如果认证机构能够在 6 个月内完成未尽的再认证活动,则可以维持再认证,否则应按照初次认证要求重新认证。再认证证书的生效日期应不早于再认证决定日期,终止日期应基于上一个认证周期确定。

(九) 认证变更

获证组织拟变更认证范围时,应向认证机构提出申请,并按认证机构的要求提交相关材料。认证机构根据获证组织的申请进行评审,策划并实施适宜的审核活动,这些审核活动可单独进行,也可与获证组织的监督或再认证审核一起进行。对于申请扩大认证范围的,应对获证组织实施现场审核。如果获证组织申请缩小认证范围,或获证组织在认证范围的某些部分持续地或严重地不满足认证要求,认证机构应缩小其认证范围,以排除不满足要求的部分。认证范围的缩小不应将能够影响认证范围内终产品食品安全的活动、过程、产品或服务排除在认证范围之外。

认证要求变更时,认证机构应制定相应的认证要求转换计划,至少应考虑:①认证要求变更对认证机构管理体系的影响;②认证要求变更对认证人员能力的影响;③认证机构依据新认证要求开展认证活动的安排;④认证机构依据新认证要求实施转换的安排。认证机构应采取适当方式对获证组织实施变更后认证要求的有效性进行验证,确认认证要求变更后获证组织食品安全管理体系的有效性,符合要求可继续使用认证证书。

(十) 认证证书

食品安全管理体系认证证书的生效日期不得早于认证决定的日期。初次认证证书有效期为三年。再认证证书的终止日期不得超过上一认证周期认证证书的终止日期再加三年。认证证书应至少包括(但不限于)以下基本信息:①获证组织名称、生产/服务场所的地址;②与活动、产品/服务类型等相关的认证范围,适用时,包括每个场所相应的认证范围,且没有误导或歧义;③认证依据;④证书编号。证书编号应从"中国食品农产品认证信息系统"中获取;⑤认证机构名称、地址;⑥颁证日期、证书有效期;⑦相关的认可标识及认可注册号(适用时);⑧证书状态的查询方式。认证机构应确保"中国食品农产品认证信息系统"中对应的信息与证书内容保持一致。

认证机构应当对获证组织认证证书使用的情况进行有效管理。

获证组织有下列情形之一的,认证机构应暂停其使用认证证书:①获证组织未按规定使用认证证书的;②获证组织未履行认证合同义务的;③获证组织发生食品安全事故、市场监督管理部门监督抽查产品和食品安全生产规范体系检查不合格等情况,尚不需立即撤销认证证书的;④获证组织的食品安全管理体系或相关产品不符合认证依据,不需要立即撤销认证证书的;⑤获证组织未能按规定间隔期接受监督审核的;⑥获证组织未按要求对信息进行通报的;⑦获证组织与认证机构双方同意暂停认证资格的;⑧其他应暂停认证证书的。暂停期限不超过6个月。在暂停期间,获证组织的食品安全管理体系认证暂时无效。认证机构应在获证组织完成对造成暂停的不符合的纠正和纠正措施进行确认后,恢复被暂停的认证。如果获证组织未能在认证机构规定的时限内完成对不符合的纠正和纠正措施,认证机构应撤销或缩小其认证范围。

有下列情形之一的,认证机构应撤销其认证证书:①获证组织食品安全管理体系不符合认证依据或相关产品不符合标准要求,需要立即撤销认证证书的;②认证证书暂停期限已满,获证组织未针对导致暂停的问题采取有效纠正和纠正措施的;③获证组织出现食品安全事故、市场监督管理部门监督抽查产品和食品安全生产规范体系检查不合格等情况,需要立即撤销认证证书的；④获证组织不再生产获证范围内产品的或不再提供获证范围内服务的；⑤获证组织对相关方重大投诉未能采取有效处理措施的；⑥获证组织虚报、瞒报获证所需信息的；⑦获证组织故意或持续的不满足国家食品安全管理相关法律法规要求的；⑧获证组织拒不接受相关监管部门或认证机构对其实施监督的；⑨被执法监管部门认定存在严重违法失信行为的；⑩其他应撤销认证证书的。

（十一）申诉

认证机构应建立申诉的处理程序，能够及时、有效、公正地对申诉进行处理，并将处理结果书面通知申诉人。认证委托人如对认证决定结果有异议，可在10个工作日内向认证机构申诉，认证机构自收到申诉之日起，应在30日内进行处理，并将处理结果书面通知认证委托人。申诉人如认为认证机构行为违反了相关法规，处理结果严重侵害了自身合法权益的，可以直接向各级认证监管部门投诉。

❓案例

黄某某诉广州市某百货商业广场有限公司海珠分公司等产品责任纠纷案[①]

案件梗概：

黄某某于2014年3月28日在广州市某百货商业广场有限公司海珠分公司处购买了金燕米粉1包，价款6.9元。该涉案产品外包装上载明，食品生产许可证号QS 4419×××005，ISO 22000（HACCP）食品安全管理体系认证企业。广州市某百货商业广场有限公司海珠分公司为广州市某百货商业广场有限公司的下属分公司，东莞市某粮油食品有限公司系该产品的生产商。黄某某因认为涉案产品存在冒用质量认证标志的欺诈行为，以广州市某百货商业广场有限公司海珠分公司、广州市某百货商业广场有限公司、东莞市某粮油食品有限公司为被告提起诉讼，请求判令广州市某百货商业广场有限公司退还原告货款6.9元，东莞市某粮油食品有限公司赔偿原告500元。广州市某百货商业广场有限公司海珠分公司与广州市某百货商业广场有限公司主张：涉案产品的标志认证不存在欺诈，"ISO 22000（HACCP）食品安全管理体系认证企业"中的HACCP是对ISO 22000内容的解释。东莞市某粮油食品有限公司提供了ISO 22000食品安全管理体系认证证书，该证书载明，该公司中国广东省东莞市石龙镇××路××号东莞市某粮油食品有限公司厂房一、二期建立的食品安全管理体系符合标准GB/T 22000—2006/ISO 22000：2005食品安全管理体系，符合食品链中各类组织的要求（包含HACCP原理）及专项技术要求。其主张：涉案产品标注"ISO 22000（HACCP）食品安全管理体系认证企业"，意思是我公司是通过ISO 22000食品安全管理体系认证的企业，而ISO 22000认证同时包含了HACCP原理，这在食品安全管理体系认证证书中有清楚标明，并不是代表企业分别独立通过ISO 22000食品安全管理体系认证及危害分析与关键控制点管理（HACCP）体系认证。我公司产品标签上标注"ISO 22000（HACCP）食品安全管理认证企业"，并没有伪造或者冒用认证等质量标志，更没有作虚假或者引人误解的宣传，不存在欺诈行为。

① 北大法宝数据库"广州市天河区人民法院民事判决书（2014）穗天法民一初字第1393号"，【法宝引证码】CLI. C. 17297111。

思考题：

（1）企业通过 ISO 22000 食品安全管理体系认证是否等同于通过危害分析与关键控制点(HACCP)体系认证？

（2）涉案产品认证标志的使用是否应认定为冒用的欺诈行为？

第七章

食品包装、标识和广告

第一节　食品包装制度

一、包装对食品安全的影响

包装不仅仅是用来吸引消费者视线的,更在于其对产品的保护功能,食品包装同样如此。食品从生产出来到使用之前要经过运输、库存、销售等多个环节,任何外在因素都可能影响到食品质量安全,而食品自身的结构、性状等也会使产品本身在一定期间内发生变化。因此,防止食品受到外在的侵害以及食品本身渗漏、损耗等的变化应是食品包装最基本也是最重要的功能。影响包装保护功能的要素主要包括包装结构和包装材料,此外,由于包装和食品的紧密接触,包装的卫生状况、生产工艺、存储与使用环境等,也会对食品安全产生影响。

(一)包装材料对食品安全的影响

现代食品包装采用大量的化学合成物质,根据欧盟的统计,目前应用于包装材料的化学物质有 1 500 种,这些物质主要包括合成材料的单体和其他合成材料物质、催化剂、溶剂和悬浮介质、包装材料添加剂。[①] 在与食品接触的过程中,包装材料里的有害物质就会逐渐迁移和溶入食品内,对食品安全造成威胁。例如,塑料制品以合成树脂为主要原料,添加适量助剂,在一定的塑化条件下加工而成。虽然树脂本身无毒,但其单体和降解产物毒性较大,会对食品造成污染,威胁人体健康。纸制品用于食品包装的主要是草浆和棉浆,农作物在种植过程中使用农药,稻草、麦秆中有农药残留,最终导致原纸受到农药的污染;采用回收纸重新造纸,油墨颜料中的铅、镉多氯联苯等有害物质仍残留在纸浆中;在使用漂白剂对纸浆进行漂白时,有些漂白剂具有一定的毒性;纸着色剂中含有荧光染料加工所用的原纸或加工过程不符合要求,造成微生物污染。[②] 金属制品和玻璃容器的安全隐患主要在于其所包含的重金属的迁移。如铁制容器的镀锌层的锌在接触食品后会迁移至食品,玻璃着色剂中的金属盐会从玻璃中溶出等。[③] 此外,黏合包装所需黏合剂、印刷用油墨等也都可能含有有害物质,危害食品安全。例如,复合材料中必须用胶水,其中芳香族和脂肪族胶水中的杂质很多,遇到高温蒸煮的时候,这些有害物质就会游离出来,渗入食品当中。[④] 同样的,食品一旦与油墨直接

---

① 刘宪萍:《浅析我国食品包装中的安全隐患及其标准化》,《大众标准化》2008 年第 12 期,第 53 - 55 页。
② 张伟、霍斌:《食品包装存在的安全隐患及对策》,《中国卫生工程学》2006 年第 4 期,第 248 - 249 页。
③ 张晓惠:《绿色包装视角下的食品安全》,《湖南包装》2009 年第 3 期,第 7 - 8、23 页。
④ 周照:《食品专家指出中国九成以上食品包装含苯》,《中国包装工业》2009 年第 6 期,第 52 页。

接触,也会受到油墨中各种化学成分的污染。雀巢牛奶一度被检测出有害物质"异丙基硫杂蒽酮",就是因为存在于外包装油墨中的该种物质渗入牛奶造成的。[1]

(二) 包装结构对食品安全的影响

良好的包装结构对包装物的安全有着重要意义。例如包装的密封程度、开口设计、可重复利用性、耐压性、耐冲击性、抗跌落性等特性都会对包装中的食品产生影响。在选择适用包装结构时,不仅要考虑包装的容积、使用的方便程度、形状的吸引程度等问题,还必须从食品运输存储的安全出发,充分考虑包装所适用的食品类别、食品特性、消费习惯等因素,防止包装结构对食品安全产生消极影响。例如,对于可重复使用的包装,在结构设计上,一方面应保证包装易于清洗,另一方面,在开口处还应有防破坏结构,防止他人随意利用制造假冒产品,或是轻易打开包装污染食品。

包装不仅是食品的包容物,有的时候也是食品消费的餐具。食品及包装出厂时安全与卫生,并不意味着到消费者手上时还是同样的品质。在存储与运输过程中,如果包装结构上存在疏漏,而使包装受到污染,当消费者借助该包装进行食用时,同样会污染安全的食品,而影响到消费者的健康。例如,我国大部分饮料瓶塑料螺纹瓶盖的封口结构是瓶口顶部与胶垫处一处密封,这层密封是为了保护瓶装饮料的内容物不受外界污染。但是瓶盖与瓶口的螺纹状结构只具有紧固作用,而不具备密封效果,并且在结构上存有较大的缝隙,直接导致瓶口部分容易在流通、销售过程中,受到尘埃、病菌的污染,加上很多消费者都有用口部对着瓶口直接饮用的习惯,包装容器的安全隐患将直接威胁到消费者的健康。[2]

(三) 包装生产对食品安全的影响

包装生产是否规范,直接影响到包装质量,而包装存在安全隐患同样也会对食品安全产生影响。

首先,生产机器运行状况直接影响到其所生产的食品包装的质量状态。例如机器本身脏污或是机器润滑油污染等都可能对所生产的包装产生污染。

其次,生产环境也会对包装质量产生影响。干净、整洁甚至无菌的生产环境是防止食品包装污染的基本要求。例如,对于食品用玻璃包装生产,一些企业由于认识不足,除配料工序以外的熔化、成型、热端喷涂、退火、冷端喷涂、在线检验、成品检验、包装等工序都在一个大车间内完成,车间的通风排污又不彻底,造成粉尘等落入所生产的产品中,严重影响盛装物的质量。[3]

最后,生产工序与质量监控也是影响食品包装安全的重要因素。企业不仅要对每道工序严格要求,还应注意各工序之间的衔接与监管,防止包装原料或半成品受到污染最终影响包装质量。例如,有的企业将制成的半成品塑料片材、模切后的纸杯片,没有任何防护措施就暂时存放在车间内甚至露天存放,忽略了原料与半成品的交叉堆放、车间产生的粉尘、存放位置不当对半成品造成的污染。受污染的半成品进入再次加工流程,最终造成包装成品污染。甚至产生的边角料又被再次应用到制品的生产过程中,造成包装质量安全隐患,并最

---

① 李:《食品华丽包装下安全几何》,《化学分析计量》2009 年第 4 期,第 8 页。

② 《饮料螺纹瓶盖存二次污染隐忧　瓶口卫生标准缺失》,http://health.people.com.cn/GB/17131692.html,2012年 7 月 25 日访问。

③ 倪晓东:《我国食品用玻璃包装行业质量问题及对策》,《中国包装》2010 年第 1 期,第 45－49 页。

终威胁所包装的食品安全。

(四) 包装存储与使用条件

面对不同的存储使用要求,同样的包装会对食品安全产生不同的影响。一方面,不同的食品特性需要不同的存储使用条件,并因此需要能满足不同功能的包装。例如,茶叶具有较强的吸附性、易氧化性等特点,尽管选用的包装材料卫生、安全,但若不能有效起到阻氧、阻湿、阻光、阻香气散出等作用,同样会使茶叶因为吸收异味和潮湿而变质。与之相类似,水果罐头只有采用耐酸的包装材料,才能防止包装不会因为被腐蚀而使食品受到污染。肉类罐头因其在杀菌和贮存的过程中,含有的胱氨酸、半胱氨酸等成分受热分解,容易形成含硫的腐蚀性气体,需采用耐硫的包装材料,才能防止在罐头内壁生成硫化物及其他物质,污染所包装的食品。

另一方面,相同的包装在不同的存储使用环境下,对食品安全也会产生不同的影响。例如,有研究人员发现,在含有大量萘的环境中,放置在低密度聚乙烯(LDPE)瓶中的牛奶萘浓度与储存时间成正比,随后他们进一步研究了空气中萘蒸气对牛奶的污染程度,采用庚烷萃取牛奶和 LDPE 包装材料中的萘,然后采用 GC(气相色谱法)测定,发现空气中的萘能被 LDPE 包装材料吸收,然后迁移扩散至包装的牛奶中。[①] 可见,有的包装虽然在普通环境下能保证食品安全,但若存储使用环境发生变化,外界有害因素也可能会借助包装而对食品产生影响。

二、食品包装准入制度

为加强对食品包装的监督管理,保障食品安全,维护消费者的健康利益,我国对食品用包装、容器、工具等制品制定并实施了市场准入制度。2006 年国家质检总局颁布了《食品用包装、容器、工具等制品生产许可通则》和《食品用塑料包装、容器、工具等制品生产许可审查细则》,正式启动食品用包装、容器、工具等制品市场准入制度。2007 年 8 月 23 日,国家质检总局下发了《关于开展食品用塑料包装容器工具等制品生产许可证无证查处工作的公告》,要求自 2008 年 1 月 1 日起,在全国范围内查处未获食品用塑料包装容器工具等制品生产许可证的生产销售行为。2007 年 6 月,国家质检总局颁布《食品用纸包装、容器等制品生产许可实施细则》,要求自 2009 年 9 月 1 日起,未取得生产许可证的企业,不得生产食品用纸包装制品;任何单位和个人不得销售或者在经营活动中使用未获得生产许可证的产品。这些制度的实施对于减少包装对食品安全的不良影响,增强企业质量安全意识,促进食品包装企业健康发展都有着重要意义。《食品安全法》第 41 条规定:"对直接接触食品的包装材料等具有较高风险的食品相关产品,按照国家有关工业产品生产许可证管理的规定实施生产许可。食品安全监督管理部门应当加强对食品相关产品生产活动的监督管理。"这标志着我国的食品安全监管从单一的食品监管转向对食品及与食品相关产品的全面监管。

食品包装市场准入制度是国家监管部门依法对与食品直接接触的包装容器制品的生产加工企业,进行必备生产条件、质量安全保证能力审查及对产品进行强制检验,确认其产品具有一定的安全性,企业具备持续稳定生产合格产品的能力,准许其生产销售产品的行政许

---

① 齐尚忠:《浅析塑料食品包装材料中存在的安全问题》,《大众标准化》2007 年第 5 期,第 58 - 59 页。

可制度。① 根据《产品质量法》（2018 年）、《工业产品生产许可证管理条例》（2023 年）、《工业产品生产许可证管理条例实施办法》（2022 年）、《食品用包装、容器、工具等制品生产许可通则》（2006 年）等规定，我国食品包装市场准入制度主要包括生产许可制度、强制检验制度、市场准入标志制度和监督检查制度。根据 2018 年国务院机构改革方案，国家市场监督管理总局产品质量安全监督管理司统一管理食品用包装制品生产许可工作。

（一）生产许可制度

生产许可制度是指监管部门对于能根据法律法规的要求具备相应生产条件，所生产的产品又能够达到一定质量要求的食品包装企业，发放生产许可证，准予其生产获证范围内产品的制度。据相关规定，市场监管总局负责全国工业产品生产许可证统一管理工作，全国工业产品生产许可证办公室负责全国工业产品生产许可证管理的日常工作。省级市场监督管理部门负责本行政区域内工业产品生产许可证监督管理工作，承担部分列入目录产品的生产许可证审查发证工作。生产许可程序主要包括：

（1）申请、受理与试生产。省级市场监督管理部门收到企业申请后，对申请材料的完整性和真实性进行审查。经审查，申请材料符合要求的，应当受理申请；申请材料不符合要求的，应当告知企业需要补正的内容。逾期未告知企业的，视为受理申请。

企业可以自受理申请之日起试生产申请取证产品，试生产的产品应当经出厂检验合格，并在产品或者其包装、说明书上标明"试制品"后，方可销售。市场监管总局或者省级市场监督管理部门作出终止办理生产许可决定或者不予生产许可决定的，企业即日起不得继续试生产该产品。

（2）审查与决定。监管部门在受理企业申请后，应当组织对企业进行审查，审查包括对企业的实地核查和对产品的检验，自受理申请之日起 30 日内将实地核查结论书面告知被核查企业。企业实地核查不合格的，不再进行产品检验，企业审查工作终止。企业实地核查合格的，应当按照相关要求封存样品，并及时进行产品检验。

省级市场监督管理部门组织审查但应当由市场监管总局作出是否准予生产许可决定的，省级市场监督管理部门应当自受理申请之日起 30 日内将相关材料报送市场监管总局。市场监管总局或者省级市场监督管理部门应当自受理企业申请之日起 60 日内作出是否准予生产许可决定。作出准予生产许可决定的，市场监管总局或者省级市场监督管理部门应当自决定之日起 10 日内颁发生产许可证证书；作出不予生产许可决定的，应当书面告知企业，并说明理由。

（二）强制检验制度

强制检验制度是指监管部门为保证食品包装制品质量安全，要求企业在申请生产许可、包装制品出厂或发现有问题时，必须依法对相应包装制品进行检验，以确认包装制品是否符合质量要求的制度。强制检验主要包括对申请生产许可证的企业生产的产品进行检验、试生产的产品检验、出厂检验、不合格项目的多次检验、对关键控制检验项目进行定期检验并与有资质的质检机构进行比对、不具备自检条件的企业委托有资质的检验机构检验等类型。

---

① 凌青：《食品包装 QS 制度实施》，《上海包装》2007 年第 1 期，第 17 页。

（三）市场准入标志制度

市场准入标志制度是指食品包装企业在其包装制品、说明书上标注食品生产许可证标志和编号以利于消费者识别，未标注的包装制品不准进入市场销售的制度。取得生产许可证的食品包装企业，应当自准予许可之日起 6 个月内，完成在其包装制品、说明书上标注生产许可证标志和编号。任何单位和个人不得伪造、变造生产许可证证书、标志和编号，也不得出租、出借或者以其他形式转让所取得的许可证证书、标志和编号。传统上，生产许可证标志是由大写字母"QS"，即"企业产品生产许可"拼音 Qiyechanpin Shengchanxuke 的缩写，和"生产许可"中文字样组成。2015 年国家食品药品监督管理总局颁布《食品生产许可管理办法》，"QS"标志退出历史舞台，取而代之的是"SC"（"生产"的汉语拼音字母缩写）和 14 位阿拉伯数字组成生产许可证标志，数字从左至右依次为：3 位食品类别编码、2 位省（自治区、直辖市）代码、2 位市（地）代码、2 位县（区）代码、4 位顺序码、1 位校验码。"SC"编码代表着企业唯一许可编码，即食品生产许可改革后实行"一企一证"，包括即使同一家企业从事普通食品、保健食品和食品添加剂等 3 类产品生产，也仅发放一张生产许可证，这样就能够实现食品的追溯。

（四）监督检查制度

监督检查制度是指监管部门依法对食品包装生产许可实施情况进行监督检查的制度。首先，食品包装企业自获证之日起，每年应当向省级监管部门提交企业自查报告。监管部门应当对企业自查报告和相关检验记录进行审核、抽查并进行实地核查。监管部门对食品包装企业还应当实施定期或者不定期的监督检查，并有权依法对产品进行检验。同时监管部门对核查人员、检验机构及其检验人员的相关活动也应进行监督检查，确保生产许可检验的科学、公正和高效。

三、我国立法对食品包装安全的要求

根据《食品安全法》第 2 条第 3 项的规定，用于食品的包装材料、容器的生产经营，食品生产经营者使用食品包装都应当适用《食品安全法》。这些"包装材料、容器"依据《食品安全法》第 150 条的规定，是指包装、盛放食品或者食品添加剂用的纸、竹、木、金属、搪瓷、陶瓷、塑料、橡胶、天然纤维、化学纤维、玻璃等制品和直接接触食品或者食品添加剂的涂料。除《食品安全法》外，对食品包装安全的调整主要规定于各种法规、规章及标准中，包括食品安全标准、生产、检验等环节。

在食品安全标准方面，《食品安全法》第 26 条要求对食品包装的致病性微生物、农药残留、兽药残留、生物毒素、重金属等污染物质以及其他危害人体健康的物质进行限量规定。我国食品包装标准在包装材料上涉及了玻璃、塑料、搪瓷、陶瓷、纸、不锈钢、布料、植物纤维、复合材料、内壁涂料、包装材料用添加剂等多个类别。在包装结构上也对方罐、扁圆罐、圆柱形复合罐、夹链自封袋、聚乙烯吹塑桶等多种包装形态进行了规定。对不同的食品包装根据其特征都相应作出了致病性微生物、农药残留、兽药残留、重金属、污染物质以及其他危害人体健康物质应当禁止或限量的要求。如《液体食品包装用塑料复合膜、袋》（GB 19741—2005）要求包装与食品接触表面的微生物指标细菌总数应"≤1 个/cm²"，并不得检出大肠菌群、肠道致病菌、致病性球菌和霉菌。在《包装用塑料复合膜、袋干法复合、挤出复合》(GB/T 10004—2008)中则规定,溶剂残留总量为"$\leqslant 5\ mg/m^2$",并不得检出苯类溶剂残留量。

生产上,《食品安全法》第33条要求食品包装场所应当环境整洁,并与有毒、有害场所以及其他污染源保持规定的距离,监管部门有权依法进入生产经营场所实施现场检查。第50条规定,食品生产者采购食品包装时,应当查验供货者的许可证和产品合格证明文件,不得采购或者使用不符合食品安全标准的食品包装。食品生产企业应当建立食品包装进货查验记录制度,如实记录食品包装的名称、规格、数量、供货者名称及联系方式、进货日期等内容。此外,对于食品包装新品种的生产与监管,《食品安全法》第37条特别规定,从事食品包装新品种生产活动的单位或者个人,应当向国务院卫生行政部门提交相关产品的安全性评估材料。

检验上,《食品安全法》第52条规定,食品包装的生产者,应当依照食品安全标准对所生产的产品进行检验,检验合格后方可出厂或者销售,监管部门也有权对生产经营的食品进行抽样检验。

第二节　食品标识制度

一、食品标识概述

食品标识是食品信息的明确表示,是消费者了解食品的重要渠道。《食品标识管理规定》(2009年)第3条对食品标识进行了定义,即粘贴、印刷、标记在食品或者其包装上,用以表示食品名称、质量等级、商品量、食用或者使用方法、生产者或者销售者等相关信息的文字、符号、数字、图案以及其他说明的总称。食品标识与食品标签经常容易混淆,两者的共同之处在于其标示的内容范围相同,都包括文字、图形、符号及一切需要说明的内容。例如,《保健食品标识规定》中对食品标识的表述为,食品标识即通常所说的食品标签,包括食品包装上的文字、图形、符号以及说明物,借以显示或说明食品的特征、作用、保存条件与期限、食用人群与食用方法,以及其他有关信息。但如果仔细区分,两者在表现方式上仍有不同。食品标识既可以存在于食品上也可以存在于食品包装上,食品标签则只限于食品包装上。因此,食品标识与食品标签之间应为种属关系,食品标识的范围大于食品标签。与标识类似的另一概念是标志。标志是表明事物特征的记号,具有特定的符号性。其与食品标识的区别在于,食品标识涵盖了一切需要表达的食品信息,标志仅是对某一特定信息的符号表达。因此,标志只是食品标识的组成内容之一。根据《食品安全法》第25、26条规定,与卫生、营养等食品安全要求有关的标签、标志等标识属于国家安全标准,是国家强制执行的范畴。

根据功用、成分、消费人群等,食品可以分为普通食品和特殊食品,对应的标示内容也会有所不同。根据所需标示食品的性质,食品标识可以分为普通食品标识和特殊食品标识。此外,以食品标识内容是否需要特定部门认证为标准,食品标识还可以分为一般食品标识和认证食品标识。从标示内容的组成上看,食品标识则可以分为图形标识、文字标识、数字标识等。

二、食品标识的标示内容

（一）普通食品的标示内容

1. 强制标示内容

《食品安全法》第 67 条规定,预包装食品的包装上应当有标签。标签应当标明名称、规格、净含量、生产日期,成分或者配料表,生产者的名称、地址、联系方式,保质期,产品标准代号,贮存条件,所使用的食品添加剂在国家标准中的通用名称,生产许可证编号,法律、法规或者食品安全标准规定必须标明的其他事项。第 68 条则规定,食品经营者销售散装食品,应当在散装食品的容器、外包装上标明食品的名称、生产日期或者生产批号、保质期以及生产经营者的名称、地址、联系方式等内容。第 69 条新增加,生产经营转基因食品应当按照规定显著标示。第 97 条则强调,进口的预包装食品必须有中文标签,标签应当符合《食品安全法》以及我国其他有关法律、行政法规的规定和食品安全国家标准的要求,并载明食品的原产地以及境内代理商的名称、地址、联系方式。

《食品标识管理规定》第 6 条对食品名称进行了详细规定,要求食品名称应当表明食品的真实属性,并在食品标签的醒目位置清晰标示。国家标准、行业标准对食品名称有规定的,应当采用国家标准、行业标准规定的名称;国家标准、行业标准对食品名称没有规定的,应当使用不会引起消费者误解和混淆的常用名称或者俗名;标注易使人误解食品属性的名称时,应当在所示名称的邻近部位使用同一字号标注规定名称、常用名称或者类属名称;由两种或者两种以上食品通过物理混合而成且外观均匀一致难以相互分离的食品,其名称应当反映该食品的混合属性和类属名称。采用特定的加工工艺制作,用以模仿其他生物的个体、器官、组织等特征的食品,则应当在名称前冠以"人造""仿"或者"素"等字样,并标注该食品真实属性的分类(类属)名称。为不使消费者误解或混淆食品的真实属性、物理状态或制作方法,可以在食品名称前或食品名称后附加相应的词或短语进行说明。《预包装食品营养标签通则》(GB 28050—2011)更要求,所有预包装食品营养标签强制标示的内容包括能量、核心营养素、强化营养成分的含量值及其占营养素参考值(NRV)的百分比。其他营养成分进行营养声称或营养成分功能声称时,也应标示出该营养成分的含量及其占营养素参考值(NRV)的百分比。食品配料含有或生产过程中使用了氢化和(或)部分氢化油脂时,在营养成分表中还应标示出反式脂肪(酸)的含量。

考虑到部分食品的特殊性,《食品标识管理规定》等还规定了标示内容的豁免事项。如酒精度≥10%的饮料酒、食醋、食用盐、固态食糖类、味精可以免除标示保质期;当预包装食品包装物或包装容器的最大表面面积<10 cm² 时,可以只标示产品名称、净含量、生产者(或经销商)的名称和地址。《预包装食品营养标签通则》也规定了强制标示营养标签的豁免。包括生鲜食品、乙醇含量≥0.5%的饮料酒类、包装总表面积≤100 cm² 或最大表面面积≤20 cm² 的食品、现制现售的食品、包装的饮用水、每日食用量≤10 g 或 10 mL 的预包装食品等都可以不标示营养标签。

2. 禁止标示内容

为防止食品生产经营者虚构食品标识内容,欺骗消费者,《食品安全法》第 71 条要求,食品的标签、说明书,不得含有虚假内容,不得涉及疾病预防、治疗功能。《食品标识管理规定》

第18条进一步明确，不得以欺骗或者误导的方式描述或者介绍食品；不得标示无法证实的产品说明；不得标示不尊重民族习俗，带有歧视性描述的文字或者图案；不得使用国旗、国徽或者人民币进行标注等。第19条具体列举了四类标识违法行为。

（二）食品添加剂的特别标示内容

根据《食品安全法》第150条，食品添加剂指为改善食品品质和色、香、味以及为防腐、保鲜和加工工艺的需要而加入食品中的人工合成或者天然物质，包括营养强化剂。食品添加剂主要是以改善食品的外观、风味、组织结构或贮存性质为目的，因此在使用时，应以不对人体产生任何健康危害、不降低食品本身的营养价值为原则，在达到预期目的前提下尽可能降低其在食品中的使用量。为保证添加剂的安全使用，《食品安全法》第70条规定，食品添加剂应当有标签。标签应当载明名称、规格、净含量、生产日期，成分或者配料表，生产者的名称、地址、联系方式，保质期，产品标准代号，贮存条件，生产许可证编号以及食品添加剂的使用范围、用量、使用方法，并添加"食品添加剂"字样。

为规范食品添加剂的标示名称，《食品标识管理规定》要求，食品添加剂应当标示其在《食品添加剂使用标准》中的通用名称，食品添加剂通用名称可以标示为具体名称，也可标示为功能类别名称并同时标示具体名称或国际编码。

（三）保健食品的特别标示内容

保健食品是指声称具有保健功能或者以补充维生素、矿物质等营养物质为目的的食品，即适宜于特定人群食用，具有调节机体功能，不以治疗疾病为目的，并且对人体不产生任何急性、亚急性或者慢性危害的食品。准确标识食品信息，对于消费者合理选购和科学食用保健食品都具有重要意义。《食品安全法》第78条规定，保健食品的标签不得涉及疾病预防、治疗功能，内容应当真实，与注册或者备案的内容相一致，载明适宜人群、不适宜人群、功效成分或者标志性成分及其含量等，并声明"本品不能代替药物"。

保健食品属于特殊食品，安全风险较高，国家对其实行严于一般食品的监管制度。[①]《保健食品注册与备案管理办法》（2016年）第五章对标签进行了专门规范。第54条指出标签应当包括产品名称、原料、辅料、功效成分或者标志性成分及含量、适宜人群、不适宜人群、保健功能、食用量及食用方法、规格、贮藏方法、保质期、注意事项等内容及相关制定依据和说明等。第57、58条采用列举加概括的方式对保健食品名称、通用名禁止出现的内容进行了规定。2020年，国家市场监督管理总局为指导保健食品警示用语标注，使消费者更易于区分保健食品与普通食品、药品，引导消费者理性消费，专门颁布了《保健食品标注警示用语指南》。此外，2019年修订的《食品安全法实施条例》特别强化了销售环节市场主体对标签的注意义务，要求销售者应当核对保健食品标签内容是否与经注册或者备案的内容一致，不一致的不得销售。

（四）特殊膳食的特别标示内容

为指导特殊膳食企业规范标识，引导医生、临床营养师和消费者科学合理使用食品，2022年12月，市场监管总局制定发布《特殊医学用途配方食品标识指南》。《特殊医学用途

---

① 《司法部、市场监管总局负责人就〈中华人民共和国食品安全法实施条例〉答记者问》，《中国质量万里行》2019年第12期，第18-21页。

配方食品标识指南》强调,特殊医学用途食品标识应符合相关法律、法规、规章和食品安全国家标准的规定,涉及特殊医学用途食品注册证书内容的,应当与注册证书内容一致;系统归纳总结特殊医学用途食品标签和说明书需要标示的13项内容,明确特定全营养配方食品临床试验标注要求;明确提出主要展示版面应标注的内容,首次提出特殊医学用途食品最小销售包装应标注特殊医学用途食品专属标志"小蓝花"。此外,强调标签和说明书不得对产品中的营养素进行功能声称,避免误导消费者。此外,从特殊医学用途食品安全使用角度考虑,增加了一些产品警示说明和注意事项标注。《特殊医学用途配方食品标识指南》还对标签和说明书提出禁止标注涉及虚假、夸大,以及预防、治疗疾病和保健功能等内容。

三、食品标识的标示形式

食品标识的标示形式是否清楚、明显,直接影响到消费者食品标识内容掌握的完整性和便利性。为保障消费者顺利阅读食品标识,了解食品信息,有必要对食品标识的标示形式进行严格的规定。为此,《食品安全法》第71条规定,食品和食品添加剂的标签、说明书应当清楚、明显,生产日期、保质期等事项应当显著标注,容易辨识。此外,《特殊医学用途配方食品标识指南》(2022年)、《保健食品标志规范标注指南》(2023)等规定细化了不同类别食品的主要展示版面的标注要求。

(一) 标示的方式

为保证食品标识与食品的一一对应,《食品标识管理规定》第20条要求,食品标识不得与食品或者其包装分离。同时,为避免食品标识仅存在大包装上,一旦丢失大包装,消费者可能不便掌握其内含的小包装的食品信息问题,《食品标识管理规定》第21、22条特别要求,食品标识应当直接标注在最小销售单元的食品或者其包装上。在一个销售单元的包装中含有不同品种、多个独立包装的食品,应当依法对每件独立包装的食品标识进行标注。透过外包装,不能清晰识别各独立包装食品的所有或者部分强制标注内容的,应当在外包装上分别予以标注,但外包装易于开启识别的除外;能够清晰地识别各独立包装食品的所有或者部分强制标注内容的,可以不在外包装上重复标注相应内容。

此外,为便于迅速找到食品信息的重要内容,我国的相关法规及标准还对具体信息的分布位置进行了强制性规定。例如,《保健食品标志规范标注指南》明确"保健食品标志应当规范标注在主要展示版面的左上方,清晰易识别"。而《特殊医学用途配方食品标识指南》则规定"特医(特殊医学用途食品)的标签应设置标志区域,位于销售包装标签主要展示版面左上角或右上角,主要展示版面方向同文字方向"。所谓主要展示版面,是指消费者选购商品时,在包装标签上最容易看到或展示面积最大的表面。

(二) 标识使用文字、数字、字母的要求

为避免食品生产经营者在食品标识上,通过设置字体大小或运用近似颜色误导食品信息,损害消费者利益,有必要对食品标识使用的文字、数字、字母等进行适当规范,以保证食品标识能最大化符合消费者的阅读习惯。

首先,在文字、数字、字母的类别选择上,《食品标识管理规定》要求,食品标识所用文字应当为规范的中文。具有装饰作用的各种艺术字,应书写正确,易于辨认。食品标识可以同

时使用汉语拼音、少数民族文字和外文,且应当与中文有对应关系,但商标,进口食品的制造者和地址,国外经销者的名称、地址和网址除外。

其次,在字号及颜色选择上,《保健食品标注警示用语指南》规定,警示用语区位于最小销售包装包装物(容器)的主要展示版面,所占面积不应小于其所在面的20%。警示用语区内文字与警示用语区背景应有明显色差。当主要展示版面的表面积≥100 cm² 时,字体高度不小于6.0 mm。当主要展示版面的表面积＜100 cm² 时,警示用语字体最小高度按照上述规定等比例变化。此外,对需要强调的具体信息,《保健食品标识规定》要求,当保健食品不适宜于某类人群时,应在食品标识的"适宜人群"信息之后,标示不适宜食用的人群,其字体应略大于"适宜人群"的内容。当保健食品的食用量过大会对人体产生不良影响或不适宜于发挥保健作用时,应在食用方法后,标示不适宜的食用量,其字体应略大于"食用量"的内容。字体大小的强行性规定,能避免食品生产经营者故意缩小字体,使消费者忽略重要信息,从而提高消费者及监管者的识别效率。

(三) 标识应清晰、牢固、易于识别

食品标识是消费者了解食品信息的重要途径,也是食品监管部门对食品进行监管的重要内容。一旦食品标识被更换、篡改或是脱落不仅会影响消费者对食品信息的正确认识,也会妨碍食品监管部门对食品的有效监管。为此,我国相关法规、标准都规定,食品标识应清晰、醒目、持久,应使消费者购买时易于辨认和识读,并不得在流通和食用过程中变得模糊甚至脱落。

第三节　食品广告制度

一、食品广告概述

根据2021年修订的《广告法》第2条规定,商业广告是指商品经营者或者服务提供者通过一定媒介和形式直接或者间接地介绍自己所推销的商品或者服务。因此,食品广告就是食品生产经营者通过一定媒介和形式,以直接或间接方式推销食品的信息传播活动。

在信息社会中,广告并不仅仅是为广告主服务的,它同时也使特定用户和消费者通过广告这一渠道得到各种信息,并加以利用。因此,一个内容真实、表达清晰的广告对广告主及其目标受众具有双赢性。但是,如果广告内容虚假,或具有误导性,加上广告又以说服性为目的,有计划、连续性地进行传播活动,就很容易使受众——商品消费者产生错误判断,损害消费者的利益。而食品信息传播的真实与否,更会直接影响到消费者的健康利益。为此,《食品安全法》第73条规定,食品广告的内容应当真实合法,不得含有虚假内容,不得涉及疾病预防、治疗功能。为进一步强化食品广告监管,杜绝食品,特别是保健食品、特殊医学用途配方食品领域的食品欺诈、虚假宣传带来的严重社会影响,2019年国家市场监督管理总局颁布《药品、医疗器械、保健食品、特殊医学用途配方食品广告审查管理暂行办法》(简称《暂行办法》)作为建立健全严格监管综合治理的长效机制。

二、食品广告的法律限制

（一）实质要求

根据《食品安全法》《广告法》《暂行办法》等法律法规的要求，食品广告的内容必须真实合法、准确清晰，不得以任何形式欺骗和误导消费者，不得涉及疾病预防、治疗功能。

1. 真实

真实是指食品广告的内容应当准确、清楚，与客观事实相符合，不能进行任何形式的虚假、夸大宣传，不欺骗误导消费者。

具体而言，食品广告应当以清晰的语言表述食品的性能、产地、用途、质量、价格、生产者、有效期限或者对服务的内容、形式、质量、价格作出允诺等。食品广告中表明推销商品、提供服务附带赠送礼品的，应当标明赠品的品种和数量。广告使用数据、统计资料、调查结果、文摘、引用语，应当真实、准确，并表明出处。

与客观事实不符的广告内容则构成了虚假宣传。《广告法》第 28 条详细列举了虚假广告的几种情形。这里需要特别注意的有两个方面。第一，从形式上看，食品广告应当具有可识别性，能够使消费者辨明其为广告。为此，《广告法》第 14 条特别规定，大众传播媒介不得以新闻报道形式变相发布广告。通过大众传播媒介发布的广告应当显著标明"广告"，与其他非广告信息相区别，不得使消费者产生误解。第二，在广告内容上，《食品安全法》第 73 条规定，食品广告的内容，不得涉及疾病预防、治疗功能。疾病预防与治疗属于药品具备的功能，非药品广告不得涉及药品功能的宣传混淆视听。为治理保健品广告领域的乱象，防止误导性宣传，避免消费者过度依赖保健食品，耽误必要的药物治疗，《食品安全法》强化了监管内容，其第 79 条规定，保健品广告除了符合一般食品广告的要求外，还应当声明"本品不能代替药物"。《广告法》第 18、19 条，《暂行办法》第 11 条具体明确了保健食品广告不得包含下列内容：表示功效、安全性的断言或者保证；涉及疾病预防、治疗功能；声称或者暗示广告商品为保障健康所必需；与药品、其他保健食品进行比较；利用广告代言人作推荐、证明。广播电台、电视台、报刊音像出版单位、互联网信息服务提供者不得以介绍健康、养生知识等形式变相发布医疗、药品、医疗器械、保健食品广告。

2. 合法

合法是指食品广告的内容必须符合食品安全法、广告法和相关法律、法规的规定，不能出现法律的禁止性情形。为此，《广告法》第 9 条、《暂行办法》第 11 条明确规定，包括食品广告在内的广告中不得使用或变相使用中华人民共和国国旗、国徽、国歌、军旗、军歌、军徽；不得使用或变相使用国家机关和国家机关工作人员的名义或形象发布广告；不得使用"国家级""最高级""最佳"等用语；不得损害国家的尊严或者利益，泄露国家秘密；不得含有淫秽、迷信、恐怖、暴力、丑恶的内容以及存在民族、种族、宗教、性别歧视的内容；不得妨碍社会公共秩序或者违背社会良好风尚；不得含有淫秽、色情、赌博、迷信、恐怖、暴力的内容；不得含有民族、种族、宗教、性别歧视的内容；不得妨碍环境、自然资源或者文化遗产保护以及法律、行政法规规定禁止的其他情形。食品广告不得损害未成年人和残疾人的身心健康；不得贬低其他生产经营者的商品或服务。

（二）程序要求

广告发布，原则上只要求广告经营者和广告发布者对广告进行审核。根据《广告法》第

46条,发布医疗药品、医疗器械、农药、兽药和保健食品广告,以及法律、行政法规规定应当进行审查的其他广告,应当在发布前由广告审查机关对广告内容进行审查;未经审查,不得发布。因此,食品广告发布前都必须经过相关广告主体的审核,这是食品广告发布的一般程序,而对于法律法规规定必须审查的广告,则应当通过特定监管部门审查批准才能发布,属于食品广告发布的特别程序。根据《暂行办法》第4条规定,国家市场监督管理总局负责组织指导保健食品和特殊医学用途配方食品广告审查工作。各省、自治区、直辖市市场监督管理部门负责保健食品和特殊医学用途配方食品广告审查,依法可以委托其他行政机关具体实施广告审查。

1. 食品广告的审核

广告审核制度是指广告经营者、广告发布者在接受广告主的委托发布广告前,应当依法检查核实广告主的主体资格、广告的真实合法性,并将检查核实结果记录在案以备查验的制度。广告审核是广告经营者、广告发布者的法定义务,也是广告经营者、广告发布者的自律性行为,是广告经营者、广告发布者的内部制度。就其程序而言主要包括承接登记、审核和登记归档三个阶段。其中对相关材料以及广告内容和形式的查验审核是广告审核制度的主要内容。

(1) 广告审核应当审核广告主的营业执照以及其他生产、经营资格的证明文件,以确定广告主的主体是否合法及其依法具有的生产经营范围。

(2) 广告经营者、广告发布者应当审核食品广告的内容与形式,以保证广告内容真实合法,表述清晰明白,不易对消费者产生误导。第一,从内容上看,主要包括食品生产许可证、质量检验机构的证明;标明获奖的食品广告,应当提交获奖证书;标明优质产品称号的食品广告,应当提交政府颁发的优质产品证书;标明专利权的食品广告,应当提交专利证书;标明注册商标的食品广告,应当提交商标注册证;新资源食品广告,应当提供国务院卫生行政部门的新资源食品试生产卫生审查批准文件或者新资源食品卫生审查批准文件;进口食品广告,应当提供输出国(地区)批准生产的证明文件,口岸进口食品卫生监督检验机构签发的卫生证书以及中文标签;对于在广告中使用他人名义、形象的,还应当提交其本人或其监护人的书面同意文件。第二,从表述形式上看,应当检查广告表现形式和使用的语言文字是否符合有关规定,广告整体效果是否存在引起消费者的误解等。对证明文件不全的,审核者有权要求补充证明文件,证明文件与广告不一致的,审核者有权要求修改广告,或提出拒绝制作发布广告的意见。对于无合法证明、证明不全或内容不实的广告,广告经营者、广告发布者应提出对该广告同意、不同意或者要求修改的书面意见,同时将广告审查的书面意见与审核材料一同保存备查。

2. 保健食品、特殊医学用途配方食品广告的审查

考虑到保健食品、特殊医学用途配方食品对消费者健康的特殊影响,食品安全法律法规制定了较严格的监管环节。《食品安全法》第79条、《暂行办法》第4条明确规定,(保健食品广告)其内容应当经生产企业所在地省、自治区、直辖市人民政府食品安全监督管理部门审查批准,取得食品广告批准文件。省、自治区、直辖市人民政府食品安全监督管理部门应当公布并及时更新已经批准的保健食品广告目录以及批准的广告内容。《食品安全法实施条例》第37条规定,特殊医学用途配方食品中的特定全营养配方食品广告按照处方药广告管理,其他类别的特殊医学用途配方食品广告按照非处方药广告管理。

　　《暂行办法》第14条明确了特殊食品广告申请人申请发布广告时,应当提交必要的文件和资料,主要包括《食品广告审查表》、与发布内容一致的广告样件,以及其他合法有效的材料,如申请人的主体资格相关材料,或者合法有效的登记文件;产品注册证明文件或者备案凭证、注册或者备案的产品标签和说明书,以及生产许可文件;广告中涉及的知识产权相关有效证明材料。经授权同意作为申请人的生产、经营企业,还应当提交合法的授权文件;委托代理人进行申请的,还应当提交委托书和代理人的主体资格相关材料。

　　《暂行办法》第16条要求,广告审查机关应当对申请人提交的材料进行审查,自受理之日起10个工作日内完成审查工作。经审查,对符合法律、行政法规和《暂行办法》规定的广告,应当作出审查批准的决定,编发广告批准文号。对不符合法律、行政法规和《暂行办法》规定的广告,应当作出不予批准的决定,送达申请人并说明理由,同时告知其享有依法申请行政复议或者提起行政诉讼的权利。

　　《暂行办法》第18条明确,保健食品和特殊医学用途配方食品广告批准文号的有效期与产品注册证明文件、备案凭证或者生产许可文件最短的有效期一致。产品注册证明文件、备案凭证或者生产许可文件未规定有效期的,广告批准文号有效期为2年。

❓ 案例分析

　　2012年5月5日,皮旻旻在重庆某百货有限公司购买了由重庆市武陵某某食品开发有限公司(简称某某公司)生产的"武陵山珍家宴煲"10盒,每盒单价448元,共计支付价款4480元。每盒"武陵山珍家宴煲"里面有若干独立的预包装食品,分别为松茸、美味牛肝、黄牛肝、香菇片、老人头、茶树菇、青杠菌、球盖菌、东方魔汤料包等。每盒"武陵山珍家宴煲"产品的外包装上印有"家中养生我最好"的文字,并标注了储存方法、配方、食用方法、净含量、产品执行标准、生产许可证、生产日期、保质期以及生产厂家的地址、电话等内容,但东方魔汤料包上没有标示原始配料。[①]

　　思考题:分析本案中某某公司的法律责任。

---

　　① 选自《最高人民法院公布五起审理食品药品纠纷典型案例》,2014年1月9日。

第八章

食品检验制度

第一节　食品检验概述

一、食品检验的概念

食品检验是指食品检验机构根据有关国家标准,对食品原料、食品添加剂、辅助材料、成品的质量和安全性进行的检验,包括对食品理化指标、卫生指标、外观特性以及外包装、内包装、标志等进行检验。

随着人们生活水平和保健意识的提高,人们开始更多地注意食品安全问题。提高食品质量,减少食物中有害物质残留,保障食品的质量与安全是当前食品生产及加工行业的重要任务。食品安全离不开食品监管,而有效的食品监管工作往往依赖于食品检验的结果。如果没有检测就无法得知食品是否有不安全因素,更无法得知这种不安全到了什么程度。建立食品检验机构,开展食品原料、生产和市场流通等环节的检验工作,是进行食品质量安全监督的重要辅助手段,也是世界通行的做法。

《食品安全法》第五章"食品检验",针对食品检验机构、食品检验人、食品检验的相关制度和方式等内容进行了系统规定。同时,本章所称的"食品检验"既适用于对"食品"的检验,也适用于对"食品添加剂"的检验。《食品安全法》第90条规定,食品添加剂的检验,适用本法有关食品检验的规定。

二、食品检验的基本原则

(一) 合法原则

食品检验关系食品安全,检验活动应当依法展开。检验人要熟悉有关食品检验的法律法规,依照有关法律、法规的规定,在许可或者认定的检验范围内检验,不得超范围检验。检验人还需要熟练掌握食品安全标准和检验规范,熟悉检验标准的检验方法,正确使用计量器具,认真如实填写记录,保证检验数据真实可靠。

(二) 独立原则

根据《食品安全法》第85条规定,食品检验由食品检验机构指定的检验人独立进行。独立检验是为了保证检验结果的客观公正,实践中一些检验机构参与市场竞争,片面考虑自身的经济利益,在食品检验过程中不能保持中立,服从于送检单位的利益,严重影响了食品检验的公信力。《食品检验机构资质认定管理办法》也规定,食品检验机构应当独立于食品检验活动所涉及的利益相关方,不受任何可能干扰其技术判断因素的影响,并确保检验数据和结果不受其他组织或者人员的影响。食品检验机构不得以广告或者其他形式向消费者推荐食品。食品检验机构应当指定检验人独立进行食品检验，与检验业务委托人有利害关系的检验人应当予以回避。食品检验人不得与其食品检验活动所涉及的检验业务委托人存在利益关系；不得参与任何影响其检验判断独立性和公正性的活动。食品检验工作是技术性、科学性很强的事务，很多都需要独立完成，多人操作容易产生误差。独立检验一方面符合食品检验工作的特点，另一方面独立检验权也是实行检验人责任制的基础，有了独立检验权才能明确责任承担。

(三) 客观公正，不虚假检验原则

检验结果客观公正对保证食品安全至关重要，它是食品检验机构权威性的源泉，也是食品检验工作的基本要求和价值所在。检验人员应当尊重科学，恪守职业道德，保持食品检验的中立性，保证出具的检验数据和结论客观、公正、准确，不得出具虚假或者不实数据和结果的检验报告。《食品安全法》第 85 条第 2 款规定："检验人应当依照有关法律、法规的规定，并按照食品安全标准和检验规范对食品进行检验，尊重科学，恪守职业道德，保证出具的检验数据和结论客观、公正，不得出具虚假检验报告。"如果出具了虚假的检验报告，检验人就要承担相应的法律责任。《食品安全法》第 138 条针对出具虚假的检验报告应承担的法律责任作出了明确规定。

三、食品检验基本制度

(一) 食品检验机构与检验人共同负责制

食品检验实行食品检验机构与检验人负责制，食品检验机构与检验人对食品检验结论的科学、真实、准确性共同负有责任。《食品安全法》第 86 条明确规定："食品检验实行食品检验机构与检验人负责制。"食品检验是具有法律意义的活动，检测机构依据食品检验结果出具的检验报告是判断食品安全与否的具有法律效力的凭证，不但能反映检测机构的管理、技术和服务水平，而且关系一种产品乃至一家企业的生死存亡。为了提高食品检验工作水平，保证食品检验报告质量，法律明确了食品检验机构和检验人的责任，实行食品检验机构与检验人共同负责制。这一规定将食品检验机构与检验人相并列，改变了过去检验人完全隶属于食品检验机构的做法，在加重检验人责任的同时有利于提升检验人员的职业地位，发挥检验人的主观能动性，有利于在食品检验机构与检验人员之间形成制约机制，保证食品检验客观公正。

为了更好地落实食品检验机构与检验人共同负责制，《食品安全法》第 86 条同时规定："食品检验报告应当加盖食品检验机构公章，并有检验人的签名或者盖章。食品检验机构和检验人对出具的食品检验报告负责。"这是对食品检验报告的形式要求，不但食品检验机构要加盖公章，而且检验人也要签名或者盖章。这就是要检验机构和检验人对检验报告的客观性和公正性共同负有责任，一旦出现问题造成不良后果，两者都要依法承担相应的法律责任。

(二) 对食品不得实施免检制度

免检制度，是指依据《产品免于质量监督检查管理办法》，对符合规定的产品，在 3 年内免于各级政府部门的质量监督抽查的制度。免检制度始于 20 世纪 90 年代，一些地方的技

术监督部门对本地连续数年检查合格的产品,在一定时间内免于监督检查。1999年国务院《关于进一步加强产品质量工作若干问题的决定》规定,"实行免检制度。对产品质量长期稳定、市场占有率高、企业标准达到或严于国家有关标准的,以及国家或省、自治区、直辖市质量技术监督部门连续三次以上抽查合格的产品,可确定为免检产品","在一定时间内免于各地区、各部门各种形式的检查"。2000年3月,国家质量技术监督局发布《产品免于质量监督检查管理办法》,规定在免检有效期内,各级政府部门以及流通领域均不得对其进行质量监督检查。2001年12月,国家质检总局颁发新的《产品免于质量监督检查管理办法》,规定免检产品3年内免于各级政府部门的质量监督抽查。

设立免检制度初衷是为了避免重复检查,防止地方利益保护和行业垄断,减轻企业负担,鼓励企业自律,保证产品质量。但从实施效果来看,免检食品的安全情况却不能让人满意。2008年9月18日,在多个属于"国家免检产品"的奶制品被检出含有三聚氰胺,导致许多婴幼儿患肾结石后,国务院办公厅发布《关于废止食品质量免检制度的通知》,决定废止1999年12月5日发布的国务院《关于进一步加强产品质量工作若干问题的决定》(国发〔1999〕24号)中有关食品质量免检制度的内容。同一天,国家质检总局发布第109号总局令,废止《产品免于质量监督检查管理办法》。至此,实行多年的食品免检制度宣告结束。

《食品安全法》第87条也明确规定:"县级以上人民政府食品安全监督管理部门应当对食品进行定期或者不定期的抽样检验,并依据有关规定公布检验结果,不得免检。"由于食品直接关系人民群众的身体健康和生命安全以及食品安全问题的重要性、复杂性,不应当实行免检。政府应当对食品安全进行严格监管,不能让企业在政府免予检验的担保下,生产经营不安全食品,危害人民群众的身体健康、生命安全,损害政府的威信。

第二节　食品检验的方式

一、抽样检验

《食品安全法》第87条在否决免检制度的同时,明确规定了县级以上人民政府食品安全监督管理部门应当对食品进行定期或者不定期的抽样检验。为了规范食品安全抽样检验,2019年8月8日,国家市场监督管理总局令第15号公布了《食品安全抽样检验管理办法》,[①]自2019年10月1日起施行。抽样检验是对食品安全进行监督检查的一种主要方式。

(一) 抽样检验的主体

根据《食品安全法》第87条的规定,县级以上人民政府食品安全监督管理部门是抽样检验的主体,它们在职责范围内,有权采取措施对生产经营的食品进行抽样检验。《食品安全抽样检验管理办法》也规定,国家市场监督管理总局负责组织开展全国性食品安全抽样检验工作,监督指导地方市场监督管理部门组织实施食品安全抽样检验工作。县级以上地方市场监督管理部门负责组织开展本级食品安全抽样检验工作,并按照规定实施上级市场监督

---

① 国家市场监督管理总局:《食品安全抽样检验管理办法》,https://gkml.samr.gov.cn/nsjg/fgs/201908/t20190816_306080.html,2022年12月10日访问。

管理部门组织的食品安全抽样检验工作。

（二）抽样检验的方式

抽样检验包括定期和不定期两种。定期检验主要是指各监管部门根据职责范围和监管工作的需要，作出明确规定和安排，在确定的时间，对食品进行抽样检验。例如，根据《产品质量国家监督抽查管理办法》规定，国务院质量监督部门"定期实施的国家监督抽查每季度开展一次"。不定期检验主要是针对特定时期的食品安全形势、消费者和有关组织反映的情况，或者因其他原因需要在定期检验的基础上，不定期地对某一类食品、某一生产经营者的食品或者某一区域的食品，进行抽样检验。如针对节日性、季节性食品的抽样检验工作，可以结合当地节日性、季节性食品市场和本区域消费特点，有针对性地在定期检验的基础上安排对食品的不定期抽样检验。同时对专供婴幼儿、老年人、病人等特定人群的主辅食品，应当重点加强抽样检验。定期检验和不定期检验的最大区别是实施抽样检验的时间是否确定，定期检验一般是常规的工作安排，不定期检验具有一定的灵活性。

（三）抽样检验的具体规定

1. 抽样检验计划

食品安全监督管理部门应当按照科学性、代表性的要求，制定覆盖食品生产经营活动全过程的食品安全抽样检验计划，实现监督抽检与风险监测的有效衔接。国家市场监督管理总局根据食品安全监管工作的需要，制定全国性食品安全抽样检验年度计划。县级以上地方食品安全监督管理部门应当根据上级食品安全监督管理部门制定的抽样检验年度工作计划并结合实际情况，制定本行政区域的食品安全年度抽样检验工作方案，报上一级食品安全监督管理部门备案。

食品安全抽样检验工作计划应当包括下列内容：抽样检验的食品品种；检验项目、检验方法、判定依据等检验工作要求；检验结果的汇总分析及报送方式和时限；法律、法规、规章规定的其他要求。

下列食品应当作为食品安全抽样检验工作计划的重点：风险程度高以及污染水平呈上升趋势的食品；流通范围广、消费量大、消费者投诉举报多的食品；风险监测、监督检查、专项整治、案件稽查、事故调查、应急处置等工作表明存在较大隐患的食品；专供婴幼儿、孕妇、老年人等特定人群食用的主辅食品；学校和托幼机构食堂以及旅游景区餐饮服务单位、中央厨房、集体用餐配送单位经营的食品；有关部门公布的可能违法添加非食用物质的食品；已在境外造成健康危害并有证据表明可能在国内产生危害的食品；其他应当作为抽样检验工作重点的食品。

2. 抽样

食品安全监督管理部门可以自行抽样或者委托具有法定资质的食品检验机构承担食品安全抽样工作。食品安全监督抽检的抽样人员在执行抽样任务时应当出示监督抽检通知书、委托书等文件及有效身份证明文件，并不得少于2人。案件稽查、事故调查中的食品安全抽样活动，应当由食品安全行政执法人员进行或者陪同。承担食品安全监督抽检抽样任务的机构和人员不得提前通知被抽样的食品生产经营者。

食品安全监督抽检的抽样人员应当核对被抽样食品生产经营者的营业执照、许可证等资质证明文件。食品安全监督抽检的抽样人员可以从食品生产者的成品库待销产品或者从食品经营者仓库和用于经营的食品中随机抽取样品,不得由食品生产经营者自行提供样品。食品安全监督抽检的抽样数量原则上应当满足检验和复检的要求。

进行抽样检验,应当购买抽取的样品,委托符合规定的食品检验机构进行检验,并支付相关费用。不得向食品生产经营者收取检验费和其他费用。

食品安全监督抽检的抽样人员可以通过拍照、录像、留存购物票据等方式保存证据。食品安全监督抽检的抽样人员应当使用规范的抽样文书,详细记录抽样信息。记录保存期限不得少于2年。

食品安全监督抽检中的样品分为检验样品和复检备份样品。食品安全监督抽检中的样品应当现场封样。复检备份样品应当单独封样,交由承检机构保存。抽样人员应当采取有效的防拆封措施,并由抽样人员、被抽样食品生产经营者签字或者盖章确认。

食品安全监督抽检的抽样人员应当书面告知被抽样食品生产经营者依法享有的权利和应当承担的义务。被抽样食品生产经营者应当在食品安全抽样文书上签字或者盖章,不得拒绝或者阻挠食品安全抽样工作。

食品安全监督抽检的样品、抽样文书及相关资料应当由抽样人员携带或者寄送至承检机构,不得由被抽样食品生产经营者自行送样和寄送文书。对有特殊贮存和运输要求的样品,抽样人员应当采取相应措施,保证样品贮存、运输过程符合国家相关规定和包装标示的要求,不发生影响检验结论的变化。

抽样人员发现食品生产经营者存在违法行为、生产经营的食品及原料没有合法来源或者无正当理由拒绝接受食品安全抽样的,应当报告有管辖权的食品安全监督管理部门进行处理。

3. 检验

食品安全监督抽检应当采用食品安全标准等规定的检验项目和检验方法。承检机构接收食品安全监督抽检的样品时,应当查验、记录样品的外观、状态、封条有无破损以及其他可能对检验结论产生影响的情况,并确认样品与抽样文书的记录相符,对检验样品和复检备份样品分别加贴相应标识后,按照相关要求入库存放。对抽样不规范的样品,承检机构应当拒绝接收并书面说明理由,及时向组织或者实施食品安全监督抽检的食品安全监督管理部门报告。

承检机构应当对检验工作负责,按照食品检验技术要求开展检验工作,如实、准确、完整、及时地填写检验原始记录,保证检验工作的科学、独立、客观和规范。承检机构应当自收到样品之日起20个工作日内出具检验报告。食品安全监督管理部门与承检机构另有约定的,从其约定。未经组织监督抽检和风险监测的食品安全监督管理部门同意,承检机构不得分包或者转包检验任务。

4. 报送结果

食品安全监督抽检的检验结论合格的,承检机构应当在检验结论作出后10个工作日内将检验结论报送组织或者委托实施监督抽检的食品安全监督管理部门。检验结论不合格的,承检机构应当及时报告组织开展监督抽检的食品安全监督管理部门。

食品安全监督管理部门收到不合格的检验结论表明可能对公众身体健康和生命造成严重危害的,应当立即将检验结果通报被抽检食品生产经营者所在地的食品安全监督管理部门,以及食品包装或者标签上标称的生产者或者进口商所在地的食品安全监督管理部门。

5. 处理

食品安全监督管理部门收到通报后,应当立即通知相关食品生产经营者采取停止生产经营、召回不安全食品等措施,消除和控制食品安全风险,并及时进行调查处理。食品生产经营者未按照规定履行相关义务的,食品安全监督管理部门应当责令其履行。食品生产经营者在申请复检期间和真实性异议审核期间,不得停止上述义务的履行。

地方食品安全监督管理部门收到监督抽检不合格检验结论后,应当及时对不合格食品及其生产经营者进行调查处理,督促食品生产经营者履行法定义务,并将相关情况记入食品生产经营者食品安全信用档案。必要时,上级食品安全监督管理部门可以直接组织调查处理。

食品生产经营者接到食品安全风险隐患告知书后,应当立即采取封存库存问题食品,暂停生产、销售和使用问题食品,召回问题食品等措施控制食品安全风险,排查问题发生的原因并进行整改,及时向住所地食品安全监督管理部门报告相关处理情况。食品生产经营者不按规定及时履行前款规定的义务的,食品安全监督管理部门应当责令其履行。

6. 信息发布

国家和省级食品安全监督管理部门应当汇总分析食品安全监督抽检结果,并定期或者不定期组织对外公布。对可能产生重大影响的食品安全监督抽检信息,县、市食品安全监督管理部门发布信息前应当向省级食品安全监督管理部门报告。任何单位和个人不得擅自发布食品安全监督管理部门组织的食品安全监督抽检信息。

食品安全监督管理部门公布食品安全监督抽检不合格信息,包括被抽检食品名称、规格、生产日期或批号、不合格项目,被抽检食品标称的生产者名称、商标、地址,经营者名称、地址等内容。

食品安全风险监测结果发现食品可能存在安全隐患的,国家和省级食品安全监督管理部门可以组织相关领域专家进行分析评价。分析评价结论表明相关食品存在安全隐患的,食品安全监督管理部门可以根据工作需要告知相关食品生产经营者采取控制措施。

(四) 网络食品抽样检验的特别规定

互联网的高速发展给人们的生活带来了巨大的便利,网上购物已成为很多人的生活常态,人们足不出户就能购买到各地美味。然而,由于网络食品交易无法面对面辨别食品质量,在为消费者带来方便快捷的同时也带来了很大的食品安全风险。

1. 买样

食品安全监督管理部门按照网络食品抽检方案要求,确定买样人员以及付款账户、注册账号、收货地址、联系方式,保存购买票据,记录抽检样品名称、类别以及数量等。

2. 拆包检验

收到样品后,由买样人、承检单位抽样人员、食品安全监督管理部门执法人员共同拆包、查验,对样品和备份样品分别封样,并通知网络食品生产经营者;通过网络食品第三方平台提供者购买的,可同时由第三方平台提供者协助通知网络食品生产经营者。

3. 通知检验结果

组织实施网络食品监督抽检的食品安全监督管理部门应当及时将收到的检验结果通知被抽样的网络食品生产经营者;通过网络食品第三方交易平台购买的,应当同时通知第三方交易平台提供者。

网络食品生产经营者联系方式不详的，检验结果可以由第三方平台提供者协助通知。经检验不合格的，网络食品生产经营者无法联系的，可要求第三方平台提供者移除网络食品生产经营者网上食品销售信息，暂停提供第三方平台的交易服务。

因网络食品生产经营者地址不详，检验结果无法通知网络食品生产经营者的，食品安全监督管理部门可以通过其政府网站公布相关结果信息。

❓ 案例分析

江某诉某信息技术有限公司网络购物合同纠纷一案

某信息技术有限公司在某电子商务平台开设网店，出售进口维生素胶囊食品。江某在该网店购买30瓶维生素胶囊食品，共支付货款8 000元。根据原食品药品监管总局《关于含非普通食品原料的食品定性等相关问题的复函》和食品安全国家标准《食品添加剂使用标准》（GB 2760—2011）的规定，该维生素胶囊食品违法添加了食品添加剂。江某遂以某信息技术有限公司在网店上出售的维生素胶囊食品违反我国食品安全国家标准为由，起诉该公司承担惩罚性赔偿责任。

思考题：如果进口食品不符合我国食品安全国家标准，食品经营者是否能以食品已经过出入境检验检疫为由予以免责？

虽然该进口食品已经过我国出入境检验检疫机构检验检疫，但这并不代表进口食品必然符合我国食品安全国家标准。原国家食品药品监督管理总局《关于含非普通食品原料的食品定性等相关问题的复函》和食品安全国家标准《食品添加剂使用标准》（GB 2760—2011）规定的相关食品添加剂的使用范围，并不包括该维生素胶囊食品。某信息技术有限公司亦不能举证证明行政主管部门已许可其在该进口食品上使用案涉添加剂。某信息技术有限公司销售的进口维生素胶囊食品在配料中使用案涉食品添加剂，该进口食品属于不符合我国食品安全国家标准的食品。某信息技术有限公司以其销售的进口食品经过我国出入境检验检疫机构检验检疫为由提出免责抗辩，对该抗辩法院不予支持。进口食品必须符合我国食品安全国家标准。因此，如果进口食品不符合我国食品安全国家标准，进口食品经营者仅以进口食品已经过出入境检验检疫为由提出免责抗辩的，对其抗辩人民法院不应当支持。

相关法条：最高人民法院《关于审理食品安全民事纠纷案件适用法律若干问题的解释（一）》第12条："进口的食品不符合我国食品安全国家标准或者国务院卫生行政部门决定暂予适用的标准，消费者主张销售者、进口商等经营者依据食品安全法第一百四十八条规定承担赔偿责任，销售者、进口商等经营者仅以进口的食品符合出口地食品安全标准或者已经过我国出入境检验检疫机构检验检疫为由进行免责抗辩的，人民法院不予支持。"

二、自行检验

自行检验是指食品生产经营者自行对自己生产或经营的食品进行检验。《食品安全法》第89条规定，食品生产企业可以自行对所生产的食品进行检验，也可以委托符合本法规定的食品检验机构进行检验。

（一）食品检验是食品生产经营者的法定义务

食品生产经营者作为食品的生产方和经营方，应当确保自己生产和经营的食品安全可靠。《食品安全法》第4条规定,食品生产经营者对其生产经营食品的安全负责。第46条规定,食品生产企业应当就原料检验、半成品检验、成品出厂检验等检验控制制定并实施控制要求,保证所生产的食品符合食品安全标准。第50条规定,食品生产者采购食品原料、食品添加剂、食品相关产品,应当查验供货者的许可证和产品合格证明;对无法提供合格证明的食品原料,应当按照食品安全标准进行检验。第51条规定,食品生产企业应当建立食品出厂检验记录制度,查验出厂食品的检验合格证和安全状况,如实记录食品的名称、规格、数量、生产日期或者生产批号、保质期、检验合格证号、销售日期以及购货者名称、地址、联系方式等内容,并保存相关凭证。第52条规定,食品、食品添加剂、食品相关产品的生产者,应当按照食品安全标准对所生产的食品、食品添加剂、食品相关产品进行检验,检验合格后方可出厂或者销售。如上种种规定,都表明食品生产经营者对自己生产经营的食品有检验的义务,未经检验或者检验不合格的,食品不得出厂销售。

(二) 食品生产经营者自行检验的能力要求

我国实行的是食品强制出厂检验制度,这有利于提高食品生产企业的安全意识,缓解我国食品安全面临的压力,保障人民群众的身体健康和生命安全。食品生产经营企业应当自觉履行食品检验义务,可以自行检验,也可委托检验。自行检验需要食品生产经营企业具备相应的检验能力,应该满足以下要求:①有独立行使食品检验并具有质量否决权的内部检验机构;②检验机构有健全的产品质量管理制度,包括岗位质量规范、质量责任以及相应的考核办法;③检验机构具有相关产品技术标准要求的检验仪器和设备,能满足规定的精度、检测范围要求,且经过计量检定合格并在有效期内;④检验机构有满足检验工作需要的员工数量,检验人员熟悉标准,经培训考核合格;⑤能科学、公正、准确、及时提供检验报告,出具产品质量检验合格证明。符合上述要求并可以完成全部出厂检验项目的企业,可以确定为具备企业出厂检验能力。如果有一项或一项以上的检验项目不能检验,则该厂不具备自行检验能力。不具备产品出厂检验能力的企业,可以委托有资质的检验机构进行检验。

三、委托检验

委托检验是指委托人委托有食品检验资质的食品检验机构对送检的食品进行检验。依委托人的不同,委托检验可以分为以下几种。

(一) 县级以上人民政府食品安全监督管理部门委托检验

县级以上人民政府食品安全监督管理部门在执法工作中需要对食品进行检验的,应当购买抽取的样本,委托符合食品安全法规定的食品检验机构进行检验,并支付相关费用。

(二) 食品生产经营企业委托检验

食品生产经营企业对自己生产经营的食品有检验义务,未经检验的食品禁止出厂和销售。食品生产经营企业可以自行检验,但我国食品生产经营企业大多规模较小,往往不具备自行检验的能力要求,因此,应当委托符合食品安全法规定的食品检验机构进行检验。

(三) 食品行业协会、消费者协会等组织和消费者委托检验

食品行业协会一般由食品生产企业、经销企业、原料供应企业及食品机械、包装等相关企业组成,属于非营利性社会团体法人。食品行业协会进行行业自律,主动对所属企业生产的食品进行检验,或者对监管部门进行的食品检验结果存有异议,食品行业协会协助企业进

行检验的,应当委托符合本法规定的食品检验机构进行检验。

消费者协会作为保护消费者合法权益,对商品和服务进行社会监督的社会组织,在接受消费者针对问题食品投诉时,应当对投诉事项进行调查、调解,查清投诉食品是否符合食品安全标准。因此,消费者协会可以委托符合资质的食品检验机构进行检验,为后续处理提供依据。

消费者对自己购买食用的食品有疑义时,可以委托符合本法规定的食品检验机构进行检验。如果检验发现食品确有问题,应及时向有关监管部门反映。检验结论可以作为维权依据。

四、复检

申请人对食品检验结论有异议的,可以依法申请复检。《食品安全法》第 88 条规定,对依照本法规定实施的检验结论有异议的,食品生产经营者可以自收到检验结论之日起 7 个工作日内向实施抽样检验的食品安全监督管理部门或者其上一级食品安全监督管理部门提出复检申请,由受理复检申请的食品安全监督管理部门在公布的复检机构名录中随机确定复检机构进行复检。复检机构出具的复检结论为最终检验结论。复检机构与初检机构不得为同一机构。复检机构名录由国务院认证认可监督管理、食品安全监督管理、卫生行政、农业行政等部门共同公布。

采用国家规定的快速检测方法对食用农产品进行抽查检测,被抽查人对检测结果有异议的,可以自收到检测结果起 4 小时内申请复检。复检不得采用快速检测方法。

(一) 复检申请人

根据《食品安全法》及《食品安全法实施条例》的规定,食品检验复检申请主体为对检验结论有异议的食品生产经营者。食品检验结论事关被监督检验的食品生产经营者的切身利益,如若监督抽检的食品不合格,执法机关将会对问题食品进行召回,或者对食品生产经营者采取行政强制措施或进行行政处罚。因此,食品生产经营者对监督检验结论有异议的,应当从法律上为其提供救济途径,以保护其合法权益。

(二) 复检申请受理机构

对检验结论有异议的食品生产经营者可以向哪些部门提出复检申请? 按照《食品安全抽样检验管理办法》第 31、35 条规定,复检申请人可以向任何有资质的检验机构申请复检。这样的规定,使得复检申请人选择复检机构的随意性太大。因此,《食品安全法》第 88 条明确规定,食品生产经营者应向实施抽样检验的食品安全监督管理部门或者其上一级食品安全监督管理部门提出复检申请。

(三) 复检机构

食品检验复检机构应当符合《食品检验机构资质认定条件》的规定,有相应的组织机构、检验能力。国家实行复检机构名录制度,复检机构名录由国务院认证认可监督管理、食品安全监督管理、卫生行政、农业行政等部门共同公布。食品检验复检机构由受理复检申请的食品安全监督管理部门在公布的复检机构名录中随机确定复检机构进行复检。复检机构与初检机构不得为同一机构。复检机构与复检申请人存在日常检验业务委托等利害关系的,不得接受复检申请。复检机构原则上应当在收到样品之日起 20 个工作日内向组织抽检工作的食品安全监督管理部门提交复检报告。食品安全监督管理部门、复检申请人与复检机构另有约定的除外。

（四）食品检验复检申请期限

食品生产经营者可以自收到检验结论之日起 7 个工作日内提出复检申请。用国家规定的快速检测方法对食用农产品进行抽查检测,被抽查人对检测结果有异议的,可以自收到检测结果起 4 小时内申请复检。

（五）食品检验复检的效力

复检机构出具的复检结论为最终检验结论。也即复检申请人对复检机构出具的复检结论有异议的,不可再次申请复检。同时,也意味着复检机构出具的复检结论将成为行政机关对食品生产经营者作出行政行为的最终依据。

（六）食品检验的费用承担

复检相关费用由复检申请人先行垫付,复检结论与初检结论一致的,复检费用由复检申请人承担。复检结论与初检结论不一致的,复检费用由初检机构承担。

（七）复检的特别规定

《食品安全法》第 88 条第 2 款是对复检的特别规定。采用国家规定的快速检测方法对食用农产品进行抽查检测,被抽查人对检测结果有异议的,可以自收到检测结果起 4 小时内申请复检。复检不得采用快速检测方法。《食品安全法实施条例》第 42 条规定:"依照食品安全法第八十八条的规定申请复检的,申请人应当向复检机构先行支付复检费用。复检结论表明食品不合格的,复检费用由复检申请人承担;复检结论表明食品合格的,复检费用由实施抽样检验的食品安全监督管理部门承担。复检机构无正当理由不得拒绝承担复检任务。"

第三节　食品检验的法律责任

食品检验是保证食品安全,加强食品安全监管的重要基础支撑,检验机构依据食品检验结果出具的检验报告是食品是否安全的具有法律效力的凭证,关系一种产品乃至一家企业的生死存亡。因此,为了保证食品检验工作规范进行,对违反食品检验法律法规规定的行为检验机构应依法承担相应的法律责任。

一、行政责任

（一）食品生产经营者违反规定应承担的行政责任

1. 生产经营未经检验或者检验不合格的肉类制品

根据《食品安全法》第 123 条规定,生产经营未经检验或者检验不合格的肉类制品,尚不构成犯罪的,由县级以上人民政府食品安全监督管理部门没收违法所得和违法生产经营的食品,并可以没收用于违法生产经营的工具、设备、原料等物品;违法生产经营的食品货值金额不足 1 万元的,并处 10 万元以上 15 万元以下罚款;货值金额 1 万元以上的,并处货值金额 15 倍以上 30 倍以下罚款;情节严重的,吊销许可证,并可以由公安机关对其直接负责的主管人员和其他直接责任人员处 5 日以上 15 日以下拘留。明知从事生产经营未经检验或者检验不合格的肉类制品,仍为其提供生产经营场所或者其他条件的,由县级以上人民政府食品安全监督管理部门责令停止违法行为,没收违法所得,并处 10 万元以上 20 万元以下罚款。

❓ 案例分析

未经检验检疫进口牛肉案①

2013 年 5 月,江苏省常州市工商局执法人员对一家市场的冷库大楼进行检查,发现一批正在出库的牛肉产品外包装上均为外文标识、无中文标签,遂采取封存的强制措施。工商部门经查发现,货主田某某存放的冷冻牛肉 2263 件,每件 25 千克,外包装上没有中文标签,且未能提供产品的进货票据、有效的检验检疫证明,经常州市出入境检验检疫局确认上述牛肉属于禁止进境物。

思考题:

(1) 在本案例中,违法行为人应当处以何种行政处罚?

(2) 食品检验行政责任的承担方式有哪些?

2. 未按规定对采购的食品原料和生产的食品、食品添加剂、食品相关产品进行检验

食品安全法规定,食品生产者采购食品原料时,对无法提供产品合格证明文件的食品原料,应当依据食品安全标准进行检验。对无法提供产品合格证明文件的食品原料进行入厂检验,是食品生产者应当把住的确保食品安全的第一道关口,如乳制品企业所需要的原料奶,多是从奶农那里收购来的,而奶农无法提供产品合格证明文件,所以需要乳制品企业对收购的原料奶进行检验,以保证所生产的奶制品的安全。如果乳制品企业没有履行对原料奶的检验义务,无论是否造成危害后果,都应当依法承担法律责任。

根据《食品安全法》第 126 条的规定,食品、食品添加剂生产者未按规定对采购的食品原料和生产的食品、食品添加剂进行检验,由县级以上人民政府食品安全监督管理部门责令改正,给予警告;拒不改正的,处 5 000 元以上 5 万元以下罚款;情节严重的,责令停产停业,直至吊销许可证。

3. 未建立并遵守出厂检验记录制度

为了确保食品安全,食品安全法明确规定食品生产经营企业应当建立并遵守查验记录制度、出厂检验记录制度。根据《食品安全法》第 51 条的规定,食品生产企业应当建立食品出厂检验记录制度,查验出厂食品的检验合格证和安全状况,如实记录食品的名称、规格、数量、生产日期或者生产批号、保质期、检验合格证号、销售日期以及购货者名称、地址、联系方式等内容,并保存相关凭证。食品出厂检验记录不得伪造,保存期限不得少于 2 年。如果食品生产经营企业违反上述规定,未建立并遵守出厂检验记录制度,应承担相应的法律责任。

根据《食品安全法》第 126 条的规定,未按规定建立并遵守进货查验记录、出厂检验记录

---

① 酒泉市司法局:工商总局公布六起食品违法典型案例,https://mp.weixin.qq.com/s? _biz,2014 年 6 月 20 日访问。

和销售记录制度的,由县级以上人民政府食品安全监督管理部门责令改正,给予警告;拒不改正的,处5 000元以上5万元以下罚款;情节严重的,责令停产停业,直至吊销许可证。

(二)食品检验机构、食品检验人员违反规定应承担的行政责任

1. 食品检验机构、食品检验人员出具虚假检验报告

食品检验机构和食品检验人员承担着对食品进行依法检验的职责,应当依法认真履行这一职责,依照有关法律、法规的规定,并按照食品安全标准和检验规范对食品进行检验。食品检验机构和检验人员要尊重科学,恪守职业道德,保证出具的检验数据和结论客观、公正,不得出具虚假的检验报告。食品检验报告应当加盖食品检验机构公章,并有检验人的签名或者盖章。食品检验机构和检验人对出具的食品检验报告负责。如果食品检验机构、食品检验人员违反上述规定,出具虚假检验报告,应当依法承担相应的法律责任。

根据《食品安全法》第138条规定,对于食品检验机构、食品检验人员违反规定出具虚假检验报告的,应当承担如下责任:

(1)撤销该检验机构的检验资格。《食品安全法》规定,食品检验机构按照国家有关认证认可的规定取得资质认定后,方可从事食品检验活动。对于出具虚假检验报告的检验机构,由授予其资质的主管部门或者机构撤销该食品检验机构的检验资质。

(2)没收检验费用并处罚款。没收所收取的检验费用,并处检验费用5倍以上10倍以下罚款,检验费用不足1万元的,并处5万元以上10万元以下罚款。

(3)对检验机构直接负责的主管人员和食品检验人员给予撤职或者开除的处分;导致发生重大食品安全事故的,对直接负责的主管人员和食品检验人员给予开除处分。受到开除处分的食品检验机构人员,自处分决定作出之日起10年内不得从事食品检验工作;因食品安全违法行为受到刑事处罚或者出具虚假检验报告导致发生重大食品安全事故受到开除处分的食品检验机构人员,终身不得从事食品检验工作。食品检验机构聘用不得从事食品检验工作的人员的,由授予其资质的主管部门或者机构撤销该食品检验机构的检验资质。

2. 食品检验机构以广告或者其他形式向消费者推荐食品

食品检验机构因为其身份的特殊性,由其向消费者所做的宣传往往会对消费者产生心理暗示,使得食品检验机构与食品生产经营方产生利益链条,影响公正、独立检验。我国相关立法规定,食品检验机构应当独立于食品检验活动所涉及的利益相关方,食品检验机构不得以广告或者其他形式向消费者推荐食品。也就是说,不管食品检验机构的广告宣传内容是否真实客观,只要其以广告或者其他形式向消费者推荐食品,都是违法的,应承担相应的法律责任。

根据《食品安全法》第134条规定,食品检验机构违反规定,以广告或者其他形式向消费者推荐食品的,由有关主管部门没收违法所得,依法对直接负责的主管人员和其他直接责任人员给予记大过、降级或者撤职处分;情节严重的,给予开除处分。

(三)食品检验监督管理部门的行政责任

《食品安全法》第87条规定,县级以上人民政府食品安全监督管理部门应当对食品进行定期或者不定期的抽样检验,并依据有关规定公布检验结果,不得免检。因此,县级以上人民政府食品安全监督管理部门有责任对食品进行定期或者不定期的抽样检验,并依据有关规定公布检验结果。如果未履行监管职责,将承担相应的法律责任。

根据《食品安全法》第 144 条规定,县级以上人民政府食品安全监督管理部门,不履行食品安全监督管理职责,导致发生食品安全事故的,对直接负责的主管人员和其他直接责任人员给予记大过处分;情节较重的,给予降级或者撤职处分;情节严重的,给予开除处分;造成严重后果的,其主要负责人还应当引咎辞职。

二、民事责任

《食品安全法》第 147 条规定,违反本法规定,造成人身、财产或者其他损害的,依法承担赔偿责任。生产经营者财产不足以同时承担民事赔偿责任和缴纳罚款、罚金时,先承担民事赔偿责任。

因此,食品生产经营者违反食品安全法相关的食品检验制度,造成人身、财产或者其他损害的,除应承担行政责任外,还应承担民事赔偿责任。生产经营者财产不足以同时承担民事赔偿责任和缴纳罚款、罚金时,先承担民事赔偿责任。食品检验机构违反《食品安全法》规定出具虚假检验报告,给当事人造成损失的,除了要承担相应的行政责任外,还应依法承担民事赔偿责任。食品检验机构承担着对食品进行检验,从而确定该项食品是否符合相关食品安全标准,食品生产经营者是否能生产、经营该食品的重要任务。如果食品检验机构出具虚假的检验报告,把本来不符合食品安全标准的食品说成符合食品安全标准,或者把本来符合食品安全标准的食品说成不符合食品安全标准,从而给相关的食品生产经营者、消费者造成损害的,要依法承担相应的赔偿责任。

❓ 案例分析

吴某与某电子商务有限公司买卖合同纠纷案①

2018 年 4 月,吴某在网络店铺购买了一盒天然虫草素含片,收到商品后认为与平台页面显示信息不符,向向当地食药监局投诉。经调查发现,吴某在某电子商务有限公司购买的天然虫草素含片上标注的生产日期 2018 年 2 月 9 日晚于案涉产品《全国工业产品生产许可证》的有效期 2015 年 12 月 16 日。食药监局认为,涉案电子商务有限公司销售标注虚假生产日期食品的行为违反了《食品安全法》的规定并对其作出行政处罚,对其销售标注虚假生产日期的食品的行为,没收违法所得,并处货值金额一倍的罚款;对其进货时未查验许可证和相关证明文件及未按规定建立并遵守进货查验记录、出厂检验记录和销售记录制度的行为,责令改正,给予警告。

思考题:经营者未依法履行进货查验义务是否构成经营者"明知"?

根据《食品安全法》第 53 条的规定,食品经营者采购食品,应当查验供货者的许可证和食品出厂检验合格证或者其他合格证明;食品经营企业应当建立食品进货查验记录制度,如实记录食品的名称、规格、数量、生产日期或者生产批号、保质期、进货日期以及供货者名称、地址、联系方式等内容,并保存相关凭证。就本案查明事实,食药监局向某电子商务有限公司出具的行政处罚决定书载明该公司在案涉产品进货时未履行查验义务,某电子商务有限

---

① 韩绪光:《食品安全民事纠纷典型案例》,《人民法院报》2020 年 12 月 9 日。

公司在本案审理过程中亦认可其未对案涉产品进行检查。该公司怠于履行进货查验义务即对案涉产品进行销售,致超过食品生产许可证有效期、标注虚假生产日期的涉案产品售出,上述行为属于《食品安全法》第148条第2款规定的经营明知是不符合食品安全标准的食品的行为,因此判令某电子商务有限公司向吴某退货退款并支付10倍惩罚性赔偿金。同时,案涉商品已过保质期,吴某将商品退还某电子商务有限公司后,该公司应将案涉商品予以销毁,不得再次上架销售。因此,经营者未依法履行进货查验义务构成经营者"明知"。

相关法条:最高人民法院《关于审理食品安全民事纠纷案件适用法律若干问题的解释(一)》第6条:"食品经营者具有下列情形之一,消费者主张构成食品安全法第一百四十八条规定的明知的,人民法院应予支持:

(一)已过食品标明的保质期但仍然销售的;

(二)未能提供所售食品的合法进货来源的;

(三)以明显不合理的低价进货且无合理原因的;

(四)未依法履行进货查验义务的;

(五)虚假标注、更改食品生产日期、批号的;

(六)转移、隐匿、非法销毁食品进销货记录或者故意提供虚假信息的;

(七)其他能够认定为明知的情形。"

三、刑事责任

《食品安全法》第149条规定:"违反本法规定,构成犯罪的,依法追究刑事责任。"对于食品检验机构、食品检验人员出具虚假检验报告,构成犯罪的,要依据《刑法》第229条的规定追究刑事责任。《刑法》第229条规定:"承担资产评估、验资、验证、会计、审计、法律服务等职责的中介组织的人员故意提供虚假证明文件,情节严重的,处五年以下有期徒刑或者拘役,并处罚金。""前款规定的人员,索取他人财物或者非法收受他人财物,犯前款罪的,处五年以上十年以下有期徒刑,并处罚金。""第一款规定的人员,严重不负责任,出具的证明文件有重大失实,造成严重后果的,处三年以下有期徒刑或者拘役,并处或者单处罚金。"受到上述刑事处罚的人员,十年内不得从事食品检验工作。食品检验机构聘用不得从事食品检验工作的人员的,由授予其资质的主管部门或者机构撤销该检验机构的检验资格。

2014年12月27日,中央电视台播出《追踪病死猪肉》的新闻,新闻中报道,江西某地不少病死猪被长期收购,销往广东等7个省市。经查,××市畜牧水产局孙某某、付某某、熊某、丁某作为动物卫生监督机构中执行监督检查任务的工作人员,在对瑞丰公司的监督检查过程中严重不负责任,未严格依照动物防疫法的规定履行职责导致瑞丰公司不断搬迁并持续屠宰和销售病死猪。涉案嫌疑人分别被判处玩忽职守、受贿、生产销售不符合安全标准的食品等罪名。

2022年1月,市场监管总局、公安部、农业农村部联合发布农村假冒伪劣食品专项执法行动十大典型案例。其中一案例:2020年10月,安徽省六安市金安区农业农村局执法人员在例行检查时发现一辆货车非法装载73头生猪胴体,无法提供动物检验检疫合格证明,经检测为不合格生猪产品;2021年3月,六安市中级人民法院依法判处生猪货主张某某等8人犯生产、销售不符合安全标准的食品罪,分别判处有期徒刑6个月到1年8个月,并处罚金1万元到7万元。

第九章

食品安全危机管理制度

食品安全危机是指由于食品安全问题导致对人群、组织、社会和国家产生的重大危害事件[1]，即发生突发性的食品安全事故。食品安全危机属于社会突发事件的一种，具有非常态性、群体性、高危害性和敏感性的特点。[2] 食品安全危机管理，是政府针对突发性的食品安全事故，组织相关力量在监测、预警、干预或控制以及消解食品安全事故的生成、演进与影响的过程中所采取的一系列方法和措施。食品安全危机管理是政府危机管理的一个组成部分，其不仅强调对危机反应的管理，还包括对事前预防和事后恢复的管理。它是一种有组织、有计划、持续动态的管理过程，是针对潜在的或当前的危机，在发展的不同阶段采取一系列的控制行动，以期有效地预防、处理和消除危机。[3] 本章将围绕食品安全事故预案制度和食品安全事故处理制度，对我国的食品安全危机管理制度作概括介绍。

第一节　食品安全事故预案制度

一、食品安全事故及其等级认定

食品安全事故，2009 年《食品安全法》第 99 条将其界定为："食物中毒、食源性疾病、食品污染等源于食品，对人体健康有危害或者可能有危害的事故。"2015 年《食品安全法》第 150 条将食品安全事故的定义修改为："食源性疾病、食品污染等源于食品，对人体健康有危害或者可能有危害的事故。"

1984 年世界卫生组织（WHO）对食源性疾病统一作了如下定义："食源性疾病是指摄食进入人体内的各种致病因子引起的通常具有感染性质或中毒性质的一类疾病。"虽然目前人们仍沿用"食物中毒"一词表示各种经由食物传播的急性疾病，但近二十年来，人们已逐渐使用"食源性疾病"一词来取代"食物中毒"，并认为以"食源性疾病"一词表示经食物引起的各种疾病更为确切和科学。从词义上分析，"食源性疾病"一词由"food"加后缀"-borne"组成，分别含有"食物"和"生出"的意思，因此，食源性疾病即为各种病原物质以食物作为病原媒介引发的各种疾病。[4]

基于上述原因，现行《食品安全法》不再将食物中毒、食源性疾病作为两个不同的概念而区别使用，其界定为："食源性疾病，指食品中致病因素进入人体引起的感染性、中毒性等疾病，包括食物中毒。"这一定义将食物中毒纳入了食源性疾病的内涵。

---

① 张喜才、张利痒：《食品安全危机管理机制构建与对策研究》，《生态经济》2010 年第 7 期，第 58 页。
② 王彦东、李云、桑启源：《我国食品安全危机管理再思考》，《中国经贸导刊》2009 年第 19 期，第 78 页。
③ 杨瑞：《论危机管理中的公共政策制定》，《知识经济》2010 年第 15 期，第 16 页。
④ 曲径编著《食品安全控制学》，化学工业出版社，2011 年，第 4 页。

与 2009 年《食品安全法》一样,现《食品安全法》没有针对食品污染进行定义。依通常理解,所谓食品污染,是指食品从原料的种植、生长到收获、捕捞、屠宰、加工、贮存、运输、销售到食用前整个过程的各个环节,被某些有毒有害物质进入而使食品的营养价值和质量降低或对人体产生不同程度的危害。污染食品的物质称为食品污染物。[①] 所谓食品污染物,指食品中含有的超出一定限量能产生有毒有害等不良效果,且在一般动植物体内不能自然生成或者非有意添加的物质。[②] 根据国家卫健委与国家市场监督管理总局 2022 年 6 月共同发布的《食品安全国家标准食品中污染物限量》(GB 2762—2022)中的定义,食品污染物是食品在从生产(包括农作物种植、动物饲养和兽医用药)、加工、包装、贮存、运输、销售,直至食用等过程中产生的或由环境污染带入的、非有意加入的化学性危害物质。具体指除农药残留、兽药残留、生物毒素和放射性物质以外的污染物。根据食品受污染的途径可将其分为化学性污染、物理性污染和生物性污染。[③] 化学性污染是由有毒有害的化学物质引起的食品污染;物理性污染是指由物理性因素对农产品质量安全产生的危害,是在农产品收获或加工过程中操作不规范,不慎在农产品中混入有毒有害杂质,导致农产品受到污染;生物性污染是指有害的病毒、细菌、真菌以及寄生虫对食品的污染。

2009 年《食品安全法》在对食品安全事故的处置规定中,将食品安全事故区分为一般食品安全事故和重大食品安全事故。但 2015 年修订后,《食品安全法》未再作此区分。国务院 2006 年公布的《国家重大食品安全事故应急预案》按食品安全事故的性质、危害程度和涉及范围,将食品安全事故分为特别重大食品安全事故(Ⅰ级)、重大食品安全事故(Ⅱ级)、较大食品安全事故(Ⅲ级)和一般食品安全事故(Ⅳ级)四级。但是,该预案没有就该四级食品安全事故的界定标准作出具体规定。2011 年修订后的《国家食品安全事故应急预案》延续了对食品安全事故的上述四级划分,对食品安全事故的分级标准也没有作出具体规定,仅规定事故等级的评估核定,由卫生行政部门会同有关部门依照有关规定进行。

二、食品安全事故预案

所谓应急预案,是指事先制定的应对突发性事件的原则性方案,它确定了应对突发事件的基本原则以及具体的应急响应措施,是突发事件应对法律中的一项重要制度。

根据《突发事件应对法》的规定,突发事件应对工作实行预防为主、预防与应急相结合的原则。根据这一原则,《突发事件应对法》规定,国家建立健全突发事件应急预案体系。

根据《突发事件应对法》的规定,国务院制定国家突发事件总体应急预案,组织制定国家突发事件专项应急预案;国务院有关部门根据各自的职责和国务院相关应急预案,制定国家突发事件部门应急预案。地方各级人民政府和县级以上地方各级人民政府有关部门根据有关法律、法规、规章、上级人民政府及其有关部门的应急预案以及本地区的实际情况,制定相应的突发事件应急预案。由此形成了我国目前的应急预案体系,具体包括国家总体应急预案、专项应急预案、部门应急预案、地方应急预案四类。[④]

---

① 王艳林主编《食品安全法概论》,中国计量出版社,2005 年,第 18 页。
② 曲径编著《食品安全控制学》,化学工业出版社,2011 年,第 113 页。
③ 王艳林主编《食品安全法概论》,中国计量出版社,2005 年,第 18 页。
④ 《国家突发公共事件预案体系》,http://www.gov.cn/yjgl/2005-08/31/content_27872.htm,2022 年 2 月 28 日访问。

　　其中，国家总体应急预案适用于涉及跨省级行政区划的，或超出事发地省级人民政府处置能力的特别重大突发公共事件应对工作，用以指导全国的突发公共事件应对工作。专项应急预案主要是国务院及其有关部门为应对某一类型或某几种类型突发公共事件而制定的应急预案。部门应急预案是国务院有关部门根据总体应急预案、专项应急预案和部门职责为应对突发公共事件制定的预案。突发公共事件地方应急预案具体包括省级人民政府的突发公共事件总体应急预案、专项应急预案和部门应急预案；各市（地）、县（市）人民政府及其基层政权组织的突发公共事件应急预案。上述预案在省级人民政府的领导下，按照分类管理、分级负责的原则，由地方人民政府及其有关部门分别制定。

　　目前，我国已发布的国家专项应急预案包括国家自然灾害救助应急预案、国家防汛抗旱应急预案、国家地震应急预案、国家突发地质灾害应急预案等近 20 项，国家食品安全事故应急预案是其中一项。

　　食品安全事故应急预案，是指经过一定程序制定的开展食品安全事故应急处理工作的事先指导方案。根据《食品安全法》第 102 条第 3 款规定，食品安全事故应急预案应当对食品安全事故分级、事故处置组织指挥体系与职责、预防预警机制、处置程序、应急保障措施等作出规定。

　　制定食品安全事故应急预案，目的是建立健全应对食品安全事故的救助体系和运行机制，规范和指导食品安全事故应急处理工作。制定食品安全事故预案应对食品安全事故，能够确保一旦发生食品安全事故，能够有效组织，快速反应，及时控制食品安全事故，高效开展应急救援工作，最大限度地减少食品安全事故的危害，保障公众健康和安全，维护正常社会秩序。在以往的食品安全事故处理实践中，其已被证明是一项行之有效的工作制度。

三、食品安全事故预案的层次

　　《突发事件应对法》规定，国家建立统一领导、综合协调、分类管理、分级负责、属地管理为主的应急管理体制。为适应这一管理体制，该法确定了以属地管辖为原则、分级制定突发事件应急预案的制度。

　　为确保有效应对食品安全事故，《食品安全法》第 102 条第 1 款、第 2 款、第 4 款规定，国务院组织制定国家食品安全事故应急预案，县级以上地方人民政府应当制定本行政区域的食品安全事故应急预案，食品生产经营企业应当制定食品安全事故处置方案。上述规定，确定了根据行政层级划分，多层次制定食品安全事故应急预案的制度，使食品安全事故应急预案工作法定化，有利于推行应急预案制定工作，为食品安全事故妥善处理提供了法治保障。

1. 国家食品安全事故应急预案

　　根据《食品安全法》规定，国家食品安全事故应急预案由国务院根据国家突发事件总体应急预案，组织制定国家食品安全事故应急预案。国务院有关部门根据各自的职责和国家食品安全应急预案，制定国家食品安全事件部门应急预案。

　　早在 2003 年全国抗击"非典"之际，国务院就出台了《突发公共卫生事件应急条例》，就突发公共卫生事件的预防、控制和消除做了规定，其中就包括制定全国突发事件应急预案。重大食品安全事故作为突发公共卫生事件的一种，其预案制度早就受到了国家和政府的高度重视。2006年2月国务院依据《食品卫生法》《产品质量法》《突发公共卫生事件应急条例》《国家突发公共事件总体应急预案》和《国务院关于进一步加强食品安全工作的决定》制定了《国家重大食品安全事故应急预案》，其确立了"全国统一领导、地方政府负责、部门指导协调、各方联合行动"的工作原则，规定了各级应急指挥部的组织、指挥职责和食品药品监管局的日常监管职责，建立了监测、预警与报告系统，设置了重大食品安全事故的应急响应程序和各项保障制度，是食品安全事故预案制度的系统依据。

2011年10月，国务院根据《2011年食品安全重点工作安排》，从适应提高食品安全应急能力，完善应对食品安全事故的快速反应机制和程序出发，对《国家重大食品安全事故应急预案》进行了修订，并将其更名为《国家食品安全事故应急预案》。

2. 地方人民政府食品安全事故预案

考虑到食品安全工作的重要性，县级以上各级人民政府在食品安全管理中应统一负责、领导、组织、协调本行政区域的食品安全监督管理工作，统一领导、指挥食品安全突发事件应对工作等。《食品安全法》规定，县级以上地方人民政府应当制定本行政区域的食品安全事故应急预案。

县级以上地方人民政府制定地方人民政府食品安全事故预案，应根据国家有关法律和法规的规定、上级人民政府的食品安全事故应急预案以及行政区域的实际情况进行。这样既能保证符合地方实际，又能保证和上级应急预案的衔接，做到食品安全事故应急预案的统一实施。为了保证应急预案的合法性和合理性，形成全国统一、协调、高效的食品安全事故应急预案体系，《食品安全法》规定地方人民政府制定的本行政区域食品安全事故应急预案要报上一级人民政府备案。

县级以上地方各级人民政府有关部门根据有关法律、法规、规章、上级人民政府有关部门以及同级人民政府的食品安全事故应急预案以及本部门的实际情况，制定部门食品安全事故应急预案。

3. 食品生产经营企业食品安全事故处置方案

食品生产经营企业是食品安全的第一责任人，因此，《食品安全法》规定，食品生产经营企业应制定食品安全事故处置方案。食品生产经营企业在制定本企业的食品安全事故应急预案时，应以食品安全法以及国家有关法律和法规的规定、地方人民政府的食品安全事故应急预案为依据，同时结合本企业的实际情况。

各类食品安全事故预案的制定机关、部门和单位应当定期开展演练，根据实际需要和情势变化，适时修订应急预案，使应急预案更有操作性，能满足实际工作需要。食品生产经营者应当根据食品安全事故应急预案的要求，定期检查本企业各项食品安全防范措施的落实情况，及时消除食品安全事故隐患。

四、食品安全事故预案管理、更新与演练

与食品安全事故处置有关的法律法规被修订，部门职责或应急资源发生变化，应急预案在实施过程中出现新情况或新问题时，要结合实际及时修订与完善预案。

国务院有关部门要开展食品安全事故应急演练，以检验和强化应急准备和应急响应能力，并通过对演习演练的总结评估，完善应急预案。

第二节　食品安全事故处理制度

根据《食品安全法》的规定,结合《国家食品安全事故应急预案》(以下简称《应急预案》)的内容,食品安全事故的处理包括食品安全事故信息报告和通报制度、事故调查处理制度、事故评估制度、事故应急响应制度、事故责任调查制度和后期处置制度。

一、食品安全事故处置原则

根据《应急预案》的规定,食品安全事故处置应遵循以下原则。

(1)以人为本,减少危害。把保障公众健康和生命安全作为应急处置的首要任务,最大限度减少食品安全事故造成的人员伤亡和健康损害。

(2)统一领导,分级负责。按照"统一领导、综合协调、分类管理、分级负责、属地管理为主"的应急管理体制,建立快速反应、协同应对的食品安全事故应急机制。

(3)科学评估,依法处置。有效使用食品安全风险监测、评估和预警等科学手段;充分发挥专业队伍的作用,提高应对食品安全事故的水平和能力。

(4)居安思危,预防为主。坚持预防与应急相结合,常态与非常态相结合,做好应急准备,落实各项防范措施,防患于未然。建立健全日常管理制度,加强食品安全风险监测、评估和预警;加强宣教培训,提高公众自我防范和应对食品安全事故的意识和能力。

二、食品安全事故信息报告和通报制度

根据《食品安全法》规定,发生食品安全事故,发生事故的单位、接受病人治疗的医疗机构和政府相关职能部门对食品安全事故信息承担报告或通报义务,任何单位和个人不得对食品安全事故隐瞒、谎报、缓报,不得隐匿、伪造、毁灭有关证据。

1. 事故单位和医疗机构的报告义务

《食品安全法》规定,发生食品安全事故,事故单位应当立即采取措施,防止事故扩大。事故单位和接收病人进行治疗的单位应当及时向事故发生地县级人民政府食品安全监督管理、卫生行政部门报告。医疗机构发现其接收的病人属于食源性疾病病人或者疑似病人的,应当按照规定及时将相关信息向所在地县级人民政府卫生行政部门报告。

而《应急预案》则具体规定,食品生产经营者发现其生产经营的食品造成或者可能造成公众健康损害的情况和信息,应当在2小时内向所在地县级卫生行政部门和负责本单位食品安全监管工作的有关部门报告;发生可能与食品有关的急性群体性健康损害的单位,应当在2小时内向所在地县级卫生行政部门和有关监管部门报告。接收食品安全事故病人治疗的单位,应当按照卫生部有关规定及时向所在地县级卫生行政部门和有关监管部门报告;食品安全相关技术机构、有关社会团体及个人发现食品安全事故相关情况,应当及时向县级卫生行政部门和有关监管部门报告或举报。

食品生产经营者,医疗、技术机构和社会团体,个人向卫生行政部门和有关监管部门报告疑似食品安全事故信息时,应当包括事故发生时间、地点和人数等基本情况。

2. 相关职能部门的通报义务

《食品安全法》规定,县级以上人民政府农业行政等部门在日常监督管理中发现食品安全事故或者接到事故举报,应当立即向同级食品安全监督管理部门通报。县级人民政府卫生行政部门接到医疗机构关于其接收的病人属于食源性疾病病人或者疑似病人的报告,认为与食品安全有关的,应当及时通报同级食品安全监督管理部门。县级以上人民政府卫生行政部门在调查处理传染病或者其他突发公共卫生事件中发现与食品安全相关的信息,应当及时通报同级食品安全监督管理部门。

根据《应急预案》规定,有关监管部门通报食品安全事故信息时,应当包括事故发生单位、时间、地点、危害程度、伤亡人数、事故报告单位信息(含报告时间、报告单位联系人员及联系方式)、已采取措施、事故简要经过等内容;并随时通报或者补报工作进展。

3. 食品安全监督管理部门的报告义务

发生食品安全事故,接到报告的县级人民政府食品安全监督管理部门应当按照应急预案的规定向本级人民政府和上级人民政府食品安全监督管理部门报告。县级人民政府和上级人民政府食品安全监督管理部门应当按照应急预案的规定上报。

三、食品安全事故的调查处理和应急措施

《食品安全法》规定,县级以上人民政府食品安全监督管理部门接到食品安全事故的报告后,应当立即会同同级卫生行政、农业行政等部门进行调查处理,并采取下列措施,防止或者减轻社会危害:①开展应急救援工作,组织救治因食品安全事故导致人身伤害的人员;②封存可能导致食品安全事故的食品及其原料,并立即进行检验;对确认属于被污染的食品及其原料,责令食品生产经营者依照《食品安全法》的规定召回或者停止经营;③封存被污染的食品相关产品,并责令进行清洗消毒;④做好信息发布工作,依法对食品安全事故及其处理情况进行发布,并对可能产生的危害加以解释、说明。

发生食品安全事故,县级以上疾病预防控制机构应当对事故现场进行卫生处理,并对与事故有关的因素开展流行病学调查,有关部门应当予以协助。县级以上疾病预防控制机构应当向同级食品安全监督管理、卫生行政部门提交流行病学调查报告。

❓ 案例

深圳市某大酒楼饮食有限公司与深圳市宝安区疾病预防控制中心行政诉讼案[①]

案件梗概:

2014 年 9 月 20 日,深圳市宝安区疾病预防控制中心接到深圳市宝安区食安办值班人员报告,宝安区人民医院收诊了 16 名疑似为食物中毒的患者。深圳市宝安区疾病预防控制中心立即派员对该起疑似食物中毒事件展开调查,经调查认定发生食物中毒人员均系参加 2014 年 9 月 19 日深圳市某大酒楼饮食有限公司酒楼婚礼晚宴的客人。深圳市宝安区疾病预防控制中心遂于 2014 年 9 月 25 日出具了《关于深圳市某大酒楼饮食有限公司发生细菌性食物中毒的终结报告》(简称《终结报告》),描述了该起疑似食物中毒事件事发经过、现场

---

① 北大法宝数据库"广东省深圳市盐田区人民法院行政裁定书(2015)深盐法行初字第 98 号",【法宝引证码】CLI. C. 37090263。

流行病学调查过程、调查结果及分析,提出诊断意见为"根据现场流行病学调查结果、现场卫生学调查、临床症状及实验室检测结果,对照《食物中毒诊断标准及技术处理总则》(GB 14938—94),确认本事件是一起由于沙门氏菌污染引起的细菌性食物中毒,中毒餐次为9月19日晚宴,中毒人数35人";提出预防措施及建议为:"(一)建议对该酒楼的管理者、员工进行相关食品卫生知识及食品加工操作规范的培训,提高食品安全意识,防范类似事件的再次发生。(二)建议对该酒楼的食品加工场所采取相应的消毒处理。"

深圳市某大酒楼饮食有限公司认为,深圳市宝安区疾病预防控制中心的《终结报告》针对其提出工作建议没有事实和法律依据,在未查明原因食物、诱因行为的情况下直接作出《终结报告》并针对其提出工作建议,产生了明显误导性和暗示性影响,导致其被作为责任主体受到行政处罚和被索赔,严重侵害了其合法权益。故其以深圳市宝安区疾病预防控制中心为被告向法院提起行政诉讼,诉请法院判决深圳市宝安区疾病预防控制中心撤销《终结报告》中与其相关的措施建议,并赔偿其因此所遭受的损失。

思考题:

(1)依据《食品安全法》规定,县级以上疾病预防控制机构在食品安全事故调查中承担什么职责?

(2)深圳市宝安区疾病预防控制中心出具《终结报告》的行为是否为行使国家行政管理职权的行政行为?

四、食品安全事故评估

食品安全事故评估是为核定食品安全事故级别和确定应采取的措施而进行的评估。《应急预案》规定,食品安全事故发生后,卫生行政部门应当依法组织对事故进行分析评估,核定事故级别。食品安全事故评估由卫生行政部门统一组织协调开展,有关监管部门应当按有关规定及时向卫生行政部门提供相关信息和资料。评估内容包括:①污染食品可能导致的健康损害及所涉及的范围,是否已造成健康损害后果及严重程度;②事故的影响范围及严重程度;③事故发展蔓延趋势。

五、应急处置

《食品安全法》规定,发生食品安全事故需要启动应急预案的,县级以上人民政府应当立即成立事故处置指挥机构,启动应急预案,依照应急预案的规定进行处置。《应急预案》则对应急处置作了具体规定。①

(一)启动应急预案

《应急预案》建立了食品安全事故分级响应制度。食品安全事故经卫生行政部门评估核定事故级别后,即应启动分级响应。《应急预案》根据食品安全事故分级情况,将食品安全事故应急响应分为Ⅰ级、Ⅱ级、Ⅲ级和Ⅳ级。特别重大食品安全事故,由卫生部会同食品安全办向国务院提出启动Ⅰ级响应的建议,经国务院批准后,成立国家特别重大食品安全事故应急处置指挥部(以下简称指挥部),统一领导和指挥事故应急处置工作;重大、较大、一般食品

---

① 《应急预案》是2011年最新修订的,2018年国务院机构改革后,一些单位撤销合并,本节涉及《应急预案》条文部分,保留了原名称,特此说明,下同。

安全事故,分别由事故所在地省、市、县级人民政府组织成立相应应急处置指挥机构,统一组织开展本行政区域事故应急处置工作。必要时上级人民政府派出工作组指导、协助事故应急处置工作。

(二) 组织机构及职责[①]

1. 指挥部

指挥部成员单位根据事故的性质和应急处置工作的需要确定,主要包括卫生部、农业部、商务部、工商总局、质检总局、食品药品监管局、铁道部、粮食局、中央宣传部、教育部、工业和信息化部、公安部、监察部、民政部、财政部、环境保护部、交通运输部、海关总署、旅游局、新闻办、民航局和食品安全办等部门以及相关行业协会组织。当事故涉及国外以及我国港澳台地区时,增加外交部、港澳办、台办等部门为成员单位。由卫生部、食品安全办等有关部门人员组成指挥部办公室。

指挥部职责:负责统一领导事故应急处置工作;研究重大应急决策和部署;组织发布事故的重要信息;审议批准指挥部办公室提交的应急处置工作报告;应急处置的其他工作。

2. 指挥部办公室

指挥部办公室承担指挥部的日常工作,主要负责贯彻落实指挥部的各项部署,组织实施事故应急处置工作;检查督促相关地区和部门做好各项应急处置工作,及时有效地控制事故,防止事态蔓延扩大;研究协调解决事故应急处理工作中的具体问题;向国务院、指挥部及其成员单位报告、通报事故应急处置的工作情况;组织信息发布。指挥部办公室建立会商、发文、信息发布和督查等制度,确保快速反应、高效处置。

3. 成员单位

各成员单位在指挥部统一领导下开展工作,加强对事故发生地人民政府有关部门工作的督促、指导,积极参与应急救援工作。

4. 工作组

根据事故处置需要,指挥部可下设若干工作组,分别开展相关工作。各工作组在指挥部的统一指挥下开展工作,并随时向指挥部办公室报告工作开展情况。

(1) 事故调查组。由卫生部牵头,会同公安部、监察部及相关部门负责调查事故发生原因,评估事故影响,尽快查明致病原因,作出调查结论,提出事故防范意见;对涉嫌犯罪的,由公安部负责,督促、指导涉案地公安机关立案侦办,查清事实,依法追究刑事责任;对监管部门及其他机关工作人员的失职、渎职等行为进行调查。根据实际需要,事故调查组可以设置在事故发生地或派出部分人员赴现场开展事故调查(简称前方工作组)。

(2) 危害控制组。由事故发生环节的具体监管职能部门牵头,会同相关监管部门监督、指导事故发生地政府职能部门召回、下架、封存有关食品、原料、食品添加剂及食品相关产品,严格控制流通渠道,防止危害蔓延扩大。

(3) 医疗救治组。由卫生部负责,结合事故调查组的调查情况,制定最佳救治方案,指

---

① 此处关于组织机构及其职责的介绍依据的是《应急预案》的规定。需要说明的是,《应急预案》制定于2011年,此后国务院分别于2013年、2018年、2023年进行过三次机构改革,三次机构改革后,国务院组成机构及其各自职责有较大的调整和变化,因此,在食品安全事故应急处置中,《应急预案》所规定的承担各种职责的组织机构也会有相应的调整和变化。

导事故发生地人民政府卫生部门对健康受到危害的人员进行医疗救治。

（4）检测评估组。由卫生部牵头,提出检测方案和要求,组织实施相关检测,综合分析各方检测数据,查找事故原因和评估事故发展趋势,预测事故后果,为制订现场抢救方案和采取控制措施提供参考。检测评估结果要及时报告指挥部办公室。

（5）维护稳定组。由公安部牵头,指导事故发生地人民政府公安机关加强治安管理,维护社会稳定。

（6）新闻宣传组。由中央宣传部牵头,会同新闻办、卫生部等部门组织事故处置宣传报道和舆论引导,并配合相关部门做好信息发布工作。

（7）专家组。指挥部成立由有关方面专家组成的专家组,负责对事故进行分析评估,为应急响应的调整和解除以及应急处置工作提供决策建议,必要时参与应急处置。

5. 应急处置专业技术机构

医疗、疾病预防控制以及各有关部门的食品安全相关技术机构作为食品安全事故应急处置专业技术机构,应当在卫生行政部门及有关食品安全监管部门组织领导下开展应急处置相关工作。

（三）应急保障

1. 信息保障

卫生部会同国务院有关监管部门建立国家统一的食品安全信息网络体系,包含食品安全监测、事故报告与通报、食品安全事故隐患预警等内容;建立健全医疗救治信息网络,实现信息共享。卫生部负责食品安全信息网络体系的统一管理。有关部门应当设立信息报告和举报电话,畅通信息报告渠道,确保食品安全事故的及时报告与相关信息的及时收集。

2. 医疗保障

卫生行政部门建立功能完善、反应灵敏、运转协调、持续发展的医疗救治体系,在食品安全事故造成人员伤害时迅速开展医疗救治。

3. 人员及技术保障

应急处置专业技术机构要结合本机构职责开展专业技术人员食品安全事故应急处置能力培训,加强应急处置力量建设,提高快速应对能力和技术水平。健全专家队伍,为事故核实、级别核定、事故隐患预警及应急响应等相关技术工作提供人才保障。国务院有关部门加强食品安全事故监测、预警、预防和应急处置等技术研发,促进国内外交流与合作,为食品安全事故应急处置提供技术保障。

4. 物资与经费保障

食品安全事故应急处置所需设施、设备和物资的储备与调用应当得到保障;使用储备物资后须及时补充;食品安全事故应急处置、产品抽样及检验等所需经费应当列入年度财政预算,保障应急资金。

5. 社会动员保障

根据食品安全事故应急处置的需要,动员和组织社会力量协助参与应急处置,必要时依法调用企业及个人物资。在动用社会力量或企业、个人物资进行应急处置后,应当及时归还或给予补偿。

6. 宣教培训

国务院有关部门应当加强对食品安全专业人员、食品生产经营者及广大消费者的食品安全知识宣传、教育与培训,促进专业人员掌握食品安全相关工作技能,增强食品生产经营者的责任意识,提高消费者的风险意识和防范能力。

(四) 应急处置措施

《食品安全法》规定,启动应急预案的,县级以上人民政府应该立即成立事故处置指挥机构,采取防止或减轻社会危害的应急措施,并具体列举了具体措施(参见本节三的内容)。《应急预案》也规定,事故发生后,根据事故性质、特点和危害程度,立即组织有关部门,依照有关规定采取应急处置措施,以最大限度减轻事故危害。《应急预案》规定的应急处置措施包括:

(1) 卫生行政部门有效利用医疗资源,组织指导医疗机构开展食品安全事故患者的救治。

(2) 卫生行政部门及时组织疾病预防控制机构开展流行病学调查与检测,相关部门及时组织检验机构开展抽样检验,尽快查找食品安全事故发生的原因。对涉嫌犯罪的,公安机关及时介入,开展相关违法犯罪行为侦破工作。

(3) 农业行政、质量监督、检验检疫、工商行政管理、食品药品监管、商务等有关部门应当依法强制性就地或异地封存事故相关食品及原料和被污染的食品用工具及用具,待卫生行政部门查明发生食品安全事故的原因后,责令食品生产经营者彻底清洗消毒被污染的食品用工具及用具,消除污染。

(4) 对确认受到有毒有害物质污染的相关食品及原料,农业行政、质量监督、工商行政管理、食品药品监管等有关监管部门应当依法责令生产经营者召回、停止经营及进出口并销毁。检验后确认未被污染的应当予以解封。

(5) 及时组织研判事故发展态势,并向事故可能蔓延到的地方人民政府通报信息,提醒做好应对准备。事故可能影响到国(境)外时,及时协调有关涉外部门做好相关通报工作。

(五) 检测分析评估

应急处置专业技术机构应当对引发食品安全事故的相关危险因素及时进行检测,专家组对检测数据进行综合分析和评估,分析事故发展趋势、预测事故后果,为制定事故调查和现场处置方案提供参考。有关部门要对食品安全事故相关危险因素进行消除或控制,对事故中伤病人员救治,现场、受污染食品控制,食品与环境,次生、衍生事故隐患消除等情况进行分析评估。

(六) 响应级别调整及终止

在食品安全事故处置过程中,要遵循事故发生发展的客观规律,结合实际情况和防控工作需要,根据评估结果及时调整应急响应级别,直至响应终止。

当事故进一步加重,影响和危害扩大,并有蔓延趋势,情况复杂难以控制时,应当及时提升响应级别。当学校或托幼机构、全国性或区域性重要活动期间发生食品安全事故时,可相应提高响应级别,加大应急处置力度,确保迅速、有效控制食品安全事故,维护社会稳定。

事故危害得到有效控制,且经研判认为事故危害降低到原级别评估标准以下或无进一步扩散趋势的,可降低应急响应级别。

当食品安全事故得到控制,并达到以下两项要求,经分析评估认为可解除响应的,应当及时终止响应:食品安全事故伤病员全部得到救治,原患者病情稳定 24 小时以上,且无新的急性病症患者出现,食源性感染性疾病在末例患者后经过最长潜伏期无新病例出现;现场、受污染食品得以有效控制,食品与环境污染得到有效清理并符合相关标准,次生、衍生事故隐患消除。

响应级别调整及终止必须依照法定程序。首先由指挥部组织对事故进行分析评估论证。评估认为符合级别调整条件的,指挥部提出调整应急响应级别建议,报同级人民政府批准后实施。应急响应级别调整后,事故相关地区人民政府应当结合调整后级别采取相应措施。评估认为符合响应终止条件时,指挥部提出终止响应的建议,报同级人民政府批准后实施。上级人民政府有关部门应当根据下级人民政府有关部门的请求,及时组织专家为食品安全事故响应级别调整和终止的分析论证提供技术支持与指导。

(七) 信息发布

事故信息发布由指挥部或其办公室统一组织,采取召开新闻发布会、发布新闻通稿等多种形式向社会发布,做好宣传报道和舆论引导。

六、事故责任调查

根据《食品安全法》的规定,发生食品安全事故,设区的市级以上人民政府食品安全监督管理部门应当立即会同有关部门进行事故责任调查,督促有关部门履行职责,向本级人民政府和上一级人民政府食品安全监督管理部门提出事故责任调查处理报告。涉及两个以上省、自治区、直辖市的重大食品安全事故由国务院食品安全监督管理部门依照《食品安全法》规定组织事故责任调查。

调查食品安全事故,应当坚持实事求是、尊重科学的原则,及时、准确查清事故性质和原因,认定事故责任,提出整改措施。调查食品安全事故,除了查明事故单位的责任,还应当查明有关监督管理部门、食品检验机构、认证机构及其工作人员的责任。

在进行食品安全事故调查时,事故调查部门有权向有关单位和个人了解与事故有关的情况,并要求提供相关资料和样品。有关单位和个人应当予以配合,按照要求提供相关资料和样品,不得拒绝。任何单位和个人不得阻挠、干涉食品安全事故的调查处理。

❓ 案例

广州市某餐饮有限公司与广州市白云区食品药品监督管理局行政诉讼案①

案件梗概:

2017 年 3 月 17 日中午,陈某某一家三口到广州市某餐饮公司经营的餐厅进餐,进食菜品为菜心炒肉片、珍菌乳鸽煲和木瓜煮鱼肚,进餐后三人出现腹痛、呕吐和腹泻等症状,遂于当天 16 时 40 分许到广州医科大学第二附属医院就诊。广州市白云区疾病预防控制中心接报后,会同广州白云区食药监局于 2017 年 3 月 18 日前往广州市某餐饮公司经营的餐厅调查。经查,广州市某餐饮公司持有有效的营业执照及食品经营许可证,仓库有上述三道菜的

---

① 北大法宝数据库"广州铁路运输第一法院行政判决书(2017)粤 7101 行初 3457 号",【法宝引证码】CLI. C. 58607920。

食品原材料,白云区疾病预防控制中心提取上述原材料中网购定型包装牛肝菌、清平市场购买的散装牛肝菌等样本并委托广东省微生物分析检测中心进行检验。2017年3月21日,广东省微生物分析检测中心对白云区疾病预防控制中心提交的样本进行检验,检测样品黄牛肝菌,检测项目食用真菌形态鉴定,检测结果样品鉴定为远东皱盖牛肝菌(远东疣柄牛肝菌),据《中国大型菌物资源图鉴》第1版记载,远东皱盖牛肝菌(远东疣柄牛肝菌)可食用。检测样品散装牛肝菌,检测项目食用真菌、有毒真菌形态鉴定,检测结果样品经鉴定是混杂的干菇品,至少含有以下5个物种:白牛肝菌、玫黄黄肉牛肝菌、超群粉孢牛肝菌、绿盖粉孢牛肝菌和辣乳菇。据《中国大型菌物资源图鉴》第一版记载,白牛肝菌可食用;玫黄黄肉牛肝菌生吃有毒;超群粉孢牛肝菌有毒;绿盖粉孢牛肝菌食毒不明;辣乳菇有毒,处理后可食用。2017年3月28日,白云区疾病预防控制中心出具关于陈某某一家三口误食毒菌食物中毒事件调查报告,结论为根据患者临床症状、现场流行病学调查、实验室检测结果以及广东省微生物研究所蘑菇鉴定结果,本次事件可定性为一起误食有毒菌引起的食物中毒事件。白云区食药监局于2017年4月1日将上述检测报告送达广州市某餐饮公司,广州市某餐饮公司对以上结果无异议。白云区食药监局对广州市某餐饮公司厨师长叶某某进行询问调查,其表示散装牛肝菌不是在清平市场购买的,是朋友旅游时买回来的,无法提供供货商的资质材料和合格证明。2017年8月1日叶某某在调查中再次陈述散装牛肝菌是通过朋友从另一位朋友的微信购买的,不清楚散装牛肝菌包含5个菌种。2017年6月14日,白云区食药监局向广州市某餐饮公司送达《行政处罚事先告知书》和《听证告知书》,告知其违法的事实、处罚的理由及依据,并告知其依法享有陈述、申辩及要求举行听证的权利。广州市某餐饮公司于2017年6月16日提出了听证申请,2017年7月4日进行听证,广州市某餐饮公司提出认定其添加其他危害人体健康物质的证据不足,处罚过重,请求从轻处罚。2017年9月14日,白云区食药监局作出(穗云)食药监景泰食行罚〔2017〕004号行政处罚决定书,认定广州市某餐饮公司经营添加其他危害人体健康物质的行为,违反了《食品安全法》第34条第1项的规定,依据《食品安全法》第123条第1款第1项的规定予以行政处罚;广州市某餐饮公司进货时未查验产品的购进单据和供货者的许可证及相关证明文件的行为,违反了《食品安全法》第53条第1款的规定,依据《食品安全法》第126条第1款第3项的规定给予警告。鉴于其违法所得、货值金额较少,且不存在主观故意,在发生中毒事件后能积极向受害方赔付医疗费用的行为,依据《广州市食品药品监管系统规范行政处罚自由裁量权规定》第11条第1款第2项和第11条第2款第1项、第8项规定,决定:①对广州市某餐饮公司未查验产品的购进单据和供货者的许可证及相关证明文件的行为予以警告;②没收经营添加其他危害人体健康物质行为的违法所得;③对经营添加其他危害人体健康物质的行为处以罚款。上述行政处罚决定书于2017年9月14日送达广州市某餐饮公司。广州市某餐饮公司不服,以白云区食药监局为被告向法院提起行政诉讼。

思考题:本案中广州市白云区食药监局对广州市某餐饮公司的食品安全事故责任认定与处罚是否有事实和法律依据?

七、后期处置

1. 善后处置

食品安全事故发生后,事发地人民政府及有关部门要积极稳妥、深入细致地做好善后处置工作,消除事故影响,恢复正常秩序;完善相关政策,促进行业健康发展。

保险机构应当及时开展应急救援人员保险受理和受灾人员保险理赔工作。

造成食品安全事故的责任单位和责任人应当按照有关规定对受害人给予赔偿,承担受害人后续治疗及保障等相关费用。

2. 奖惩

对在食品安全事故应急管理和处置工作中作出突出贡献的先进集体和个人,应当给予表彰和奖励。

对迟报、谎报、瞒报和漏报食品安全事故重要情况或者应急管理工作中有其他失职、渎职行为的,依法追究有关责任单位或责任人的责任;构成犯罪的,依法追究刑事责任。

3. 总结

食品安全事故善后处置工作结束后,卫生行政部门应当组织有关部门及时对食品安全事故和应急处置工作进行总结,分析事故原因和影响因素,评估应急处置工作开展情况和效果,提出对类似事故的防范和处置建议,完成总结报告。

❓ 案例

洪某与邵武市某烘焙食品公司产品责任纠纷案①

案件梗概:

洪某系邵武市某幼儿园小(1)班学生。2018 年 11 月 27 日,邵武市某幼儿园小(1)班有一学生过生日,该班学生在幼儿园食用了邵武市某烘焙食品公司提供的蛋糕及园里其他食物,导致包括洪某在内的多名幼儿发病。洪某于 2018 年 11 月 28 日住院,于 2018 年 12 月 1 日出院,共住院 3 天,住院诊断为:①急性胃炎;②细菌性食物中毒(?)。事故发生当日即 2018 年 11 月 27 日晚,邵武市疾病预防控制中心在邵武市某幼儿园对园里留样食物中的可疑食物蛋糕、红豆粥等进行了采样,市立医院儿科医务人员对小(1)班朱某某、洪某和小(3)班的田某 3 名患儿的呕吐物进行了采样;11 月 28 日,市立医院儿科医务人员对小(1)班的梁某、洪某和中(2)班的纪某 3 名患儿的粪便进行了采样。邵武市疾病预防控制中心实验室对采样的样品进行了前期培养处理,并于 11 月 29 日将样品及培养液送南平市疾病预防控制中心进行检测,检测报告结果为蛋糕和小(1)班患者的 4 份生物样本均检出致病菌金黄色葡萄球菌及肠毒素,而红豆粥等其他食物及小(3)班和中(2)班的患者的生物样品均未检出致病菌及毒素,另 3 份粪便诺如病毒检测结果均为阴性,排除了诺如病毒感染的可能。邵武市疾病预防控制中心根据流行病学调查、患者临床信息和南平疾病预防控制中心实验室检测结果,于 2018 年 12 月 26 日综合分析认定,本次邵武市某幼儿园小(1)班的群体性发病为葡萄球菌肠毒素污染的蛋糕导致的食品安全事故,据此作出《关于邵武市某幼儿园食品安全事故流行病学调查情况的报告》(邵疾控〔2018〕63 号),确定"本次邵武市某幼儿园小(1)班的群体性发病为葡萄球菌肠毒素污染的蛋糕导致的食品安全事故"。洪某因认为邵武市某烘焙食品公司生产和销售的案涉蛋糕存在致病缺陷,以邵武市某烘焙食品公司、邵武市某幼儿园为被告向法院起诉,根据《侵权责任法》第 43 条

---

① 北大法宝数据库"福建省邵武市人民法院民事判决书(2020)闽 0781 民初 1616 号",【法宝引证码】CLI. C. 112441607。

第1款规定请求邵武市某烘焙食品公司赔偿其食物中毒导致的各项损失,邵武市某幼儿园对此承担连带赔偿责任。

思考题:

(1) 洪某对邵武市某烘焙食品公司的诉讼请求有无法律依据?

(2) 洪某对邵武市某幼儿园的诉讼请求有无法律依据?

第十章

食品进出口安全监管

第一节　国际贸易与食品安全

食品行业是永恒不衰的常青产业,发展潜力巨大。进入 21 世纪后,国际食品贸易的绝对量保持稳中趋升的走势,每年的贸易值保持在 4 000 亿～5 000 亿美元的水平,约有 4.6 亿吨各种不同的食物在 100 多个国家间流动。[①] 食品国际贸易在世界经济贸易活动中具有重要地位。但是随着经济全球化进程的加快,国际竞争不断加剧,食品贸易面临更为复杂的国际环境。由于食品与各国人民的生活息息相关,基于"民以食为天"这一千古不变的真理,食品安全问题备受各国关注,成为国际贸易中的焦点话题。

一、粮食安全问题——国家层面

影响或衡量国家食品安全水平的因素或指标大致可归纳为两个方面:食品"质"的安全和食品"量"的安全。《世界食物安全罗马宣言》和《世界食物首脑会议行动计划》将食品"质"的安全定义为,所有人在任何时候都能够在物质上和经济上获得足够安全和富有营养的食物来满足其积极和健康生活的膳食需要和食物喜好。食品"量"的安全主要是指一个单位范畴(国家、地区或家庭)能够生产、提供或获得维持其基本生存所需的膳食需要。它通过数量来反映食品安全问题,以发展生产、保障供给为特征,以保障人类的基本生存权利为目的,主要强调粮食安全。粮食安全问题在任何时候都是各国需要解决的首要问题。

粮食贸易在当代食品贸易中具有基础性的重要地位,在调节各国粮食供求关系、保障世界粮食安全等方面发挥着不可或缺的作用。目前,在食品消费大量增加和需求结构多样化发展的趋势下,任何国家都不可能只依靠本国力量完全满足国内需求。例如,美国尽管可以用自己生产的谷物做饲料来发展畜牧业以满足本国居民对肉、奶、蛋的需求,却没有相应的条件来发展热带食品,仍需要从世界其他国家进口,以保证本国的食品供求平衡。20 世纪90 年代前期,粮食生产因发达国家实施供应控制而在 19.26 亿吨水平上徘徊,同期世界粮食贸易量维持在 2 亿吨左右。21 世纪初世界谷物出口形势受到多方挑战。全球主要农产品生产萎缩,产量普遍下降,而食品消费随人口增长和生活水平提高而稳定增加。这一增一减使期末库存呈现较大幅度下降。

产生粮食安全问题的一个重要原因是以美国、加拿大、澳大利亚等谷物出口国为中心的粮仓地带遭受干旱等异常气候影响而产量下降。此外,越来越多的粮食和油料作物用于生产和生物燃料也是一个重要原因。近年来,由于石油资源奇缺,油价始终保持在高位运行,

---

① 吴苏燕:《食品安全问题与国际贸易》,《国际技术经济研究》2004 年第 2 期,第 6-11 页。

促使一些国家大规模开发和应用生物能源,粮食正由传统的饲料、食物用途向工业原料和能源概念拓展。粮食的能源化不仅推高了玉米、油料等直接生产生物能源的粮食的价格,还导致粮食供应减少,食品需求趋增。尽管包括中国在内的一些国家对粮食能源化采取了严格限制措施,但世界农产品出口大国美国仍在积极推进生物质燃料的研发和生产。替代能源政策以及由此导致的食品生产和贸易格局的调整,对世界粮食安全产生了显著影响。

此外,食品贸易的政治化也是加剧粮食安全危机的重要原因。在国与国的交往中,粮食贸易常常被作为政治斗争的武器。冷战时期,发达国家,尤其是美国,往往将粮食援助和农产品禁运作为国际战略武器,从而使农产品贸易同国际政治纠缠在一起。例如,从1973年夏天起,尼克松政府决定禁止将大豆及其油料制品(包括已签约的)输往国外。美国这一做法立即引起世界市场牛肉、鸡蛋、牛奶以及以大豆为饲料的畜产品价格的飙升。当时以强硬著称的美国国务卿基辛格扬言:"如果阿拉伯国家不卖给我们石油,美国就不卖粮食。"美国农业部长公然扬言:"粮食就是武器,而且是我们在谈判中不可缺少的武器。"后来,为报复苏联入侵阿富汗,1980年1月美国总统卡特对苏联实行粮食禁运。直到1981年4月里根上台后,美国才解除了对苏联出口谷物、大豆和肉类的禁令。[①] 围绕粮食安全问题,国际食品贸易出现政治化的倾向。

二、可持续发展问题——社会层面

当前全球经济社会的发展正面临人口不断增长、耕地面积减少、土壤肥力下降、森林资源被严重破坏、全球气候变暖、荒漠化扩大、旱涝灾害频发、生物能源加速粮食大量消耗、水资源短缺和水污染、酸雨问题、化学品污染与废弃物越境转移等一系列严重的环境问题,成为粮食生产发展的制约和挑战因素。未来全球粮食安全形势严峻。目前,全球有20亿人口受到粮食危机的影响,饥饿人口已达到10亿。联合国粮农组织(FAO)预测,到2030年全球谷物需求量将达到28.31亿吨,远高于目前21亿~22亿吨的谷物生产量。为了满足需求,2000—2030年全球谷物产量必须再增长近50%,肉类产量增长85%,农产品价格预期可能继续攀升。[②] 环境和可持续发展正在成为全球关注的焦点。

在我国,由于生态退耕和城市建设占用耕地的影响,粮食生产用地矛盾极为突出。以1996年为基期第二轮全国土地利用总体规划曾确定,2000年全国耕地保有量为19.4亿亩[③],2010年的耕地保有量控制在19.2亿亩。而实际到2000年全国耕地保有量就减少到了19.236 5亿亩,比当时设置的"底线"少了1 635万亩;2010年19.2亿亩耕地保有量的目标被迫"提前"到2005年(当年全国耕地保有量为18.31亿亩);2006年全国耕地保有量减少到18.27亿亩,直逼"18亿亩"这一红线。[④] 同时,耕地质量也在下降,水土流失总面积已占国土总面积1/3以上,40%的耕地已经退化,30%左右的耕地不同程度地受到水土流失危害,有939.53公顷的农田、493.58万公顷的草场受到沙漠化威胁,草原以每年130多万公顷的速度退化。后备耕地同样量少质差,开发利用难度较大。农产品播种面积的多少是影响粮食产量的重要因素,耕地面积的持续减少与耕地质量的下降导致依靠增加耕种面积维持

---

① 谢玉梅、陈晓红主编《食品贸易法规政策解析》,化学工业出版社,2007年。
② 戴小枫:《确保我国粮食安全的技术战略与路线选择》,《中国软科学》2010年第12期,第1-5页。
③ 亩,我国市制土地面积计量单位。一亩约666.67平方米。此处沿用当时文件中的单位。
④ 参见《开篇之语》,《江南时报》2007年4月25日第4版。

粮食产量增长的模式受到严重挑战,使得我国粮食自给率进一步下降,形成了我国自 2003 年后大量进口粮食的格局。此外,农业与食品工业生产方式落后,化肥、农药、除草剂、农膜大量使用造成水资源等环境的污染,对食品生产质与量的双重提高形成严重制约。2005 年,我国化肥施用量为 4 766.2 万吨,远远高于转型初期 1980 年的 1 269.4 万吨。若按播种面积计算,平均每公顷化肥施用量达 260 千克而化肥利用率仅为 30%,每公顷平均残留约 42 千克。[①] 大量农药化肥的施用虽然在一定程度上提高了农作物的产量,但同时也产生了严重的负效应,主要表现为有益生物物种的减少和消失,生物链单一,生态环境恶化,以及农药残留过高,影响农产品与食品的品质,危害人类身心健康,并对土壤及水环境造成严重的污染。2016 年我国农用化肥用量 43 年来首次实现负增长,截至 2021 年,已实现了"六连降"。

三、生命健康与安全问题——消费者层面

与传统贸易保护理论关注经济问题和产业发展不同,近年来流行的新贸易保护理论更关注社会的发展和人本身。新贸易保护理论关注焦点的变化,导致产品质量认证标准、动植物检疫标准、社会责任国际标准认证等成为一些国家对食品贸易实行保护的重要工具。这些国家以保护消费者的身体健康和生命安全为由,纷纷采取措施,通过立法手段制定绿色技术标准以及卫生检疫等制度,规定了严格的强制性技术限制,禁止使用含有铅、汞和镉等成分的包装材料,没有达到特定的再循环比例的包装材料以及不能再利用的容器,对农药残留、放射性残留、重金属含量等的要求也越来越严格,不但产品质量要符合标准,产品的生产、使用、消费、处理过程也要符合环保要求并对人类健康均无损害,凡是不符合规定的食品禁止进口。

国际贸易对于食品安全的关注,集中体现在欧美国家之间的转基因食品之争上。转基因食品是应用 DAN 重组技术生产的食品,有利于提高食品的产量与质量,在美国等地区备受青睐。现在全球销售的转基因食品有大豆、玉米、油菜籽、西红柿、土豆、胡萝卜、辣椒和牛奶等。但是转基因农作物导入的抗除草剂草甘膦基因的主要次生代谢物,是植物体内存在的并非生长发育所需的小分子有机化合物,其产生、分布通常有种属、器官、组织和生长发育的特异性。目前的科学实验结果对转基因产品的安全性多持怀疑态度,如奥地利政府通过长期研究发现转基因玉米影响小白鼠生育,美国化学学会的《农业与食品化学》杂志也刊出文章,证实转基因玉米对免疫系统的威胁。美国作为全世界最大转基因生产和出口国,也是最大受益国,一直反对对转基因产品施加限制。与美国相反,欧盟国家普遍认为,转基因食品对人体有潜在危害的可能,在不能证明转基因食品的安全性之前,应该加贴标签以区别对待。同时,为了遏制美国转基因食品对本地区的农产品和食品市场的冲击,欧盟国家对转基因标签的规定越来越严格。1997 年 2 月 14 日欧盟出台了《新食品法》,其第 8 条规定:如果转基因食品或食品成分不再等同于已经上市的食品,则应对该转基因食品加贴特殊标签。2001 年初,欧盟再度修改《新食品法》,规定含有转基因成分 1% 以上的食品,应该按转基因食品对待,进行严格管理,转基因食品从农田到餐桌的全程必须用标签标记;2002 年 7 月 4 日,欧洲议会又通过决议,把农产品以及食品中的未经批准的转基因成分含量限制在 0.5% 以下,所有超过该标准的商品,都需要标识为转基因产品,并且坚持从餐桌一直追溯到农田

---

① 岳宁等:《入世后中国食品国际贸易的市场结构与未来展望》,《食品科学》2009 年第 13 期,第 280-285 页。

进行标识,以保护消费者利益。欧盟这种低阈值标识和"可追溯"措施,大大增加了转基因食品的生产成本(包括监测食品中转基因成分含量的检测成本,将转基因食品同非转基因食品隔离开的隔离成本,全程跟踪转基因成分去向的跟踪成本),转基因食品的价格相应上升,其在欧洲市场上的份额也越来越小。

对转基因食品的国际贸易,各国虽未采取禁止进出口的强硬措施,但大多基于转基因食品对人类的健康或环境可能有害的结论,为了保护消费者的身体健康和生命安全,采取了安全评定、强制标识、进出口许可等方式,加强对转基因食品的食用安全管理,使这类产品的贸易在国家的管制下有条件地进行。截至 2011 年,全球已有 100 多个国家实行转基因产品标识制度。澳大利亚、巴西、日本、韩国等许多国家都实施了对转基因食品严格标识的制度。总的看来,至少有 35 个非欧盟国家,约占全球人口一半的国家,制定了对转基因食品的限制措施,并要求对含有转基因成分的食品进行标识。[①] 用标签对转基因食品进行标识,目的是让消费者来决定是否购买该类食品。

第二节 我国食品进口安全监管

近年来,国外食品安全事件不断发生。在欧洲,英国的疯牛病、比利时的"二恶英"污染、比利时与法国的可口可乐污染、法国的李斯特菌污染等食品安全事件接连不断。在美国,不时出现李斯特杆菌、O157:H7 大肠杆菌、沙门氏菌等致病菌及霉菌毒素造成的恐慌。在亚洲,日本雪印牛奶污染事件至今令人记忆犹新。我国每年都从国外进口大量食品,为了确保进口食品的质量安全,先后颁布或修订了《食品安全法》及实施条例、《进出口商品检验法》及实施条例、《进出境动植物检疫法》及实施条例、《国境卫生检疫法》及实施细则、《进出口商品检验法》及实施条例、《进出境动植物检疫法》及实施条例,以及《进出口食品安全管理办法》《进口食品境外生产企业注册管理规定》《进口食品进出口商备案管理规定》《食品进口记录和销售记录管理规定》《进口乳品检验检疫监督管理办法》《进口食品不良记录管理实施细则》《国境口岸卫生监督办法》《国境口岸卫生许可管理办法》《国务院关于加强食品等产品安全监督管理的特别规定》等一系列法律、行政法规,逐步建立了一套较为完备的、基于风险分析、符合国际惯例的进口食品安全保障法律体系。海关总署主管全国进口食品安全监督管理工作,各级海关负责所辖区域进口食品安全监督管理工作。综合入境前的市场准入、入境时的现场查验和入境后的监督管理,有效保证了我国进口食品的安全。

一、主体监管

(一)注册管理制度

为了确保进口食品的安全,海关总署对向中国境内出口食品(不包含食品添加剂)的境外生产、加工、贮存企业实施注册管理,确认这些企业是信誉良好的合法生产企业后,才给予注册,并公布获得注册的企业名单,允许其生产、加工、贮存的食品进口到我国境内。未经海

[①] 安徽省商务厅:《国际商品市场走势分析及我国的策略考虑》,http://www.21food.cn/html/news/12/8458.htm,2011 年 12 月 21 日访问。

关总署注册，境外的食品生产企业不得向我国出口食品。

进口食品境外生产企业注册的条件包括：①所在国家（地区）的食品安全管理体系通过海关总署等效性评估、审查；②经所在国家（地区）主管当局批准设立并在其有效监管下；③建立有效的食品安全卫生管理和防护体系，在所在国家（地区）合法生产和出口，保证向中国境内出口的食品符合中国相关法律法规和食品安全国家标准；④符合海关总署与所在国家（地区）主管当局商定的相关检验检疫要求。

进口食品境外生产企业注册方式包括所在国家（地区）主管当局推荐注册和企业申请注册。海关总署根据对食品的原料来源、生产加工工艺、食品安全历史数据、消费人群、食用方式等因素的分析，并结合国际惯例确定进口食品境外生产企业注册方式和申请材料。经风险分析或者有证据表明某类食品的风险发生变化的，海关总署可以对相应食品的境外生产企业注册方式和申请材料进行调整。

生产下列食品的境外企业由所在国家（地区）主管当局向海关总署推荐注册：肉与肉制品、肠衣、水产品、乳品、燕窝与燕窝制品、蜂产品、蛋与蛋制品、食用油脂和油料、包馅面食、食用谷物、谷物制粉工业产品和麦芽、保鲜和脱水蔬菜以及干豆、调味料、坚果与籽类、干果、未烘焙的咖啡豆与可可豆、特殊膳食食品、保健食品。所在国家（地区）主管当局应当对其推荐注册的企业进行审核检查，确认符合注册要求后，向海关总署推荐注册并提交以下申请材料：①所在国家（地区）主管当局推荐函；②企业名单与企业注册申请书；③企业身份证明文件，如所在国家（地区）主管当局颁发的营业执照等；④所在国家（地区）主管当局推荐企业符合本规定要求的声明；⑤所在国家（地区）主管当局对相关企业进行审核检查的审查报告。必要时，海关总署可以要求提供企业食品安全卫生和防护体系文件，如企业厂区、车间、冷库的平面图，以及工艺流程图等。

上述食品以外的其他食品境外生产企业，应当自行或者委托代理人向海关总署提出注册申请并提交以下申请材料：①企业注册申请书；②企业身份证明文件，如所在国家（地区）主管当局颁发的营业执照等；③企业承诺符合本规定要求的声明。

海关总署自行或者委托有关机构组织评审组，通过书面检查、视频检查、现场检查等形式及其组合，对申请注册的进口食品境外生产企业实施评估审查。进口食品境外生产企业和所在国家（地区）主管当局应当协助开展评估审查工作。

已获得注册的企业向中国境内出口食品时，应当在食品的内、外包装上标注在华注册编号或者所在国家（地区）主管当局批准的注册编号。进口食品境外生产企业注册有效期为5年。在注册有效期内，进口食品境外生产企业注册信息发生变化的，应当通过注册申请途径，向海关总署提交变更申请，经认可后予以变更。生产场所迁址、法定代表人变更或者所在国家（地区）授予的注册编号改变的应当重新申请注册。注册有效期满后企业可以申请延续注册，延长期限为5年。

已注册的进口食品境外生产企业有下列情形之一的，海关总署撤销其注册并予以公告：①因企业自身原因致使进口食品发生重大食品安全事故的；②向中国境内出口的食品在进境检验检疫中被发现食品安全问题，情节严重的；③企业食品安全卫生管理存在重大问题，不能保证其向中国境内出口食品符合安全卫生要求的；④经整改后仍不符合注册要求的；⑤提供虚假材料、隐瞒有关情况的；⑥拒不配合海关总署开展复查与事故调查的；⑦出租、出借、转让、倒卖、冒用注册编号的。

国际组织或者向中国境内出口食品的国家（地区）主管当局发布疫情通报，或者相关食品在进境检验检疫中发现疫情、公共卫生事件等严重问题的，海关总署公告暂停该国家（地区）相关食品进口，在此期间不予受理该国家（地区）相关食品生产企业注册申请。

（二）备案管理制度

为掌握进口食品进出口商信息及进口食品来源和流向，保障进口食品可追溯性，有效处理进口食品安全事件，保障进口食品安全，我国建立进口食品进出口商备案管理规定。与注册制度不同，备案是一种事后的告知行为，不属于行政许可。出口商或代理商不需要主管部门进行事前的审查，只需要事后备案，使主管部门掌握他们的相关信息即可。海关总署主管进出口商备案的监督管理工作，建立进口食品进出口商备案管理系统，负责公布和调整进口食品的境外出口商或者代理商备案名单，使广大的消费者和国内的生产经营企业了解这些信息，以促进食品进出口贸易的发展，加强对进口食品的监督，确保进口食品的安全。

凡是向我国境内出口食品的境外出口商或者代理商应当向海关总署备案，申请备案时，应当通过备案管理系统填写并提交备案申请表，提供出口商或者代理商名称、所在国家或者地区、地址、联系人姓名、电话、经营食品种类、填表人姓名、电话等信息，并承诺所提供信息真实有效，对所提供备案信息的真实性、有效性负责。提交备案信息后，获得备案管理系统生成的备案编号和查询编号，凭备案编号和查询编号查询备案进程或者修改备案信息。出口商或者代理商地址、电话等发生变化时，应当及时通过备案管理系统进行修改。备案管理系统保存出口商或者代理商所提交的信息以及信息修改情况。出口商或者代理商名称发生变化时，应当重新申请备案。海关总署对完整提供备案信息的出口商或者代理商予以备案。备案管理系统生成备案出口商或者代理商名单，并在海关总署网站公布。公布名单的信息包括：备案出口商或者代理商名称及所在国家或者地区。

食品进口商应当于食品进口前向其住所地海关申请备案，并对所提供备案信息的真实性负责。申请备案时须提供以下材料：①填制准确完备的收货人备案申请表；②工商营业执照、组织机构代码证书、法定代表人身份证明、对外贸易经营者备案登记表等的复印件并交验正本；③企业质量安全管理制度；④与食品安全相关的组织机构设置、部门职能和岗位职责；⑤拟经营的食品种类、存放地点；⑥2年内曾从事食品进口、加工和销售的，应当提供相关说明（食品品种、数量）；⑦自理报检的，应当提供自理报检单位备案登记证明书复印件并交验正本。住所地海关核实企业提供的信息后，准予备案。食品进口商在提供上述文件材料的同时，应当通过备案管理系统填写并提交备案申请表，提供收货单位名称、地址、联系人姓名、电话、经营食品种类、填表人姓名、电话以及承诺书等信息。收货方名称、地址、电话等发生变化时，应当及时通过备案管理系统提出修改申请，由住所地海关审核同意后，予以修改。备案管理系统保存收货方所提交的信息以及信息修改情况。备案申请资料齐全的，住所地海关应当受理并在5个工作日内完成备案工作。住所地海关对食品进口商的备案资料及电子信息核实后，发放备案编号。备案管理系统生成备案食品进口商名单，并在住所地海关网站公布。公布名单的信息包括备案食品进口商名称、住所地海关名称等。

海关依法对已获得备案的食品进口商备案信息实施监督抽查。对备案内容发生变更的，应当要求其更正备案信息。不按要求及时更正，情节严重的，海关处以警告。进口食品的收货人或者其代理人在对进口食品进行报检时，应当在报检单中注明进口食品进出口商名称及备案编号。住所地海关应当核对备案编号和进口食品进出口商名称等信息与备案信息的一致性,对未备案或者与备案信息不一致的,告知其完成备案或者更正相关信息。食品进口商在申请备案中提供虚假备案信息的,海关处 1 万元以下罚款。

(三) 审核管理制度

食品进口商应当建立境外出口商、境外生产企业审核制度,重点审核其向我国出口的食品、食品添加剂、食品相关产品是否符合我国《食品安全法》以及其他有关法律、行政法规的规定,是否符合我国食品安全国家标准的要求。食品进口商应了解拟进口食品安全状况,从审核境外企业安全管理水平着手,审核内容可以多样,如审核对方管理体系和制度保障、检验检测情况等。审核不合格的,不得进口。进口商一旦发现进口食品不符合我国食品安全国家标准或者有证据证明可能危害人体健康的,应当依法立即停止进口、销售和使用,实施召回,通知相关生产经营者和消费者,记录召回和通知情况,并将食品召回、通知和处理情况向所在地海关报告。食品进口商切实履行主体责任,履行好召回义务和通知宣传责任,有利于减少问题食品影响范围,避免产生重大食品安全事件。据此,进口食品的产品质量安全责任主体应为境外出口商、境外生产企业和国内进口商。

二、产品监管

(一) 国家标准制度

凡是从境外进口到我国的食品、食品添加剂以及用于食品的包装材料、容器、洗涤剂、消毒剂、用于食品生产经营的工具设备等食品相关产品,必须符合我国的食品安全国家标准。对于尚无食品安全国家标准的进口食品,应当符合国务院卫生行政部门公布的暂予适用的相关标准要求。没有食品安全国家标准,且国务院卫生行政部门没有公布暂予适用标准的食品,不得进口。从境外进口的食品,如果是利用新的食品原料生产的食品,应当进行食品安全风险评估,经安全性评估证明是安全的,方可取得国务院卫生行政部门新食品原料卫生行政许可。国外已获得批准的新食品原料在国内未通过审批的,利用该原料生产的食品不得进口。食品安全分析评估是对食品中存在的化学性、物理学、生物性等物质可能对人体健康产生的不良作用进行科学评估,包括危害识别、危害特征描述、暴露评估、风险特征描述等。国务院卫生行政部门负责食品的安全风险评估。国务院卫生行政部门应当自收到进口商申请之日起 60 日内组织对相关产品的安全性评估材料进行审查。对符合食品安全要求的,依法作出准予许可的决定;对不符合食品安全要求的,依法作出不予许可的决定并书面说明理由。

进口食品生产经营者应当依照食品安全国家标准从事进口食品生产经营活动,依法接受监督管理,保证进口食品安全,对社会和公众负责,承担社会责任。食品进口商应当建立境外出口商、境外生产企业审核制度,重点审核保证食品符合我国法律法规和食品安全国家标准的情况。食品进口商发现进口食品不符合食品安全国家标准的,应当依法立即停止进口、销售和使用,实施召回。

海关加强进出口食品安全的宣传教育,开展食品安全国家标准普及工作。对于有证据证明不符合食品安全国家标准或者有证据证明存在安全隐患以及违法生产经营的食品,海关依法有权履行进出口食品安全监督管理职责,采取查封、扣押措施。

(二) 检验检疫准入制度

我国对进口食品实施强制性检验检疫准入制度。海关总署统一管理全国进出境食品检验检疫工作,主管海关负责所辖地区进出境食品检验检疫工作。海关总署制定、调整必须实施检验的进口食品目录,对列入目录的进口食品以及法律、行政法规规定须检验的其他进口食品实施检验(简称法定检验);对法定检验以外的进口食品,根据国家规定实施抽查检验。

海关根据便利对外贸易的需要,对进口企业实施分类管理,并按照根据国际通行的合格评定程序确定的检验监管方式,对进口食品实施检验。检验内容包括是否符合安全、卫生、健康、环境保护、防止欺诈等要求以及相关的品质、数量、重量等项目。海关总署建立进口食品风险预警机制,通过收集进口食品检验方面的信息,进行风险评估,确定风险的类型,采取相应的风险预警措施及快速反应措施,及时向有关方面提供进口食品检验方面的信息。

法定检验的进口食品的收货人应当持合同、发票、装箱单、提单等必要的凭证和相关批准文件报检;通关放行后申请检验。法定检验的进口食品未经检验的,不准销售,不准使用。除法律、行政法规另有规定外,法定检验的进口食品经检验,涉及人身财产安全、健康、环境保护项目不合格的,海关责令当事人销毁,或者出具退货处理通知单,办理退运手续;其他项目不合格的,可以在海关监督下进行技术处理,经重新检验合格的,方可销售或者使用。

进口食品检验是根据保护人类健康和安全、保护动物或者植物的生命和健康、保护环境、防止欺诈行为、维护国家安全的原则,确定进口食品是否符合国家技术规范的强制性要求的合格评定活动。合格评定活动能够使进口食品监管更加科学、规范。海关依据进口食品检验相关法律、行政法规的规定对进口食品实施合格评定,内容包括:进境动植物检疫审批、向中国境内出口食品的境外国家(地区)〔简称境外国家(地区)〕食品安全管理体系评估和审查、境外生产企业注册、进出口商备案和合格保证、随附合格证明检查、单证审核、现场查验、监督抽检、进口和销售记录检查以及各项的组合。

海关对进口食品实施现场查验,现场查验包括但不限于以下内容:①运输工具、存放场所是否符合安全卫生要求;②集装箱号、封识号、内外包装上的标识内容、货物的实际状况是否与申报信息及随附单证相符;③动植物源性食品、包装物及铺垫材料是否存在《进出境动植物检疫法实施条例》第22条规定的情况;④内外包装是否符合食品安全国家标准,是否存在污染、破损、湿浸、渗透;⑤内外包装的标签、标识及说明书是否符合法律、行政法规、食品安全国家标准以及海关总署规定的要求;⑥食品感官性状是否符合该食品应有性状;⑦冷冻冷藏食品的新鲜程度、中心温度是否符合要求、是否有病变、冷冻冷藏环境温度是否符合相关标准要求、冷链控温设备设施运作是否正常、温度记录是否符合要求,必要时可以进行蒸煮试验。海关总署可以对出口食品境外国家(地区)的食品安全管理体系和食品安全状况开展评估和审查,并根据评估和审查结果,确定相应的检验检疫要求。

经海关合格评定合格的进口食品,准予进口,海关不再出具检验合格证明。进口食品经海关合格评定不合格的,由海关出具不合格证明;涉及安全、健康、环境保护项目不合格的,由海关书面通知食品进口商,责令其销毁或者退运;其他项目不合格的,经技术处理符合合格评定要求的,方准进口。相关进口食品不能在规定时间内完成技术处理或者经技术处理仍不合格的,由海关责令食品进口商销毁或者退运。

需要注意的是,我国对进境食用水生动物实施的检验检疫准入制度,包括产品风险分析、安全卫生控制体系评估与审查、检验检疫要求确定、境外养殖和包装企业注册登记。海关总署主管全国进境水生动物检验检疫和监督管理工作,对进境水生动物在风险分析基础上实施检验检疫风险管理,对进境有关企业实施分类管理和信用管理。海关总署分类制定、公布进境水生动物的检验检疫要求。根据检验检疫要求,对首次向我国输出水生动物的国家或者地区进行产品风险分析和安全卫生控制体系评估,对曾经或者正在向我国输出水生动物的国家或者地区水生动物安全卫生控制体系进行回顾性审查。海关总署可以派出专家组到输出国家或者地区对其水生动物安全卫生控制体系进行现场审核评估。海关总署根据风险分析、评估审查结果和检验检疫要求,与向我国输出水生动物的国家或者地区官方主管部门协商签订有关议定书或者确定检验检疫证书,制定、调整并公布允许进境水生动物种类及输出国家或者地区名单。海关总署对向我国输出水生动物的养殖和包装企业实施注册登记管理。向我国输出水生动物的境外养殖和包装企业(简称注册登记企业)应当符合输出国家或者地区有关法律法规,输出国家或者地区官方主管部门批准后向海关总署推荐。推荐材料包括企业信息、水生动物信息及疫病、有毒有害物质监控信息。海关总署审查不合格的,通知输出国家或者地区官方主管部门补正;审查合格的,海关总署可以派出专家组对申请注册登记企业进行抽查。对抽查不符合要求的企业不予注册登记;对抽查符合要求的及未被抽查的其他推荐企业,结合水生动物安全卫生控制体系评估结果,决定是否给予注册登记。海关总署定期公布、调整注册登记企业名单。注册登记企业向中国输出的水生动物检验检疫不合格,情节严重的,海关总署可以撤销其注册登记。注册登记企业和相关捕捞区域应当符合输出国家有关法律法规,并处于输出国家或者地区官方主管部门的有效监管之下。食用水生动物的注册登记企业,应当经过输出国家或者地区官方主管部门有关水生动物疫病、有毒有害物质和致病微生物监测,结果应符合双边检验检疫协定规定、我国强制性标准或者海关总署指定标准的要求。

向我国输出水生动物的国家或者地区发生重大水生动物疫病,或者向我国输出水生动物的注册登记企业、捕捞区域发生水生动物不明原因的大规模死亡时,输出国家或者地区官方主管部门应当主动停止向我国出口并向海关总署通报相关信息。海关总署可以派遣检疫官员赴输出国家或者地区协助开展出口前隔离检疫。向我国输出水生动物的注册登记企业和隔离检疫场所应当具备适当的生物安全防护设施和防疫管理制度,能有效防止其他水域的水生动物入侵,确保输出水生动物的安全卫生。不同养殖场或者捕捞区域的水生动物应当分开包装,不同种类的水生动物应当独立包装,能够满足动物生存和福利需要。包装容器应当是全新的或者经消毒处理,能够防止渗漏,内包装应当透明,便于检查。水生动物的包装用水或者冰及铺垫材料应当符合安全卫生要求,不能含有危害动植物和人体健康的病原微生物、有毒有害物质以及可能破坏水体生态环境的水生生物。输出国家或者地区官方主管部门应当按照与海关总署确认的检验检疫证书格式和内容对向我国输出的水生动物出具检验检疫证书。

进境水生动物应当符合我国法律法规规定和强制性标准要求、海关总署分类制定的检验检疫要求、双边检验检疫协定确定的相关要求、双方确认的检验检疫证书规定的相关要求、进境动植物检疫许可证(简称检疫许可证)列明的要求以及海关总署规定的其他检验检疫要求。食用水生动物应当从海关总署公布的指定口岸进境。海关总署定期考核指定口岸,公布指定口岸名单。进境水生动物收货人或者其代理人应当按照相关规定办理检疫许可证。进境水生动物自输出国家或者地区出境后中转第三方国家或者地区进境的,收货人或者其代理人办理检疫许可证时应当详细填写运输路线及在第三方国家或者地区中转处理情况,包括是否离开海关监管区、更换运输工具、拆换包装以及进入第三方国家或者地区水体环境等。水生动物进境前或者进境时,收货人或者其代理人应当凭检疫许可证、输出国家或者地区官方主管部门出具的检验检疫证书正本、贸易合同、提单、装箱单、发票等单证向进境口岸海关报检。检疫许可证上的申请单位、国外官方主管部门出具的检验检疫证书上的收货人和货运提单上的收货人应当一致。海关对收货人或者其代理人提交的相关单证进行审核,符合要求的受理报检,并按照有关规定对检疫许可证批准的数量进行核销。

进境口岸海关对进境水生动物实施现场查验,包括:一定比例的开箱查验,核对货证,包装和标签检查,临床检查,包装用水或者冰、铺垫材料等。对于未被列入允许进境水生动物种类及输出国家或者地区名单的,无有效检疫许可证的,无输出国家或者地区官方主管部门出具的有效检验检疫证的,检疫许可证上的申请单位、检验检疫证书上的收货人和货运提单上的收货人不一致的,实际运输路线与检疫许可证不一致的,来自未经注册登记企业的,货证不符的,临床检查发现异常死亡且出现水生动物疫病临床症状的,或者临床检查发现死亡率超过50%的,海关签发《检验检疫处理通知书》,由收货人或其代理人在海关的监督下,作退回或者销毁处理。根据风险监控不合格发生频次和危害程度,经风险评估,对海关总署采取扣留检测措施的进境食用水生动物,收货人或者其代理人应当将进境食用水生动物调运至海关指定扣检暂存场所,实验室检测合格后方可放行。实验室检测不合格的,作退回或者销毁处理。

此外,海关总署还对进境转基因食品检测实行申报制度。货主或者其代理人在办理进境报检手续时,应当在《入境货物报检单》的货物名称栏中注明是否为转基因产品。申报为转基因产品的,除按规定提供有关单证外,还应当取得法律法规规定的主管部门签发的《农业转基因生物安全证书》或者相关批准文件。海关对《农业转基因生物安全证书》电子数据进行系统自动比对验核。对列入实施标识管理的农业转基因生物目录(国务院农业行政主管部门制定并公布)的进境转基因食品,如申报是转基因的,海关应当实施转基因项目的符合性检测,如申报是非转基因的,海关应进行转基因项目抽查检测;对实施标识管理的农业转基因生物目录以外的进境食品,海关可根据情况实施转基因项目抽查检测。检测合格的,准予进境;不合格的,海关通知货主或者其代理人作退货或者销毁处理。

2016年施行的《进口食品接触产品检验监管工作规范》,强调了进口食品接触产品的检验监管,对包括与食品或食品添加剂接触的纸、竹木、金属、搪瓷、陶瓷、塑料、橡胶、天然纤维、化学纤维、玻璃等材质及其复合材质的容器、用具和餐具加强检验和监督管理。进口食品接触产品检验监督管理工作包括产品备案、产品检验及监督管理等。食品接触产品进口商或者进口代理商(以下称备案申请人)可根据需要,持企业法人营业执照、进口食品接触产品符合性声明等资料申请备案。备案申请人资格、备案申请资料和产品检测报告均通过审核的,签发《进口食品接触产品备案书》。对已备案进口食品接触产品,应逐批核查进口产品与《进口食品接触产品备案书》的符合性。已备案并经货证核查合格的进口食品接触产品还需抽查检验检测。同一进口商,同一品牌、材质的进口食品接触产品的年度抽查比例不少于进口批次的5%,每个批次抽查不少于当次进口规格型号种类的5%。对未备案的进口食品接触产品实施批批查验,且年度实验室检测比例不低于进口批次的30%。对首次进口的食品接触产品必须进行实验室检测。进口食品接触产品的检验,可采用包括现场查验、风险评估、合格保证等措施及组合的合格评定方式。检验依据为食品相关产品的规定和标准,尚未制定食品安全国家标准的,按照相关法律规定执行。经检验不合格的进口食品接触产品,涉及安全、卫生、环境保护项目不合格的,责令当事人退运或销毁。其他项目不合格的,可以监督进行技术处理,经重新检验合格后,方可销售、使用。进口食品接触产品有关备案资料应保存不少于3年,同时应要求进口食品接触产品的进口商或者代理商建立食品接触产品的追溯管理档案。

(三) 标签管理制度

食品标签是食品包装容器上的文字、图形、符号以及一切说明,是向消费者表明食品特征的一种重要形式。我国对食品标签的管理已经走上标准化的轨道。《食品安全法》明确规定,预包装食品的包装上应当有标签,标签应当标明食品名称、规格、净含量、生产日期,成分或者配料表,生产者的名称、地址、联系方式,保质期,产品标准代号,贮存条件,所使用的食品添加剂在国家标准中的通用名称,生产许可证编号以及法律、法规或者食品安全标准规定应当标明的其他事项。专供婴幼儿和其他特定人群的主辅食品,其标签还应当标明主要营养成分及其含量。食品安全国家标准对标签标注事项另有规定的,从其规定。食品经营者销售散装食品,应当在散装食品的容器、外包装上标明食品的名称、生产日期或者生产批号、保质期以及生产经营者名称、地址、联系方式等内容。生产经营转基因食品应当按照规定显著标示。食品添加剂还应当在标签上载明使用范围、用量、使用方法及"食品添加剂"字样。食品和食品添加剂的标签不得含有虚假内容,不得涉及疾病预防、治疗功能。生产经营者对其提供的标签、说明书的内容负责。食品和食品添加剂的标签应当清楚、明显,生产日期、保质期等事项应当显著标注,容易辨识。食品和食品添加剂与其标签内容不符的,不得上市销售。食品经营者应当按照食品标签标示的警示标志、警示说明或者注意事项的要求销售食品。

《进出口食品安全管理办法》进一步规定,进口食品的包装和标签、标识应当符合我国法律法规以及食品安全国家标准的要求;依法应当有说明书的,还应当有中文说明书。对于进口鲜冻肉类产品,内外包装上应当有牢固、清晰、易辨的中英文或者中文和出口国家(地区)文字标识,标明以下内容:产地国家(地区)、品名、生产企业注册编号、生产批号;外包装上应当以中文标明规格、产地(具体到州/省/市)、目的地、生产日期、保质期限、储存温度等内容,必须标注目的地为中华人民共和国,加施出口国家(地区)官方检验检疫标识。对于进口水产品,内外包装上应当有牢固、清晰、易辨的中英文或者中文和出口国家(地区)文字标识,标明以下内容:商品名和学名、规格、生产日期、批号、保质期限和保存条件、生产方式(海水捕捞、淡水捕捞、养殖)、生产地区(海洋捕捞海域、淡水捕捞国家或者地区、养殖产品所在国家或者地区)、涉及的所有生产加工企业(含捕捞船、加工船、运输船、独立冷库)名称、注册编号及地址(具体到州/省/市)、必须标注目的地为中华人民共和国。进口保健食品、特殊膳食用食品的中文标签必须印制在最小销售包装上,不得加贴。

进口预包装食品标签作为食品检验项目之一,由海关依照食品安全和进出口商品检验相关法律、行政法规的规定检验。进口商应当负责审核其进口预包装食品的中文标签是否符合我国相关法律、行政法规规定和食品安全国家标准要求。审核不合格的,不得进口。进口预包装食品被抽中现场查验或实验室检验的,进口商应当向海关人员提交其合格证明材料、进口预包装食品的标签原件和翻译件、中文标签样张及其他证明材料。海关在进口预包装食品监管中,发现进口预包装食品未加贴中文标签或者中文标签不符合法律法规和食品安全国家标准,食品进口商拒不按照海关要求实施销毁、退运或者技术处理的,海关处以警告或者 1 万元以下罚款。装有特殊标识规定的,按照相关规定执行。海关收到有关部门通报、消费者举报进口预包装食品标签涉嫌违反有关规定的,应当进行核实,一经确认,依法进行处置。

(四) 进口食品召回制度

食品召回制度是对境外国家(地区)食品安全管理体系进行评估和审查的重要内容之一。我国建立进口食品召回制度,食品存在安全问题,已经或者可能对人体健康和生命安全造成损害的,食品进口商发现进口食品不符合法律、行政法规和食品安全国家标准,或者有证据证明可能危害人体健康,应当按照《食品安全法》第 63 条和第 94 条第 3 款规定,立即停止进口、销售和使用,实施召回,通知相关生产经营者和消费者停止销售、使用,记录召回和通知情况,并将食品召回、通知和处理情况向所在地海关报告。

食品进口商应当对召回的食品采取无害化处理、销毁等措施,防止其再次流入市场。需要对召回的食品进行无害化处理、销毁的,应当提前报告时间、地点。监督管理部门认为必要的,可以实施现场监督。但是,对因标签、标志或者说明书不符合食品安全标准而被召回的食品,食品生产者在采取补救措施且能保证食品安全的情况下可以继续销售;销售时应当向消费者明示补救措施。

食品进口商未依照规定召回或者停止经营的,可责令其召回或者停止经营。食品进口商依照《食品安全法》第 63 条第 1 款、第 2 款的规定停止生产、经营,实施食品召回,或者采取其他有效措施减轻或者消除食品安全风险,未造成危害后果的,可以从轻或者减轻处罚。

三、风险监管

(一) 溯源管理制度

为了掌握进口食品来源和流向,确保进口食品可追溯性,加强食品进口商的责任心,加强对进口食品经营活动的监管,以便快速鉴别、调查和控制食品安全事件,《食品安全法》规定,进口商应当建立食品、食品添加剂进口和销售记录制度,如实记录食品、食品添加剂的名称、规格、数量、生产日期、生产或者进口批号、保质期、境外出口商和购货者名称、地址及联系方式、交货日期等内容,并保存相关凭证。记录和凭证保存期限不得少于食品保质期满后6 个月;没有明确保质期的,保存期限为销售后 2 年以上。

进口食品销售记录是指记载进口食品收货人将进口食品提供给食品经营者或者消费者的纸质或者电子文件。收货人应当建立专门的进口食品销售记录(食品进口后直接用于零售的除外),指派专人负责。进口食品销售记录应当包括销售流向记录、销售对象投诉及召回记录等内容。其中,销售流向记录应当包括进口食品名称、规格、数量、重量、生产日期、生产批号、销售日期、购货人(使用人)名称及联系方式、出库单号、发票流水编号、食品召回后处理方式等信息;销售对象投诉及召回记录应当包括涉及的进口食品名称、规格、数量、重量、生产日期、生产批号、召回或者销售对象投诉原因,自查分析、应急处理方式,后续改进措施等信息。收货人应当保存如下销售记录档案材料:购销合同、销售发票留底联、出库单等文件原件或者复印件。自用食品的收货人还应当保存加工使用记录等资料。

进口食品结关地的海关应当对本辖区内进口商的进口和销售记录进行检查。食品进口和销售记录内容必须真实、完整,如实反映经营企业购销食品的情况,不得弄虚作假、伪造进口和销售记录。相关凭证应妥善保存。记录和凭证保存期限不得少于产品保质期满后 6 个月;没有明确保质期的,保存期限不得少于 2 年。进口商未建立并遵守食品进口和销售记录制度的,责令改正,给予警告;拒不改正的,处 5 000 元以上 5 万元以下罚款;情节严重的,责令停产停业,直至吊销许可证。

此外,我国还规定从事进境粮食储存、加工的企业应当具备有效的质量安全及溯源管理体系,符合防疫、处理等质量安全控制要求。从事进境粮食的收发货人及生产、加工、存放、运输企业应当建立相应的粮食进境、接卸、运输、存放、加工、下脚料处理、发运流向等生产经营档案,做好质量追溯和安全防控等详细记录。进境粮食存在重大安全质量问题,已经或者可能会对人体健康或者农林牧渔业生产生态安全造成重大损害的,进境粮食收货人应当主动召回,采取措施避免或者减少损失发生,做好召回记录,并将召回和处理情况向所在地海关报告。收货人不主动召回的,由直属海关发出责令召回通知书并报告海关总署。必要时,海关总署可以责令召回。海关总署及主管海关根据质量管理、设施条件、安全风险防控、诚信经营状况,对企业实施分类管理。针对不同级别的企业,在粮食进境检疫审批、进出境检验检疫查验及日常监管等方面采取相应的检验检疫监管措施。

(二) 风险预警与控制制度

进口食品安全工作坚持安全第一、预防为主、风险管理、全程控制、国际共治的原则。食品进口商应当建立境外出口商、境外生产企业审核制度,重点审核制定和执行食品安全风险控制措施情况。海关可以根据风险管理需要,对进口食品实施指定口岸进口,指定监管场地检查。指定口岸、指定监管场地名单由海关总署公布。

境外发生食品安全事件可能导致我国境内食品安全隐患,或者海关实施进口食品监督管理过程中发现不合格进口食品,或者发现其他食品安全问题的,海关总署和经授权的直属海关可以依据风险评估结果对相关进口食品实施提高监督抽检比例等控制措施。海关采取提高监督抽检比例等控制措施后,再次发现不合格进口食品,或者有证据显示进口食品存在重大安全隐患的,海关总署和经授权的直属海关可以要求食品进口商逐批向海关提交有资质的检验机构出具的检验报告。海关应当对食品进口商提供的检验报告进行验核。

有下列情形之一的,海关总署依据风险评估结果,可以对相关食品采取暂停或者禁止进口的控制措施:①出口国家(地区)发生重大动植物疫情,或者食品安全体系发生重大变化,无法有效保证输华食品安全的;②进口食品被检疫传染病病原体污染,或者有证据表明能够成为检疫传染病传播媒介,且无法实施有效卫生处理的;③海关实施控制措施的进口食品,再次发现相关安全、健康、环境保护项目不合格的;④境外生产企业违反我国相关法律法规,情节严重的;⑤其他信息显示相关食品存在重大安全隐患的。

进口食品安全风险已降低到可控水平时,海关总署和经授权的直属海关可以按照以下方式解除相应控制措施:①对实施提高监督抽检比例等控制措施的食品,在规定的时间、批次内未被发现不合格的,在风险评估基础上可以解除该控制措施。②对要求食品进口商逐批向海关提交有资质的检验机构出具的检验报告的食品,出口国家(地区)已采取预防措施,经海关总署风险评估能够保障食品安全、控制动植物疫情风险,或者从实施该控制措施之日起在规定时间、批次内未发现不合格食品的,海关在风险评估基础上可以解除该控制措施。③实施暂停或者禁止进口控制措施的食品,出口国家(地区)主管部门已采取风险控制措施,且经海关总署评估符合要求的,可以解除暂停或者禁止进口措施。恢复进口的食品,海关总署视评估情况可以采取提高监督抽检比例、提交有资质检验机构的检验报告等控制措施。

以进境水生动物为例,海关总署对进境水生动物实施安全风险监控和疫病监测,制定进境水生动物年度安全风险监控计划和水生动物疫病监测计划,编制年度工作报告。直属海关结合本地实际情况制定实施方案并组织实施。直属海关应当按照有关规定将进境水生动物检验检疫不合格信息上报海关总署,海关总署应当向输出国家或者地区官方主管部门通报不合格信息。海关总署根据进境水生动物检验检疫不合格情况、国内外相关官方主管部门或者组织通报的风险信息以及国内外市场发现的问题等,在风险分析的基础上按照有关规定发布警示通报,采取提高监控比例、扣留检测直至暂停进口等风险控制措施。海关同时对进境水生动物收货人实施信用管理,对进境食用水生动物收货人实施备案管理。进境食用水生动物收货人应当建立进境水生动物经营档案,记录进境水生动物的报检号、品名、数量、重量、输出国家或者地区、境外注册养殖和包装企业及注册号、进境水生动物流向等信息。海关对进境食用水生动物收货人的经营档案进行定期审核,审核不合格的,责令整改。

(三) 评估和审查制度

海关依据进出口食品检验相关法律、法规的规定对进口食品实施合格评定,还包括对向我国境内出口食品的境外国家(地区)食品安全管理体系进行的评估和审查。有下列情形之一的,海关总署可以对境外国家(地区)的食品安全管理体系和食品安全状况开展评估和审查,并根据评估和审查结果,确定相应的检验检疫要求:①境外国家(地区)申请向中国首次输出某类(种)食品的;②境外国家(地区)食品安全、动植物检疫法律法规、组织机构等发生重大调整的;③境外国家(地区)主管部门申请对其输往中国某类(种)食品的检验检疫要求发生重大调整的;④境外国家(地区)发生重大动植物疫情或者食品安全事件的;⑤海关在输华食品中发现严重问题,认为存在动植物疫情或者食品安全隐患的;⑥其他需要开展评估和审查的情形。

评估和审查主要包括对以下内容的评估、确认:①食品安全、动植物检疫相关法律法规;②食品安全监督管理组织机构;③动植物疫情流行情况及防控措施;④致病微生物、农兽药和污染物等的管理和控制;⑤食品生产加工、运输仓储环节的安全卫生控制;⑥出口食品安全监督管理;⑦食品安全防护、追溯和召回体系;⑧预警和应急机制;⑨技术支撑能力;⑩其他涉及动植物疫情、食品安全的情况。

海关总署可以组织专家通过资料审查、视频检查、现场检查等形式及其组合,实施评估和审查。视频检查等信息化手段的运用有助于降低监管成本,提升监管效能,采用信息化手段实施境外体系评估审查,能够降低不必要的安全风险。专家须对接受评估和审查的国家(地区)递交的申请资料、书面评估问卷等资料实施审查,审查内容包括资料的真实性、完整性和有效性。根据资料审查情况,海关总署可以要求相关国家(地区)的主管部门补充缺少的信息或者资料。对已通过资料审查的国家(地区),海关总署可以组织专家对其食品安全管理体系实施视频检查或者现场检查。对发现的问题可以要求相关国家(地区)主管部门及相关企业实施整改。相关国家(地区)应当为评估和审查提供必要的协助。

接受评估和审查的国家(地区)有下列情形之一,海关总署可以终止评估和审查,并通知相关国家(地区)主管部门:①收到书面评估问卷12个月内未反馈的;②收到海关总署补充信息和材料的通知3个月内未按要求提供的;③突发重大动植物疫情或者重大食品安全事件的;④未能配合中方完成视频检查或者现场检查、未能有效完成整改的;⑤主动申请终止评估和审查的。评估和审查完成后,海关总署向接受评估和审查的国家(地区)主管部门通报评估和审查结果。

(四) 信息和信用管理制度

进口食品安全信息管理是食品安全监管的重要依据。实践中,对于进口食品是否存在安全隐患,是否含有有害因素,其他国家对食品检验检疫的要求是什么等信息的及时获取,往往存在较大的困难。国家出入境检验检疫机构在从事进出口食品监管及具体的检验检疫工作中,掌握了大量的国际食品安全方面的信息。这些信息如果能和企业、消费者一起分享,就能及时采取相应措施,有效避免食品安全事故的发生。因此,《食品安全法》规定,国家出入境检验检疫部门应当收集、汇总进口食品安全信息,并及时通报相关部门、机构和企业。这里的"相关部门"主要指在食品安全监管过程中承担一定职责的部门,包括卫生行政部门、农业行政部门、工商行政管理、食品安全监督管理部门等。"相关机构"指食品检验机构、认证机构、食品行业协会等组织。通报的"食品安全信息"包括:①出入境检验检疫机构对进口食品实施检验检疫发现的食品安全信息;②食品行业协会和消费者协会等组织、消费者反映的进口食品安全信息;③国际组织、境外政府机构发布的风险预警信息及其他食品安全信息,以及境外食品行业协会等组织、消费者反映的食品安全信息;④其他食品安全信息。《进出口食品安全管理办法》进一步明确,海关总署依照《食品安全法》规定收集、汇总进口食品安全信息,建立进口食品安全信息管理制度。各级海关负责本辖区内以及上级海关指定的进口食品安全信息的收集和整理工作,并按照有关规定通报本辖区地方政府、相关部门、机构和企业。通报信息涉及其他地区的,应当同时通报相关地区海关。明确海关收集、汇总的进口食品安全信息,除《食品安全法》规定内容外,还包括境外食品技术性贸易措施信息。海关应当对收集到的进口食品安全信息开展风险研判,依据风险研判结果,确定相应的控制措施。

同时,海关依法对进口食品企业实施信用管理,建立信用记录,并依法向社会公布。对有不良记录的进口商、出口商,加强对其进口食品的检验检疫。境内不良记录进口食品企业满足解除风险预警条件时,可申请解除风险预警。经分级风险研判,认为其风险已不存在或者已降低到可接受的程度时,及时解除风险预警及控制措施。境外不良记录进口食品企业满足解除风险预警条件时,可向其所在国家(地区)食品安全主管部门申请解除风险预警。该国家(地区)食品安全主管部门根据企业申请开展调查,并将企业整改措施和调查报告通报我国。经风险研判,认为其风险已不存在或者已降低到可接受的程度时,应当及时解除风险预警及控制措施。

(五) 新冠疫情下的进口食品安全

全球新冠疫情的暴发,对我国进口食品安全监管提出了全新挑战。有研究表明,食品本身不会感染新冠病毒,但有可能被污染,可能有两个污染途径:一是食品在生产、加工、包装、储运和销售的环节,周围环境或加工利用的水源被病毒污染;二是受携带病毒的食品加工者的污染。新冠病毒可在食品本身及其内包装和外包装表面吸附较长时间且不丧失感染性,在达到一定滴度后,可感染接触人员或者易感人群[①]。各国均有报道食品加工生产企业暴发

---

① Dai Manman, Li Huanan, Yan Nan, et al., "Long-term survival of salmon-attached SARS - CoV - 2 at 4℃ as a potential source of transmission in seafood markets", *BioRxiv*, 2020.

疫情,如巴西有10万肉类加工工人感染新冠病毒,占从业人员的1/5,肉类加工行业一度成为医疗卫生行业之外感染比例最高的行业。我国进口食品市场需求巨大,海关多次从进口冷冻食品尤其是冷冻生鲜产品外包装中检测出新冠病毒核酸阳性。加强进出口食品的常态化疫情防控,是进口食品安全监管的一项重要职责。

我国与外国之间的传染病疫情通报,由国务院卫生行政部门会同有关部门办理。入境、出境的可能传播检疫传染病的食品,应当按规定接受检疫,经卫生检疫机关许可,方准入境或者出境。在国内或者国外检疫传染病大流行的时候,国务院卫生行政部门应当立即报请国务院决定采取下列检疫措施的一部或者全部:①下令封锁陆地边境、国界江河的有关区域;②指定某些食品必须经过消毒、除虫,方准由国外运进或者由国内运出;③禁止某些食品由国外运进或者由国内运出。入境、出境的食品在到达口岸的时候,承运人、代理人或者货主,必须向卫生检疫机关申报并接受卫生检疫。对来自疫区的、被传染病污染的以及可能传播检疫传染病的食品,应当实施消毒或者其他必要的卫生处理。货主要求在其他地方实施卫生检疫、卫生处理的,卫生检疫机关可以给予方便,并按规定办理。卫生检疫机关对来自疫区或者被传染病污染的各种食品应当实施卫生处理或者销毁,并签发卫生处理证明。

境外发生食品安全事件或者疫情疫病可能影响到进口食品安全的,直属海关应当及时上报海关总署;海关总署根据情况进行风险预警,在海关系统内发布风险警示通报,并向国务院食品安全监督管理、卫生行政、农业行政部门通报,必要时向消费者发布风险警示通告。海关总署发布风险警示通报的,应当根据风险警示通报要求对进口食品采取提高监督抽检比例、逐批提交有资质的检验机构出具的检验报告、暂停或者禁止进口等控制措施。出口国家(地区)已采取预防措施,经海关总署风险评估能够保障食品安全、控制动植物疫情风险,或者从实施该控制措施之日起在规定时间、批次内未发现不合格食品,进口食品安全风险已降低到可控水平时,海关总署和经授权的直属海关在风险评估基础上可以解除相应控制措施。

境外国家(地区)发生重大动植物疫情,或者海关在进口食品中发现严重问题,认为存在动植物疫情或者食品安全隐患的,海关总署可以对境外国家(地区)食品安全管理体系启动评估和审查。评估和审查的主要内容:①食品安全、动植物检疫相关法律法规;②食品安全监督管理组织机构;③动植物疫情流行情况及防控措施;④致病微生物、农兽药和污染物等管理和控制;⑤食品生产加工、运输仓储环节安全卫生控制;⑥出口食品安全监督管理;⑦食品安全防护、追溯和召回体系;⑧预警和应急机制;⑨技术支撑能力;⑩其他涉及动植物疫情、食品安全的情况。海关总署可以组织专家通过资料审查、视频检查、现场检查等形式及其组合,实施评估和审查。海关总署组织专家对接受评估和审查的国家(地区)递交的申请资料、书面评估问卷等资料实施审查,审查内容包括资料的真实性、完整性和有效性。根据资料审查情况,海关总署可以要求相关国家(地区)的主管部门补充缺少的信息或者资料。对已通过资料审查的国家(地区),海关总署可以组织专家对其食品安全管理体系实施视频检查或者现场检查。对发现的问题可以要求相关国家(地区)主管部门及相关企业实施整改。评估和审查完成后,海关总署向接受评估和审查的国家(地区)主管部门通报评估和审查结果。海关应对加工厂防疫条件进行考核,对其生产过程中发生的疫情疫病进行风险评估,符合防疫要求的,确定进境检疫条件后,方可进口。对风险高的农产品要实施境外预检,通过产地预检工作把疫情控制在国境之外。

四、我国进口食品安全监管体系的完善

(一)存在的问题

1. 食品安全隐患堪忧

加入 WTO 以后,我国正式成为世界经济体系中的一员,可以在世界范围内分享资源和机遇,可以通过参与国际食品贸易、调整产业结构,以实现我国食品安全可持续发展的战略。但加入 WTO 同时也给我国的食品安全带来新的问题。因为在世界食品市场向我国开放的同时,我国食品市场也不可避免地向世界开放。市场准入的放开,使得价格低廉的外国粮食挤占国内粮食市场,导致种粮农民的经济利益受损,种粮积极性低落。资源、资本及劳力向非"粮"转移,可能减弱粮食生产能力,促使我国部分粮食外贸依存度增大,自给率降低。

以大豆为例[①],近年来,我国大豆产业整体发展形势日益严峻。一方面,在国内消费需求快速增长的情况下,国内大豆播种面积却持续下滑,导致大豆进口量激增,2022 年我国大豆进口总额达到 608.98 亿美元,较 2000 年的 22.70 亿美元,年均增长率达 21.93%,成为我国农产品贸易逆差的最大来源;另一方面,我国大豆贸易已由原来的净出口变为净进口。1996年我国调整大豆贸易政策,实行大豆进口配额管理,配额内税率为 3%,普通关税为 180%,优惠税率为 40%,但配额管理并未得到执行,实际上采用的几乎都是 3% 的单一税率,我国大豆市场完全对外开放,大批国外廉价大豆涌入我国,短期内对我国大豆市场造成极大冲击,我国大豆贸易迅速由净出口转变为净进口。从长期来看,这种冲击并未减退或削弱,根据国家统计局对外经济贸易数据库测算,2019 年我国大豆净进口额为 352.5 亿美元,而1995 年我国大豆净出口额则为 0.24 亿美元(见表 10-1)。

表 10-1 我国大豆的国际流通趋势 单位:百万美元

年份	1995	2000	2005	2010	2015	2019
出口额	99.67	64.14	169.58	118.25	125.51	92.27
进口额	75.49	2 270.24	7 778.32	25 093.47	34 769.08	35 342.02
净进口额	−24.18	2 206.1	760.87	24 975.21	34 643.57	35 249.75

资料来源:根据国家统计局数据库计算。

2. 跨境网购等新型贸易方式带来新的进口食品监管问题

随着经济全球化和信息技术的高速发展,全球网络交易迅速发展,跨境电子商务已成为当前食品进口的一种新型贸易模式。食品属于一种特殊的商品,与消费者的生命健康息息相关。这种新型贸易模式的出现和盛行,必然为当前的食品安全监管带来新的问题和挑战。如 2016 年 1 月,广州黄埔检验检疫部门对来自巴基斯坦的两批进口大米进行现场开箱检验检疫,发现箱体底部有大量活虫。经送实验室检验鉴定,并送相关专家复核确认,该两批巴基斯坦大米中检出的活虫为检疫性有害生物——谷斑皮蠹。谷斑皮蠹是一种为世界各国所公认的危害性极大的仓储类害虫,花生、小麦等粮谷、豆类、油料农副产品和一些动物产品是

[①] 杨文丽:《我国大豆进出口价格比较分析》,《价格理论与实践》2012 年第 1 期,第 43-44 页。

其主要寄主,幼虫会对人造成皮肤过敏,能在恶劣环境下存活 8 年,对一般有机磷农药有耐药性。数据显示,黄埔检验检疫局 2015 年共进口大米 1769 批,959 634 吨,同比分别增长 32.8% 和 39.08%,检出 66 种一般性害虫,618 批次,包括检疫性活虫谷斑皮蠹、红火蚁,以及米象、锯谷盗、赤拟谷盗等。[①] 这些不符合植物检疫要求的大米,未经出口方和我国检验检疫机构检疫,一旦通过网购跨境电子商务方式进行销售并流入我国消费者手中,势必造成恶劣影响。目前,我国检验检疫机构对网购保税跨境电子商务入境的食品监管工作中仍然存在许多漏洞,找出并分析跨境网购食品监管中存在的问题及原因,进一步规范网购跨境电子商务进口食品的监管工作,创新监管思路,已成为当前迫切工作。

(二) 对策建议

1. 严格管理国外转基因食品的进口,为发展我国粮食生产提供契机

以大豆为例,我国是世界上最大的转基因大豆进口国[②]。有资料显示,ADM、嘉吉、邦吉、路易达孚等跨国公司通过参股、控股控制了国内大豆压榨业,占有我国 75% 以上的油脂市场原料与加工及食用油供应[③]。虽然国家做出禁令,在大豆食用油加工领域只允许中方控股,但从 ADM 收购华农集团湛江油脂厂 30% 的股份,却取得了 70% 的原料采购权来看,这一禁令未能有效地保护国内大豆产业。转基因大豆的大量涌入严重影响了我国大豆种植业和压榨业,对我国大豆种质资源的安全、生物的多样性、生态安全、消费者的生命健康也构成了潜在的威胁。鉴于国内粮食产业竞争力极为脆弱,国家应采取综合措施,限制转基因食品的进口,征收反倾销、反补贴税,提高进口食品整体关税水平,避开国外在转基因食品上的专利、技术和成本优势,推动我国粮食生产,为我国粮食产业竞争力的提高提供契机。

2. 进一步加大对国内农食行业的保护力度

保护和支持农业,应当成为我国制定农业政策的基本依据,也是保持我国食品安全独立性以保持足够的粮食生产能力的前提条件。全球各国对本国农业的发展都采取了不同程度的保护政策和措施。美国的农业现代化水平居世界前列,粮食生产能力和潜力巨大,素有世界粮仓之称。但出于农业全球战略的需要,从 20 世纪 30 年代开始,美国制订了一整套农业生产和贸易保护政策。欧盟国家与日本等仍然坚持某种程度的农业保护,保持一定的独立性,以维护本国粮食的安全供应。日本基于战略的考虑,尽管大米的生产成本早已数倍于国外,仍然坚持自给方针。印度等发展中国家也实施食物安全的政策。我国长期实施向工业倾斜的国民经济发展战略,农业保护政策措施落实不到位,弱化了农业的产业地位;农民经济收入水平低下,城乡差距不断扩大,严重挫伤了农民种粮积极性;耕地改园、改塘等不合理的结构调整挤占了大量优质耕地,造成耕地资源大量流失。在 WTO 框架下,应制定和实施《农业协议》所允许的农业"绿箱政策"。其中,增加农业科研投资力度、加强农业科技队伍建设、推动农业科技进步将是关注农业和支持保护农业的最佳切入点。

3. 鼓励和支持粮食种植技术研发和推广

与国外相比,我国粮食种植成本一直居高不下,并呈持续上升的态势。如何通过技术研

---

① 《进口食品靠谱吗　口岸抽检有真相》,https://www.xywy.com/nk/fob1567184.html.

② 邵海鹏:《非转基因大豆生产遍布全球,去年中国进口 150 万吨》,《第一财经日报》2022 年 9 月 15 日 A06 版。

③ 《国企联手挑战外资,争夺粮油市场话语权》,《新京报》2011 年 11 月 31 日。

发和推广,快速提高单产水平,降低种植成本,成为当前我国粮食生产面临的主要问题。从后起国成长的经验来看,国家政策对国内某一行业的技术进步和国际竞争力的提升有着深远的影响。政府鼓励技术进步可以采用多种途径,如:通过政策性收购,形成对技术创新产品的庞大市场需求,保证技术创新企业资金链的畅通,吸引更多的生产者进行技术创新;对技术引进市场加强调控,确保技术转让和推广的顺利实现;对技术研发活动给予资助和信贷支持,增加基础研究经费;加强对创新技术的知识产权保护;等等。技术研发和推广不限于粮食的种植,我国还应合理调整产业政策,深度开发高端产品,推动粮食加工行业的技术发展,提升产业整体效益。

4. 建立健全外贸物流体系，降低粮食流通成本

粮食流通是一个由生产到消费的过程,流通既是生产的结果,又是生产的前提。粮食生产出来以后,能否通过流通顺利地实现由价值的生产到价值的实现的"惊险一跃",直接关系着再生产的顺利进行和进一步发展。以大豆为例,我国大豆国内流通的主要方式是铁路运输,运输成本较高,流通范围有限。根据原铁道部等网站信息整理,2012 年,黑龙江大豆运往广东的每吨平均运输价为 239.5 元,约为运往山东的每吨平均运输价的 2.6 倍,约为运往江苏的每吨平均运输价的 2.65 倍。受运输成本费用居高不下的影响,目前江苏的压榨企业采购国产大豆的最终价格已与进口大豆持平或略高于进口大豆。[①] 此外,国家流通政策、流通基础设施和流通经营方式等的滞后都是制约我国大豆竞争力的现实因素。因此,借鉴美国、巴西和阿根廷的大豆流通模式,完善流通法规和体系的建设,进一步规范流通市场,减少粮食流通环节的浪费现象,降低粮食物流成本,也是当前促进我国粮食生产的关键。

5. 完善跨境网购进口食品的安全监管

完善对跨境网购进口食品的安全监管,首先,必须明确对跨境网购食品的定性,明确通过网购保税电子商务进境的食品应当按进口对待。进一步说,网购保税跨境电商食品属于进口食品。相应的,通过跨境网购进境的食品,应当比照《食品安全法》的进口食品定性监管,网购食品应纳入一般食品进口监管,网购进口食品的准入门槛与传统贸易再无差异,跨境网购食品的进口也要遵守相关备案或注册的规定,不得规避各项前置审查审批、检验检疫和监管要求。其次,跨境网购进口食品的监管对监管创新提出了新的要求。以标签管理为例,中文标签一直是困扰进口食品的主要问题。线下的进口食品经过这些年的治理已经相对成熟,但跨境网购进口食品的中文标签问题却比较复杂,近年来各地的司法判例存在两种截然不同的观点。2015 年 5 月,熊某以违反了我国《食品安全法》第 66 条规定为由,起诉某跨境电商公司的实体店销售的荷兰某品牌奶粉包装无中文标签说明,法院判熊某败诉。[②] 而早前苏州法院却在一起跨境电商案例中,支持了产品无中文标识获 10 倍赔偿的请求。[③] 可见,如何在跨境网络食品进口监管中,创设既符合业态特点,又满足《食品安全法》要求的标签管理制度,已成为当前完善跨境网购进口食品监管的迫切要求。具体措施可引入电子中文标签管理,明确电子标签承载的具体信息以及相应的电子标签本身的监管性问题。

---

① 裴育:《全球价值链下大豆运输成本研究》,载百度文库。
② 赵衡:《跨境电商进口产品不合格　消费者如何维权》,《检察日报》2017 年 2 月 25 日。
③《苏州一网购消费者获十倍赔偿　食品上没有中文字》,https://www.xywy.com/nk/olb1583669.html。

第三节　我国食品出口安全监管

近年来我国不断曝光的食品安全事件,不仅危及广大居民的日常生活,还严重影响到我国的食品出口。为了保证出口食品的质量与安全,在食品出口安全监管方面,我国先后颁布或修订了《食品安全法》及其实施条例、《国境卫生检疫法》及其实施细则、《进出口商品检验法》及其实施条例、《进出境动植物检疫法》及其实施条例,以及《进出口食品安全管理办法》《出口食品生产企业申请境外注册管理办法》《国务院关于加强食品等产品安全监督管理的特别规定》《出口食品生产企业备案管理规定》等一系列出口食品安全管理法律法规,由海关总署主管全国出口食品安全监督管理工作,各级海关负责所辖区域出口食品安全监督管理工作,逐步建立了一套囊括源头备案、过程监督、产品抽检的出口食品安全监管体系,不断完善种植养殖源头、生产加工过程和装运出口等环节的各项监管制度,有效保障了我国出口食品的安全。

一、源头监管

(一) 出口食品原料种植、养殖场备案制度

为了便于监管部门及时掌握食品生产企业的生产状况,规范出口食品生产企业和食品原料种植、养殖行为,将出口食品的监管工作向生产领域延伸,鼓励出口食品生产企业提高管理水平和出口食品的质量,从源头把好质量关,我国对出口食品原料种植、养殖场实行备案管理,由其所在地海关负责基地备案的申请受理、考核、批准、发证和日常监管工作,海关总署统一公布出口食品原料种植、养殖场备案名单,名单所列原料种植、养殖场应当向所在地海关备案。

备案程序和要求由海关总署制定。种植场、养殖场所在地主管海关受理申请后应当进行文件审核,必要时可以实施现场审核。审核内容包括:种植场、养殖场的土壤和灌溉用水检测;种植场、养殖场建立的各项质量安全管理制度,包括组织机构、农业投入品管理制度、疫情疫病监测制度、有毒有害物质控制制度、生产和追溯记录制度等;种植场、养殖场农业化学品使用。审核符合条件的,予以备案并公示,企业可在行政相对人统一管理系统和中国海关企业进出口信用信息公示平台上查询。

海关依法采取资料审查、现场检查、企业核查等方式,对备案原料种植、养殖场进行监督。针对种植场申请人更名、种植场位置或者面积发生重大变化、种植场及周边种植环境有较大改变,以及其他较大变更情况,种植场、养殖场申请人应当自变更之日起 30 天内重新申请备案。对于转让、借用、篡改种植场、养殖场备案编号,对重大疫情及质量安全问题隐瞒或谎报,拒绝接受海关监督检查,使用中国或进口国家(地区)禁用农药,产品中有毒有害物质超标一年内达到 2 次,用其他种植场、养殖场原料冒充本种植场原料,种植场、养殖场备案主体更名、位置或者面积发生重大变化,或者种植场、养殖场及周边种植环境有较大改变的,海关可以取消其备案编号。

海关依法对备案原料种植、养殖场开展稽查、核查。出口食品生产企业生产的出口食品

未按照规定使用备案种植、养殖场原料的,尚不构成犯罪的,由海关没收违法所得和违法生产经营的食品、食品添加剂,并可以没收用于违法生产经营的工具、设备、原料等物品;违法生产经营的食品、食品添加剂货值金额不足 1 万元的,并处 5 万元以上 10 万元以下罚款;货值金额 1 万元以上的,并处货值金额 10 倍以上 20 倍以下罚款;情节严重的,吊销许可证。

(二) 出口动植物源性食品残留监控

为进一步提高我国出口动物源性食品的安全卫生质量,保护消费者的身体健康,确保我国出口动物源性食品监控工作的顺利进行,适应国际市场新形势的需要,2012 年国家质量监督检验检疫总局发布了《出口动物及动物源性食品残留监控技术规范》,加大对直属检验检疫局和商品检验研究所残留监控工作的管理,增加经费投入和加强残留实验室的建设,提高检测能力和检测水平,确保残留监控的工作质量。抽样单位在抽取监控样品时要尽可能考虑在源头,如养殖场和养殖环节抽取样品,以真正反映养殖实际用药情况和确保可追溯性。各检测实验室要严格按照《残留分析质量控制指南》的要求开展分析测试工作,设定质量控制样品以保障分析测试质量,确保检测工作的质量和结果的准确有效。各检验检疫局在实施动物源性食品残留监控计划过程中,要进一步加强与当地农牧部门的协作和信息交流,及时协调并解决残留监控工作中的重大问题,了解并掌握当地兽药的销售、使用和管理实际情况,协调一致地做好本辖区内残留监控计划的制订、实施和监督检查,做好阳性案件的查处和残留监控实验室检测技术的统一应用等工作。

二、主体监管

(一) 备案管理制度

为加强出口食品生产企业食品安全卫生管理,我国实行出口食品生产企业备案管理制度。海关总署负责统一组织实施全国出口食品生产企业备案管理工作,我国境内出口《实施出口食品生产企业备案的产品目录》内食品、具有独立法人资格并依法取得食品生产许可证的食品生产、加工、储存企业(不包括出口食品添加剂、食品相关产品的生产、加工、储存企业),应当向住所地海关备案。海关总署统一公布出口食品生产企业名单,备案程序和要求由海关总署制定。出口食品生产企业未依法履行备案法定义务的,其产品不予出口。

出口食品生产企业应当建立和实施以危害分析和预防控制措施为核心的食品安全卫生控制体系,该体系还应当包括食品防护计划。出口食品生产企业应当保证食品安全卫生控制体系有效运行,确保出口食品生产、加工、储存过程持续符合我国相关法律法规和出口食品生产企业安全卫生要求,以及进口国(地区)相关法律法规要求。申请备案时,应当向所在地海关提交企业生产条件、产品生产加工工艺、食品原辅料和食品添加剂使用以及卫生质量管理人员等基本情况的证明材料,并对其真实性负责。

海关依法开展备案工作和事中事后监管工作。需要开展稽核查工作的,可以提出业务管理类稽核查要求;风控部门在风险分析和联合研判过程中发现后续监管风险时,可以下达风险处置类稽核查指令;稽核查部门通过"双随机、一公开"方式,按照稽核查指令依法对出口食品生产实施稽核查,属地查检部门按照具体要求开展出口申报前查检作业。

出口食品生产企业应当在运输包装上标注生产企业备案号。企业名称、法定代表人、营业执照等备案事项发生变更的,应当及时申请办理变更手续。出口食品生产企业生产地址搬迁、新建或者改建生产车间以及食品安全卫生控制体系发生重大变更等情况的,应当在变更前重新办理备案。食品进口商备案内容发生变更,未按照规定向海关办理变更手续,情节严重的,海关处以警告。食品进口商在备案中提供虚假备案信息的,海关处 1 万元以下罚款。

出口未获得备案出口食品生产企业生产的食品的,尚不构成犯罪的,由海关没收违法所得和违法生产经营的食品、食品添加剂,并可以没收用于违法生产经营的工具、设备、原料等物品;违法生产经营的食品、食品添加剂货值金额不足 1 万元的,并处 5 万元以上 10 万元以下罚款;货值金额 1 万元以上的,并处货值金额 10 倍以上 20 倍以下罚款;情节严重的,吊销许可证。

海关总署制定《实施备案管理的出口食品原料品种目录》,出口食品的原料列入目录的,应当来自备案的种植、养殖场。海关总署统一公布出口食品原料种植、养殖场备案名单。列入名单内的出口食品原料种植、养殖场需要备案。种植、养殖场应当建立原料的生产记录制度,禁止在农产品生产过程中使用国家明令禁止使用的农业投入品,按照法律、行政法规和主管部门的规定,合理使用农业投入品,严格执行农业投入品使用安全间隔期或者休药期的规定,防止危及农产品质量安全,建立农产品质量安全管理制度,健全农产品质量安全控制体系,加强自律管理,依照进口国家(地区)食品安全标准和中国有关规定使用农业化学投入品,并建立疫情疫病监测制度。备案种植、养殖场应当为其生产的每一批原料出具出口食品加工原料供货证明文件。

(二) 对外推荐注册

境外国家(地区)有注册要求的,出口食品生产企业及其产品应当先获得该国家(地区)主管当局注册批准,其产品方能出口。企业注册信息情况以进口国家(地区)公布为准。境外国家(地区)对我国输往该国家(地区)的出口食品生产企业实施注册管理且要求海关总署推荐的,出口食品生产企业须向住所地海关提出申请,住所地海关进行初核后报海关总署。为维护我国出口食品生产企业合法权益,规范出口食品生产企业申请境外注册管理工作,海关总署结合企业信用、监督管理以及住所地海关初核情况组织开展对外推荐注册工作,统一向该国家(地区)主管当局推荐。

出口食品生产企业申请境外注册应当具备下列条件:①已完成出口食品生产企业备案手续;②建立完善可追溯的食品安全卫生控制体系,保证食品安全卫生控制体系有效运行,确保出口食品生产、加工、贮存过程持续符合中国相关法律法规、出口食品生产企业安全卫生要求;③进口国家(地区)相关法律法规和相关国际条约、协定有特殊要求的,还应当符合相关要求;④切实履行企业主体责任,诚信自律、规范经营,且信用状况为非海关失信企业;⑤一年内未因企业自身安全卫生方面的问题被进口国(地区)主管当局通报。

出口食品生产企业申请境外注册时,应当通过信息化系统向住所地海关提出申请,提供以下申请材料并对其真实性负责:①出口食品生产企业境外注册申请书;②出口食品生产企业申请境外注册自我评估表;③企业生产条件(包括但不限于厂区布局图、车间平面图、人流/物流图、水流/气流图、关键工序图片等)、生产工艺等基本情况;④企业建立的可追溯的食品安全卫生控制体系文件;⑤进口国家(地区)要求的随附资料。海关根据企业申请组织评审,结合企业信用、监督管理、出口食品安全等情况,符合条件的向进口国家(地区)主管当局推荐。需经进口国家(地区)主管当局现场检查合格方能获得注册资格的,出口食品生产企业应当按照进口国家（地区）的要求配合做好相关检查工作。获得境外注册的企业，应当每年就是否能够持续符合进口国家（地区）注册条件进行自我评定，并向住所地海关报告，接受进口国家（地区）主管当局和海关实施的监督检查，如实提供有关情况和材料。

出口食品因安全问题被国际组织、境外政府机构通报的，海关总署应当组织开展核查，并根据需要实施调整监督抽检比例、要求食品出口商逐批向海关提交有资质的检验机构出具的检验报告、撤回向境外官方主管机构的注册推荐等控制措施。

以水果出口为例，我国与输入国家或者地区签订的双边协议、议定书等明确规定，或者输入国家或者地区法律法规要求对输入该国家的水果果园和包装厂实施注册登记的，海关应当按照规定对输往该国家或者地区的出境水果果园和包装厂实行注册登记。我国与输入国家或地区签订的双边协议、议定书未有明确规定，且输入国家或者地区法律法规未明确要求的，出境水果果园、包装厂可以向海关申请注册登记。申请注册登记的出境水果果园应当具备以下条件：①连片种植，面积在 100 亩以上；②周围无影响水果生产的污染源；③有专职或者兼职植保员，负责果园有害生物监测防治等工作；④建立了完善的质量管理体系，质量管理体系文件包括组织机构、人员培训、有害生物监测与控制、农用化学品使用管理、良好农业操作规范等有关资料；⑤近两年未发生重大植物疫情；⑥双边协议、议定书或者输入国家或者地区法律法规对注册登记有特别规定的，还须符合其规定。申请注册登记的出境水果包装厂应当具备以下条件：①厂区整洁卫生，有满足水果贮存要求的原料场、成品库；②水果存放、加工、处理、储藏等功能区相对独立、布局合理，且与生活区采取隔离措施并有适当的距离；③具有符合检疫要求的清洗、加工、防虫防病及除害处理设施；④加工水果所使用的水源及使用的农用化学品均须符合有关食品卫生要求及输入国家或地区的要求；⑤有完善的卫生质量管理体系，包括对水果供货、加工、包装、储运等环节的管理，对水果溯源信息、防疫监控措施、有害生物及有毒有害物质检测等信息有详细记录；⑥配备专职或者兼职植保员，负责原料水果验收、加工、包装、存放等环节防疫措施的落实、有毒有害物质的控制、弃果处理和成品水果自检等工作；⑦有与其加工能力相适应的提供水果货源的果园，或者与供货果园建有固定的供货关系；⑧双边协议、议定书或者输入国家或者地区法律法规对注册登记有特别规定的，还须符合其规定。申请注册登记的果园和包装厂，应当向所在地海关提出书面申请，海关对提交的申请资料进行审核，并组织专家组进行现场考核，作出准予注册登记或者不予注册登记的决定。我国与输入国家或者地区签订的双边协议、议定书等明确规定，或者输入国家或者地区法律法规要求对输入该国家或者地区的水果果园和包装厂实施注册登记的，出境水果果园、包装厂应当经海关总署集中组织推荐，获得输入国家或地区检验检疫部门认可后，方可向有关国家输出水果。海关对所辖地区出境水果果园、包装厂进行有害生物监测、有毒有害物质监控和监督管理。监测结果及监管情况作为出境水果检验检疫分类管理的重要依据。出境水果果园、包装厂应当采取有效的有害生物监测、预防和综合管理措施，避免和控制输入国家或者地区关注的检疫性有害生物发生。出境水果果园和包装厂应当遵守相关法规标准，安全合理使用农用化学品，不得购买、存放和使用我国或者输入国家或者地区禁止在水果上使用的化学品。出境水果包装材料应当干净卫生、未使用过，并符合有关卫生质量标准。输入国家或者地区有特殊要求的，水果包装箱应当按照要求，标明水果种类、产地以及果园、包装厂名称或者代码等相关信息。海关在每年水果采收季节前对注册登记的出境水果果园、包装厂进行年度审核，对年审考核不合格的果园、包装厂限期整改。

出境水果果园、包装厂应当建立稳定的供货与协作关系。包装厂应当要求果园加强疫情、有毒有害物质监测与防控工作,确保提供优质安全的水果货源。注册登记果园向包装厂提供出境水果时,应当随附产地供货证明,注明水果名称、数量及果园名称或者注册登记编号等信息。

(三) 分类定级监管制度

为了合理配置监管资源,科学管理出口食品企业和出口食品,提高出口食品生产加工环节质量安全监督水平和效能,鼓励企业强化自律,我国对出口企业实施分类管理,并按照根据国际通行的合格评定程序确定的检验监管方式,对出口食品实施检验。如海关总署及主管海关根据质量管理、设施条件、安全风险防控、诚信经营状况,对国内出口饲料生产、加工、存放企业和粮食出口企业实施分类管理。针对不同级别的企业,在出境检验检疫查验及日常监管等方面采取相应的检验检疫监管措施,有效健全了出口食品生产加工环节的动态调整与长效监管机制。

三、产品监管

(一) 检验检疫制度

我国对出口食品实施强制性检验。海关总署统一管理全国出境食品检验检疫工作,主管海关负责所辖地区出境食品检验检疫工作。海关总署制定、调整必须实施检验的出口食品目录,对列入目录的出口食品以及法律、行政法规规定须检验的其他出口食品实施检验(简称出口法定检验);对出口法定检验以外的出口食品,根据国家规定实施抽查检验。

海关根据便利对外贸易的需要,对出口企业实施分类管理,并按照根据国际通行的合格评定程序确定的检验监管方式,对出口食品实施检验。检验内容包括是否符合安全、卫生、健康、环境保护、防止欺诈等要求以及相关的品质、数量、重量等项目。海关总署建立出口食品风险预警机制,通过收集出口食品检验方面的信息,进行风险评估,确定风险的类型,采取相应的风险预警措施及快速反应措施,及时向有关方面提供出口食品检验方面的信息。出口食品经检验检疫不合格,依法可以进行技术处理的,应当在海关监督下进行技术处理,合格后方准出口;依法不能进行技术处理或者经技术处理后仍不合格的,不准出口。

出口食品的发货人或者其代理人,应当在海关规定的地点和期限内,持合同、发票、装箱单、出厂合格证明、出口食品加工原料供货证明文件等必要的凭证和相关批准文件报检。报检时,应当将所出口的食品按照品名、规格、数量、重量、生产日期逐一申报。对依法必须经检验的出口商品以外的出口商品,海关根据国家规定实施抽查检验。主管海关根据出口食品分类管理要求、本地出口食品品种、以往出口情况、安全记录和进口国家(地区)要求等相关信息,通过风险分析制定本辖区出口食品抽检方案。海关按照抽检方案和相应的工作规范、规程以及有关要求对出口食品实施抽检。有双边协定的,按照其要求对出口食品实施抽检。

出境水果检验检疫与监督管理工作也由海关总署统一管理,主管海关负责所辖地区出境水果检验检疫工作。出境水果应当向包装厂所在地海关报检,按报检规定提供有关单证及产地供货证明;出境水果来源不清楚的,不予受理报检。根据输入国家或者地区进境水果检验检疫规定和果园、包装厂的注册登记情况,结合日常监督管理,海关实施相应的出境检验检疫措施。海关根据我国与输入国家或者地区签订的双边检疫协议（含协定、议定书、备忘录等）、输入国家或者地区进境水果检验检疫规定或者要求、国际植物检疫措施标准、我国出境水果检验检疫规定以及贸易合同和信用证等订明的检验检疫要求对出境水果实施检验检疫。海关依照相关工作程序和技术标准实施现场检验检疫和实验室检测，核查货证是否相符，植物检疫证书和包装箱的相关信息是否符合输入国或者地区的要求，检查水果是否带虫体、病症、枝叶、土壤和病虫为害状，发现可疑疫情的，应及时按有关规定和要求将相关样品和病虫体送实验室检疫鉴定。海关对出境水果实施出境检验检疫及日常监督管理。出境水果经检验检疫合格的，按照有关规定签发检验检疫证书、出境货物换证凭单等有关检验检疫证单。未经检验检疫或者检验检疫不合格的，不准出境。出境水果经检验检疫不合格的，海关应当向出境水果果园、包装厂反馈有关信息，并协助调查原因，采取改进措施。出境水果果园、包装厂不在本辖区的，实施检验检疫的海关应当将有关情况及时通知出境水果果园、包装厂所在地海关。

此外，对出境食品需要进行转基因检测或者出具非转基因证明的，货主或者其代理人应当提前向所在地海关提出申请，并提供输入国家或者地区官方发布的转基因产品进境要求。海关受理申请后，根据法律法规规定的主管部门发布的批准转基因技术应用于商业化生产的信息，按规定抽样送转基因检测实验室作转基因项目检测，依据出具的检测报告，确认为转基因产品并符合输入国家或者地区转基因产品进境要求的，出具相关检验检疫单证；确认为非转基因产品的，出具非转基因产品证明。

（二）有毒有害物质监控制度

2004 年我国开始实施出口食品中有毒有害物质监控计划，逐步建立出口食品有毒有害物质监控体系。出口食品有毒有害物质监控工作遵循风险分析和预防为主原则，通过在全国范围内采集能真实反映出口食品中有毒有害物质含量的区域分布和变化趋势的样品，对关注的有毒有害物质按规定的方法进行检测，并通过对监控结果进行有效评估，全面、准确掌握境内的植物源性食品中有毒有害物质存在的规律和变化趋势，制定并采取相应的控制措施，保证出口食品检验检疫和监控工作的针对性和有效性。监控物质的选取原则包括：我国和主要进口国（地区）禁止、限制使用的或被关注的有毒有害物质；植物源性食品在种植、栽培、养护、保鲜、加工、包装、储藏和运输中使用或接触的化学品；通过环境污染等途径可能影响出口植物源性食品的有毒有害物质。以出境水生动物为例，海关总署负责制定有毒有害物质监控计划，直属海关根据监控计划制定实施方案，上报年度监控报告。取得注册登记的出境水生动物养殖场、中转场应当建立自检自控体系，并对其出口水生动物的安全卫生质量负责。海关对辖区内注册登记的养殖场和中转场有毒有害物质自检自控实施日常监督管理，并根据上一年度有毒有害物质监控情况，建立良好记录企业名单和不良记录企业名单，对相关企业实行分类管理。

（三）标签管理制度

我国对出口食品标签的管理已经走上标准化的轨道。随着《食品标签通用标准》《标准化法》《进出口食品标签管理办法》的相继出台，出口食品标签的标注越来越规范。[①] 为进一

---

① 陶英等：《对进出口食品标签审核工作的几点思考》，《中国国境卫生检疫杂志》2005 年第 7 期，第 64－66 页。

步规范进出口预包装食品标签的检验监督管理,完善食品质量安全的制度保障,2012 年 4 月 20 日食品安全国家标准《预包装食品标签通则》(GB 7718—2011)正式实施。预包装食品,是指预先定量包装或者制作在包装材料和容器中的食品,包括预先定量包装以及预先定量制作在包装材料和容器中并且在一定量限范围内具有统一的质量或体积标识的食品。根据《进出口预包装食品标签检验监督管理规定》的规定,出口食品生产经营者应当保证其所进出口的预包装食品的标签符合进口国(地区)相关法律法规、标准或者合同要求,诚实守信,如实提供相关材料,对社会和公众负责,接受社会监督,承担社会责任。进口国(地区)无要求的,出口预包装食品标签应符合我国相关法律法规及食品安全国家标准的要求。海关总署主管全国出口预包装食品标签检验监督管理工作,对标签进行格式版面检验,并对标签标注内容进行符合性检测。出口预包装食品标签检验不合格的,应当在海关监督下进行技术处理,在重新检验合格之前,应继续在海关指定或者认可的监管场所存放,未经允许,任何单位或者个人不得动用;不能进行技术处理或者技术处理后重新检验仍不合格的,不准出口。海关应记录标签检验情况,并归档保存,档案保存期限不少于 2 年。

四、风险监管:出口食品安全信息管理和风险管理

(一)信息和信用管理制度

出口食品安全信息管理是食品安全工作决策和政策制定的重要依据,也是企业实现食品安全控制、消费者了解食品安全信息的科学指南。在国际贸易中,对于进出口食品是否存在安全隐患,是否含有有害物质,其他国家对食品检验检疫的要求是什么等信息的及时获取,往往存在较大的困难。出入境检验检疫部门在从事出口食品监管及具体的检验检疫工作中,掌握了大量的国际食品安全方面的信息。这些信息如果能和企业、消费者一起分享,就能及时采取相应措施,有效避免食品安全事故的发生。因此,《食品安全法》规定,国家出入境检验检疫部门应当收集、汇总出口食品安全信息,并及时通报相关部门、机构和企业。这里的“相关部门”主要指在食品安全监管过程中承担一定职责的部门,包括卫生行政部门、农业行政部门、工商行政管理、食品安全监督管理部门等。“相关机构”指食品检验机构、认证机构、食品行业协会等组织。通报的“食品安全信息”包括:①出入境检验检疫机构对出口食品实施检验检疫发现的食品安全信息;②国际组织、境外政府机构发布的风险预警信息及其他食品安全信息;③境外食品行业协会等组织、消费者反映的食品安全信息;④其他食品安全信息。

《进出口食品安全管理办法》进一步明确,海关总署依照《食品安全法》第 100 条的规定,收集、汇总进出口食品安全信息,建立进出口食品安全信息管理制度。各级海关负责本辖区内以及上级海关指定的进出口食品安全信息的收集和整理工作,并按照有关规定通报本辖区地方政府、相关部门、机构和企业。通报信息涉及其他地区的,应当同时通报相关地区海关。海关收集、汇总的进出口食品安全信息,除《食品安全法》第 100 条规定的内容外,还包括境外食品技术性贸易措施信息。海关应当对收集到的进出口食品安全信息开展风险研判,依据风险研判结果,确定相应的控制措施。

此外,《食品安全法》规定,国家出入境检验检疫部门对出口商和出口食品的生产企业实施信用管理,建立信用记录,并依法向社会公布。对有不良记录的出口商和出口食品生产企

业,加强对其出口食品的检验检疫。《进出口食品安全管理办法》进一步明确,海关依法对出口企业实施信用管理。为了有效实施我国缔结或者参加的优惠贸易协定项下的经核准出口商管理制度,海关对经核准出口商实施信用管理。对于符合海关总署规定的企业信用等级的经核准出口商,经海关依法认定,可以对其出口或者生产的、具备相关优惠贸易协定项下原产资格的货物开具原产地声明。

(二) 风险监测制度

海关制定年度国家出口食品安全风险监测计划,系统和持续收集出口食品中食源性疾病、食品污染和有害因素的监测数据及相关信息。以粮食出口为例,海关总署对出境粮食实施安全卫生项目风险监控制度,制定进出境粮食安全卫生项目风险监控计划。海关总署及主管海关建立粮食质量安全信息收集报送系统,信息来源主要包括:①出境粮食检验检疫中发现的粮食质量安全信息;②出境粮食贸易、储存、加工企业质量管理中发现的粮食质量安全信息;③海关实施疫情监测、安全卫生项目风险监控中发现的粮食质量安全信息;④国际组织、境外政府机构、国内外行业协会及消费者反映的粮食质量安全信息;⑤其他关于粮食质量安全风险的信息。海关总署及主管海关对粮食质量安全信息进行风险评估,确定相应粮食的风险级别,并实施动态的风险分级管理。依据风险评估结果,调整出境粮食检验检疫管理及监管措施方案、企业监督措施等。出境粮食发现重大疫情和重大质量安全问题的,海关总署及主管海关依照相关规定,采取启动应急处置预案等应急处置措施,并发布警示通报。当粮食安全风险已不存在或者降低到可接受的水平时,海关总署及主管海关应当及时解除警示通报。海关总署及主管海关根据情况将重要的粮食安全风险信息向地方政府、农业和粮食行政管理部门、国外主管机构、进出境粮食企业等相关机构和单位进行通报,并协同采取必要措施。粮食安全信息公开应当按照相关规定程序进行。

(三) 食品安全卫生控制体系

出口食品应当符合进口国家(地区)的标准或者合同要求;中国缔结或者参加的国际条约、协定有特殊要求的,还应当符合国际条约、协定的要求。进口国家(地区)暂无标准,合同也未作要求,且中国缔结或者参加的国际条约、协定无相关要求的,出口食品生产企业应当保证其出口食品符合我国食品安全国家标准。海关在依法履行进出口食品安全监督管理职责时,有权查封、扣押有证据证明不符合食品安全国家标准或者有证据证明存在安全隐患以及违法生产经营的食品。为此,出口食品生产企业应当依照我国缔结或者参加的国际条约和协定,以及我国的法律法规和食品安全国家标准从事出口食品生产经营活动,建立完善可追溯的食品安全卫生控制体系,保证食品安全卫生控制体系有效运行,具体包括建立供应商评估制度、进货查验记录制度、生产记录档案制度、出厂检验记录制度、出口食品追溯制度和不合格食品处置制度。相关记录应当真实有效,保存期限不得少于食品保质期期满后 6 个月;没有明确保质期的,保存期限不得少于 2 年。

五、我国出口食品安全监管体系的完善

(一) 存在的问题

目前,我国出口食品安全监管体系仍存在许多问题,食品出口屡屡遭遇国外各种贸易壁垒,主要表现在以下两个方面。

1. 食品质量和安全问题是目前困扰我国食品出口的首要障碍

过去我国食品安全事故频繁发生,从阜阳奶粉事件到苏丹红、福寿螺、多宝鱼、皮革奶、"三鹿奶粉"事件,严重影响了我国食品形象,在全球范围内引起人们对我国食品安全的质疑。我国家禽肉(特别是冻鸡)长期因兽药残留问题而出口欧盟受阻,输韩鸭肉因含有禽流感病毒而受阻,哥伦比亚、肯尼亚等发展中国家也专门发出禁令限制从我国进口乳制品。2007年美国暴发的三聚氰胺污染宠物食品丑闻,在全美造成大批宠物生病或死亡,后来调查显示这些受污染的食品来源于江苏徐州和山东滨州两家企业,随后美国以技术性贸易壁垒(SPS)的形式全面禁止从中国进口植物蛋白。① 近年来虽有好转但我国食品被进口国拒绝、扣留、退货、索赔和终止合同的事件仍时有发生,导致我国出口水果、蔬菜、畜禽产品经常因病虫害、疫病、农兽药残留等"硬伤"而被退货、销毁甚至全面禁止出口。

从这些争端来看,主要原因是我国检验设备和技术落后,食品安全管理和农产品出口管理体制尚不健全,农产食品质量和动植物检疫标准达不到发达国家食品安全标准。其中农药、兽药残留标准和病虫害及传染病等问题,由于涉的农产品范围比较广、影响程度比较大,并且在SPS协定规定不甚明确的情况下,成为一些国家限制我国食品出口的灰色区域。我国农业主要以小规模生产模式为主,农产品的农药残留、化肥残留、生产标准化等问题难以得到根本解决,进而导致最终的食品质量难以得到保障,这是我国食品出口遭遇"绿色贸易壁垒"的主要根源。

2. 食品标准不完善,执行状况较差

与国际通用食品标准比较,我国食品标准具有以下特点。一是有些食品标准未引用国际通用食品卫生标准的有关规定,而是根据我国实情自行设定,造成我国某些食品标准与相应的国际通用食品标准出现矛盾、重复或交叉。二是质量标准过多过杂,且同一类型的产品,质量指标常常不同。三是我国标准在制定过程中对危险性评价重视不够,有些标准在制定时没有进行过严格的危险性评价,而是凭一些背景资料,少量实验数据或工作经验制定出来。四是标准名称用语和分类不同,有些实际是卫生技术法规,这常常造成国际贸易中的误会。② 五是有些指标在某些国际通用标准中不作要求,但由于中国国情还需要继续使用,如细菌总数和大肠菌值。

以食品安全国家标准《食品中农药最大残留限量》(GB 2763—2021)为例,有学者研究发现,部分农药的判定限量暂未覆盖全部食品品种,存在部分品种检出浓度较高却不能采用GB 2763—2021判定的情况。针对水产品仅设置六六六、滴滴涕两项农残限量,对其他农药尚未系统性地制定残留限量。2020年权威媒体曾报道海参养殖阶段存在故意投放敌敌畏等农药情况。此外,标准中仅对单一组分农药的最大残留限量做出了相应规定,暂未明示多组分农药混合使用时的限量要求。以某地区一种植主体内抽检的某合格水果样品为例,检出农药残留15种,除虫螨腈、哒螨灵、异菌脲等暂未制订最大残留限量的农药外,其余组分的检出值均低于标准限量,但总体农药残留量却已达到较高浓度。单一组分的农药产生的毒性效应较低,但多组分同时残留可能产生毒性叠加效应。③

---

① 王静:《西部农产品对外贸的制约因素与可持续发展策略》,《国际经贸探索》2011年第8期,第25-32页。
② 陈亚非:《我国食品标准急需与国际接轨》,《中国标准化》2004年第1期,第57-60页。
③ 李文娟、周敏、李雅等:《我国食品中农药最大残留限量制定现状及相关建议》,《食品与药品》2022年第5期,第482-488页。

外贸实践中，我国现行食品标准与国际标准不一致的现象，极易导致我国食品被国外拒绝进口，从而造成巨大损失。以韩国为例，2019 年韩国实施关于实施全部农产品中农药肯定列表制度，对未制定农药残留标准的农产品，严格按照"一律标准"0.01 mg/kg 进行管理。2021 年，韩国食品和药物安全部向世贸组织成员先后发出 7 份通报，大规模删除和调整限量标准。韩国是我国农产品第四大出口目的国，我国主要向韩国出口粮食及其制品、蔬菜、水果、水产品等。此次通报 G/SPS/N/KOR/733 中涉及的拟撤销限量的 47 种农药，其中敌草快、马拉硫磷、灭多威、氧乐果、矮壮素、三唑醇、三唑磷、三氯吡氧乙酸、戊菌唑、亚胺硫磷、精吡氟禾草灵、甲基嘧啶磷、增效醚、丁醚脲、二氯喹啉酸、三乙膦酸铝等 16 种的 221 项农药的最大残留限量的撤销可能对我国农产品贸易产生影响。马拉硫磷和甲基嘧啶磷在我国广泛用作仓储防护剂，主要登记在谷物原粮上，且有机磷类杀虫剂具有残留期长的特点。我国制定的甲基嘧啶磷在稻谷、小麦、全麦粉上的残留限量标准为 5 mg/kg，在糙米和小麦粉上的残留限量标准为 2 mg/kg。韩国此次删除了甲基嘧啶磷在多种作物上的临时残留限量标准，执行一律限量标准，应引起我国谷物出口企业的高度关注。[1]

（二）对策建议

1. 加强品牌建设，充分发挥我国非转基因食品的绿色优势

近年来，各国纷纷掀起绿色消费浪潮。德国学者巴得加的研究认为，一个消费者对污染问题的认识程度会影响他对环保的态度，对环保的态度又会影响他对绿色生活方式的态度，对绿色生活方式持积极态度的人会参与绿色产品的购买和消费活动。[2] 在此逻辑下，随着消费者对与自身健康相关的产品的认识程度的增加，越关心健康的人就越会对绿色食品产生更强的购买欲望，未来非转基因食品的市场潜力无限。

我国地大物博，拥有许多天然特色优势食品，以大豆为例，我国是大豆的原产国，也是世界上最适宜大豆种植的地区之一，绿色、有机、非转基因是我国大豆的突出优势。我国非转基因大豆的种植量超过生产总量的 95%，高于巴西 70% 的比例，更高于美国和阿根廷 32%和 50% 的水平，欧盟、日本等国家（地区）的食品生产企业纷纷将我国作为非转基因大豆的供应基地。有鉴于此，我国应充分发挥非转基因食品的绿色优势，大力支持非转基因食品的生产，在粮食主产区建立非转基因粮食保护区，完善非转基因食品产业链建设，积极申报非转基因食品地理标志，推动非转基因食品的认证工作，从非转基因粮食的播种到田间管理、收获、运输、加工、出口的整个生产供应链，通过严格的控制、检测、可追踪信息，保证我国非转基因食品"身份"的纯粹性，提升我国非转基因食品的产品价值和知名度。消费者也可追溯其产品的来源、原料、质量等多种信息，增加对我国非转基因品牌的认可度。

2. 完善食品标准体系，积极推广食品出口行业标准

针对我国食品标准存在标准制定部门多、标准交叉重复矛盾等问题，今后要继续加强食品标准的立法和各项食品标准法规的简化和修订，要有国家专门机构制定统一的食品安全标准，使一种产品只有一个清晰明确的标准，打破以往标准混乱的情况。同时，考虑到发达国家在食品安全标准制定方面起步较早，经过几十年的发展，已形成了较完善的食品安全标

① 庄慧千、崔淑华、陈增龙等：《韩国大规模调整食品中农药最大残留限量标准对我国农产品出口影响及预警》，《农药科学与管理》2021 年第 11 期，第 29 - 34 页。

② 周宏春：《绿色消费的社会治理体系研究》，https://www.sohu.com/a/378902018_100020647.

准体系,而且许多标准已成为国际标准,因此,我国应积极借鉴发达国家标准制定的经验,在考虑我国现实情况和与国际接轨能力的基础上,建立符合国际食品法典委员会原则的全面统一的食品安全标准体系。

这里的借鉴不是简单盲目地借用其他国家的标准和国际标准,而是先收集大量的资料、调查研究、筛选对比,并综合其他相关因素来选定指标限值,根据调查研究结果充分考虑标准的可行性,考虑现有的危险性评价结果或进行新的危险性评价,考虑我国的饮食消费特点,在一些具有中国特色的食品的标准制定上,充分发挥我国的优势,建立自己的标准,让我国的标准影响食品国际贸易标准的形成,让国外进口食品按照我们的标准生产。

目前我国在国际通用食品标准的制订与修订工作上缺少参与。例如,我国特产竹笋的标准是马来西亚制定的,面条标准是意大利制定的,矿泉水标准是法国制定的。我国在标准的制定上还处于起步阶段。因此,积极了解并参与食品法典有关标准的制定,使我国食品标准尽快与国际接轨,对提高我国食品安全管理水平、保证国民身体健康及在国际贸易中维护自身利益均有重大意义。

3. 确保食品安全,着力打造绿色食品生产链

食品供应链包括从育苗到大田管理、农畜产品加工、保鲜直至流通、市场销售、废弃物回收等所有流程。食品科技、信息和标准化等因素影响着食品供应链的始终。"市场信息指导＋科技推广＋农资连锁经营＋整合型生产物流机制＋食品安全认证与标准化"模式是一个较好的选择。该环节一般可分为生产前、生产中和生产后三个阶段。"信息指导＋科技推广＋农资连锁经营"是打造食品供应链的前提,应尝试实施整合型生产物流机制,将农作物耕作、田间管理及农产品的收获、加工、存储等作业统筹由共同机制运作,引入 HACCP 和 ISO 系列标准和认证,确保食品安全,着力打造绿色食品生产链。

4. 完善农产品追溯管理体系,确保食品安全

实行市场准入制度,建立健全农产品质量管理体系,制定包括包装、质量等方面的相关标准,尽快与国际食品质量体系接轨。基于先进的条码技术和信息化手段,制定 RFID 条码质量追溯系统解决方案,使用 RFID 对食品生产、加工、存储和销售的全过程进行跟踪。追溯食品的生产和加工过程,能够有效地加强对食品的管理,降低食用农产品中化肥农药的残留量、防止有毒有害产品进入市场,确保我国食品的安全与出口。

5. 强化信息管理,完善食品出口安全预警机制

食品具有鲜活等特点,对信息的依赖性很强,政府要加大信息化建设的扶持力度,加强市场信息硬件的基础设施建设,建立食品信息网络,发挥信息中心作用,实现市场、信息机构、产品供应者、产品需求者及政府有关部门的计算机联网;建立食品信息收集和咨询机构,提高企业获得信息的效率,降低信息采集成本,规避因信息不完全造成的潜在贸易风险。[①]

❓ 案例分析

原告徐某在被告敬某开设于某网络交易平台的网店中购买俄罗斯进口奶粉。之后原告认为,《进出口食品安全管理办法》规定,向我国境内出口食品的境外食品生产企业实施注册制度。经查询,在我国国家认证认可监督管理委员会发布的《进口食品境外生产企业注册专

---

① 王静:《西部农产品对外贸的制约因素与可持续发展策略》,《国际经贸探索》2011 年第 8 期,第 25－32 页。

栏》"进口乳品境外生产企业注册名单"中未查询到"俄罗斯"。敬某也无法提供进口食品应具备的全部检验检疫等资料。故徐某诉至法院。[①]

思考题：

（1）根据我国相关规定，进口食品在进口环节应办理哪些手续？

（2）依据《进出口食品安全管理办法》，该案敬某应如何承担法律责任？

---

① 上海铁路运输法院发布依法治市十大案例，2018 年 8 月 16 日新闻发布会。

第十一章

食品安全区域合作机制

第一节 维护食品安全必须加强全球范围的区域合作

经济全球化和贸易自由化的迅猛发展，带动了食品的全球性贸易与流通，使得食品质量安全问题突破单一国家（地区）的边界而蔓延到整个世界，成为全世界面对的共同难题。在全球化背景下，食品安全监管难度加大，所有的国家（地区）都必须致力于加强预防工作，通过更有效的信息分享，建立一个针对食品安全事件的更好的识别、调查和控制系统，来降低食源性疾病的发生，促进公共健康。

一、食品安全区域合作有利于促进全球食品安全

不安全的食品往往含有有害细菌、病毒、寄生虫、致病化学或物理物质，引发各类急性或慢性疾病，从腹泻到癌症，到终身残疾或死亡。据估计，全球有 6 亿人（几乎每 10 人中就有 1 人）因食用受污染的食物而患病，每年由此造成全球 3 300 万人残疾和 42 万人过早死亡。不安全的食品对社会弱势群体的影响尤为严重，尤其是婴幼儿、老年人和免疫力低下者。中低收入国家受影响最大，每年因食用不安全食品造成的生产力损失、贸易损失和医疗费用估计达 1 100 亿美元。食品供应的全球化，意味着全球人口越来越多地面临新出现的风险，例如食源性病原体中的抗菌药物的不当使用，包括在人类、动物和植物健康中滥用和过度使用抗菌剂，加速了抗微生物药物耐药性（AMR）的发展。据估计，到 2050 年，将有 1 000 万人的生命受到威胁，累计损失将达 100 万亿美元。[①] 通过食品安全区域合作，推动全球范围食品安全技术进步，用法规和市场相结合的手段在国家（地区）间推广食品安全和环境保护领域的先进技术标准，有利于促进全球食品安全水平的提高，对人类健康和生命安全起到积极作用。

二、食品安全区域合作有利于协调各国（地区）食品安全监管水平

通过食品安全区域合作，WTO 与食品安全相关的技术标准及认证制度，通常会发展演进为相关国际标准或在国际贸易中被广泛应用，进而被各国（地区）作为食品安全技术标准，消费者的环境意识和健康意识也会不断增强。因此，食品安全区域合作有助于国际贸易，有助于促进国家（地区）间食品安全技术的相互交流，也有助于协调各国（地区）食品安全监管水平。

---

① 参见《世界卫生组织全球食品安全战略》。

三、食品安全区域合作符合国际食品贸易的发展趋势

20世纪以来,有机食品、转基因技术、生物农药等新技术发展迅猛,并由此推动了食品安全方面的技术性措施和法规快速发展,这些措施和法规虽然客观上对发展中国家食品出口产生了不利影响,却以保护人类健康和环境为宗旨,顺应了国际食品贸易的发展趋势。以WTO规则为首的相关国际公约肯定了这些措施和法规,并对其具体实施进行了规范,要求各国(地区)在WTO框架内以技术性贸易壁垒形式予以通报和实施,有效地避免了贸易争端的产生。

四、食品安全区域合作有利于先进科技和管理理念的传播

在食品安全领域,欧美发达国家食品安全法规和技术标准不断推陈出新,对保护环境和人类健康起到了带动作用。食品安全区域合作,可以将这些信息予以公开,便于其他国家学习借鉴。这为发展中国家提升食品安全、提高监管水平提供了帮助,有效地促进了发展中国家高水平食品安全监管体系的形成,并推动了食品及相关产业的技术进步和产业升级。

以WTO通报咨询制度为例,根据WTO的透明度原则,WTO各成员须将本国(地区)新制定修订的与国际标准有重大差异的并可能对国际贸易产生重大影响的措施草案通过WTO秘书处向各成员通报。为此,各WTO成员应设立咨询点,保证履行WTO通报咨询义务。通报咨询制度的实施,一方面为WTO成员及时了解进口国(地区)与贸易有关的技术政策提供了方便,实现了信息的沟通;另一方面为WTO成员参与其他成员制定技术贸易规则的工作提供了渠道,实现了国与国、地区与地区之间的技术协调,减少和消除了国际贸易中不必要的技术障碍,有助于共同实现国际食品的安全。

第二节　食品安全区域合作机制

一、双边合作机制

通过建立双边合作,实现各个国家(地区)之间食品贸易的便利化,保障食品的安全性,已成为当前各个国家(地区)的共同需要。近年来,频发的食品安全危机事件愈益凸显开展此种合作的必要性与紧迫性。

1. 内地与我国香港地区食品安全合作机制

内地与香港地区的食品安全合作机制是在"一国两制"框架下,借助《内地与香港关于建立更紧密经贸关系的安排》(简称CEPA)及其后续补充协议稳定推进的。CEPA为两地食品安全合作提供了直接的法律依据和法律机制的保障。在促进贸易投资便利化方面,CEPA第17条规定,双方将在包括贸易投资促进、通关便利化、商品检验检疫、食品安全、质量标准等7个领域加强合作。CEPA附件6规定了双方在上述领域的合作机制和合作内容。在商品检验检疫、食品安全、质量标准领域,双方的合作机制是"利用双方现有的合作渠道,通过互访、磋商和各种形式的信息沟通,推进该领域合作的开展",合作内容包括信息通报、"加强在动植物检疫和食品安全方面的合作,以便双方更有效地执行各自有关法规"、"推动各自有

关机构加强对合格评定(包括测试、认证及检验)、认可及标准化管理方面的合作"等。

在 CEPA 的基础上,内地和香港地区开展了多项食品安全合作法律实践,主要表现为行政协议和磋商沟通机制。行政协议是不同行政区域内的政府及其职能部门在平等、自愿协商基础上就特定领域政府合作事务达成的一种协议。行政协议不是行政机关一方对另一方的强令,而是缔结主体为追求共同的合作目标对自身行政职权行使方式的一种变革。在内地与香港地区食品安全合作法律实践中,此类行政协议主要表现为中央和地方人民政府及其职能部门与香港特别行政区政府及其职能部门间签署的相关食品安全合作协议。这些行政协议在 CEPA 就"商品检验检疫、食品安全、质量标准"规定的合作机制和合作内容的基础上,充实了部分合作内容,增加了信息交流和通报的具体内容,包括出入境检验检疫发现的问题以及各自采取的控制措施,磋商统一两地的检测程序、方法和标准等;增加了对种植和养殖源头管理、香港相关职能部门赴内地考察,打击非法进出口、国际重大检验检疫问题上的相互协调等内容;增加了及时妥善处理两地食品安全问题等内容,强调了在重大问题处理方面的密切协作,包括召开紧急高层联席会议解决突发重大检验检疫问题等。内地与香港地区食品安全合作的磋商交流机制则指两地政府及其职能部门的官员、技术人员之间直接进行对话、协商、沟通的合作机制。两地合作的组织性磋商沟通机制主要为根据 CEPA 第19 条的规定设立的联合指导委员会,委员会下设联络办公室,并可根据需要建立工作小组。2004 年 6 月签署的《泛珠三角区域合作框架协议》为我国内地 9 省区和港澳地区合作规定了组织性磋商交流机制,包括行政首长联席会议制度、政府秘书长协调制度、日常办公室工作制度和部门衔接落实制度。粤港间的组织性磋商交流机制,包括粤港行政首长联席会议、粤港深珠卫生检疫、动植物检疫与食物安全控制例会、联络员制度、食品安全职能部门之间的互访制度、农场和食品生产企业探访制度、实验室检验部门工作人员定期进行检验方法的比对和交流学习制度等。这些合作机制旨在进一步建立和健全内地与香港的食品安全相关信息沟通渠道,有效地促进了内地与香港间的合作与发展。①

2023 年 11 月 27 日,海关总署与香港环境及生态局签署《海关总署与香港特区政府环境及生态局关于输内地香港制造食品安全监管及口岸便利通关合作协议》(以下简称《合作协议》),为便利输内地香港制造食品通关安排定下框架。在签署《合作协议》后,海关总署会与香港食物安全中心(以下简称食安中心)进一步商讨协议当中的操作细节,包括食品标准、检测方法、抽样安排及官方证书式样等。具体合作框架包括:根据《合作协议》,食安中心与海关总署对输内地香港制造食品开展安全监管合作及口岸便利通关合作。食安中心对输内地香港制造食品进行监管,确保其符合内地的要求;而内地海关对须抽样检验的食品,抽样后直接放行,无需等待结果。便利通关安排首阶段先涵盖三大类食品,包括:①饮料及冷冻饮品(不包括含酒精类及奶类饮品);②饼干、糕点、面包;③糖果、巧克力(包括巧克力、代可可脂巧克力及其制品)。相关的操作细节如食品标准及检测方法等尚待确定。至于实施的内地口岸则为深圳海关辖区口岸及拱北海关辖区口岸。

便利通关措施涉及:在构建中的便利通关措施,食安中心会先审核有意参与的本地食品生产商的资格,包括:有关食品生产商持有由食环署签发的有效食物制造厂牌照;有关食物

① 石佑启等:《论内地与香港食品安全合作法律机制的构建:一种跨行政区域软法治理的思路》,《国际经贸探索》2011 年第 5 期,第 38 - 43 页。

制造厂具备获认证的食品安全管理系统（例如 ISO 22000 证书），涵盖范围须包括但不限于原材料控制、生产流程控制、食品质量控制和产品溯源控制，及有关食品符合中国国家标准及法规。

在审核过程中，食安中心会检视食品生产商提交的资料（包括由该生产商委托第三方认可机构发出的食品检测证明书及报告），并核查有关食物制造厂牌照及卫生事宜上的记录，评估该生产商及其食品是否符合《合作协议》的要求。食安中心会对符合要求的香港食品生产企业及其产品发出《便利通关准许》，并将有关资讯向海关总署备案。根据用者自付原则，政府会向申请《便利通关准许》的食品生产商收回提供服务的成本。

在获发《便利通关准许》后，食品生产商确保每批次经便利通关安排出口到内地的食品：附有食安中心签发的《动物制食品卫生证书》或《食物检查证书》；附有工业贸易署或政府认可签发来源证机构发出的《原产地证书（CEPA）》；及符合内地的相关法例及规定，包括产品最小销售包装上印有中文标签食品在内地口岸清关时，会被安排进行查验及抽样。对实地查验无异常但须抽样的食品，内地海关会在抽样后直接放行，食品生产商无需等待结果。

此外，食品生产商需注意海关总署令第 248 号《进口食品境外生产企业注册管理规定》，即所有向中国境内出口食品的境外生产企业（包括香港的食物制造厂）均须获得海关总署注册。便利通关安排首阶段涵盖的上述三类食品的生产商需通过中国国际贸易单一窗口，自行向海关总署申请注册。

在签署《合作协议》后，海关总署将会与食安中心商讨协议当中的操作细节，包括食品标准、检测方法、抽样安排及官方证书式样等。在敲定相关操作细节后，食安中心会尽快举办简报会为业界讲解有关详情。新措施预计于 2024 年上半年内推出。

2. 大陆与我国台湾地区的食品安全合作机制

根据报道，大陆是台湾地区最大的农产品出口市场。2021 年，台湾地区向大陆出售了价值 11.20 亿美元的农产品，相较于 2020 的 10.17 亿美元增加了 10.1%，在台湾农产品出口总值中，占比 19.8%。[①] 2011 年两岸经济合作框架协议施行后，两岸农业交流合作的规模不断扩大，食品安全方面的交流与合作显得越来越重要。

两岸农产品及食品安全合作的安排主要体现为《海峡两岸食品安全协议》和《海峡两岸农产品检疫检验协议》的签订。

2008 年 9 月大陆发生三聚氰胺毒牛奶事件，台湾也在进口奶粉中检出三聚氰胺，引发台湾消费者对大陆进口的食品的疑虑。经海协会及海基会协调处理，两岸于 10 月 6 日建立食品安全直接联系通道及通报机制，并将食品安全纳入第二次"陈江会谈"的重要议题，于 11 月 4 日签署《海峡两岸食品安全协议》。协议的内容主要包括五个方面：

（1）进行讯息（信息）通报，包括涉及两岸贸易的食品安全及影响两岸民众健康的重大食品安全的讯息，进行即时通报，并应迅速回应及提供必要之协助。

（2）建立重大食品安全事故之处理机制，措施如下：紧急通报，交换相关资讯，暂停生产及输出，市场的商品即时下架并召回售出之商品，提供实地了解的便利，提供事件原因分析及改善计划，积极协助确保被害人的权益。

（3）业务交流，由主管部门的专家定期互访会商。

① 修菁：《民进党始终不正视农渔业安全生产隐患，害惨岛内农渔民》，《人民政协报》2022 年 7 月 16 日第 6 版。

（4）设立窗口，双方主管部门指定专人联系，必要时，经双方同意，得指定其他单位联系。

（5）建立统一文书格式。

《海峡两岸农产品检疫检验协议》是两岸为解决农产品贸易检疫检验问题，于2009年二次会商后，在同年12月22日签署的。协议规定，双方本着互信互惠的原则，在科学务实的基础上，协商解决农产品贸易中的检疫检验问题，防范动植物有害生物传播扩散，确保农产品质量安全；建立业务会商、研讨、互访、考察及技术合作机制，必要时可成立工作小组，开展检疫检验专项领域技术合作研究；同意提供检疫检验规定、标准、程序等讯息查询，并给予必要协助；同意加强农药及动物用药残留等安全卫生标准交流，协调处理标准差异问题；同意建立检疫检验证明文件查核及确认机制，防范伪造、假冒证书行为；同意及时通报进出口农产品重大疫情及安全卫生事件讯息，定期通报进出口农产品中截获的有害生物、检出的有毒有害物质及其他不合格情况；同意建立重大检疫检验突发事件协处机制，及时通报、快速核查，紧急磋商，并相互提供协助；同意建立农产品安全管理追溯体系，协助进口方到出口农产品生产加工场所考察访问，对确认符合检疫检验要求的农产品，实施便捷的进口检疫检验措施；同意讯息通报、查询及业务联系，使用商定的文书格式；双方业务主管部门指定联络人相互联系实施，必要时经双方同意可指定其他单位联系实施。

两项协议签订后，大陆与台湾之间基于平等互惠的精神，建立了业务交流合作机制，实现了信息的透明化、联系的制度化、讯息查询的便捷化，以及重大疫情或安全事件的立即通报。平时因双方互通信息，有效阻挡了不合格产品。文件格式的统一，方便了通关审查。主管部门人员之间的定期互访咨询，使得发生的问题能够立即得到咨询协助解决。为两岸农产品及食品贸易提供了便捷的通道，为两岸病虫害及动物传染病的防疫提供了非常大的帮助。

二、区域协商机制

1. 欧盟与食品安全

欧盟的食品安全体系涉及食品安全法律法规和食品安全标准两方面内容。

1997年的《食品安全绿皮书》标志着欧盟食品安全管理的思想初步形成，2000年正式对外发布的《食品安全白皮书》，明确了欧盟根本性的改革计划，成为欧盟建立食品安全法规标准体系的基本依据。随后欧盟在2002年制定《Regulation（EC）No 178/2002》，以其为核心法规，先后公布一系列补充法规，包括欧洲议会和理事会第852/2004号、853/2004号、854/2004号、882/2004号、1924/2006号、1161/2011号、609/2013号、2016/127号等，被称为"食品卫生系列措施"，涵盖生物因素、化学因素、营养与标签、产品标准、转基因食品、新资源食品及辐照食品等领域，建成了全球公认的最安全的食品安全体系之一。

欧盟食品安全标准的制定机构包括欧洲标准化委员会（CEN）和欧共体各成员国家标准两层体制。目前包括食品安全相关指令在内的欧共体统一指令要求对欧盟所有成员都是通用的、最低限度的和可接受的。为了防止成员具体技术标准差异过大，欧共体又把依照新方法指令要求指定的标准称为协调标准，凡符合协调标准的产品被认为是符合欧共体指令的，在各成员方市场可自由流通。CEN的欧洲食品标准包括CEN/TC 174（水果和蔬菜汁）、CEN/TC 194（食品接触器具）、CEN/TC 275（食品分析的水平方法）、CEN/TC 302（奶及奶制品)、CEN/TC 307(油料作物种子、蔬菜、动物脂肪和油及其副产品)、CEN/TC 327(动物食品系列)。

欧盟食品安全标准可分为食品技术标准和食品管理标准。前者主要是对食品包装、标签、微生物指标、贮藏等方面做出的规定。后者是对食品安全管理的职责、程序、依据、方法等做出的规定,最具代表性的就是 HACCP 体系和 ISO 22000 食品安全管理体系。前者是在良好操作规范(GMP)和卫生标准操作程序(SSOP)的基础上建立起来的食品安全卫生预防体系,其应用具有一定的强制性。后者则具有广泛的通用性,侧重于组织进行宏观控制。两者可以融合但不可以替代。

欧盟从一开始就比较注重与国际食品法典委员会和国际标准化组织等国际标准的协调,并且尽可能地采用国际标准,推进了国际食品标准的协调一致。但欧盟的食品安全体系又具有其自身的特点:欧盟很多标准直接体现在相关法规指令条文或其附件中,将技术法规与技术标准相结合来保证标准的强制执行,禁止不符合标准的产品进口。因此,在欧盟食品安全体系中,既有具有法律强制力的欧盟指令,又包括自愿遵守的具体技术内容和技术标准等,成员对自愿遵守部分的标准具有很大的操控性和灵活性。[①]

近年来,为了研究食品安全风险的产生和变化,预防和警示风险的产生和积累,保障食品的安全,欧盟在食品安全领域成功构建了欧盟食品和饲料快速预警系统(Rapid Alert System for Food and Feed, RASFF)。该系统是一个涵盖了欧盟成员国、欧洲经济区的挪威和冰岛、列支敦士登、欧盟委员会健康和消费者保护总署、食品安全管理局(EFSA)、欧洲自由贸易联盟(EFTA)、食品监管局的大系统,对跨国家、地区的食品安全的风险通报和交流起到了很好的作用。

2. 亚太经合组织与食品安全

亚太经合组织(APEC)现有 21 个成员,分别是中国、澳大利亚、文莱、加拿大、智利、中国香港、印度尼西亚、日本、韩国、墨西哥、马来西亚、新西兰、巴布亚新几内亚、秘鲁、菲律宾、俄罗斯、新加坡、中国台北、泰国、美国和越南。此外,东盟秘书处、太平洋经济合作理事会和太平洋岛国论坛以观察员身份参加 APEC 的活动。APEC 成员的人口约占世界人口的 1/3 以上,国内生产总值约占全球国内生产总值的 60%,贸易额约占世界贸易的 47%。

经过十几年的发展,APEC 已逐渐演变为亚太地区重要的经济合作论坛,在推动区域贸易投资自由化、加强成员间经济技术合作等方面发挥了不可替代的作用。APEC 成员间的食品贸易在各国的食品贸易中都占有较大的比例,如美国是墨西哥的主要食品进口国,我国和韩国的食品在日本市场占有很大份额。随着社会的发展和国际上对食品关注程度的提高,区域内的食品贸易和安全逐步成为 APEC 重要的磋商议题,不仅是其贸易自由化和便利化项下的重要内容,也是多个工作组的研究主题。1991 年成立的水产工作组是 APEC 最早与食品有关的工作组,专门从事水产资源的保护和水产品的安全。1999 年在马尼拉召开的"APEC 农业与食品战略研讨会"提出了以相互依存的第三种模式作为 APEC 食品安全的战略性概念。1998 年"APEC 企业界顾问委员会"(ABAC)提出建立"APEC 食品体系"(APEC Food System)的建议,1999 年 APEC 资深官员会议决定成立"APEC 食品体系项目小组",将食品体系建设正式纳入 APEC 官方的工作计划表。食品安全及其相互合作等议题已成为

---

① 赵雅玲等:《欧盟食品安全标准对我国食品出口的影响》,《国际经贸探索》2010 年第 8 期,第 65－69 页。

实施 APEC 工作组会议的重要内容,APEC 正在通过各成员间的多方面相互合作,确保成员间食品贸易的顺利进行。

APEC 在近几年的食品安全研讨和合作活动中提倡各成员国积极推广和扩大 HACCP 体系的应用。通过 APEC 的各项活动,APEC 对成员经济体 HACCP 体系应用和合作的推动呈现以下几个趋势:更多地从发展中国家角度出发,加强 HACCP 的应用,尤其关注如何在小型和欠发达企业使用 HACCP;以往 HACCP 合作仅局限在双边和部分多边合作中,目前各成员经济体 HACCP 应用模式和验证体系的互认正在成为一种趋势,信息共享成为重要合作内容,从而提高了合作的深度,进一步促成了区域食品贸易的便利;认证作为目前较为推崇的合格评定活动,已成为国际上衡量 HACCP 应用水平的一个尺度,正在成为政府互认的前提和保证;发达国家和 HACCP 应用较好的国家正逐步加大对相对落后国家的扶持力度,并从技术、人员培训和资金扶持等多个角度予以支持,切实促进 HACCP 在整个区域内的共同发展。[①]

3. 东盟与食品安全

东盟的前身是马来西亚、菲律宾和泰国于 1961 年 7 月 31 日在曼谷成立的东南亚联盟。1967 年,印度尼西亚、泰国、新加坡、菲律宾四国外长和马来西亚副总理在曼谷举行会议,发表了《曼谷宣言》,正式宣告东南亚国家联盟成立。东南亚国家联盟成为政府间、区域性、一般性的国家组织。东盟成立的宗旨是:以平等与协作精神,共同努力促进本地区的经济增长、社会进步和文化发展;促进本地区的和平与稳定;促进经济、社会、文化、技术和科学等问题的合作与相互支援;在教育、职业和技术及行政训练和研究设施方面互相支援;在充分利用农业和工业、扩大贸易、改善交通运输、提高人民生活水平方面进行更有效的合作;促进对东南亚问题的研究;同具有相似宗旨和目标的国际和地区组织保持紧密和互利的合作,探寻与其更紧密的合作途径。

东盟成立后,积极推动区域内的食品安全合作。2009 年 2 月,第 14 次东盟首脑会议在泰国举行,着重讨论了实施《东盟宪章》、推动东盟一体化进程、应对全球金融危机及食品与能源安全等问题,签署了包括食品与能源安全协定在内的多项合作文件。2011 年 5 月,第十八届东盟首脑会议在印度尼西亚首都雅加达举行。这次会议围绕"全球一体化中的东盟共同体"这一主题,再次讨论了如何应对能源及粮食安全、自然灾害、气候变化等东盟及全球共同面对的挑战。近年来,东盟积极建设"东盟食品安全预警机制",在东盟地区内建立食品安全信息网络,通过互联网交流和发布食品安全信息,监督农产品和食品安全,力图按照欧盟的标准,将该机制建成东盟的食品安全信息交流平台。

此外,东盟积极加强与周边国家和地区的食品安全合作。一是通过签署谅解备忘录、发表联合声明等方式,明确食品安全是各国的共同责任,各国应进一步加强相关的合作与交流,积极推进在食品安全法律法规、标准、信息方面的交流,增加法律法规、标准和信息方面的透明度,增进相互理解和支持,增加食品安全管理和技术人员的互访和交流,共同提高食品安全管理和技术保障水平。二是通过指定联络点,及时相互通报相关的食品安全信息。除非在紧急状态下,任何一方对其他各方的食品采取新的食品安全和 SPS 措施前,都应通过联络点事先通报,通报的内容应包括拟采取措施的范围、形式、原因和期限。被通报方应提

---

① 戴晓武等:《HACCP 体系在 APEC 区域内的应用与合作》,《检验检疫科学》2006 年第 5 期,第 13 - 15 页。

供必要的信息,以帮助通报方正确处理相关问题。三是要求各国担负起食品安全责任,承诺对在各自领土内出现的有关其他各方的食品安全问题的报道及时进行核实和澄清,避免对消费者产生误导;加强相互合作,共同打击非法食品贸易,防范蓄意制造食品安全事件的行为。

三、全球合作机制

国际社会为促进世界范围内的食品安全做了大量工作。1945 年联合国粮农组织(FAO)诞生,1948 年世界卫生组织(WHO)成立,1961 年 FAO 和 WHO 联合成立了国际食品法典委员会(CAC)。这些国际组织的主要作用就是协调各国政府间的食品标准和食品安全工作,通过建立国际协调一致的食品标准体系,达到防止食源性疾病通过国际食品贸易传播、蔓延,保护消费者和促进公平食品贸易的目的。随着人类对食品安全危害认识的深入,FAO、WHO 等国际组织多次召开各种专家会议,讨论有关食品安全的问题。20 世纪 60 年代开始讨论食品中农药残留问题;20 世纪 80 年代开始讨论食品中兽(渔)药残留问题;1997年开始讨论对动物长期使用抗菌药,特别是将之作为饲料添加剂所导致的细菌耐药性产生的问题;2000 年建议对转基因食品进行安全性评价,并对评价的方法展开研究。近年来对动物源性食品安全的源头——饲料、饲料添加剂、兽药和兽医防疫问题更为关注。从保护人类健康出发,食品安全问题的规范和治理已被提到国际合作的议事日程之上。保护环境、保护人类和动植物的生命健康和安全、保护消费者的权益,既是世界各国和地区政府的职责,也是各国和地区政府享有的权利。[①]

1. WTO 与食品安全

WTO 体制下与食品安全合作有关的协定主要有《关税与贸易总协定》(简称 GATT 1994)、《实施卫生与植物卫生措施协定》(SPS 协定)和《技术性贸易壁垒协定》(TBT 协定)。

GATT 1994 下与食品安全合作相关的条款主要包括第 1 条、第 3 条和第 20 条。GATT 1994 第 1 条和第 3 条确立的非歧视原则是 WTO 体制的基石,也是实现贸易自由化目标的基本制度保障。非歧视原则贯穿 WTO 各协定始终,涵盖货物贸易、服务贸易和与贸易有关的知识产权保护,与食品贸易密切相关的食品安全问题自然也是其调整对象。为平衡贸易与非贸易利益,GATT 1994 第 20 条(b)项规定,在不构成对情形相同的国家之间任意的或不合理的歧视或构成对国际贸易的变相限制的前提下,成员有权采取或实施为保护人类、动植物的生命或健康所必需的措施。此条款是关于人类及动植物健康保护的条款,但因为食品与人类和动植物健康间的直接关联,这一条款可以视作 WTO 关于食品安全问题的一般性表述。

SPS 协定的法律规则涵盖食品安全、动物健康与植物健康三个领域,但食品安全无疑是核心问题。SPS 协定围绕两个问题设定了相应规则:第一,关于适当的卫生与植物卫生保护水平;第二,关于 SPS 措施的实施。SPS 协定规定,为保护人类、动植物生命或健康而采取的卫生与动植物检疫措施是指:①免受虫害、病害、带病有机体、致病性有机体的侵入、定居或传播所产生风险的措施;②免受食品、饮料或饲料中的添加剂、污染物、毒素或致病性有机体所产生风险的措施;③免受动植物或其产品等携带的病害影响的措施;④防止或限制因瘟疫

---

① 李寿崧:《食品安全与 WTO/SPS 原则》,《食品科技》2005 年第 9 期,第 14 - 16 页。

的侵入、传播而产生其他损害的措施。

SPS 协定还规定,缔约方在采取卫生与动植物检疫措施时必须符合如下条件:①措施的实施应在保护人类、动植物生命健康所必需的限度内;②必须以科学原理为根据和基础;③措施的实施不会构成对国际贸易的变相限制,即应符合国际标准、规则或推荐的技术标准。除此以外,SPS 协定还设计了一些支持性规则,包括透明度原则、控制、检查和批准程序、技术援助、特殊和差别待遇、争端解决和设立 SPS 委员会。

SPS 协定是国际贸易中第一部关于卫生和动植物检疫措施的多边国际公约,它对保护人类生命和健康,促进各国农牧业生产发展和国际食品贸易起到了重要作用。协定对于偏离国际标准而实施高标准卫生和动植物检疫措施基本上没有什么实质性的限制,仅仅是在协定的第 5 条规定,各国需要根据风险评估结果来确定本国适当的卫生和动植物卫生措施保护水平,各国不得主观武断地以保护本国国民健康为由,设立过于严格的卫生和动植物检疫措施,从而阻碍食品贸易的公平进行。

在食品安全方面,TBT 协定主要规制除 SPS 协定定义的 SPS 措施以外,对食品贸易具有阻碍作用的技术法规、标准和合格评定程序。

WTO 关于食品安全的相关规定主要以技术性贸易壁垒形式体现。技术性贸易壁垒指的是在 WTO 规则下,允许一国出于维护国家安全、保障人类健康、保护动植物和环境、保证产品质量等方面的目的,采取一些强制性或自愿性的技术性法规或标准。技术性贸易壁垒通常以 TBT 或 SPS 通报的形式对 WTO 成员予以公布后实施。TBT 指的是 WTO 的 TBT 协定规定的相关内容;SPS 措施是指一国为保护食品安全、动植物生命健康和安全而设立的降低风险的标准、法规和要求,内容包括最终产品标准加工和生产方法,产品或食品检测检验和批准程序,动植物检疫处理,卫生和植物检疫的统计学方法取样程序和风险评估方法,以及与食品安全直接相关的包装和标签要求。SPS 措施是 WTO 成员协调食品安全技术标准的主要手段,是为保证食品安全和动植物健康而采取的管制措施,主要包括添加剂、污染物、微生物、毒素、动植物携带疾病危害人类或者动物生命,以及有害生物致病有机体危害植物生命的,或者有害生物扩散或传入成员方等方面。SPS 措施是乌拉圭回合以来在食品和农产品贸易中唯一合法的非关税贸易措施。近年来,SPS 通报成为反映食品安全体系水准的重要指标。WTO 成员关于 SPS 通报数总体呈现不断上升的态势。1995 年全球 SPS 通报数为 198 件,2009 年增长至 914 件,其中 74.6% 与食品安全相关。[①] 仅 2023 年 11 月份全球 SPS 通报数就达到 159 件,与食品安全相关的有 107 件,占比超过 67%。[②]

2. 联合国粮农组织与食品安全

联合国粮农组织(FAO)是在联合国框架下设立的相对独立的粮农专门机构,其宗旨是提高人民的营养水平和生活标准,改进农产品的生产和分配,改善农村和农民的经济状况,促进世界经济的发展并保证人类免于饥饿。截至 2023 年 7 月,粮农组织有 194 个成员国、1 个成员组织(欧盟)和 2 个准成员(法罗群岛、托克劳群岛)。该组织的最高权力机构为大会,每两年召开一次。常设机构为理事会,由大会推选产生理事会独立主席和理事国。理事会下设计划、财政、章程及法律事务、商品、渔业、林业、农业、世界粮食安全、植物遗传资源等 9

① 杨波:《适应 WTO 规则的食品安全体系建设研究》,《农业经济问题》2011 年第 9 期,第 31 - 35 页。
② 《WTO/SPS 通报》,《大众标准化》2023 年第 23 期,第 196 - 197 页。

个办事机构。

作为联合国粮食安全治理的重要布局，FAO在逐步发展起来的粮食安全制度复合体中，一直居于核心地位。针对20世纪70年代初期国际市场上粮食供应紧张、价格猛涨的情况，FAO在1973年的第17届大会上提出以建立国际粮食储备为中心内容、确保粮食供应的世界粮食安全政策。在1974年的世界粮食大会上，FAO通过了《关于世界粮食安全的国际约定》，得到发达国家和发展中国家的支持。FAO成立了世界粮食安全委员会，每年召开一次会议回顾世界粮食安全状况，并讨论改善世界粮食安全的政策和措施。1994年后，FAO的工作重点转向帮助低收入缺粮国家提高农业产量，加强粮食安全，设立了帮助低收入缺粮国改善粮食安全的"特别行动计划"。为了加快实现全球粮食安全，粮农组织于1996年召开了世界粮食首脑会议，各国承诺到2015年将世界饥饿和营养不良人口减少一半。

FAO还致力于通过国际规范和准则等软约束、软引导来协调各国政策，加强对粮食安全的治理。在全球层面的规范塑造和引领方面，FAO发起谈判并达成了一些成文的国际规则和准则，包括事关植物遗传资源获取和利益分享标准的《粮食和农业植物遗传资源国际条约》、事关卫生和植物检疫措施标准的《国际植物保护公约》，以及世界粮食安全委员会通过的"土地和其他自然资源权属负责任治理资源准则"和"负责任的农业投资原则"。FAO还与其他机构联合推动达成了一些专门性条约，包括有关于农药标准的《鹿特丹公约》（与联合国环境规划署），有关国际食品标准、准则和规范的《食品法典》。FAO在国家层面提供的规范性支援主要有两类。一是参与编制《联合国共同国家分析》和《联合国可持续发展合作框架》，以确保FAO作为联合国总体努力的一部分；二是支持FAO成员和合作伙伴进行能力建设，以制定、调整并使用实现与粮食和农业有关的可持续发展目标所需的规范、标准、知识产权、数据和统计数字，同时努力确保以科学实证为基础，通过透明、参与、包容的流程制定规范和标准。[1]

3. 世界卫生组织与食品安全

世界卫生组织（WHO）是联合国下属的专门机构，也是国际上最大的政府间卫生组织，总部设于瑞士日内瓦。其宗旨是使全世界人民获得尽可能高水平的健康。WHO在食品安全中的作用是通过建议和协助成员国减少食品中的致病性微生物及有害化学物质的污染，减轻食源性疾病的负担。WHO宪章中与食品安全有关的职责包括：协助政府部门加强与食品安全有关的卫生服务；促进改善营养、卫生设备和环境卫生；制定食品国际标准；协助在大众中宣传食品安全。为实现这些目标，WHO必须与各国在技术上进行合作，并促进这种合作以使所有人都可以享有健康的权利，同时保持卫生的环境和可持续发展，保证高质量、充裕、安全、可靠的食品供应。

WHO致力于食品安全问题已有70多年。早在1950年，FAO和WHO就联合召开了营养、食品添加剂和相关方面的专家会议。1953年，WHO最高权力机构——世界卫生大会声明，食品工业广泛使用化学品带来了新的公共卫生问题，需要予以关注。1978年，世界卫生大会要求总干事促成一项食品安全规划，解决食源性疾病和食品卫生的控制问题。2000年，第53届世界卫生大会一致通过WHA53.15决议，该决议将食品安全确定为公共卫生的

---

[1] 胡王云：《联合国粮农组织的粮食安全治理与中国参与：基于关键供资国参与路径的比较分析》，《国际政治研究》2023年第5期，第28—61,5—6页。

优先重点之一,责成 WHO 及其成员开展多部门、多学科的合作,促进地方、国家和国际的食品安全水平提高。决议还特别决定,扩展 WHO 在食品安全方面的责任作为一项基本的公共卫生职能,以有效利用有限资源,并提出干预措施的建议,改善全球食品安全。食品安全、营养与食物保障成为 WHO2008 至 2013 年的 13 个战略目标之一。WHO 全球食品安全战略的目标是减轻食源性疾病对健康和社会造成的负担。为实现这项目标,WHO 制定了三项行动方针:对发展以风险为基础的、持续的综合食品安全系统给予宣传和支持;设计整个食品生产链,采取以科学为依据的措施,预防对食品中不可接受的微生物和化学品水平的接触;与其他部门和伙伴合作,评估和管理食源性风险并交流信息。具体措施包括:加强食源性疾病监测体系;改进危险性评价方法;创建评价新技术产品安全性的方法;提高 WHO 在法典中的科学和公共卫生作用;加强关于危险性因素的交流和宣传;增进国际国内协作;加强发展中国家食品安全的能力建设。

为了加强对全球公共卫生安全的协调、指导作用,WHO 于 1996 年建设了全球疫情警报和反应系统,并启动了全球疫情警报和反应网络(GOARN),共有 60 多个国家和 140 多个技术合作伙伴参与其中,提高了 WHO 的风险评估、信息传播和快速反应的能力。2004 年 WHO 创建了国际食品安全网络,目的是改善国家和国际层面的食品安全主管部门之间的合作。该网络向世界各国开放,主要包括两个组成部分:一是食品安全紧急事件网络,它将国家官方联络点连接在一起,以处理有国际影响的食源性疾病和食品污染的紧急事件;二是发布全球食品安全方面重要数据信息的网络体系。它的运行为食品国际贸易提供了权威、开放、公平的食品安全信息,为食品安全紧急事件发生时迅速获取相关信息提供了载体,有利于食品安全信息在世界范围内的交流,对世界各国食品安全主管部门间进行日常食品安全信息交流起到重要作用。

WHO 的中心任务是建立规范和标准和促进对危险性的评估。在 WHO 的努力下,危险性分析的概念已成为 WHO 食品安全管理的基本框架。其主要关注的焦点是量化微生物性和化学性危险分析评价的方法、食源性疾病的监测、基因工程产品的评估等。WHO 还通过它的地区办事处为政府提供技术支持,保障食品供应的安全。帮助成员国提高技术能力是 WHO 职能的一部分,它提供以社区为基础的食品安全卫生和健康市场行动的培训;与国际、地区、国家机构合作,提供危险性分析和食品安全的相关培训,帮助各国政府建立和实施食品安全规划、食品立法,并帮助其建立监控食品污染和调查食源性疾病的信息系统。[①]

4. 食品法典委员会与食品安全

WHO 在食品安全领域的很多工作是与 FAO 紧密配合完成的。1963 年 5 月,第 16 届世界卫生大会批准成立了 FAO/WHO 联合食品标准项目,并通过食品法典委员会章程,以食品法典委员会(CAC)作为其主要机构,负责实施《FAO/WHO 食品标准规划》。CAC 的主要任务是保护消费者健康并通过建立详尽的食品编码维护公平的食品贸易。由于对食品安全和公共卫生负有责任,WHO 参与了 CAC 的有关工作。CAC 成立以来,一直负责联合国粮农组织与世界卫生组织联合食品标准的规划,旨在保护消费者健康,保证公正进行食品贸易,协调制定国际食品法典。

国际食品法典是由国际食品法典委员会组织制定的食品标准、准则和建议,是国际食品

---

① 参见《世界卫生组织全球食品安全战略草案》。

贸易中必须遵循的基本规则，也是国际公认的食品安全基准标准。国际食品法典委员会制定法典标准考虑的原则是：保护消费者健康；促进公正的国际食品贸易；以科学危险性（定性与定量）为基础考虑其他合理因素。从近年来的发展趋势来看，国际食品法典委员会在制定或修改标准时，越来越重视定量的科学危险性研究。

国际食品法典委员会制定的食品法典标准类型有：食品标准、卫生及其他技术规范，农药及兽药残留最大限值，污染物指导水平，准则，指南，建议，食品添加剂规范等。我国食品标准分类在许多方面与这些标准是相似的。[①]

WTO 的文件中明确指出，在食品安全方面应以国际食品法典委员制定的标准作为协调各国食品标准的依据。换言之，在解决国家间的食品贸易争端时应以国际食品法典委员制定的标准作为仲裁标准。尽管国际食品法典委员制定的标准在性质上仍然是推荐性的而不是强制性的，但所有参与国际贸易的国家都十分重视国际食品法典委员制定的标准，并积极参加国际食品法典委员的各项活动和认真研究国际食品法典委员制定的标准。

CAC 制定的食品标准、指南和其他推荐性措施虽然没有国际法上的强制约束力，但 SPS 协定的签署却提升了其实际效力。以 SPS 协定附件 A 第 3 条为例，"国际标准、指南和建议"被定义为"CAC 制定的与食品添加剂、兽药和农药残留、污染物、分析和抽样方法有关的标准、指南和建议及卫生惯例的守则和指南"，从而明确了 CAC 制定的食品标准、指南和其他推荐性措施在协调各国食品安全标准中的领导地位。

此外，国际标准化组织、消费者权益倡议组织等国际组织也为推动食品安全的全球合作做出了积极的努力。

第三节　我国加强食品安全区域合作与交流的努力

在经济全球化进程不断深入的背景下，我国食品安全的实现与世界食品安全相互促进、相互影响，联系越来越紧密。我国政府重视发展同其他国家、地区和有关国际组织在食品安全领域的友好合作关系，海关总署、市场监督管理总局、国家认证认可监督管理委员会、国际标准化管理委员会等专门负责相关领域的食品区域合作与交流，与世界大多数国家和地区相关主管部门建立了合作和双边磋商协作机制，积极参与 WTO、CAC、WHO、国际标准化组织等国际组织和区域组织的活动，注重借鉴国际先进管理经验和检测技术，促进本国食品质量总体水平的提高。

一、加强食品安全技术交流与合作

我国积极创造条件，鼓励和支持技术专家参与各类食品安全技术培训、研讨、交流和水平比对等活动，并欢迎国外技术专家来访、学习和培训。除积极参与世界卫生组织的相关活动外，自 2001 年以来，我国先后同美国、欧盟、意大利、加拿大、德国、英国、瑞士、丹麦、澳大利亚、新西兰和泰国等国家和区域组织开展了一系列食品安全和实施卫生与植物卫生措施协定领域的技术培训与交流项目。2006 年 8 月，为 14 个南太平洋国家的专家代表举行了食

---

① 陈亚非：《我国食品标准急需与国际接轨》，《中国标准化》2004 年第 1 期，第 57-60 页。

品安全培训。为了及时了解国外食品相关法规要求,保障出口食品安全,组织编译了美国、欧盟、俄罗斯、韩国等国家和地区的食品安全卫生法规和要求,并先后邀请美国、欧盟、日本的专家来华举行 HACCP 指南及应用、贝类卫生控制计划、残留监控、肯定列表制度等专题培训。进出口食品检验检疫实验室还多次参与英国食品分析能力测试(FAPAS)等国际比对实验,定期参加亚太实验室认可合作组织(APLAC)、澳大利亚国家测试认可委员会(NATA)等知名认可机构组织的国际能力验证活动。国家级和十几个省级疾病预防控制中心参加并通过了世界卫生组织的食品安全检测能力考核。截至 2006 年 11 月,我国共有 22 家检测机构获得韩国"国外公认检测机关"的认可,经过上述 22 家检测机关检测的输韩食品,入境时韩国予以免检;日本承认中国国家质检总局垂直管理的 35 个直属检验检疫局所属实验室的检测结果。这些实验室多为开放性的,多次接待美国、加拿大、英国、法国、意大利、德国、瑞士、澳大利亚、新西兰、日本、韩国、新加坡等国的专家团访问和考察。

二、积极参与国际食品安全活动

我国政府一贯倡导并积极参加各类国际食品安全组织活动,包括派团参加各类国际食品法典委员会(CAC)、国际植物保护公约(IPPC)会议以及其他相关国际性会议,并在亚太经合组织(APEC)会议上正式倡导开展区域性食品安全合作,得到了澳大利亚、新西兰和东南亚国家的积极呼应,成立了 APEC 食品安全合作论坛,由中国和澳大利亚共同主持。我国积极参与食品安全国际标准化活动,是国际标准化组织(ISO)技术管理局和合格评定委员会成员。2007 年 5 月,我国正式加入世界动物卫生组织(OIE)。2007 年 10 月 20 日至 21 日,我国政府在广西南宁同东南亚国家召开"中国-东盟质检部长会议",会议的主题为"强化食品安全管理与合作,保护消费者权益",目的是研究建立中国与东盟食品安全合作机制,增进我国与东盟和各成员国食品安全主管部门间的交流与合作,确保相互进出口食品的质量、安全和卫生。

三、注重发展国际食品安全合作

我国一直重视与国际组织和各国食品安全监管机构的沟通协调。为了提高人民健康保护水平,保障获得高质量的食品,我国积极参与国际食品安全合作,和瑞士、德国、英国、加拿大、巴西等众多国家签署了双边食品安全合作协议,和很多国家的权威专家建立了联系机制,旨在推动进出口食品安全治理理念共认同、国际规则共完善、全程监管共落实、问题风险共处置,打造国际食品安全国际合作共治新平台。

以《中华人民共和国政府和瑞士联邦委员会关于食品、药品、医疗器械和化妆品领域的合作协议》为例,协议涵盖食品安全合作,希望建立合作框架,推动相关主管机构建立直接沟通渠道。具体合作内容包括:明确对于进出口食品检验检疫领域的双边合作,按 2013 年签订的《中华人民共和国与瑞士联邦自由贸易协定》的第六章(技术性贸易壁垒)、第七章(卫生与植物卫生措施)以及双方或双方相关主管部门间其他合作协议安排执行;双方认识到国际标准、规定、规范、指南作为食品技术法规和合格评定程序基础的重要性,包括由国际标准化组织(ISO)、世界卫生组织(WHO)、世界动物卫生组织(OIE)、经济合作与发展组织(OECD)和国际食品法典委员会制订的原则;双方认识到充分参与这些国际组织将有利于双方的监管趋同；双方都支持对方监管机构加入相关国际组织，特别是上述国际组织；针对合格评定机构管理、实验室检测、生产商检查以及市场监督项目方面，双方互相为监管机构提供支持和帮助。

双边合作的形式包括：①就技术法规和合格评定程序增进相互理解；②就出现的风险迅速交流信息；③提倡创新产品的快速准入；④推动认可对方合格评定机构出具的报告、证书及许可；⑤在市场准入（包括上市许可）或市场监督方面推动技术法规与国际标准的协调；⑥讨论贸易方面的关切，以寻求相互接受的解决方案；⑦帮助两国经济从业者理解各自国家的法规；⑧传递专业知识；⑨良好管理规范以及制订实施风险管理原则方面的合作，包括产品监测、安全、合规性和执法；⑩双方同意的其他形式的合作。

双边合作可通过以下方式实施：①对方工作人员的培训项目、访问学习及实习；②联合行动，如讨论会和研讨会；③双方同意的其他活动。

双方建立由双方高层代表组成的指导委员会。指导委员会负责监督并评估本协议的执行，监督本协议的进一步细化，监督根据本协议第 5 条第 3 款成立的所有工作组的工作，确定需要加强合作的领域，包括积极考虑任何一方提出的具体合作领域建议，适时启动相关安排，努力解决针对本协议理解和应用中可能产生的争议，考虑任何可能影响本协议实施的其他因素。指导委员会应制订和更新工作计划，根据本协议进行决策或提出建议。除必要时开会外，通常每两年举行一次会议。双方共同主持会议。指导委员会应建立其程序规则。任何一方可以书面形式请求另一方召开指导委员会特别会议。任何一方可将本协议解释和执行过程中相关的任何事项提交指导委员会，委员会应努力解决该事项，并提供任何能够促进深入了解该情况的信息，找出能够接受的解决方案。

双方应在国家市场监督管理总局及联邦内政部范围内交换涉及本协议中涉及事务的联络点的名称和地址。联络点尤其应推动主管机构之间的直接交流。如果作为联络点的机构有重大的机构和职能调整，双方应互相通报。

四、推动食品贸易发展

我国与有关国家建立的食品安全合作机制在促进双边和多边食品安全合作，保证进出口食品安全、解决各方关注的食品安全问题方面发挥了积极作用。如中日合作机制为保证我国输日食品安全发挥了重要作用。日本"肯定列表制度"出台后，我国政府一方面加强同日方的沟通与磋商，使日方接受中方的合理化建议，调整了一些项目；一方面与日方合作，举办了多期说明会和专题培训班，帮助出口食品生产企业进一步规范农兽药使用管理，完善质量追溯体系，有效地保证了对日本出口食品的质量安全。中美食品安全合作机制同样发挥了良好的作用，如 2005 年年底以来，我国出入境检验检疫机构不断从美国输华肉类产品中检出禁用药物残留、环境污染物超标和致病微生物等，由于中方及时向美方通报相关信息，帮助美方掌握和了解我国的食品安全法规要求，不仅有效地保护了我国消费者的健康安全，也保障了美国肉类产品输华贸易的健康发展。2004—2005 年，美国还在该合作机制下完成了对我国出口熟制禽肉安全卫生体系的等效评估。同样，中欧食品安全合作机制也有力地促进了双方关注问题的解决。一方面通过及时沟通信息，在风险评估的基础上，中方解决了欧盟个别成员国受"二恶英问题"影响的可食用猪产品输华问题；另一方面，中方在不断完善食品安全管理，加强疫情疫病防控的基础上，积极配合欧方的卫生体系考察和风险评估工作,帮助欧方树立了对我国熟制禽肉产品的质量安全信心,欧方已于 2007 年内恢复进口我国的熟制禽肉产品。[①]

2023 年 9 月,"一带一路"海关食品安全合作研讨会在南宁举行。本次研讨会以"保障食品安全,促进贸易发展"为主题,加强共建"一带一路"国家食品安全领域合作。来自 20 余个共建"一带一路"国家食品安全主管部门代表、国际组织代表、驻华专员、地方政府代表、海关总署以及直属海关代表共 100 余人参加了会议。会议通过了"一带一路"海关食品安全合作倡议并签署了合作机制章程。近年来,我国积极致力于与共建"一带一路"国家共同提高食品安全治理水平,食品安全领域合作的方式和平台不断拓展丰富。2013 年来,已与 171 个国家和地区建立海关检验检疫合作关系,签署了农产品食品准入类国际合作文件近 400 份;食品安全制度体系、标准规则不断完善,境外食品生产企业累计注册已达 8 万余家。食品贸易便利化水平不断提升,2022 年,中国对共建"一带一路"国家进出口食品贸易额达到 7863.1亿元,较 2013 年增长 135.3%。[②] 我们将与共建"一带一路"国家食品安全监管部门紧密合作,开启食品安全治理全方位务实合作的新进程,不断打造食品领域新的合作增长点,为当前"一带一路"食品安全合作增添新的内容和活力。

第四节　食品安全区域合作机制的完善与构建

一、面临的主要问题

1. 食品安全合作缺乏正式的、常设性组织机构

虽然现有磋商沟通机制的建立是一种创新性的探索,有效地促进了食品安全的区域合作与发展。但随着合作的深化,这些机构安排的不足开始凸显,建立在定期会议制度、联络员制度、互访制度等之上的松散型的临时性机制,难以持续性地推动区域食品安全合作。例如,在发生重大食品安全事件时,仅通过召开紧急高层联席会议的方式恐怕无法保证事件的及时解决;协调食品安全标准应是区域食品安全合作的核心内容之一,但食品安全标准的制订和修改必须建立在较长期的危害识别和风险评估研究工作之上,仅靠两地实验室检验部门工作人员定期进行检验方法的比对和交流学习难以达到食品安全标准协调的目的。

2. 食品安全合作协议的法律效力亟待加强

现有的食品安全合作协议大多重在表达一种合作意向或共识,对于双方应采取的具体措施规定过于抽象,可操作性不强,法律效力亟待加强。以 2004 年签署的《泛珠三角区域农业合作协议》为例,该协议的主体仅包括两部分内容:合作内容和合作机制。在合作内容方面,仅原则性规定了泛珠三角 9 省区和我国港澳地区建立健全区域内粮食及其他农产品产销协作机制、开展区域内农业科技合作与交流、鼓励建设"9+2"农业信息平台等 7 个合作方向。在合作机制方面,建立了区域内 9 省区农业厅、中国香港特别行政区政府渔农自然护理署、中国澳门特别行政区政府民政总署衔接落实制度和合作协调机制,但这一机制仍是一种

[①] 参见国务院新闻办公室:《中国的食品质量安全状况》,2007 年 8 月。

[②] 海关总署:"一带一路"海关食品安全合作研讨会在南宁举行(customs.gov.cn),2023 年 12 月 30 日访问。

较为松散的定期会议制度,实际履行效果难以得到保证。[①]

二、食品安全区域合作机制的构建

1. 食品安全区域合作机制的组织构建

有效的组织机构是区域合作的关键。现有的组织性磋商交流机制虽然有效地促进了区域间的食品安全合作与发展,但随着合作的深化,这些机构安排的不足开始凸显。保障和推进区域合作需要对现有的组织性磋商交流机制予以革新和完善,建立一套常设性机构,具体负责与合作事务有关的决策、执行和争端解决。首先,应成立常设性的联合指导委员会,人员由各国(地区)分别选派,专门负责区域合作的推动工作。将联合指导委员会下设的联络办公室升格为秘书处,配备专职人员,负责委员会的日常工作。在联合指导委员会之上设高官会议。高官会议为非常设机构,由各国(地区)政府官员组成,每年召开两次例会并根据需要召开临时会议,拥有决策权,负责制定区域合作的政策和指导方针。其次,在联合指导委员会之下,应根据需要设立食品安全合作工作组,具体负责食品安全领域的合作事务。食品安全合作工作组的人员由各国(地区)从食品安全职能部门选派,负责推进食品安全区域合作发展的专题计划、交流食品安全信息、调查和处理食品安全突发事件。再次,在食品安全合作工作组下,应设立若干专家小组。这些专家小组分别负责就食品添加剂、农药和兽药残留、微生物污染、转基因生物产品的安全性等提供独立性的科学意见。最后,关于区域合作过程中的争端解决机构,可通过设立调解委员会和司法管辖协调会加以完善。调解委员会应当由各国(地区)的法律专家组成,负责调解合作当事人提出的协商请求,主要采用斡旋、调解、调停等手段促成争议的解决。

2. 食品安全区域合作机制的制度构建

从合作内容来看,食品安全区域合作机制应至少涵盖四类制度的构建:食品安全信息交流制度、食品安全标准协调制度、食品安全能力建设制度和食品安全突发事件协处制度。

首先,食品安全信息交流制度应着重解决信息交流机构、信息交流范围、信息交流程序和信息使用限制等问题。有效的食品安全控制必须以风险评估和信息交流为基础。制定食品安全战略,需要了解各国(地区)的食品安全情况。缺乏可靠的食品安全事件爆发的相关资料,阻碍了建立以危险性分析为基础对其进行有效控制的方法。可以将在联合指导委员会下设置的食品安全合作工作组作为信息交流机构;信息交流的范围可涉及日常食品安全信息和食品安全突发事件信息,具体包括食品安全法律法规、食品安全双边或多边协定、食品安全标准、食源性疾病和动植物疾病信息、食品安全技术信息、食品认证、检验与检疫信息、食品企业登记信息以及国际组织关于食品安全规制活动的信息;信息交流程序可主要涉及信息提交和公布的时间、方法、使用的文件格式等便利信息交流的细化规定;关于信息使用限制问题,双方应保证将获取的信息仅作为食品安全风险评估、风险管理和风险交流的基础,采取合理措施保证非政府机构和个人不会滥用通过信息交流制度获取的食品安全信息,如食品安全信息提供方对信息的使用附加了保密性要求,则对方有义务遵守这些要求。

其次,食品安全标准的协调已成为实现食品安全合作的重要凭借。以东盟为例,为协调

---

① 石佑启等:《论内地与香港食品安全合作法律机制的构建:一种跨行政区域软法治理的思路》,《国际经贸探索》2011年第5期,第38-43页。

东盟食品安全标准限量指标,东盟在国际生命科学学会(东南亚地区)食品添加剂标准数据库基础上建立了东盟食品安全标准数据库。数据库涵盖10个东盟成员国的食品添加剂标准信息,搜集、整理、翻译了东盟国家食品技术标准近30 000个,并与食品法典标准、东盟食品安全共同标准进行限量指标的对比,用以确定标准协调的目标和需求。数据库可以按照食品添加剂种类进行限量值的查询,查询后显示的数据库横向列出基于《食品添加剂通用标准》(CODEX STAN 192—1995/GSFA)附录B中描述的全部食品类别添加剂的限量值;纵向列出10个成员国该种食品中添加剂的限量值信息,并分别用上、下箭头标出在该国此类食物允许使用的添加剂限量是高于还是低于CODEX STAN 192—1995或《东盟关于确定食品添加剂最大使用量的原则和指南》中该类食品规定的限量值。如果该种食品全部成员国的添加剂限量值已经协调(等同)于CODEX STAN 192—1995标准,则全部指标用绿色表示,一些(不是全部)协调则用蓝色表示,不协调(无论是更低还是高于)则用红色表示。食品数据库的监管也非常方便,允许东盟各联络负责人更新修改自己国家的数据,能够添加特定国家的自定义类,但无法修改其他国家的数据。[①]

再次,食品安全能力建设应以保障食品的安全性为目标,致力于提高从农场到餐桌整个过程中相关个人和组织的职责履行水平,包括评估能力建设和实施能力建设。具体可从五个方面进行评估:食品安全法律和法规、食品安全监管机构、食品安全认证和检查机构、实验室机构以及食品安全教育和培训。另外,在实施食品安全能力建设活动中也应注意充分发挥相关国际组织的作用。近年来,协助成员加强食品安全能力建设已成为WTO、WHO、FAO等食品安全相关国际组织的一项共同职能。相较于国家,国际组织更具中立性。而且大多国际组织,如WHO和FAO均设有地区委员会,可以对不同地区的食品安全能力建设需要做出评估,然后针对需要开展相应的能力建设活动;实施方式主要包括资金援助和技术援助;实施领域应涵盖从农场到餐桌整个食品链条,涉及个人、组织和制度三个维度。

最后,食品安全突发事件协处制度应就食品安全突发事件的界定、食品安全突发事件的信息通报、食品安全突发事件的临时性救济措施、食品安全突发事件的调查以及食品安全突发事件的损害救济和改善计划等问题提供具体的法律规则。为防止食品安全突发事件的损害或损害风险进一步扩大,已受到或即将受到食品安全突发事件影响的一方在启动调查等协处程序之前,应根据具体情况迅速采取暂停生产、运输和出口相关食品,即时下架、召回相关食品等临时性救济措施。食品安全突发事件的调查规则应涵盖调查的启动、调查过程中各方的义务、调查结果的确认和调查结果的发布。一旦发生食品安全突发事件,负责食品安全突发事件调查和处理的合作机构——食品安全合作工作组应立刻展开全面调查。在调查过程中,各方应相互提供实地调查的便利,包括允许并协助查看现场、物证及检验鉴定结论等。上述调查应建立在充分的科学证据基础之上并应在合理期限内完成。一旦完成调查,应迅速将调查结果通报对方。如各方对调查结果无实质性异议,应立即对调查结果予以确认和公布。如存有实质性异议,则应立即展开磋商。经磋商后,各方确认的调查结果是所涉食品安全突发事件的最终调查结果。该调查结果应包括风险的来源、风险产生的原因、损害

---

① 李笑曼、臧明伍、李丹等:《东盟食品安全标准协调与监管一体化现状研究》,《食品科学》2022年第11期,第320 - 329页。

救济的方式和改进计划等信息。[1]

第五节 "一带一路"倡议与国际食品安全合作

2013年,习近平总书记在出访东南亚、中亚国家时,提出了共建"丝绸之路经济带"和"21世纪海上丝绸之路"(简称"一带一路")战略构想,通过深化我国与共建"一带一路"国家的经贸合作,推进基础设施互联互通,加强金融合作,扩大人文交流,增进战略互信,促进共建国家共同繁荣发展。2015年在海南博鳌亚洲论坛上,中国国家发展改革委、外交部和商务部联合发布了《推动共建丝绸之路经济带和21世纪海上丝绸之路的愿景与行动》,宣告"一带一路"倡议进入全面推进建设阶段。

食品在"一带一路"贸易中占据重要位置,当前,食品贸易已成为中国与共建"一带一路"国家贸易的新热点,而食品安全问题是各国人民普遍关心关注的问题,迫切需要各国凝聚共识、团结协作、共谋发展。食品安全国际合作作为"一带一路"倡议的重要组成部分,打造欧亚食品安全大通道是提升合作的有效方案之一。现有观点认为,打通欧亚"食品安全大通道",必须充实完善"一带一路"食品安全监管合作机制和内容,加强对各相关国家和经济体食品安全监管法律法规的了解,完善食品安全合作技术方案,加强监管合作实践,共建面向未来的食品安全合作伙伴关系,促进食品贸易健康发展。有鉴于此,2015年"一带一路"食品安全合作高层对话在北京召开。对话由原中国国家质检总局主办,欧盟、俄罗斯、哈萨克斯坦、白俄罗斯、蒙古和我国负责食品安全事务的相关代表参加。与会代表就加强食品安全检验监管合作,促进共建"一带一路"国家食品安全监管的一致性和协调性,共同防范食品安全问题,保障欧亚食品贸易健康发展进行了商讨。会议批准通过了《"一带一路"食品安全合作高层对话联合声明》,分别就实施SPS措施协议以便利国际贸易、提升食品安全管理水平、共建食品安全长效合作机制、促进"一带一路"共建国家食品贸易健康发展等议题交换了意见,并达成以下共识。①考虑到欧亚国家间食品贸易的快速发展势头,更高水平的食品安全合作伙伴关系对保障食品安全、便利食品贸易具有重要意义。②尊重各国根据自身经济、社会和文化特点,为保护本国人民和动植物生命健康,针对进出口食品安全风险所采取的适当保护水平;愿积极参照WTO/SPS、OIE、IPPC等国际准则,采取必要措施以促进贸易便利化,保障食品贸易中过境运输的安全、畅通。③考虑建立具有更高效信息交流和协商机制的欧亚食品安全合作关系,增进相互理解与信任,促进食品安全监管措施的一致性和协调性。④为其他国家食品从本国过境提供尽可能的便利化措施。⑤在合适的时间再次举办"一带一路"食品安全合作高层对话,欢迎更多有关方参加,交流信息、分享经验、凝聚共识、联合行动,推进食品安全国际共治。

❓ **案例分析**

2018年8月1日,辽宁省报告沈阳市一养猪户饲养的猪陆续发生不明原因死亡,病死猪

---

[1] 石佑启等:《论内地与香港食品安全合作法律机制的构建:一种跨行政区域软法治理的思路》,《国际经贸探索》2011年第5期,第38-43页。

剖检发现脾脏异常肿大,疑似非洲猪瘟病毒感染。国家外来动物疫病研究中心采集病料进行了检测,确诊为非洲猪瘟病毒核酸阳性,序列分析发现,其 B646L/p72 基因序列 417 个碱基与俄罗斯毒株 100％匹配,与俄罗斯和东欧目前流行的格鲁吉亚毒株(Georgia 2007)属于同一进化分支。[①] 这是我国发现的首例非洲猪瘟。在此次非洲猪瘟事件中,与东三省接壤的俄罗斯疫病严重流行,同样出现疫病的西亚,也与我国贸易往来频繁。确切的疫情来源无法得知,但通过病理学和流行病学分析,该类疫情主要可能通过国际航班轮船往来、感染家猪及其产品移动和感染野猪移动。对于感染野猪的移动主要是地缘生物学上的防控,而这种防控具有不可控性和随机性,随时有再出现的危险。而以国际航班轮船往来和感染家猪及其产品移动作为来源,则可以进行相对可控的疫病防控,属于食品安全管控的重点领域。

思考题:

国际上无论是食品安全实务还是理论界,都将检疫卫生与安全视为国际食品安全合作的核心,试通过 2018 年非洲猪瘟事件,分析我国进口食品检疫现状,以及"一带一路"视角下国际食品安全合作的未来方向。

---

① 王清华、任炜杰、包静月等:《我国首例非洲猪瘟的确诊》,《中国动物检疫》2018 年第 9 期,第 1－4 页。

第十二章

食品安全法律责任

第一节 食品安全法律责任概述

一、食品安全法律责任的概念和意义

"法律责任是法学范畴体系的基本范畴之一,法律责任的认定、归结和执行是法律运行的保障机制,是维护法制的关键环节。"[①]食品安全相关法律法规能否得到有效实施,在很大程度上取决于能否建立一套有效的食品安全法律责任体系。对食品安全法律责任的界定离不开对法律责任的理解,只有在准确把握法律责任内涵的基础上,才能对食品安全法律责任做出正确阐述。法学界对法律责任的定义有不同的看法,广义上是把法律责任等同于一般意义上的法律义务;狭义上则是指由于违法行为所引起的不利法律后果,将法律责任定义为公民、法人或其他组织实施的违法行为所必须承担的法律后果。法律责任的本质是国家对违反法律义务、超越法律界限或滥用权利的违法行为所作出的否定性评价和谴责,是国家强制违法者做出或禁止作出一定行为,从而补救受到侵害的合法权益,恢复被破坏的法律关系(社会关系)和法律秩序(社会秩序)的手段。[②]

食品安全法律责任是法律责任的一种,是指公民、法人或者其他组织因实施违反国家有关食品安全法律、法规的行为而应当承担的不利后果。从本质上讲,食品安全法律责任是国家对违反食品安全法定义务、超越法定权利或者滥用权利的行为所作的否定性评价,是国家强制力保证权利义务主体作出一定行为或者不作一定行为,补偿或者救济受到侵害或者损害的社会利益和法定权利,恢复被迫破坏的法律秩序的手段。

法律责任的社会功能在于保障一定的社会安定和发展,实现起码的社会公正,一部法律如果没有法律责任,就没有法律生命力,就只能是一张"权利宣示的纸"。任何一部法律只有把违反义务的法律责任写入规范,才能给这部法律赋予达摩克利斯之剑,从而赋予震慑力和执行力。食品安全法律责任的设定目的就在于通过对食品质量的管理与保障,提供给人们安全、卫生和适宜消费的食品,满足人们最基本的生活需要;通过对违反规定的企业和个人的法律制裁,维护正常的食品生产、经营秩序,保护正规经营者的合法权益,促进经济健康持续发展,进而维护社会公共安全秩序,保障社会公众的身体健康和生命安全;食品安全法律责任规制下的惩罚措施使违法主体受到严厉的制裁,同时也震慑了潜在的违法主体,使这些人放弃违法行为,从而也能有效的维护食品安全领域的秩序。

[①] 张文显:《二十世纪法哲学思潮研究》,法律出版社,2006年,第392页。
[②] 张文显主编《法理学》,高等教育出版社,2005年,第146页。

2015 年修订的《食品安全法》贯彻落实党的十八大以来党中央、国务院进一步改革完善我国食品安全监管体制,着力建立最严格的食品安全监管制度的要求,通过提高行政处罚力度,强化刑事制裁措施,确立首付责任制,加大惩罚性赔偿等责任方式体现"史上最严"的食品安全防护网。2019 年修订通过的《食品安全法实施条例》(简称《实施条例》)是对《食品安全法》的进一步细化,处罚到人、列举严重违法情节、新增法律义务的法律责任、完善从轻减轻情形、细化多部门协作和不同法律责任间的衔接,这些措施不但夯实了企业责任,加大了违法成本,震慑了违法行为,而且给增强基层监管执法的可操作性提供了保障。除了这两部基本法律法规,《民法典》《消费者权益保护法》《产品质量法》《广告法》《农产品质量安全法》《国务院关于加强食品安全等产品安全监督管理的特别规定》《刑法》《刑法修正案(八)》《刑法修正案(十一)》等都对食品安全法律责任有所涉及。

二、食品安全法律责任的构成要件

法律责任是一种制裁性质的负担,会给责任人带来不利后果,因此评价承担法律责任的条件就非常重要。"法律责任的构成要件就是指构成法律责任的各种必须具备的条件或者必须符合的标准。"[1]它是国家机关要求行为人承担法律责任时进行分析判断的标准,构成要件决定了法律责任的有无、种类及其大小。这些因素具体包括以下方面。

(一) 食品安全法律责任的主体

主体构成了法律责任的要件之一,是认定法律责任的基本要素。我国食品安全法建立了从源头到餐桌环环相扣的责任环节,其中涉及的责任主体如下。

1. 食品生产经营者等市场主体

市场主体由参与食品生产、销售、运输、广告宣传、服务等环节的各主体组成。其中,生产经营者是食品安全第一责任人,根据《食品安全法》第 4 条规定,法律对食品生产经营者提出了两项基本义务:其一,应当按照《食品安全法》及其配套的行政法规、地方性法规和食品安全标准从事生产经营;其二,对社会和公众负责,接受社会监督,承担社会责任。

具体来说,食品生产经营者的法律责任表现在食品生产经营的各个具体环节中,分别为:①食品生产主体在食品生产环节中的法律责任;②食品经营主体在食品销售及交易环节中的法律责任;③食品运输主体在食品运输环节中的法律责任;④食品广告主体在食品广告环节中的法律责任;⑤食品生产经营者在食品事故处置环节中的法律责任;⑥集中交易市场开办者在食品销售及交易环节中的法律责任。

《实施条例》在确保"所有食品安全违法行为都要追究到个人"的精神下,进一步强化了食品生产经营企业的主体责任,第 19 条规定食品生产经营企业主要负责人的"全面责任"以及食品安全管理人员的"协助责任";第 75 条明确指出当这些主体存在"故意实施违法行为、违法行为性质恶劣、违法行为造成严重后果"之一的,将被处以其上一年度从本单位取得收入的 1 倍以上 10 倍以下罚款。责任明确到人对于鞭策企业管理者、负责人、当事人尽职尽责、尽心尽力防范食品安全风险,提升企业管理能力有重要意义。[2]

---

① 张文显主编《法理学》,法律出版社,2007 年,第 194 页。
② 刘兆彬:《〈食品安全法实施条例〉的制度价值》,《中国市场监管研究》2020 年第 2 期,第 26-30 页。

2. 国家监管主体

国家监管主体是由食品安全委员会、地方政府、各监管机构等共同构成。政府是我国食品安全监管体制的中心，代表国家公权力行使监督职权，以国家的名义向社会保证提供安全的食品，现代法治政府肩负的食品安全法律职责体现在：第一，建立完善的食品安全法律体系；第二，组织制定建立在科学基础上的食品安全标准并监督实施；第三，依据法律规定切实履行监管职责，如有违反，应当承担食品安全监管法律责任。[①]

根据《食品安全法》第5条的规定，国务院设立食品安全委员会作为一个高层次的议事协调机构。结合十八大以来党和国家不断深化行政执法体制改革的总体部署以及2018年《深化党和国家机构改革方案》的相关要求，食品安全监督管理部门负责对食品生产、销售和餐饮服务进行统一管理；卫生行政部门负责食品安全风险监测和风险评估，会同食品安全监管部门制定公布食品安全国家标准；质量监督检验检疫部门负责对食品相关产品生产的监管；出入境检验检疫部门负责食品、食品添加剂和食品相关产品的出入境管理；农业行政部门负责食用农产品的种植养殖、进入流通生产环节前的监管、畜禽屠宰生鲜乳收购环节监管，会同其他部门制定食品安全标准等。

根据《食品安全法》第6—8条的规定，县级以上地方人民政府统一领导、组织、协调本行政区域的食品安全监督管理工作。《实施条例》第4条进一步明确，乡镇人民政府和街道办事处应当支持、协助县级人民政府食品安全监管部门及其派出机构依法开展食品安全监督管理工作。这是我国首次将食品安全监管职责延伸到最基层的一线阵地，对于解决长期以来出现的"看得见的管不了，管得了的看不见"社会治理异象，消除执法悬浮、执法空缺等困扰有重要意义。[②]

3. 社会监督主体

《食品安全法》第9、10、12条对食品行业协会、消费者协会、社会团体、基础群众性自治组织、新闻媒体及消费者等社会监督主体的权利义务做出了明确规定。食品行业协会的法律义务是加强行业自律、引导食品生产经营者依法生产经营，推动行业诚信建设，宣传、普及食品安全知识；消费者协会、社会团体、基础群众性组织的法律义务是开展食品安全法律、法规以及食品安全标准和知识的普及工作，倡导健康的饮食方式，增强消费者食品安全意识和自我保护能力；新闻媒体的法律义务是开展食品安全法律、法规以及食品安全标准和知识的公益宣传，并对违法行为进行舆论监督；消费者有权举报食品安全违法行为，有权向有关部门了解食品安全信息，对食品安全监督管理工作提出意见和建议。

(二) 违法行为

违法行为是法律责任构成的必要条件和核心要素。在食品安全事件中，主体承担责任的前提是存在违反食品安全法律法规的行为。

(三) 过错

过错，即承担法律责任的主观故意或过失。在食品安全的刑事法律中，过错在本质上就是行为人的主观恶性，在以惩罚为主的刑事法律责任中它是认定、衡量刑事责任的重要因素。在民事法律中过错的意义不像在刑事法律中那么重要，有时民事责任不以过错为前提

① 于华江主编《食品安全法》，对外经济贸易大学出版社，2010年，第24页。
② 卢护锋：《行政执法权重心下移的制度逻辑及其理论展开》，《行政法学研究》2020年第5期，第117-134页。

条件,如对于食品生产者的民事责任的认定就不以是否存在过错为前提,只要存在生产不符合安全标准的食品,就要承担法律责任。

(四) 损害事实

损害事实是指受到的损失和伤害的事实,包括对人身、财产、对精神的损失和伤害。损害应当具有确定性,它是真实的而不是虚构的、主观臆断的。损害必须根据社会一般观念和公众意识予以认定。比如精神损害的认定,其标准不如财产和人身损害那么客观,需要根据一般的社会观念和意识来衡量。

值得注意的是,有些法律责任的承担不以实际损害为条件。换言之,损害结果只在一般意义上是法律责任的构成要件,在食品安全事件中,并非所有违法行为都要求产生损害结果方可承担法律责任,如只要有生产有毒有害食品的行为,就应当承担法律责任。

(五) 因果关系

因果关系也是法律责任构成中的条件因素,即违法行为与损害事实间存在因果关系,这种因果关系包括直接的和间接的因果关系。食品安全法律责任的认定,客观上要求食品生产经营者的违法行为与消费者的损害事实间存在因果关系。

三、食品安全法律责任的类型

根据不同的标准可以对法律责任作出不同的分类,如根据承担责任的主体可以分为自然人责任、单位责任和国家责任。根据责任承担的内容不同,可分为财产责任和非财产责任。根据责任的实现形式不同,法律责任可以分为惩罚性责任和补偿性责任。根据引起责任的法律事实和责任人的关系不同,可以分为直接责任、连带责任和替代责任。[①] 根据法律责任所依据的法律部门不同对法律责任进行划分是目前常见的分类方式,依据大多数学者的观点,食品安全法律责任可分为以下几种。

(一) 行政法律责任

行政法律责任是责任主体由于行政违法行为而应承担的不利后果,既包括一般公民、社会组织等行政管理对象行政违法行为而产生的行政责任,也包括了行政机构及其工作人员、授权或委托的社会组织及其工作人员在行政管理中因违法、失职、滥用职权或行政不当而产生的行政责任。通常情况下,行政法律责任适用过错推定原则,在法律规定的情况下,适用严格责任原则。根据责任主体不同,行政法律责任分为以下两种。

1. 针对行政相对人的行政法律责任(行政处罚)

根据《食品安全法》第122—136条、第140、141条的规定,行政处罚主要适用于违反食品生产经营法律规定、违反食品安全事故处置法律规定、食品进出口法律规定,以及违反食品运输、食品交易、食品广告等环节法律规定的行为。由轻到重依次如下。①申诫罚:警告;②财产罚:没收违法所得、没收违法生产经营的食品和食品添加剂、没收用于违法生产经营的工具、设备、原料等物品、罚款;③资格罚:责令停产停业、吊销许可证等;④人身罚:拘留。

对食品类违法行为的行政处罚也需要符合行政处罚的一般原则,做到合法性与合理性。

---

① 周旺生主编《法理学》,西安交通大学出版社,2006年,第341页。

合法性,要求实施行政处罚的主体及其职权、种类、依据、程序等要素是法定的①,如《实施条例》第 81 条规定:"食品安全监督管理部门依照食品安全法、本条例对违法单位或者个人处以 30 万元以上罚款的,由设区的市级以上人民政府食品安全监督管理部门决定。"合理性,要求行政处罚要公正,过罚相当。《行政处罚法》第 4 条规定:"设定和实施行政处罚必须以事实为依据,与违法行为的事实、性质、情节以及社会危害程度相当。"这里的考量因素,既有客观的行为及后果,又有主观心理恶性程度。《实施条例》出台目的之一就是要为执法主体的自由裁量权提供可操作的标准。比如《实施条例》第 67 条列举了 6 种具体情形解释何为"情节严重";第 76 条规定食品生产经营者依法实施召回或者采取其他有效措施减轻、消除食品安全风险,未造成危害后果的,可以从轻或者减轻处罚。

2. 针对行政主体的行政法律责任

《食品安全法》第 142—146 条主要针对食品安全执法主体、监管主体未履行职责、疏于监管、滥用职权、徇私舞弊的违法行政行为设定法律责任。适用范围包括:①县级以上地方人民政府在食品安全监督管理中存在不作为、本行政区域出现重大食品安全事故造成不良影响或损失的;②县级以上人民政府食品监督管理、卫生行政、质量监督、农业行政等部门在食品安全事故、食品风险评估、行政许可等方面存在失职或滥用职权的;③食品监督管理、质量监督等部门违法实施检查、强制等执法措施的。目前食品安全法规定的行政责任主要是行政处分,包括警告、记过、记大过、降级、撤职等,情节严重的则开除、引咎辞职等。

(二) 民事法律责任

民事法律责任是公民或法人由于民事违法行为而应当承担的不利后果。承担民事责任的具体条件和方式主要以《民法典》《产品质量法》《消费者权益保护法》《最高人民法院关于审理食品药品纠纷案件适用法律若干问题的规定》《关于审理食品安全民事纠纷案件适用法律若干问题的解释(一)》(简称《食品安全司法解释(一)》)等为依据,具体包括在财产关系方面,表现为恢复被违法行为所损害的财产,包括停止侵害、排除妨害、消除危险、返还原物、恢复原状、修理、重作、更换、赔偿损失、支付赔偿金等;在人身关系方面,表现为停止侵害、消除影响、恢复名誉、赔礼道歉、赔偿损失等。

《食品安全法》第 147、148 条对食品安全民事责任做了专门规定,明确民事赔偿优先、首负责任制和惩罚性赔偿等原则。

(1) 民事赔偿优先。食品生产经营企业出现违法行为,可能面临同时承担民事赔偿、行政罚款、刑事罚金等财产责任的竞合。一方面因违法行为对消费者的人身和财产造成损失需要对受害者承担损害赔偿责任;另一方面又要接受行政部门的行政处罚,构成犯罪的,还要承担刑事罚金责任。这就可能出现食品生产经营者因财产不足而难以同时支付的问题,在此情况下,哪一种责任优先履行成了问题,为此,《食品安全法》第 147 条明确:违反本法规定,造成人身、财产或者其他损害的,依法承担赔偿责任。生产经营者财产不足以同时承担民事赔偿责任和缴纳罚款、罚金时,先承担民事赔偿责任。显然,本条认可了民事赔偿责任优先的原则。

(2) 首负责任制。《食品安全法》第 148 条第 1 款规定:"消费者因不符合食品安全标准的食品受到损害的,可以向经营者要求赔偿损失,也可以向生产者要求赔偿损失。接到消费

---

① 胡建淼:《行政法学》(第 4 版),法律出版社,2015 年,第 228 页。

者赔偿要求的生产经营者,应当实行首负责任制,先行赔付,不得推诿;属于生产者责任的,经营者赔偿后有权向生产者追偿;属于经营者责任的,生产者赔偿后有权向经营者追偿。"首负责任制有利于防止生产者和经营者相互推诿,切实维护消费者的合法权益。

(3) 惩罚性赔偿。《食品安全法》借鉴《消费者权益保护法》进一步完善惩罚性赔偿制度,其第 148 条第 2 款规定:"生产不符合食品安全标准的食品或者经营明知是不符合食品安全标准的食品,消费者除要求赔偿损失外,还可以向生产者或者经营者要求支付价款十倍或者损失三倍的赔偿金;增加赔偿的金额不足一千元的,为一千元。但是,食品的标签、说明书存在不影响食品安全且不会对消费者造成误导的瑕疵的除外。"适用条件包括:①主体是存在违法行为的食品生产者和销售者。②归责原则是严格责任和过错责任的结合,不符合食品安全标准的食品生产者适用严格责任,不符合食品安全标准的食品经营者适用过错责任原则。也就是说,如果消费者主张经营者承担惩罚性赔偿责任的,必须证明经营者存在"明知销售不符合食品安全标准的食品"的法定要件。实践中主观恶意的界定成为司法审判中的关键环节,为此,《食品安全司法解释(一)》第 6 条专门列举了相应适用情形。③惩罚性赔偿不以人身损害为要件。即便消费者尚未食用或饮用不符合食品安全标准的食品,其仍然具有主张惩罚性赔偿的权利,《食品安全司法解释(一)》第 10 条规定了"食品不符合食品安全标准,消费者主张生产者或者经营者承担惩罚性赔偿责任,生产者或者经营者以未造成消费者人身损害为由抗辩的,人民法院不予支持"。④惩罚性赔偿的数额是食品价款的 10 倍或损失的 3 倍。⑤消费者既可基于侵权责任法理追究食品生产者的惩罚性赔偿责任,也可基于违约责任法理追究销售者的惩罚性赔偿责任。

(三) 刑事法律责任

刑事法律责任是行为人因其犯罪行为所必须承受的否定性法律后果。刑事责任是一种惩罚性责任,是所有法律责任中最严重的一种。《食品安全法》通过第 149 条"违反本法规定,构成犯罪的,依法追究刑事责任"对食品犯罪予以概括性规定。目前涉及食品类犯罪的法律主要有《刑法》《刑法修正案(八)》《刑法修正案(十一)》《最高人民法院、最高人民检察院关于办理危害食品安全刑事案件适用法律若干问题的解释》(2021 年修订)(简称《2021 年解释》)等。

根据法律规定,与市场主体相关的犯罪有:生产、销售不符合安全标准的食品罪;生产、销售有毒、有害食品罪;虚假广告罪;生产、销售伪劣产品罪;非法经营罪。与监管主体相关的犯罪有食品监管渎职罪、徇私舞弊不移交刑事案件罪、商检徇私舞弊罪、动植物检疫徇私舞弊罪、放纵制售伪劣商品罪。刑罚则包括主刑的拘役、有期徒刑、无期徒刑和死刑;附加刑的罚金、剥夺政治权利和没收财产。

(四) 法律责任的竞合

法律责任的竞合是指某种违法行为符合多种法律责任的构成要件,从而在法律上导致多种责任并存或相互冲突的现象。法律责任竞合既可能发生在同一法律部门内部,也可能发生在不同法律部门之间。① 例如,食品生产经营企业实施了违反《食品安全法》的违法行为,生产经营不符合卫生标准的食品或生产有毒、有害的食品除了构成民法上的侵权责任、

---

① 周旺生主编《法理学》,西安交通大学出版社,2006 年,第 343 页。

违约责任的竞合，也可能会产生刑事责任和行政责任的竞合。对于前者，法律只允许选择一种法律责任，而对于后者由于这两种法律责任的性质不同，既不能遵循"一事不再理"的原则，也不能按照"重责吸收轻责"的吸收原理来处理，否则将会抹杀行政责任和刑事责任本质上的区别，两者应合并使用，既不能以罚代刑，也不能只刑不罚。在遵循行政责任和刑事责任合并适用原则基础上，应优先考虑适用刑事责任，这就是刑事责任优先原则。刑事责任优先原则，也就是刑事为主，刑事先理。《食品安全法》第149条规定：违反本法规定，构成刑事犯罪的，依法追究刑事责任。两种法律责任具体适用时如产生冲突，应按照主次有序的原则，先由司法机关按照刑事诉讼程序追究犯罪嫌疑人的刑事责任，再由行政执法机关以行政处罚程序追究行为人的行政责任。实践中应注意两者的协作、衔接和相互配合，形成合力。《实施条例》第77、78条对食品安全监管部门与公安机关在执法办案、案件移交、材料交接、信息通报、法律适用、相互协调等方面做了比较具体的规定。行政执法机关率先以行政违法立案查处，当发现涉嫌构成犯罪时，应依法将案件移送司法机关追究行为人的刑事责任。对于未构成犯罪或犯罪情节轻微免予刑事处罚的，司法机关应及时将案件移送有权查处的行政执法机关。免予刑事处罚并未免除行政制裁，否则有可能使有严重违法行为的行为人受不到任何处罚。

第二节　食品安全法律责任的类型化

一、违反食品生产经营规定的法律责任

（一）行政责任

《食品安全法》对食品生产经营过程进行全程控制，针对不同阶段不同违法行为设定不同的行政责任，具体包括以下几种。

1. 违反许可制度的行政责任

从事食品生产、销售、流通、提供餐饮服务，从事食品添加剂生产都应当按照法定程序获得行政机关的行政许可，否则将承担法律责任。

第一，违反食品生产经营许可、食品添加剂生产许可制度的行政责任。《食品安全法》第35条规定，除了销售食用农产品和预包装食品，食品生产经营实行许可制度。第39条则规定食品添加剂的生产许可。第122条则明确了违反前两类行为的行政责任，其适用条件是：①违法行为为未经许可从事食品生产经营活动或未经许可生产食品添加剂。需要注意的是2018年《食品安全法》修订时，增加"销售食用农产品和仅销售预包装食品的，不需要取得许可"。②执法主体为县级以上人民政府食品监督管理部门。③行政处罚的种类包括没收违法所得、没收非法财物和罚款。从性质上属于财产罚，而不对食品生产经营者实施精神罚、资格罚或人身罚。④处罚金额以固定罚款额度与货值金额的倍数相结合的方式来决定，科学合理有弹性，具体分为两类：不足1万元的，并处5万元以上10万元以下罚款；货值金额1万元以上的，并处货值金额10倍以上20倍以下罚款。

第二，违反食品流通许可制度的行政责任。我国食品流通安全的传统阵地是各类集贸

市场,随着互联网电子商务日益发达,网络食品交易也在人民日常生活中占据重要位置。有鉴于此,食品安全法特别规定除了政府监管部门,集贸市场、互联网平台也应承担更直接、更为日常化的监管义务。《食品安全法》第61、62条,《实施条例》第31、32条,《网络食品安全违法行为查处办法》等分别规定了各流通单位对于入场食品经营者的许可证审查、定期检查、制止并报告等义务。《食品安全法》第130、131条则明确了相应的违法责任。其适用条件为:①违法行为为允许未取得许可证的食品经营者进入市场销售食品或未履行检查、报告等义务。②执法主体为县级以上人民政府食品药品监督管理部门。③行政处罚包括没收违法所得、罚款、责令停业、吊销许可证。④依据是否造成严重后果,处罚分为两种:未造成严重后果的,主管部门责令改正,没收违法所得,处5万元以上20万元以下罚款;造成严重后果的,责令停业,直至由原发证部门吊销许可证。

2. 违反生产经营范围的行政责任

为保障食品安全,《食品安全法》列举了禁止生产经营的食品、食品添加剂、食品相关产品的具体情形,规定一旦存在生产经营的行为就应当追究法律责任。值得注意的是,2015年《食品安全法》修订时根据违法行为的轻重划分为三大类分别给予针对性处理,充分体现了过罚相当原则。

第一,八类最严重违法行为的行政责任。《食品安全法》第34、38、49、123条,《实施条例》第67、77条列举了八类最严重违法行为及其法律责任。针对这些行为的处罚种类极其丰富,既有没收违法所得、没收非法财物和罚款的财产罚,又有吊销营业执照的资格罚,还有拘留的人身罚。相较2009年《食品安全法》,新法对用非食品原料生产食品、经营病死畜禽、违法使用剧毒高毒农药等严重行为增设拘留行政处罚。罚款数额以货值金额为依据,违法生产经营的食品货值金额不足1万元的,并处10万元以上15万元以下罚款;货值金额1万元以上的,并处货值金额15倍以上30倍以下罚款,罚款数额较原来的处罚规定整整提高了3倍。为了加强源头监管、全程监管,新法还对明知从事无证生产经营或者从事非法添加非食用物质等违法行为,仍然为其提供生产经营场所的行为,规定最高处以10万元罚款。这些变化都充分体现了对严重违法行为予以最严打击的立法态度。

第二,十一类违法生产经营行为的行政责任。根据《食品安全法》第34、37、75—77、80—82、124条规定,这些行为除涉及禁止生产经营的食品、食品添加剂、食品相关产品,也包括保健食品、婴幼儿配方奶粉、利用新的食品原料生产的食品等违法违规行为,在执法主体和处罚种类上与第123条基本一致,但行政处罚幅度较前一条轻。表现在两个方面:一是"并处五万元以上十万元以下罚款""并处货值金额十倍以上二十倍以下罚款";二是没有拘留责任人的人身罚的规定。

第三,四类违法生产经营行为的行政责任。根据《食品安全法》第33、34、50、55、69、125条,《实施条例》第68条规定,此类行为涉及生产经营无标签食品、转基因食品等的违法违规行为。与前两条执法主体、处罚种类大体一致,但处罚又明显更轻。表现在两个方面:一是"并处五千元以上五万元以下罚款""并处货值金额五倍以上十倍以下罚款";二是既没有拘留有关责任人的人身罚规定,又在吊销许可证的资格罚前,增加了"责令停产停业"的过渡性行政处罚手段。

3. 生产经营过程违法的行政责任

食品安全法旨在建立最严格的覆盖全过程的食品安全监管制度,其中生产经营过程乃是规范的重中之重。《食品安全法》第 126 条列举了 16 项违法行为，涵盖食品及添加剂原料及成品检验控制、安全事故应对机制、从业人员健康要求、保健食品、婴幼儿配方食品、特殊食品出厂检验义务、餐饮服务安全控制、集中用餐单位安全管理等方面。这些行为的处罚种类和内容都是一致的，即"责令改正，给予警告；拒不改正的，处五千元以上五万元以下罚款；情节严重的，责令停产停业，直至吊销许可证"，但执法主体不同，餐具、饮具集中消毒单位涉及用水、洗涤剂、消毒剂的违法情况则由县级以上人民政府卫生行政部门给予处罚；食品相关产品生产者未按规定对生产的食品相关产品进行检验的，由县级以上人民政府食品安全监督管理部门给予处罚。

4. 违反广告制度的行政责任

1）在广告中虚假宣传欺骗消费者的行政责任

虚假广告误导消费者问题在现实中时有发生。这些广告不负责任地对食品，特别是保健食品的质量和功能做虚假宣传，欺骗和误导消费者。《食品安全法》第 73 条规定："食品广告的内容应当真实合法，不得含有虚假内容，不得涉及疾病预防、治疗功能。食品生产经营者对食品广告内容的真实性、合法性负责。"《实施条例》第 34 条新增"禁止利用包括会议、讲座、健康咨询在内的任何方式对食品进行虚假宣传"。《食品安全法》第 140 条、《实施条例》第 73 条则对违反前款规定的广告行为规定了法律责任。结合 2021 年修订的《广告法》第55、58 条，涉及食品广告违法的适用范围：①执法主体是市场监督管理部门。②责任主体包括广告主、广告经营者、发布者。③处罚种类包括罚款、暂停广告发布、吊销营业执照等，对于情节严重的，处罚甚至包括由上级主管部门决定暂停销售，并向社会公布违法事实，没收违法所得等。

2）有关部门、机构、协会违法推荐食品的行政责任

《食品安全法》第 73 条第 2 款规定："县级以上人民政府食品安全监督管理部门和其他有关部门以及食品检验机构、食品行业协会不得以广告或者其他形式向消费者推荐食品。消费者组织不得以收取费用或者其他牟取利益的方式向消费者推荐食品。"根据《食品安全法》第 140 条第 4 款，如果上述主体违反这一规定，向消费者推荐了食品，不论推荐食品是否为符合食品安全标准的食品，也不论是否因该食品给消费者造成了损害，均要承担法律责任，即"由有关主管部门没收违法所得，依法对直接负责的主管人员和其他直接责任人员给予记大过、降级或者撤职处分；情节严重的，给予开除处分"。

（二）民事责任

食品安全民事赔偿责任主要集中在《食品安全法》第 147、148 条。第 147 条明确了民事赔偿优先于罚款、罚金的原则。第 148 条则规定了首付责任制和惩罚性赔偿。有关民事责任的归责及责任方式详论之。

1. 食品生产经营者民事责任的构成要件

（1）存在违法的生产经营活动。食品生产经营者进行了违法生产经营活动是其承担民事责任的首要条件。这些违法行为主要是指生产经营食品安全法所禁止的食品、食品添加剂，未经许可进行食品生产经营活动，未对所购进、生产和出厂的产品进行检验和记录，未对所生产经营的食品、食品添加剂加贴标签等。

（2）存在损害事实。食品生产经营者的违法生产经营使消费者受到实际的人身或财产损害。

（3）食品生产经营者的违法生产经营活动与消费者的损害事实之间存在因果关系。即消费者的人身或财产损害是由食品生产经营者的违法生产经营所导致，包括直接因果关系和间接因果关系。如食品生产经营者生产经营含有农药残留的蔬菜，并流通到市场中，消费者食用这种蔬菜而导致食物中毒，其所受到的人身和财产损失是生产经营这种蔬菜的违法活动导致，两者具有因果关系。

（4）在主观方面，生产者适用严格责任原则，即只要食品生产者生产不符合食品安全标准的食品，给消费者造成人身、财产损害的，不论其主观上是否存在故意或过失，均应当承担赔偿责任；而销售者则适用过错责任原则，即要求"明知"销售的是不符合食品安全标准的食品。

2. 食品生产经营者承担民事责任的方式

损害赔偿责任是指食品生产经营者违反食品安全法的规定，造成人身、财产或其他损害的，依法承担民事赔偿责任。要点有二：

第一，赔偿主体。消费者受到损害要求赔偿的，由首先接到赔偿要求的生产者或经营者先行赔付。首负责任制在《产品质量法》《消费者权益保护法》中都有相关规定，《食品安全法》在此基础上做了细化，其第148条第1款规定："消费者因不符合食品安全标准的食品受到损害的，可以向经营者要求赔偿损失，也可以向生产者要求赔偿损失。接到消费者赔偿要求的生产经营者，应当实行首负责任制，先行赔付，不得推诿；属于生产者责任的，经营者赔偿后有权向生产者追偿；属于经营者责任的，生产者赔偿后有权向经营者追偿。"

第二，惩罚性赔偿。《食品安全法》在规定消费者可以要求支付价款10倍赔偿金的基础上，进一步赋予消费者选择权，同时规定了最低赔偿金额。根据其第148条第2款规定，消费者可以选择要求支付价款10倍或者损失3倍的赔偿金；增加赔偿的金额不足1000元的，为1000元。此外，考虑到现实中存在食品标签、说明书存在瑕疵，但不影响食品安全，也未对消费者造成误导的情况，规定排除惩罚性赔偿的适用。

3. 连带责任

"出于食品安全多元控制的需要，加大对作为弱势群体的消费者的保护力度以及增强对加害人的激励惩戒警示，有效弥补政府监管之不足，降低管理成本。"[①]《食品安全法》第130、131、140条等规定了连带责任，分别是：

（1）集中交易市场的开办者、柜台出租者、展销会举办者、网络交易第三方平台未履行相关义务，使消费者合法权益受到损害的，应当承担连带责任。[②] 其一，以上主体怠于或拒绝履行《食品安全法》第61、62条规定的法定监管义务，即没有审查入场食品经营者的许可证，没有定期对入场食品经营者的经营环境和条件进行检查，发现食品经营者有违反本法规定的行为的，也没有及时制止并立即报告所在地县级人民政府食品药品监督管理部门或停止提供网络交易平台服务。其二，消费者的合法权益遭受实际损害。《食品安全法》2015年修订时删除了旧法以"发生食品安全事故"为前提性条件，加强了对消费者的保护。其三，法定监管义务的怠于或拒绝履行与消费者损失之间有因果关系。其四，以上主体主观上存在

---

① 周超：《连带责任在食品安全领域的适用》，《消费经济》2011年第2期，第70-73页。

② 《消费者权益保护法》第43条对相关利益人课以连带责任，但不足的是，其一，展销会的举办者、柜台的出租者仅在展销会结束或者柜台租赁期满后对受损消费者承担赔偿责任，消费者追偿时间受到限制；其二，代偿义务主体仅包括展销会的举办者、柜台的出租者，不包括集中交易市场的开办者。

过错。

（2）社会团体或者其他组织、个人在虚假广告、虚假宣传中向消费者推荐食品，使消费者的合法权益受到损害的，与食品生产经营者承担连带责任。《食品安全法》第 140 条第 3 款增设了虚假代言自然人对受害消费者的连带责任："社会团体或者其他组织、个人在虚假广告或者其他虚假宣传中向消费者推荐食品，使消费者的合法权益受到损害的，应当与食品生产经营者承担连带责任。"本规定脱胎于广告法但扩大了其适用范围。虚假代言人连带责任的构成要件包括：首先，行为人实施了在虚假广告或其他虚假宣传中向消费者推荐食品的行为。其次，消费者的合法权益遭受实际损害。其三，虚假代言行为与消费者损失之间有因果关系。其四，虚假代言人主观上存在过错。

（三）刑事责任

《食品安全法》第 149 条规定，违反本法规定，构成犯罪的，依法追究刑事责任。这是对违反本法所应承担刑事责任的综合性规定。

1. 违反许可制度的刑事责任

未经许可从事食品生产经营活动，或者未经许可生产食品添加剂，构成非法经营罪。根据《2021 年解释》第 16 条："以提供给他人生产、销售食品为目的，违反国家规定，生产、销售国家禁止用于食品生产、销售的非食品原料，情节严重的，依照刑法第二百二十五条的规定以非法经营罪定罪处罚。以提供给他人生产、销售食用农产品为目的，违反国家规定，生产、销售国家禁用农药、食品动物中禁止使用的药品及其他化合物等有毒、有害的非食品原料，或者生产、销售添加上述有毒、有害的非食品原料的农药、兽药、饲料、饲料添加剂、饲料原料，情节严重的，依照前款的规定定罪处罚。"本条通过对危害食品安全上游犯罪的惩处，加大刑法对食品安全的全链条保护力度。

2. 违法生产、销售不符合安全标准食品的刑事责任

对于《食品安全法》第 123—125 条所规定的违法行为，如构成犯罪的，依据刑法相关规定追究刑事责任。考虑到食品安全的严峻形势，2011 年《刑法修正案（八）》、《2021 年解释》对生产经营类犯罪进行了相应修改和细化，具体如下：

（1）生产、销售不符合安全标准食品罪。《刑法修正案（八）》第 24 条规定，将刑法第 143 条修改为"生产、销售不符合食品安全标准的食品，足以造成严重食物中毒事故或者其他严重食源性疾病的，处三年以下有期徒刑或者拘役，并处罚金；对人体健康造成严重危害或者有其他严重情节的，处三年以上七年以下有期徒刑，并处罚金；后果特别严重的，处七年以上有期徒刑或者无期徒刑，并处罚金或者没收财产"。[①] 修正后的条款在四个方面做出了突破：一是将生产、销售不符合卫生标准食品罪修改为生产、销售不符合安全标准食品罪。食品安全与食品卫生范围更为广泛，包括不卫生、不符合应当有的营养要求食品以及不安全的转基因食品等，这样不但将具有同样严重社会危害性的食品纳入了刑法打击范围，而且实现了刑法与食品安全法的衔接，维护了食品安全保护立法体系的统一。二是增加了有其他严重情

---

① 《刑法》原第 143 条为："生产、销售不符合卫生标准的食品，足以造成严重食物中毒事故或者其他严重食源性疾患的，处三年以下有期徒刑或者拘役，并处或者单处销售金额百分之五十以上二倍以下罚金；对人体健康造成严重危害的，处三年以上七年以下有期徒刑，并处销售金额百分之五十以上二倍以下罚金；后果特别严重的，处七年以上有期徒刑或者无期徒刑，并处销售金额百分之五十以上二倍以下罚金或者没收财产。"

节的情况要处 3 年以上 7 年以下有期徒刑的刑罚规定,拓宽了刑法的打击范围。三是取消了单处罚金刑的规定,犯有此罪的均将面临自由刑的处罚。四是取消了原刑法中罚金数额即销售金额 50% 以上 2 倍以下的限制性规定,罚金数额无上限的规定,加大了罚金刑的刑罚威慑力。^①《2021 年解释》第 1—4 条分别对《刑法》第 143 条"足以造成严重食物中毒事故或者其他严重食源性疾病""对人体健康造成严重危害""其他严重情节""后果特别严重"进行了明确完善,规范了法律适用。

（2）生产、销售有毒、有害食品罪。本罪与生产、销售不符合食品安全标准罪是特别关系,成立本罪的行为,也必然符合生产、销售不符合安全标准的食品罪的构成。^②《刑法修正案（八）》第 25 条规定,将刑法第 144 条修正为:"在生产、销售的食品中掺入有毒、有害的非食品原料的,或者销售明知掺有有毒、有害的非食品原料的食品的,处五年以下有期徒刑,并处罚金;对人体健康造成严重危害或者有其他严重情节的,处五年以上十年以下有期徒刑,并处罚金;致人死亡或者有其他特别严重情节的,依照本法第 141 条的规定处罚。"^③本条加大了对该罪的刑事处罚力度、拓宽了刑法的打击范围。一是删除了原条文中单处罚金的规定。二是删除了原条文中"五年以下有期徒刑或者拘役"中的"拘役",这意味着本罪自由刑起点为 5 年以下有期徒刑。三是取消了罚金为销售金额 50% 以上 2 倍以下的规定,对于罚金没有规定数额上限。四是增加了有其他严重情节的,要处 5 年以上 10 年以下有期徒刑的规定,有效防止了对人体健康没有造成严重危害但情节严重的漏罪发生。五是对原规定中"对人体健康造成特别严重危害的"变更为"有其他特别严重情节的"规定,这种扩大的兜底条款拓宽了本罪的打击范围。《2021 年解释》第 6—8 条分别对《刑法》第 144 条"对人体健康造成严重危害""其他严重情节""其他特别严重情节"进行列举,第 9 条和第 10 条先后说明"有毒、有害的非食品原料"和"明知"的认定问题。

（3）生产、销售伪劣产品罪。依据《2021 年解释》第 13 条第 2 款规定:"生产、销售不符合食品安全标准的食品,无证据证明足以造成严重食物中毒事故或者其他严重食源性疾病,不构成生产、销售不符合安全标准的食品罪,但构成生产、销售伪劣产品罪,妨害动植物防疫、检疫罪等其他犯罪的,依照该其他犯罪定罪处罚。"第 15 条规定:"生产、销售不符合食品安全标准的食品添加剂,用于食品的包装材料、容器、洗涤剂、消毒剂,或者用于食品生产经营的工具、设备等,符合刑法第一百四十条规定的,以生产、销售伪劣产品罪定罪处罚。生产、销售用超过保质期的食品原料、超过保质期的食品、回收食品作为原料的食品,或者以更改生产日期、保质期、改换包装等方式销售超过保质期的食品、回收食品,适用前款的规定定罪处罚。"而根据《刑法》第 140 条,所谓生产、销售伪劣产品是指生产者、销售者违反国家产品质量管理法规,在产品中掺杂、掺假,以假充真,以次充好或者以不合格产品冒充合格产品,销售金额在 5 万元以上的行为。

① 吴喆:《论食品安全的刑法保护:以食品安全犯罪本罪的立法完善为视角》,《中国刑事法杂志》2011 年第 10 期,第 55-59 页。

② 张明楷:《刑法学》（第 5 版）,法律出版社,2016 年,第 744 页。

③ 《刑法》原第 144 条为:"在生产、销售的食品中掺入有毒、有害的非食品原料的,或者销售明知掺有有毒、有害的非食品原料的食品的,处五年以下有期徒刑或者拘役,并处或者单处销售金额百分之五十以上二倍以下罚金;造成严重食物中毒事故或者其他严重食源性疾患,对人体健康造成严重危害的,处五年以上十年以下有期徒刑,并处销售金额百分之五十以上二倍以下罚金;致人死亡或者对人体健康造成特别严重危害的,处十年以上有期徒刑、无期徒刑或者死刑,并处销售金额百分之五十以上二倍以下罚金或者没收财产。"

针对近年畜禽屠宰相关环节注水注药行为的惩处难题，充分考虑不同种类药物的差异和可能造成的危害，《2021年解释》第17条第2款明确规定："在畜禽屠宰相关环节，对畜禽使用禁用药物等有毒、有害的非食品原料，以生产、销售有毒、有害食品罪定罪处罚；对畜禽注水或者注入其他物质，足以造成严重食物中毒事故或者其他严重食源性疾病的，以生产、销售不符合安全标准的食品罪定罪处罚；虽不足以造成严重食物中毒事故或者其他严重食源性疾病，但符合刑法第一百四十条规定的，以生产、销售伪劣产品罪定罪处罚。"适用不同罪名打击此类犯罪，既满足打击此类犯罪的现实需要，也体现了罪责刑相适应的原则。

3. 违反广告制度的刑事责任

《广告法》第55条规定："广告主、广告经营者、广告发布者发布虚假广告，构成犯罪的，依法追究刑事责任。"《刑法》第222条规定："广告主、广告经营者、广告发布者违反国家规定，利用广告对商品或者服务作虚假宣传，情节严重的，处二年以下有期徒刑或者拘役，并处或者单处罚金。"

二、违反食品进出口规定的法律责任

《食品安全法》第91条赋予"国家出入境检验检疫部门"对进出口食品安全实施监督管理的权力。根据2018年《国务院机构改革和职能转变方案的决定》，将原国家质量监督检验检疫总局的出入境检验检疫管理职责和队伍划入海关总署，有鉴于此，涉及进出口食品的主要执法主体就是海关总署下辖的各级出入境检验检疫机构。《食品安全法》第六章则列举了食品进出口方面的具体义务，第129条则对应了相应的法律责任。

（一）违反进口食品安全标准和风险评估管理的法律责任

《食品安全法》第92、93条对食品、食品添加剂、食品相关产品的进口的标准化及风险评估做出了明确规定，违反前述规定，则根据第129条列举的情形由出入境检验检疫机构依照第124条处罚，即："没收违法所得和违法生产经营的食品、食品添加剂，并可以没收用于违法生产经营的工具、设备、原料等物品；违法生产经营的食品、食品添加剂货值金额不足一万元的，并处五万元以上十万元以下罚款；货值金额一万元以上的，并处货值金额十倍以上二十倍以下罚款；情节严重的，吊销许可证。"

（二）违反食品出口规定的法律责任

根据《食品安全法》第99条规定："出口食品生产企业应当保证其出口食品符合进口国（地区）的标准或者合同要求。出口食品生产企业和出口食品原料种植、养殖场应当向国家出入境检验检疫部门备案。"如果未遵守前述规定，则按照第129条第3项的规定，由出入境检验检疫机构依照第124条处罚。

（三）违反召回制度的法律责任

《食品安全法》第63条提出"国家建立食品召回制度"，《实施条例》第29、30条明确了召回的具体处理办法。进口食品、食品添加剂在我国销售同样要遵守召回制度，为此《食品安全法》第129条第4项专门设定了法律责任。本条适用时需注意：第一，"有关主管部门"是指县级以上食品监管管理部门；第二，召回包括召回、无害化处理、销毁等一系列措施；第三，进口商在食品监管部门责令其召回进口食品后，仍然拒不召回，食品监管部门应当通报出入境检验检疫机构，由后者依照法律给予处罚。

(四) 违反进口和销售记录、企业审核制度的法律责任

《食品安全法》第94、98条,对境外出口商、境外生产企业、进口商的食品安全义务进行了规定,如果未履行前述规定,将由出入境检验检疫机构依照《食品安全法》第126条规定处罚,即:"责令改正,给予警告;拒不改正的,处五千元以上五万元以下罚款;情节严重的,责令停产停业,直至吊销许可证。"

三、违反食品安全监督管理规定的法律责任

根据《食品安全法》第6、7条规定,县级以上地方人民政府对本行政区域的食品安全监督管理工作负责,实行监管责任制。具体来说,其职能包括:第一,统一领导、组织、协调本行政区域的食品安全监督管理工作以及食品安全突发事件应对工作;第二,建立健全食品安全全程监督管理工作机制和信息共享机制;第三,依照食品安全法和国务院的规定,确定本级食品安全监督管理、卫生行政部门和其他有关部门的职责。根据《食品安全法》第8条规定,"县级以上人民政府食品安全监督管理部门和其他有关部门应当加强沟通、密切配合,按照各自职责分工,依法行使职权,承担责任"。地方政府和各监管部门必须严格依法行使职权,根据《食品安全法》第142—146条,不履行法定职责,不配合查处食品安全违法行为,在食品安全事故处置中不作为或是滥用职权的都将承担相应的法律责任。

(一) 违反监督管理的行为

(1) 地方政府在食品安全事故的应对和处置方面。根据《食品安全法》第142条,具体的违法行为包括:第一,对发生在本行政区域内的食品安全事故,未及时组织协调有关部门开展有效处置,造成不良影响或者损失;第二,对本行政区域内涉及多环节的区域性食品安全问题,未及时组织整治,造成不良影响或者损失;本行政区域内发生特别重大食品安全事故,或者连续发生重大食品安全事故;第三,隐瞒、谎报、缓报食品安全事故。

(2) 地方政府不作为方面。根据《食品安全法》第143条,主要表现为两个方面:①未确定有关部门的食品安全监督管理职责,未建立健全食品安全全程监督管理工作机制和信息共享机制,未落实食品安全监督管理责任制;②未制定本行政区域的食品安全事故应急预案,或者发生食品安全事故后未按规定立即成立事故处置指挥机构、启动应急预案。

(3) 监管部门法律责任。根据是否造成不良后果,共分为两大类违法行为。《食品安全法》第144条规定了第一类五种情形,主要包括在食品安全事故处置、行政许可中不履行职责或滥用职权等;第145条规定了第二类三种情形,主要涉及食品安全信息公开中不履行法定职责,对查处食品安全违法行为不配合或者滥用职权、玩忽职守、徇私舞弊等情况。此外,根据第146条规定,食品安全监督管理部门在履行食品安全监督管理职责过程中,违法实施检查、强制等执法措施,给生产经营者造成损失的也应承担法律责任。

(二) 具体的法律责任类型

1. 行政处分

行政处分是行政机关内部,上级对由隶属关系的下级违反法律的行为或者对尚未构成犯罪的轻微违法行为所给予的法律制裁,行政处分的种类有六类,由轻至重依次为:警告、记过、记大过、降级、撤职、开除。

根据过罚相当原则,《食品安全法》规定,涉及食品安全事故处置中的监管违法行为,地

方政府或是监管部门的行政处分包括记大过、降级、撤职和开除;一般监管违法行为,则涵盖警告、记过、记大过、降级、撤职、开除。

2. 引咎辞职

在食品安全监管活动中建立领导人引咎辞职的问责制,对于促使政府部门积极行政,加强管理和监督,更好履行所承担的保障食品安全的法定职责具有重要意义。根据《食品安全法》第142、144条规定,县级以上地方政府或是食品安全监管部门主要负责人在食品安全事故的处置中存在失职,造成严重后果的,应当引咎辞职。

3. 刑事责任

县级以上地方政府或是监管部门不履行食品安全法规定的职责或者滥用职权、玩忽职守、徇私舞弊的,应对直接负责的主管人员和其他直接负责人依照我国刑法有关渎职罪的规定追究刑事责任。

《刑法修正案(八)》第49条对《刑法》第408条增设"负有食品安全监督管理职责的国家机关工作人员,滥用职权或者玩忽职守,导致发生重大食品安全事故或者造成其他严重后果的,处五年以下有期徒刑或者拘役;造成特别严重后果的,处五年以上十年以下有期徒刑。徇私舞弊犯前款罪的,从重处罚"。该条款不仅特别设立了食品监管渎职罪,强化了食品监管人员的刑事责任;同时强化了刑事制裁力度。刑法关于普通国家机关工作人员滥用职权或者玩忽职守犯罪处罚的量刑幅度为3年以下有期徒刑或者拘役,对情节特别严重的,处3年以上7年以下有期徒刑。相比较而言,食品监管人员失职罪的量刑幅度则为5年以下有期徒刑或者拘役;造成特别严重后果的,处5年以上10年以下有期徒刑。

《刑法修正案(十一)》第45条对刑法第408条"食品监管渎职罪"增加了"或者有其他严重情节"的入罪情节,以及"或者有其他特别严重情节"的法定刑升格情节,同时明确5种适用条件:"(一)瞒报、谎报食品安全事故、药品安全事件的;(二)对发现的严重食品药品安全违法行为未按规定查处的;(三)在药品和特殊食品审批审评过程中,对不符合条件的申请准予许可的;(四)依法应当移交司法机关追究刑事责任不移交的;(五)有其他滥用职权或者玩忽职守行为的。"

此外,《2021年解释》还对渎职类犯罪的法律竞合的处理进行了规范。其第20条规定:"负有食品安全监督管理职责的国家机关工作人员,滥用职权或者玩忽职守,导致发生重大食品安全事故或者造成其他严重后果,同时构成食品监管渎职罪和徇私舞弊、不移交刑事案件罪、商检徇私舞弊罪、动植物检疫徇私舞弊罪、放纵制售伪劣商品犯罪行为罪等其他渎职犯罪的,依照处罚较重的规定定罪处罚。负有食品安全监督管理职责的国家机关工作人员滥用职权或者玩忽职守,不构成食品监管渎职罪,但构成前款规定的其他渎职犯罪的,依照该其他犯罪定罪处罚。负有食品安全监督管理职责的国家机关工作人员与他人共谋,利用其职务行为帮助他人实施危害食品安全犯罪行为,同时构成渎职犯罪和危害食品安全犯罪共犯的,依照处罚较重的规定定罪处罚。"

❓ 案例分析

(一) 案 例 一

2010年11月起,被告人陈一到福建省莆田市收购病死猪,并以每月人民币2 000元的报酬雇用被告人张某把病死猪运输到被告人陈二租用的猪场,由被告人林某进行屠宰后销售给被告人陈二,总销售金额达 30 万余元,违法所得 12 万元。陈二收购病死猪肉后予以销售,销售金额达 50 万余元,违法所得 20 万元。其间,其每月以 2 000—2 500 元的报酬雇用被告人李某、陈三押车、收账、运输。被告人周某、吴某夫妻从陈二处购买病死猪肉制成香肠等销售,销售金额达 7 万余元,违法所得 1.5 万余元;被告人周某成从陈二处购买病死猪肉达 3 万余元并转售;被告人孙某从陈二处购买病死猪排骨并转售,销售金额达 7 000 余元,违法所得 1 000 元。2011 年 7 月 25 日,警方在陈二租用的猪场中查获尚未销售的病死猪肉 2 030 公斤。经鉴定,送检样品含有猪繁殖与呼吸综合征病毒和猪圆环病毒 2 型,"挥发性盐基氮"超标。另查明,被告人陈二曾因犯生产、销售伪劣产品罪和收购赃物罪,于 2008 年 4 月 30 日被判处有期徒刑 11 个月,并处罚金人民币 8.2 万元。[①]

思考题:

涉案当事人的行为构成何种性质的犯罪?

(二) 案 例 二

2017 年 2 月 3 日,徐某在某网络购物平台购买了贵和公司销售的燕窝共 980 克,合计价款 18 522 元,燕窝内贴有溯源码。2 月 15 日徐某认为食品没有食品标签属于不合格产品,要求退货退款,并按照《食品安全法》规定 10 倍赔偿。而贵和公司认为燕窝不存在商品问题不同意退货,且燕窝属于食用农产品,不适用《食品安全法》。经查,贵和公司销售的燕窝外包装无标签标示生产日期、储存条件、经销者名称和地址,内包装虽然贴有溯源码,但通过外包装不能清晰识别内包装上的所有或是部分强制标示内容。[②]

思考题:

1. 贵和公司认为燕窝属于食用农产品,不适用《食品安全法》,是否成立?

2. 徐某要求退货退款并进行惩罚性赔偿,是否给予法律支持?

---

① 选自《最高人民法院公布五起危害食品安全犯罪典型案例》,2013 年 5 月 4 日。

② 选自合肥市中级人民法院(2018)皖 01 民终 1884 号。

参 考 文 献

［1］信春鹰主编《中华人民共和国食品安全法解读》,中国法制出版社,2015 年。

［2］顾金峰:《绿色食品经济与农业可持续发展研究》,《食品研究与开发》2016 年第 23 期。

［3］李嵩誉:《农业绿色发展法律机制的建构》,《郑州大学学报(哲学社会科学版)》2020 年第 2 期。

［4］全世文:《品可持续消费行为:动力机制与引导策略》,《世界农业》2020 年第 6 期。

［5］墨菲:《更健康、更可持续、更数字化:2019 年世界食品博览会(Anuga)发布全球食品行业发展趋势报告》,《中国食品》2019 年 9 期。

［6］吴荣富:《探寻食品链可持续发展的灵感》,《中国禽业导刊》2020 年第 8 期。

［7］曾祥华:《食品安全监管主体的模式转换与法治化》,《西南政法大学学报》2009 年第 1 期。

［8］曾祥华:《立法过程中的利益平衡》,知识产权出版社,2011 年。

［9］曾祥华:《食品安全行政执法中的法律适用问题研究》,《山东科技大学学报》2018 年第 5 期。

［10］曾祥华:《论食品安全企业标准的法律性质和法律效力》,《杭州师范大学学报(社会科学版)》2019 年第 5 期。

［11］最高人民法院民事审批第一庭编著《最高人民法院食品安全民事案件司法解释(一)理解与适用》,人民法院出版社,2021 年。

［12］俞可平:《治理与善治》,社会科学文献出版社,2000 年。

［13］沈岿:《食品安全企业标准备案的定位与走向》,《现代法学》2016 年第 4 期。

［14］曲径:《食品安全控制学》,化学工业出版社,2011 年。

［15］岳宁等:《入世后中国食品国际贸易的市场结构与未来展望》,《食品科学》2009 年第 13 期。

［16］王静:《西部农产品对外贸的制约因素与可持续发展策略》,《国际经贸探索》2011 年第 8 期。

［17］杨波:《适应 WTO 规则的食品安全体系建设研究》,《农业经济问题》2011 年第 9 期。

［18］刘兆彬:《〈食品安全法实施条例〉的制度价值》,《中国市场监督研究》2020 年第 2 期。

［19］卢护锋:《行政执法权重心下移的制度逻辑及其理论展开》,《行政法学研究》2020 年第 5 期。

［20］张明楷:《刑法学》,法律出版社,2016 年。

［21］[美]博登海默:《法理学、法律哲学与法律方法》,邓正来译,中国政法大学出版社,

1999 年。

[22] ［英］洛克:《政府论》(下篇),叶启芳、瞿菊农译,商务印书馆,1964 年。

[23] Henson Caswell, "Food safety regulation: an overview of contemporary issues", *Food Policy*, (24)1999, pp.589 – 603.

[24] Keith H. Hirokawa, "A Challenge to Sustainable Governments?" *Washington University Law Review*, (87)2009, pp.203 – 204.

[25] Keith H. Hirokawa, "Saving Sustainability," *Environmental Law Reporter News & Analysis*, 46(2)2016, p.10151.

[26] Steph Tai, "Food Sustainability in the Age of Complex, Global Supply Chains," *Arkansas Law Review*, 71(2)2018, p.465 – 480.

[27] Stephan J. Goetz, "Economies of Scope and the Cash Crop-Food Crop Debate," *Senegal*, *World Development*, (20)1992, pp.727 – 734.

[28] Wilfred Beckernan. "A Poverty of Reason: Sustainable Development and Economic Growth", *Natural Resources & Environment*, 78,2004.

后　记

自从笔者进入江南大学执教之后,便开始关注食品安全法的研究,所申报的第一个课题就是司法部的"食品安全监管的法律问题研究",尽管当时没有成功,但是后来以同样的主题获得了江苏省教育厅的立项,后来还参加了一个以食品安全为主题的教育部科学技术研究重大项目。2012 年,江南大学法学院成功举办了"食品安全法论坛暨国际研讨会",后来成为一个连续举办的论坛。江南大学的食品科学与工程专业在全国名列前茅,校方提出"建设特色鲜明的研究型大学",其中的特色便是"轻工",包括食品学科。同时,实话实说,江南大学法学专业发展的路径选择是一个值得思量的问题,如果走生产"大路货"的路子,恐怕缺少竞争力,如果结合学校优势,形成专业特色,道路也许会越走越宽。当然,近年来食品安全的严峻现实对我们也是一个促动。

"民以食为天,食以安为先。"食品安全关系到每个公民的生命健康。但根据 WHO 统计,发达国家每年约有一半的人感染食源性疾病,在发展中国家更为严重。我国食品安全监管仍然存在诸多问题,食品中毒事件时有发生,食品安全监管存在漏洞,会严重影响人民生活,因此迫切需要加强食品安全监管的法律问题研究。本书的研究成果对食品安全监管部门、有关立法部门和其他行政执法部门具有重要的实际运用价值,为从立法、执法、司法上完善我国的食品安全监管制度提供了重要参考,也必将有益于广大民众饮食安全。

目前国内关于食品安全法律问题的理论研究尽管已经取得了一定的成果,已有若干专著、教材和通俗读本面世,但总体上仍然缺乏系统性、战略性和深刻性,本书试图努力开拓,不断创新。对食品安全的法学研究将有助于扭转热衷务虚、轻视务实的倾向,给经济法学、民法学、行政法学、刑法学和国际法学等学科的发展带来新的活力。对食品安全的法律问题研究,也会促进法学与自然科学的结合,开拓法学研究新思路,带来新突破。

2013 年,在江南大学副校长纪志成教授、江苏省食品安全研究基地主任徐立青教授、江南大学食品学院胥传来教授、江南大学社会科学处处长刘焕明教授等的支持下,《食品安全法导论》顺利面世。2015 年刚刚出台 6 年的《食品安全法》大修,因为旧法已经难以适应社会对食品安全的需求。随即《食品安全法实施条例修订草案(征求意见稿)》发布。新的法律、法规出台和即将出台意味着原书已经不适应新的形势,因此,本书编写组联合编写新书,以便与时俱进。时隔近 10 年之后,《食品安全法》以及相关法律法规进行了修订,相关情况也发生了变化,学术界也产生了一大批新的成果,2022 年本书修订版获得江苏省重点教材立项,在同仁们的共同努力之下,经过反复修改,这部修订版才得以呈现给各位读者。因此感谢各位同仁的积极参与,感谢江南大学食品学院钱和老师、无锡职业技术学院陈敏玉老师的积极参与。另外,殷志刚老师除了撰写相关章节之外,还为本书拟定了初步的框架。感谢上海交通大学出版社的编辑们,她们认真负责的精神促进了本书质量的提高。本书是团队合

作的结果,此次修订又吸收了新鲜血液,具体分工如下:

第一章:曾祥华、吴芳

第二章:万艺、李佳、杨梅

第三章:曾祥华、王德浩

第四章:胡杰、钱和、杜超

第五章:曾祥华、陈敏玉、沈月、郭楠

第六章:殷志刚

第七章:王琼雯、杨梅

第八章:曾祥华、陈敏玉、沈月、郭楠

第九章:殷志刚

第十章:杨文丽

第十一章:杨文丽

第十二章:王琼雯

由于我们的研究尚有待深入,各位撰写人学科不同乃至观点有差异,写作风格不一,虽尽力避免自相矛盾和重复交叉,但是书中难免仍然有些不周之处。由于《食品安全法》新旧版本差距很大,本书此次修订难免有所遗漏,敬请读者批评,以便我们在再版时修正。

无论效果如何,在本书编写的过程中,笔者深深地感受到各位作者对食品安全研究极大的学术热忱和强烈的人文关怀。希望我们的研究得到更多的支持,也希望我们的团队更加努力,取得更多更好的成果。

江南大学法学院　曾祥华

2024 年 3 月 7 日于无锡天一新居